AF569869

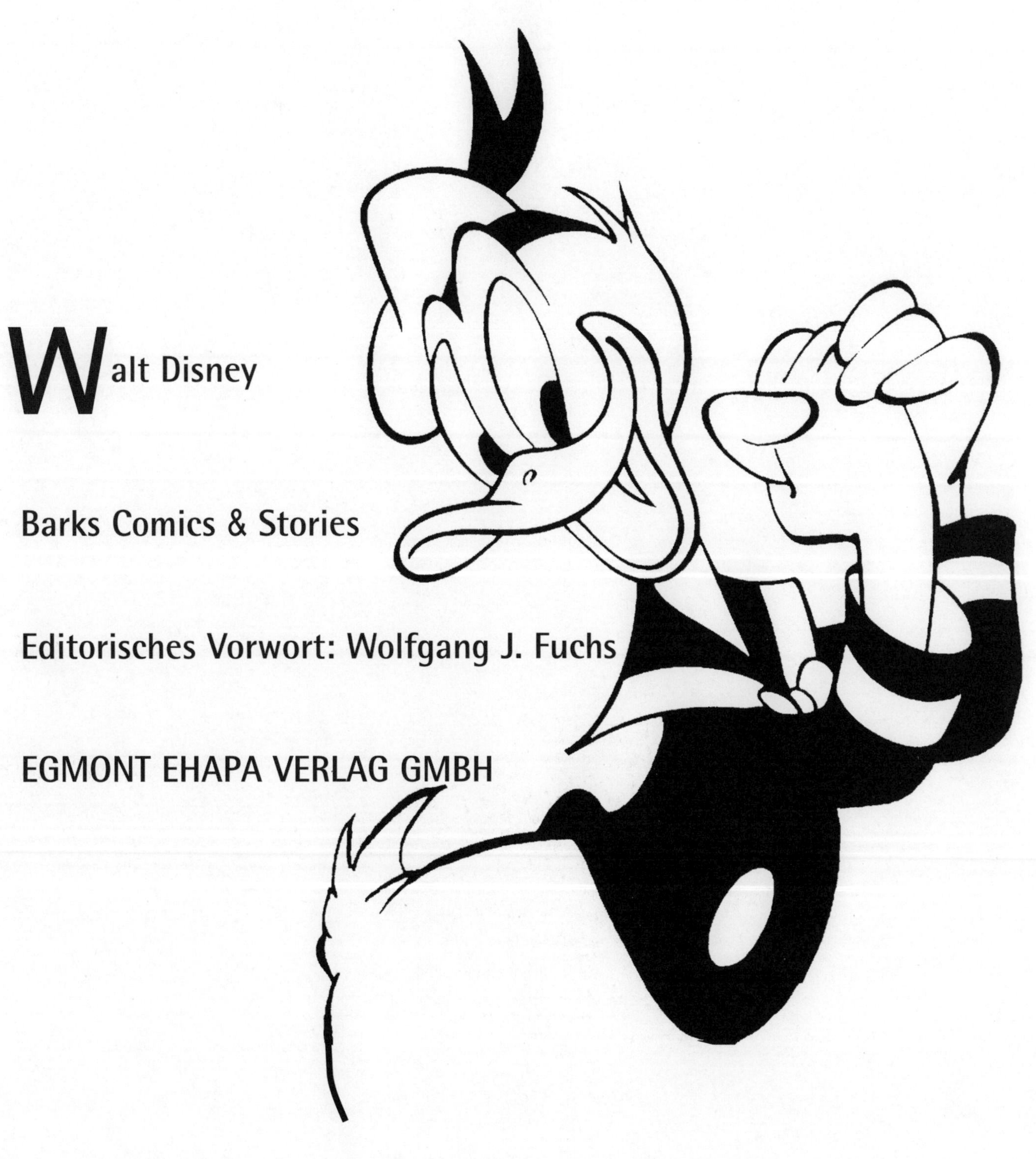

Walt Disney

Barks Comics & Stories

Editorisches Vorwort: Wolfgang J. Fuchs

EGMONT EHAPA VERLAG GMBH

„Barks Comics & Stories Band 3"

Originaltitel:

"The Carl Barks Library of Walt Disney's Comics and Stories in Color", Bde. 7-9

Übersetzung der Geschichten aus dem Amerikanischen: Dr. Erika Fuchs

Mit einem Vorwort von Wolfgang J. Fuchs

Deutschsprachige Ausgabe erschienen in der

Ehapa Comic Collection

verlegt durch EGMONT Verlagsgesellschaften mbH,

Gertrudenstraße 30-36, 50667 Köln

2. Auflage der Neuausgabe

Chefredakteur und verantwortlich für diese Ausgabe: Wolf Stegmaier

Letteringkorrekturen: Johnny A. Grote

Lettering: Frans Stummer

Gestaltung: Thies Köpke

Koordination: Theresa Lindenstruth

Printed in the EU (675274)

ISBN 978-3-7704-3289-9

Ebenfalls erhältlich: Barks Onkel Dagobert

Mehr dazu auf www.ehapa-comic-collection.de

Carl Barks

Inhaltsverzeichnis:

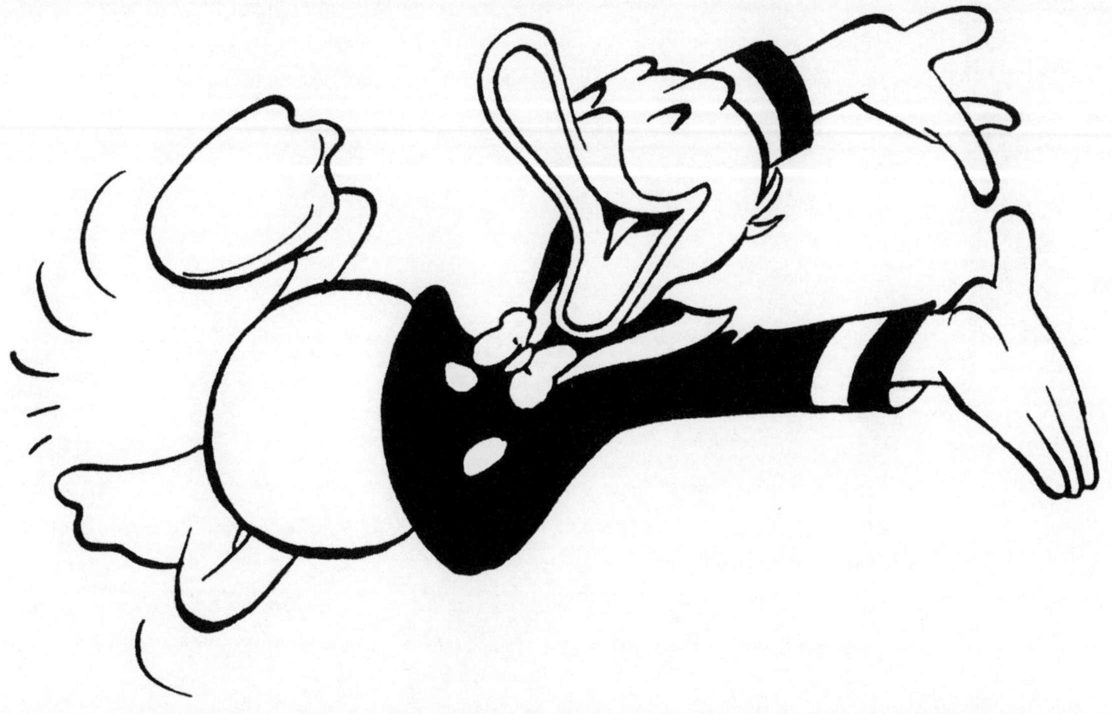

Nachkriegszeit

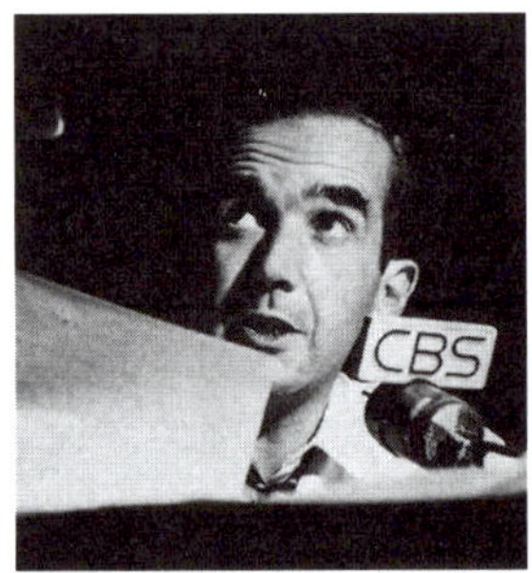

Edward Roscoe Murrow, einer der renommiertesten Rundfunkjournalisten seiner Zeit, hatte als Kriegskorrespondent über die Bombenangriffe auf London berichtet. Am 8. Mai 1945 meldete er den amerikanischen Hörern von dort aus das Ende des Krieges in Europa. Foto: CBS

„The war that was seems more real than the peace that has come." – Der beendete Krieg erscheint einem wirklicher als der Frieden, der begonnen hat. Mit diesen Worten begann CBS-Korrespondent Edward R. Murrow, einer der bekanntesten Rundfunkjournalisten seiner Zeit, am 8. Mai 1945, dem Tag der deutschen Kapitulation, einen seiner Rundfunkberichte aus der Trümmerstadt London. Der 2. Weltkrieg war in Amerika zwar durch die Wochenschauberichte und durch Filme bildhaft präsent. Direkt von den Kriegsschauplätzen konnte aber nur der Hörfunk berichten. Und das geschah ausgiebig. So hatte allein die Senderkette CBS von Pearl Harbor bis zum V-E Day, also vom 7. Dezember 1941 bis zum Sieg in Europa rund 35.700 Sendungen ausgestrahlt, in denen es um den Krieg ging. Das waren hauptsächlich Nachrichtensendungen und Liveschaltungen, aber auch Unterhaltungssendungen. Am laufenden Band gesendet, hätte das neun Monate ununterbrochenes Programm ergeben.

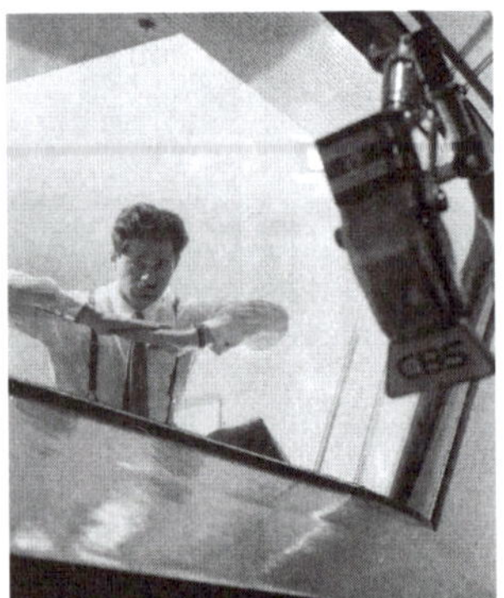

Norman Corwin bei einer seiner viel beachteten Sendungen im Regieraum. Das Handzeichen bedeutet: Lautstärke beibehalten. Foto: CBS

Am Abend des 8. Mai wurde in den USA in einer emotional geladenen Sendung auf CBS das Kriegsgeschehen zusammengefasst. Die von Norman Corwin geschriebene und geleitete Sendung hieß *On a Note of Triumph.* Es wurde in diesem eher patriotisch-polemischen Programm auch die kritische Frage aufgeworfen, was die Menschen aus diesem Krieg gelernt hätten. Die Antwort:

„Was wir gelernt haben, wurde auf die harte Tour gelernt, zwischen Bluttransfusionen und letzter Ölung. ... Wir haben aus dem 2. Weltkrieg gelernt, dass wir aus dem 1. Weltkrieg nichts gelernt haben. Wir haben gelernt, dass Nationen, die nicht wissen, was sie wollen, das bekommen, was sie nicht wollen.„

Und zum Friedensfindungsprozess meinte Norman Corwin in der Sendung: „Der Kongress brauchte nur acht Minuten, um Deutschland den Krieg zu erklären, und in derselben Sitzung dauerte es nur fünf Minuten, um Japan den Krieg zu erklären. Aber zwischen diesem und dem letzten Krieg brauchte die Welt fünfundzwanzig Jahre, um Frieden zu schließen, und schaffte es dann doch nicht."

Der 2. Weltkrieg war aber nur zum Teil zu Ende. Er musste noch in Fernost beendet werden, während man in Europa schon beginnen konnte, die angerichteten Schäden aufzuarbeiten. Und das waren nicht wenige, sei es materiell, sei es ideell. Die Siegermächte mussten sich auch Gedanken machen, wie es in Deutschland politisch weitergehen sollte. Hatte noch bis Kriegsende Einigkeit unter den Alliierten geherrscht, so zeigten sich nun immer deutlicher die aus den unterschiedlichen Gesellschaftssystemen resultierenden Differenzen. Neue Konflikte waren vorprogrammiert.

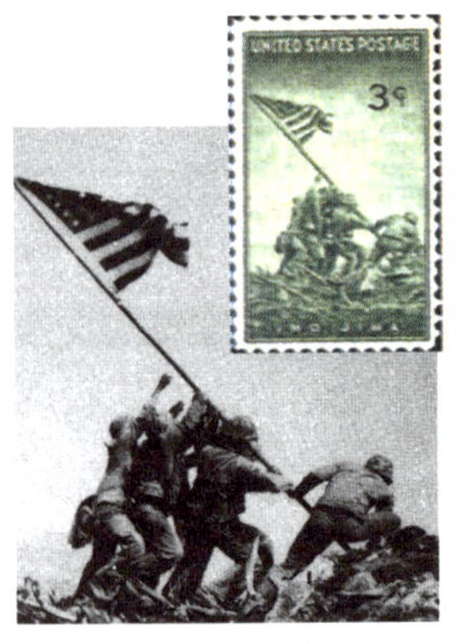

Das patriotischste aller amerikanischen Kriegsfotos, die erfolgreiche Einnahme des Suribachi-Hügels auf der japanischen Insel Iwo Jima (Schwefelinsel) am 23. Februar 1945 wurde schon am 11. Juli 1945 auf einer 3-Cent-Sondermarke verewigt. Für das von Joe Rosenthal aufgenommene Foto wurde die Flagge sechs Stunden später ein zweites Mal aufgestellt. Drei der sechs Soldaten, die die Flagge hissten, starben später bei weiteren Kämpfen auf Iwo Jima. Foto: Joe Rosenthal

Nach dem Krieg ist vor dem Krieg

Der Krieg in Europa war zu Ende, der Krieg gegen Japan endete vier Monate später im Grauen des flammenden Infernos, das die Atombomben „Fat Boy" und „Little Boy" in Hiroshima und Nagasaki am 6. und 8. September 1945 anrichteten. Die Londoner *Daily Mail* kommentierte in einem Anflug von übertriebenem Optimismus, die Erfindung der Atombombe bedeute „nicht nur das Ende des Krieges gegen Japan, sondern das Ende aller Kriege". Und die New York Times erklärte: „Die Auswirkungen der Bombe sind so gewaltig, dass die alliierten Staatsmänner sie nur zögernd eingesetzt haben und Japan nochmals die Gelegenheit bieten, das Potsdamer Kapitulationsangebot anzunehmen." Obwohl die japanische Regierung die Bevölkerung über das Ausmaß der Verwüstungen durch die neue Waffe zunächst im Unklaren gelassen hatte, kapitulierte Japan schließlich am 14. August 1945 und unterschrieb die Kapitulationserklärung am 2. September an Bord des Schlachtschiffs *Missouri*.

Es sah ganz so aus, als könnte nun doch Frieden einkehren. In der Tat hatten bereits am 26. Juni 1945 die Delegierten aus 50 Staaten in San Francisco die Charta der Vereinten Nationen unterzeichnet. Am 24. Oktober 1945 wurden die Vereinten Nationen offiziell etabliert. Dass selbst diese Weltorganisation von Anfang an nicht nur auf Gegenliebe stieß, war aber schon damals so bekannt, dass daraus sogar Krimis gemacht wurden. 1945 etwa gab es in den USA eine kurzlebige Hörspielreihe um Agatha Christies Detektiv Hercule Poirot. In einer Episode der Serie wurde er in ein Intrigenspiel um den geplanten Mord an einem Delegierten der UN-Gründungsversammlung verwickelt. Diese Randnotiz der Weltgeschichte zeigt schlaglichtartig, was jeder wusste, dass nämlich die Vereinten Nationen von oppositionellen Gruppen vieler Länder aus den unterschiedlichsten Gründen mit Argusaugen betrachtet wurden.

Nichtsdestotrotz begann die nach der Gründung erste Sitzung der Generalversammlung der Vereinten Nationen am 10. Januar 1946 in London. Zum ersten Generalsekretär wurde am 1. Februar 1946 der Norweger Trygve Lie gewählt, der dieses Amt bis 1951 innehatte. Nachdem die Vereinten Nationen ihre Arbeit aufgenommen hatten, konnte deren Vorläufer, der 1919 gegründete Völkerbund, in seiner letzten Sitzung in Genf seine Auflösung beschließen.

Dennoch herrschte nicht eitel Sonnenschein. Die einstigen Alliierten entfremdeten sich voneinander. Die Stimmung gegenüber der Sowjetunion wurde zusehends härter. Eine neue Art von Krieg begann, der Kalte Krieg. Und Churchill prägte für die Abschottung des Ostens vom Westen den aus dem Theater entlehnten Begriff „Eiserner Vorhang".

Es gab aber auch schon wieder „echte" Kriege. In Griechenland entbrannte ein Bürgerkrieg zwischen Kommunisten und rechtsgerichteten Regierungskräften, wobei Bulgarien und Albanien die Kommunisten unterstützten. 1949 obsiegten die Royalisten. Im Fernen Osten, wo Frankreich Kolonialmacht war, regte sich Widerstand. Deshalb erkannte Frankreich am 7. Januar 1946 die Autonomie Kambodschas an. In Vietnam war man allerdings nicht zum Nachgeben bereit. Mit der Bombardierung der nordvietnamesischen Stadt Haiphong begannen am 19. Dezember 1946 die Franzosen den ersten Indochinakrieg, der eines Tages noch eine schwere Bürde für die USA werden sollte.

Medienkriege

Für die Massenmedien, insbesondere den Hörfunk, begann mit dem Frieden eine neue Ära. Während des Krieges hatten vor allem lokale Sender angefangen, mehr und mehr Platten zu spielen, die von Disc Jockeys aufgelegt wurden, und zwischen den Musikstücken mehr und mehr Werbespots zu senden. Das wollte die Rundfunkkontrollinstanz, die FCC, nicht weiter ausufern lassen. So kam es zu einem regelrechten Kleinkrieg zwischen einer Reihe von Lokalsendern und der FCC. Der Markt, den die Sender beackerten, war auch ökonomisch zu verlockend. Es gab 1945 in den USA 140.468.000 Amerikaner und 56 Millionen Radiogeräte. Das Bruttosozialprodukt belief sich auf 211,9 Milliarden Dollar.

Die vier großen Senderketten NBC, CBS, ABC und Mutual mussten, wollten sie ihre Wirtschaftsmacht wahren, für die werbetreibende Wirtschaft attraktiv bleiben. Die Folge war, dass so manches ambitionierte

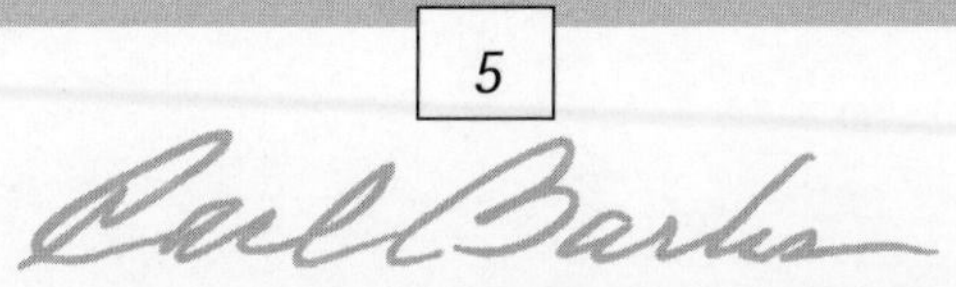

Bildungsprogramm gekippt wurde. Auch die Technik des Hörfunks stand vor einer Revolution. Waren bis 1945 noch die meisten Sendungen live über den Äther gegangen, oder allenfalls auf Wachsplatten aufgenommen worden, wenn sie wegen der großen Zeitunterschiede auf dem amerikanischen Kontinent zeitversetzt gesendet werden sollten, konnte man nun auf neue Aufnahmetechniken zurückgreifen.

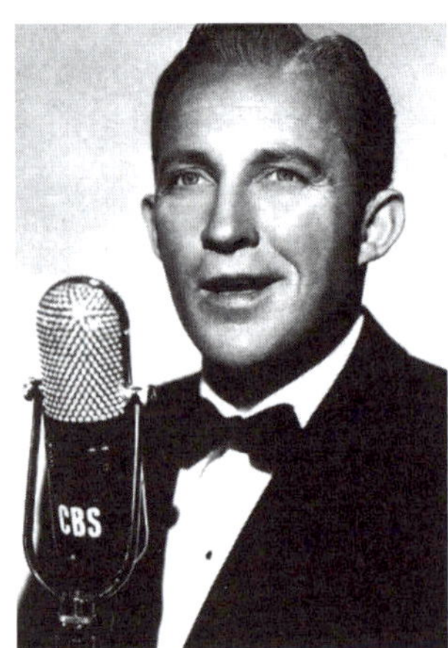

Der Schlagersänger und Schauspieler Bing Crosby trug wesentlich dazu bei, dass nach 1946 Unterhaltungssendungen im Hörfunk immer häufiger als Aufzeichnungen gesendet wurden und die Zahl der Livesendungen zurückging. Foto: CBS

Das Tonband ermöglichte die Vorproduktion von Sendungen, bei denen man Fehler einfach wegschneiden konnte. Einer der Ersten, der 1946 forderte, seine Sendungen auf Band aufnehmen zu lassen, war der Schlagersänger und Filmschauspieler Bing Crosby. Von da an konnten Hörer immer häufiger den Hinweis hören: „This program was transcribed." – Diese Sendung war aufgezeichnet. Spätestens Anfang der 50er Jahre gab man nicht mehr an, ob eine Sendung aufgezeichnet war, und machte nur noch einen besonderen Hinweis, wenn eine Unterhaltungssendung wirklich „live" war.

Auch das Fernsehen entwickelte sich nun weiter. Als im Juni 1945 NBC den Boxkampf von Joe Louis gegen Billy Conn um die Meisterschaft im Schwergewicht übertrug, war die Presse begeistert. Sportübertragungen wurden sehr beliebt, und Gasthäuser rissen sich um die Apparate, um Gäste in ihre Wirtschaften zu locken. Die flächendeckende Verbreitung des Fernsehens verzögerte sich aber noch, weil nicht klar war, ob man weiterhin in Schwarzweiß oder schon in Farbe senden konnte und wollte. CBS hatte ein System für perfekte Farbsendungen entwickelt, das aber nicht mit herkömmlichen Schwarzweißgeräten kompatibel war. NBC und RCA, die Radio Corporation of America, entwickelten in Windeseile ein Farbsystem, das zwar wesentlich schwächer, aber dafür mit Schwarzweiß kompatibel war. Dann warf RCA im Sommer 1946 seine Schwarzweißgeräte auf den Markt und beendete damit die Frage, ob man eine neue Fernsehnorm einführen sollte oder nicht, durch die Macht des Faktischen. Das Fernsehzeitalter dämmerte herauf. Der Konkurrenzkampf in den elektronischen Medien verschärfte sich zusehends. 1946 wurde in Japan die Firma Sony gegründet, die später kräftig in diesem Wettkampf mitmischen sollte.

Walt Disney brachte die Spielfilme *Make Mine Music* und *Song of the South* ins Kino. *Make Mine Music* war ein Versuch, das Konzept von *Fantasia* auf populäre Musik zu übertragen. Der bekannteste Cartoon aus diesem Film ist die Zeichentrickversion von *Peter und der Wolf*. Der Film löste aber keine Begeisterungsstürme aus. *Song of the South* erzählt die reale Geschichte eines Jungen, der wegläuft, weil sich seine Eltern trennen wollen. Er wird von dem Schwarzen Onkel Remus gefunden, der ihn durch seine (Trickfilm)-Parabeln von Gevatter Hase, Fuchs und Bär bewegen kann, wieder heimzugehen. Während die Rahmenhandlung eher banal ist, sind die Tricksequenzen hervorragend und die Kombination von Real- und Trickfilm verblüffend. Der Streifen, der insgesamt wohl die leuchtendsten Farben hat, die je ein Disney-Film aufbot, wurde einer der umsatzstärksten Filme des Studios. Neben diesen beiden Langfilmen entstanden 12 kurze Cartoons, fünf mit Donald Duck, vier mit Pluto, zwei mit Goofy und einer mit Figaro (dem Kätzchen aus *Pinocchio*) in der Hauptrolle.

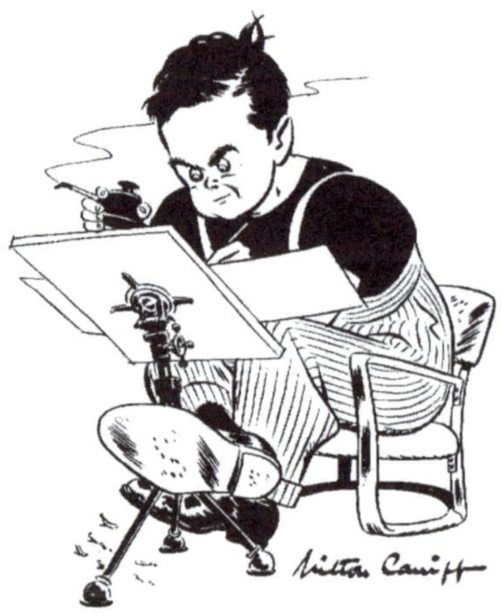

Selbstporträt von Milton Caniff (1942), dem Zeichner der beliebten Abenteuercomics um Terry and the Pirates. *Caniff erhielt den ersten Reuben, den Comic-„Oscar", der 1946 gegründeten National Cartoonist Society of America. Abbildung aus Martin Sheridan:* Classic Comics and Their Creators, *1942, © 1973, Dan Post*

Auf dem Comic-Sektor ist 1946 die Gründung der National Cartoonist Society NCS zu vermelden, die erstmals ihren „Oscar", den Reuben, an Milton Caniff, den Texter und Zeichner der Comicserie *Terry and the Pirates* verlieh. Alex Raymond wechselte von Science-fiction zum Krimi, indem er die Detektiv-Comics um *Rip Kirby* begann. Walt Kelly, ein ehemaliger Disney-Mitarbeiter, der damals viele Cover von Disney-Heften zeichnete, hatte seine eigenen Comic-Figuren so weit entwickelt, dass das erste Comic-Heft von *Albert and Pogo*, erschien, aus dem später die Zeitungscomicserie *Pogo* hervorging. In Belgien bekam *Tintin* eine eigene Heftreihe.

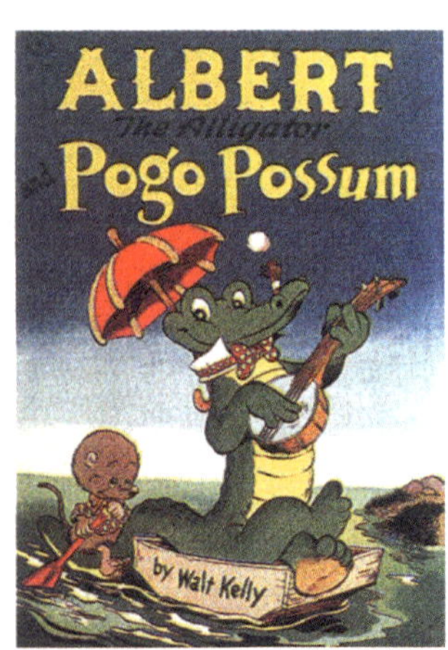

Albert the Alligator and Pogo Possum *(Mai 1946) von Walt Kelly erschien als Four Color-Heft 105. Kelly, der viele Titelbilder von Walt* Disney's Comics and Stories *bereitete hier seine erfolgreiche satirische Zeitungscomicserie Pogo vor. © Oscar Lebeck*

Auch in Kunst und Literatur, beim Film und im Theater tat sich einiges. William Wylers Film *The Best Years of Our Lives* (*Die besten Jahre unseres Lebens*) erhielt 1946 sieben Oscars, unter anderem als bester Film, für die beste Regie, für den besten Hauptdarsteller (Fredric March) und die beste Filmmusik (von Hugo Friedhofer). Als beste Darstellerin erhielt Olivia de Havilland den Oscar für ihre Rolle in *To Each His Own* (*Mutterherz*). Einen Ehren-Oscar erhielt Laurence Olivier als Produzent, Regisseur und Hauptdarsteller der Shakespeare-Verfilmung *Henry V* (*Heinrich V.*). Alfred Hitchcocks *Notorious* (*Berüchtigt/Weißes Gift*) ging bei den Oscars ebenso leer aus wie *Roma – città aperta* (*Rom – offene Stadt*) von Roberto Rossellini. Mit Rossellinis sehr erfolgreichem Film hatte in Italien 1945 das Zeitalter des neorealistischen Films begonnen. In Italien schaffte man 1946 die Monarchie ab und produzierte bei Piaggio den ersten Motorroller, die Vespa. In Griechenland erschien Nikos Kasantsakis' Roman *Alexis Sorbas*, der 1964 mit dem aus Mexiko stammenden Anthony Quinn verfilmt wurde und auch bei uns den Sirtaki populär machte. Der in die Schweiz emigrierte Hermann Hesse erhielt 1946 den Nobelpreis für Literatur. Das Theaterstück *Life with Father*, das 1939 am Broadway Premiere gehabt hatte und seither en suite gespielt wurde, näherte sich dem Ende seiner Laufzeit. Es wurde 1947 nach 3.224 Aufführungen abgesetzt und ging als das Theaterstück mit der längsten Laufzeit in die Geschichte ein. Die New Yorker Theaterkritik fand, dass es für 1945/46 kein „bestes Theaterstück" gab. Zum besten Musical kürte sie *Carousel* von Richard Rodgers und Oscar Hammerstein II. In Frankreich erschien postum *Der kleine Prinz* von Antoine de Saint-Exupéry. Der Schriftsteller Herbert George Wells (*Der Krieg der Welten*) zählte zu den Toten des Jahres 1946.

In Deutschland veröffentlichte der Rowohlt Verlag die ersten „Rotationsromane" (RoRoRo) in Zeitungsdrucktechnik. Wolfgang Staudte drehte den Film *Die Mörder sind unter uns*. Und am 4. Januar 1947 kam erstmals das Nachrichtenmagazin *Der Spiegel* in den Handel.

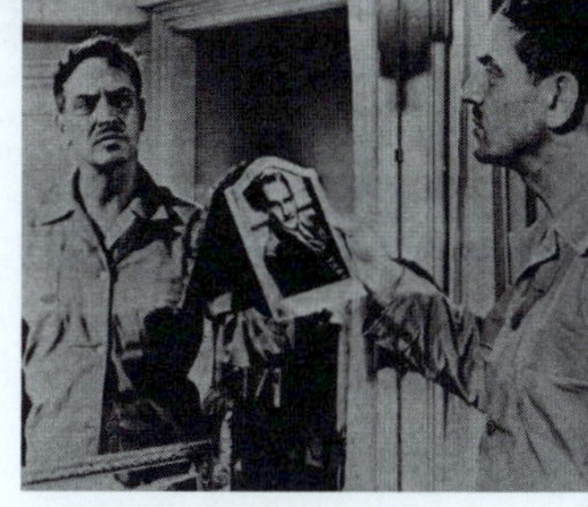

7 Oscars heimste The Best Years of Our Lives ein, darunter den Preis für den besten Hauptdarsteller, Fredric March. Foto: Goldwyn/RKO Radio Pictures

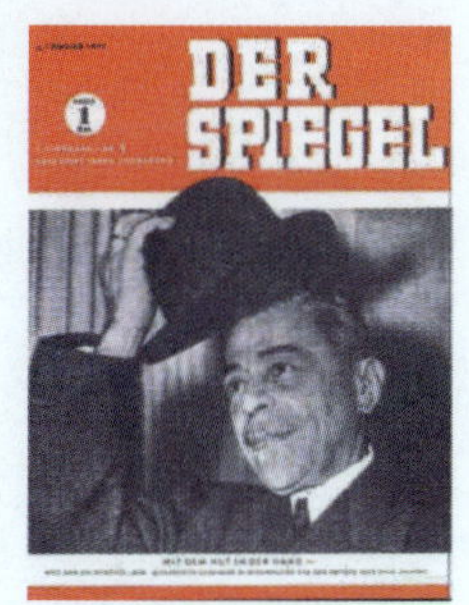

In Deutschland erschien zum Jahresbeginn 1947 erstmals das Nachrichtenmagazin Der Spiegel

Dreihundertfünfzig Seiten Barks

Neben den Zehnseitern um die Familie Duck fertigte Barks in dem diesen Band umfassenden Zeitraum drei Geschichten für *Four Color* 108, Donald Duck in „The Terror of the River", sowie 30 Seiten für Heft 4 von *March of Comics*, eine Heftreihe, die als Werbegabe gratis verteilt wurde. Darunter auch die Geschichte „Maharajah Donald" (Maharadscha für einen Tag). Die im August 1945 entstandene Weihnachtsgeschichte „Silent Night", die für *Walt Disney's Comics and Stories* Nr. 64 vorgesehen war, wurde von der Redaktion jedoch abgelehnt, da man sie, in Verbindung mit Weihnachten, für zu gewalttätig hielt. Sie wurde erst Jahrzehnte später veröffentlicht, als das Interesse an der Person Barks geweckt war.

Das Thema Weihnachten hatten auch die achtseitigen Donald-Duck-Geschichten, die Barks für die *Firestone Christmas Giveaways* von 1945 und 1946 anfertigte: „Donald Duck's Best Christmas", die Geschichte, in der Barks 1945 erstmals Oma Duck auftreten ließ, und „Santa's Stormy Visit" (1946). Außerdem zeichnete Barks eine Art Donald-Duck-Piccoloheft, *Donald Duck's Atom Bomb*, das man ab 1947 in der Reihe der *Cheerio Premium Giveaways* gegen Einsendung des Kaufnachweises der betreffenden Knusperflocken erhielt. Es gab insgesamt vier Sätze zu je vier Heften, die mit den Buchstaben W, X, Y und Z gekennzeichnet waren. *Donalds Atombombe* war Heft Y-1. Die Bombe bewirkte zwar nur Haarausfall, aber aus heutiger Sicht scheint das Thema eher abseitig, und der spionierende Professor mit dem dicken deutschen Akzent ist politisch auch nicht mehr korrekt. Daher wurde diese Geschichte lange nicht mehr nachgedruckt.

Außerdem entstanden in dieser Zeit auch elf Geschichten von Barney Bear and Benny Burro mit je acht Seiten Umfang für die Hefte 21 bis 30 der Zeitschrift *Our Gang*. Insgesamt hat Barks in diesen fünfzehn Monaten rund 350 Comic-Seiten gezeichnet und geschrieben.

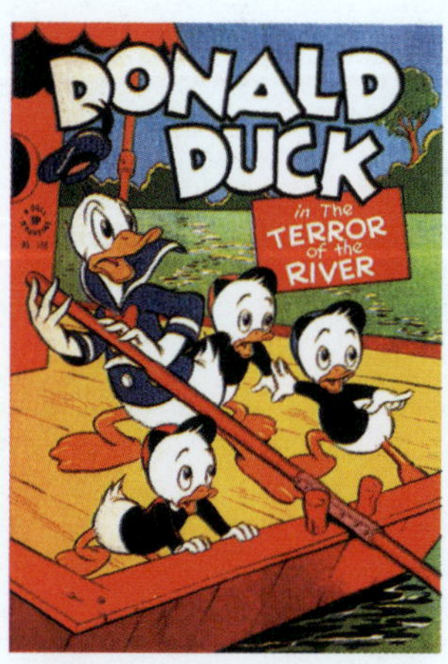

Im Sommer 1946 wurden in Four Color *108 lange Donald-Geschichten von Barks veröffentlicht. Die Titelillustration der Hauptgeschichte „The Terror of the River" stammt von Carl Buettner.*

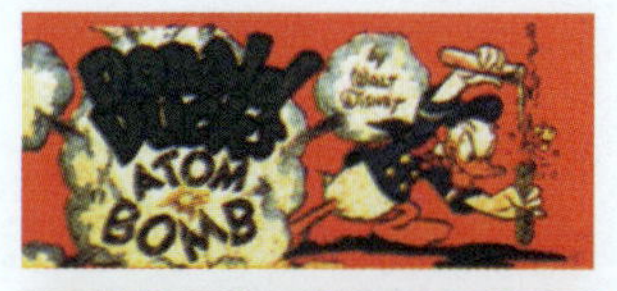

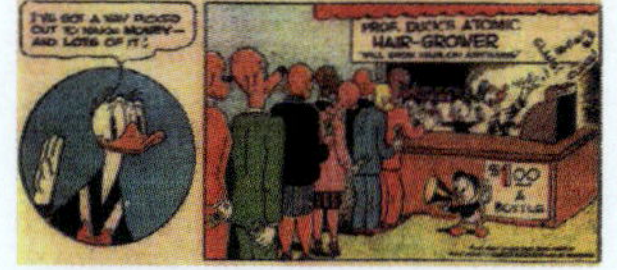

Donald's Atom Bomb war der Titel des von Barks gestalteten Werbe-Piccolohefts von Anfang 1947 mit Donald Duck. Hier der Titel und die letzte Seite.

Die in diesem Band chronologisch zusammengestellten Zehnseiter aus dem Heft *Walt Disney's Comics and Stories*, etwa die Hälfte der von Barks in dieser Zeit gezeichneten Comics, entstanden in der Zeit von Juni 1945 bis August 1946. Sie erschienen ohne Unterbrechungen in den Heften 62 bis 76, die von November 1945 bis Januar 1947 an den Kiosken waren. Drei dieser Geschichten erschienen 1953 und 1954 im deutschen *Micky-Maus*-Heft, drei weitere 1958, alle übrigen erst ab Ende der siebziger Jahre.

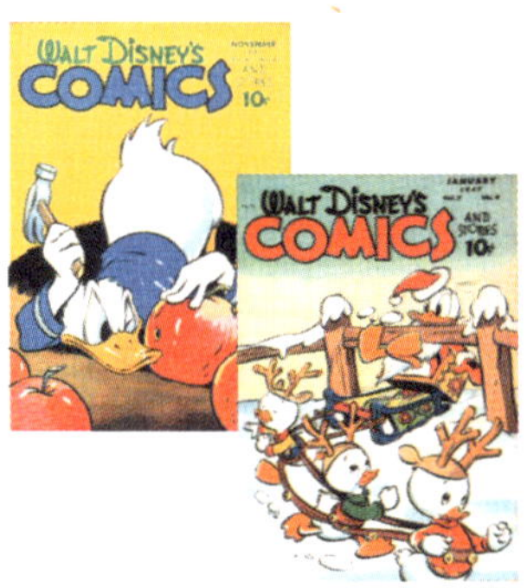

Walt Disney's Comics and Stories *Heft 62 und 76. Die Titelbilder zur ersten und letzten Geschichte in diesem Band stammen von Walt Kelly. Das Titelbild von Heft 62 hat möglicherweise Carl Buettner getuscht.*

Subtile Details

Die erste Geschichte dieses Bandes beginnt mit einer ungewohnten Reminiszenz an den Schluss der Geschichte des Vormonats. Die Neffen baden immer noch in dem Geld, das sie als Belohnung erhalten haben. Aber die ungewohnte Kontinuität ist weniger beachtlich als das Geldbad der Neffen, die hier schon eine der Lieblingsbeschäftigungen ihres Onkels Dagobert vorwegnehmen. Da die Geschichten in Deutschland in einer anderen Reihenfolge erschienen, wurde aus der Belohnung hier ein Lottogewinn.

Donald benützt hier ein Sportgerät, das damals in Deutschland noch absolut undenkbar war: Wasserskier. Donald will der Beste sein und stürmt doch von einer Seite zur nächsten immer mehr dem Titel gebenden schmählichen Ende zu. Sehr raffiniert wird ein Gegner aufgebaut, der zwar nicht sein Konkurrent ist, ihm aber dennoch die Niederlage bereitet. Dass Donald die Neffen im Original einmal „Saboteurs" nennt, und dass er an Stelle von „Bitte nicht zwicken!" „I've been torpedoed!" lamentiert, ist ein kleiner Hinweis darauf, dass diese Geschichte noch zu Kriegszeiten entstand.

Dem weißbärtigen Gegenspieler Donalds ruft in der deutschen Fassung eine junge Dame zu: „Du bist Spitze, Paps!" Das wirkt verwirrend, ist die Dame doch eine Ente, der alte Herr hingegen ein Hund. Hier hilft das Original weiter: Die Dame ruft zwar „Oh, pops, you're wonderful!" Aber da auch Donald den alten Herrn so nennt und dieser seinerseits Donald als „son" bezeichnet, ist klar, dass mit „pops" nicht „Paps", sondern „Alterchen" und mit „son" „junger Mann" gemeint ist. Die Verwendung von Pop und Son ist besonders im Westen der USA häufiger anzutreffen. Sie entspricht der hiesigen Unsitte, alte Menschen verallgemeinernd als Opa oder Oma zu bezeichnen.

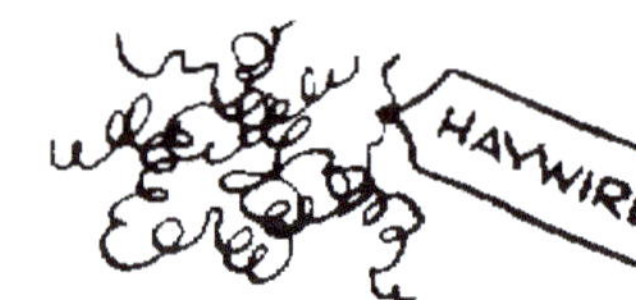

Ein Stück Heudraht mit Hintersinn führt für Donald zum schmählichem Ende der Geschichte

Ebenfalls aus dem Westen stammt ein winziges Detail, das zeigt, wie subtil Barks mit Sprache umzugehen versteht. Laut einem Textkasten verwendet Donald Draht, um sein Boot selbst zu steuern. Man sieht dazu ein wirres Drahtknäuel. Während Donald im Original den Draht „baling wire" nennt, wird er im Textkasten als „haywire" bezeichnet. Es handelt sich bei beiden Begriffen um die Sorte Draht, mit der man schon im Wilden Westen Heu zu Ballen gebunden hatte. Dieser Draht verzwirbelte gern und man konnte sich leicht darin verheddern. Daher stammt auch die umgangssprachliche Wendung „something went haywire" – da ist was schief (oder wirr) gelaufen. Da Barks Donald den Fachbegriff in den Schnabel legt, im Textkasten aber den volkstümlichen Namen verwendet, deutet er auf sehr subtile Art und Weise schon das nachfolgende Verheddern Donalds im Gestrüpp seines hirnrissigen Plans an.

Die folgende Story vom „schönsten Finderlohn" ist eine der herrlichsten Parabeln über menschliches Verhalten, die sich Barks je ausgedacht hat. Sie zeigt einerseits die übersteigerte Wichtigtuerei Donalds, die Bereitschaft der meisten Menschen, in kleinen Dingen unehrlich zu sein, wenn es ihrem Vorteil dient, und die Naivität der Neffen, die (im Original) glauben, nur drei oder vier Menschen würden auf Donalds Inserat hin kommen, um den Geldschein abzuholen.

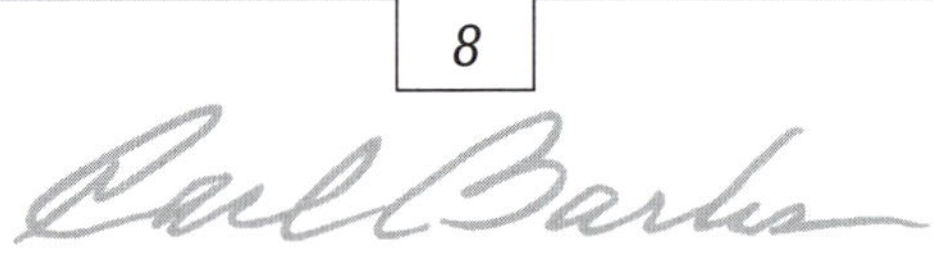

Auch in dieser Geschichte findet sich noch ein Hinweis auf den Krieg. Als sich die Neffen zanken, fragt Donald: „Now what is THIS war about!" Interessant auch, dass Donald hier an der Elm Street wohnt und außer Nachbar Jones eine Nachbarin hat, die die Nummer eines jeden Geldscheins kennt, den sie je besessen hat. Wie bei der vorhergehenden Geschichte zeigt sich, dass Barks schon vor Dagoberts Auftreten dessen Charakteristika durch den Kopf gegangen sind.

In „Gute Vorsätze" meint ein Polizist sodann, Donald wohne an der Oak Street. Leider erwähnt er nicht, ob diese die Elm Street kreuzt oder parallel zu ihr verläuft. Recht hübsch auch der deutsche Straßenname Parkallee, der in der Verquickung von Parkstraße und Schlossallee eine Verneigung vor dem allseits beliebten Monopoly-Spiel ist. Sehr witzig ist außerdem bei Barks der Anfangsdialog über Donalds Geisteszustand. Daisy meint, er brauche mehr Willensstärke, da sein Hirn alle fünf Minuten die Melodie wechsle. Worauf Donald meint, in seinem Kopf gehe es nun mal zu wie in einer Jukebox.

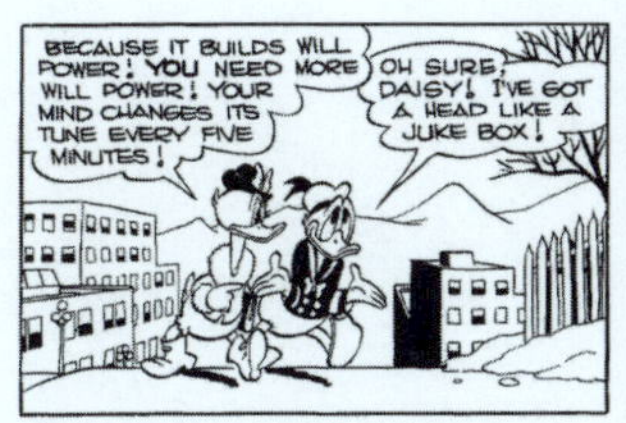

Im Original ist Donald so wankelmütig wie der Plattenwechsler einer Jukebox, weshalb ihm Daisy rät, zum neuen Jahr gute Vorsätze zu fassen.

Die „Lore aus Singapore" belegt, dass in Deutschland der Papagei bevorzugt die Lora oder Lore genannt wird. Im Original ist dieser Papagei hingegen männlichen Geschlechts, heißt Joe und verhält sich machohaft, etwa gegenüber der dicken Frau, die er als alten Kohlenkahn mit dem Gesicht eines Heilbutts bezeichnet. Sie aber ist ein weiblicher Schauermann, wofür sie nicht nur die Statur, sondern auch die Schlagkraft hat. Wobei sich ihr Beruf „Stevedore" natürlich auf Singapore reimt. Ebenso übrigens, wie – bei leichter Überstrapazierung der Umgangssprache – der Papageienname Joe.

Der Fachmann zeigt Donald nicht wirklich als Fachmann. Er hält sich nur für einen. Donalds Hang zur Theatralik wird in dieser Geschichte deutlich. Er spricht in gewähltem Shakespeare-Ton, während die Neffen in Umgangssprache antworten. So fragt er etwa „Whither away, infants, in such mad haste?" Erika Fuchs lässt ihn stattdessen nicht minder theatralisch fragen: „Was werden hier für finstre Pläne geschmiedet?" Das Donald sich später in der Wahl der Worte vergreift und falsche Bilder verwendet, wird besonders unter Wasser deutlich, als er in seiner Wut dem Fisch hinterherruft: „Don't try to run away, you scaly crow! I'll hound your footprints clear to the north pole!" (Etwa: Versuch bloß nicht wegzulaufen, du geschuppte Krähe! Ich folge deinen Fußspuren wie ein Bluthund bis zum Nordpol!)

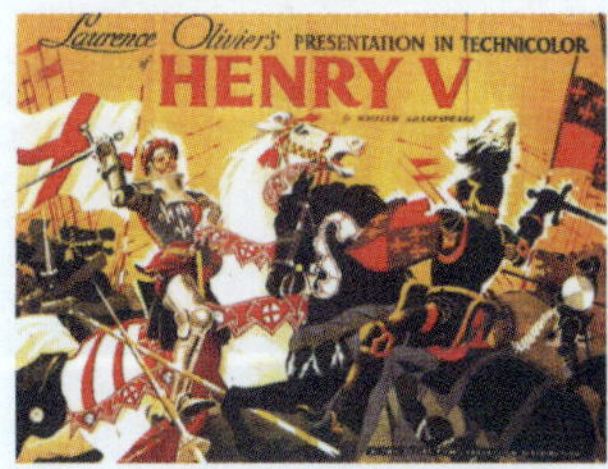

Laurence Oliviers Shakespeare-Verfilmung Henry V (Heinrich V.) erhielt 1946 einen Ehren-„Oscar". Auch Donald befleißigt sich gern der hier vorgegebenen altertümlichen, literarischen Sprache.

Dass diese Geschichte nach Kriegsende entstand, kann man daran erkennen, dass sich Donald im Original eine Wasserbombe besorgen will, um den Fisch zu erlegen. Dazu geht er in einen „War Surplus"-Laden, also ein Geschäft, das gebrauchtes, vom Krieg übrig gebliebenes Militärgut verkauft.

Als es bei den Ducks um eine „gute Geldanlage" geht, sind erste Ansätze für längere Schnäbel der Ducks zu sehen. Besonders deutlich wird hier, wie Barks Geschichten aufbaut, indem er ein Thema vorgibt, das scheinbar mit der nachfolgenden Handlung, dem Maiausflug, nichts zu tun hat, dann aber die Handlungsstränge verknüpft und den geschürzten Handlungsknoten überraschend löst, es aber nicht bei dieser Lösung bewenden lässt, sondern das gute Ende noch einmal ins Gegenteil verkehrt. Interessant am Rande ist, dass der von den Neffen konstruierte Hubschrauber eine gewisse Ähnlichkeit mit dem Himmelsgefährt hat, das Jahrzehnte später Erich von Däniken dem Propheten Ezechiel zuschreibt.

Als es um die „Freuden des Drachensteigens" geht, zeigt Donald – anders als in „Der Fachmann" –, dass er tatsächlich zu Großem fähig ist, zu großen Drachen nämlich. Dabei übertrifft sich Donald eigentlich nur deshalb selbst, weil ihn die Neffen manipulieren und in dieses Abenteuer treiben, um dem Abwasch zu entgehen. Der Leser wird in den Witz der Geschichte einbezogen, indem sich Donald direkt an ihn wendet und so die nachfolgenden Gags um so wirksamer macht. Auch dabei geht es wieder einmal poetisch zu. Donald zitiert Shakespeare, die Neffen dichten und Donald alliteriert in Anlehnung an die gerade aktuelle Thematik der Atomspaltung: „Stop, you murderous molecules! I want to separate you into atoms!" Und: „How can I get vengeance on those gloating globules?"

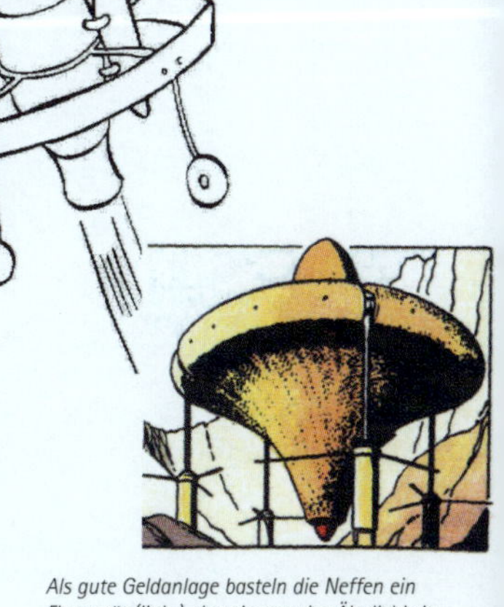

Als gute Geldanlage basteln die Neffen ein Fluggerät (links), das eine gewise Ähnlichkeit mit dem Bild hat, das der Ufo-Forscher Erich von Däniken beim Propheten Ezechiel entdeckt haben will. Die Zeichnung stammt aus dem Däniken-Comic Die Götter aus dem All *Band 8, © 1982 Econ Verlag*

Bei den Namen zeigt Barks Wortwitz. Das Palasthotel, auf dessen Dachterrasse die berühmtesten Männer ein Festessen abhalten, heißt im Original in Anlehnung an das Nobelhotel Waldorf-Astoria das Swelldorf-Castoria. Anwesend sind der Welt größter Atomwissenschaftler, Professor Nitro (Professor Sauerkraut) und der Ballonfahrer Major Neckake (Chirurg Doppelkinn). Neckake ist ein Hinweis auf die Nackenschmerzen (neckache), die man bekommt, wenn man zu den Ballons hinaufstarrt. Die Namen der deutschen Fassung orientieren sich eher am Aussehen der betreffenden Herren.

Schwankende Schnabellängen

Bodybuilding-Werbung nimmt Barks mit kräftig alliterierenden Werbesprüchen auf die Schippe

„Jedenfalls Muskelschmalz" fordert Daisy sodann von Donald. Man sieht, Bodybuilding war schon lange vor Arnold Schwarzenegger ein Thema. Gerade amerikanische Comic-Hefte enthielten häufig Anzeigen, wie man vom Schwächling zum Muskelmann mutieren könne. Daher stabreimt Barks im Original auf der Rückseite der Broschüre „How to build mighty muscles" munter: „Muscle miracles: beefy bodies from tubby tummies". (Muskel-Mirakel: Kräftige Körper aus breiten Bäuchen). Die Häufung von Stabreimen wirkt komisch und steigert den Spaß an der Geschichte. Selbst die patriotische Reminiszenz, die Barks in einem kleinen Textkasten „Als der Morgen dämmert..." macht, ist augenzwinkernd gemeint. Als Zitat aus der amerikanischen Nationalhymne textet er da nämlich: „By the dawn's early light..."
Zur Geschichte vom russischen Rassehund ist anzumerken, dass sich auch hier wieder längere Duckschnäbel ankündigen. Das kleine Schweinchen Herbert von nebenan, das bereits wiederholt vorkam, bringt den Hund zu den Ducks. Im Original heißt der Hund „Tagalong", was eine Anspielung auf den damals sehr populären, stets schwarz gekleideten Westernhelden Hopalong Cassidy ist.
Die Erzählung „Eine gute Lehre" ist eine moralisch motivierende Mär mit dem Fazit, dass Schwindeln nicht lohnt. Donald bekommt mit, dass die Neffen den Einflüsterungen des bösen Buben Butch (Otto) erliegen, ihn bei einem Wettkampf zu überlisten. Nun bedient er sich seinerseits in einer verqueren Logik eines Tricks, um den Neffen zu zeigen, dass Betrügen nicht lohnt. Als er denkt, sie hätten ihre Lektion gelernt, legen sie ihn jedoch noch einmal herein, geraten dabei aber in Lebensgefahr, aus der sie Donald rettet. Erst da erkennen sie, dass es einen Unterschied zwischen Schwindeln und tatsächlichem Können gibt, weshalb sie Butch und seine Freunde vertrimmen. Wenn Barks hier ziemlich deutlich Stellung zu Fragen der Moral bezieht, tut er es mit Mitteln, die vom Film her bekannt sind. Die bösen Buben sind im Original eindeutig als Gangster identifizierbar, da sie in einem film-stereotypen Brooklyn-Amerikanisch reden.
In „Wie du mir, so ich dir" geht es ebenfalls um Kindererziehung. Schuleschwänzen wird thematisiert. Die Kinder wollen trampen wie weiland der Held in Preston Sturges' Film *Sullivan's Travels* (1941). Donald will die Neffen vom Schwänzen mit einer grausamen Brotzeit kurieren, bekommt aber zur Strafe selbst Ungenießbares vorgesetzt. So erfinderisch Donald beim Broteschmieren ist, so erweist sich einer der Neffen (vor Daniel Düsentrieb) als Erfinder der verhängnisvollen Erfindung eines Golddetektors.
Besonders viele Anklänge an die damalige Zeit enthält die Geschichte „Gnadenlos", in der Donald sich als Schuldeneintreiber betätigt. Donald ist zunächst sehr erfolgreich in diesem Gelegenheitsjob, indem er sich immer in die Sprache der „Kundschaft" versetzt. Mit dem Ganoven Scarpuss McKnuck (Knuffi Klopstock) redet er in Brooklyn-Englisch darüber, dass der einen Fin (fünf Dollar) für einen Blackjack (Totschläger) schuldet, mit dem wilden Weib aus Watuland redet Donald im damals in den Medien stereotypen Negerslang. Barks konterkariert die Stereotype jedoch, da die „wilde Frau" offensichtlich Bildung hat. Sie lässt sich ihr Essen von einem französischen Imbissladen (Henri's Lunchbox) kommen. Donald empfindet seinen Job als einen „cakewalk", einen damals beliebten Tanz. Da alles so einfach scheint, übergibt Donald die Arbeit seinen Neffen zu ausbeuterischen Bedingungen: Er bietet ihnen zehn Cent pro eingetriebener zehn

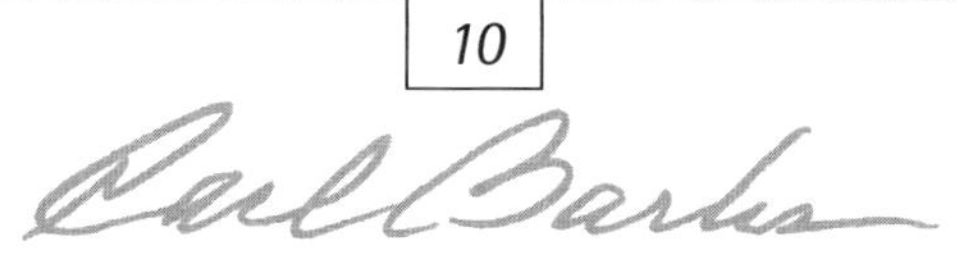

Dollar. Das ist nur ein Zehntel dessen, was er pro Dollar erhält. Im Deutschen bleibt Donalds Honorarangebot absichtlich wolkig und nebulös: „Darüber reden wir noch!"

Der erste zahlungsunwillige „Kunde" der Neffen ist ein Fledermausmann beim Zirkus. Das ist in mehrfacher Hinsicht – auf subtile Art – witzig. Zum einen verabschiedet sich Donald, um Comics zu lesen. Zum anderen ist eine der populärsten Comic-Figuren der Zeit ein Fledermausmann, eben Batman. Bekanntlich standen für die Kostümierung der Superhelden die Trikots von Zirkusartisten Pate. Und der Fledermaustyp heißt obendrein Bassofoglio (deutsch: Bassogrotto). Das lässt sich als „minderes Buch" übersetzen. Und als was galten wohl Comic Books? Genau!

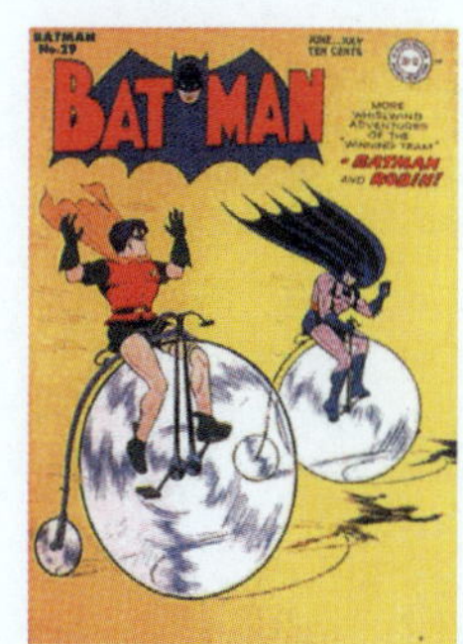

Batman Nr. 29, Juni 1945. Auf dem Titel dieses Hefts betätigen sich Batman und Robin artistisch. Barks veralbert den reichen Bruce (Batman) Wayne als säumigen Zahler Bassofoglio. © DC Comics

Und wenn schon ein Comic-Held Schulden hat, sollte sie auch ein anderer haben: Donald selbst. Donald versucht sich herauszureden und vor den Neffen in Verkleidung zu fliehen. Die Neffen durchschauen ihn jedoch, denn: „That guy`s too round to be on the square!" und „I'd know that waddle anywhere!" Abgesehen davon, dass sich die Aussagen der Neffen reimen, ist außer Donalds Watschelgang verräterisch, dass er zu rund ist, um eckig (sprich: echt) zu sein. Die Neffen hätten ein drittes Indiz finden können. Als sich der verkleidete Donald „verabschiedet", sagt er, er wolle zum „Bolonian Ambawsador" gehen. Hier verwendet der sprachgewandte Donald wieder einen Dialekt und obendrein eine umgangssprachliche Wendung. Bologna ist in den USA nicht nur die Stadt in Italien, sondern auch eine Wurstsorte, die wir als Mortadella kennen. Wegen der scheinbar aufgeblasenen Form dieser Wurst wurde daraus auch das Wort „boloney" oder „baloney", das soviel wie Quatsch oder Unsinn bedeutet. Ein Bologner-Botschafter ist also von vornherein ein Schwindler. Die Neffen durchschauen dieses Wortspiel aber nicht. Es war für den umgangssprachlich bewanderten Leser bestimmt, damit der schon vor den Neffen Bescheid wusste und so auf die komische Lösung vorbereitet war.

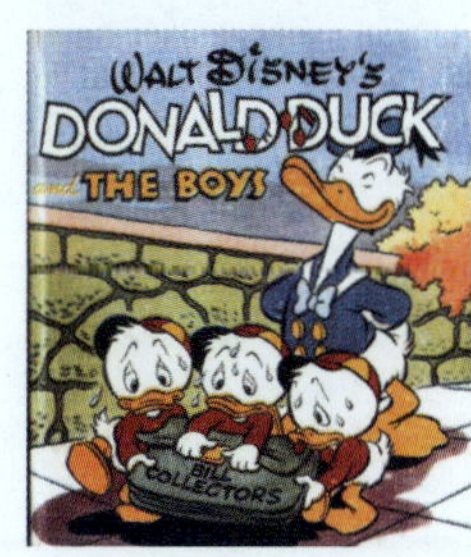

Das Kinderbuch Donald Duck and the Boys, das 1948 erschien, entstand mit neuen Zeichnungen nach der zuvor entstandenen Comic-Geschichte.

Diese Geschichte wurde 1948 inhaltlich überarbeitet und stärker auf das Thema Kinderpsychologie zurechtgestutzt, um sie als Kinderbuch zu publizieren. Barks fertigte für dieses Buch neue Zeichnungen an. Es war eines der wenigen Kinderbücher, die er speziell illustriert hatte. Es wurde unter dem Titel *Donald and the Boys* veröffentlicht.

Da im Vorjahr die Barks-Weihnachtsgeschichte von der Redaktion abgelehnt worden war, bot Barks 1946 für *Walt Disney's Comics and Stories* keine Weihnachtsgeschichte an. Er ließ die Neffen beim Erntedankfest im Original aber immerhin in Erinnerung an die nicht veröffentlichte Geschichte vom Vorjahr „Jingle Bells" singen, als sie den Truthahn mit dem Bollerwagen heimkutschieren.

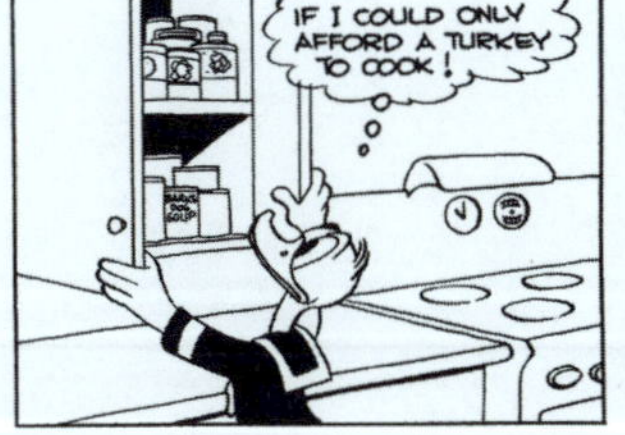

Was entdeckt Donald im Küchenschrank? Barks Dog Soup! Es ist einer der wenigen Hinweise, die Carl Barks in seinen Geschichten auf sich selbst macht.

Von besonderer Bedeutung ist diese Geschichte wegen eines kleinen Details. Da die Ducks die Truthähne nicht schlachten wollen und können, schaut Donald in der Küche nach, was man wohl essen könnte. Im Küchenschrank sieht man unter anderem eine Dose Barks Dog Soup. Es war der einzige Fall, in dem Barks seinen Namen in eine Geschichte einbrachte. Auch in der folgenden Geschichte wurde Weihnachten übergangen, zumal sich Barks bereits für die *Firestone Giveaways* eine Weihnachtsgeschichte ausgedacht hatte. Stattdessen ließ er eine Katze *falsch wie Gift* Donalds Haushalt auf den Kopf stellen.

Fassen wir noch einmal einige Erkenntnisse aus den Geschichten dieses Bandes zusammen: Barks fing an mit den Schnäbeln zu experimentieren. Er konstruierte die Zehnseiter so, dass die Gags gut vorbereitet wurden und durch stets neue Wendungen die komische Spannung bis zur letzten Seite gewahrt blieb. Barks beherrschte verschiedene amerikanische Slangs und Dialekte und machte von ihnen regen Gebrauch. Die Figuren sprechen daher auf unterschiedlichen Sprachebenen, die subtilen Humor verraten. Barks greift gern zu sprechenden Namen, zu einer prägnanten bildhaften Sprache und er verwendet Reim, Stabreim und gelegentlich auch Anspielungen auf Literatur und Film. Mit anderen Worten: Barks ist nicht nur als Zeichner und Geschichtenerfinder genial, er ist auch im Original ein Sprachakrobat. Dieser Aspekt seines Werkes ist in den USA noch keineswegs voll ausgelotet, obwohl man dort „nur" das Original vorliegen hat und keine noch so kunstfertige Übertragung in eine andere Sprache, die dieses Genie verbirgt.

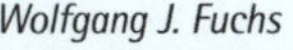

Wolfgang J. Fuchs

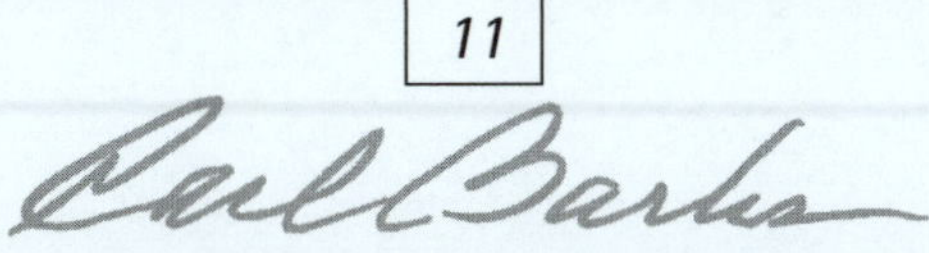

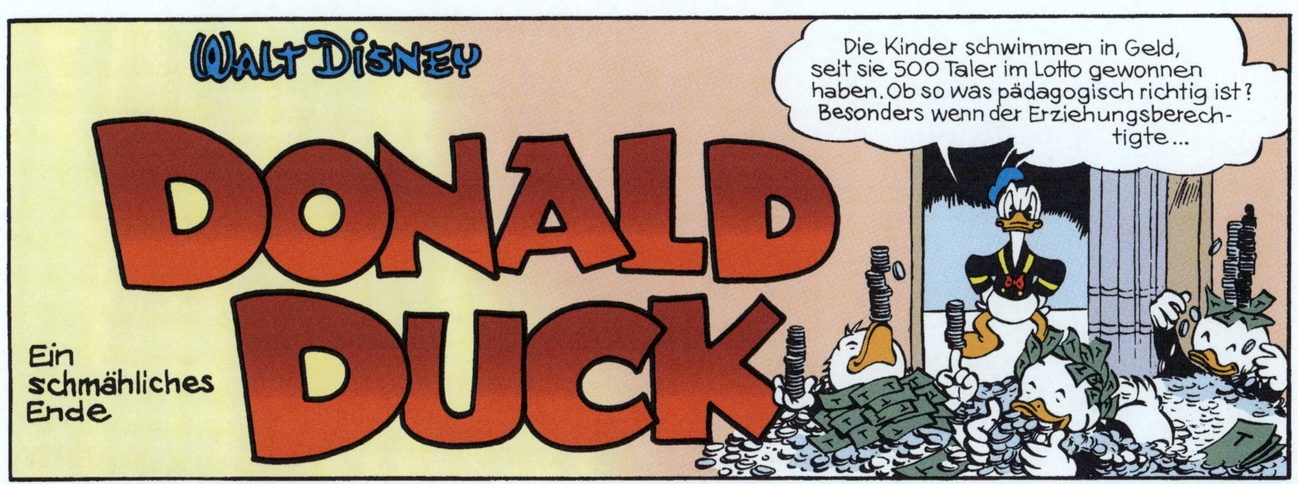
WALT DISNEY
DONALD DUCK
Ein schmähliches Ende
Die Kinder schwimmen in Geld, seit sie 500 Taler im Lotto gewonnen haben. Ob so was pädagogisch richtig ist? Besonders wenn der Erziehungsberechtigte...

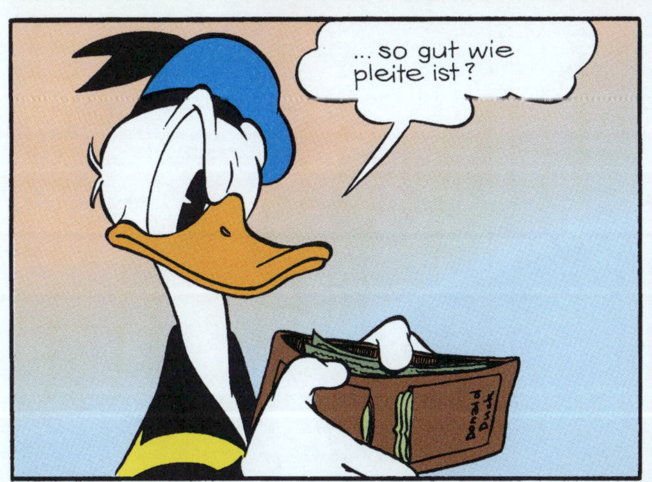
...so gut wie pleite ist?
Donald Duck

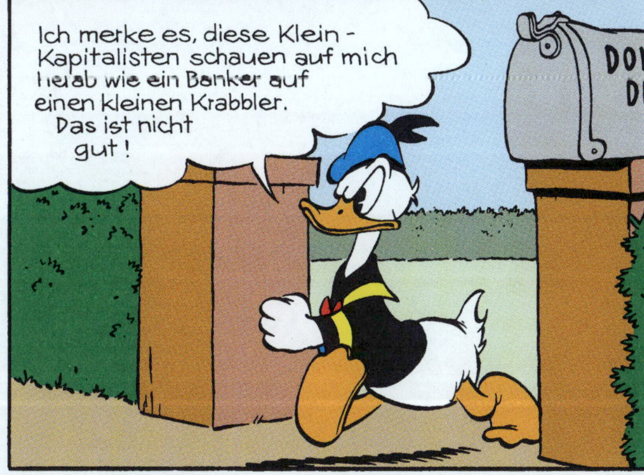
Ich merke es, diese Klein-Kapitalisten schauen auf mich herab wie ein Banker auf einen kleinen Krabbler. Das ist nicht gut!

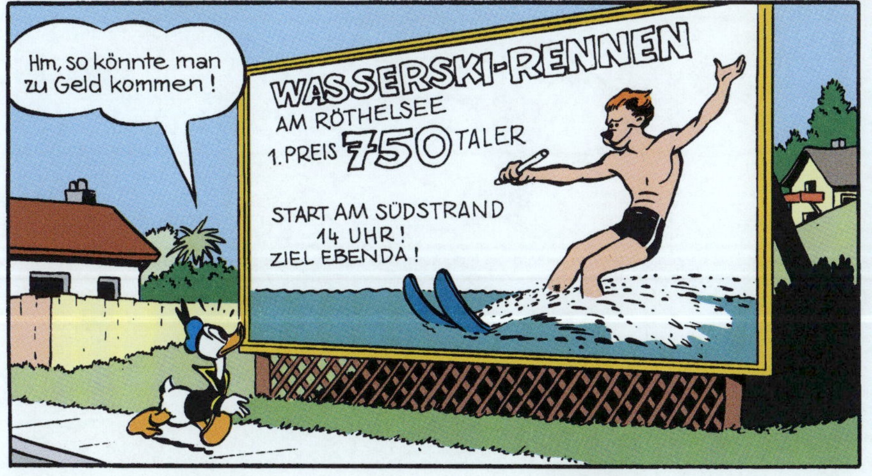
Hm, so könnte man zu Geld kommen!
WASSERSKI-RENNEN
AM RÖTHELSEE
1. PREIS 750 TALER
START AM SÜDSTRAND 14 UHR! ZIEL EBENDA!

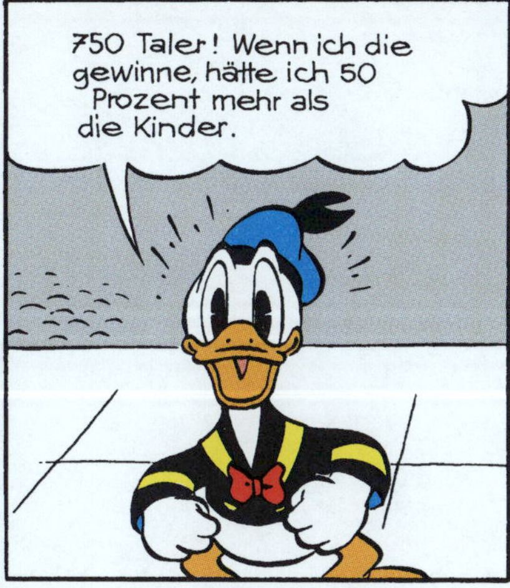
750 Taler! Wenn ich die gewinne, hätte ich 50 Prozent mehr als die Kinder.

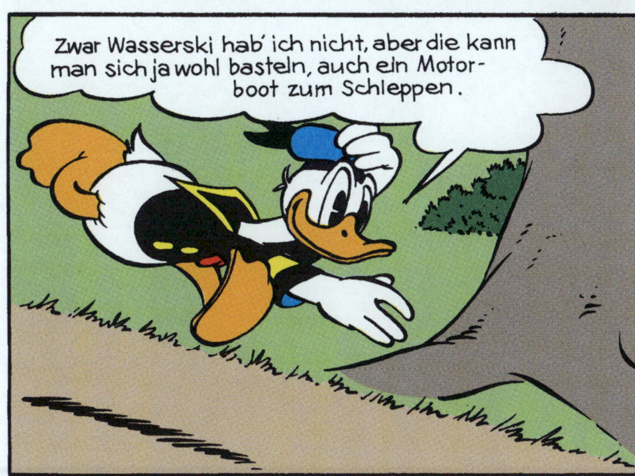
Zwar Wasserski hab' ich nicht, aber die kann man sich ja wohl basteln, auch ein Motorboot zum Schleppen.

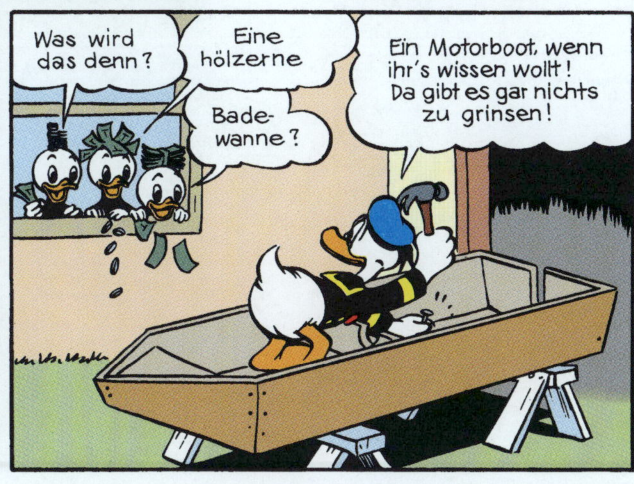
Was wird das denn?
Eine hölzerne
Badewanne?
Ein Motorboot, wenn ihr's wissen wollt! Da gibt es gar nichts zu grinsen!

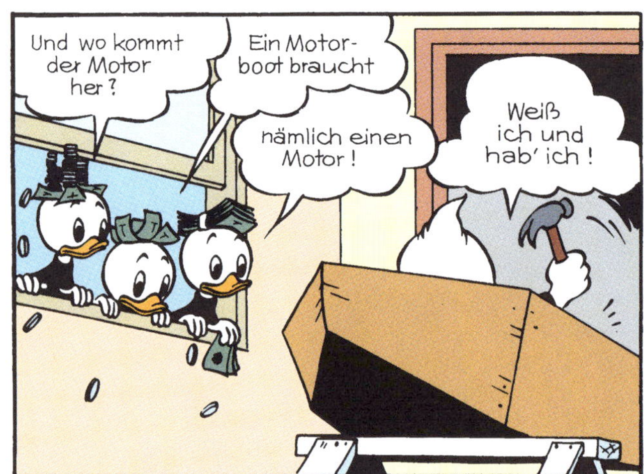
Und wo kommt der Motor her?
Ein Motorboot braucht
nämlich einen Motor!
Weiß ich und hab' ich!

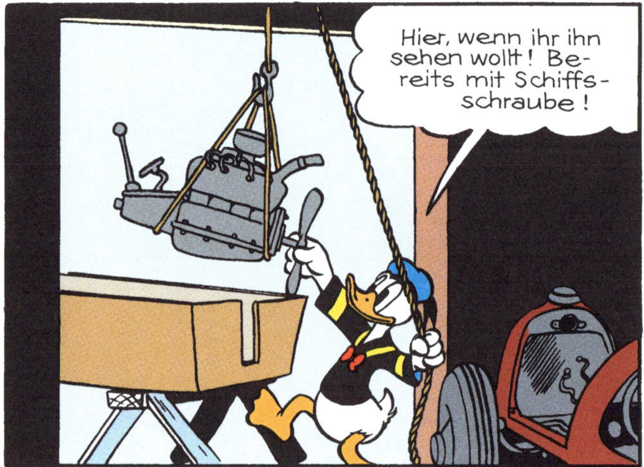
Hier, wenn ihr ihn sehen wollt! Bereits mit Schiffsschraube!

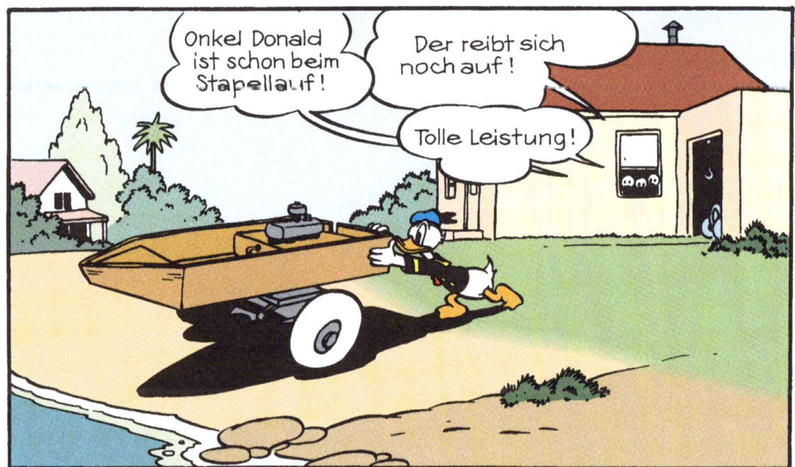
Onkel Donald ist schon beim Stapellauf!
Der reibt sich noch auf!
Tolle Leistung!

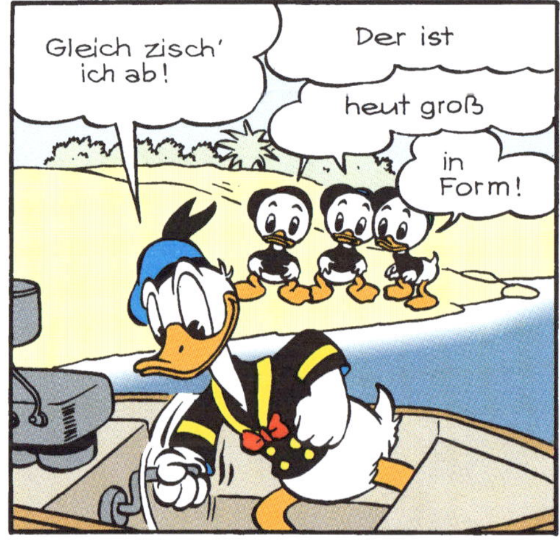
Gleich zisch' ich ab!
Der ist
heut groß
in Form!

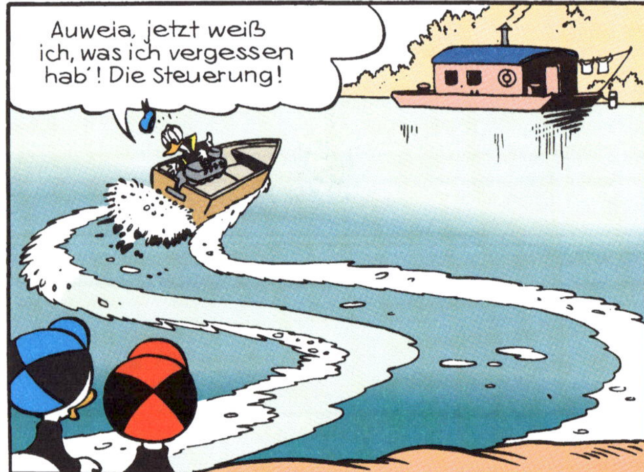
Auweia, jetzt weiß ich, was ich vergessen hab'! Die Steuerung!

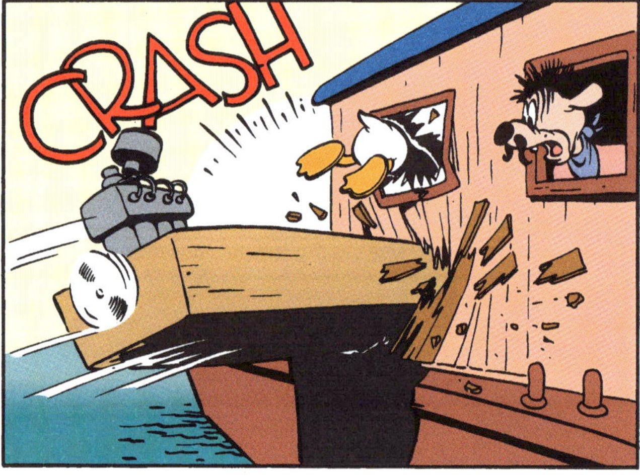
CRASH

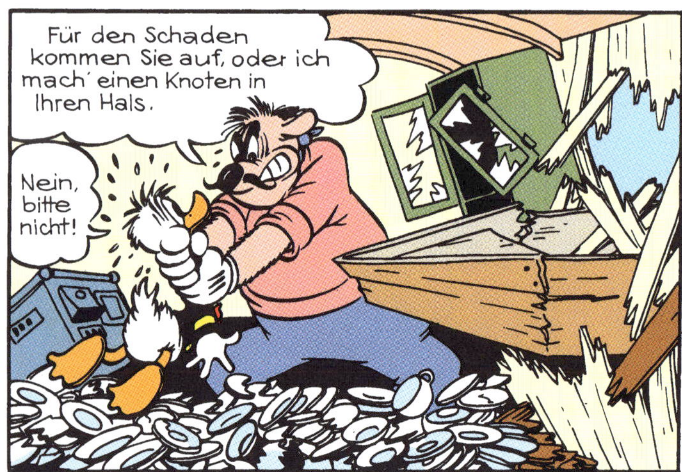
Für den Schaden kommen Sie auf, oder ich mach' einen Knoten in Ihren Hals.
Nein, bitte nicht!

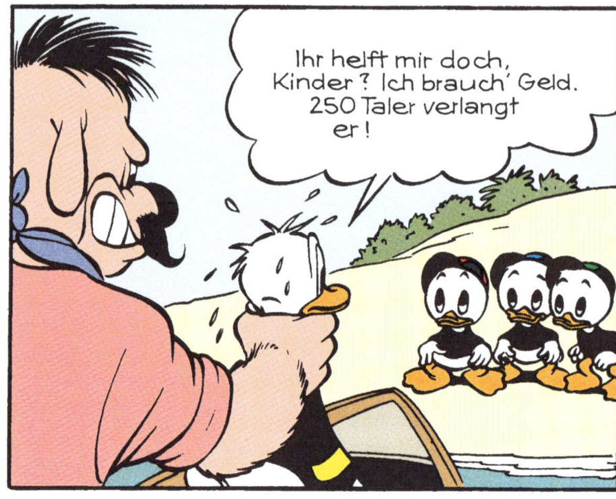
Ihr helft mir doch, Kinder? Ich brauch' Geld. 250 Taler verlangt er!

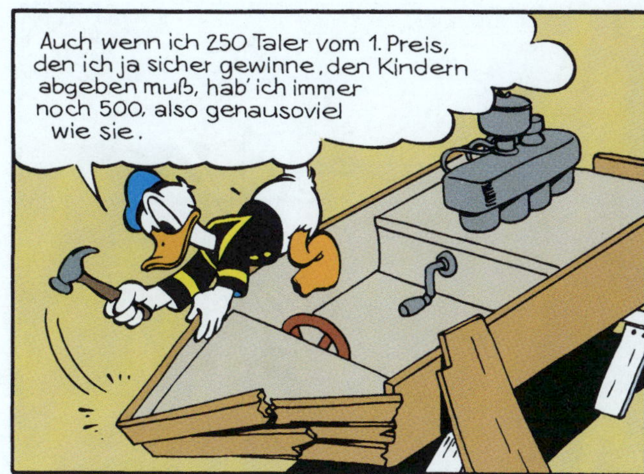
Auch wenn ich 250 Taler vom 1. Preis, den ich ja sicher gewinne, den Kindern abgeben muß, hab' ich immer noch 500, also genausoviel wie sie.

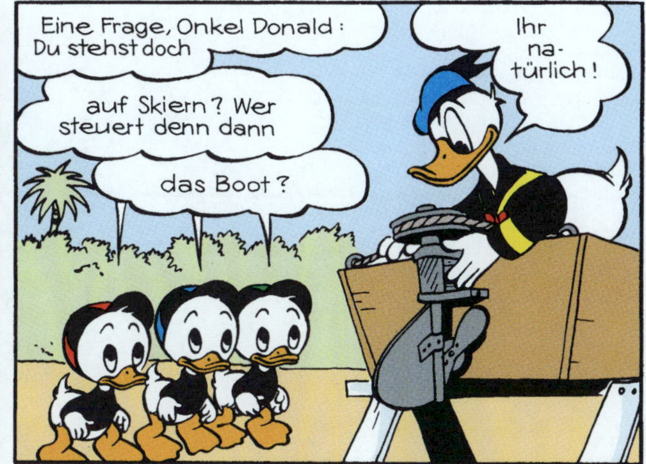
Eine Frage, Onkel Donald: Du stehst doch
auf Skiern? Wer steuert denn dann
das Boot?
Ihr na-türlich!

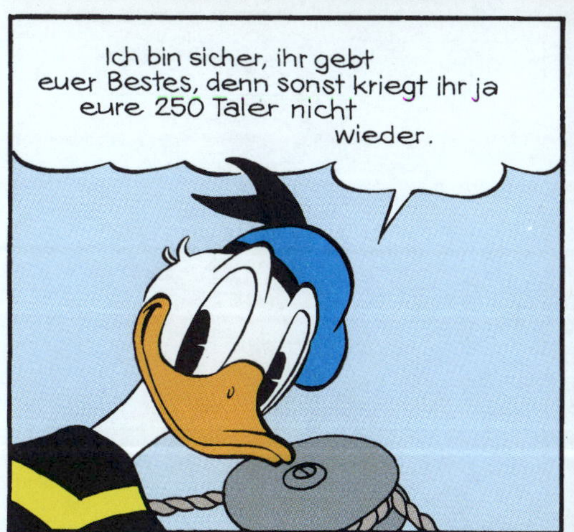
Ich bin sicher, ihr gebt euer Bestes, denn sonst kriegt ihr ja eure 250 Taler nicht wieder.

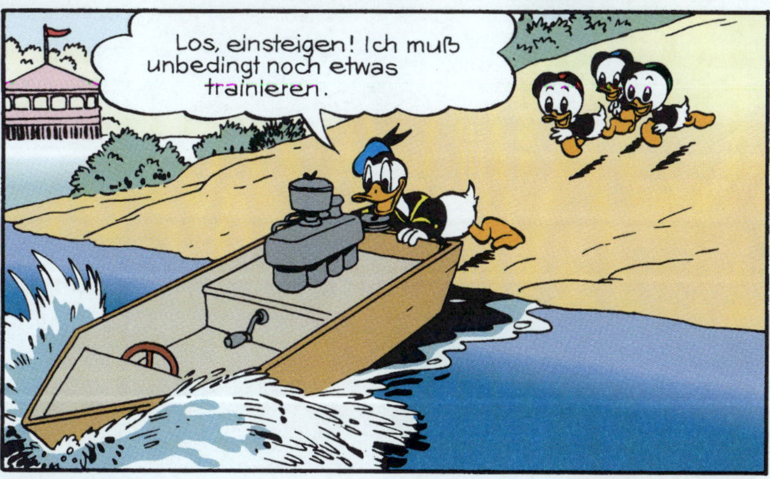
Los, einsteigen! Ich muß unbedingt noch etwas trainieren.

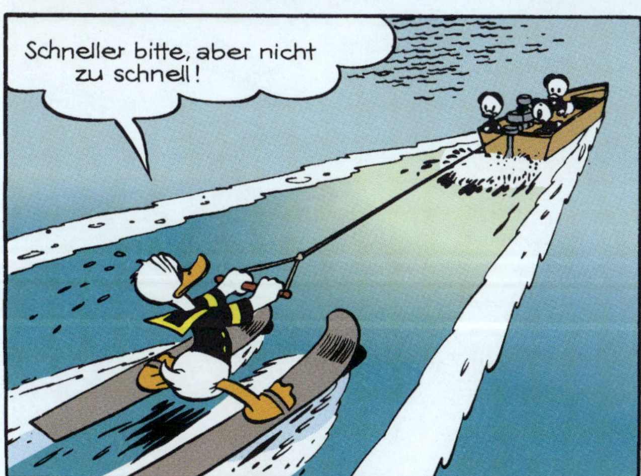
Schneller bitte, aber nicht zu schnell!

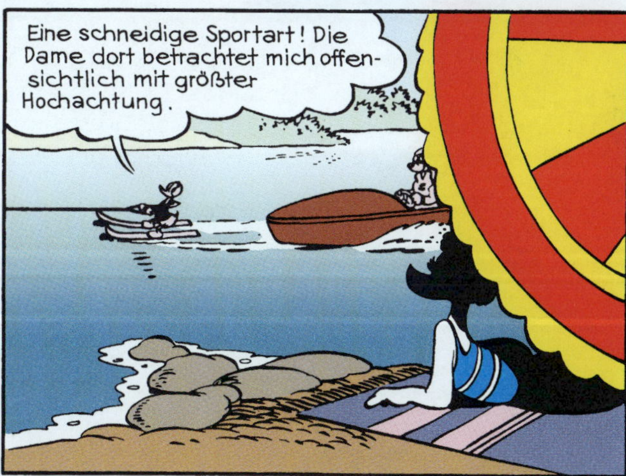
Eine schneidige Sportart! Die Dame dort betrachtet mich offensichtlich mit größter Hochachtung.

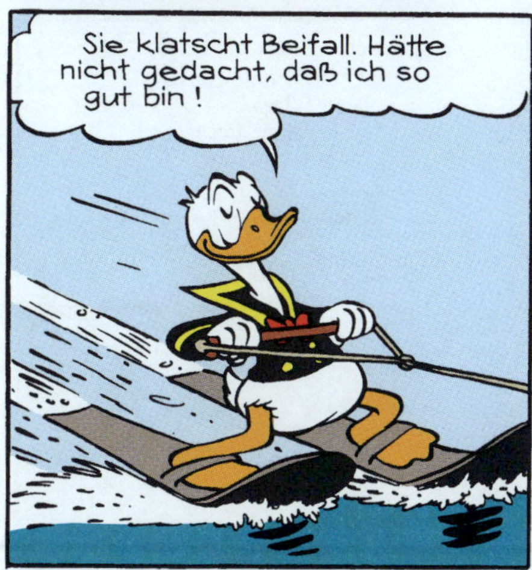
Sie klatscht Beifall. Hätte nicht gedacht, daß ich so gut bin!

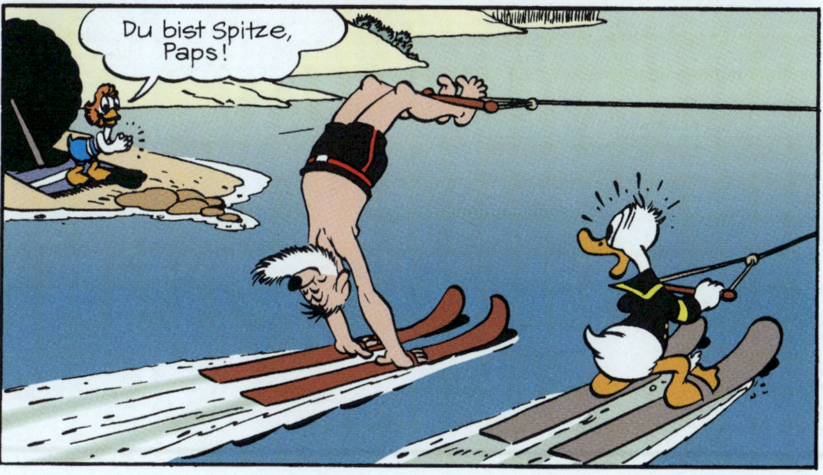
Du bist Spitze, Paps!

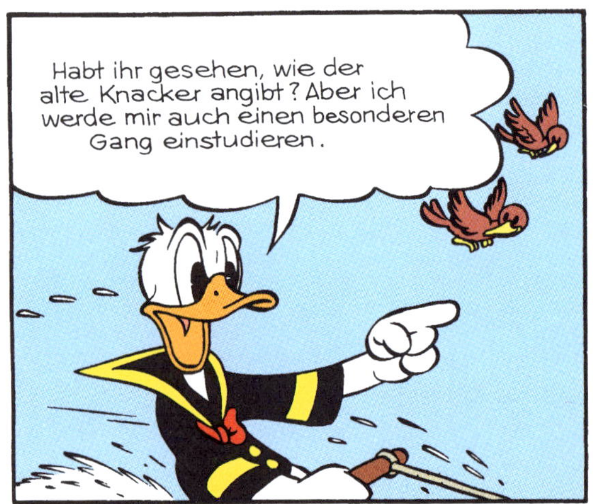
Habt ihr gesehen, wie der alte Knacker angibt? Aber ich werde mir auch einen besonderen Gang einstudieren.

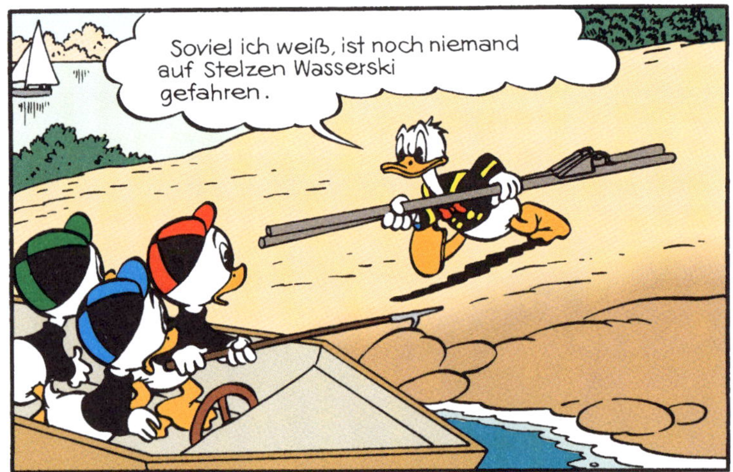
Soviel ich weiß, ist noch niemand auf Stelzen Wasserski gefahren.

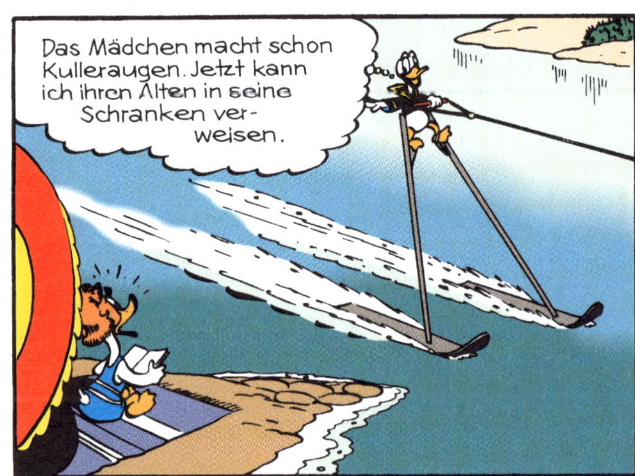
Das Mädchen macht schon Kulleraugen. Jetzt kann ich ihren Alten in seine Schranken verweisen.

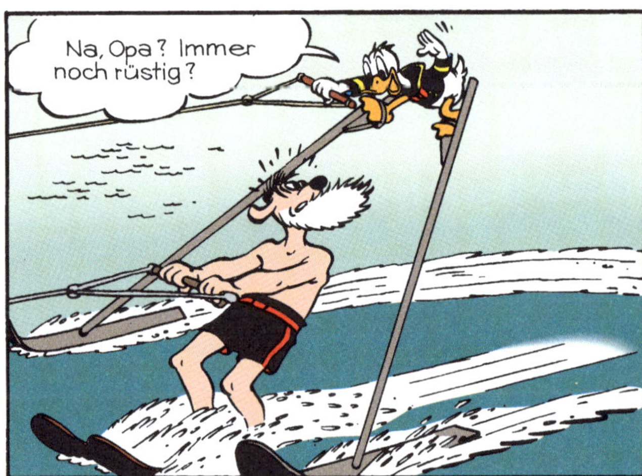
Na, Opa? Immer noch rüstig?

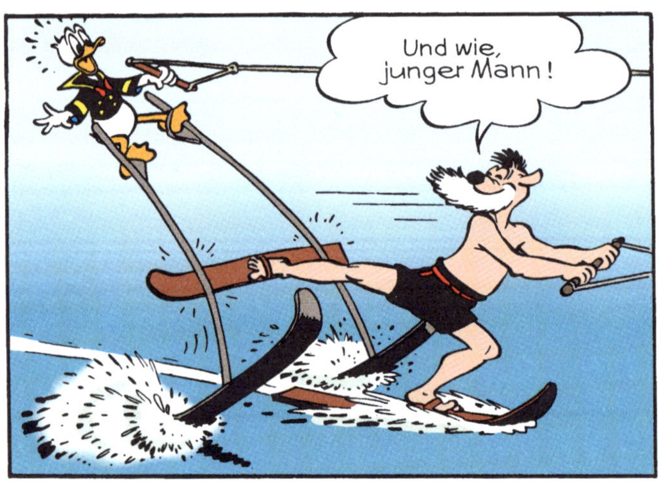
Und wie, junger Mann!

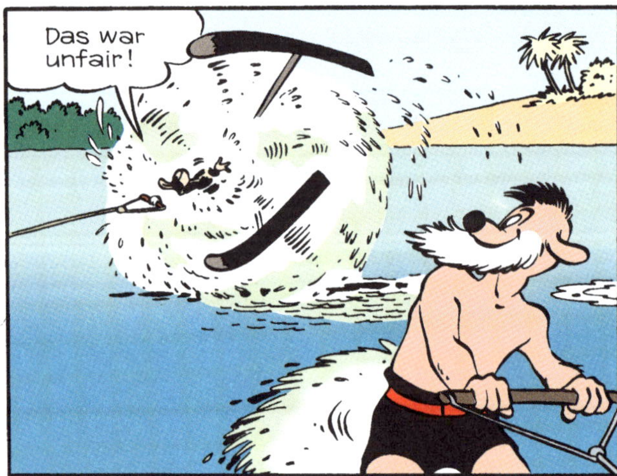
Das war unfair!

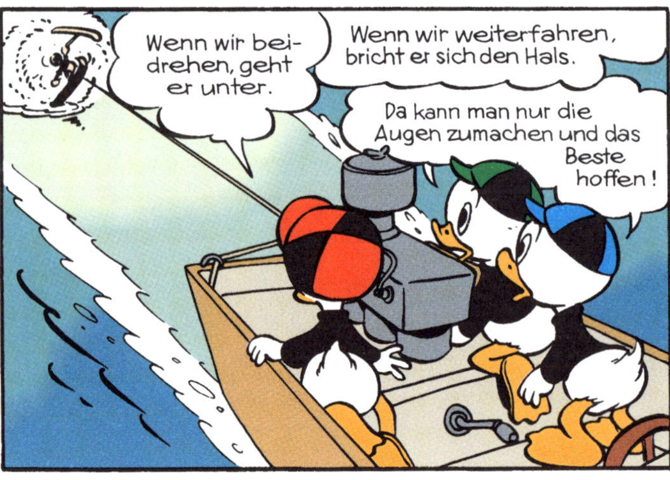
Wenn wir beidrehen, geht er unter.
Wenn wir weiterfahren, bricht er sich den Hals.
Da kann man nur die Augen zumachen und das Beste hoffen!

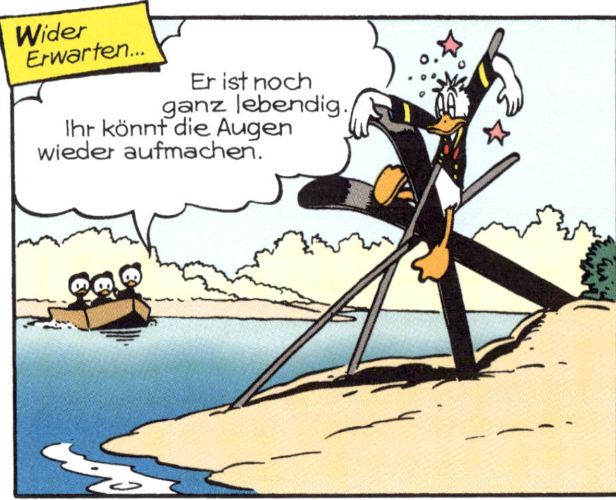
Wider Erwarten...
Er ist noch ganz lebendig. Ihr könnt die Augen wieder aufmachen.

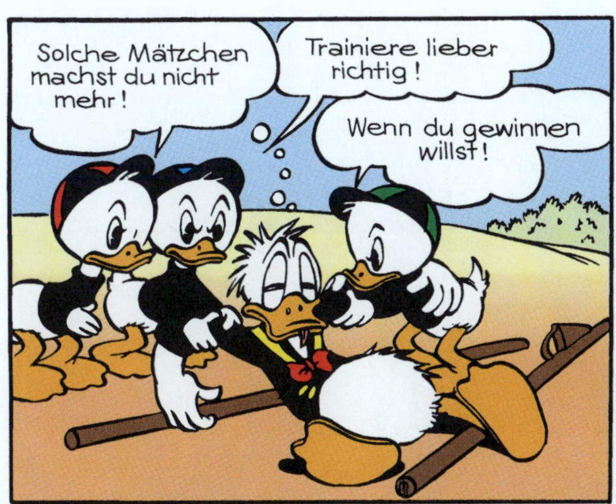
Solche Mätzchen machst du nicht mehr!
Trainiere lieber richtig!
Wenn du gewinnen willst!

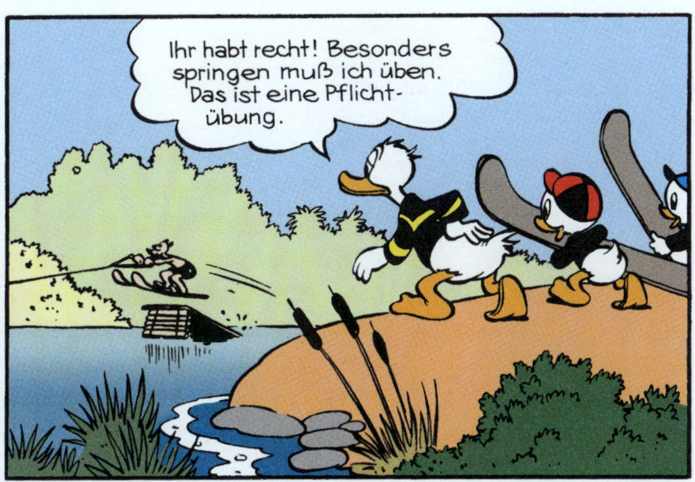
Ihr habt recht! Besonders springen muß ich üben. Das ist eine Pflicht-übung.

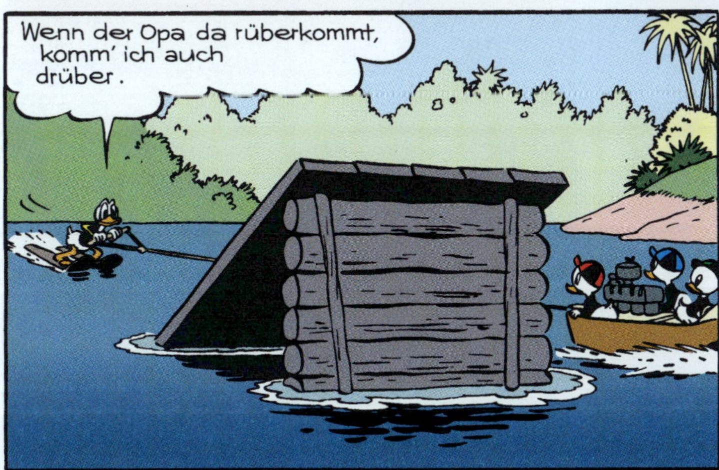
Wenn der Opa da rüberkommt, komm' ich auch drüber.

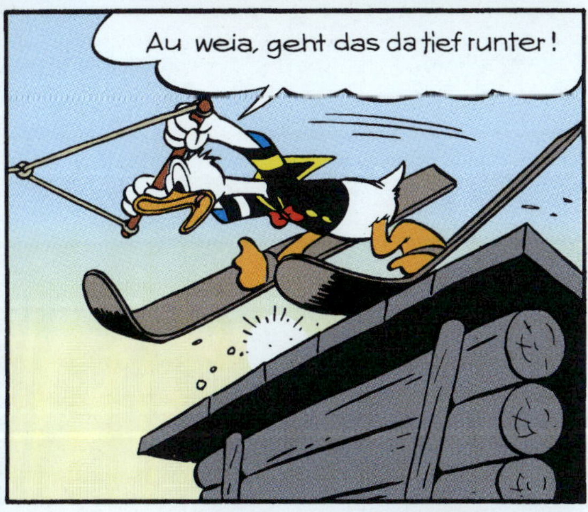
Au weia, geht das da tief runter!

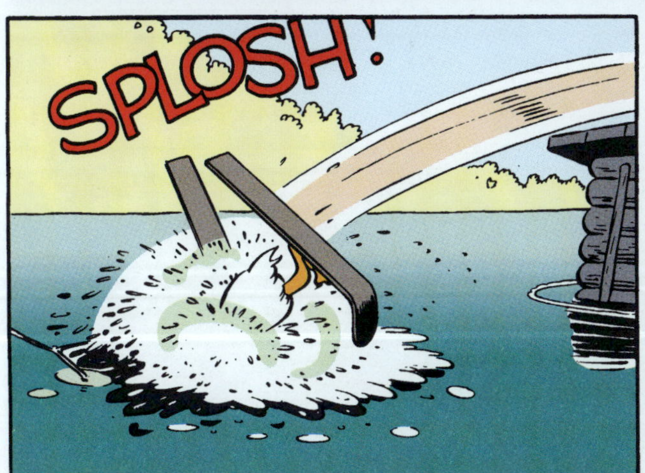
SPLOSH!

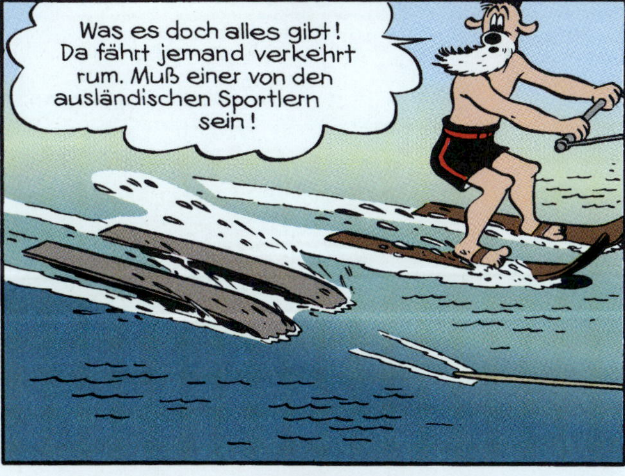
Was es doch alles gibt! Da fährt jemand verkehrt rum. Muß einer von den ausländischen Sportlern sein!

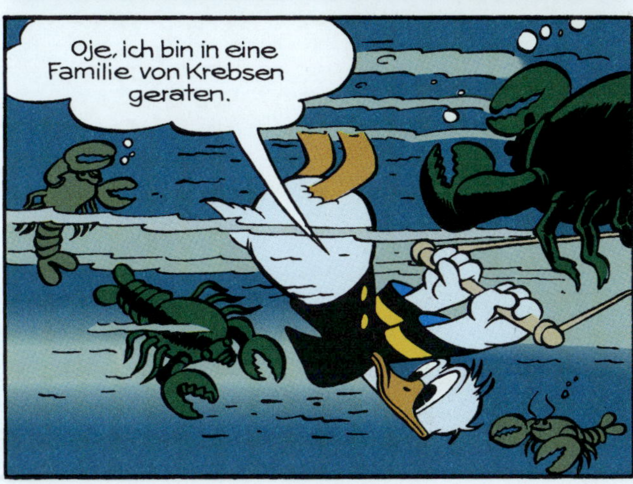
Oje, ich bin in eine Familie von Krebsen geraten.

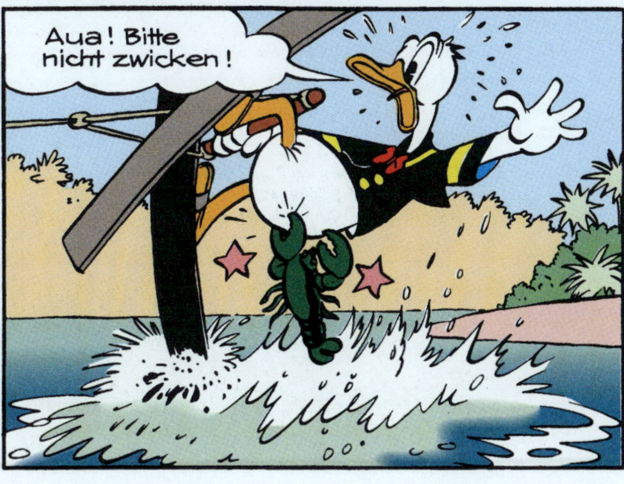
Aua! Bitte nicht zwicken!

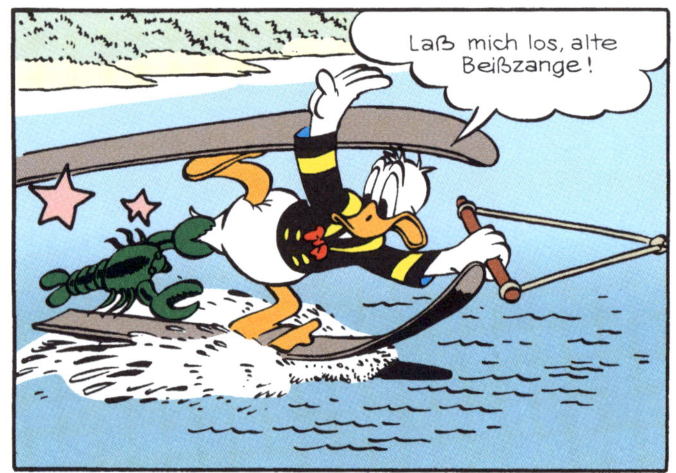
Laß mich los, alte Beißzange!

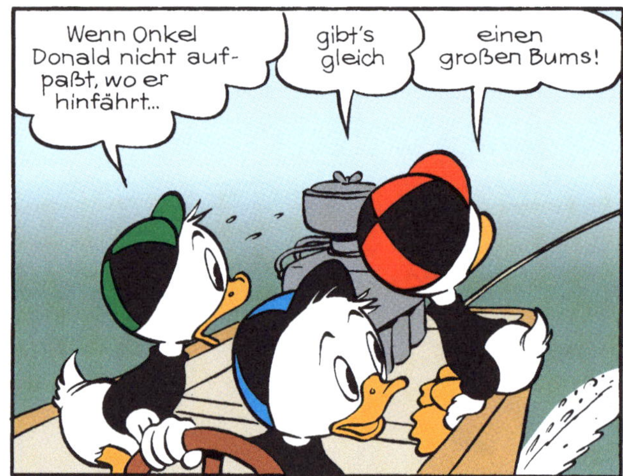
Wenn Onkel Donald nicht aufpaßt, wo er hinfährt...
gibt's gleich
einen großen Bums!

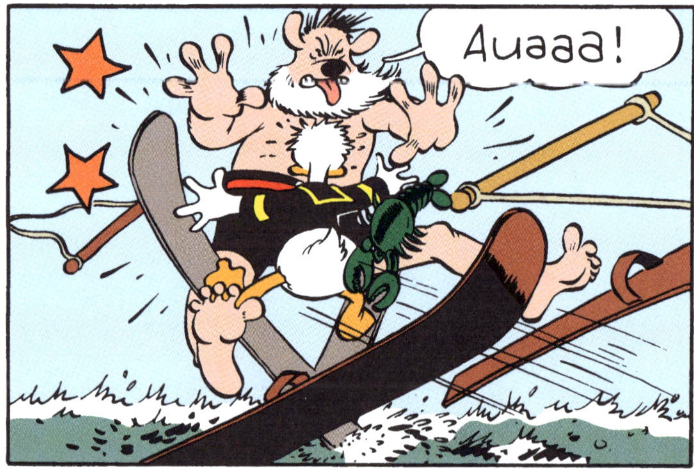
Auaaa!

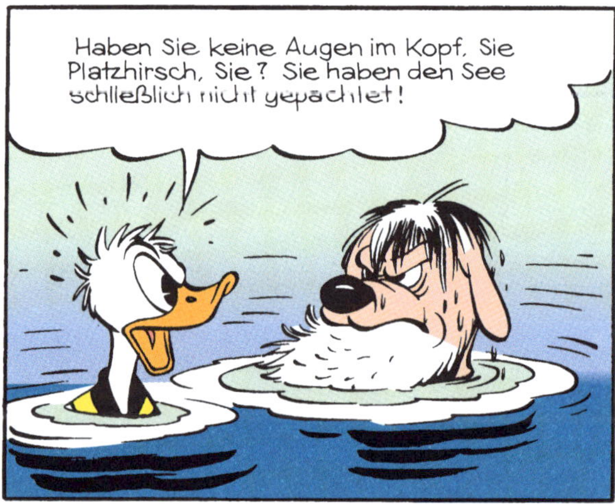
Haben Sie keine Augen im Kopf, Sie Platzhirsch, Sie? Sie haben den See schließlich nicht gepachtet!

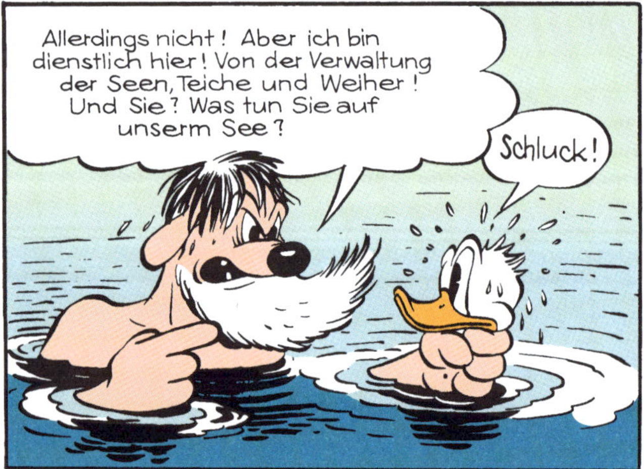
Allerdings nicht! Aber ich bin dienstlich hier! Von der Verwaltung der Seen, Teiche und Weiher! Und Sie? Was tun Sie auf unserm See?
Schluck!

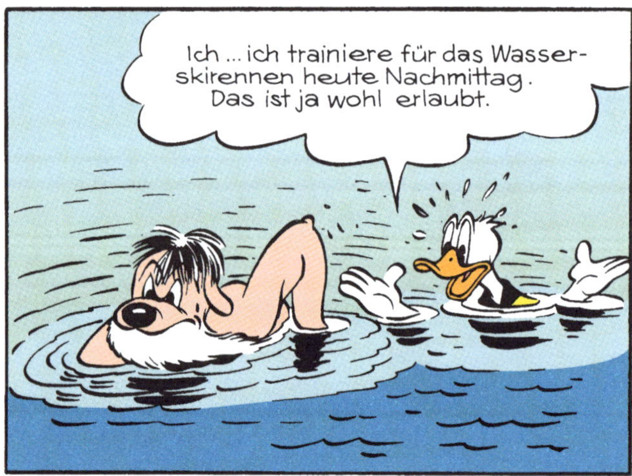
Ich ... ich trainiere für das Wasserskirennen heute Nachmittag. Das ist ja wohl erlaubt.

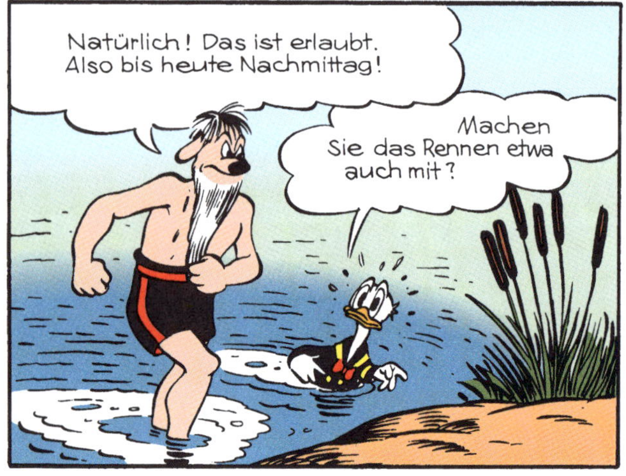
Natürlich! Das ist erlaubt. Also bis heute Nachmittag!
Machen Sie das Rennen etwa auch mit?

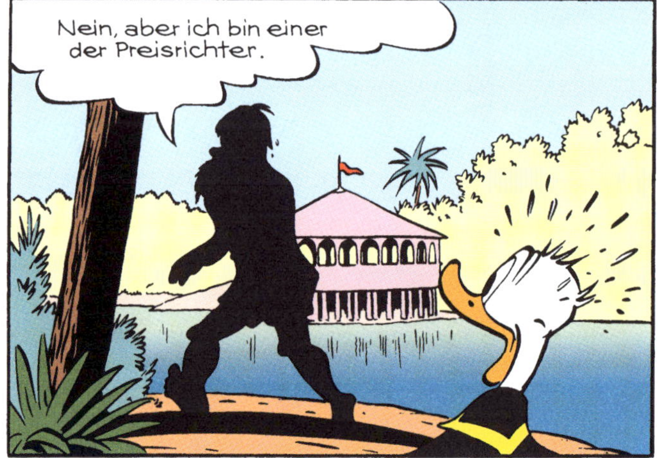
Nein, aber ich bin einer der Preisrichter.

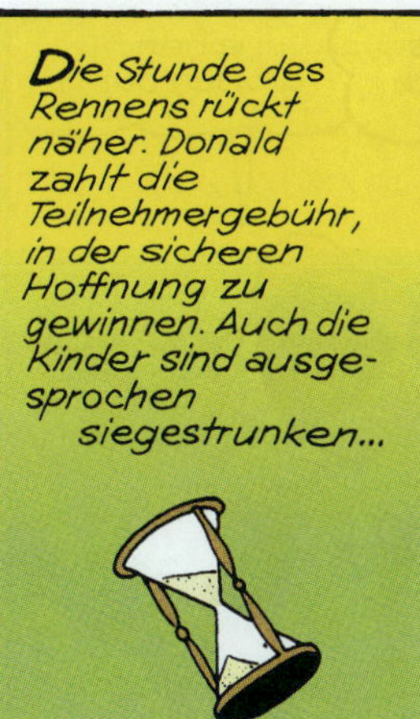
Die Stunde des Rennens rückt näher. Donald zahlt die Teilnehmergebühr, in der sicheren Hoffnung zu gewinnen. Auch die Kinder sind ausgesprochen siegestrunken...

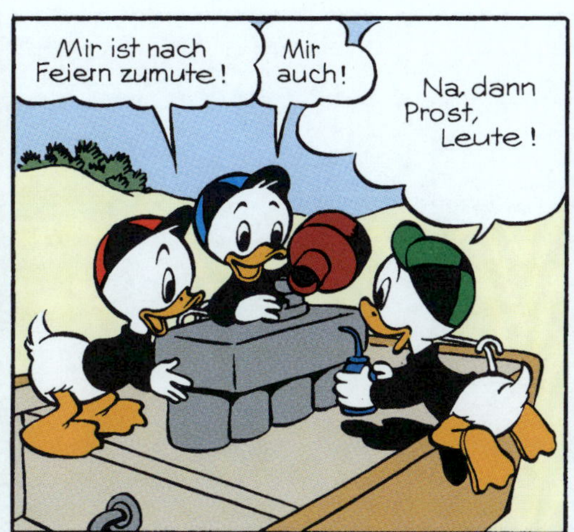
Mir ist nach Feiern zumute!
Mir auch!
Na, dann Prost, Leute!

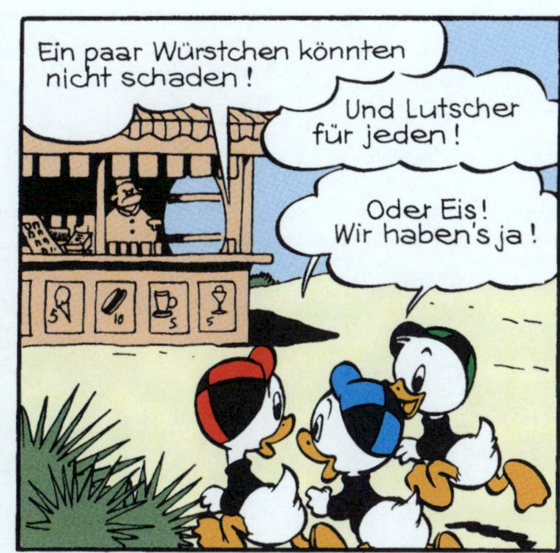
Ein paar Würstchen könnten nicht schaden!
Und Lutscher für jeden!
Oder Eis! Wir haben's ja!

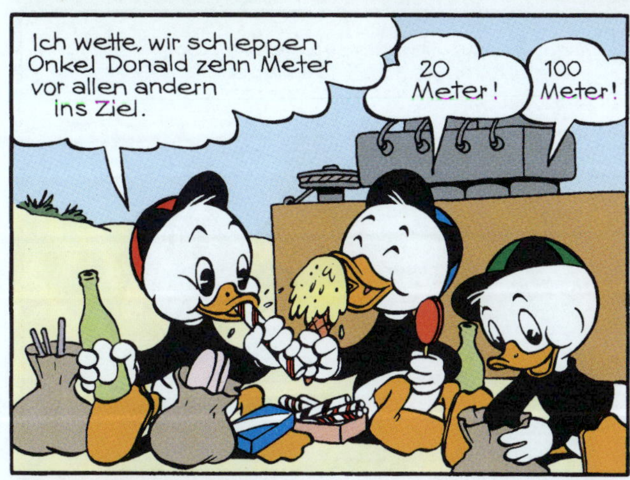
Ich wette, wir schleppen Onkel Donald zehn Meter vor allen andern ins Ziel.
20 Meter!
100 Meter!

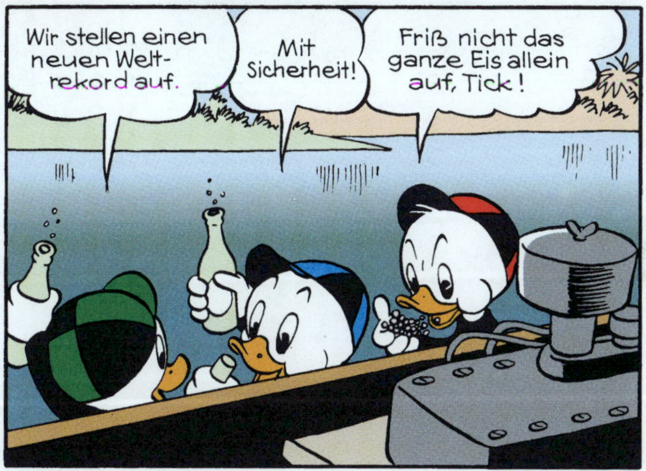
Wir stellen einen neuen Weltrekord auf.
Mit Sicherheit!
Friß nicht das ganze Eis allein auf, Tick!

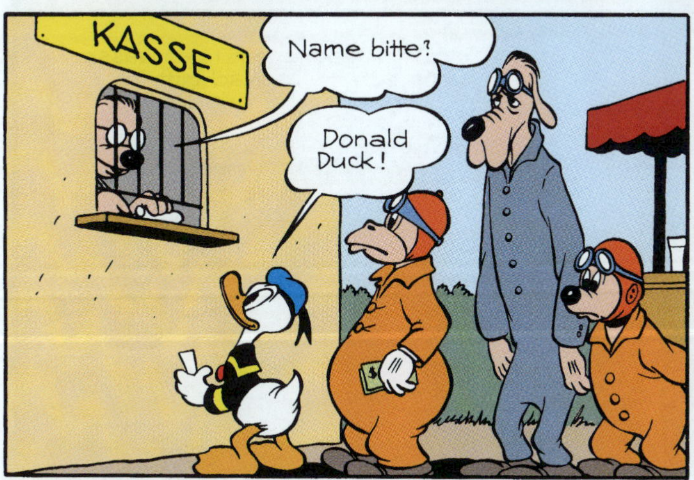
KASSE
Name bitte?
Donald Duck!

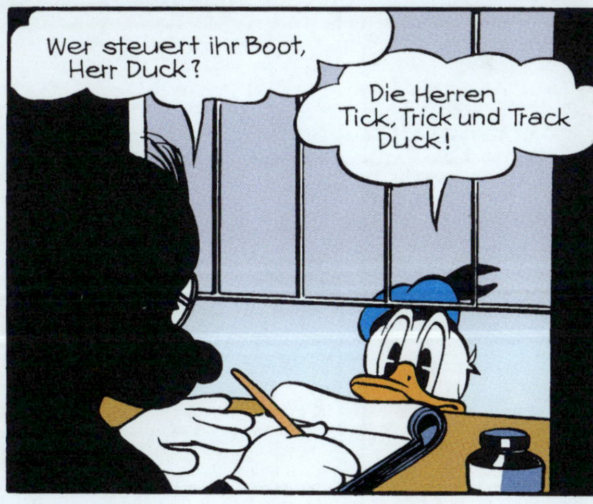
Wer steuert ihr Boot, Herr Duck?
Die Herren Tick, Trick und Track Duck!

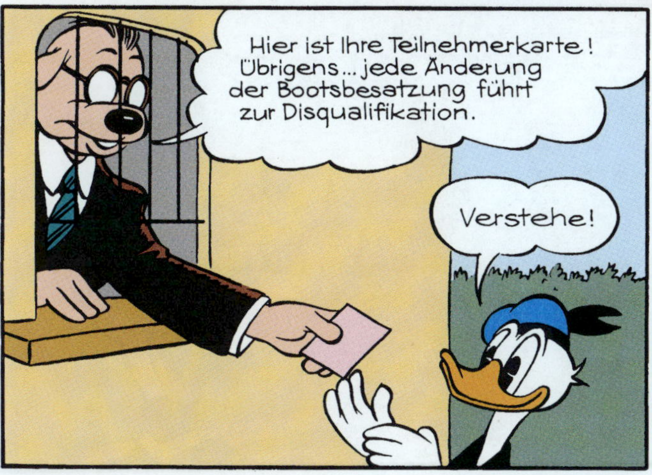
Hier ist Ihre Teilnehmerkarte! Übrigens... jede Änderung der Bootsbesatzung führt zur Disqualifikation.
Verstehe!

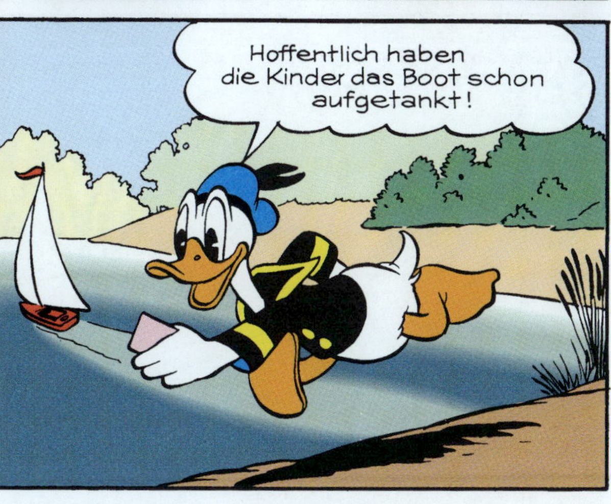
Hoffentlich haben die Kinder das Boot schon aufgetankt!

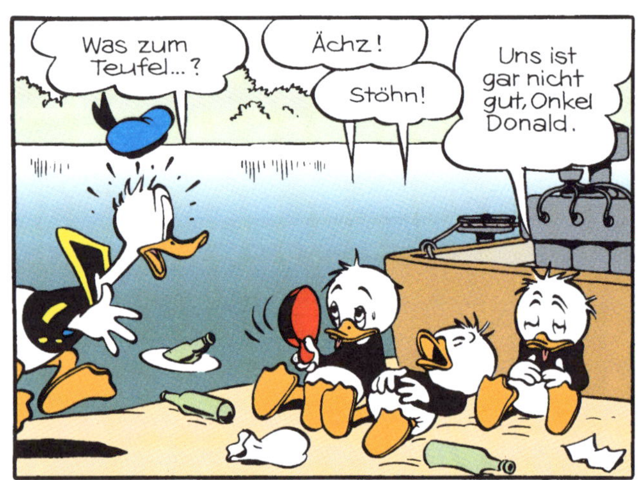

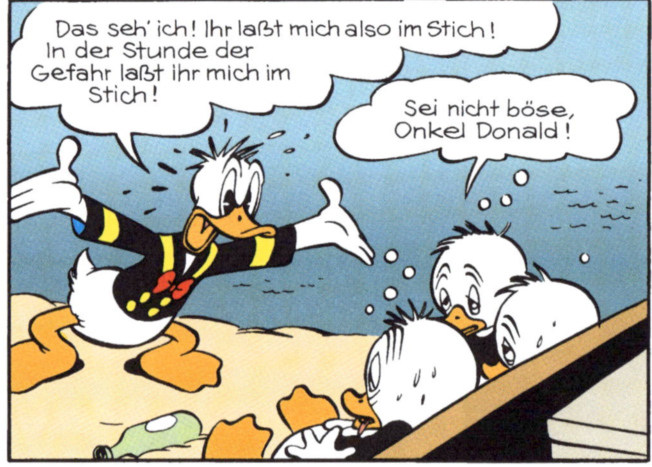

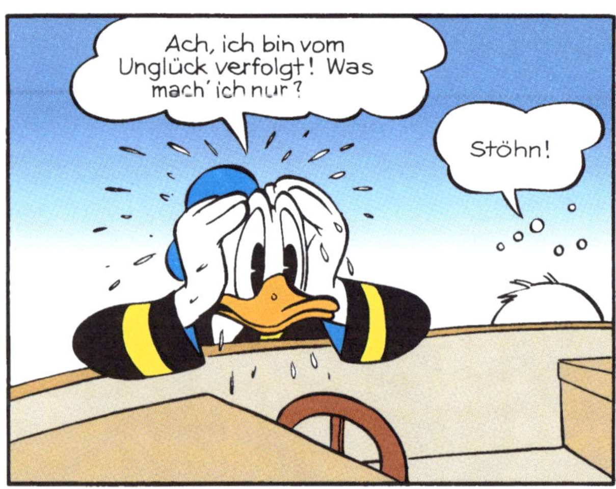

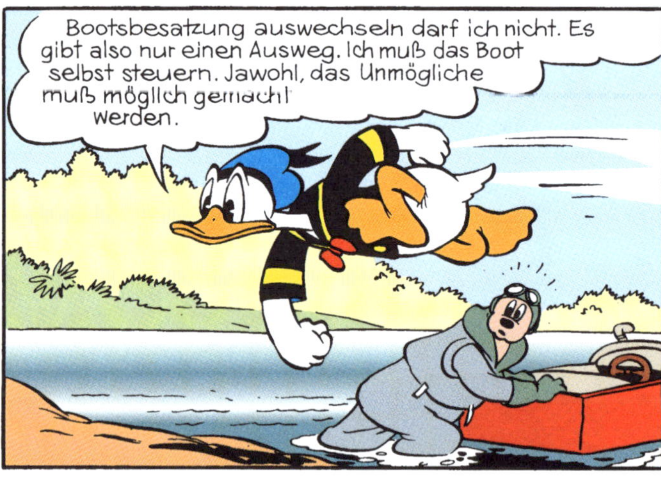

Ein sinnreicher Mechanismus aus Drähten und Schnüren setzt Donald in die Lage, das Boot von den Skiern aus zu steuern...

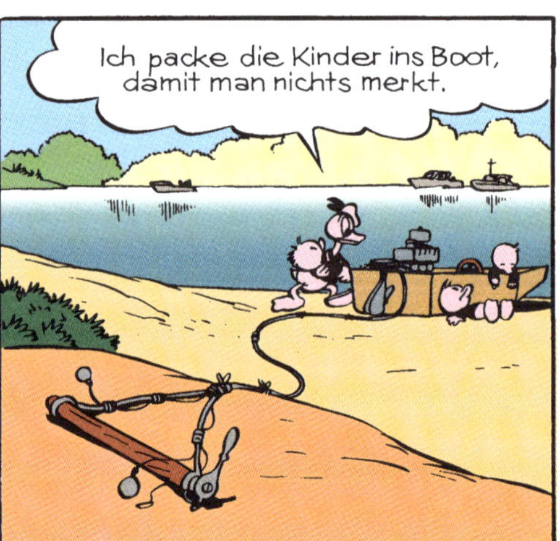

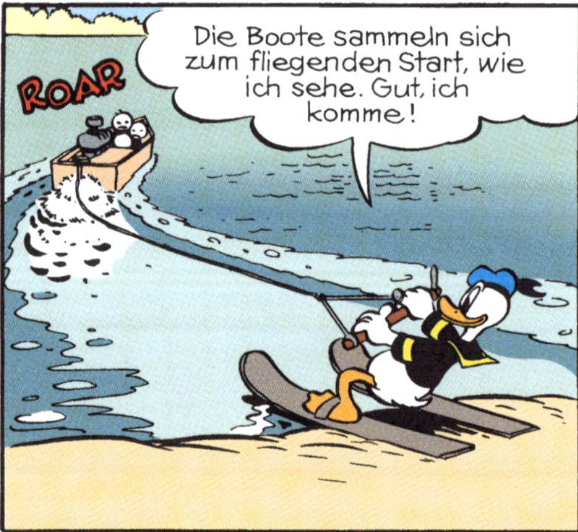

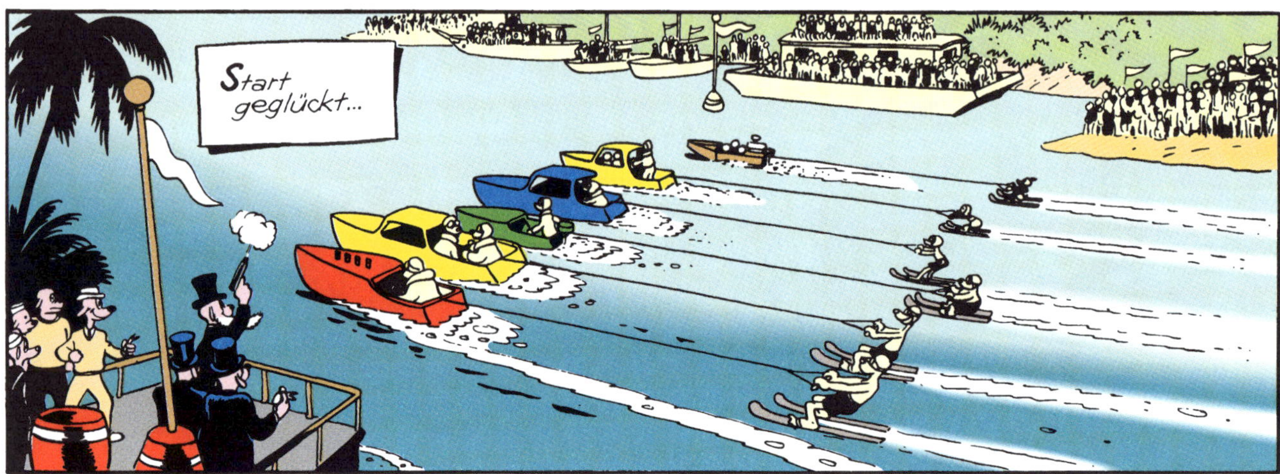

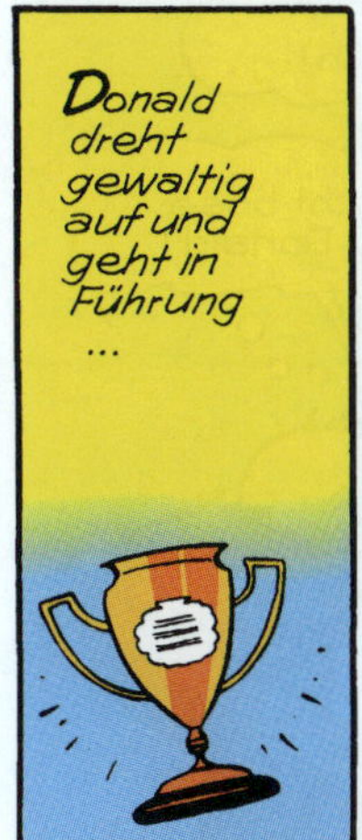
Donald dreht gewaltig auf und geht in Führung ...

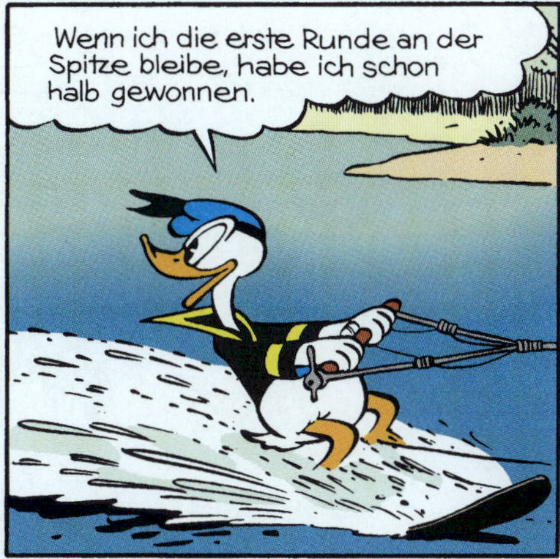
Wenn ich die erste Runde an der Spitze bleibe, habe ich schon halb gewonnen.

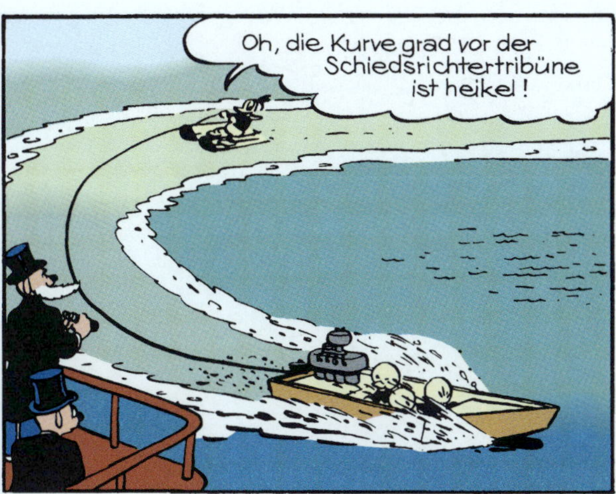
Oh, die Kurve grad vor der Schiedsrichtertribüne ist heikel!

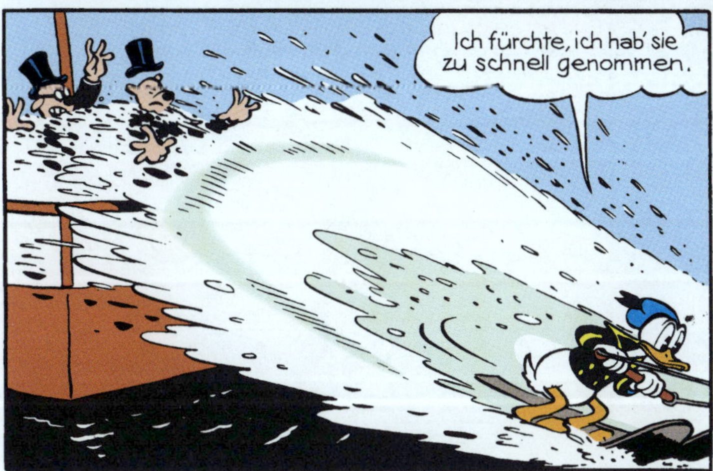
Ich fürchte, ich hab' sie zu schnell genommen.

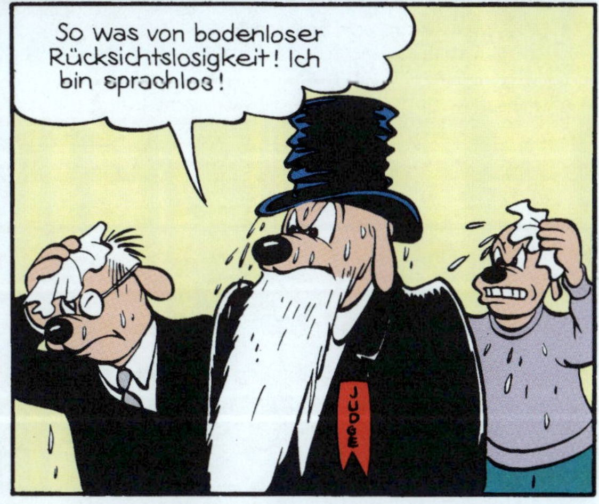
So was von bodenloser Rücksichtslosigkeit! Ich bin sprachlos!
JUDGE

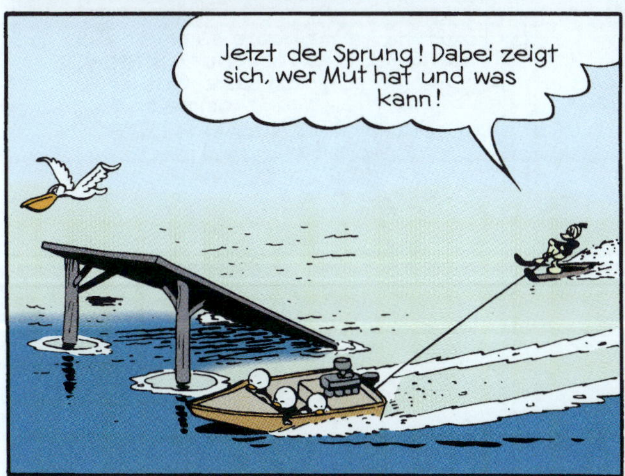
Jetzt der Sprung! Dabei zeigt sich, wer Mut hat und was kann!

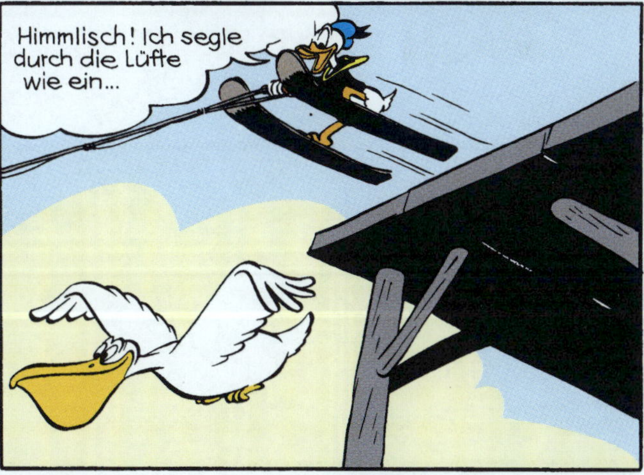
Himmlisch! Ich segle durch die Lüfte wie ein...

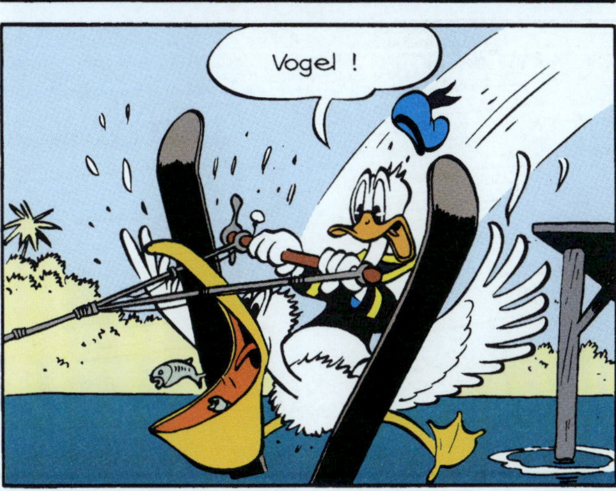
Vogel!

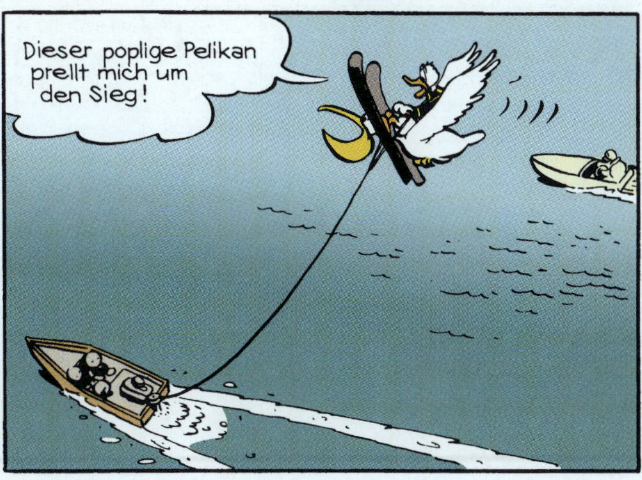
Dieser poplige Pelikan prellt mich um den Sieg!

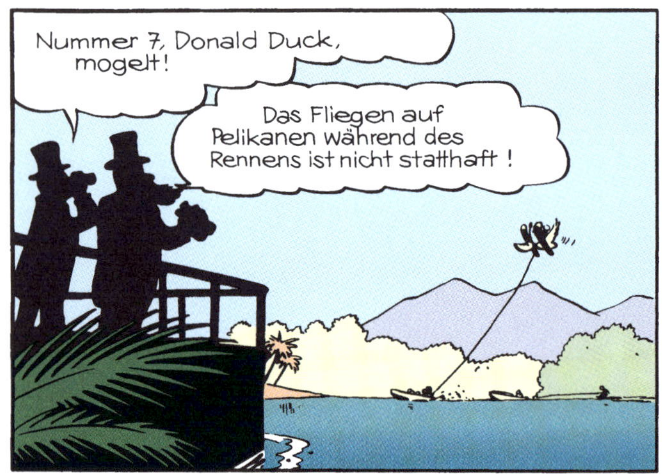
Nummer 7, Donald Duck, mogelt!
Das Fliegen auf Pelikanen während des Rennens ist nicht statthaft!

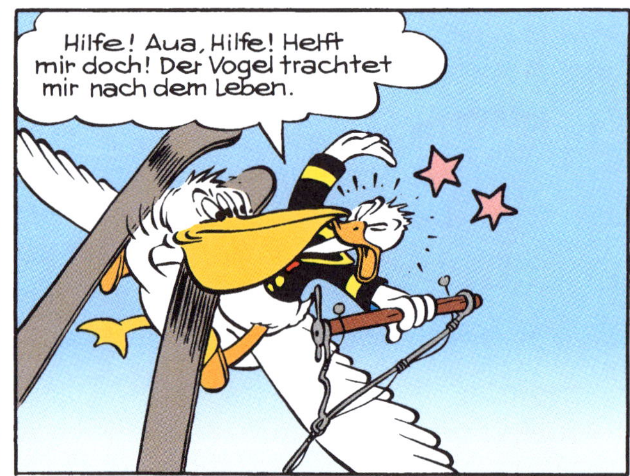
Hilfe! Aua, Hilfe! Helft mir doch! Der Vogel trachtet mir nach dem Leben.

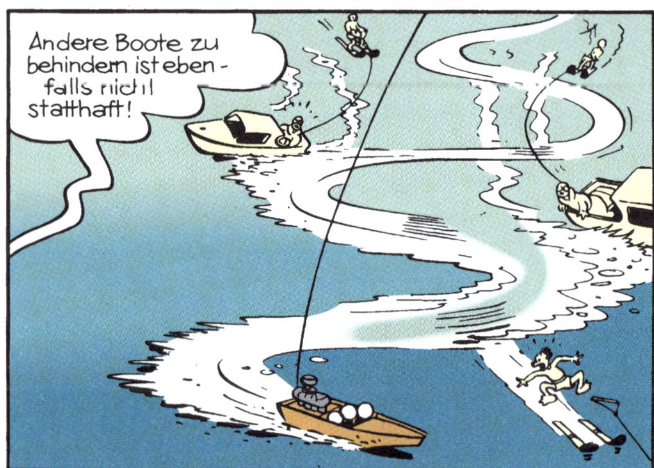
Andere Boote zu behindern ist ebenfalls nicht statthaft!

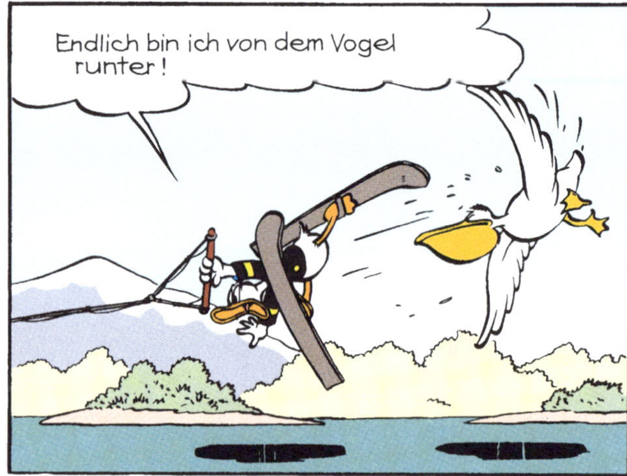
Endlich bin ich von dem Vogel runter!

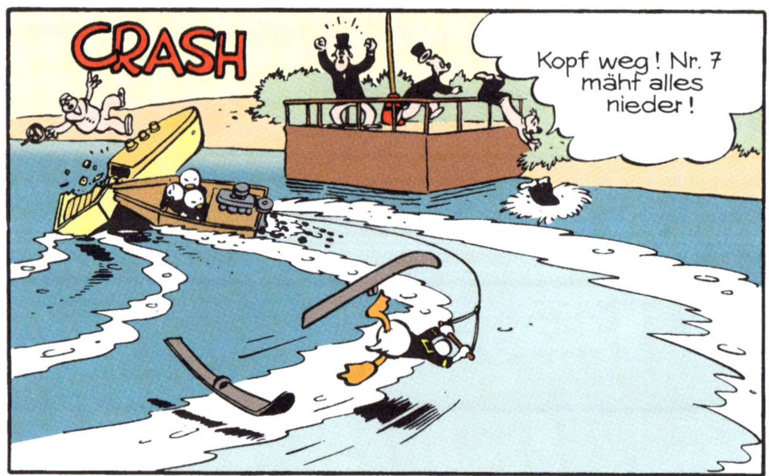
CRASH
Kopf weg! Nr. 7 mäht alles nieder!

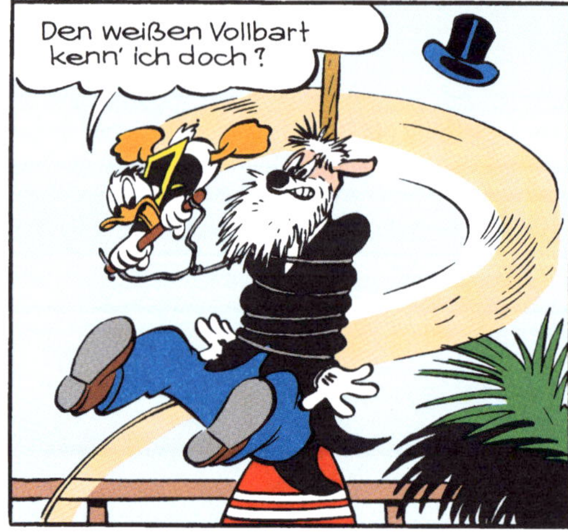
Den weißen Vollbart kenn' ich doch?

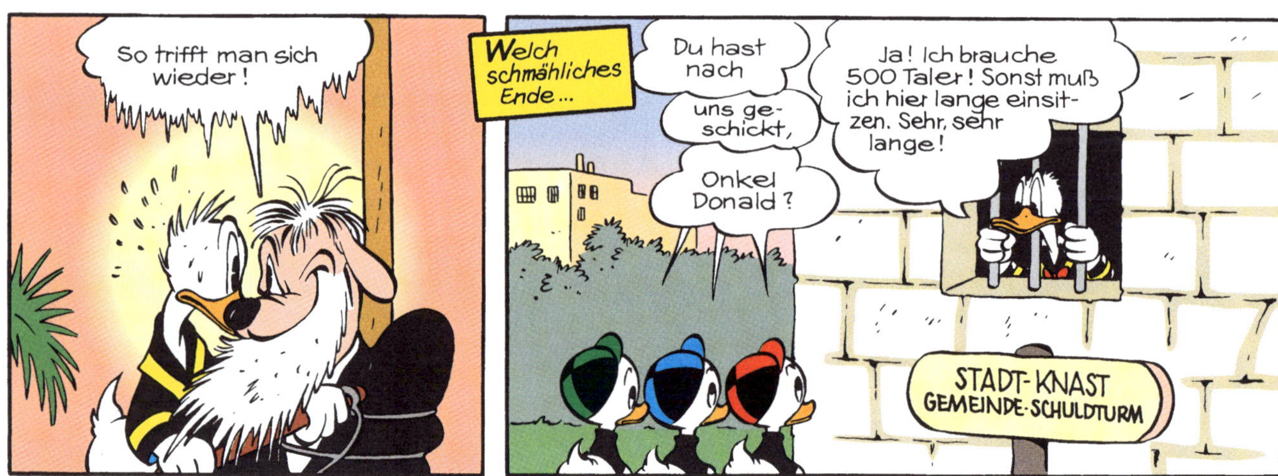
So trifft man sich wieder!
Welch schmähliches Ende...
Du hast nach
uns geschickt,
Onkel Donald?
Ja! Ich brauche 500 Taler! Sonst muß ich hier lange einsitzen. Sehr, sehr lange!
STADT-KNAST
GEMEINDE-SCHULDTURM

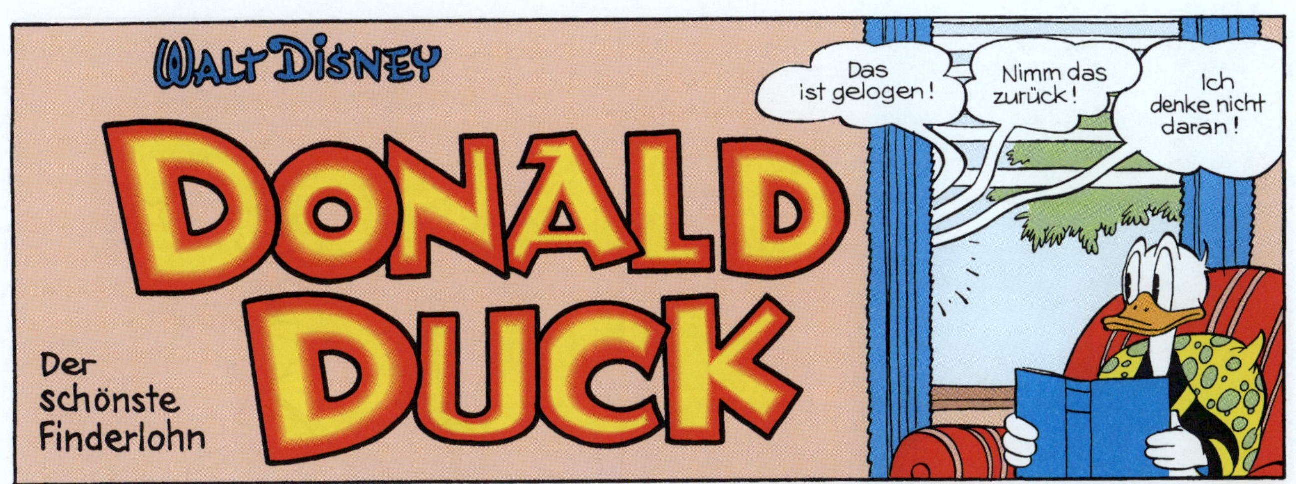
WALT DISNEY
DONALD DUCK
Der schönste Finderlohn
Das ist gelogen!
Nimm das zurück!
Ich denke nicht daran!

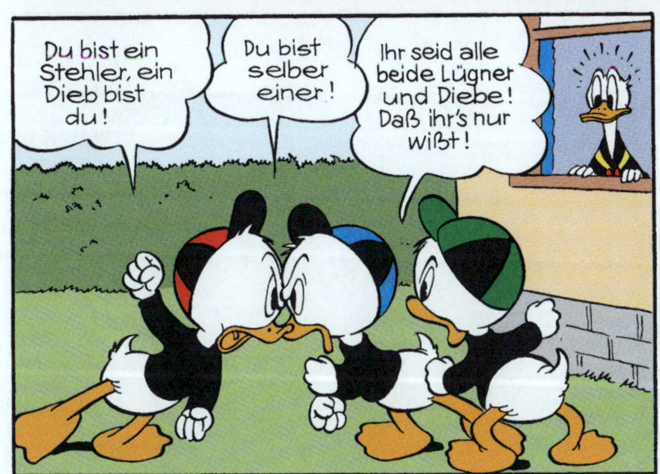
Du bist ein Stehler, ein Dieb bist du!
Du bist selber einer!
Ihr seid alle beide Lügner und Diebe! Daß ihr's nur wißt!

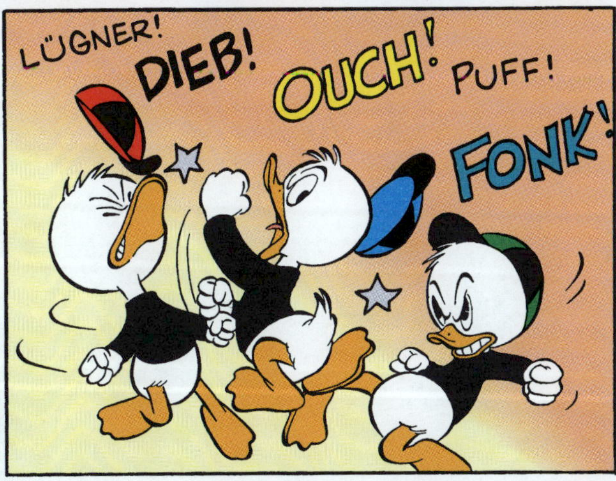
LÜGNER!
DIEB!
OUCH!
PUFF!
FONK!

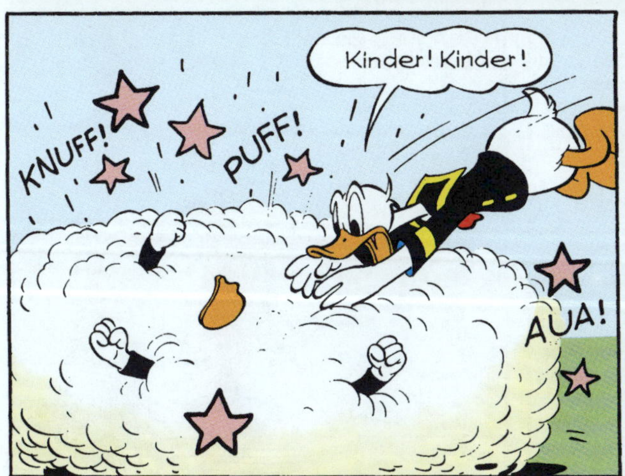
Kinder! Kinder!
KNUFF!
PUFF!
AUA!

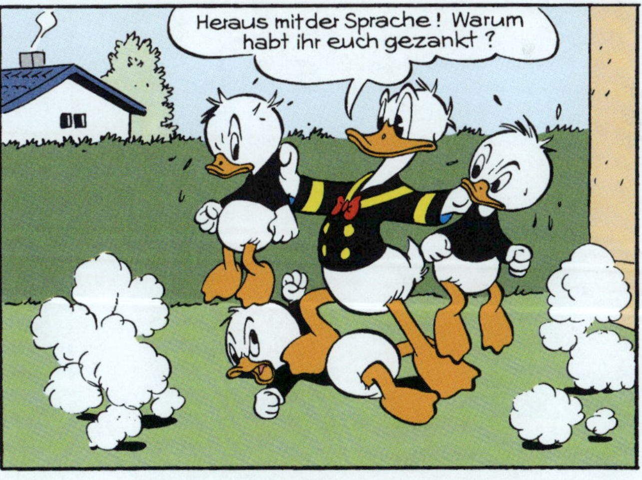
Heraus mit der Sprache! Warum habt ihr euch gezankt?

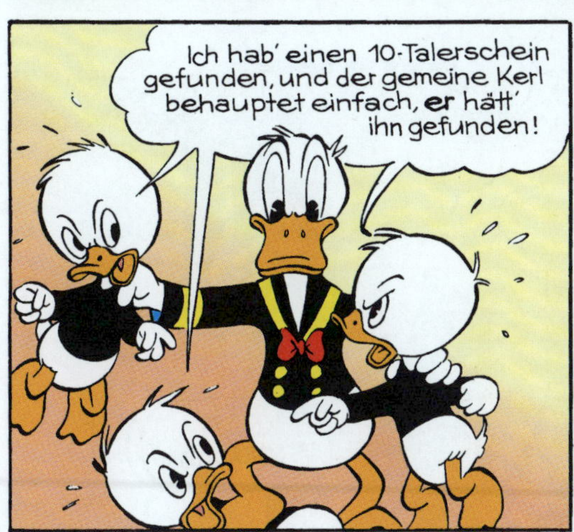
Ich hab' einen 10-Talerschein gefunden, und der gemeine Kerl behauptet einfach, **er** hätt' ihn gefunden!

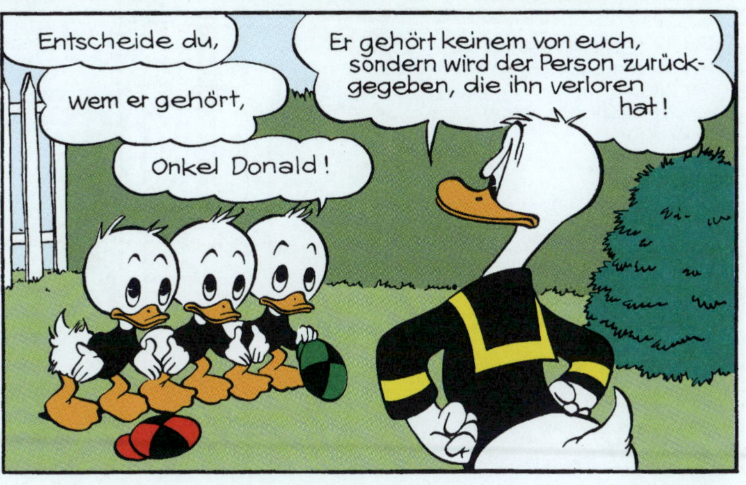
Entscheide du,
wem er gehört,
Onkel Donald!
Er gehört keinem von euch, sondern wird der Person zurückgegeben, die ihn verloren hat!

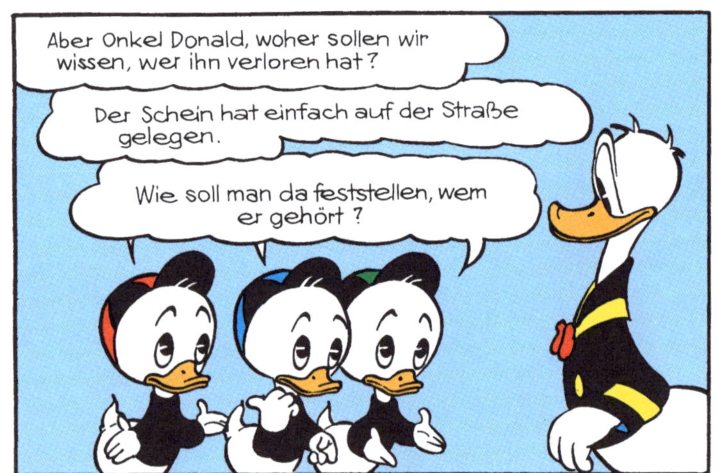
Aber Onkel Donald, woher sollen wir wissen, wer ihn verloren hat?
Der Schein hat einfach auf der Straße gelegen.
Wie soll man da feststellen, wem er gehört?

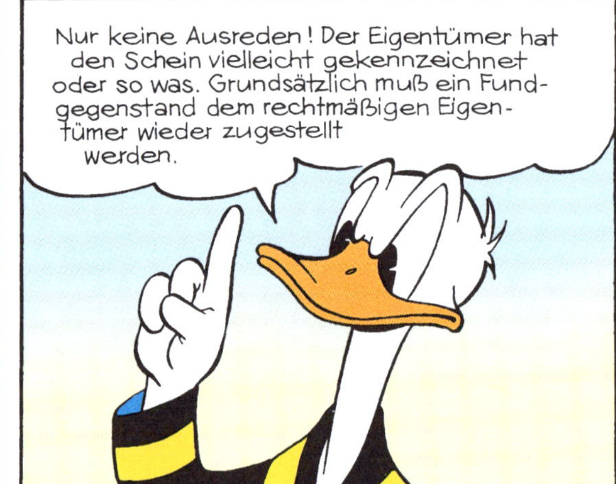
Nur keine Ausreden! Der Eigentümer hat den Schein vielleicht gekennzeichnet oder so was. Grundsätzlich muß ein Fundgegenstand dem rechtmäßigen Eigentümer wieder zugestellt werden.

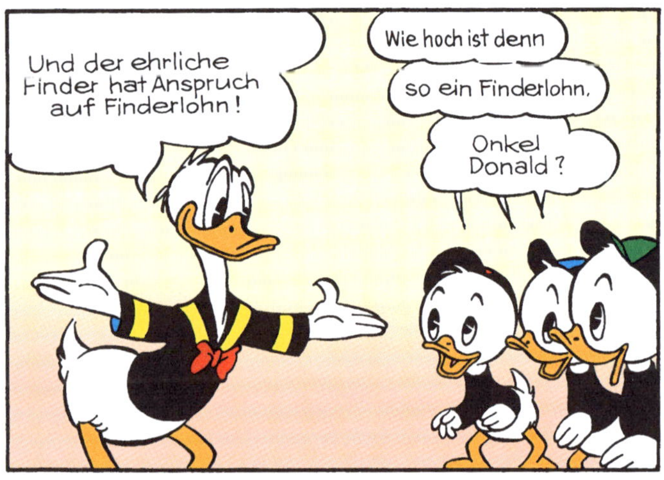
Und der ehrliche Finder hat Anspruch auf Finderlohn!
Wie hoch ist denn
so ein Finderlohn,
Onkel Donald?

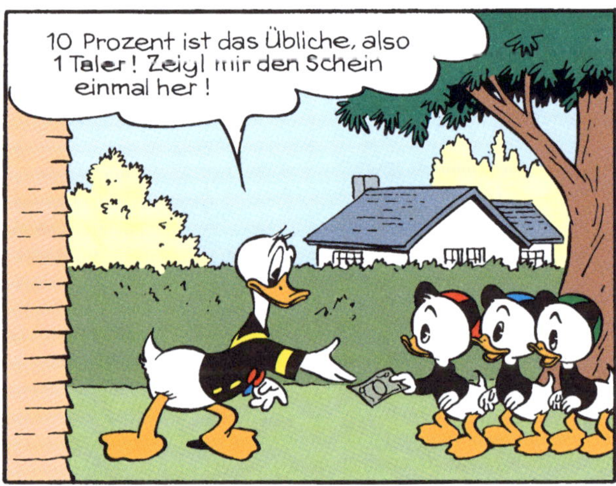
10 Prozent ist das Übliche, also 1 Taler! Zeig! mir den Schein einmal her!

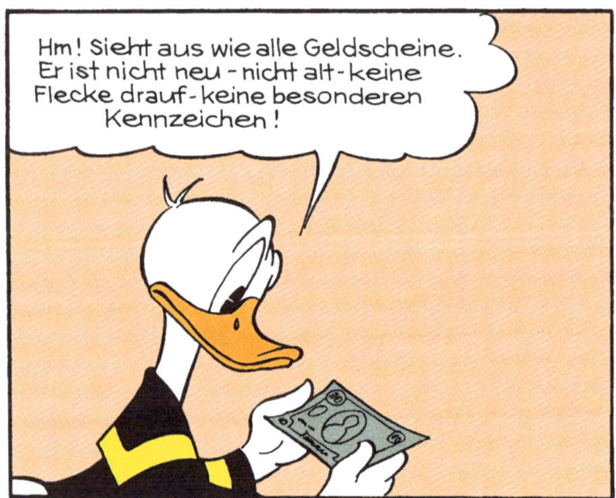
Hm! Sieht aus wie alle Geldscheine. Er ist nicht neu - nicht alt - keine Flecke drauf - keine besonderen Kennzeichen!

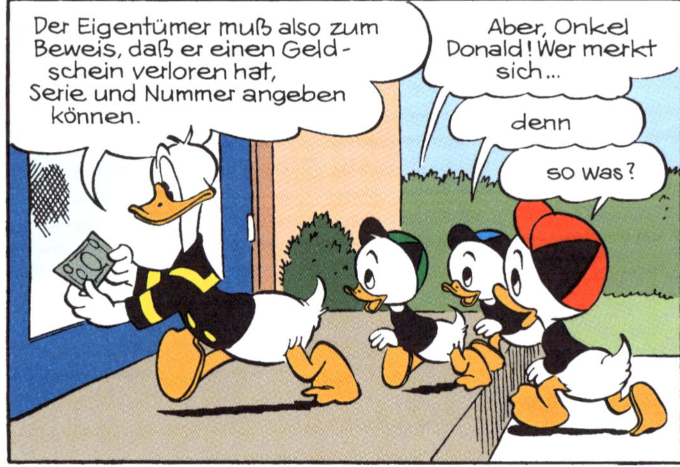
Der Eigentümer muß also zum Beweis, daß er einen Geldschein verloren hat, Serie und Nummer angeben können.
Aber, Onkel Donald! Wer merkt sich...
denn
so was?

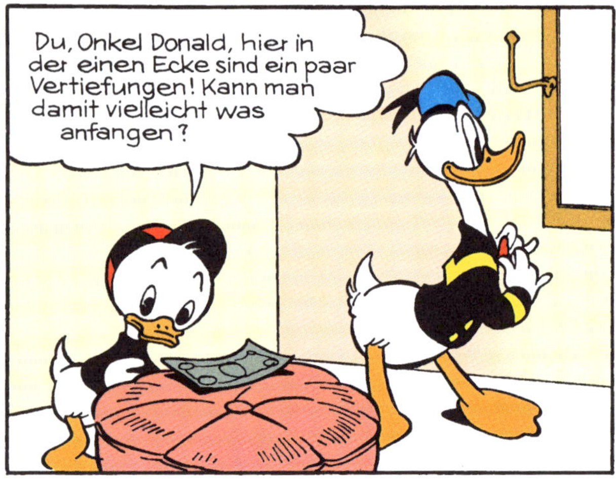
Du, Onkel Donald, hier in der einen Ecke sind ein paar Vertiefungen! Kann man damit vielleicht was anfangen?

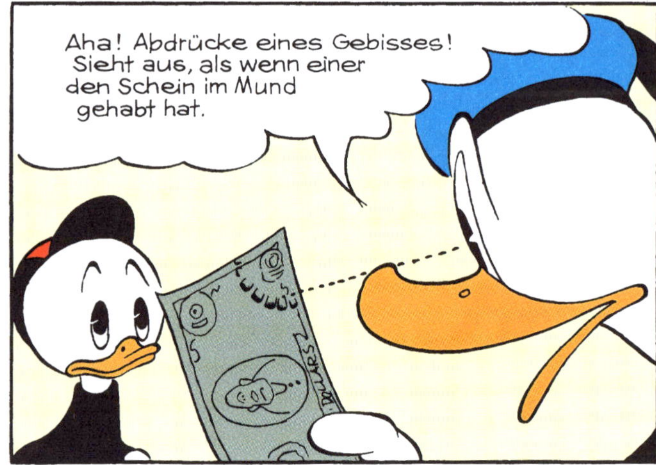
Aha! Abdrücke eines Gebisses! Sieht aus, als wenn einer den Schein im Mund gehabt hat.

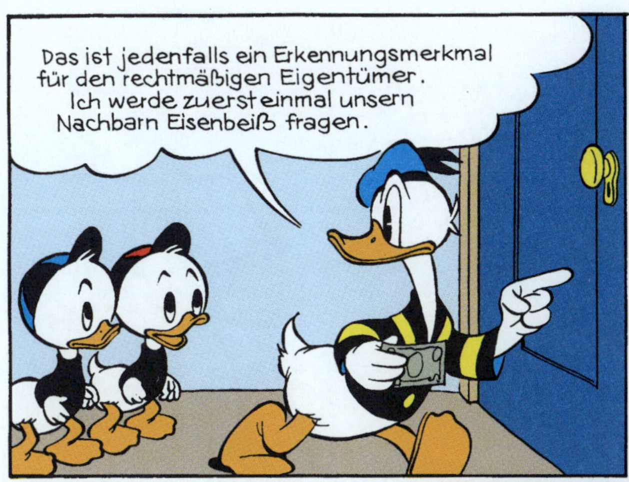
Das ist jedenfalls ein Erkennungsmerkmal für den rechtmäßigen Eigentümer. Ich werde zuerst einmal unsern Nachbarn Eisenbeiß fragen.

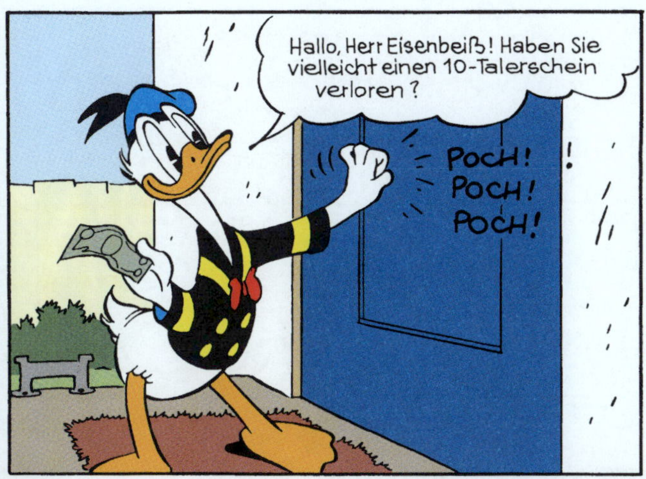
Hallo, Herr Eisenbeiß! Haben Sie vielleicht einen 10-Talerschein verloren?
POCH! POCH! POCH!

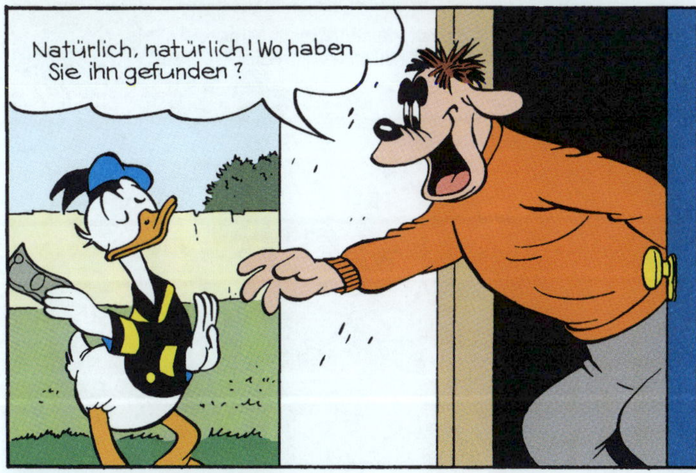
Natürlich, natürlich! Wo haben Sie ihn gefunden?

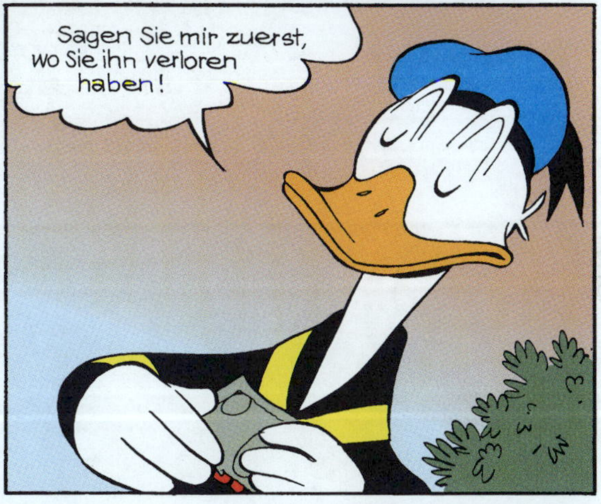
Sagen Sie mir zuerst, wo Sie ihn verloren haben!

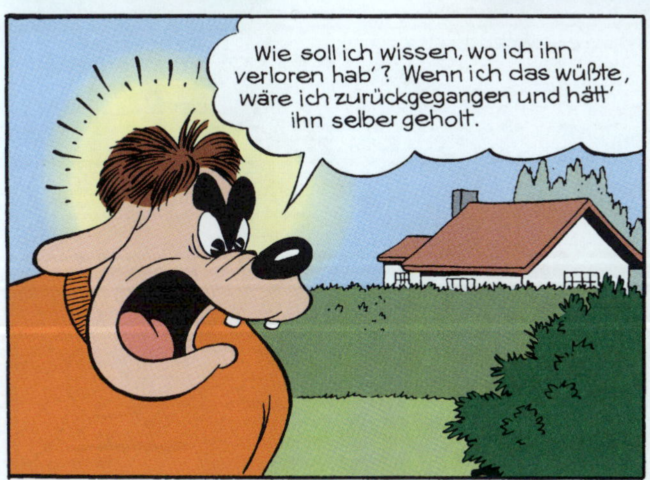
Wie soll ich wissen, wo ich ihn verloren hab'? Wenn ich das wüßte, wäre ich zurückgegangen und hätt' ihn selber geholt.

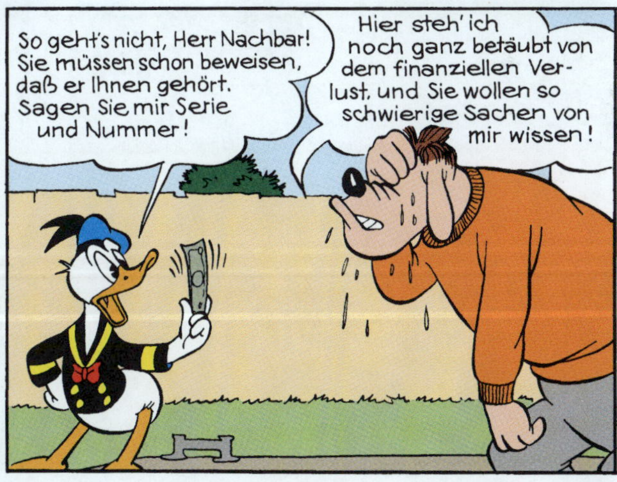
So geht's nicht, Herr Nachbar! Sie müssen schon beweisen, daß er Ihnen gehört. Sagen Sie mir Serie und Nummer!
Hier steh' ich noch ganz betäubt von dem finanziellen Verlust, und Sie wollen so schwierige Sachen von mir wissen!

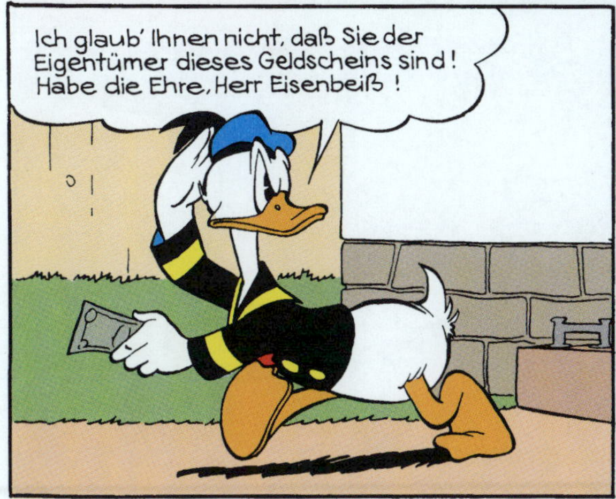
Ich glaub' Ihnen nicht, daß Sie der Eigentümer dieses Geldscheins sind! Habe die Ehre, Herr Eisenbeiß!

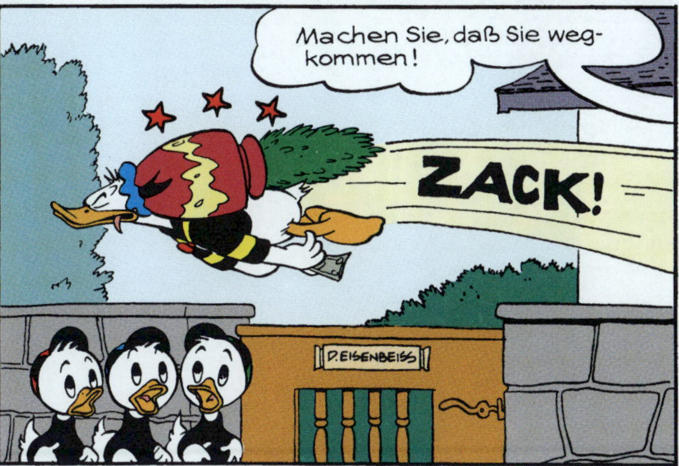
Machen Sie, daß Sie wegkommen!
ZACK!
D. EISENBEISS

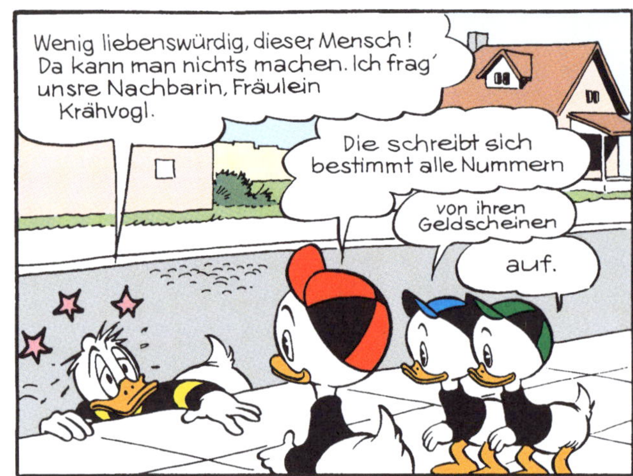
Wenig liebenswürdig, dieser Mensch! Da kann man nichts machen. Ich frag' unsre Nachbarin, Fräulein Krähvogl.
Die schreibt sich bestimmt alle Nummern
von ihren Geldscheinen
auf.

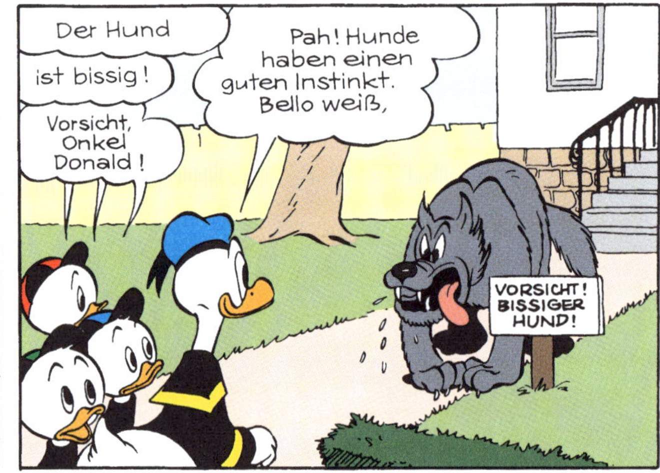
Der Hund
ist bissig!
Vorsicht, Onkel Donald!
Pah! Hunde haben einen guten Instinkt. Bello weiß,
VORSICHT! BISSIGER HUND!

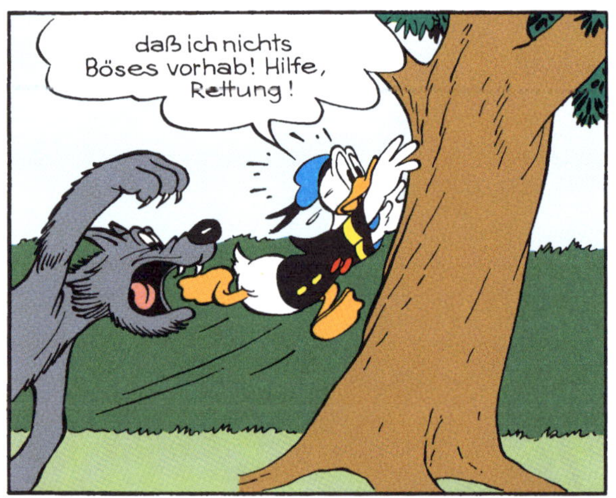
daß ich nichts Böses vorhab! Hilfe, Rettung!

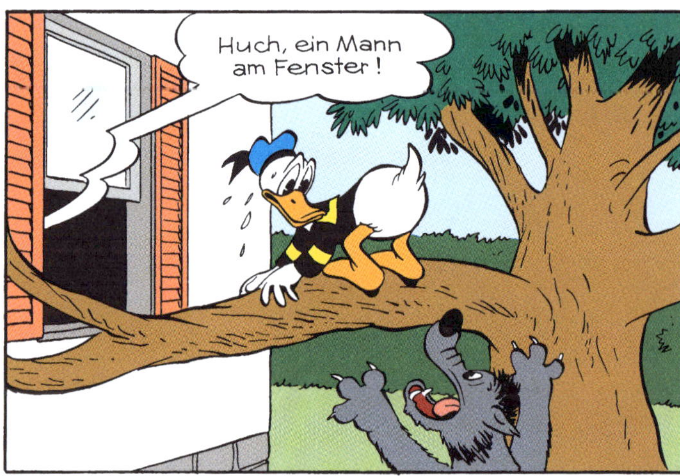
Huch, ein Mann am Fenster!

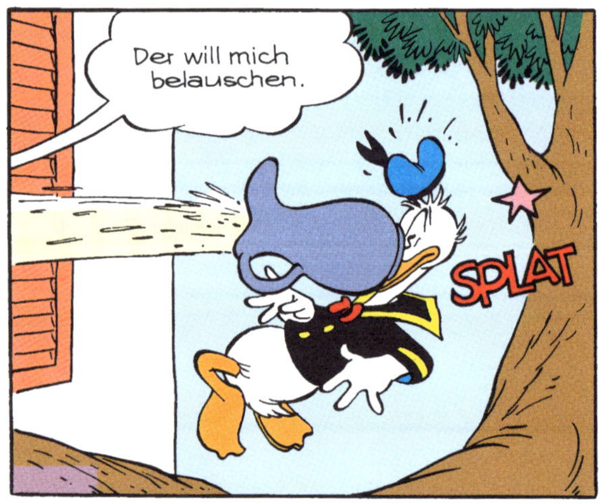
Der will mich belauschen.
SPLAT

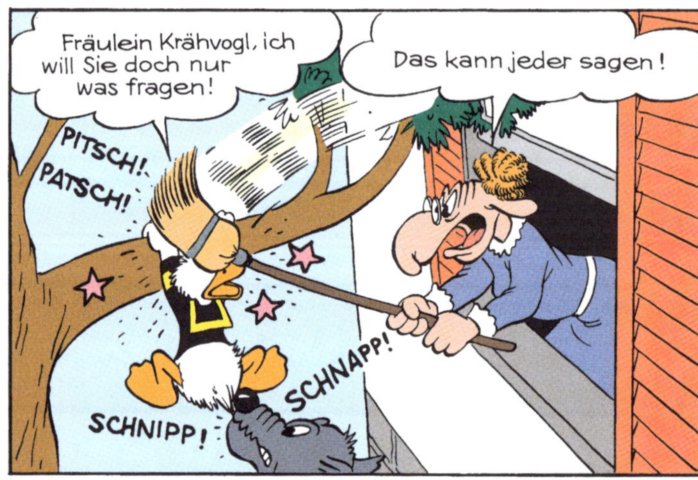
Fräulein Krähvogl, ich will Sie doch nur was fragen!
Das kann jeder sagen!
PITSCH!
PATSCH!
SCHNAPP!
SCHNIPP!

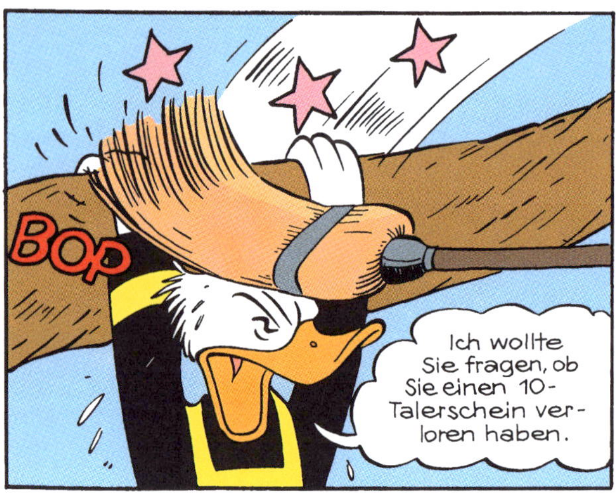
BOP
Ich wollte Sie fragen, ob Sie einen 10-Talerschein verloren haben.

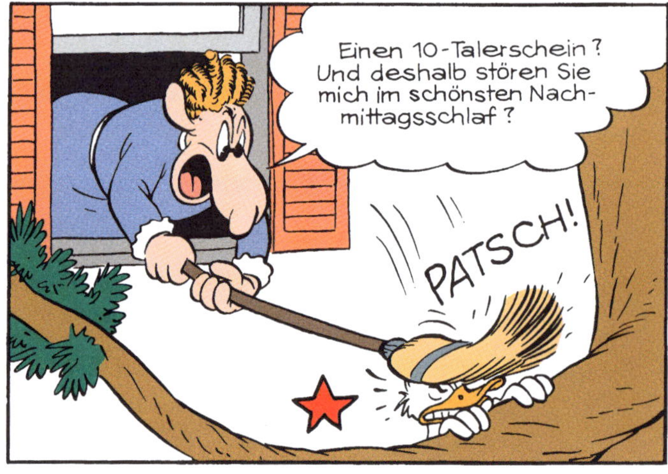
Einen 10-Talerschein? Und deshalb stören Sie mich im schönsten Nachmittagsschlaf?
PATSCH!

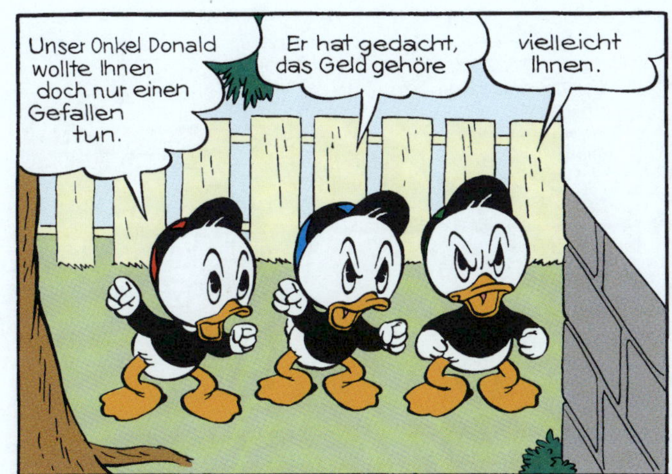
Unser Onkel Donald wollte Ihnen doch nur einen Gefallen tun.
Er hat gedacht, das Geld gehöre
vielleicht Ihnen.

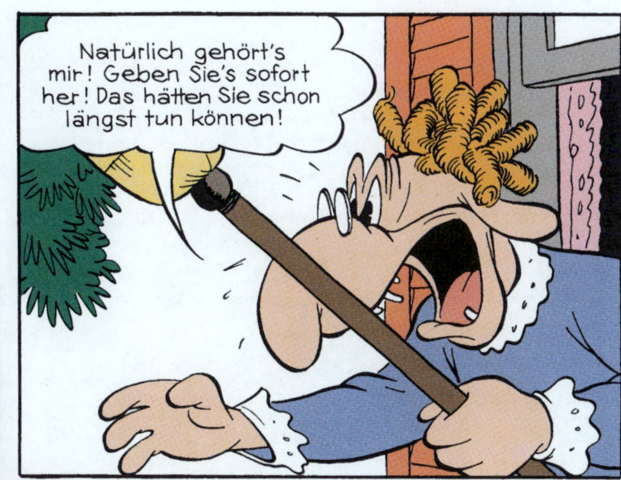
Natürlich gehört's mir! Geben Sie's sofort her! Das hätten Sie schon längst tun können!

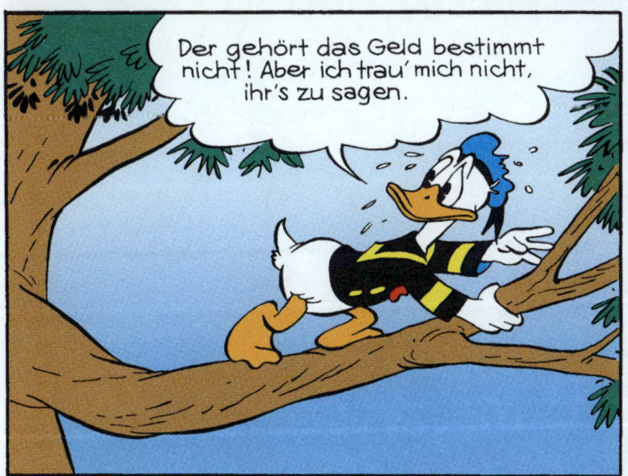
Der gehört das Geld bestimmt nicht! Aber ich trau' mich nicht, ihr's zu sagen.

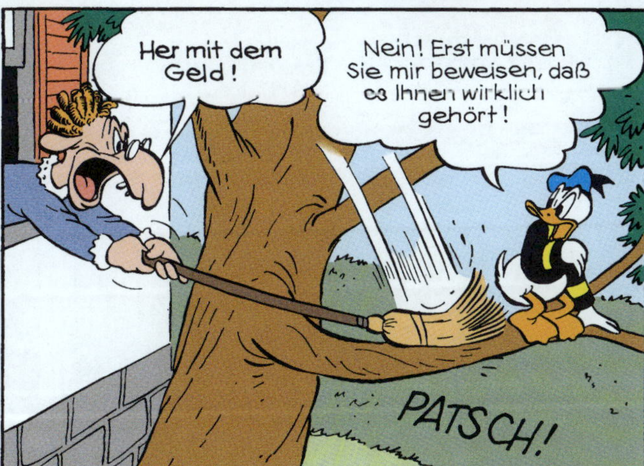
Her mit dem Geld!
Nein! Erst müssen Sie mir beweisen, daß es Ihnen wirklich gehört!
PATSCH!

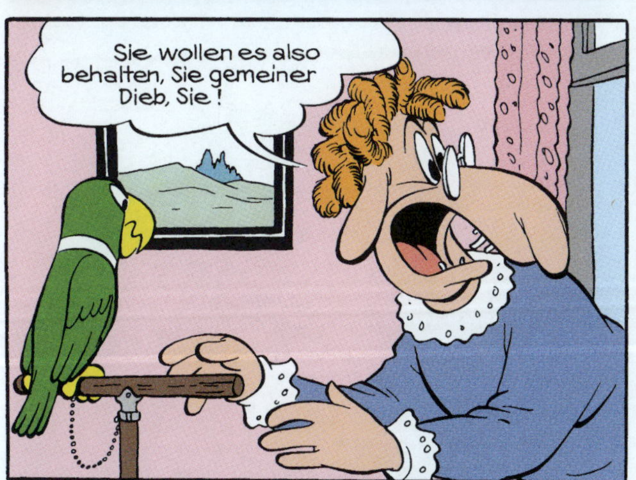
Sie wollen es also behalten, Sie gemeiner Dieb, Sie!

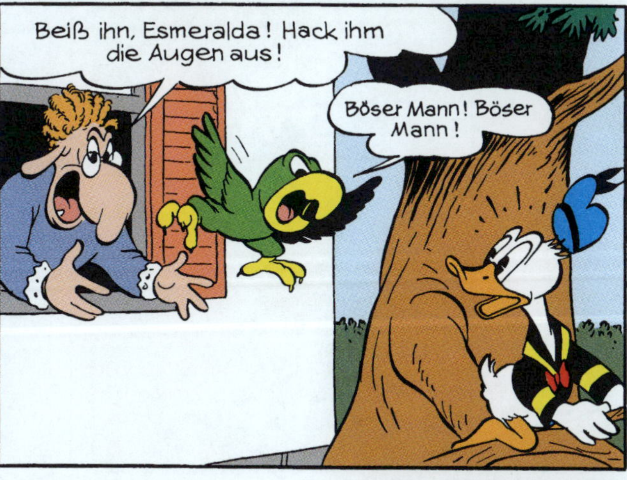
Beiß ihn, Esmeralda! Hack ihm die Augen aus!
Böser Mann! Böser Mann!

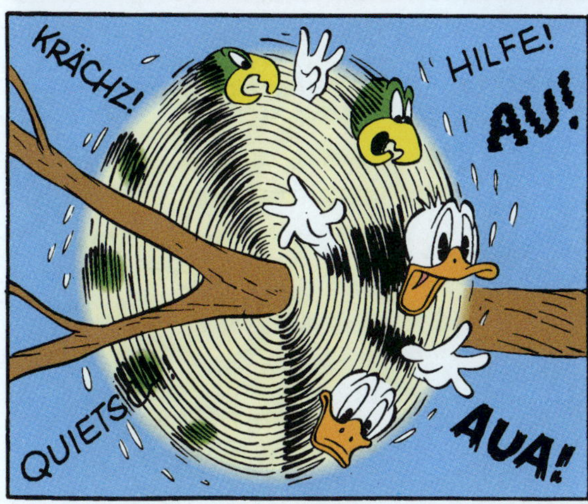
KRÄCHZ!
HILFE!
AU!
QUIETS
AUA!

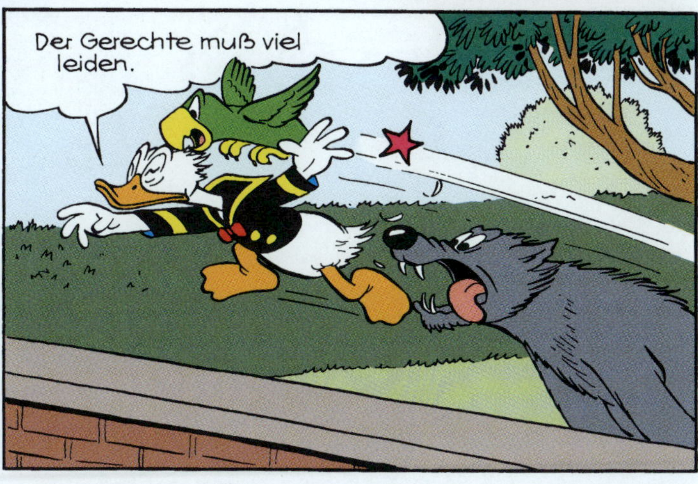
Der Gerechte muß viel leiden.

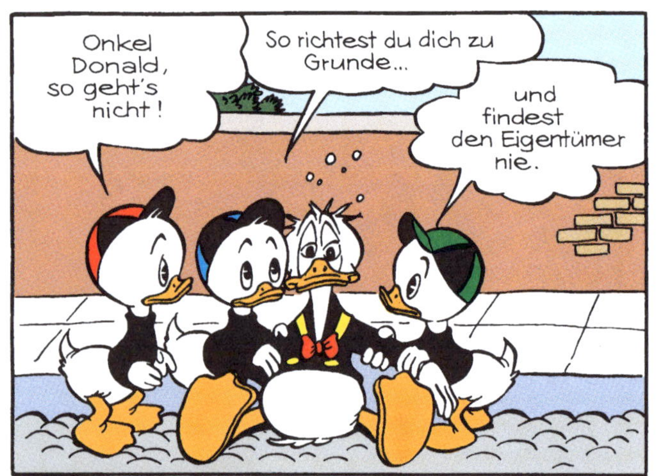
Onkel Donald, so geht's nicht!
So richtest du dich zu Grunde...
und findest den Eigentümer nie.

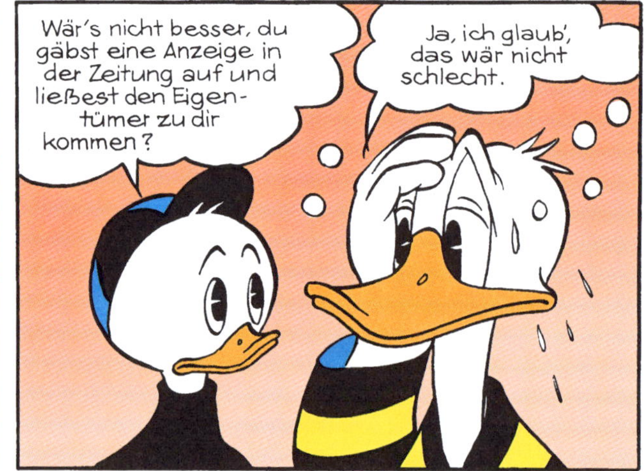
Wär's nicht besser, du gäbst eine Anzeige in der Zeitung auf und ließest den Eigentümer zu dir kommen?
Ja, ich glaub', das wär nicht schlecht.

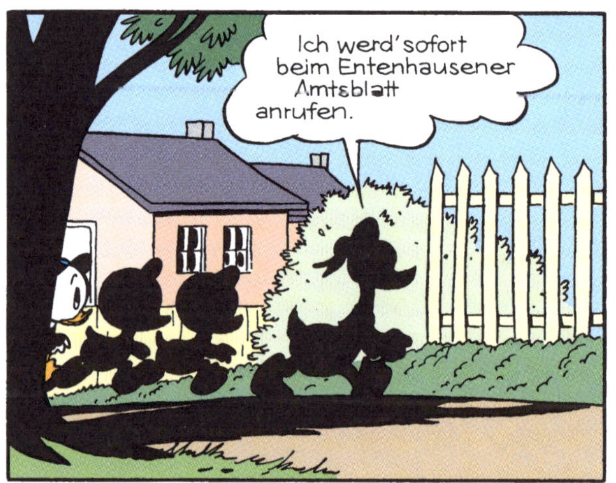
Ich werd' sofort beim Entenhausener Amtsblatt anrufen.

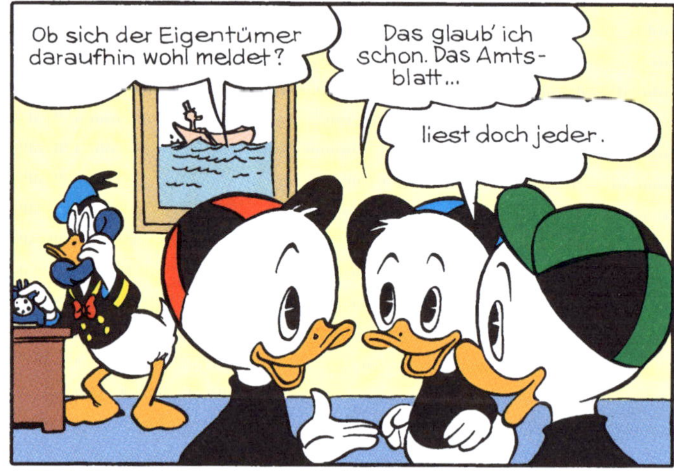
Ob sich der Eigentümer daraufhin wohl meldet?
Das glaub' ich schon. Das Amtsblatt...
liest doch jeder.

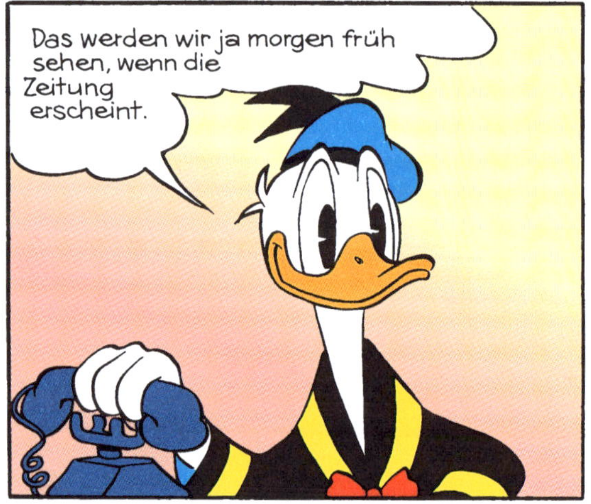
Das werden wir ja morgen früh sehen, wenn die Zeitung erscheint.
Am Morgen!

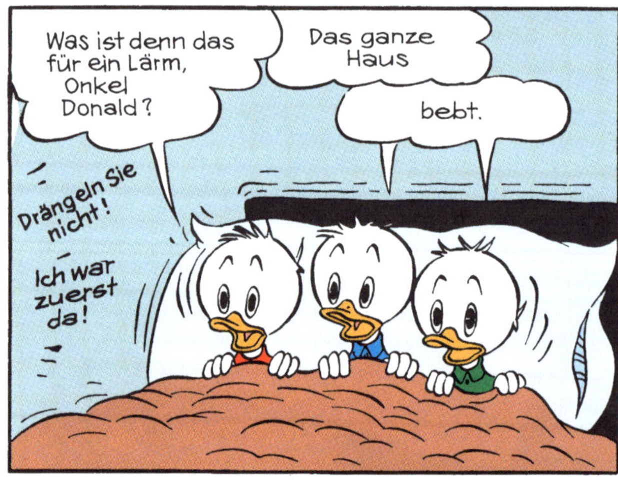
Was ist denn das für ein Lärm, Onkel Donald?
Das ganze Haus
bebt.
Drängeln Sie nicht!
Ich war zuerst da!

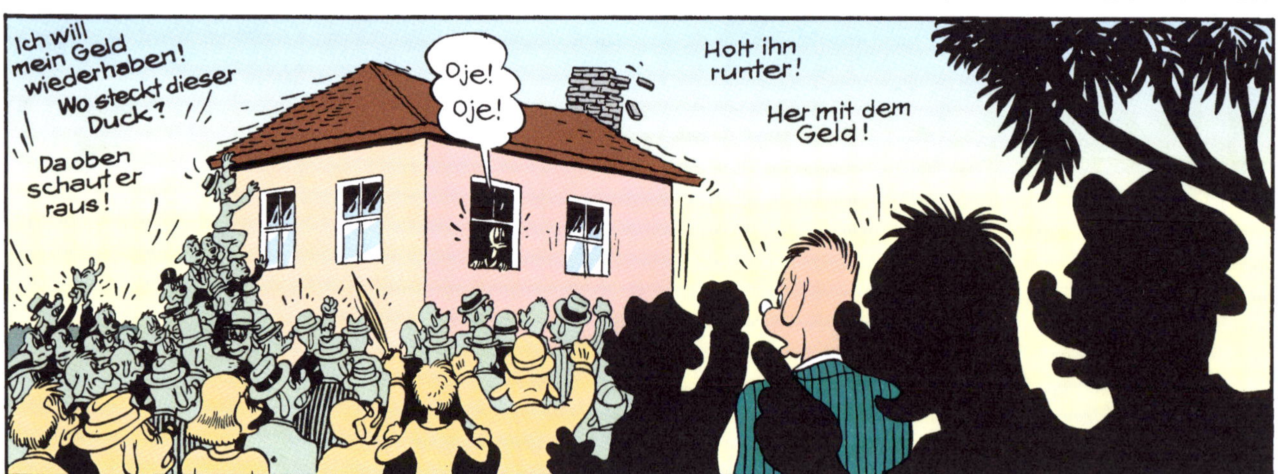
Ich will mein Geld wiederhaben!
Wo steckt dieser Duck?
Da oben schaut er raus!
Oje! Oje!
Holt ihn runter!
Her mit dem Geld!

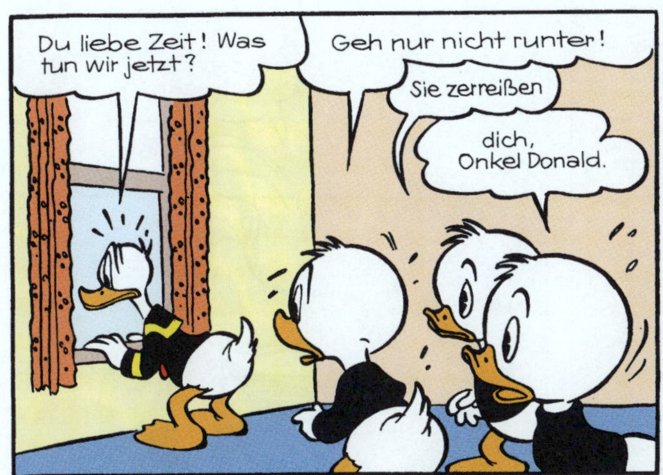
Du liebe Zeit! Was tun wir jetzt?
Geh nur nicht runter!
Sie zerreißen
dich, Onkel Donald.

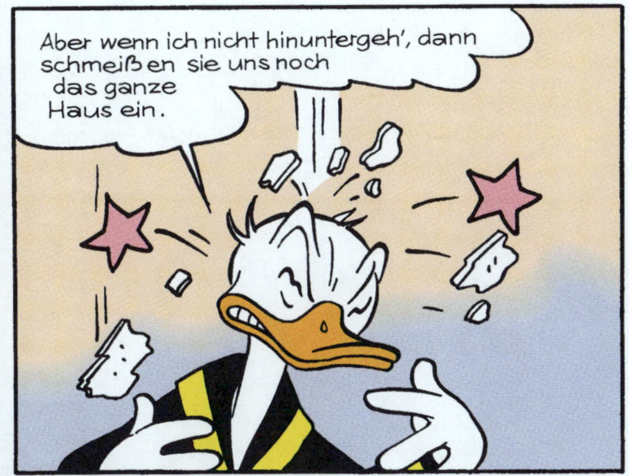
Aber wenn ich nicht hinuntergeh', dann schmeißen sie uns noch das ganze Haus ein.

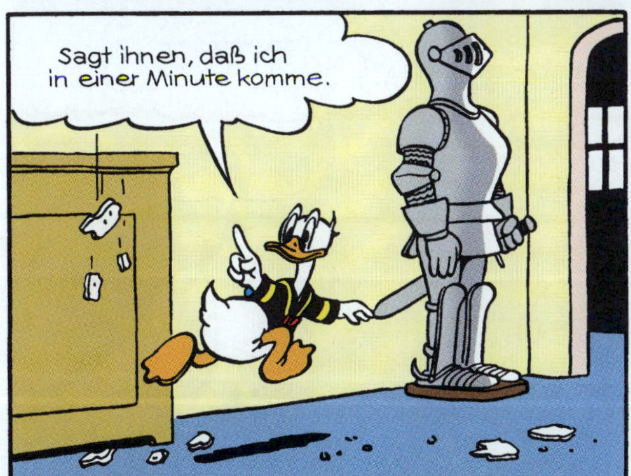
Sagt ihnen, daß ich in einer Minute komme.

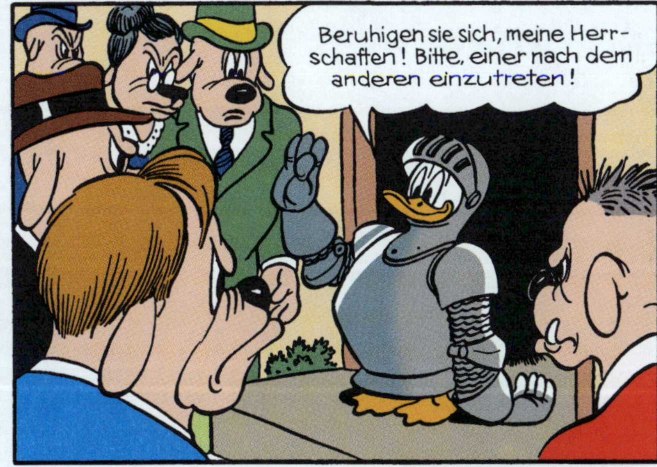
Beruhigen sie sich, meine Herrschaften! Bitte, einer nach dem anderen einzutreten!

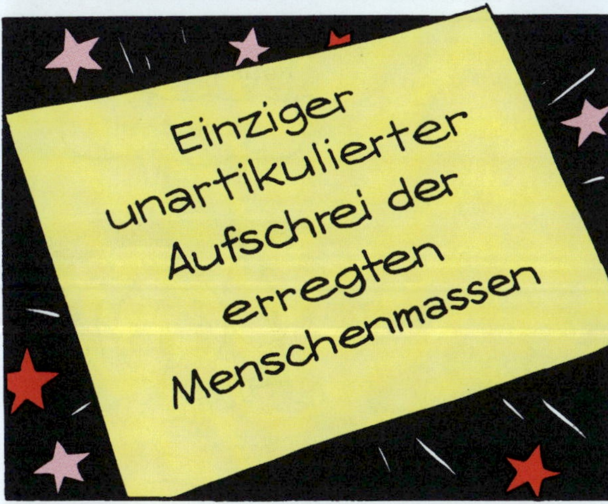
Einziger unartikulierter Aufschrei der erregten Menschenmassen

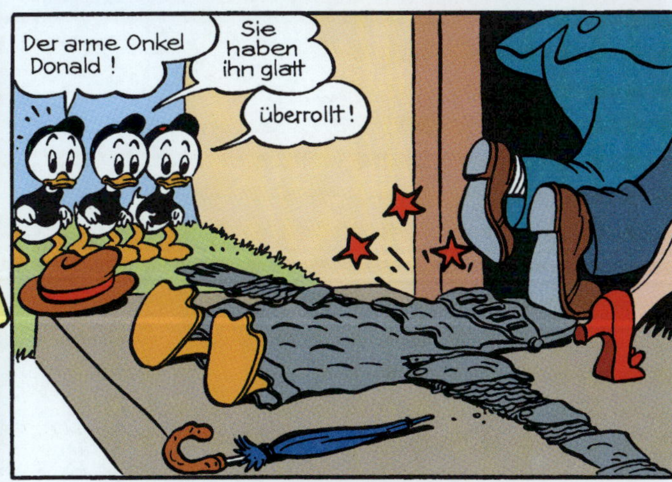
Der arme Onkel Donald!
Sie haben ihn glatt
überrollt!

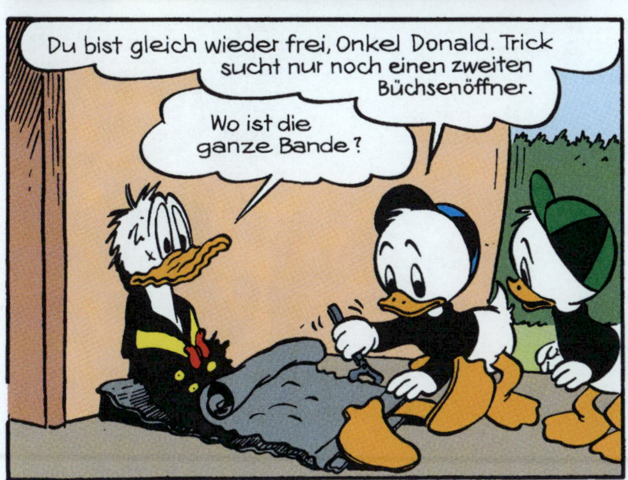
Du bist gleich wieder frei, Onkel Donald. Trick sucht nur noch einen zweiten Büchsenöffner.
Wo ist die ganze Bande?

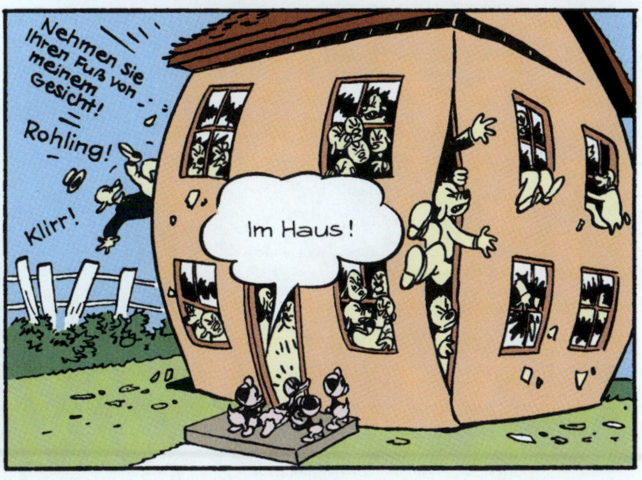
Nehmen Sie Ihren Fuß von meinem Gesicht!
Rohling!
Klirr!
Im Haus!

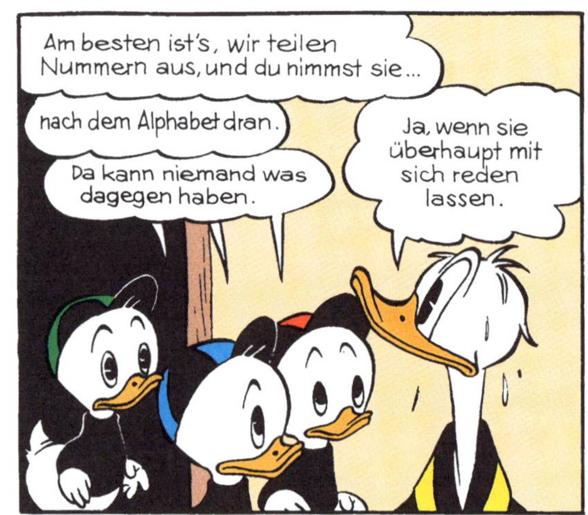

Sie ließen schließlich mit sich reden, aber keiner konnte beweisen, daß er der rechtmäßige Eigentümer des Geldes war!

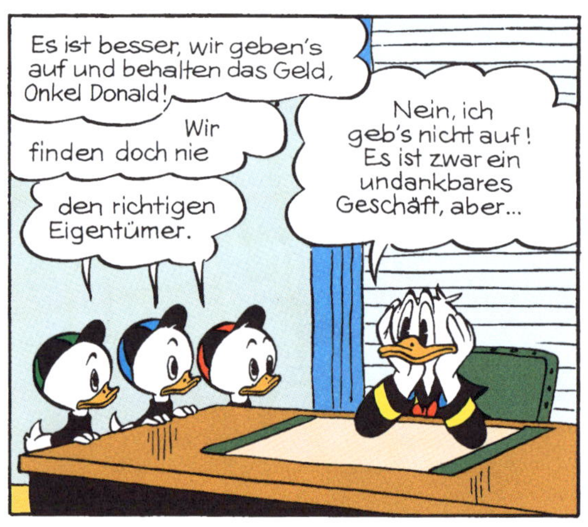

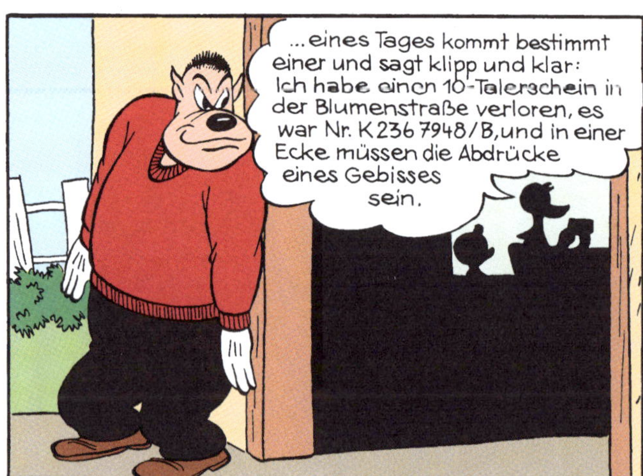

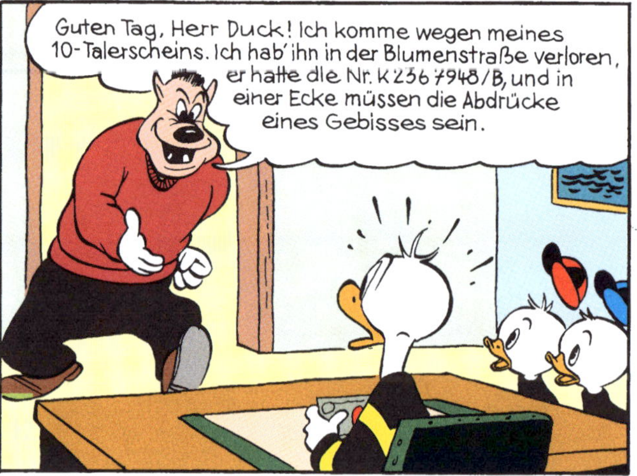

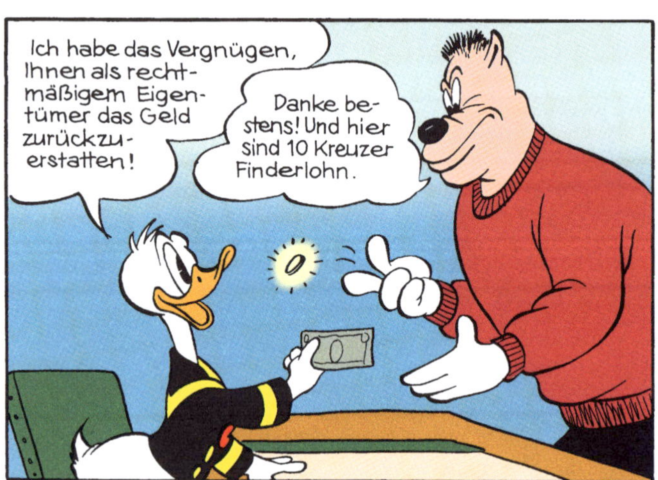

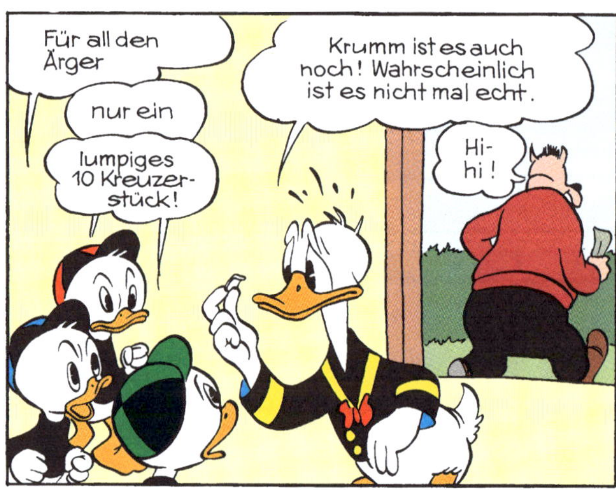

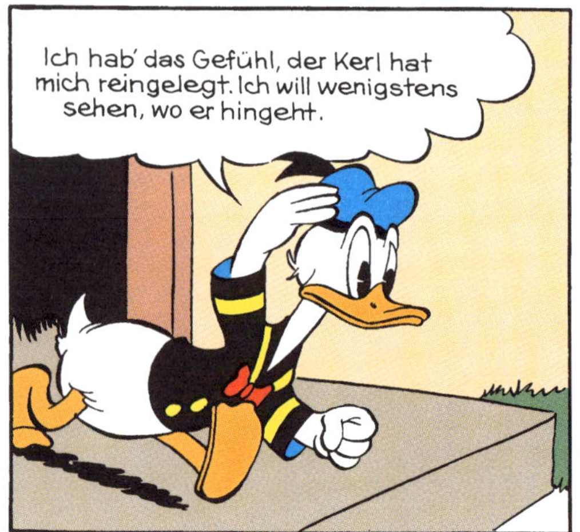

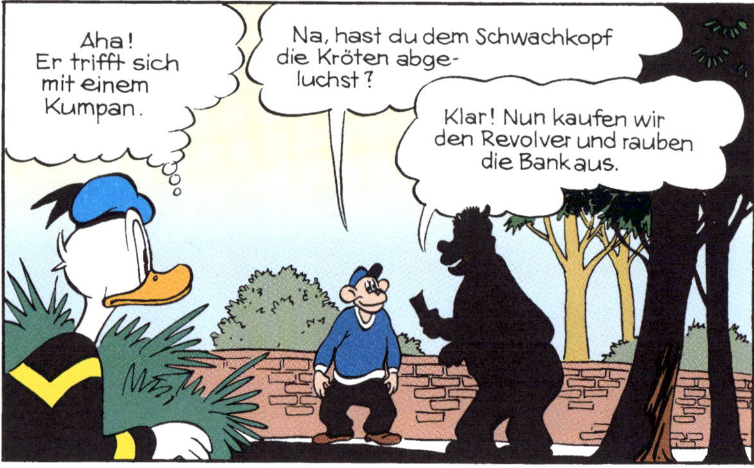

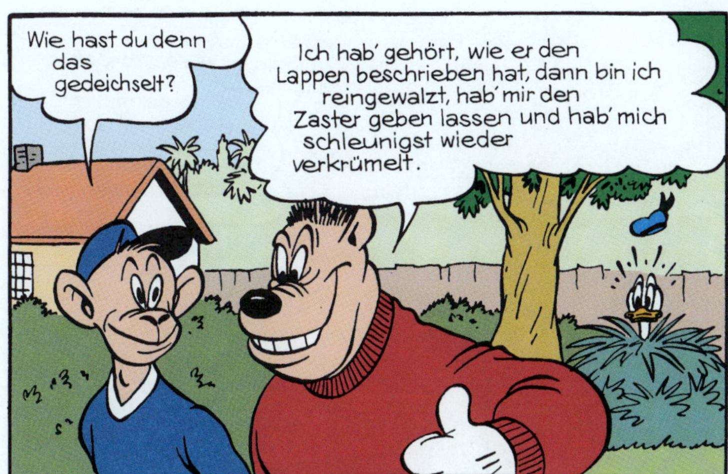
Wie hast du denn das gedeichselt?
Ich hab' gehört, wie er den Lappen beschrieben hat, dann bin ich reingewalzt, hab' mir den Zaster geben lassen und hab' mich schleunigst wieder verkrümelt.

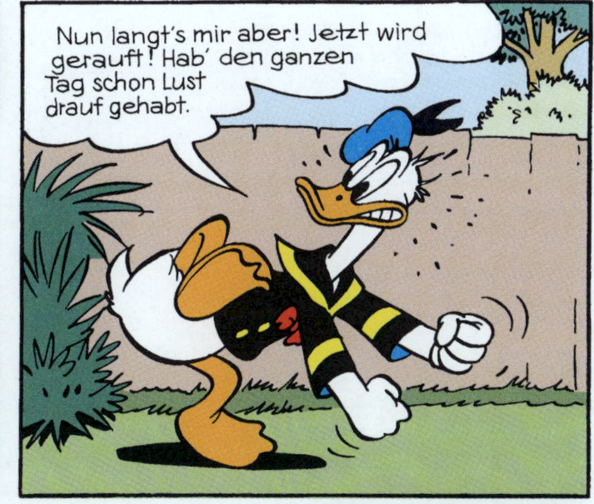
Nun langt's mir aber! Jetzt wird gerauft! Hab' den ganzen Tag schon Lust drauf gehabt.

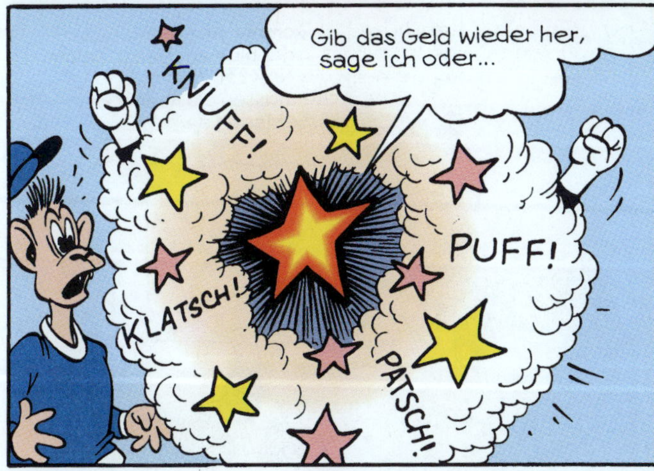
Gib das Geld wieder her, sage ich oder...
KNUFF!
PUFF!
KLATSCH!
PATSCH!

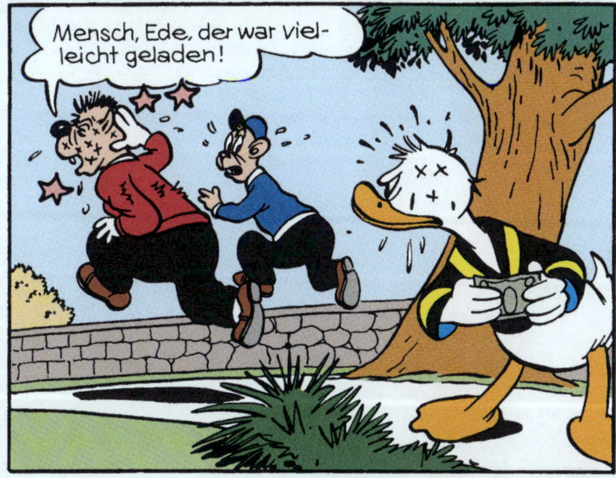
Mensch, Ede, der war vielleicht geladen!

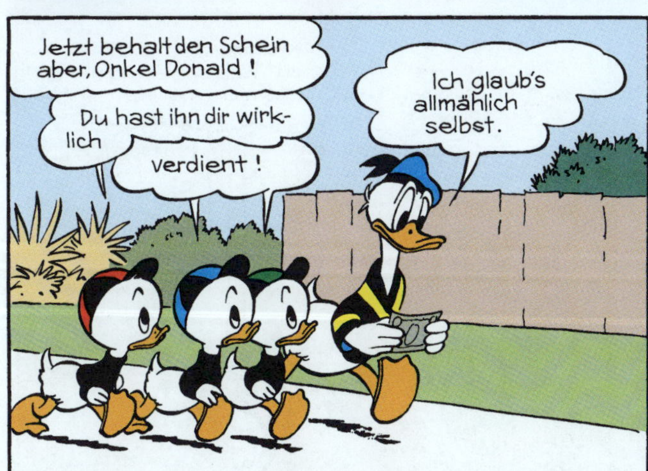
Jetzt behalt den Schein aber, Onkel Donald!
Du hast ihn dir wirklich
verdient!
Ich glaub's allmählich selbst.

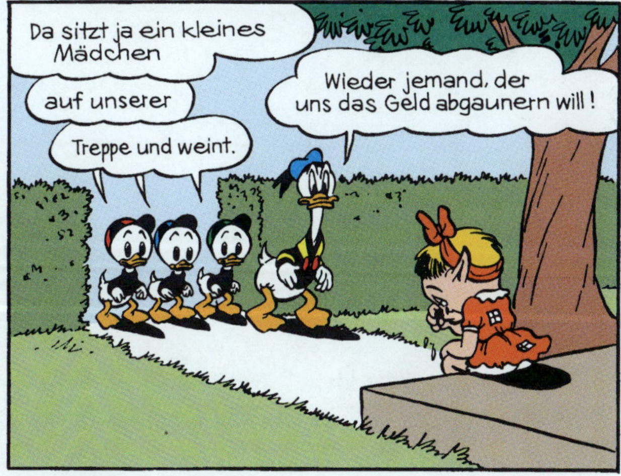
Da sitzt ja ein kleines Mädchen
auf unserer
Treppe und weint.
Wieder jemand, der uns das Geld abgaunern will!

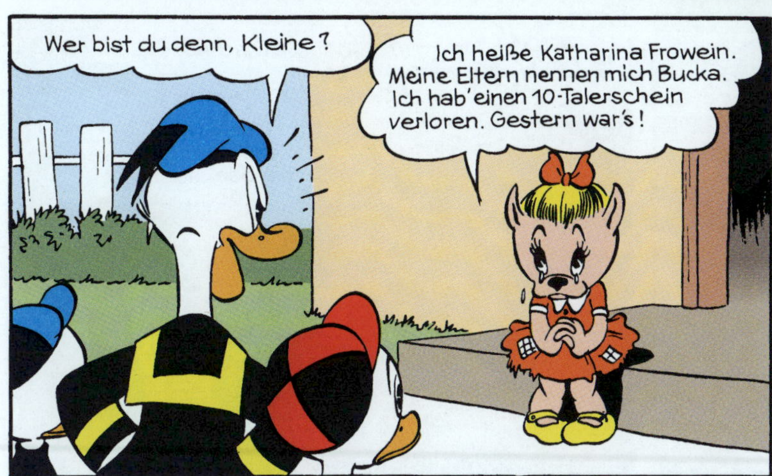
Wer bist du denn, Kleine?
Ich heiße Katharina Frowein. Meine Eltern nennen mich Bucka. Ich hab' einen 10-Talerschein verloren. Gestern war's!

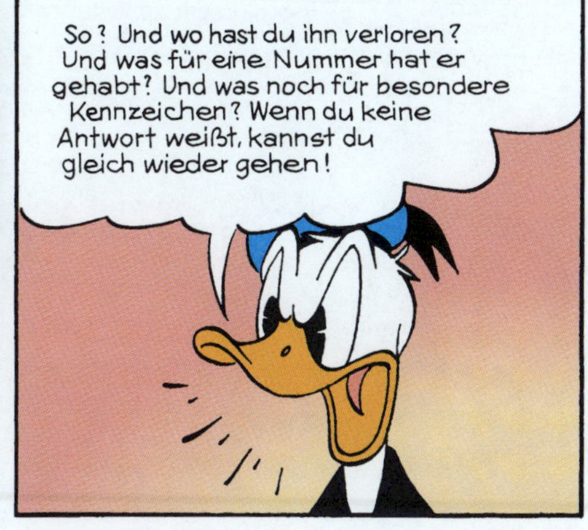
So? Und wo hast du ihn verloren? Und was für eine Nummer hat er gehabt? Und was noch für besondere Kennzeichen? Wenn du keine Antwort weißt, kannst du gleich wieder gehen!

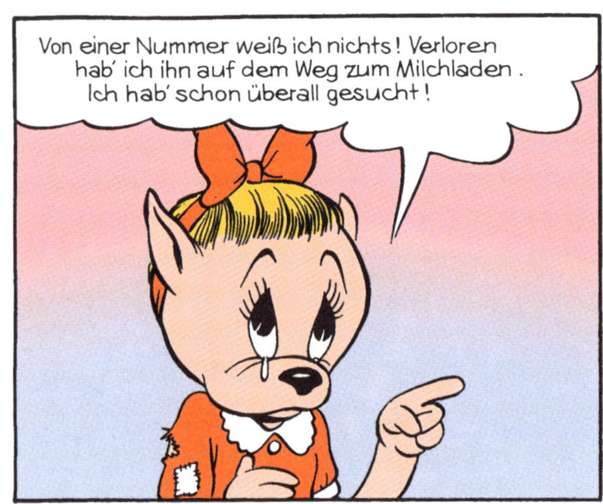
Von einer Nummer weiß ich nichts! Verloren hab' ich ihn auf dem Weg zum Milchladen. Ich hab' schon überall gesucht!

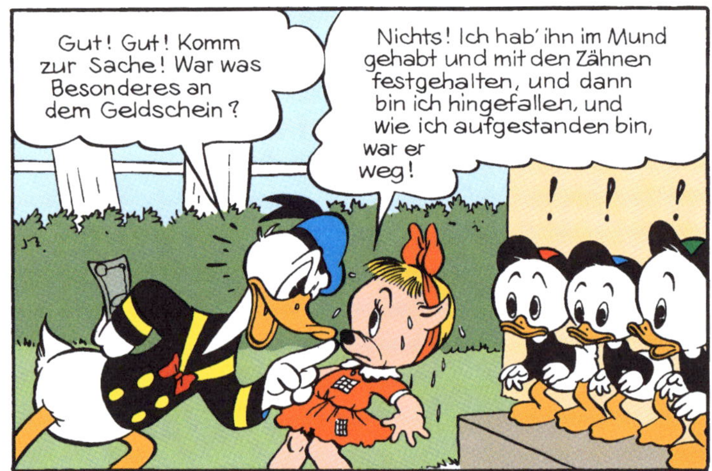
Gut! Gut! Komm zur Sache! War was Besonderes an dem Geldschein?
Nichts! Ich hab' ihn im Mund gehabt und mit den Zähnen festgehalten, und dann bin ich hingefallen, und wie ich aufgestanden bin, war er weg!
! ! !

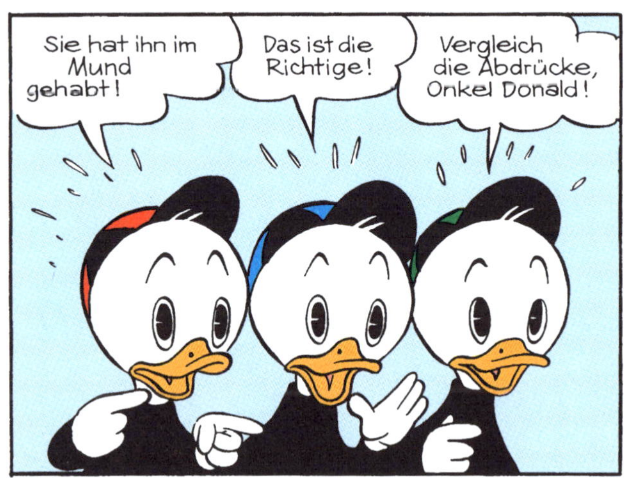
Sie hat ihn im Mund gehabt!
Das ist die Richtige!
Vergleich die Abdrücke, Onkel Donald!

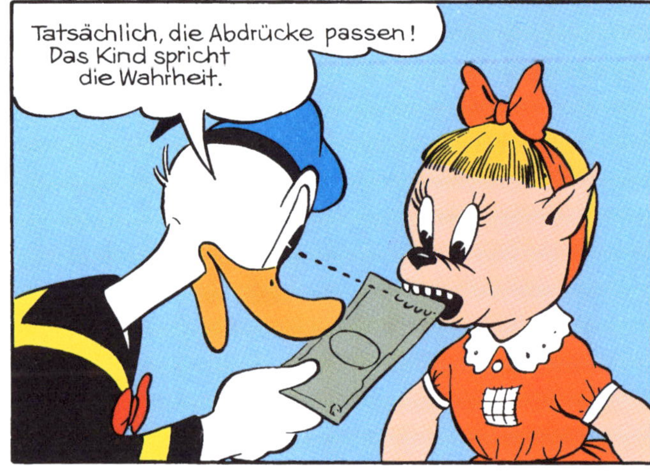
Tatsächlich, die Abdrücke passen! Das Kind spricht die Wahrheit.

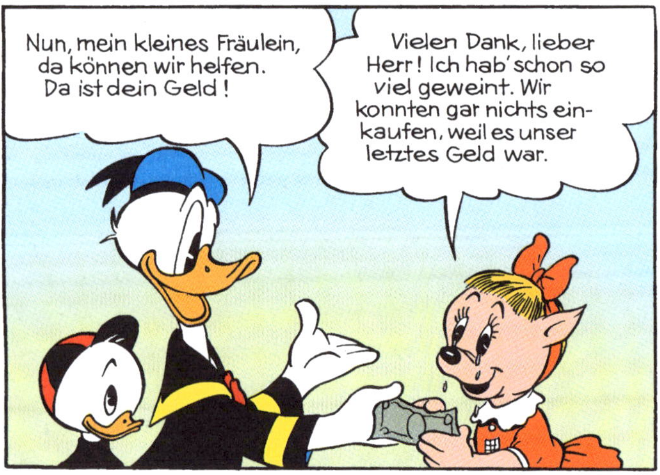
Nun, mein kleines Fräulein, da können wir helfen. Da ist dein Geld!
Vielen Dank, lieber Herr! Ich hab' schon so viel geweint. Wir konnten gar nichts einkaufen, weil es unser letztes Geld war.

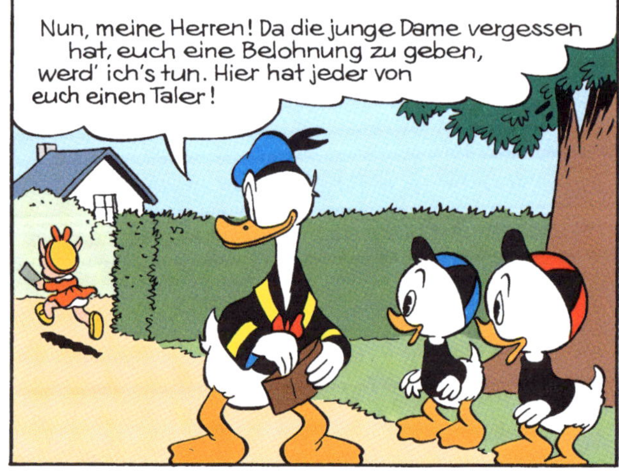
Nun, meine Herren! Da die junge Dame vergessen hat, euch eine Belohnung zu geben, werd' ich's tun. Hier hat jeder von euch einen Taler!

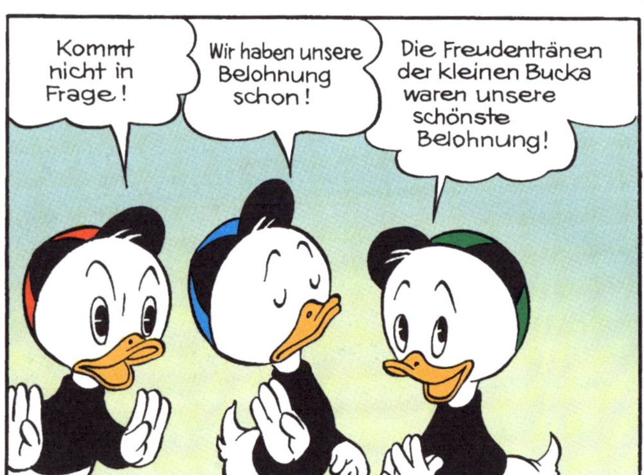
Kommt nicht in Frage!
Wir haben unsere Belohnung schon!
Die Freudentränen der kleinen Bucka waren unsere schönste Belohnung!

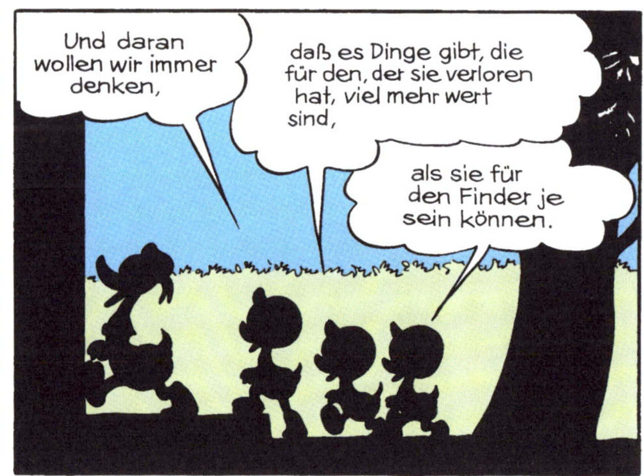
Und daran wollen wir immer denken,
daß es Dinge gibt, die für den, der sie verloren hat, viel mehr wert sind,
als sie für den Finder je sein können.

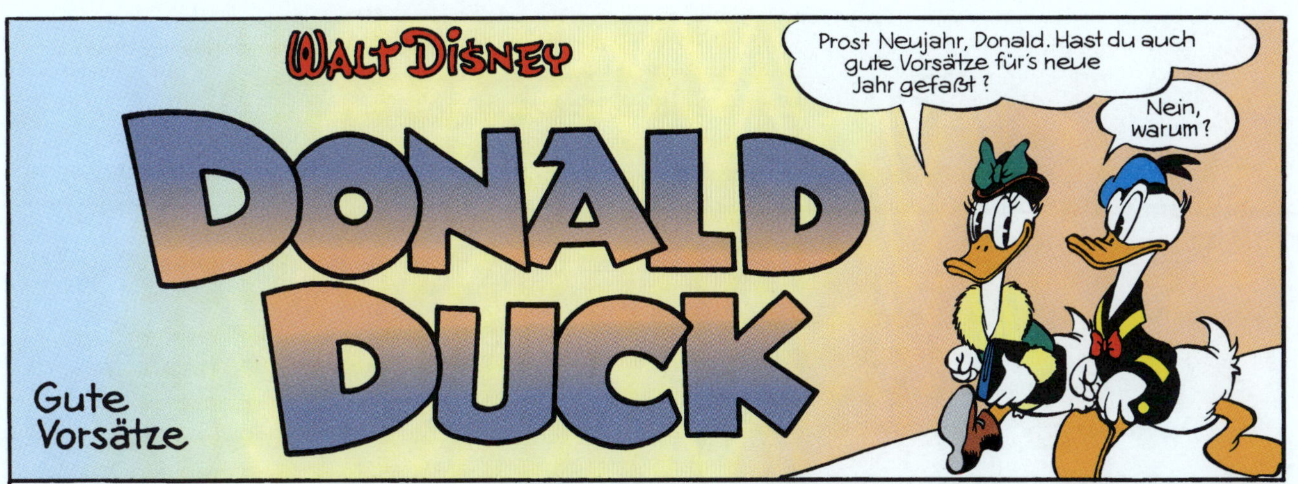
Walt Disney
Donald Duck
Gute Vorsätze
Prost Neujahr, Donald. Hast du auch gute Vorsätze für's neue Jahr gefaßt?
Nein, warum?

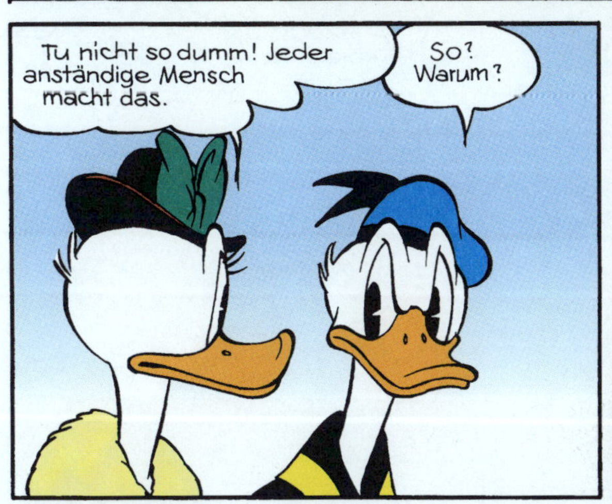
Tu nicht so dumm! Jeder anständige Mensch macht das.
So? Warum?

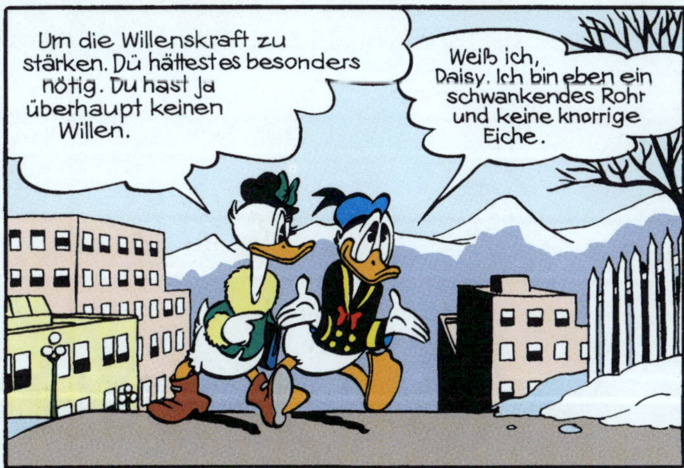
Um die Willenskraft zu stärken. Du hättest es besonders nötig. Du hast ja überhaupt keinen Willen.
Weiß ich, Daisy. Ich bin eben ein schwankendes Rohr und keine knorrige Eiche.

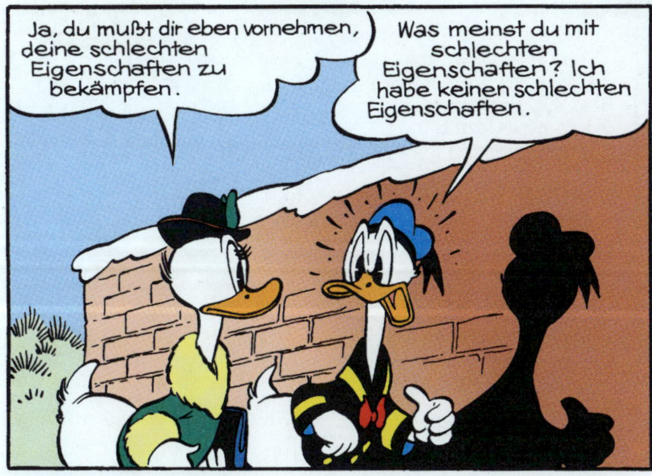
Ja, du mußt dir eben vornehmen, deine schlechten Eigenschaften zu bekämpfen.
Was meinst du mit schlechten Eigenschaften? Ich habe keinen schlechten Eigenschaften.

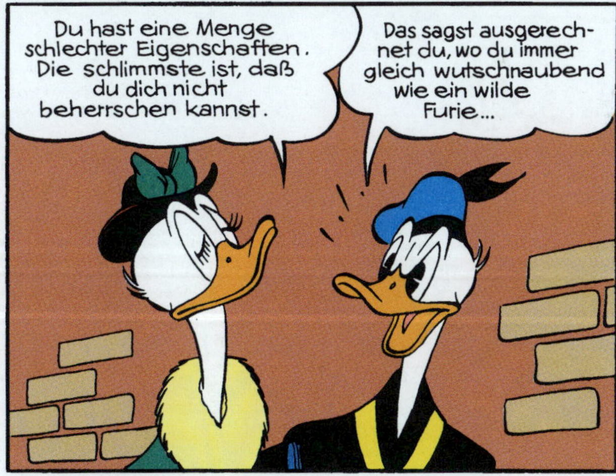
Du hast eine Menge schlechter Eigenschaften. Die schlimmste ist, daß du dich nicht beherrschen kannst.
Das sagst ausgerechnet du, wo du immer gleich wutschnaubend wie ein wilde Furie...

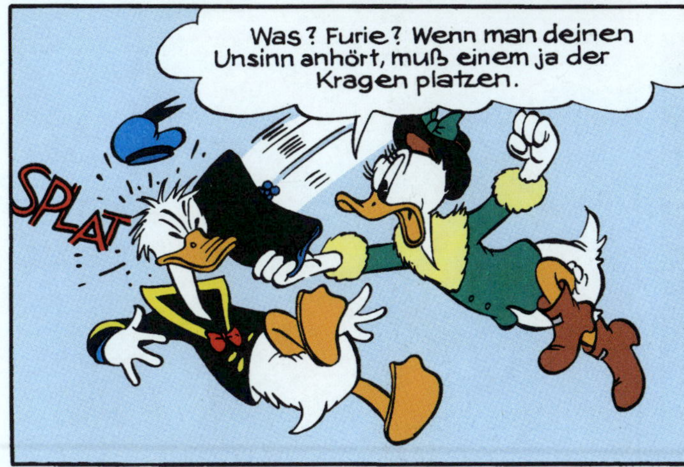
Was? Furie? Wenn man deinen Unsinn anhört, muß einem ja der Kragen platzen.
SPLAT

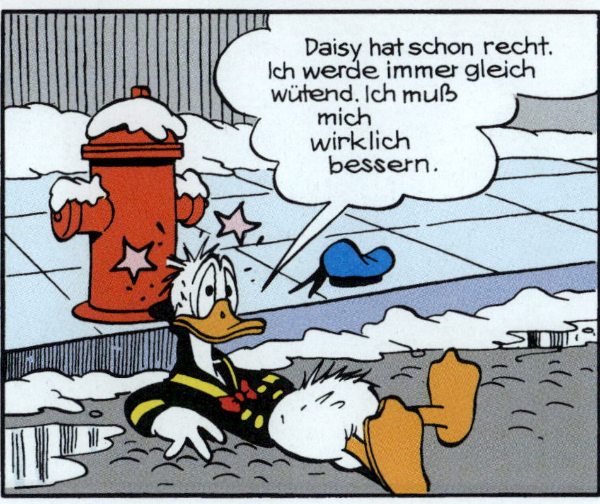
Daisy hat schon recht. Ich werde immer gleich wütend. Ich muß mich wirklich bessern.

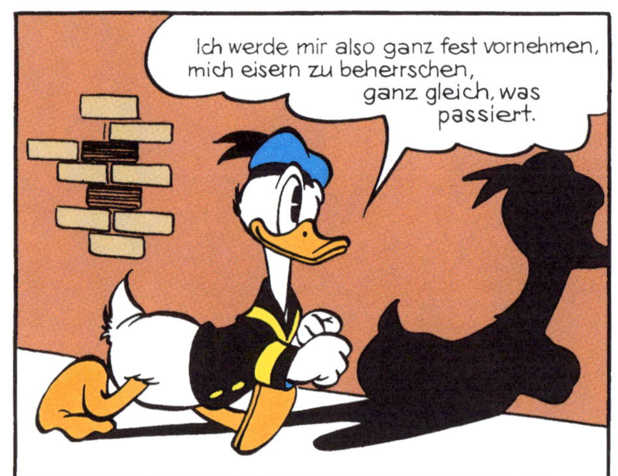
Ich werde mir also ganz fest vornehmen, mich eisern zu beherrschen, ganz gleich, was passiert.
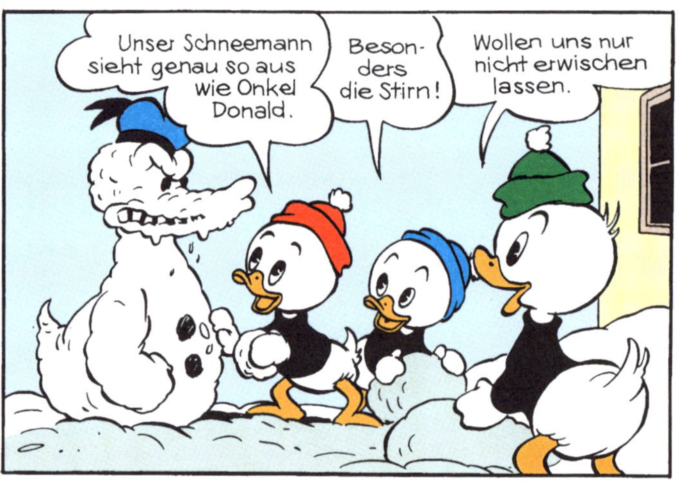
Unser Schneemann sieht genau so aus wie Onkel Donald.
Besonders die Stirn!
Wollen uns nur nicht erwischen lassen.
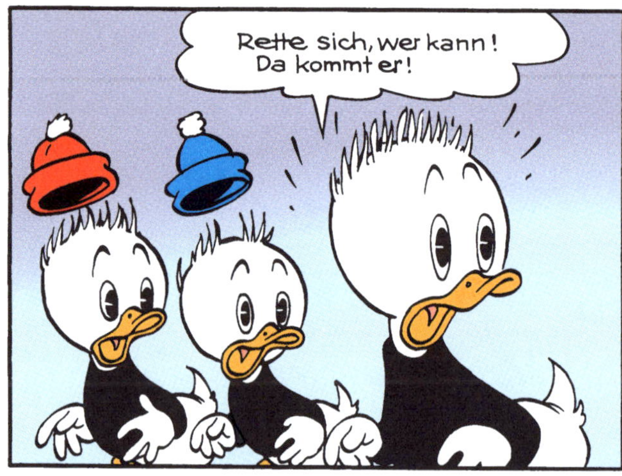
Rette sich, wer kann! Da kommt er!
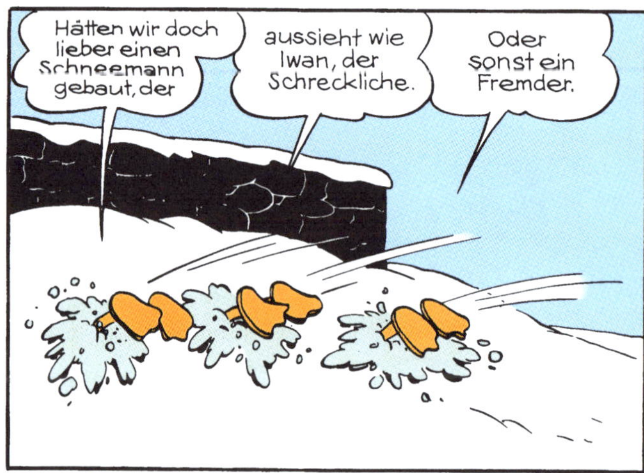
Hätten wir doch lieber einen Schneemann gebaut, der
aussieht wie Iwan, der Schreckliche.
Oder sonst ein Fremder.
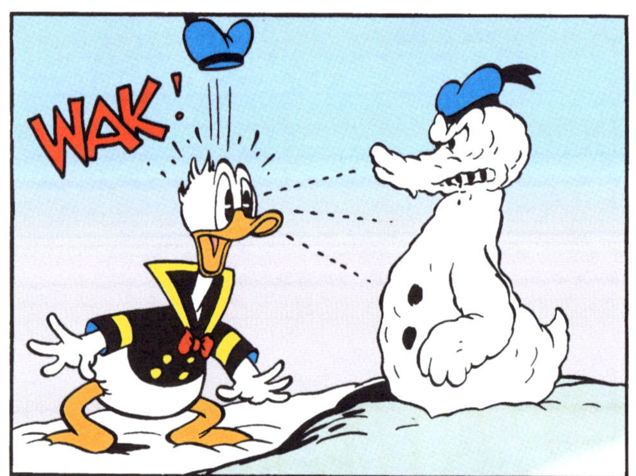
WAK!
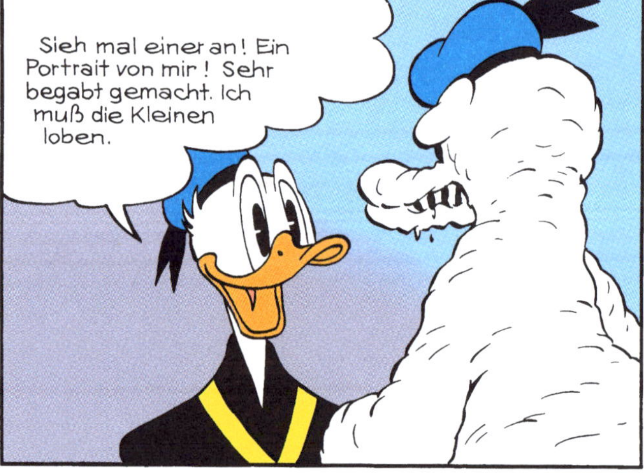
Sieh mal einer an! Ein Portrait von mir! Sehr begabt gemacht. Ich muß die Kleinen loben.
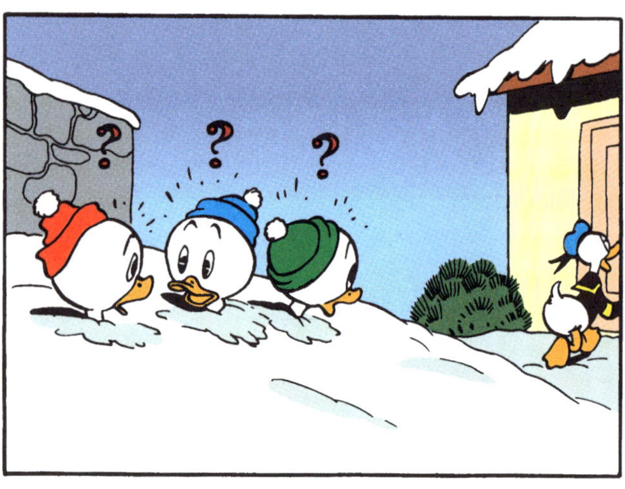
?
?
?
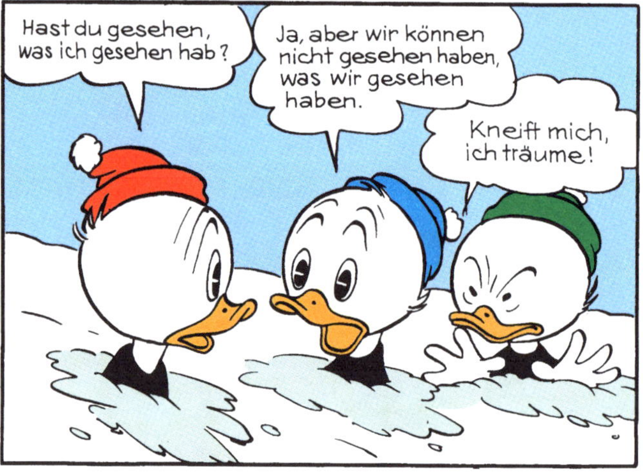
Hast du gesehen, was ich gesehen hab?
Ja, aber wir können nicht gesehen haben, was wir gesehen haben.
Kneift mich, ich träume!

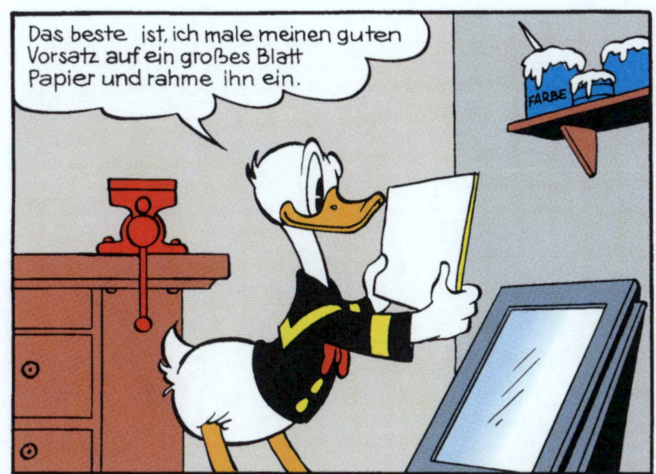
Das beste ist, ich male meinen guten Vorsatz auf ein großes Blatt Papier und rahme ihn ein.
FARBE

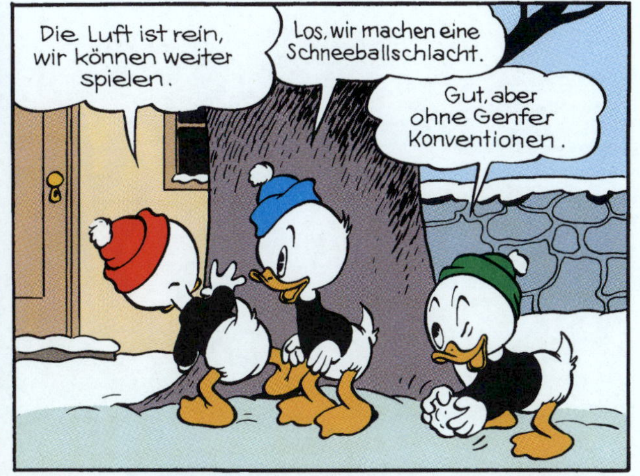
Die Luft ist rein, wir können weiter spielen.
Los, wir machen eine Schneeballschlacht.
Gut, aber ohne Genfer Konventionen.

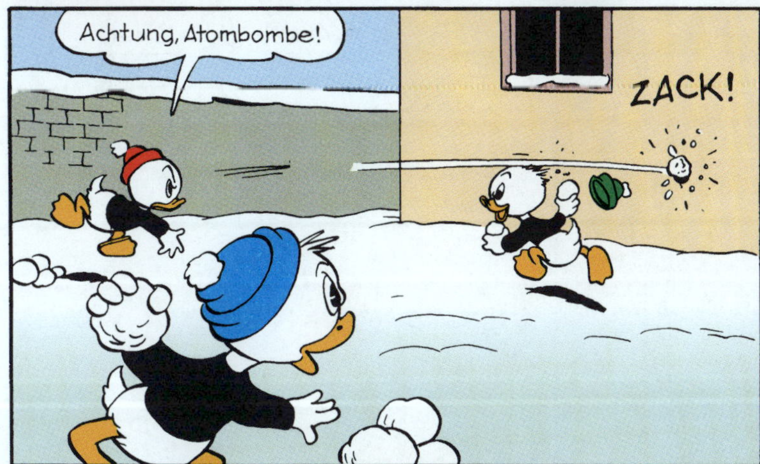
Achtung, Atombombe!
ZACK!

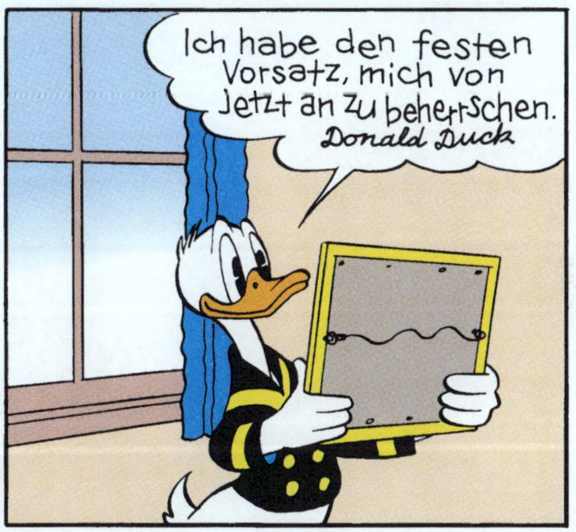
Ich habe den festen Vorsatz, mich von jetzt an zu beherrschen.
Donald Duck

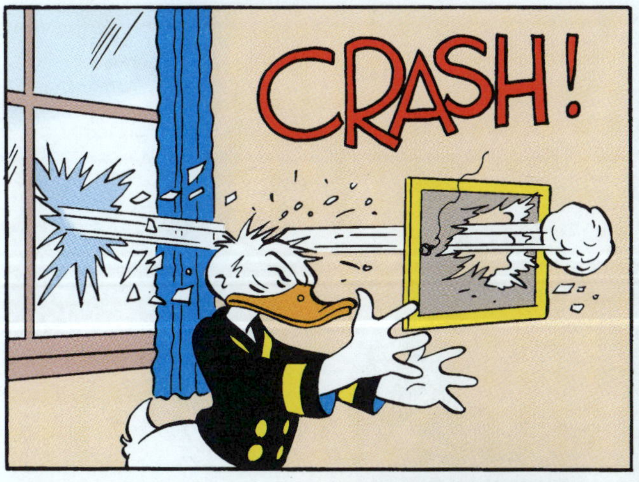
CRASH!

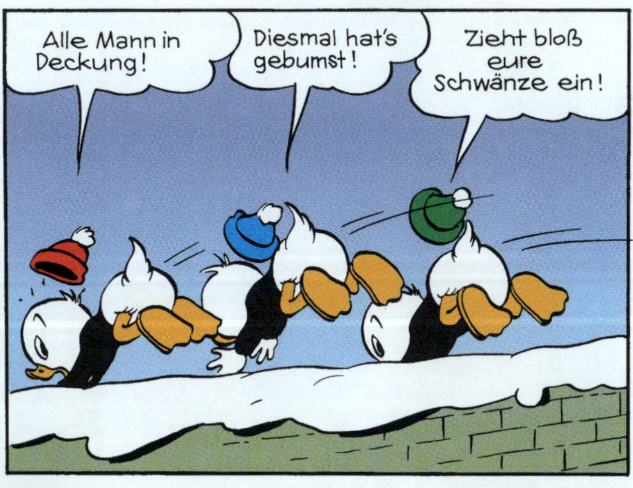
Alle Mann in Deckung!
Diesmal hat's gebumst!
Zieht bloß eure Schwänze ein!

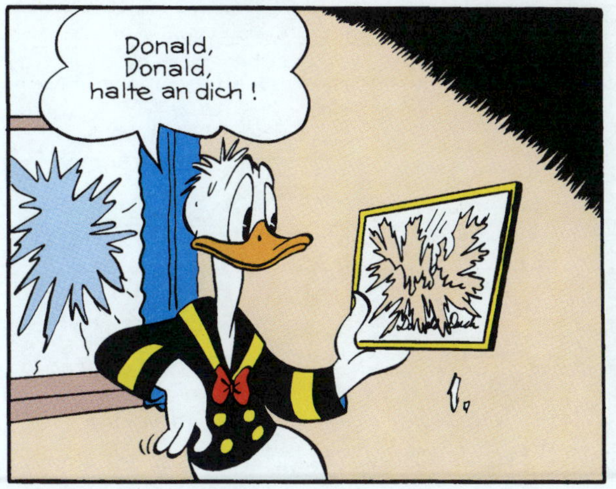
Donald, Donald, halte an dich!

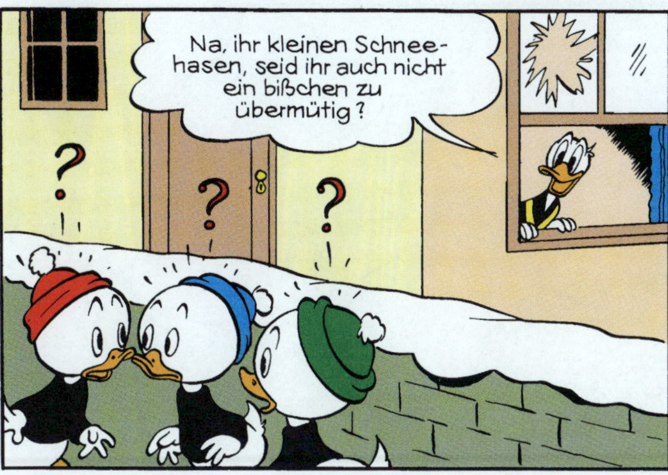
Na, ihr kleinen Schneehasen, seid ihr auch nicht ein bißchen zu übermütig?
?
?
?

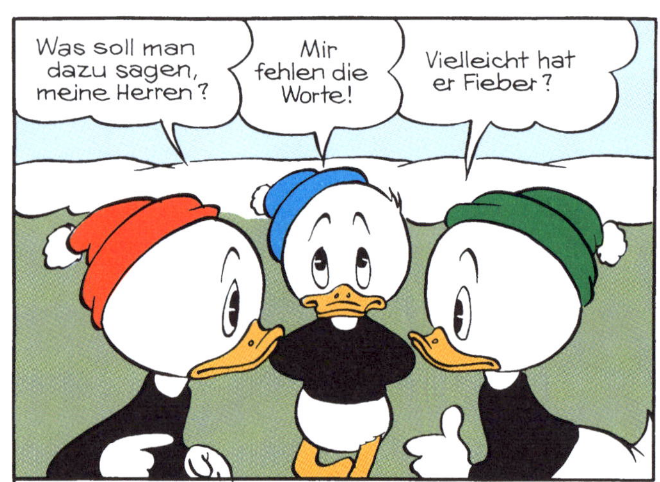
Was soll man dazu sagen, meine Herren?
Mir fehlen die Worte!
Vielleicht hat er Fieber?

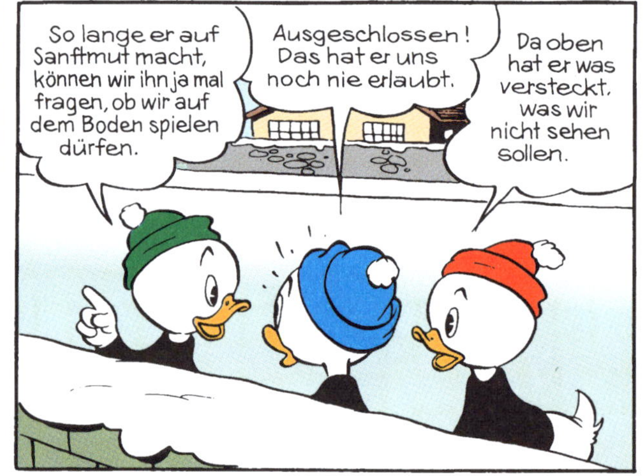
So lange er auf Sanftmut macht, können wir ihn ja mal fragen, ob wir auf dem Boden spielen dürfen.
Ausgeschlossen! Das hat er uns noch nie erlaubt.
Da oben hat er was versteckt, was wir nicht sehen sollen.

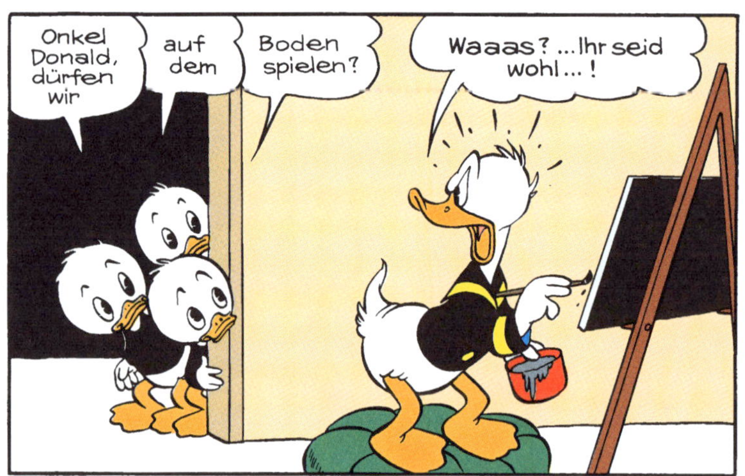
Onkel Donald, dürfen wir
auf dem
Boden spielen?
Waaas? ...Ihr seid wohl...!

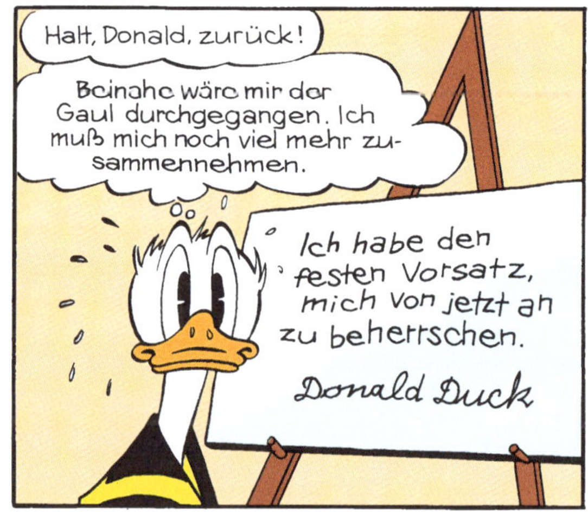
Halt, Donald, zurück!
Beinahe wäre mir der Gaul durchgegangen. Ich muß mich noch viel mehr zusammennehmen.
Ich habe den festen Vorsatz, mich von jetzt an zu beherrschen.
Donald Duck

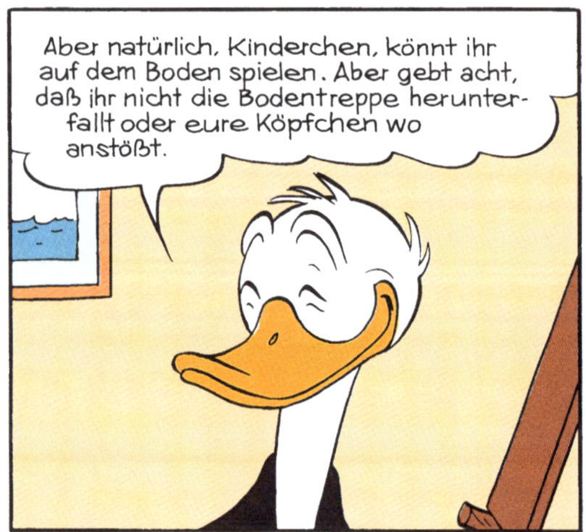
Aber natürlich, Kinderchen, könnt ihr auf dem Boden spielen. Aber gebt acht, daß ihr nicht die Bodentreppe herunterfallt oder eure Köpfchen wo anstößt.

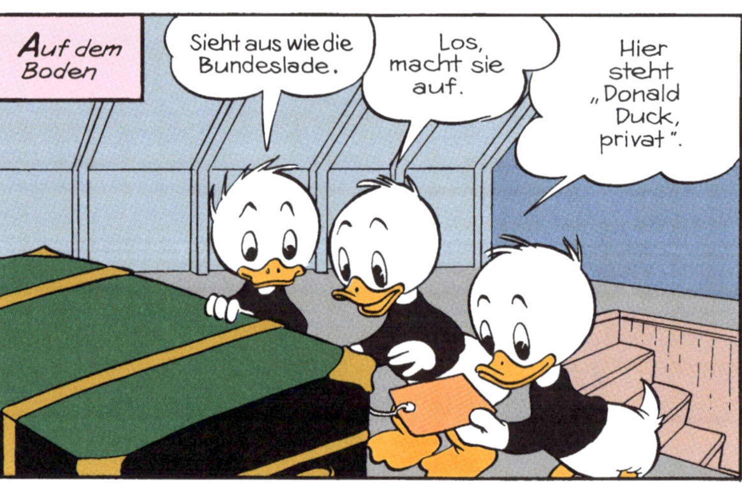
Auf dem Boden
Sieht aus wie die Bundeslade.
Los, macht sie auf.
Hier steht „Donald Duck, privat".

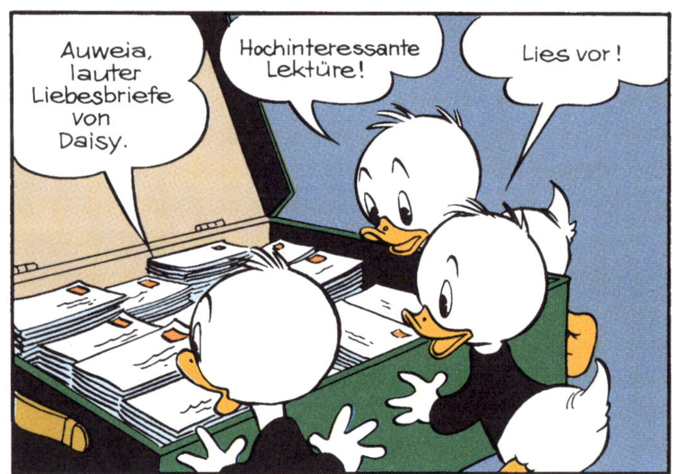
Auweia, lauter Liebesbriefe von Daisy.
Hochinteressante Lektüre!
Lies vor!

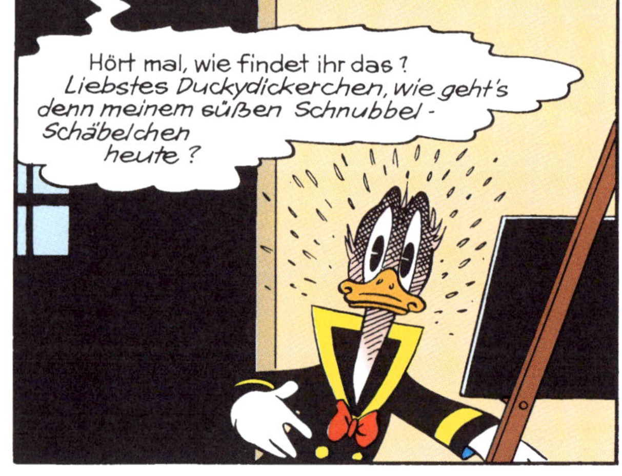
Hört mal, wie findet ihr das? Liebstes Duckydickerchen, wie geht's denn meinem süßen Schnubbel-Schäbelchen heute?

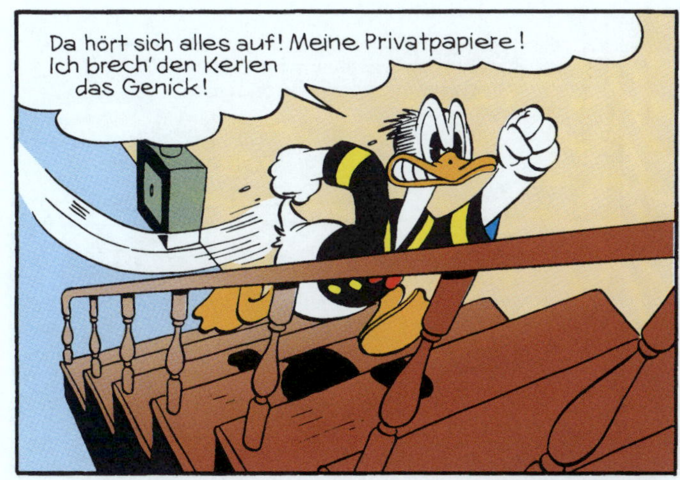
Da hört sich alles auf! Meine Privatpapiere! Ich brech' den Kerlen das Genick!

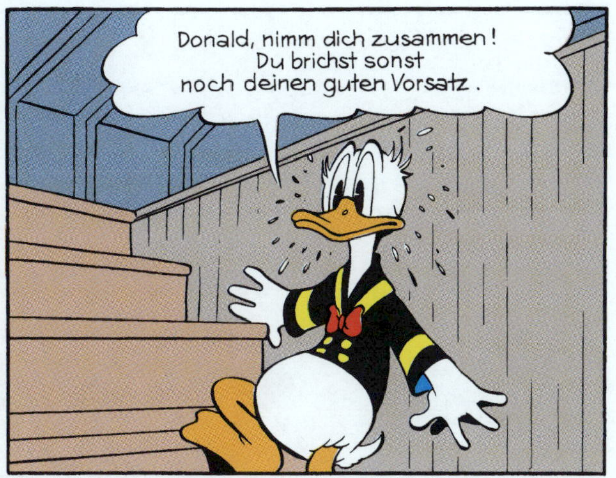
Donald, nimm dich zusammen! Du brichst sonst noch deinen guten Vorsatz.

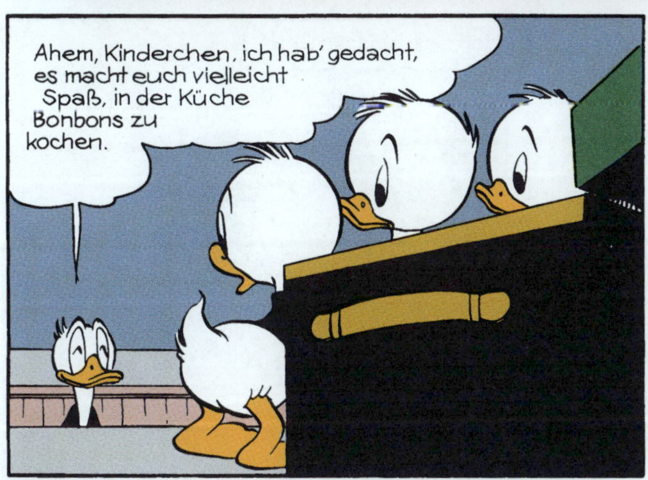
Ahem, Kinderchen, ich hab' gedacht, es macht euch vielleicht Spaß, in der Küche Bonbons zu kochen.

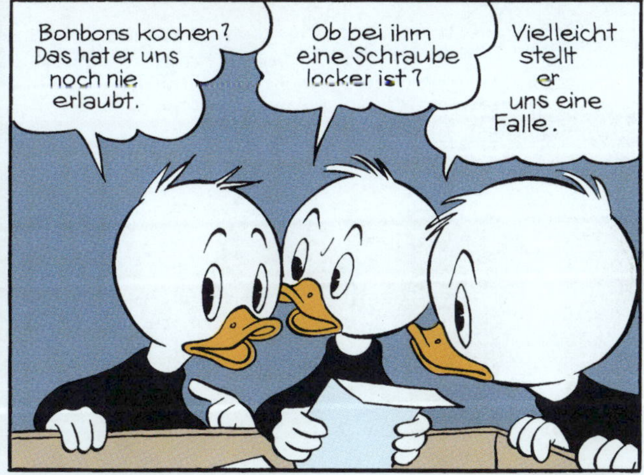
Bonbons kochen? Das hat er uns noch nie erlaubt.
Ob bei ihm eine Schraube locker ist?
Vielleicht stellt er uns eine Falle.

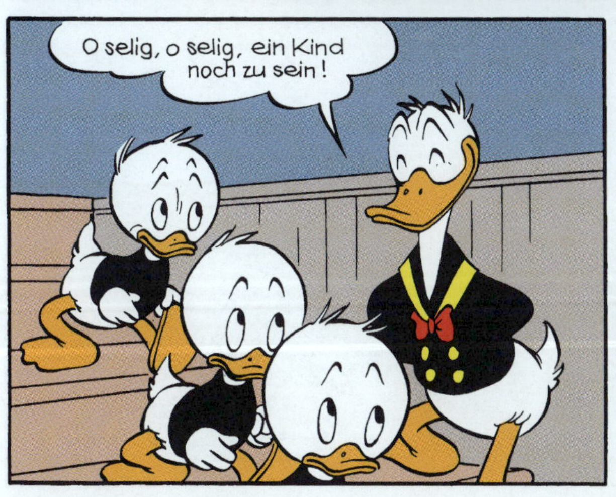
O selig, o selig, ein Kind noch zu sein!

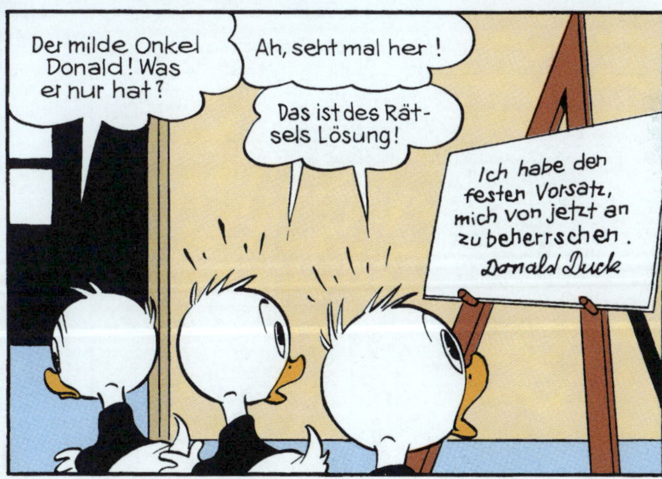
Der milde Onkel Donald! Was er nur hat?
Ah, seht mal her!
Das ist des Rätsels Lösung!
Ich habe den festen Vorsatz, mich von jetzt an zu beherrschen.
Donald Duck

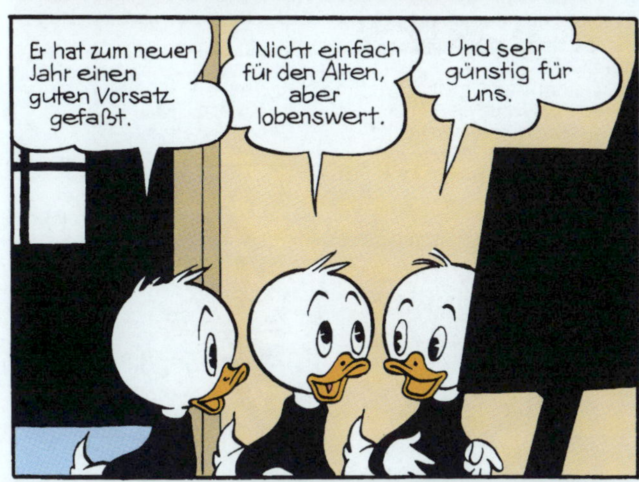
Er hat zum neuen Jahr einen guten Vorsatz gefaßt.
Nicht einfach für den Alten, aber lobenswert.
Und sehr günstig für uns.

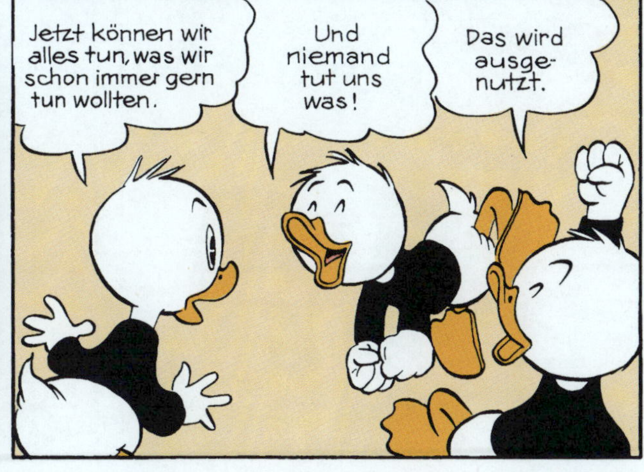
Jetzt können wir alles tun, was wir schon immer gern tun wollten.
Und niemand tut uns was!
Das wird ausgenutzt.

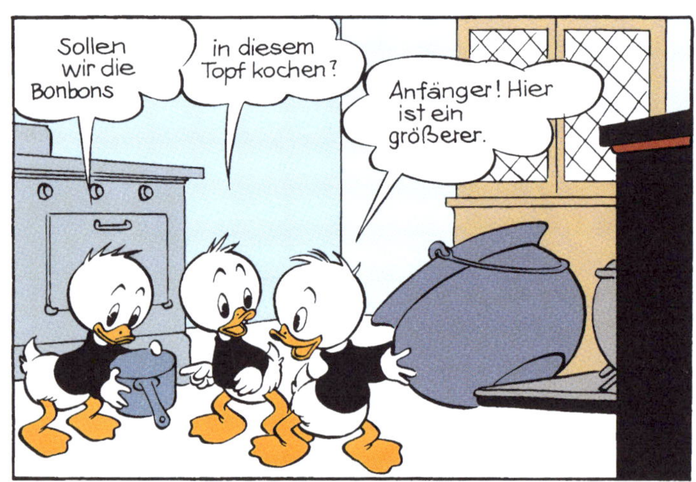
Sollen wir die Bonbons
in diesem Topf kochen?
Anfänger! Hier ist ein größerer.

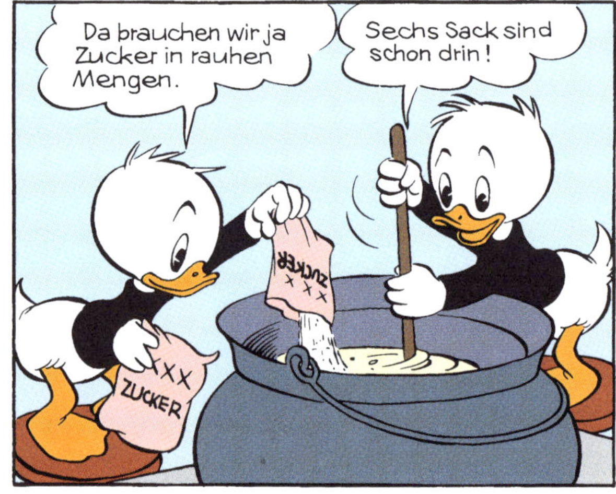
Da brauchen wir ja Zucker in rauhen Mengen.
Sechs Sack sind schon drin!
ZUCKER
ZUCKER

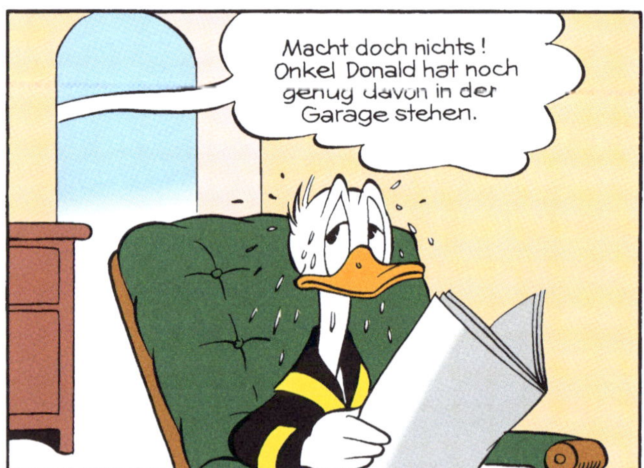
Macht doch nichts! Onkel Donald hat noch genug davon in der Garage stehen.

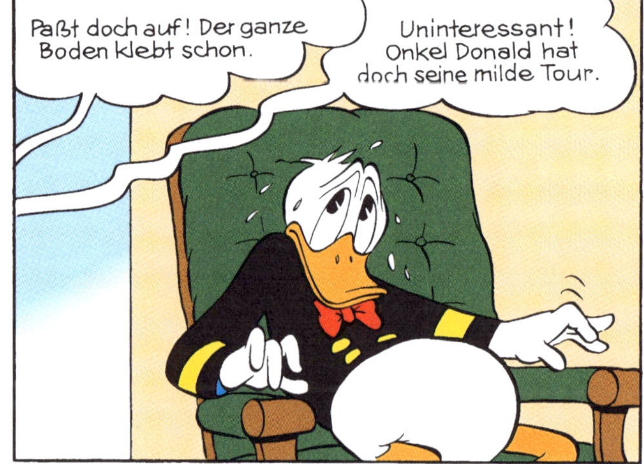
Paßt doch auf! Der ganze Boden klebt schon.
Uninteressant! Onkel Donald hat doch seine milde Tour.

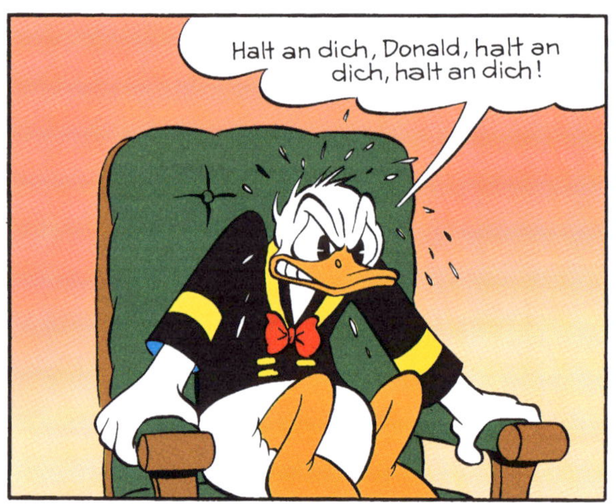
Halt an dich, Donald, halt an dich, halt an dich!

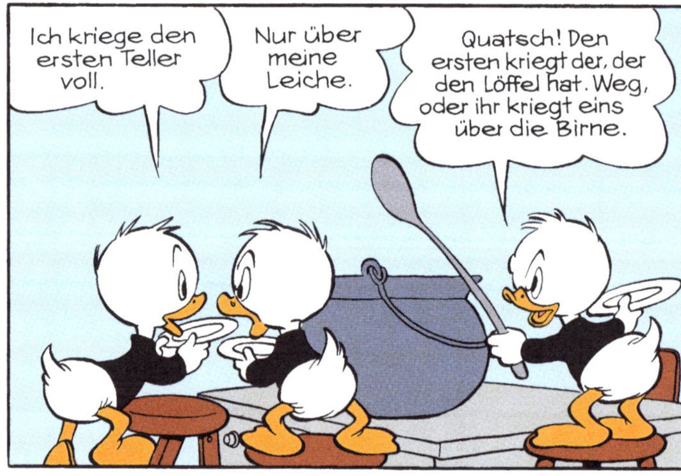
Ich kriege den ersten Teller voll.
Nur über meine Leiche.
Quatsch! Den ersten kriegt der, der den Löffel hat. Weg, oder ihr kriegt eins über die Birne.

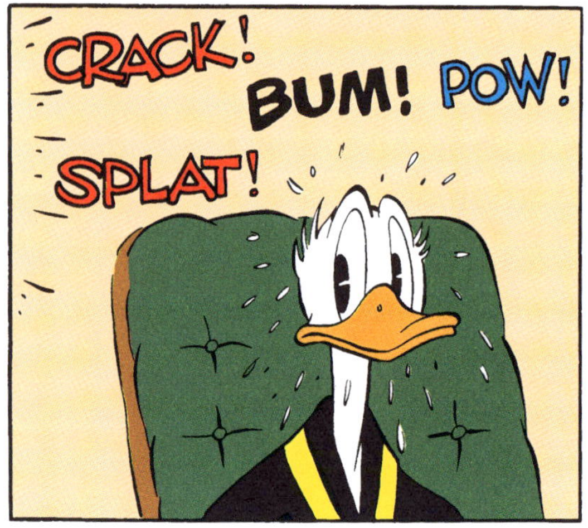
CRACK!
BUM!
POW!
SPLAT!

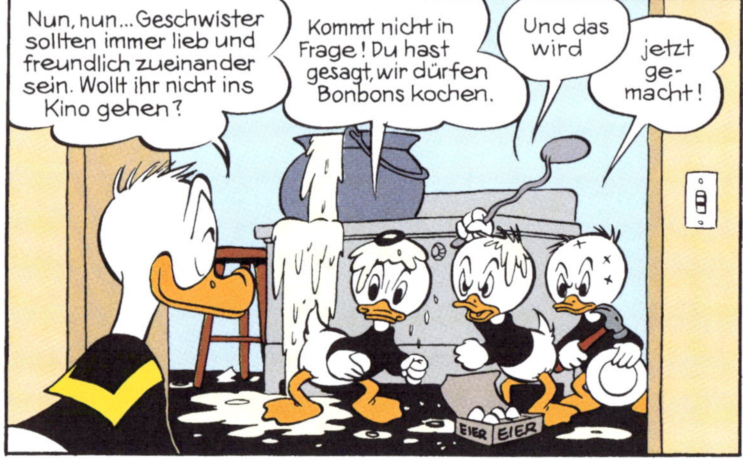
Nun, nun... Geschwister sollten immer lieb und freundlich zueinander sein. Wollt ihr nicht ins Kino gehen?
Kommt nicht in Frage! Du hast gesagt, wir dürfen Bonbons kochen.
Und das wird
jetzt gemacht!
EIER EIER

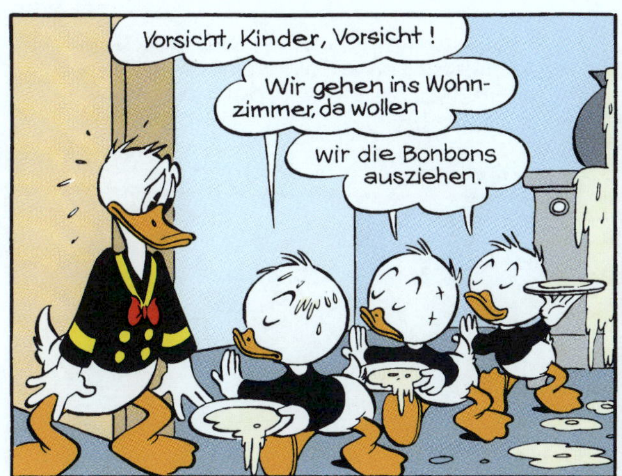
Vorsicht, Kinder, Vorsicht!
Wir gehen ins Wohnzimmer, da wollen
wir die Bonbons ausziehen.
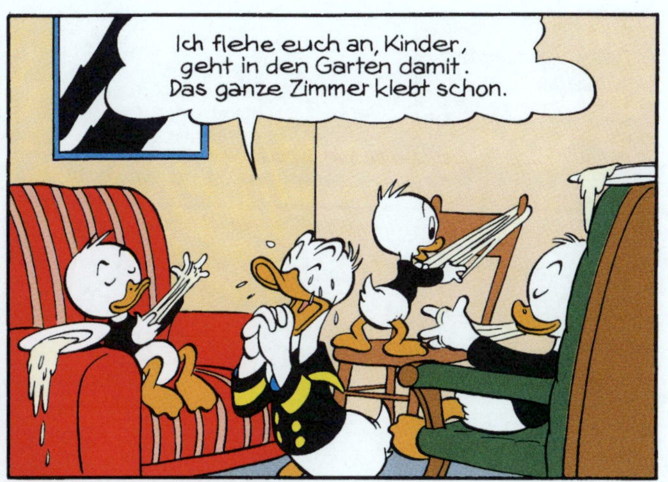
Ich flehe euch an, Kinder, geht in den Garten damit. Das ganze Zimmer klebt schon.
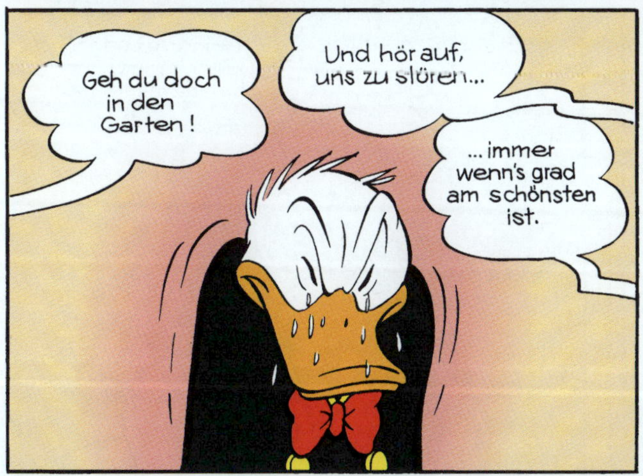
Geh du doch in den Garten!
Und hör auf, uns zu stören...
... immer wenn's grad am schönsten ist.
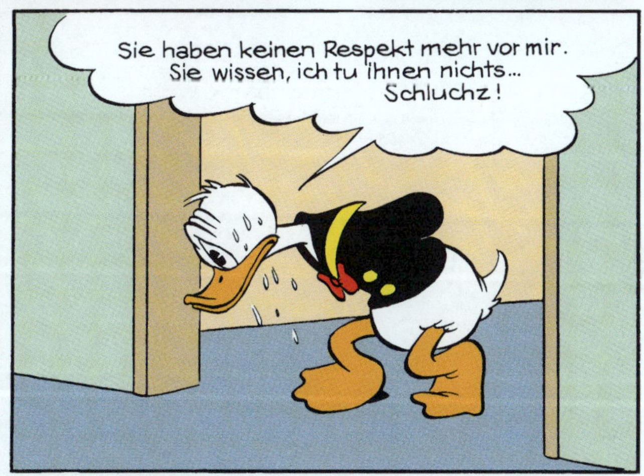
Sie haben keinen Respekt mehr vor mir. Sie wissen, ich tu ihnen nichts... Schluchz!
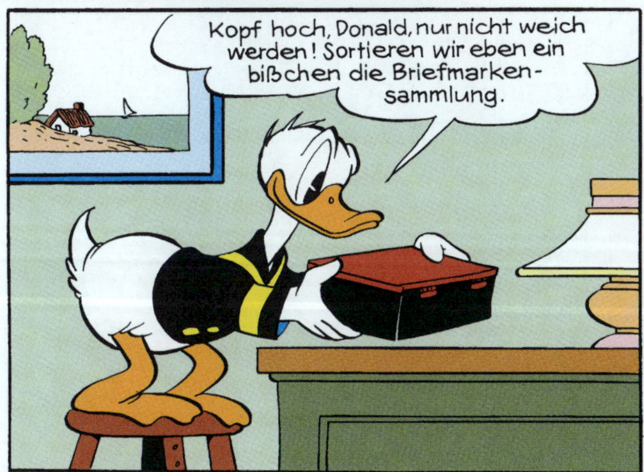
Kopf hoch, Donald, nur nicht weich werden! Sortieren wir eben ein bißchen die Briefmarken-sammlung.
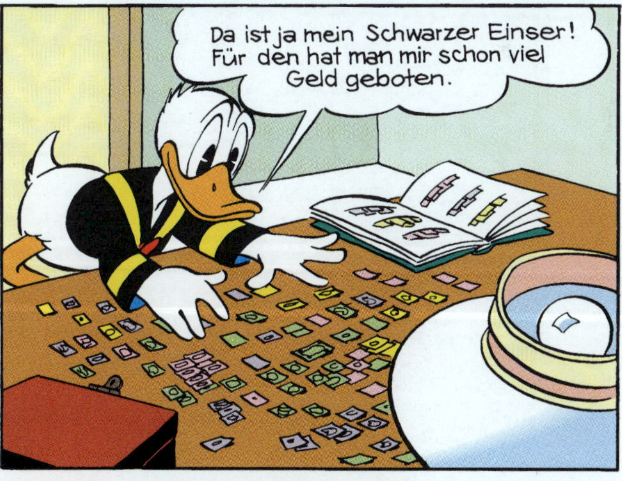
Da ist ja mein Schwarzer Einser! Für den hat man mir schon viel Geld geboten.
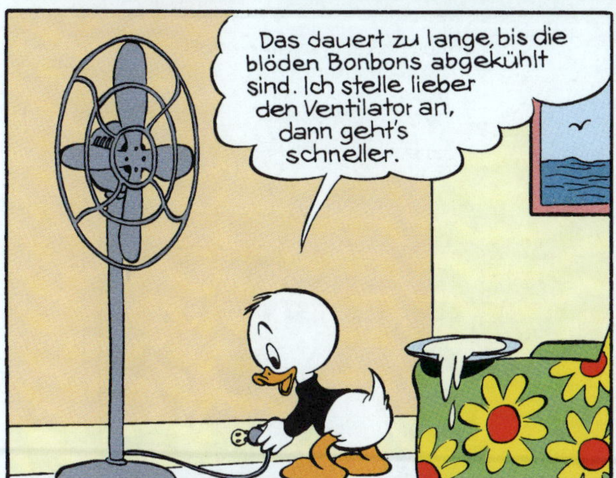
Das dauert zu lange, bis die blöden Bonbons abgekühlt sind. Ich stelle lieber den Ventilator an, dann geht's schneller.
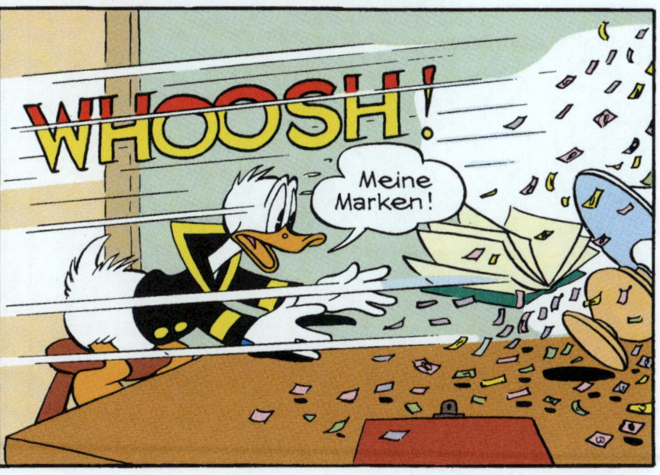
WHOOSH!
Meine Marken!

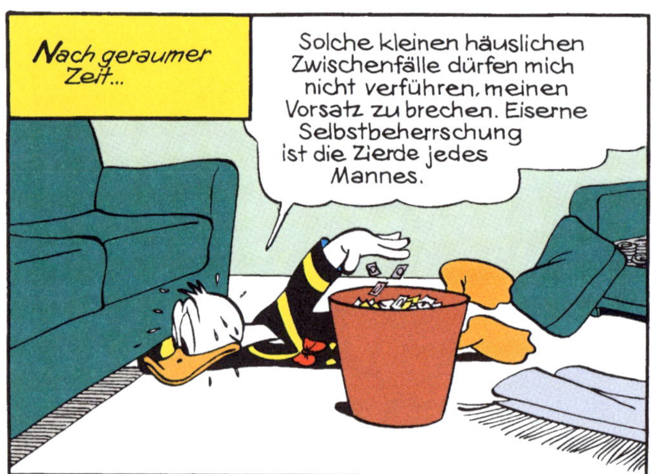
Nach geraumer Zeit...
Solche kleinen häuslichen Zwischenfälle dürfen mich nicht verführen, meinen Vorsatz zu brechen. Eiserne Selbstbeherrschung ist die Zierde jedes Mannes.

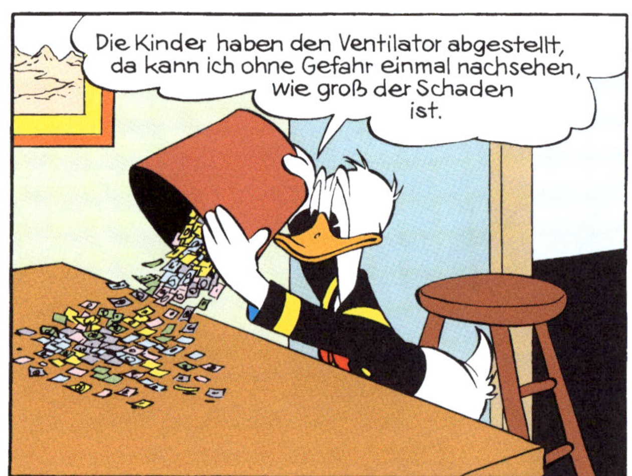
Die Kinder haben den Ventilator abgestellt, da kann ich ohne Gefahr einmal nachsehen, wie groß der Schaden ist.

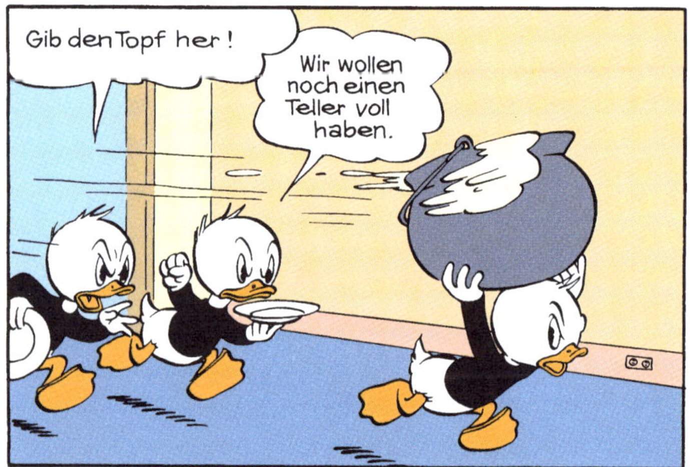
Gib den Topf her!
Wir wollen noch einen Teller voll haben.

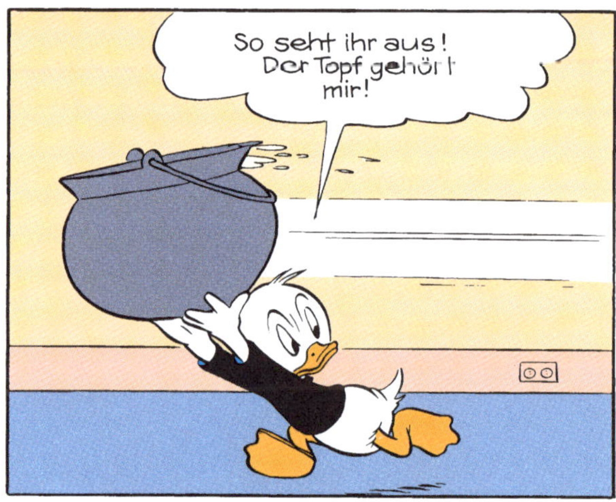
So seht ihr aus! Der Topf gehört mir!

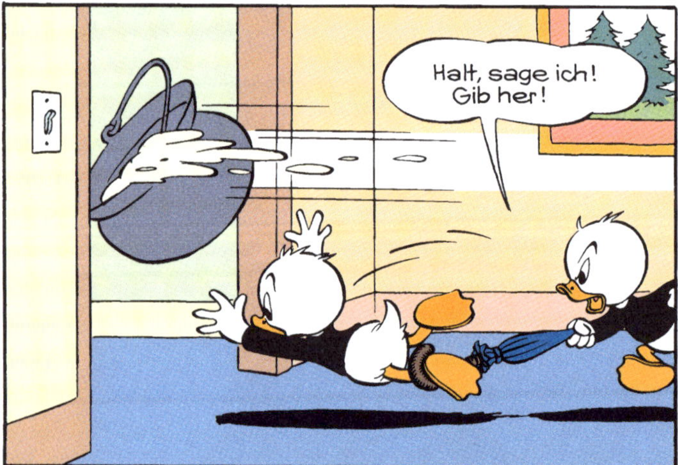
Halt, sage ich! Gib her!

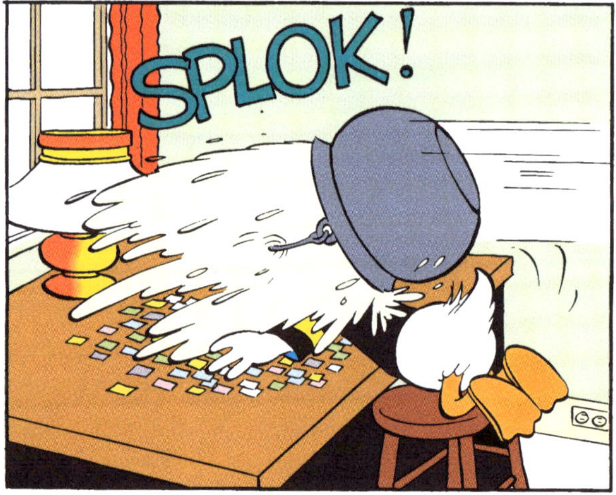
SPLOK!

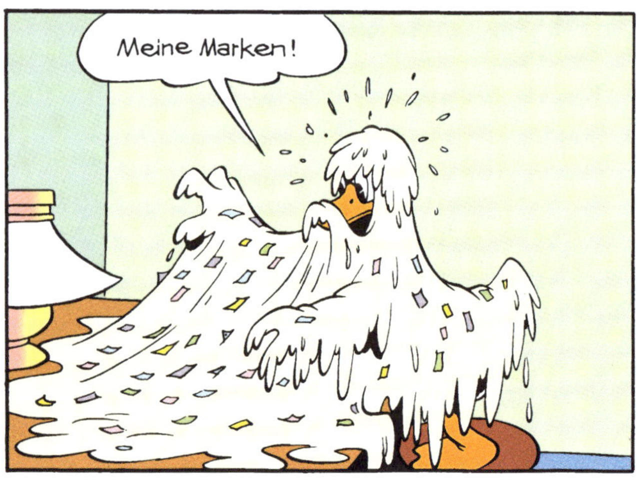
Meine Marken!

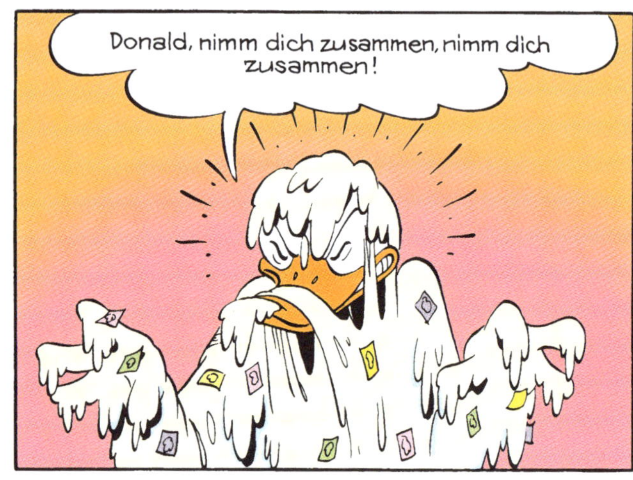
Donald, nimm dich zusammen, nimm dich zusammen!

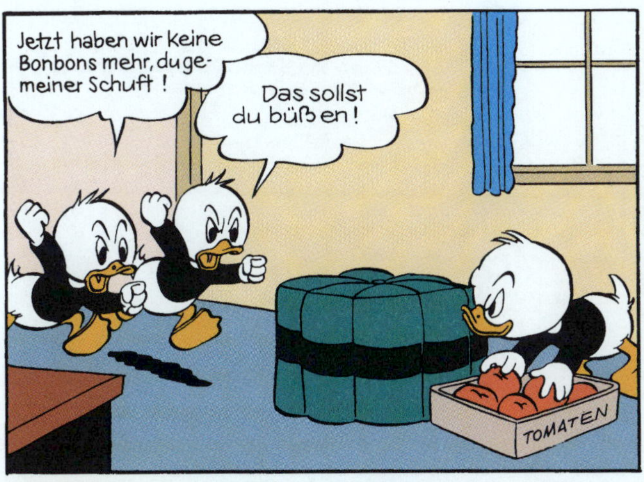

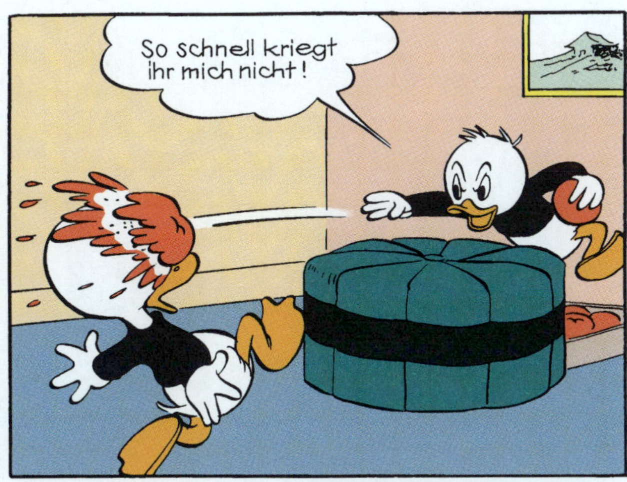

Donald wäscht sich und kommt vollkommen neu angezogen aus seinem Zimmer.

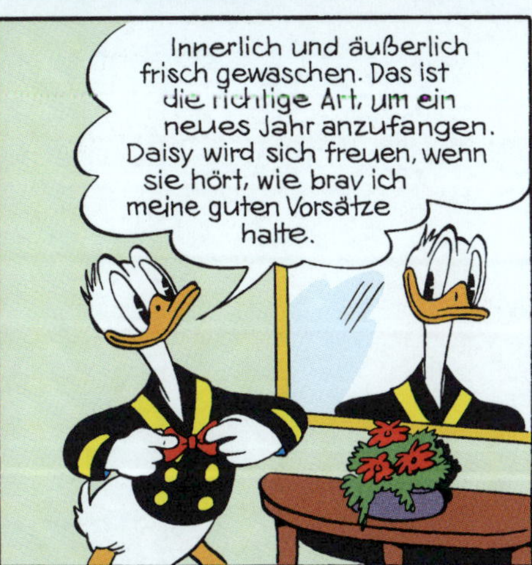

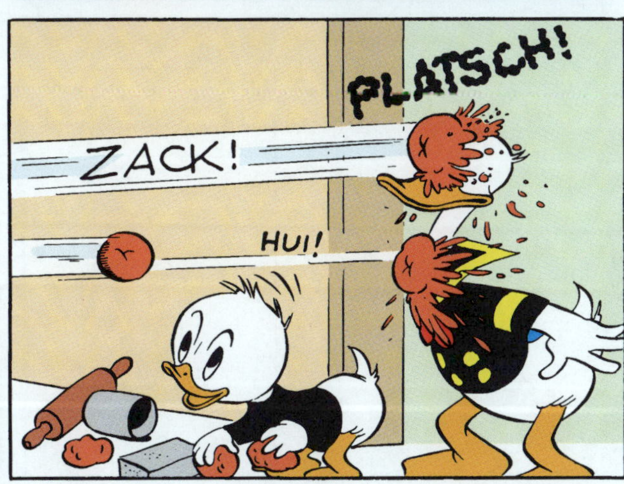

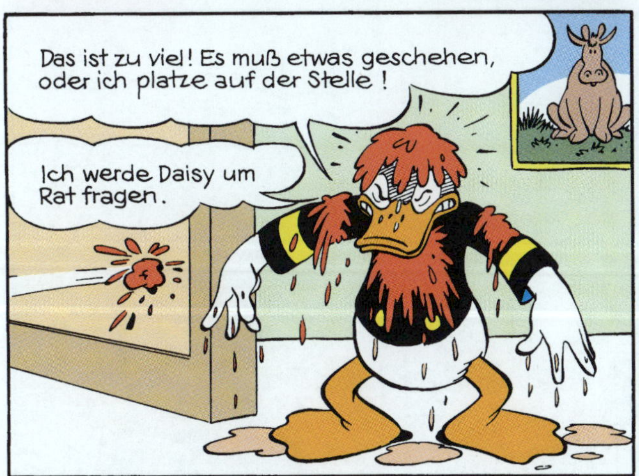

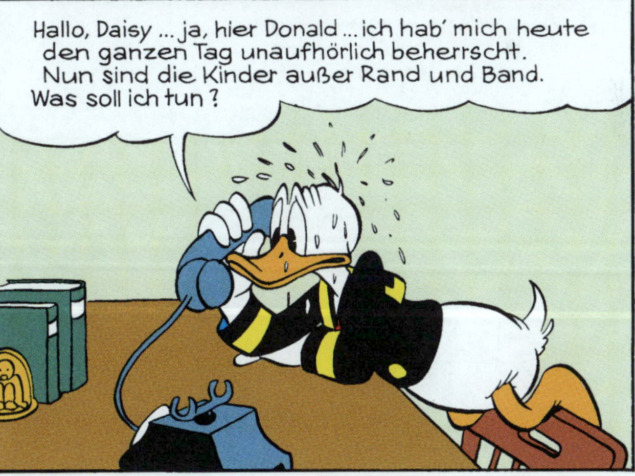

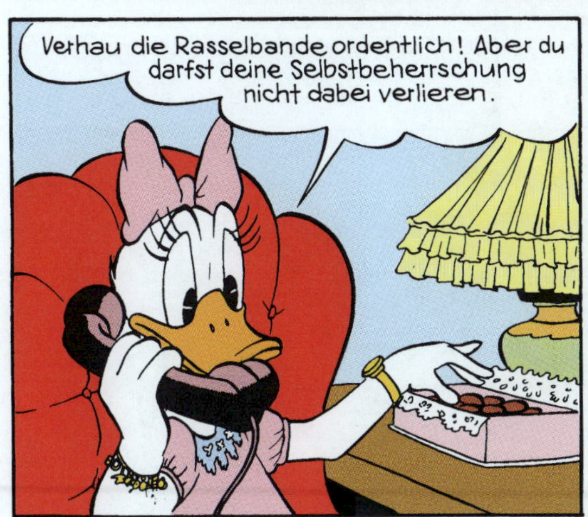

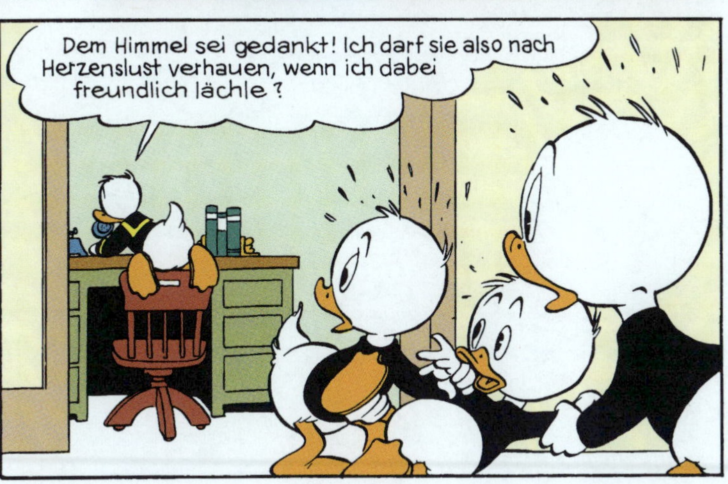

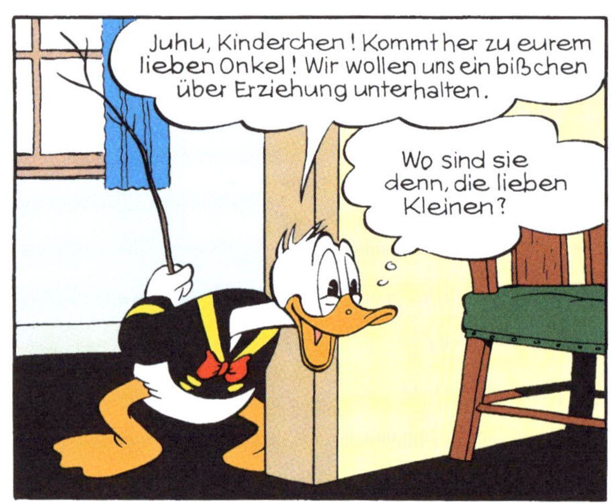
Juhu, Kinderchen! Kommt her zu eurem lieben Onkel! Wir wollen uns ein bißchen über Erziehung unterhalten.
Wo sind sie denn, die lieben Kleinen?

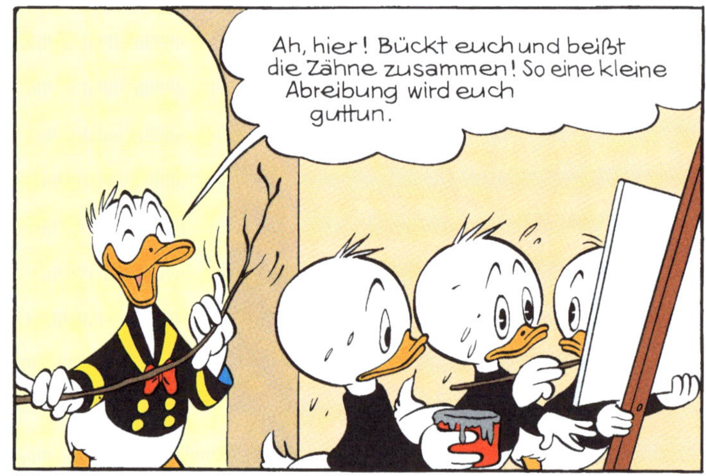
Ah, hier! Bückt euch und beißt die Zähne zusammen! So eine kleine Abreibung wird euch guttun.

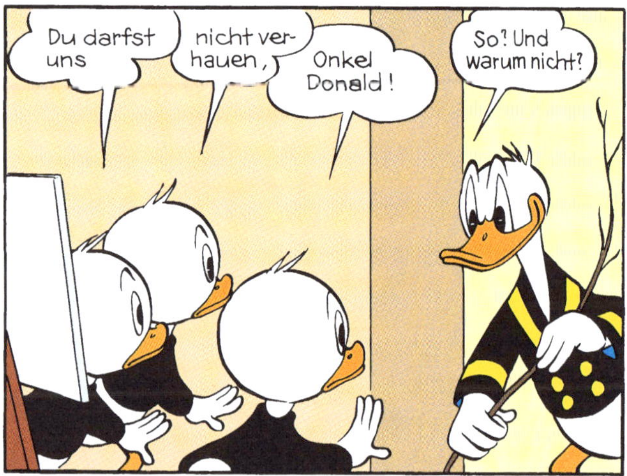
Du darfst uns
nicht verhauen,
Onkel Donald!
So? Und warum nicht?

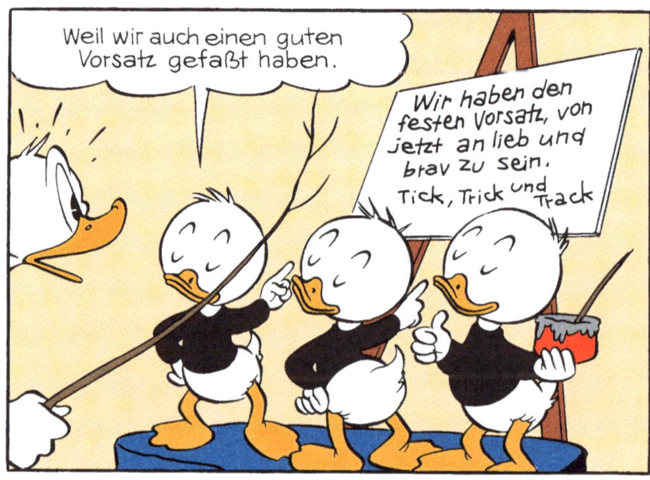
Weil wir auch einen guten Vorsatz gefaßt haben.
Wir haben den festen Vorsatz, von jetzt an lieb und brav zu sein.
Tick, Trick und Track

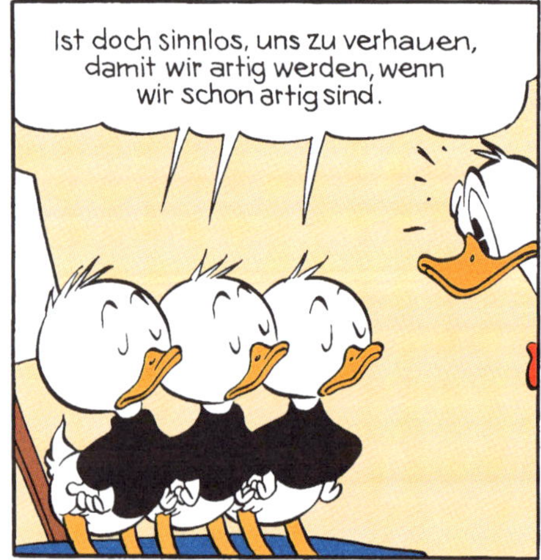
Ist doch sinnlos, uns zu verhauen, damit wir artig werden, wenn wir schon artig sind.

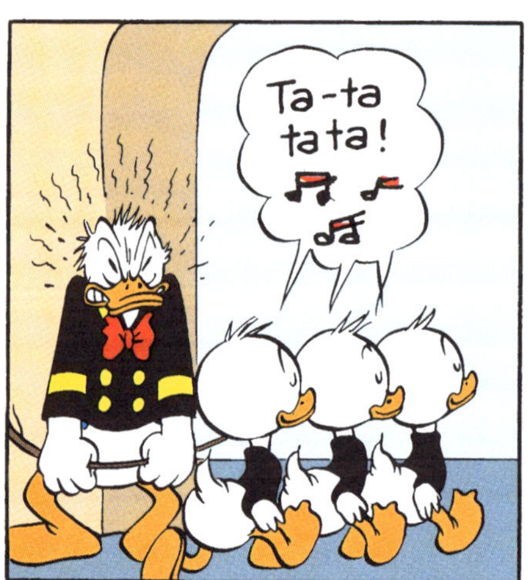
Ta-ta ta ta!

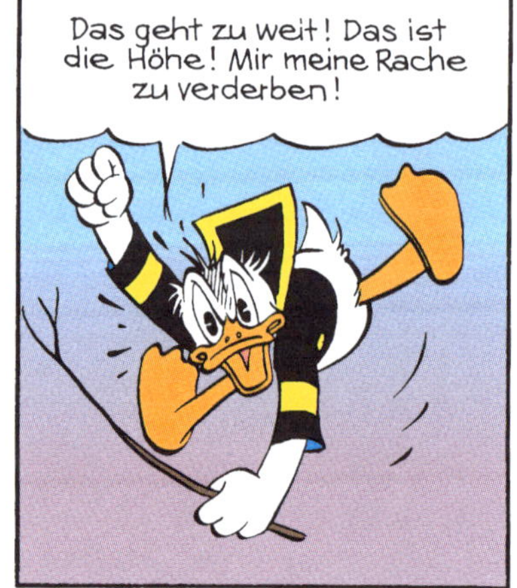
Das geht zu weit! Das ist die Höhe! Mir meine Rache zu verderben!

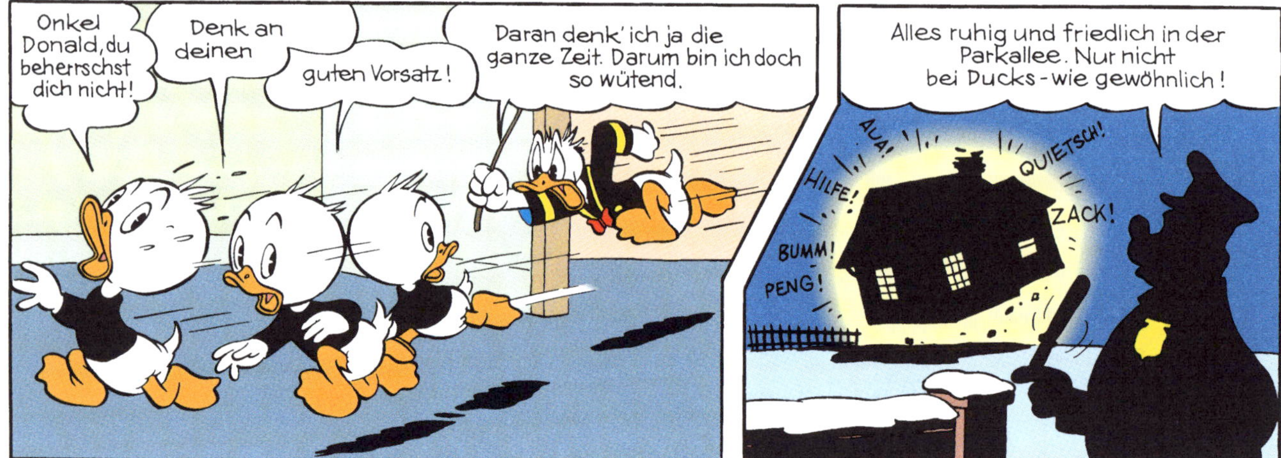
Onkel Donald, du beherrschst dich nicht!
Denk an deinen
guten Vorsatz!
Daran denk' ich ja die ganze Zeit. Darum bin ich doch so wütend.
Alles ruhig und friedlich in der Parkallee. Nur nicht bei Ducks - wie gewöhnlich!
AUA!
HILFE!
QUIETSCH!
ZACK!
BUMM!
PENG!

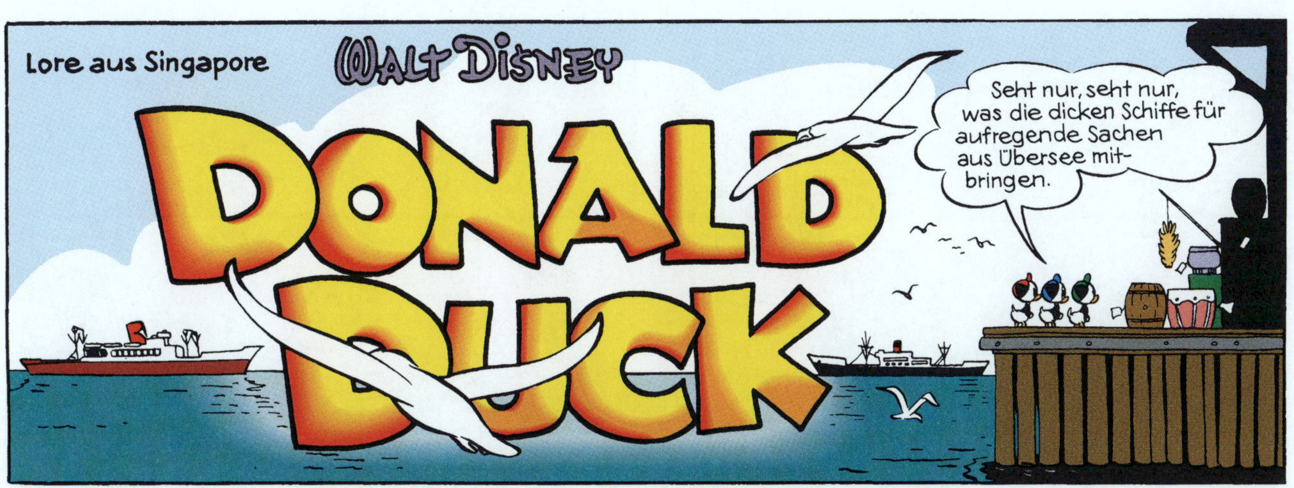
Lore aus Singapore
WALT DISNEY
DONALD DUCK
Seht nur, seht nur, was die dicken Schiffe für aufregende Sachen aus Übersee mitbringen.

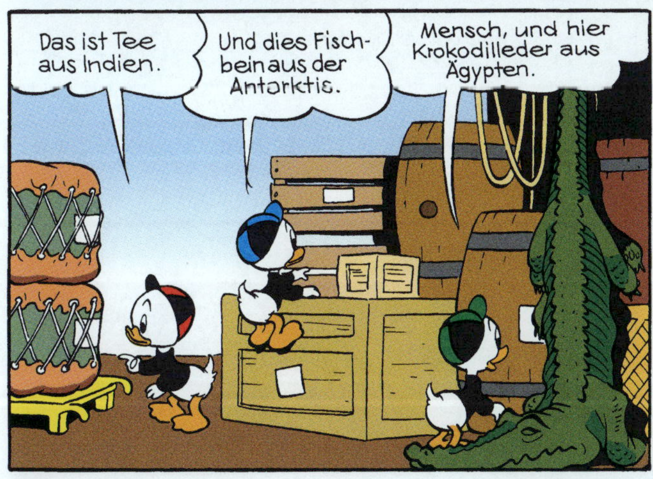
Das ist Tee aus Indien.
Und dies Fischbein aus der Antarktis.
Mensch, und hier Krokodilleder aus Ägypten.

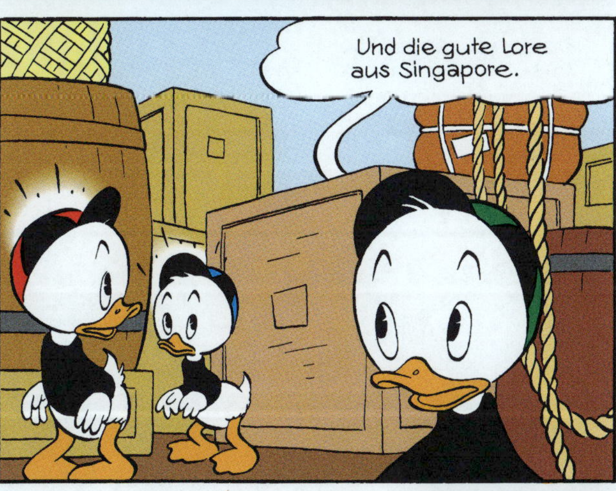
Und die gute Lore aus Singapore.

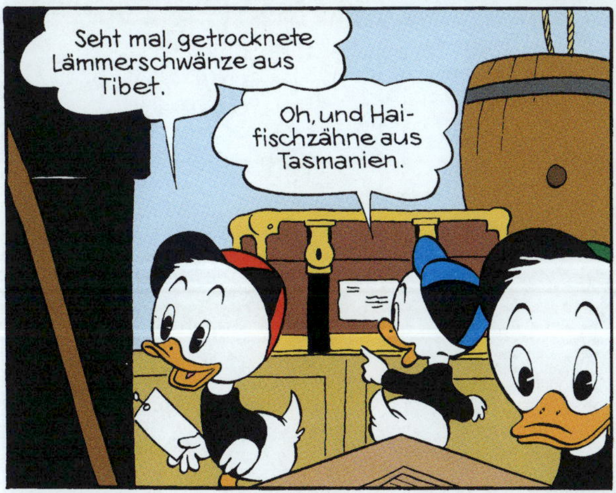
Seht mal, getrocknete Lämmerschwänze aus Tibet.
Oh, und Haifischzähne aus Tasmanien.

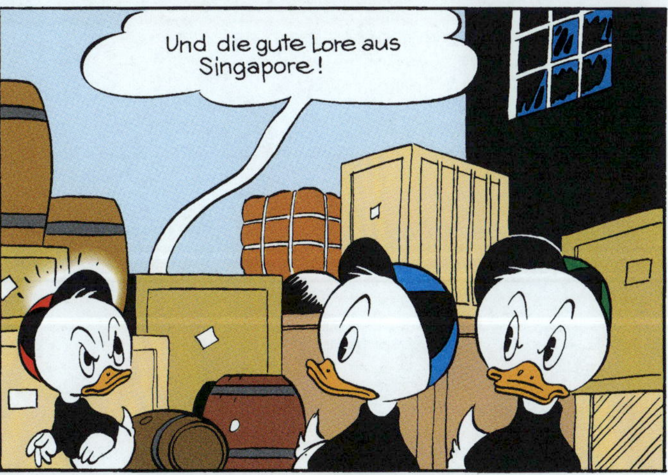
Und die gute Lore aus Singapore!

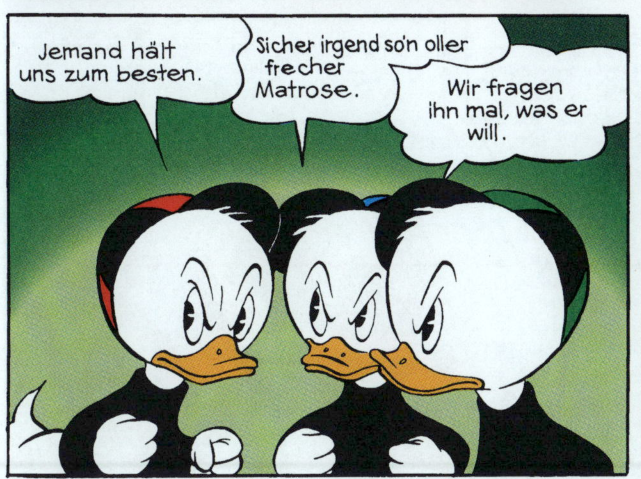
Jemand hält uns zum besten.
Sicher irgend so'n oller frecher Matrose.
Wir fragen ihn mal, was er will.

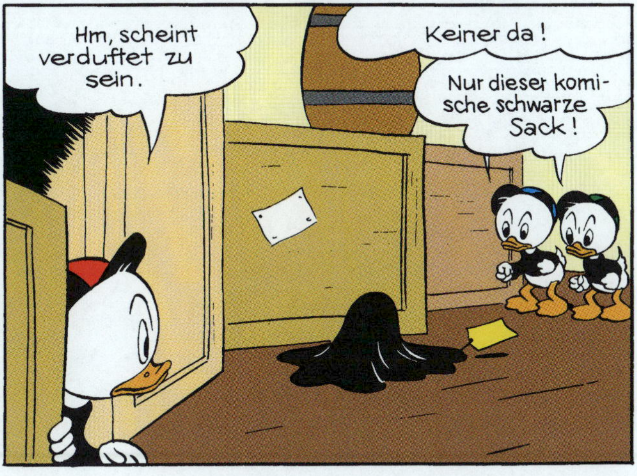
Hm, scheint verduftet zu sein.
Keiner da!
Nur dieser komische schwarze Sack!

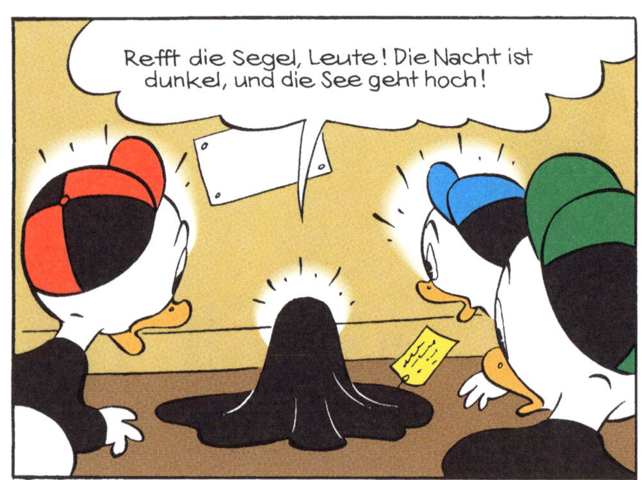
Refft die Segel, Leute! Die Nacht ist dunkel, und die See geht hoch!

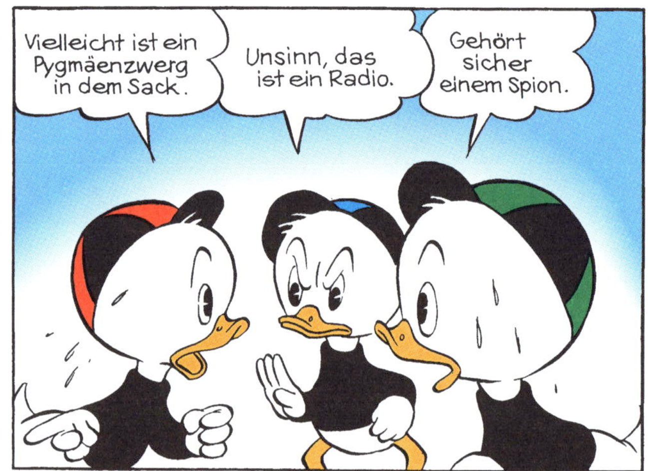
Vielleicht ist ein Pygmäenzwerg in dem Sack.
Unsinn, das ist ein Radio.
Gehört sicher einem Spion.

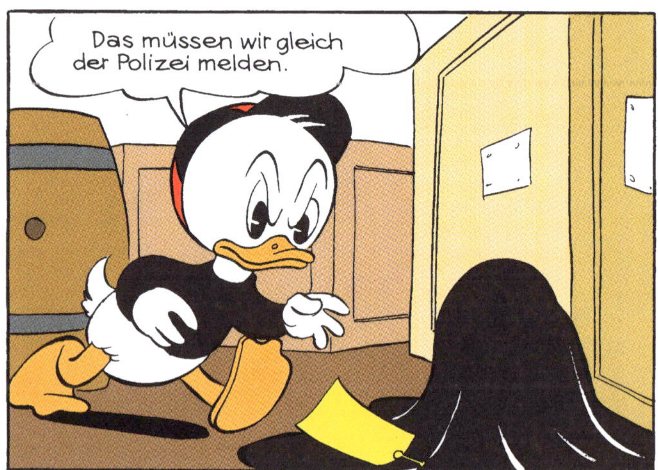
Das müssen wir gleich der Polizei melden.

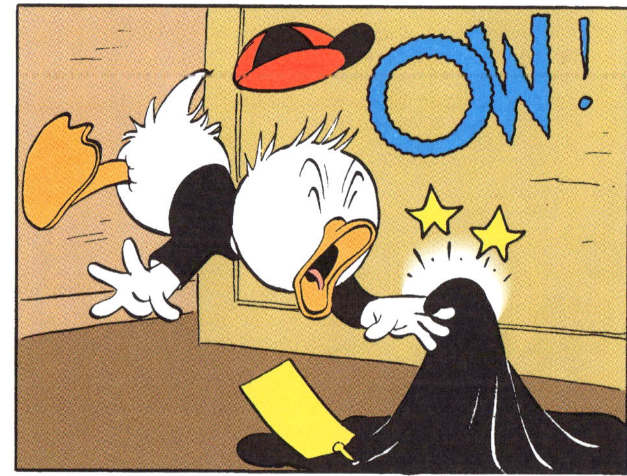
OW!

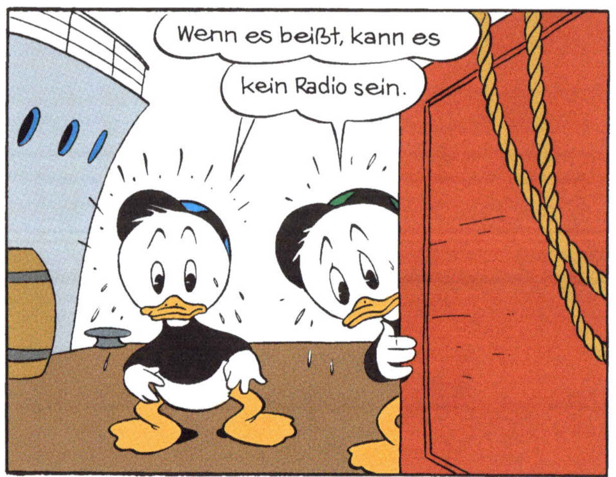
Wenn es beißt, kann es
kein Radio sein.

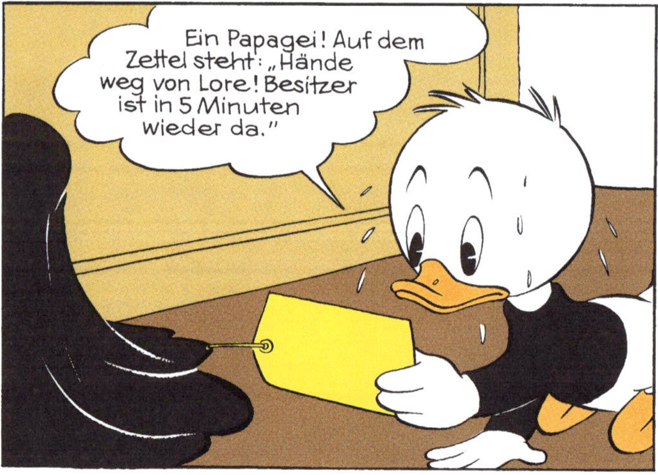
Ein Papagei! Auf dem Zettel steht: „Hände weg von Lore! Besitzer ist in 5 Minuten wieder da."

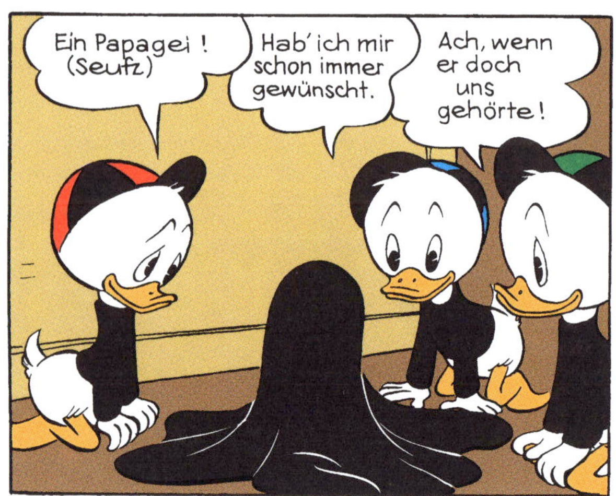
Ein Papagei! (Seufz)
Hab' ich mir schon immer gewünscht.
Ach, wenn er doch uns gehörte!

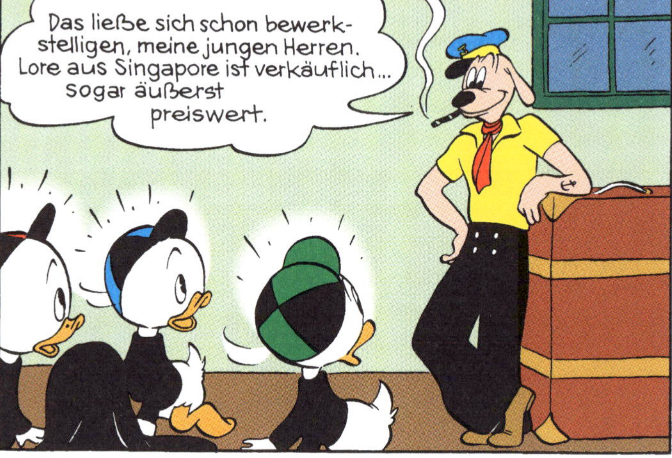
Das ließe sich schon bewerkstelligen, meine jungen Herren. Lore aus Singapore ist verkäuflich... sogar äußerst preiswert.

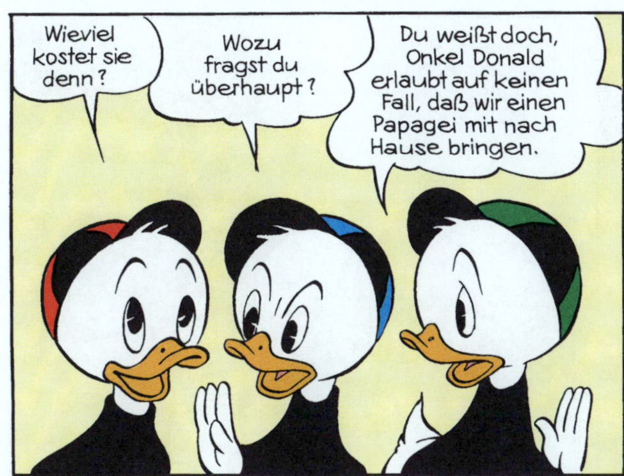
Wieviel kostet sie denn?
Wozu fragst du überhaupt?
Du weißt doch, Onkel Donald erlaubt auf keinen Fall, daß wir einen Papagei mit nach Hause bringen.

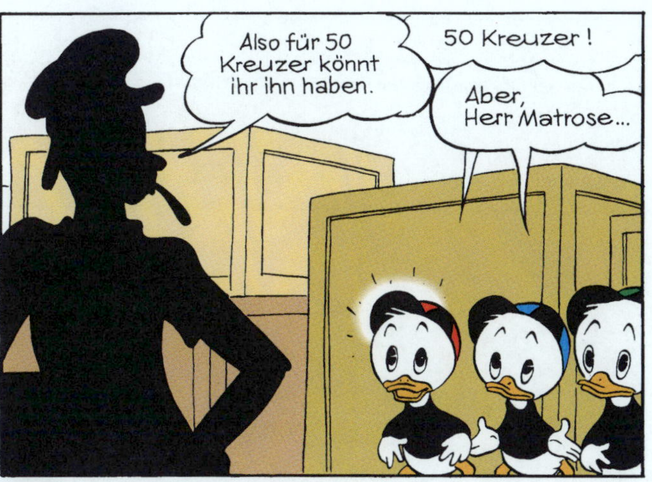
Also für 50 Kreuzer könnt ihr ihn haben.
50 Kreuzer!
Aber, Herr Matrose...

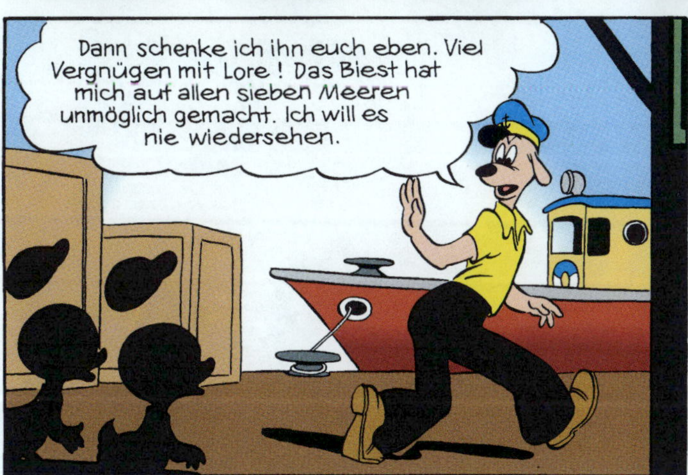
Dann schenke ich ihn euch eben. Viel Vergnügen mit Lore! Das Biest hat mich auf allen sieben Meeren unmöglich gemacht. Ich will es nie wiedersehen.

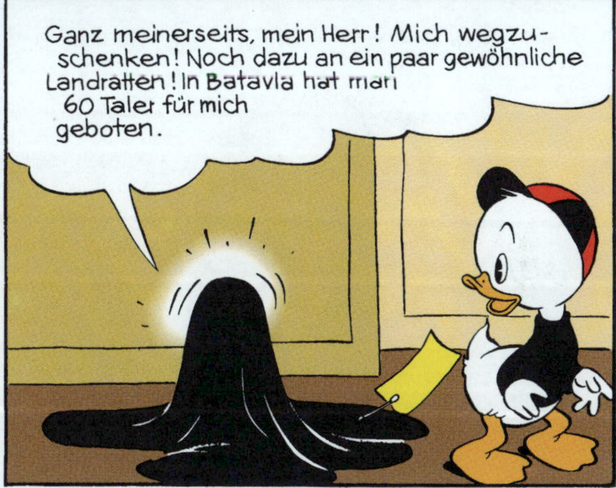
Ganz meinerseits, mein Herr! Mich wegzuschenken! Noch dazu an ein paar gewöhnliche Landratten! In Batavia hat man 60 Taler für mich geboten.

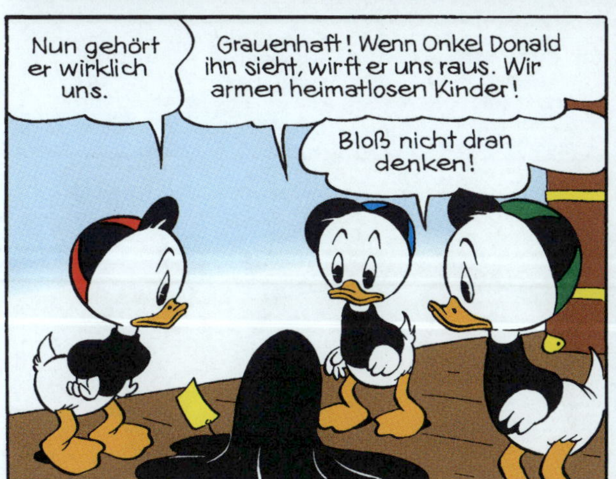
Nun gehört er wirklich uns.
Grauenhaft! Wenn Onkel Donald ihn sieht, wirft er uns raus. Wir armen heimatlosen Kinder!
Bloß nicht dran denken!

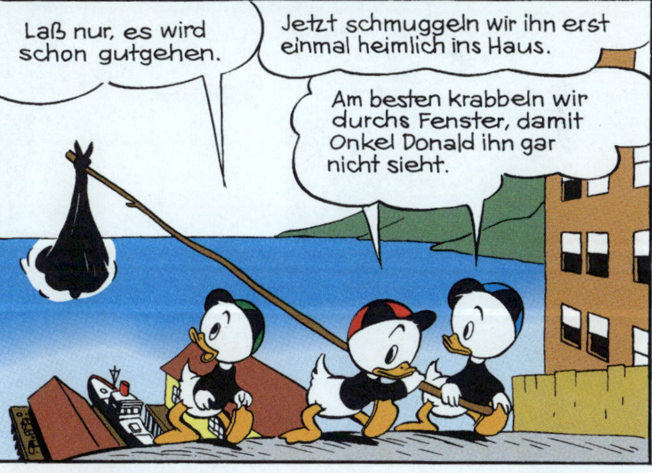
Laß nur, es wird schon gutgehen.
Jetzt schmuggeln wir ihn erst einmal heimlich ins Haus.
Am besten krabbeln wir durchs Fenster, damit Onkel Donald ihn gar nicht sieht.

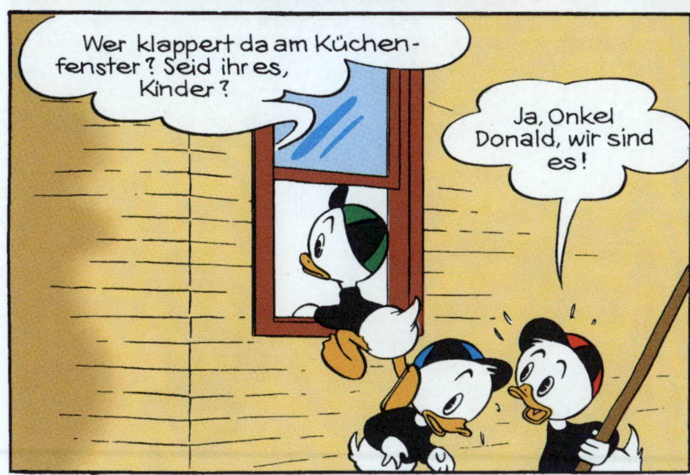
Wer klappert da am Küchenfenster? Seid ihr es, Kinder?
Ja, Onkel Donald, wir sind es!

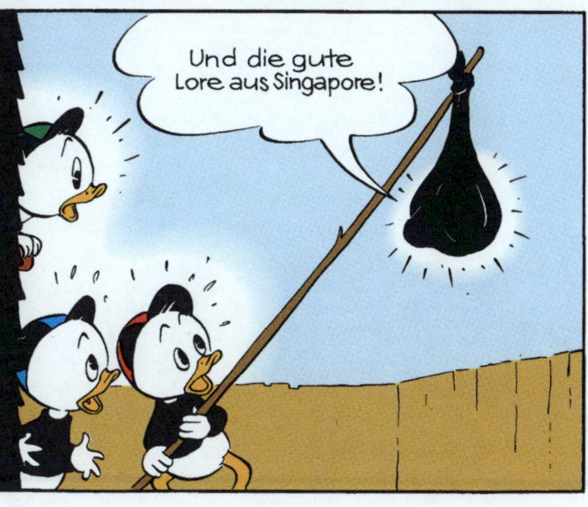
Und die gute Lore aus Singapore!

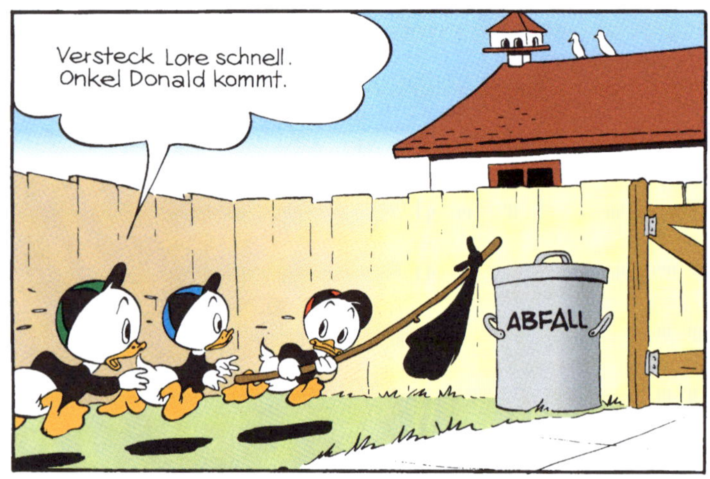
Versteck Lore schnell. Onkel Donald kommt.
ABFALL

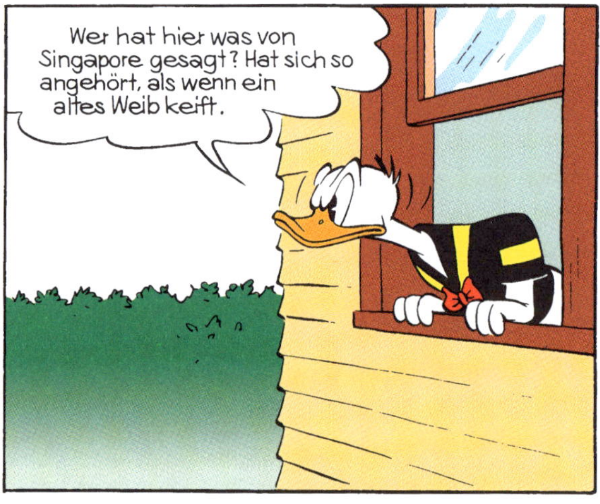
Wer hat hier was von Singapore gesagt? Hat sich so angehört, als wenn ein altes Weib keift.

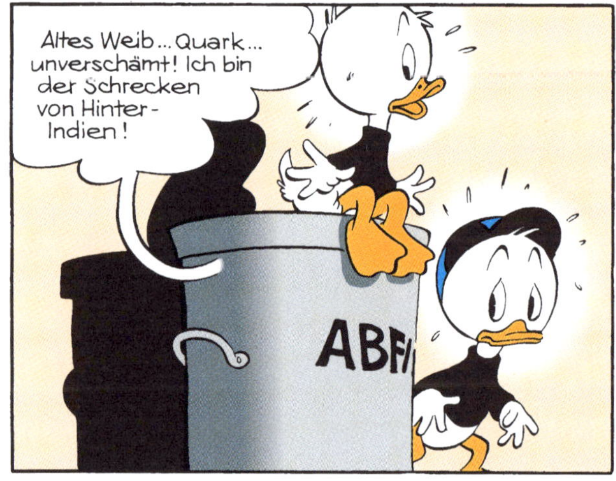
Altes Weib ... Quark ... unverschämt! Ich bin der Schrecken von Hinter-Indien!
ABF

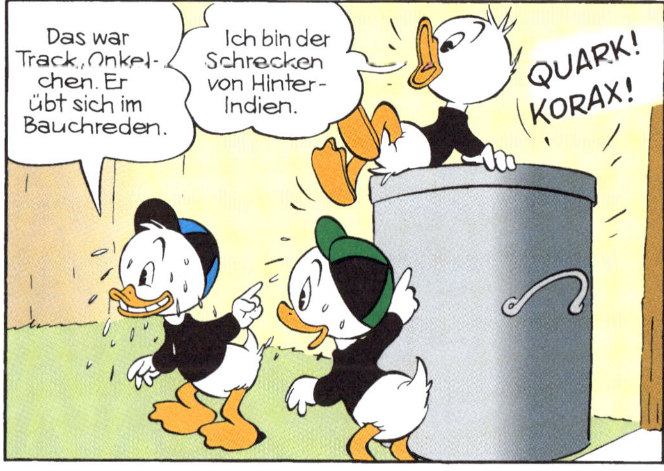
Das war Track, Onkelchen. Er übt sich im Bauchreden.
Ich bin der Schrecken von Hinter-Indien.
QUARK! KORAX!

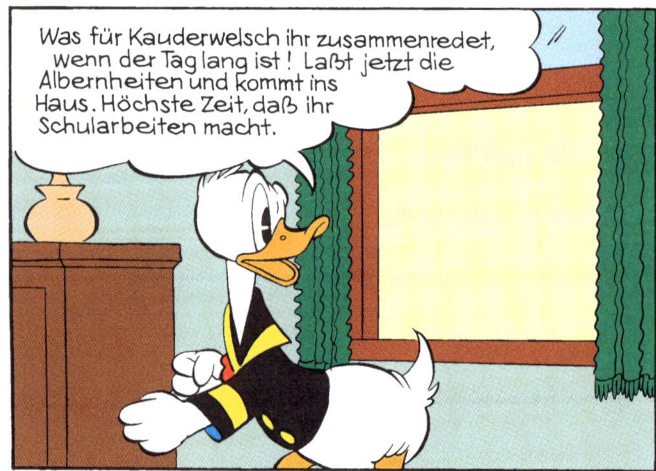
Was für Kauderwelsch ihr zusammenredet, wenn der Tag lang ist! Laßt jetzt die Albernheiten und kommt ins Haus. Höchste Zeit, daß ihr Schularbeiten macht.

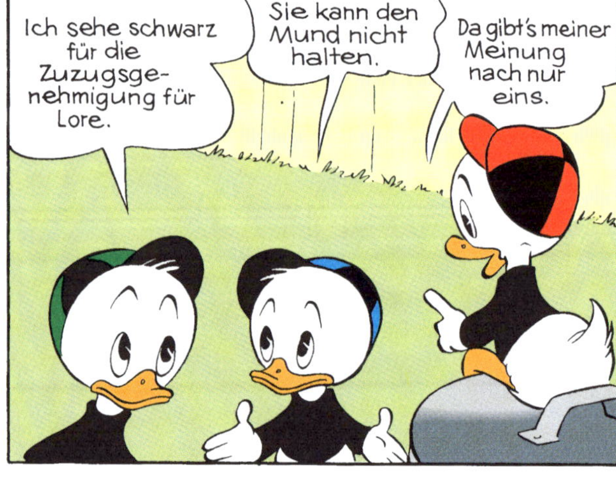
Ich sehe schwarz für die Zuzugsgenehmigung für Lore.
Sie kann den Mund nicht halten.
Da gibt's meiner Meinung nach nur eins.

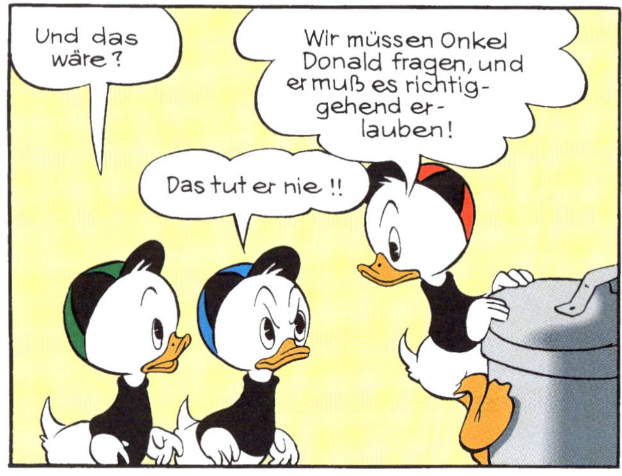
Und das wäre?
Wir müssen Onkel Donald fragen, und er muß es richtiggehend erlauben!
Das tut er nie!!

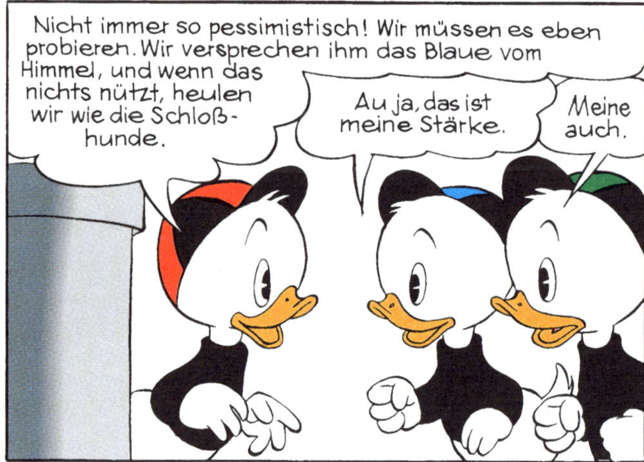
Nicht immer so pessimistisch! Wir müssen es eben probieren. Wir versprechen ihm das Blaue vom Himmel, und wenn das nichts nützt, heulen wir wie die Schloßhunde.
Au ja, das ist meine Stärke.
Meine auch.

Die Kinder lassen den Papagei im Abfalleimer und begeben sich in Onkel Donalds Studierzimmer, um ihn für ihren Plan zu erweichen.

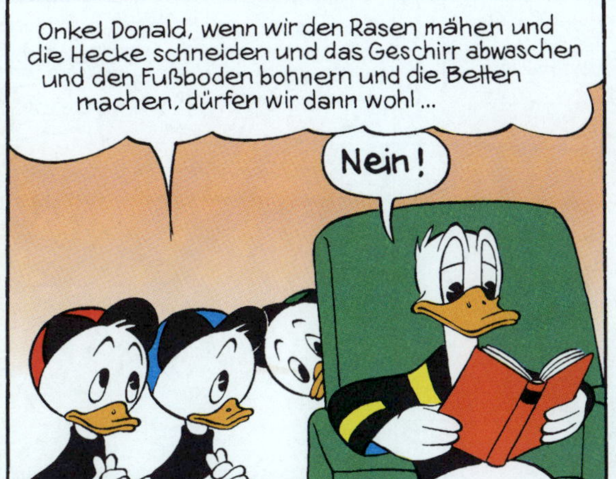

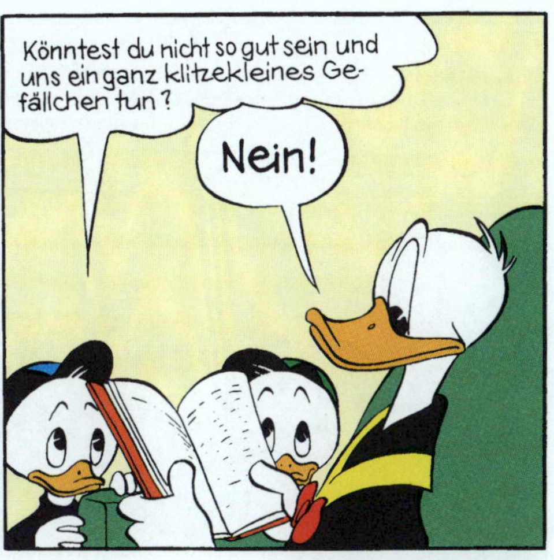

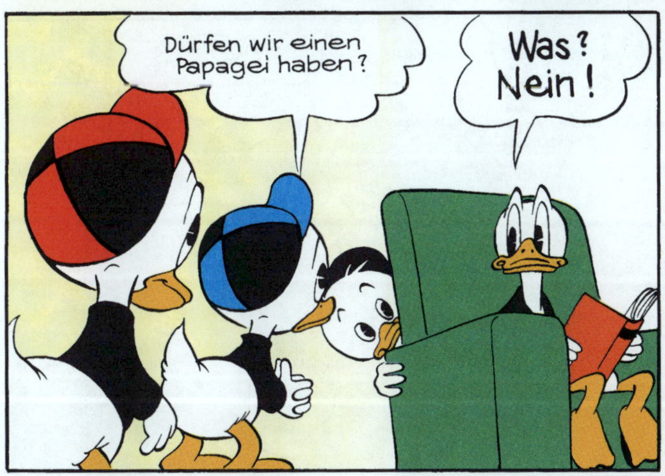

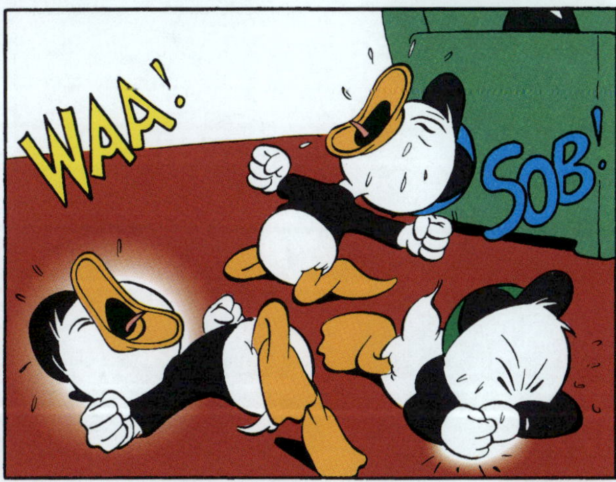

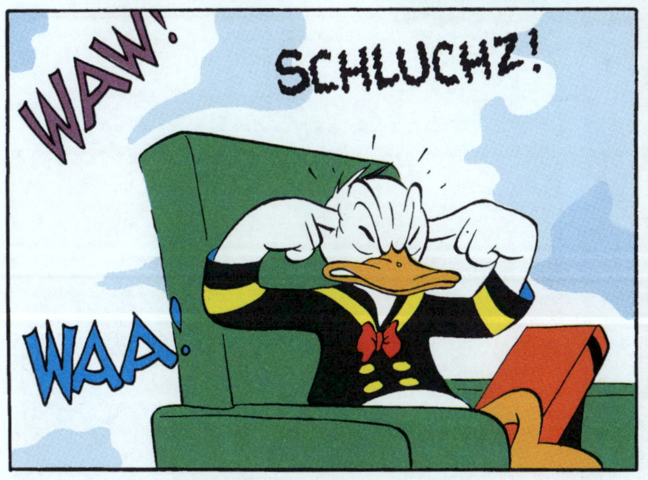

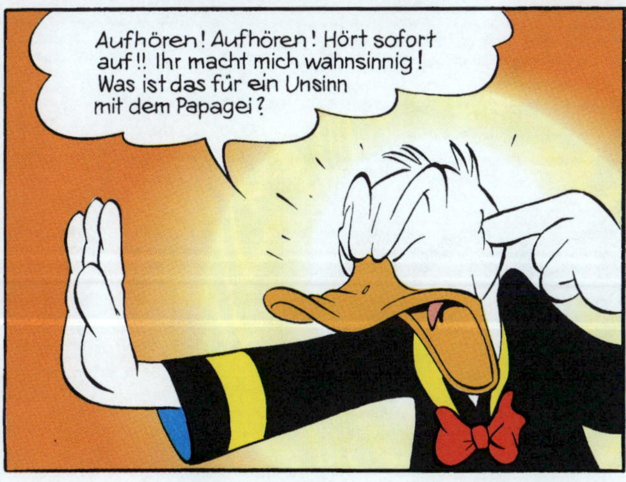

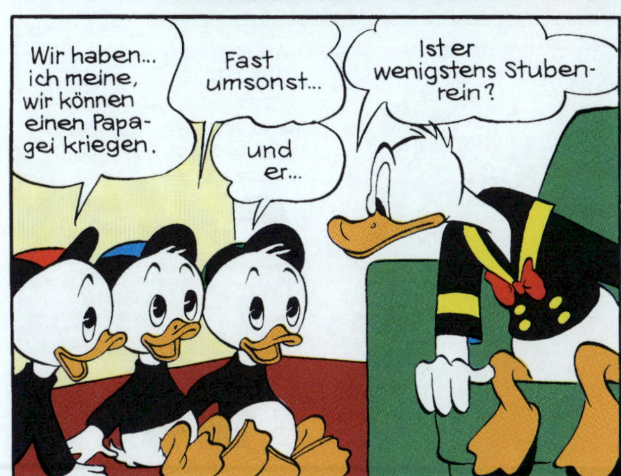

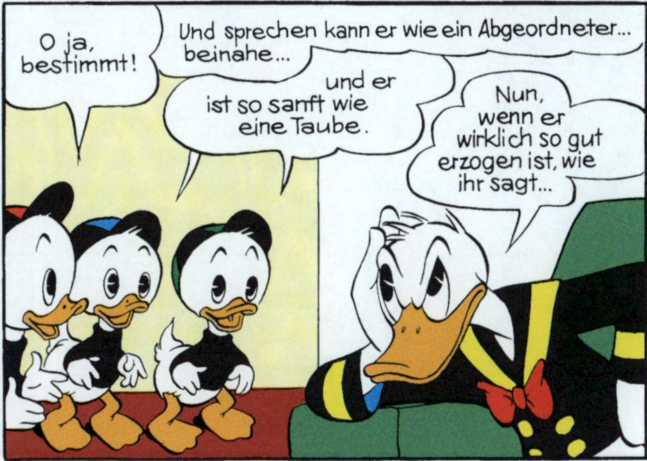

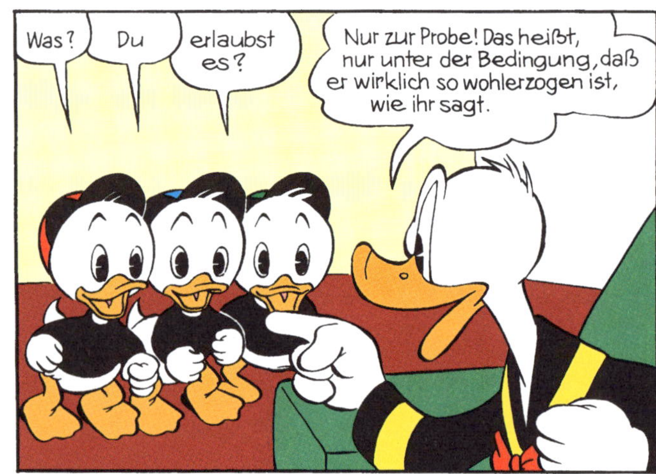
Was?
Du
erlaubst es?
Nur zur Probe! Das heißt, nur unter der Bedingung, daß er wirklich so wohlerzogen ist, wie ihr sagt.

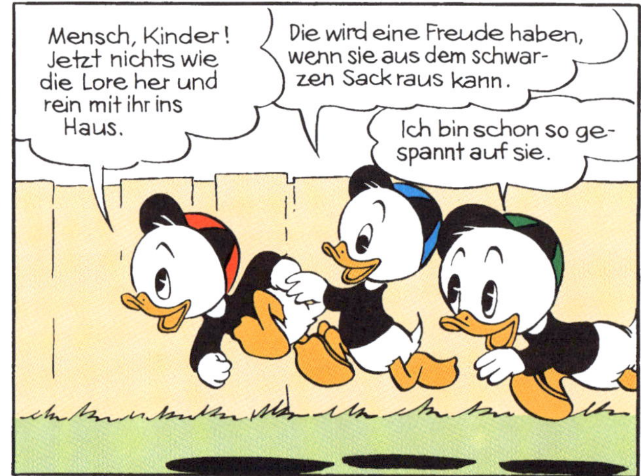
Mensch, Kinder! Jetzt nichts wie die Lore her und rein mit ihr ins Haus.
Die wird eine Freude haben, wenn sie aus dem schwarzen Sack raus kann.
Ich bin schon so gespannt auf sie.

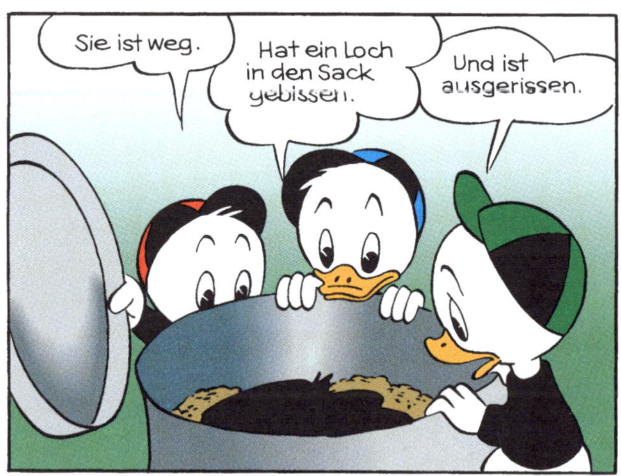
Sie ist weg.
Hat ein Loch in den Sack gebissen.
Und ist ausgerissen.

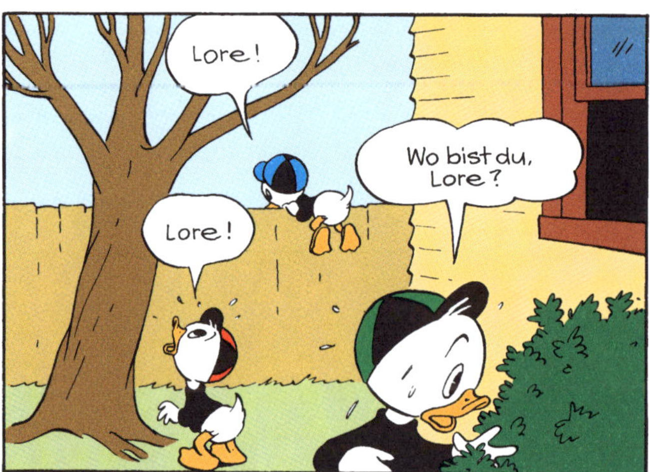
Lore!
Wo bist du, Lore?
Lore!

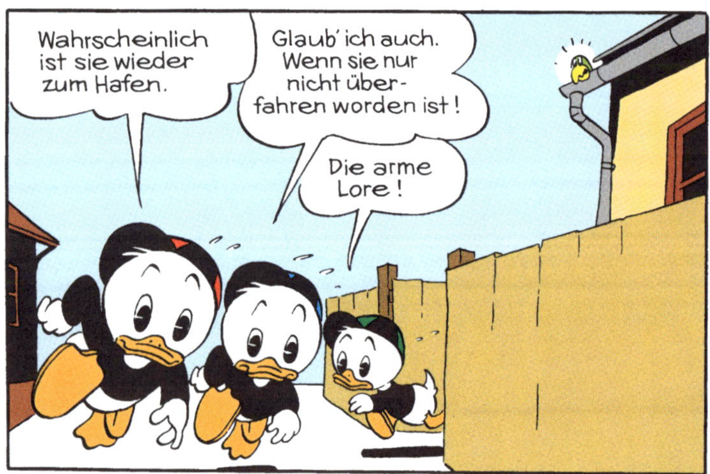
Wahrscheinlich ist sie wieder zum Hafen.
Glaub' ich auch. Wenn sie nur nicht überfahren worden ist!
Die arme Lore!

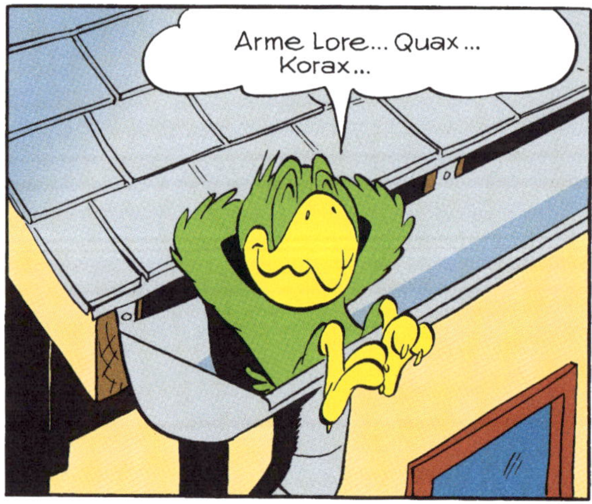
Arme Lore... Quax... Korax...

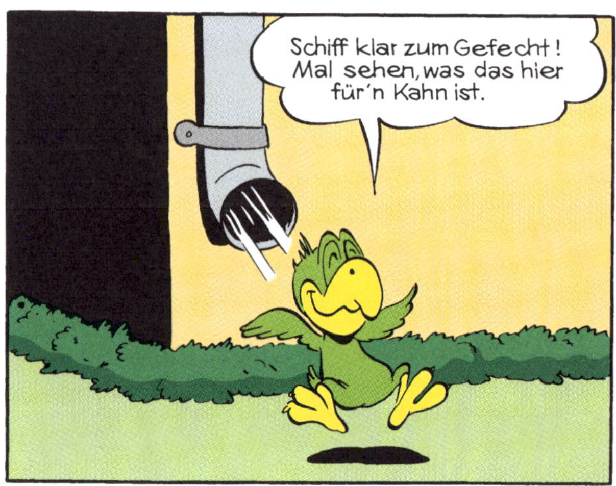
Schiff klar zum Gefecht! Mal sehen, was das hier für'n Kahn ist.

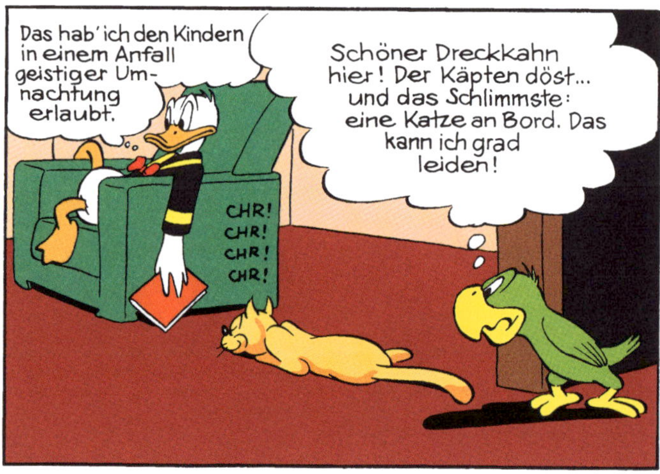
Das hab' ich den Kindern in einem Anfall geistiger Umnachtung erlaubt.
Schöner Dreckkahn hier! Der Käpten döst... und das Schlimmste: eine Katze an Bord. Das kann ich grad leiden!
CHR! CHR! CHR! CHR!

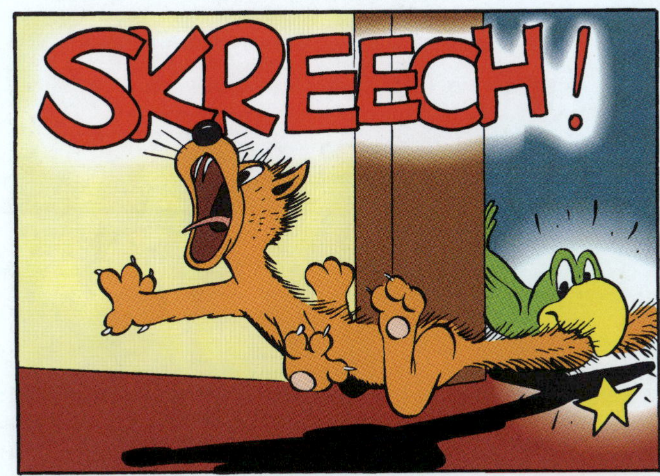
SKREECH!

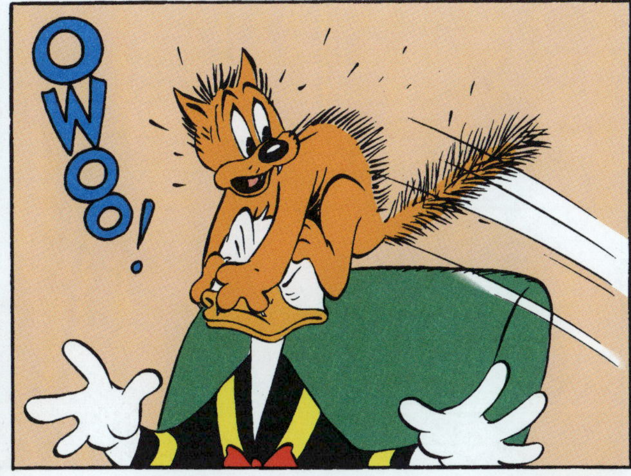
OWOO!

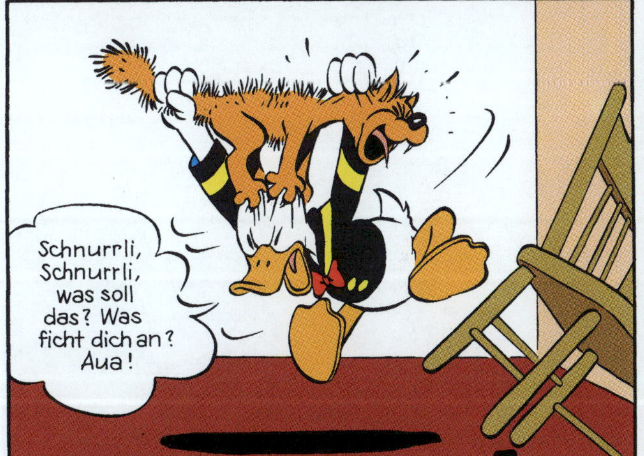
Schnurrli, Schnurrli, was soll das? Was ficht dich an? Aua!

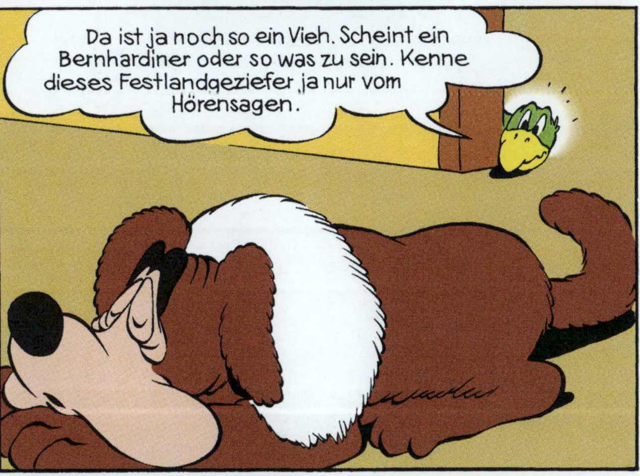
Da ist ja noch so ein Vieh. Scheint ein Bernhardiner oder so was zu sein. Kenne dieses Festlandgeziefer ja nur vom Hörensagen.

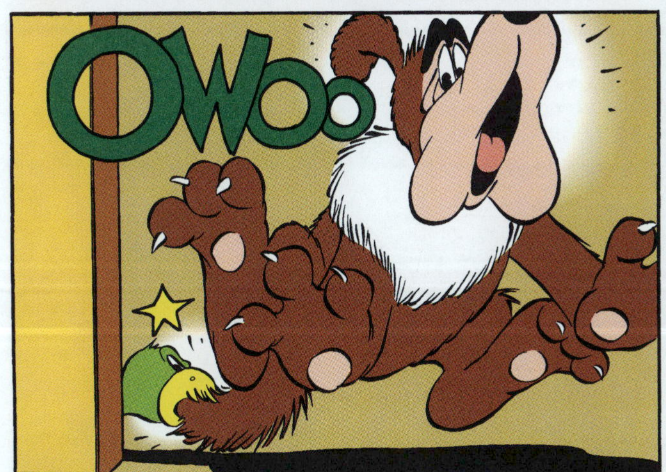
OWOO

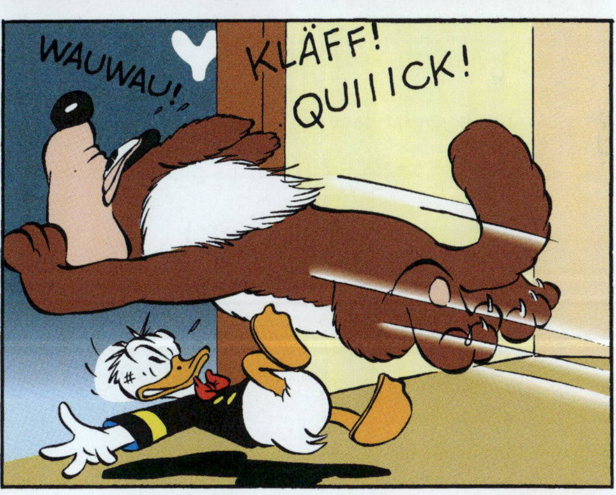
WAUWAU!
KLÄFF!
QUIIICK!

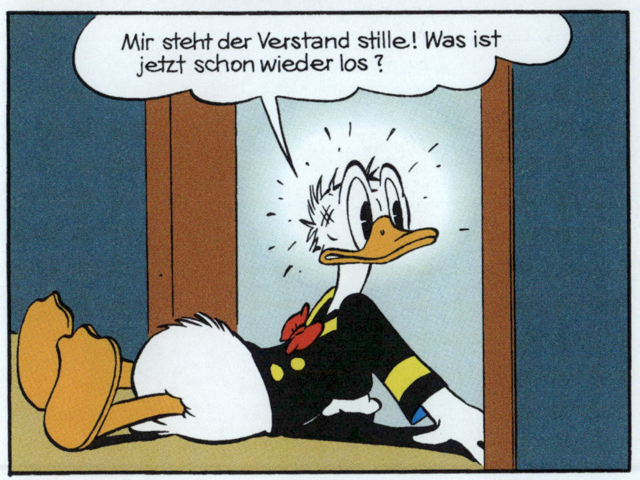
Mir steht der Verstand stille! Was ist jetzt schon wieder los?

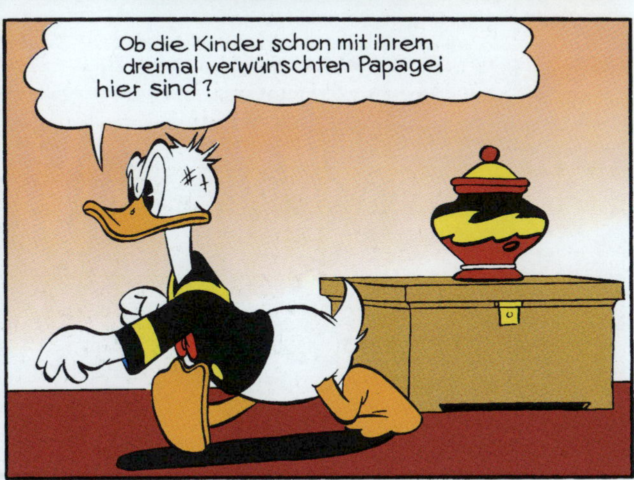
Ob die Kinder schon mit ihrem dreimal verwünschten Papagei hier sind?

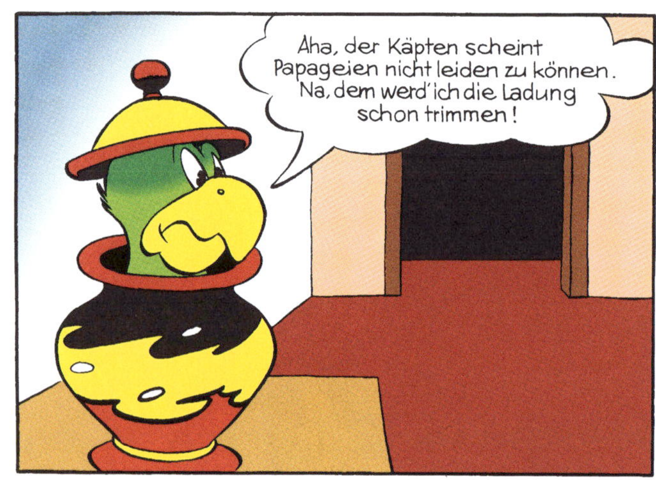
Aha, der Käpten scheint Papageien nicht leiden zu können. Na, dem werd' ich die Ladung schon trimmen!

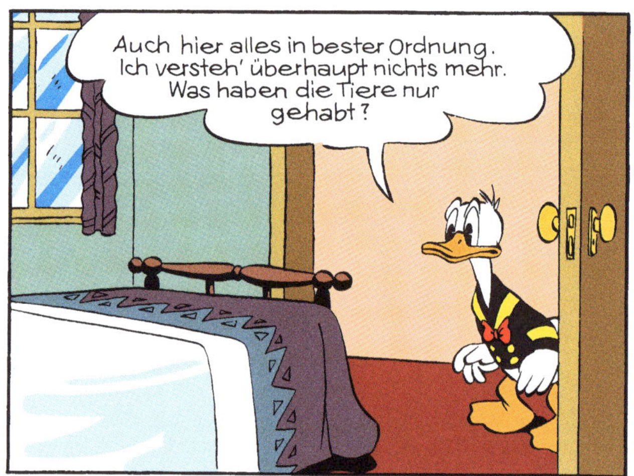
Auch hier alles in bester Ordnung. Ich versteh' überhaupt nichts mehr. Was haben die Tiere nur gehabt?

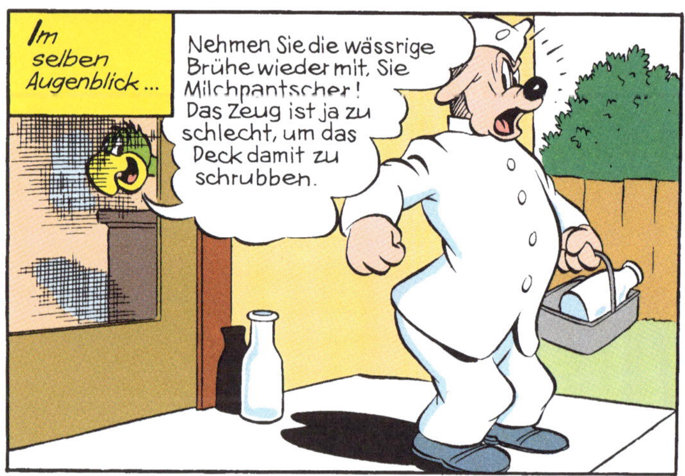
Im selben Augenblick ...
Nehmen Sie die wässrige Brühe wieder mit, Sie Milchpantscher! Das Zeug ist ja zu schlecht, um das Deck damit zu schrubben.

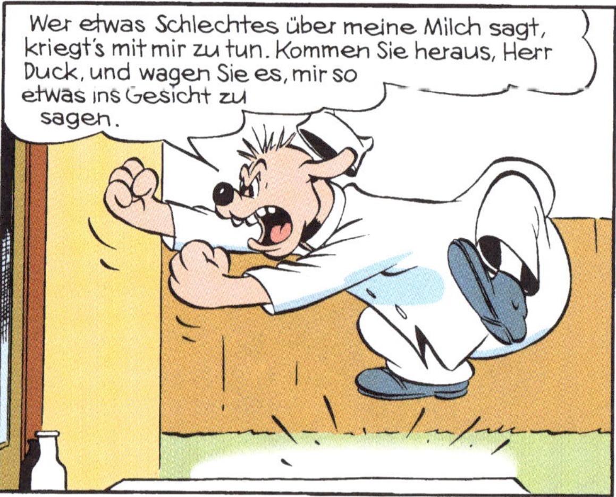
Wer etwas Schlechtes über meine Milch sagt, kriegt's mit mir zu tun. Kommen Sie heraus, Herr Duck, und wagen Sie es, mir so etwas ins Gesicht zu sagen.

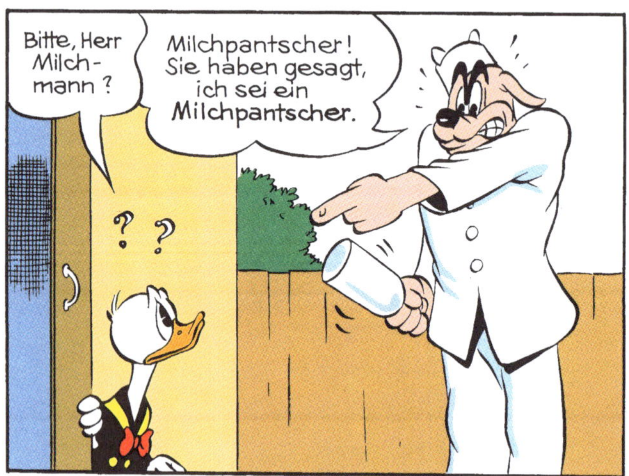
Bitte, Herr Milch-mann?
Milchpantscher! Sie haben gesagt, ich sei ein **Milchpantscher**.
? ?

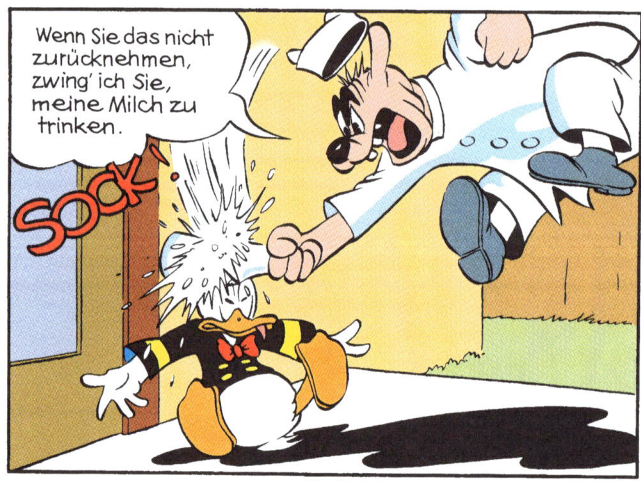
Wenn Sie das nicht zurücknehmen, zwing' ich Sie, meine Milch zu trinken.
SOCK!

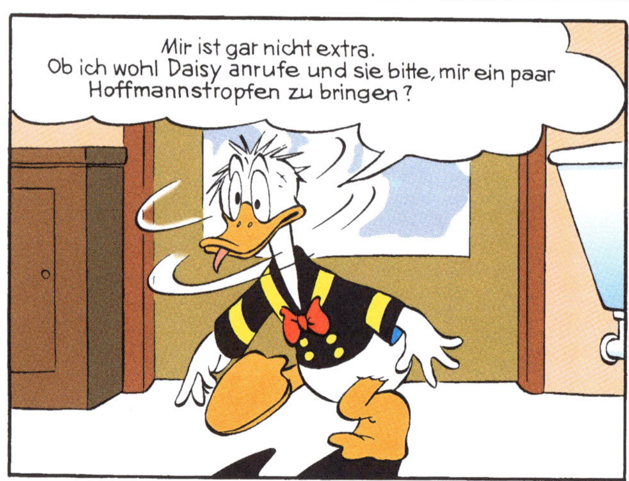
Mir ist gar nicht extra. Ob ich wohl Daisy anrufe und sie bitte, mir ein paar Hoffmannstropfen zu bringen?

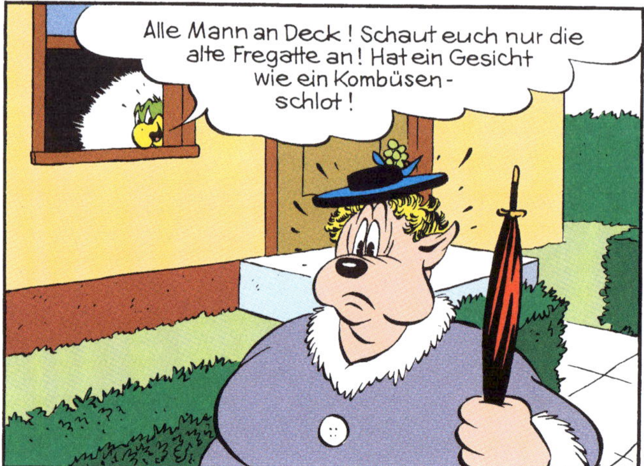
Alle Mann an Deck! Schaut euch nur die alte Fregatte an! Hat ein Gesicht wie ein Kombüsen-schlot!

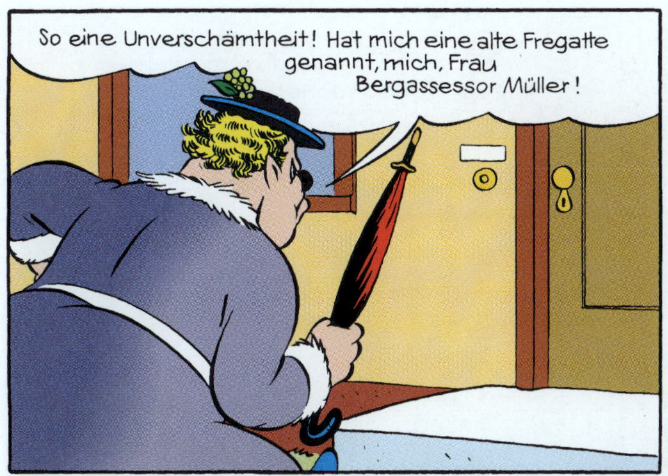
So eine Unverschämtheit! Hat mich eine alte Fregatte genannt, mich, Frau Bergassessor Müller!
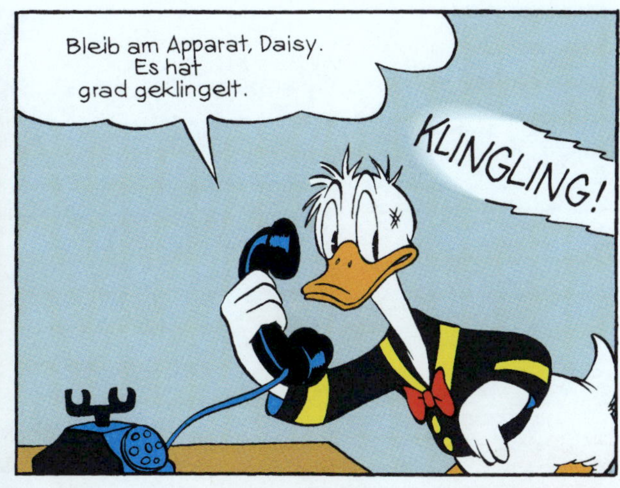
Bleib am Apparat, Daisy. Es hat grad geklingelt.
KLINGLING!
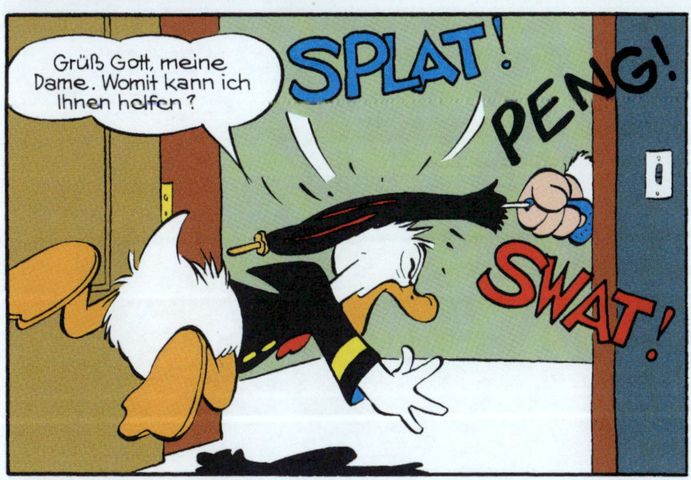
Grüß Gott, meine Dame. Womit kann ich Ihnen helfen?
SPLAT!
PENG!
SWAT!
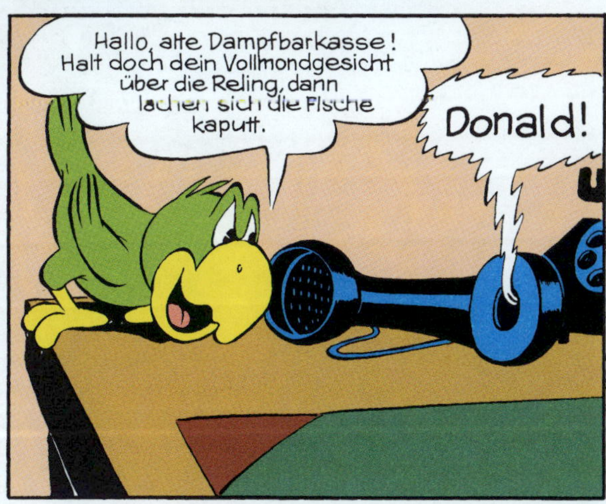
Hallo, alte Dampfbarkasse! Halt doch dein Vollmondgesicht über die Reling, dann lachen sich die Fische kaputt.
Donald!
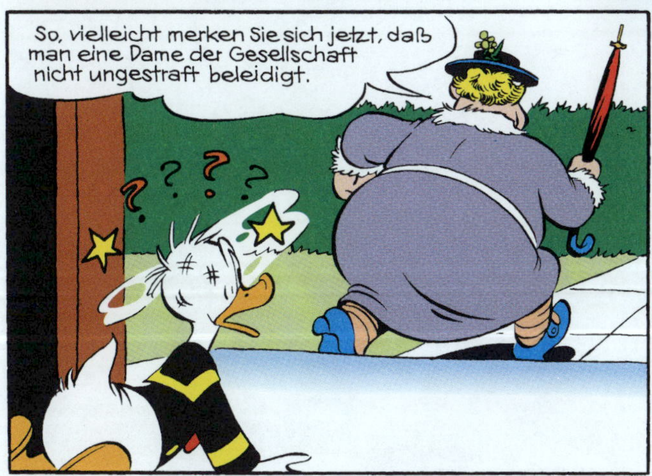
So, vielleicht merken Sie sich jetzt, daß man eine Dame der Gesellschaft nicht ungestraft beleidigt.
? ? ? ?
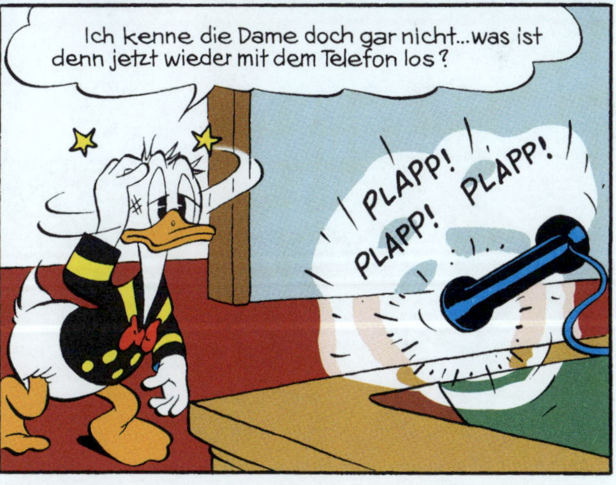
Ich kenne die Dame doch gar nicht... was ist denn jetzt wieder mit dem Telefon los?
PLAPP! PLAPP! PLAPP!
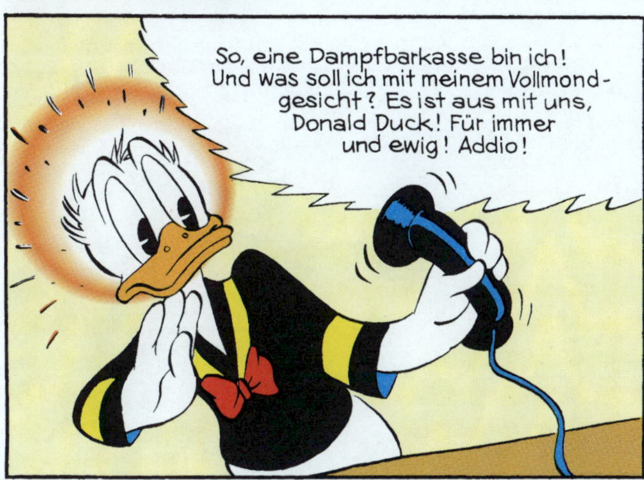
So, eine Dampfbarkasse bin ich! Und was soll ich mit meinem Vollmondgesicht? Es ist aus mit uns, Donald Duck! Für immer und ewig! Addio!
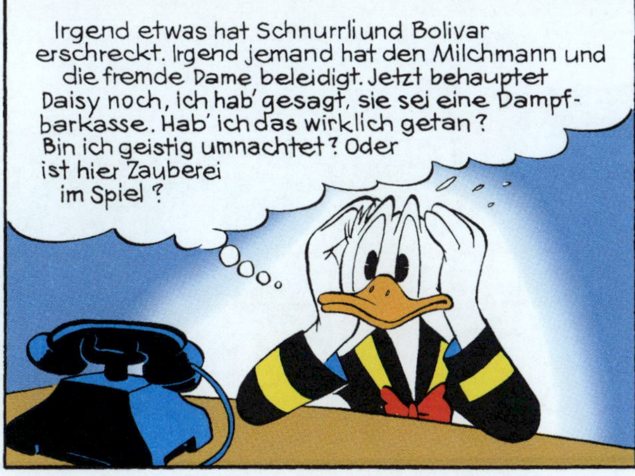
Irgend etwas hat Schnurrli und Bolivar erschreckt. Irgend jemand hat den Milchmann und die fremde Dame beleidigt. Jetzt behauptet Daisy noch, ich hab' gesagt, sie sei eine Dampfbarkasse. Hab' ich das wirklich getan? Bin ich geistig umnachtet? Oder ist hier Zauberei im Spiel?

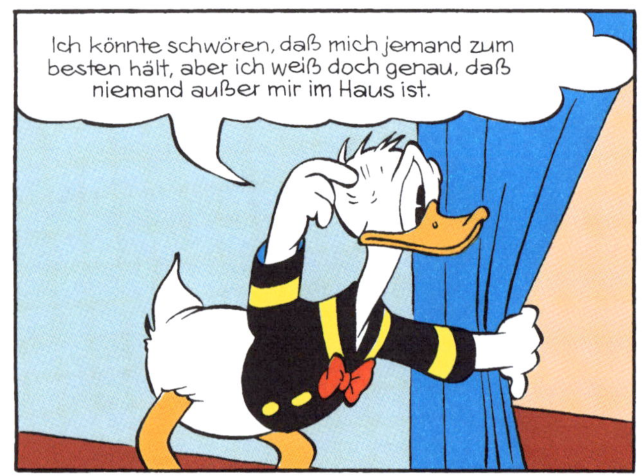
Ich könnte schwören, daß mich jemand zum besten hält, aber ich weiß doch genau, daß niemand außer mir im Haus ist.

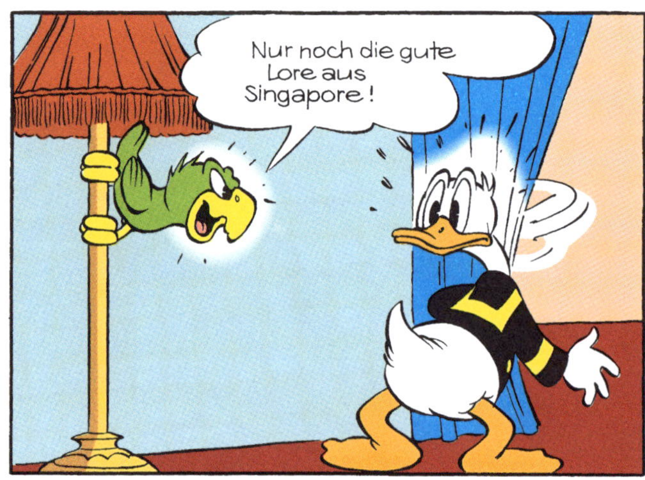
Nur noch die gute Lore aus Singapore!

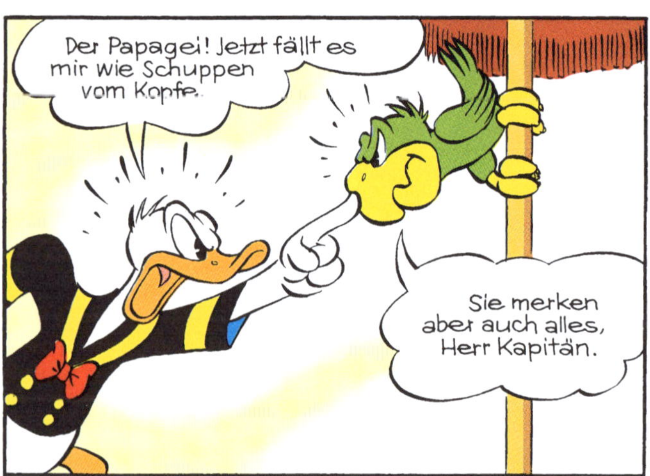
Der Papagei! Jetzt fällt es mir wie Schuppen vom Kopfe.
Sie merken aber auch alles, Herr Kapitän.

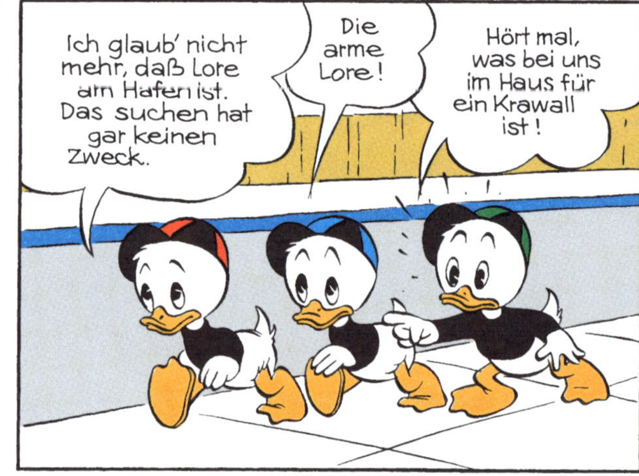
Ich glaub' nicht mehr, daß Lore am Hafen ist. Das suchen hat gar keinen Zweck.
Die arme Lore!
Hört mal, was bei uns im Haus für ein Krawall ist!

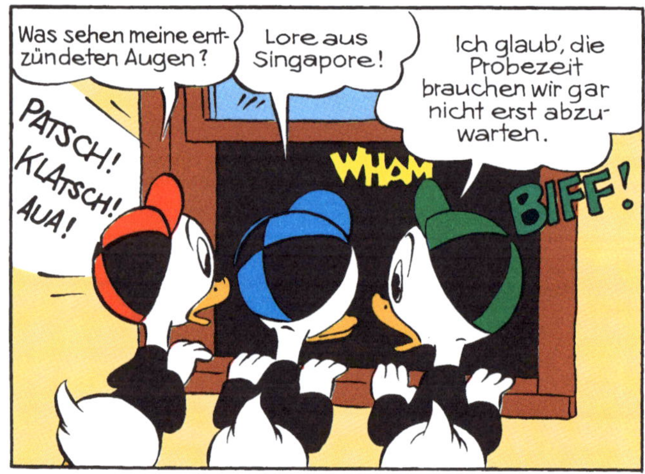
Was sehen meine entzündeten Augen?
Lore aus Singapore!
Ich glaub', die Probezeit brauchen wir gar nicht erst abzuwarten.
PATSCH! KLATSCH! AUA!
WHAM
BIFF!

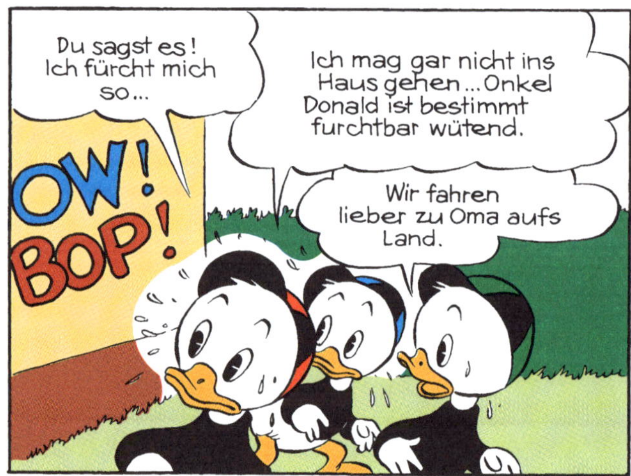
Du sagst es! Ich fürcht mich so...
Ich mag gar nicht ins Haus gehen ... Onkel Donald ist bestimmt furchtbar wütend.
Wir fahren lieber zu Oma aufs Land.
POW! BOP!

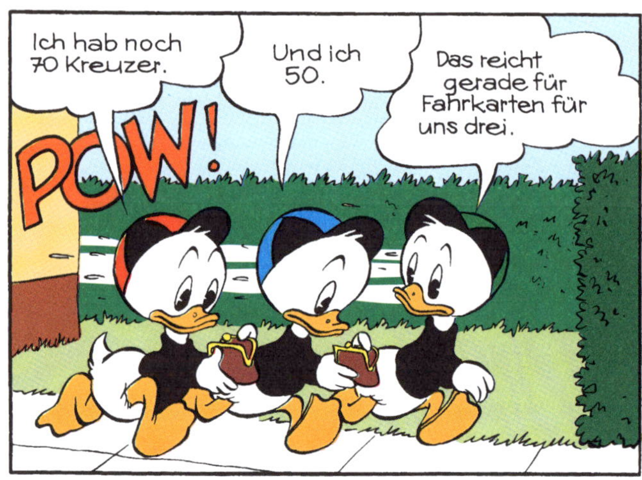
Ich hab noch 70 Kreuzer.
Und ich 50.
Das reicht gerade für Fahrkarten für uns drei.
POW!

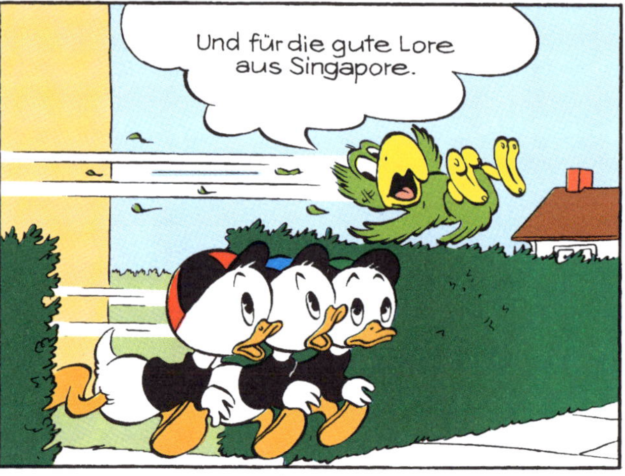
Und für die gute Lore aus Singapore.

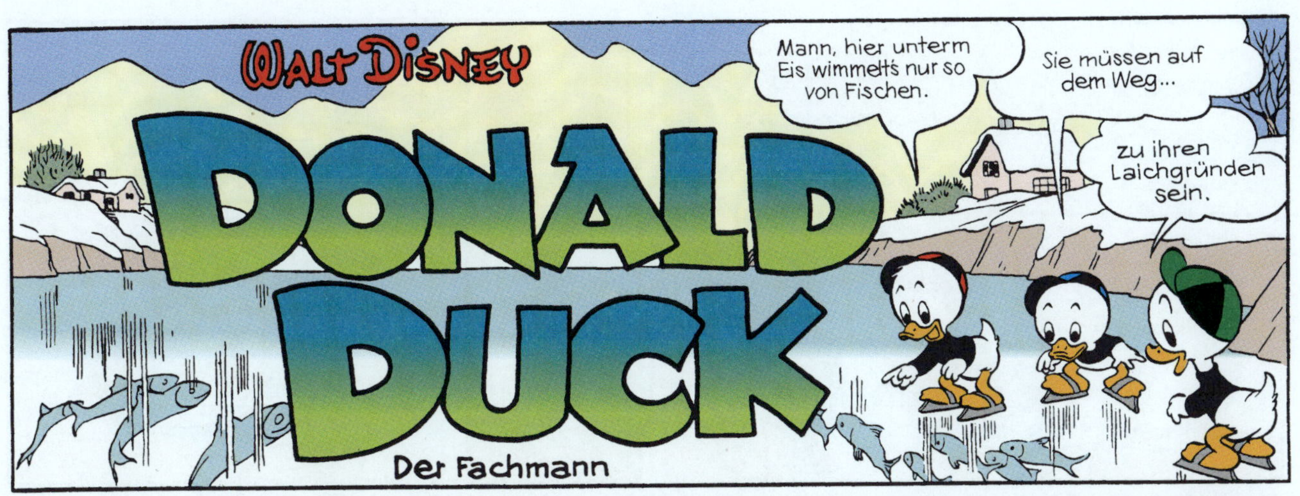
Walt Disney
Donald Duck
Der Fachmann
Mann, hier unterm Eis wimmelt's nur so von Fischen.
Sie müssen auf dem Weg...
zu ihren Laichgründen sein.

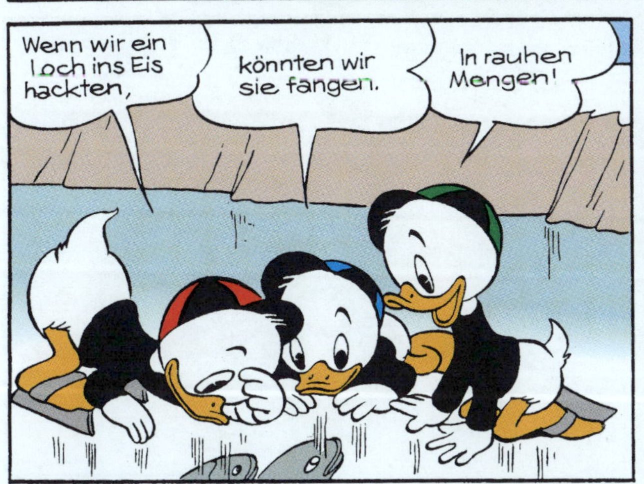
Wenn wir ein Loch ins Eis hackten,
könnten wir sie fangen.
In rauhen Mengen!

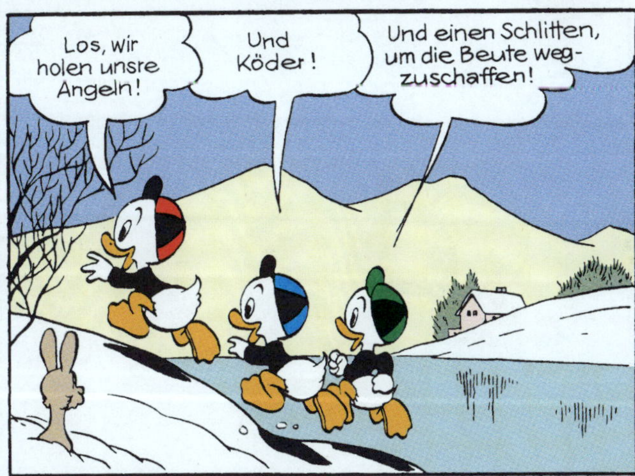
Los, wir holen unsre Angeln!
Und Köder!
Und einen Schlitten, um die Beute wegzuschaffen!

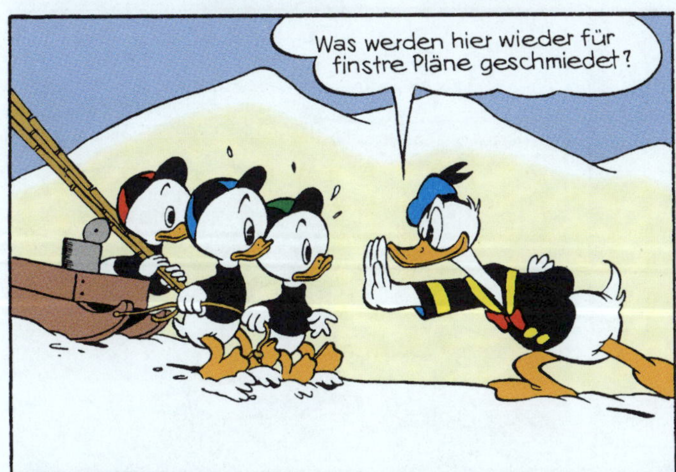
Was werden hier wieder für finstre Pläne geschmiedet?

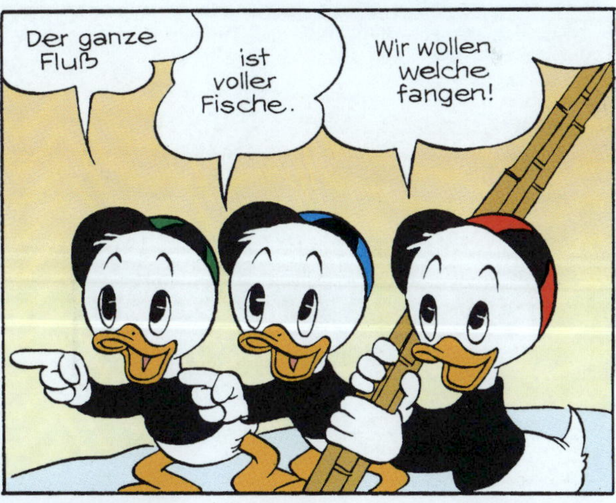
Der ganze Fluß
ist voller Fische.
Wir wollen welche fangen!

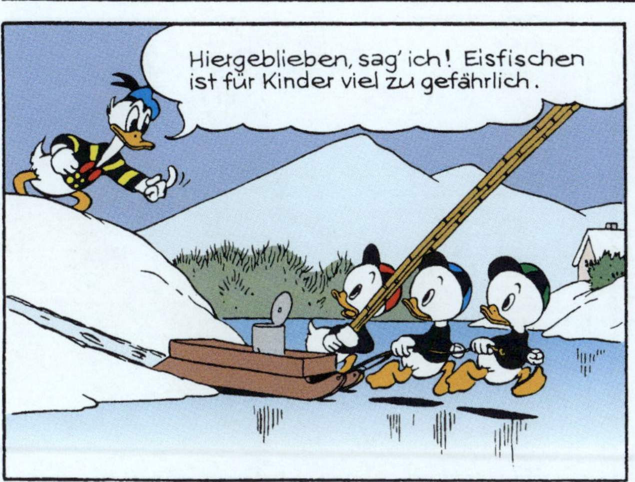
Hiergeblieben, sag' ich! Eisfischen ist für Kinder viel zu gefährlich.

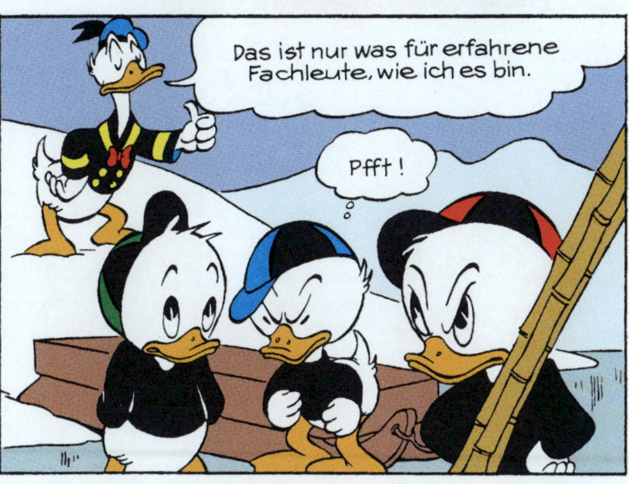
Das ist nur was für erfahrene Fachleute, wie ich es bin.
Pfft!

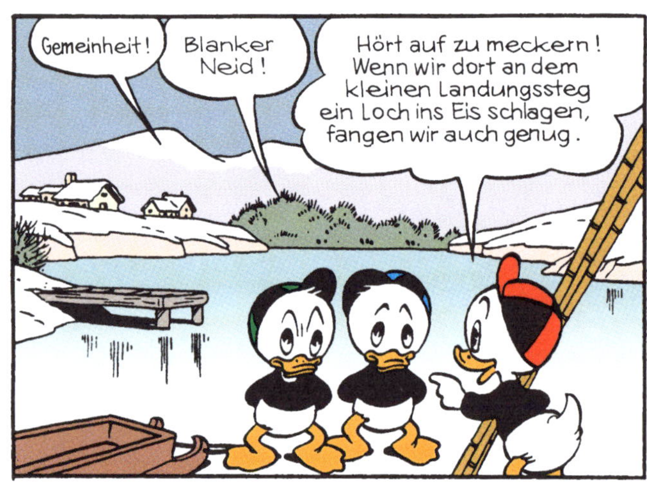
Gemeinheit!
Blanker Neid!
Hört auf zu meckern! Wenn wir dort an dem kleinen Landungssteg ein Loch ins Eis schlagen, fangen wir auch genug.

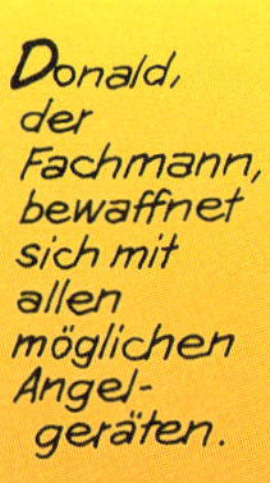
Donald, der Fachmann, bewaffnet sich mit allen möglichen Angelgeräten.

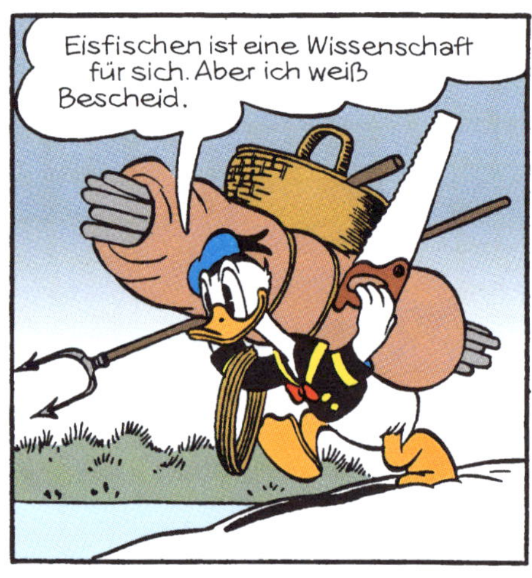
Eisfischen ist eine Wissenschaft für sich. Aber ich weiß Bescheid.

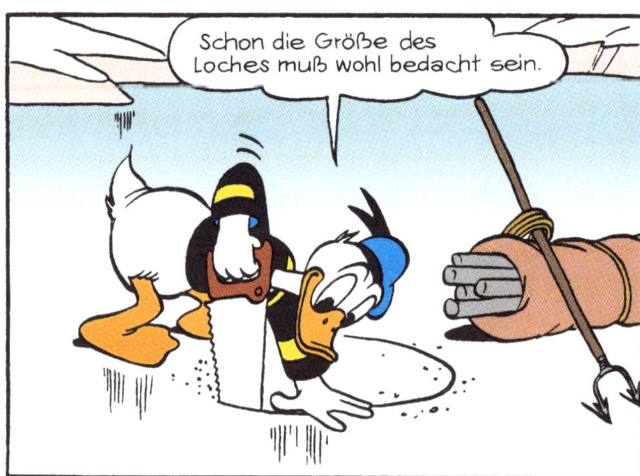
Schon die Größe des Loches muß wohl bedacht sein.

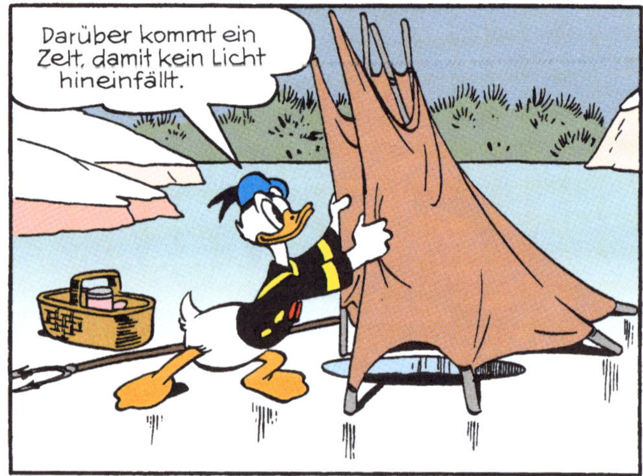
Darüber kommt ein Zelt, damit kein Licht hineinfällt.

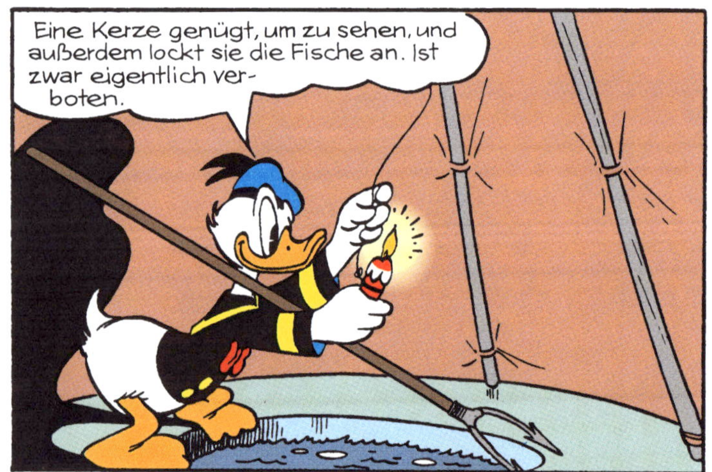
Eine Kerze genügt, um zu sehen, und außerdem lockt sie die Fische an. Ist zwar eigentlich verboten.

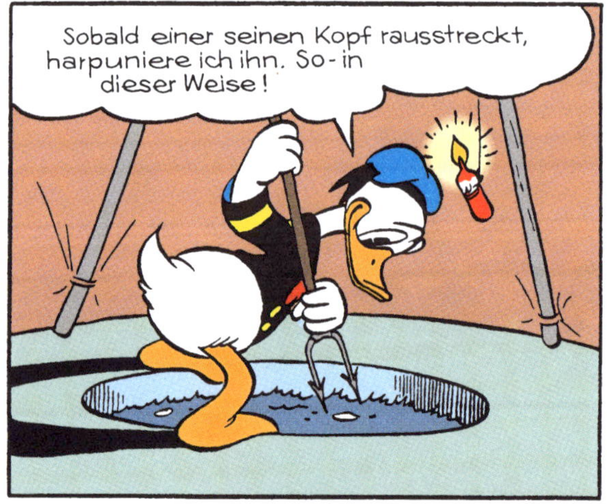
Sobald einer seinen Kopf rausstreckt, harpuniere ich ihn. So - in dieser Weise!

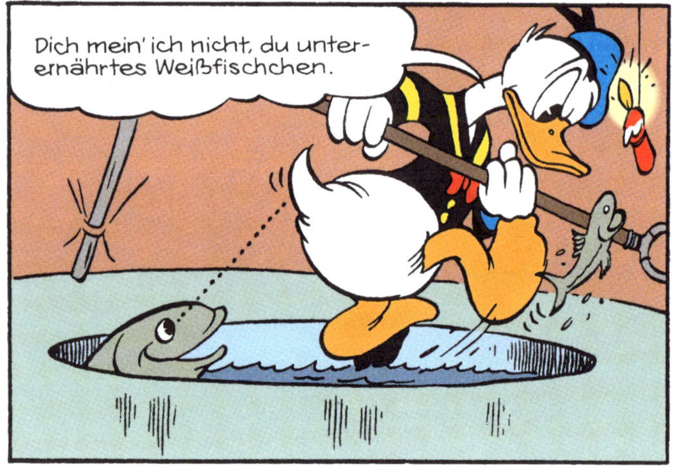
Dich mein' ich nicht, du unterernährtes Weißfischchen.

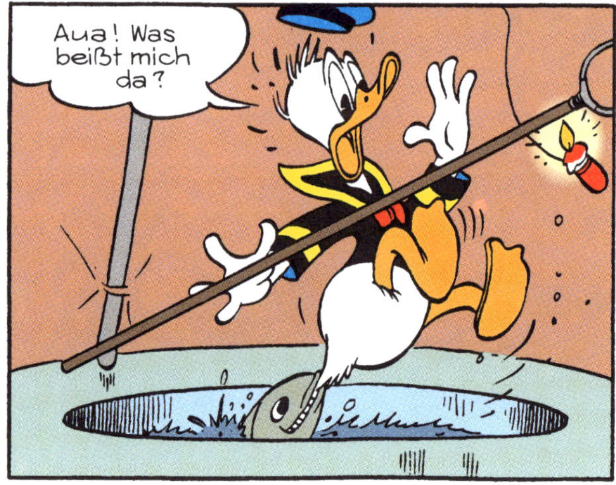
Aua! Was beißt mich da?

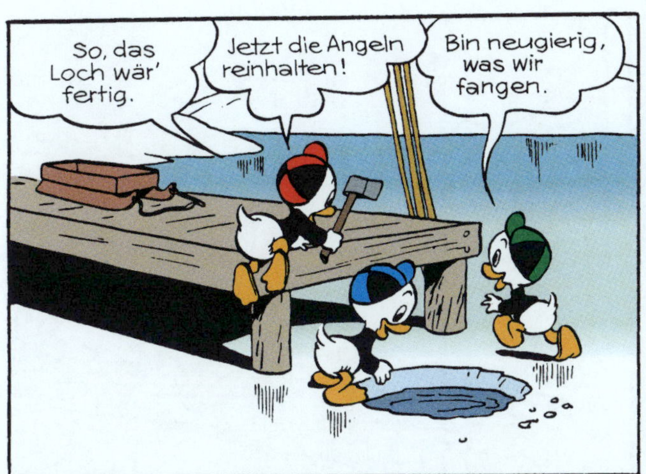
So, das Loch wär' fertig.
Jetzt die Angeln reinhalten!
Bin neugierig, was wir fangen.

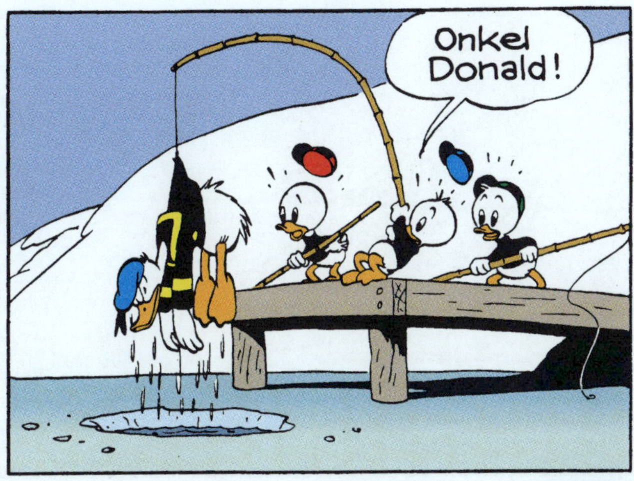
Onkel Donald!

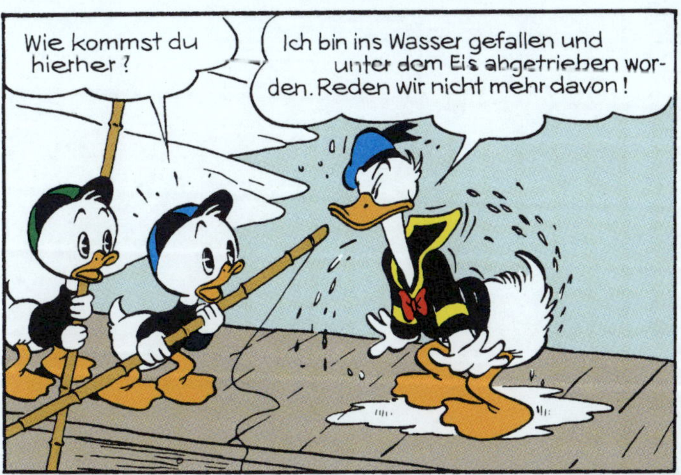
Wie kommst du hierher?
Ich bin ins Wasser gefallen und unter dem Eis abgetrieben worden. Reden wir nicht mehr davon!

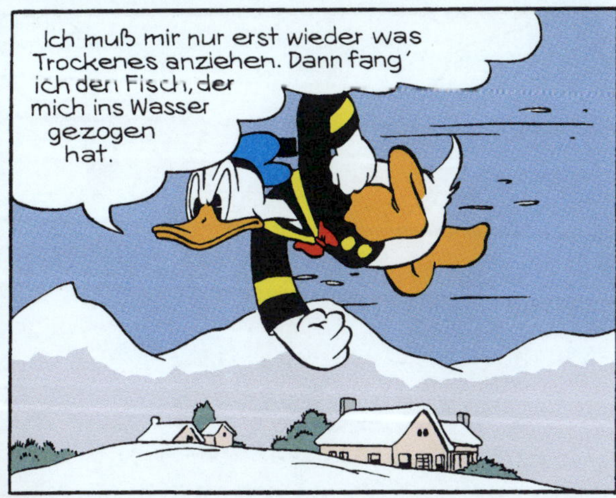
Ich muß mir nur erst wieder was Trockenes anziehen. Dann fang' ich den Fisch, der mich ins Wasser gezogen hat.

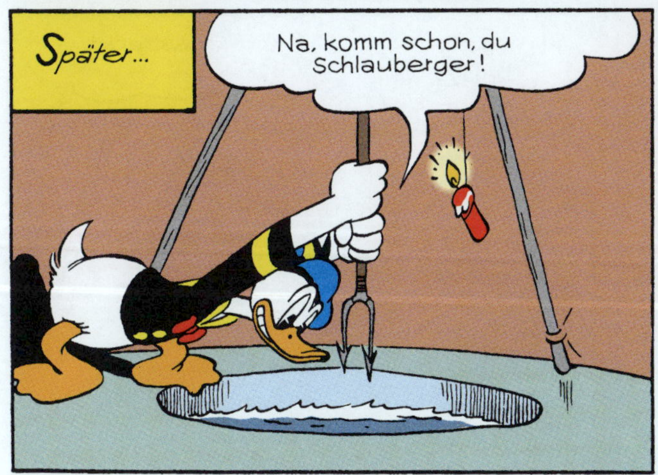
Später...
Na, komm schon, du Schlauberger!

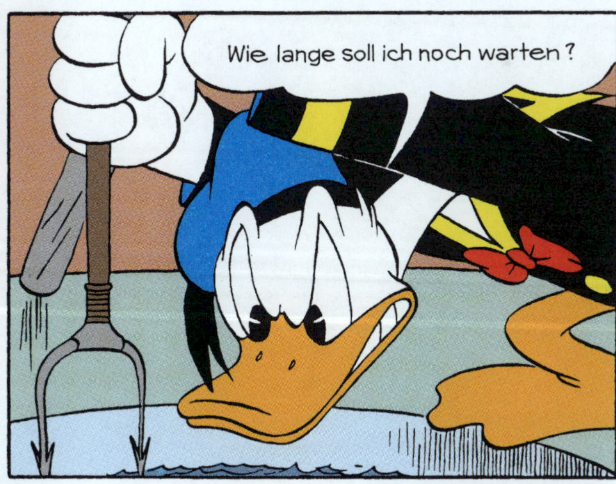
Wie lange soll ich noch warten?

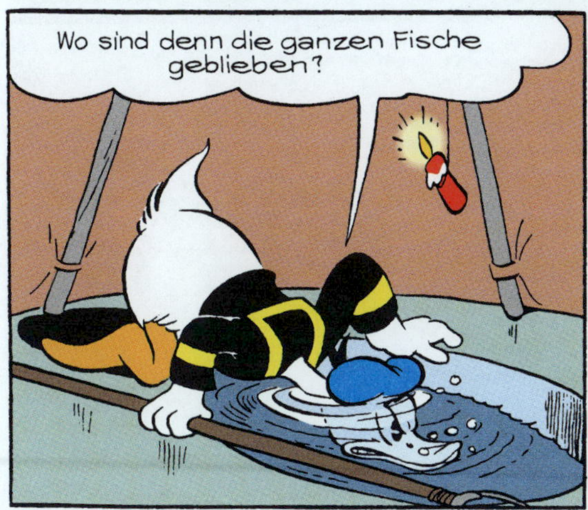
Wo sind denn die ganzen Fische geblieben?

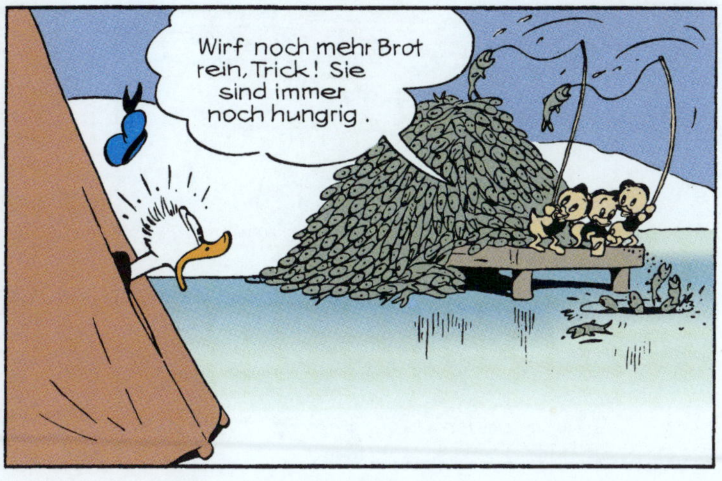
Wirf noch mehr Brot rein, Trick! Sie sind immer noch hungrig.

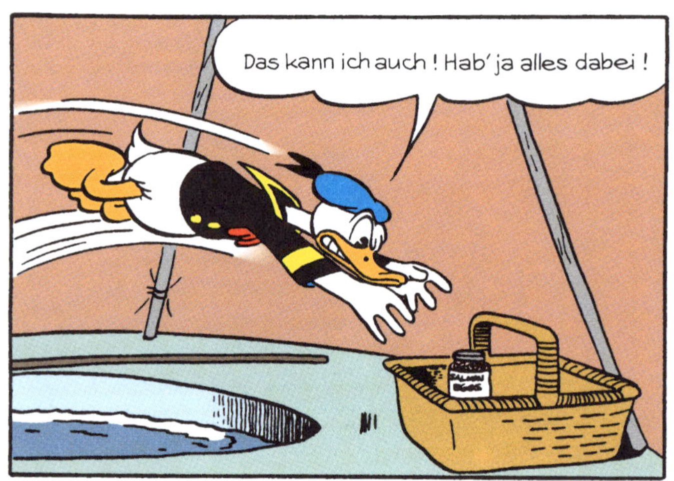
Das kann ich auch! Hab' ja alles dabei!
SALMON EGGS
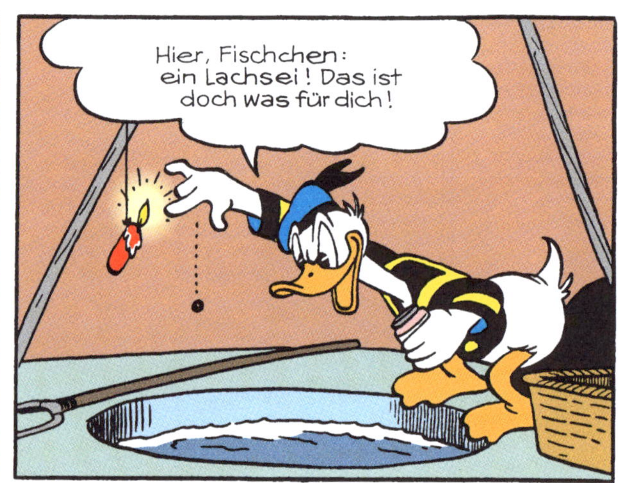
Hier, Fischchen: ein Lachsei! Das ist doch was für dich!
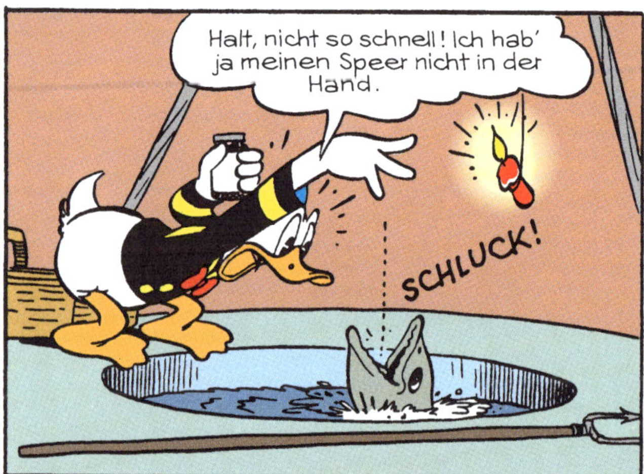
Halt, nicht so schnell! Ich hab' ja meinen Speer nicht in der Hand.
SCHLUCK!
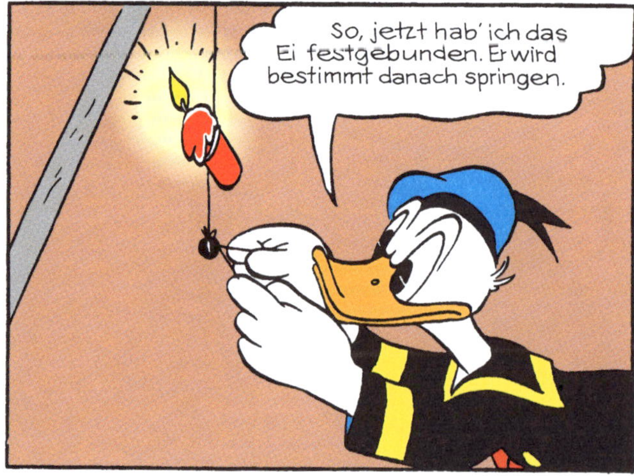
So, jetzt hab' ich das Ei festgebunden. Er wird bestimmt danach springen.
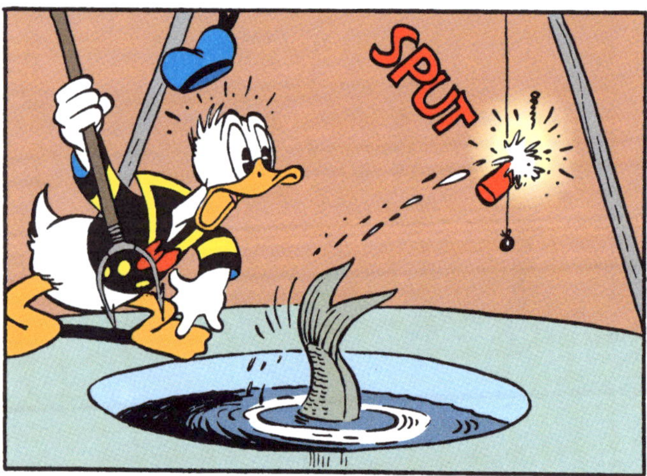
SPUT
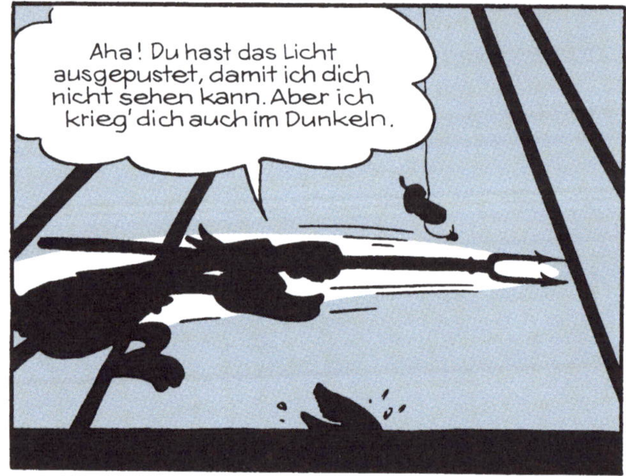
Aha! Du hast das Licht ausgepustet, damit ich dich nicht sehen kann. Aber ich krieg' dich auch im Dunkeln.
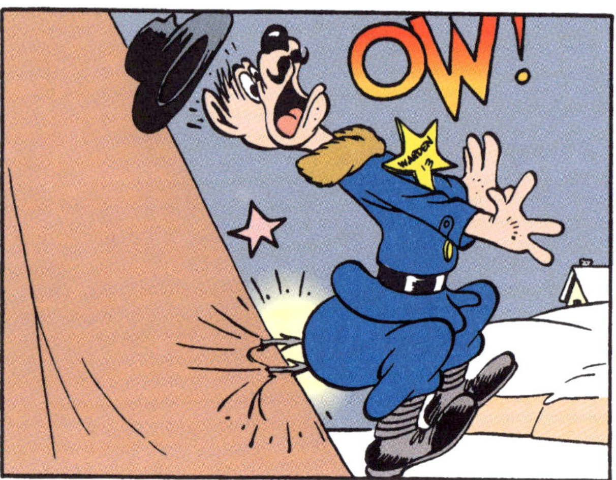
OW!
WARDEN
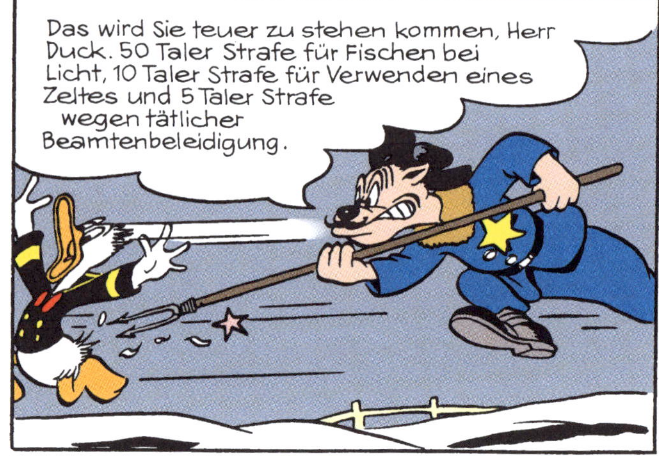
Das wird Sie teuer zu stehen kommen, Herr Duck. 50 Taler Strafe für Fischen bei Licht, 10 Taler Strafe für Verwenden eines Zeltes und 5 Taler Strafe wegen tätlicher Beamtenbeleidigung.

Donald berappt schweren Herzens und kehrt zum Fluß zurück. Seine Laune hat sich nicht gebessert.

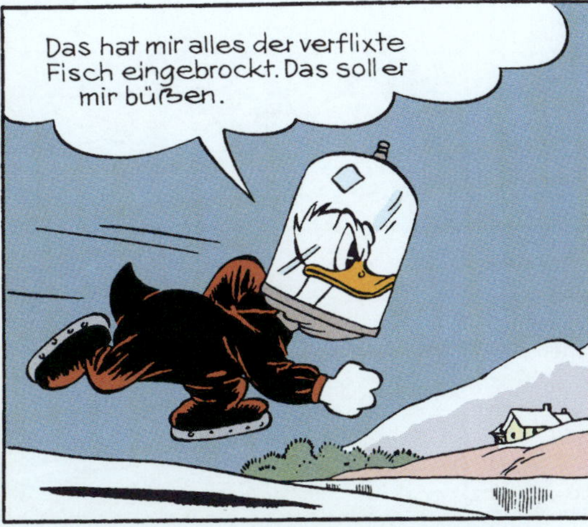

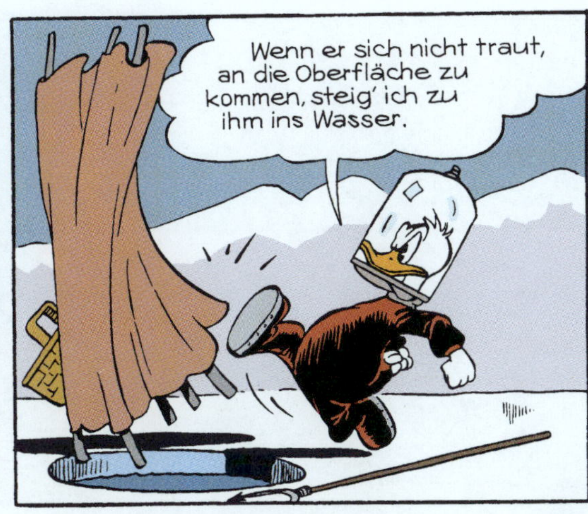

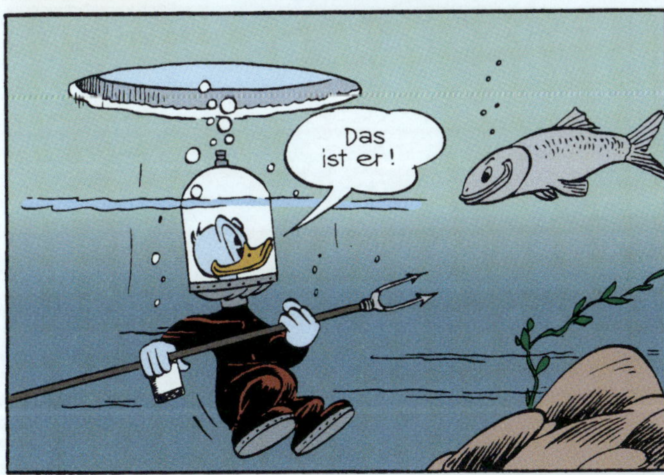

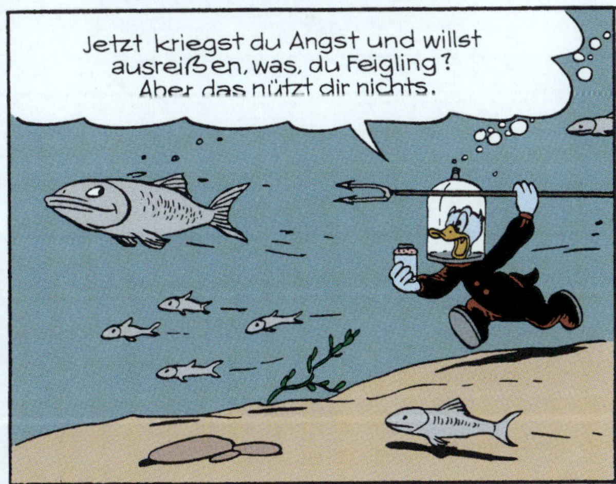

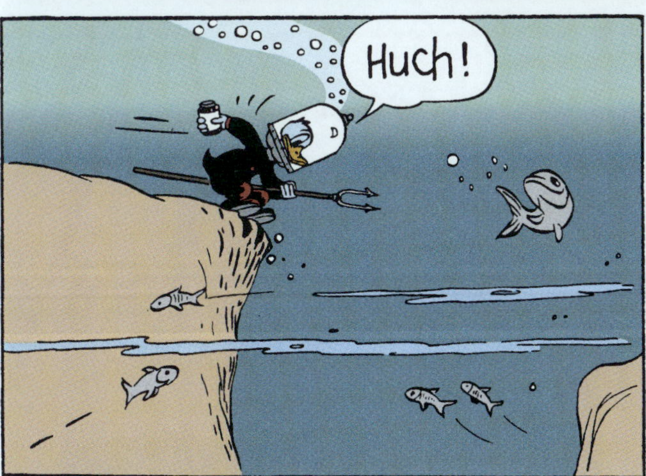

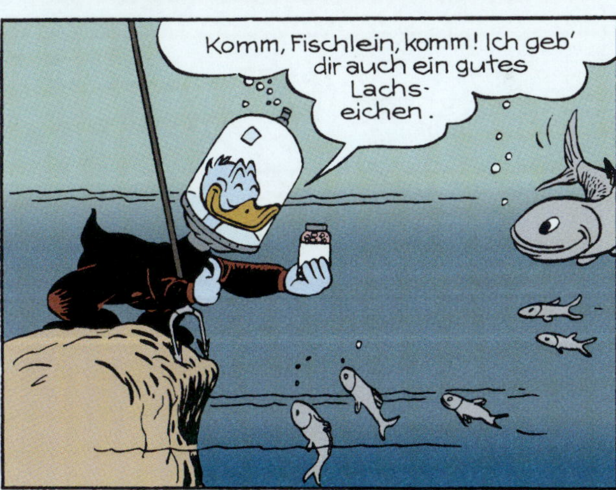

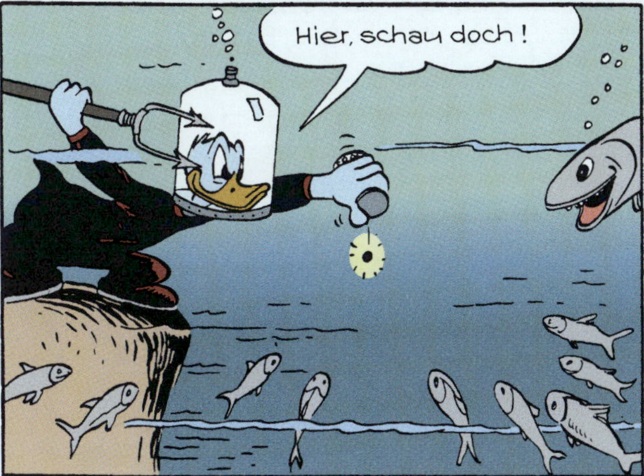

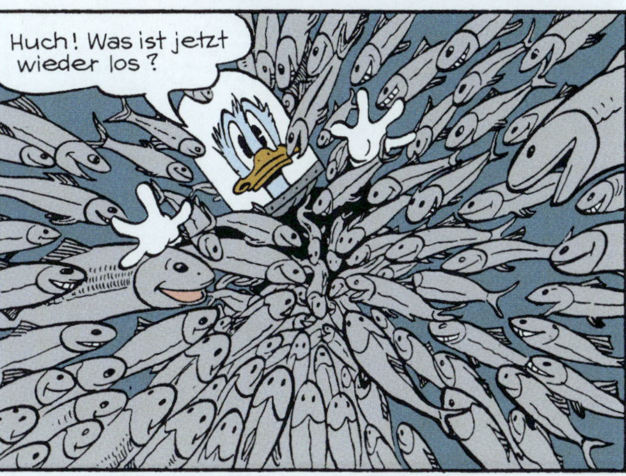

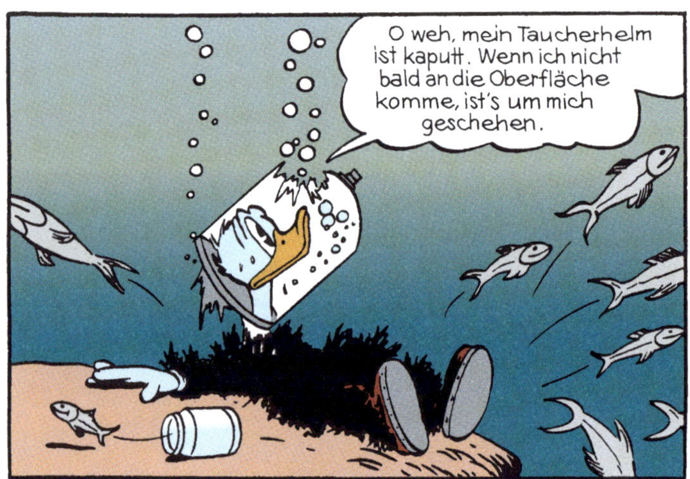
O weh, mein Taucherhelm ist kaputt. Wenn ich nicht bald an die Oberfläche komme, ist's um mich geschehen.
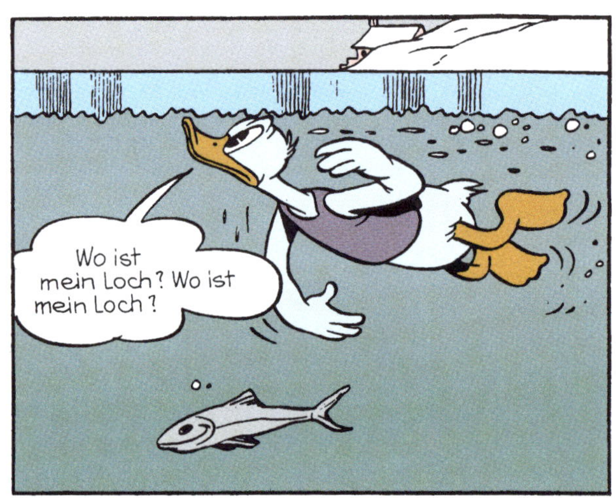
Wo ist mein Loch? Wo ist mein Loch?
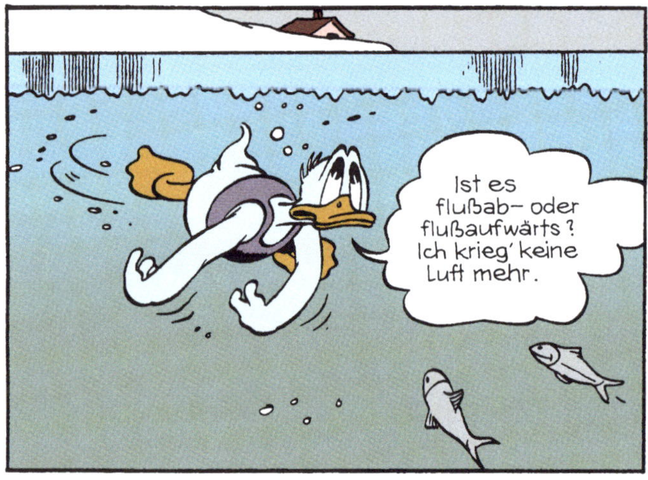
Ist es flußab- oder flußaufwärts? Ich krieg' keine Luft mehr.
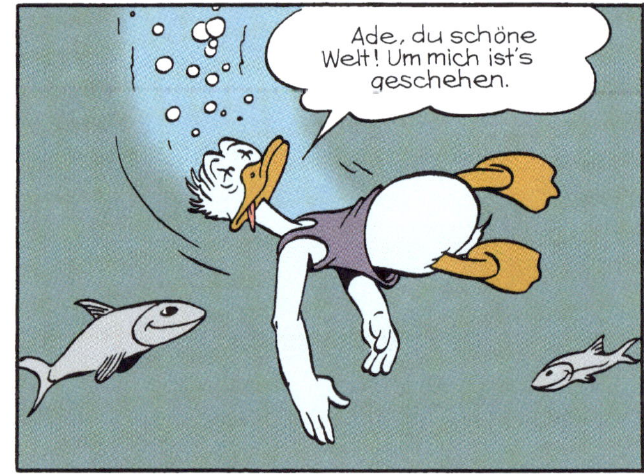
Ade, du schöne Welt! Um mich ist's geschehen.
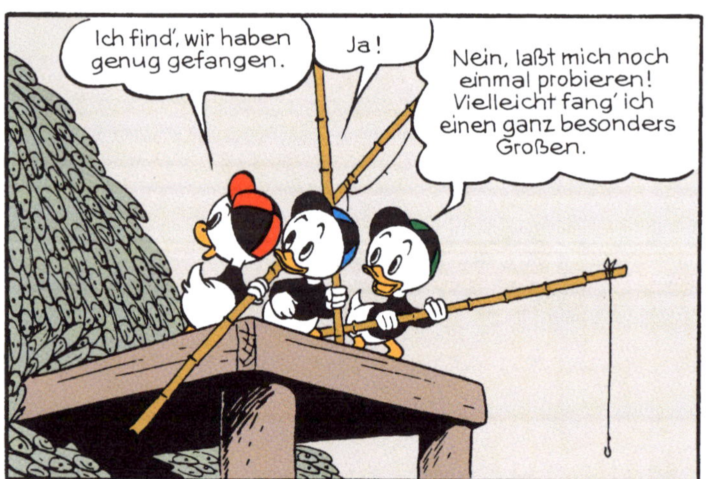
Ich find', wir haben genug gefangen.
Ja!
Nein, laßt mich noch einmal probieren! Vielleicht fang' ich einen ganz besonders Großen.
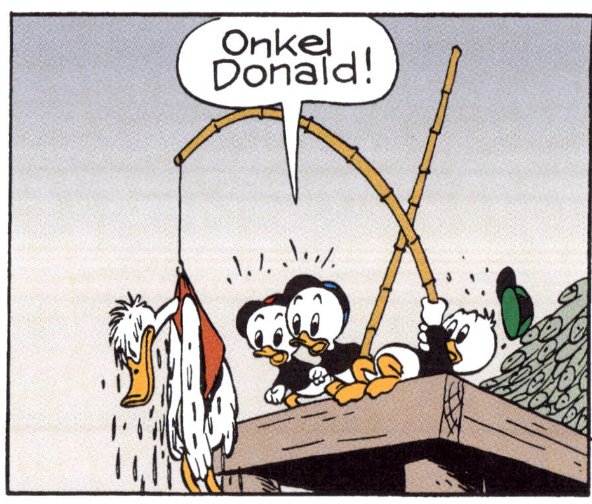
Onkel Donald!
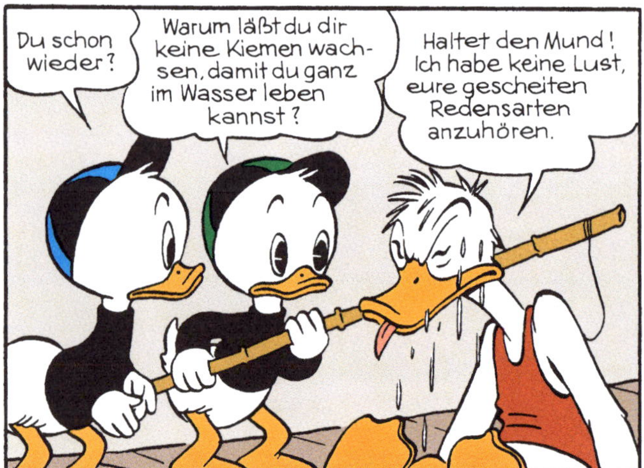
Du schon wieder?
Warum läßt du dir keine Kiemen wachsen, damit du ganz im Wasser leben kannst?
Haltet den Mund! Ich habe keine Lust, eure gescheiten Redensarten anzuhören.
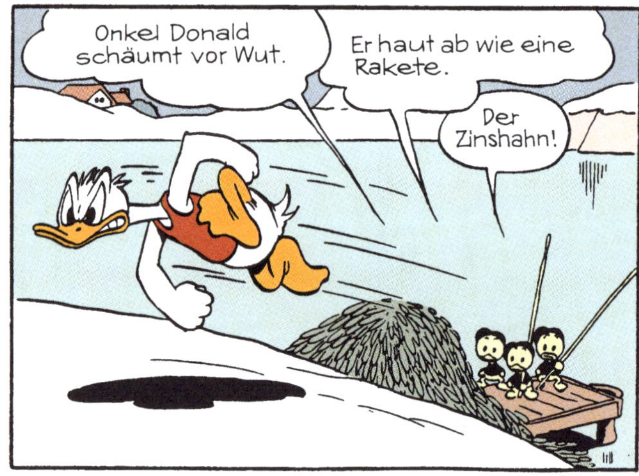
Onkel Donald schäumt vor Wut.
Er haut ab wie eine Rakete.
Der Zinshahn!

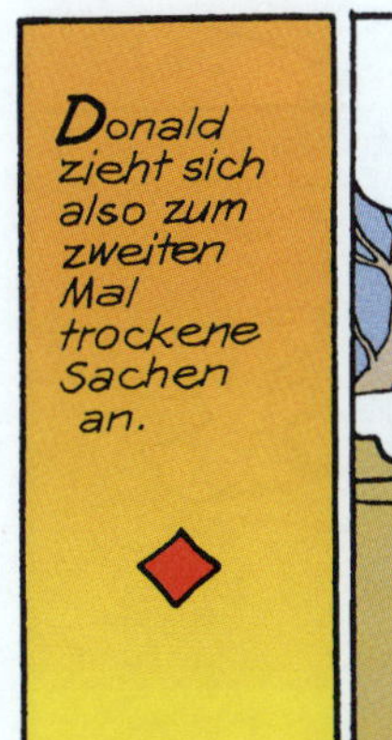
Donald zieht sich also zum zweiten Mal trockene Sachen an.

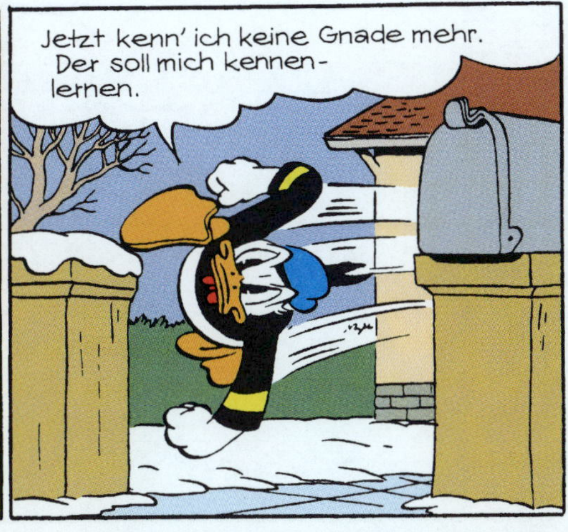
Jetzt kenn' ich keine Gnade mehr. Der soll mich kennenlernen.

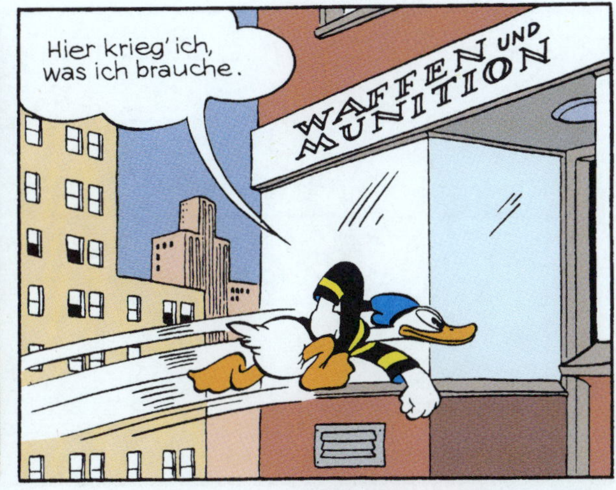
Hier krieg' ich, was ich brauche.
WAFFEN UND MUNITION

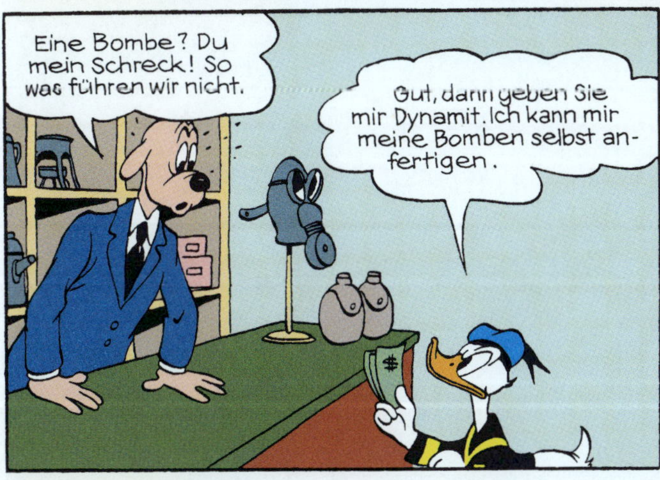
Eine Bombe? Du mein Schreck! So was führen wir nicht.
Gut, dann geben Sie mir Dynamit. Ich kann mir meine Bomben selbst anfertigen.

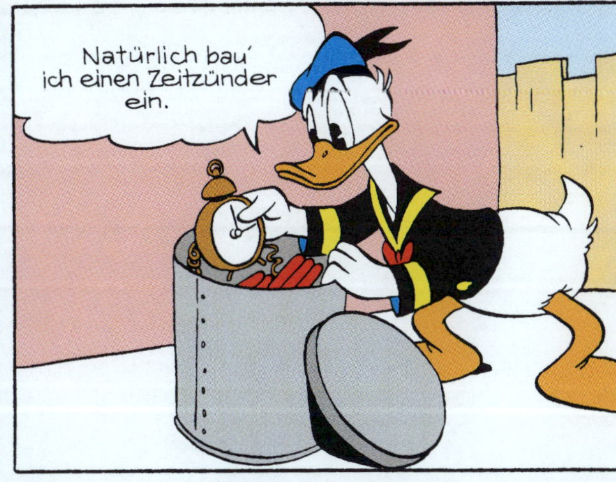
Natürlich bau' ich einen Zeitzünder ein.

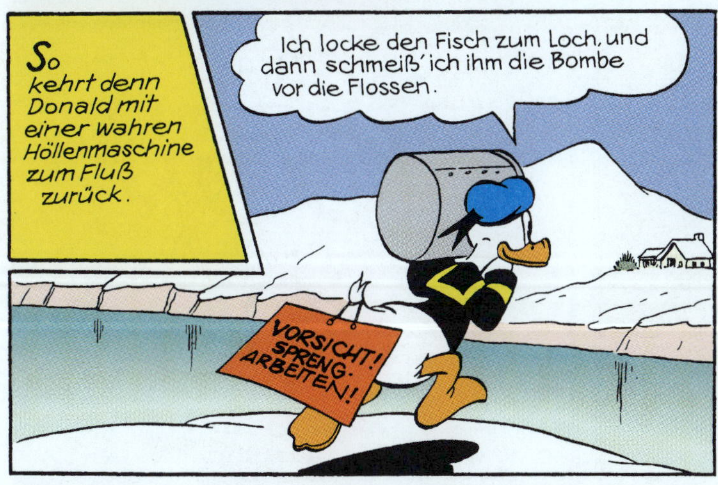
So kehrt denn Donald mit einer wahren Höllenmaschine zum Fluß zurück.
Ich locke den Fisch zum Loch, und dann schmeiß' ich ihm die Bombe vor die Flossen.
VORSICHT! SPRENG-ARBEITEN!

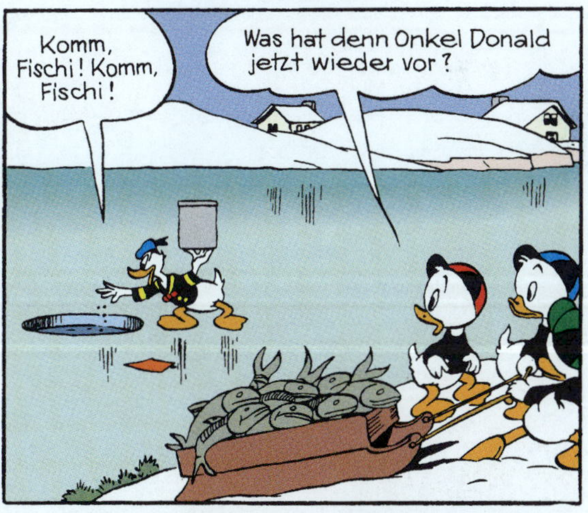
Komm, Fischi! Komm, Fischi!
Was hat denn Onkel Donald jetzt wieder vor?

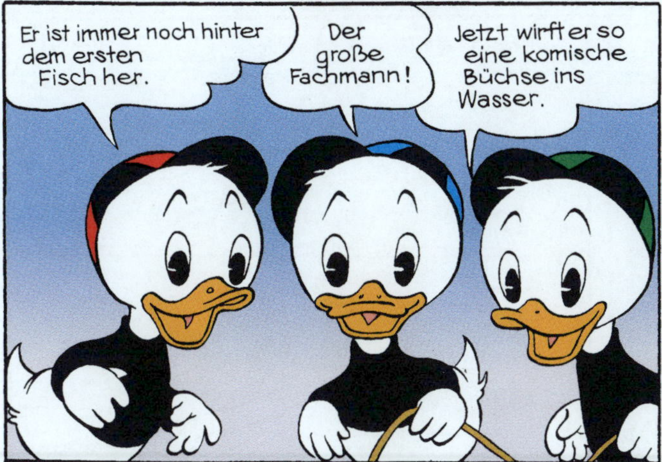
Er ist immer noch hinter dem ersten Fisch her.
Der große Fachmann!
Jetzt wirft er so eine komische Büchse ins Wasser.

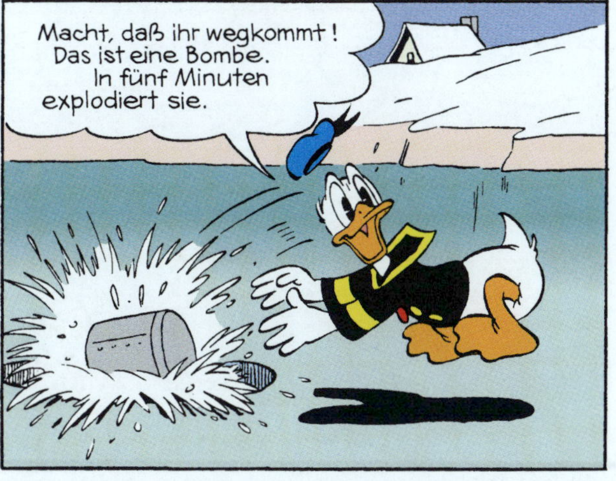
Macht, daß ihr wegkommt! Das ist eine Bombe. In fünf Minuten explodiert sie.

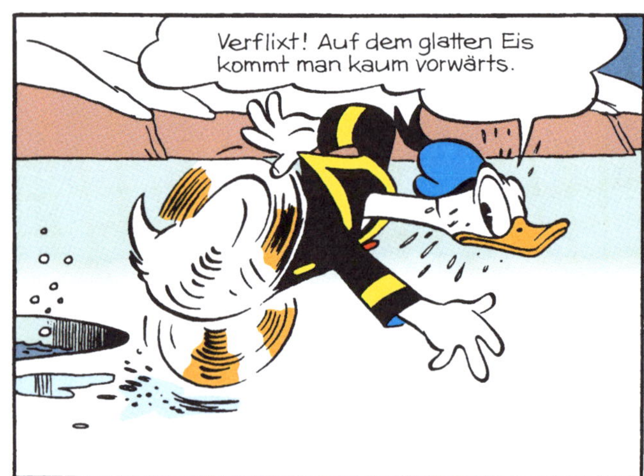
Verflixt! Auf dem glatten Eis kommt man kaum vorwärts.

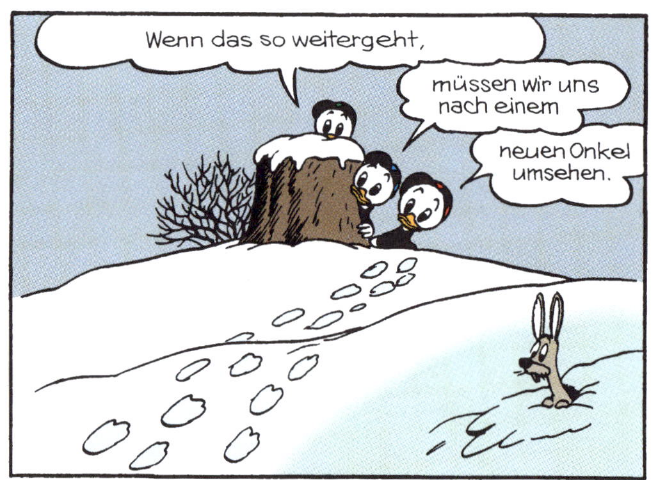
Wenn das so weitergeht,
müssen wir uns nach einem
neuen Onkel umsehen.

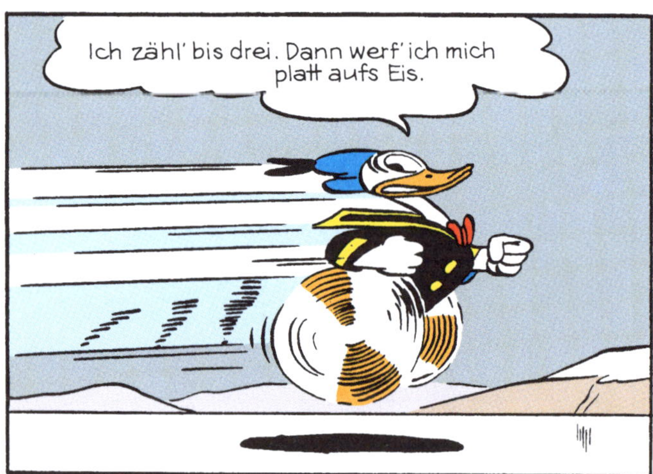
Ich zähl' bis drei. Dann werf' ich mich platt aufs Eis.

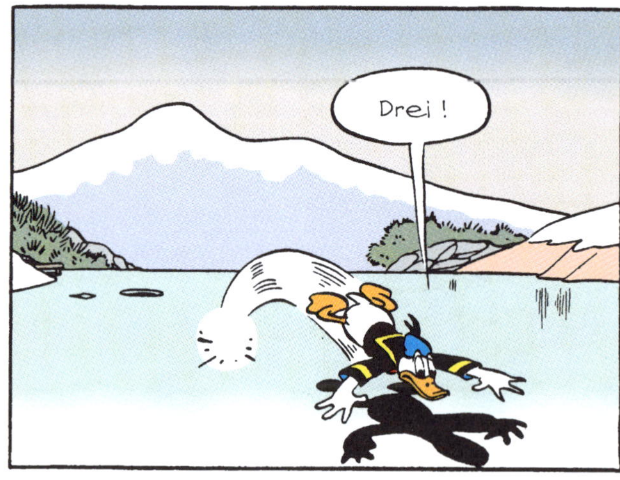
Drei !

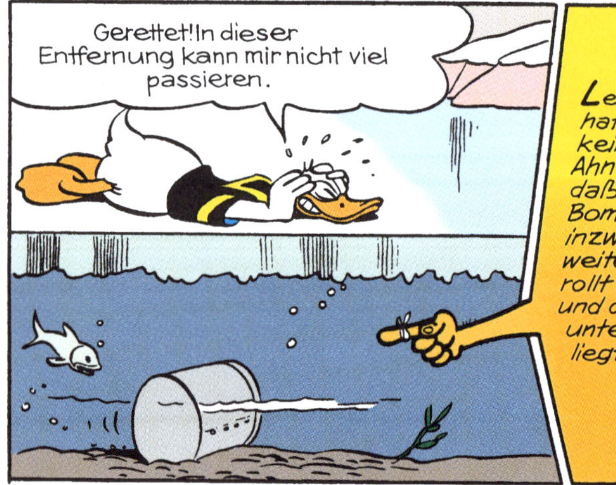
Gerettet! In dieser Entfernung kann mir nicht viel passieren.
Leider hat Donald keine Ahnung, daß die Bombe inzwischen weitergerollt ist und direkt unter ihm liegt.

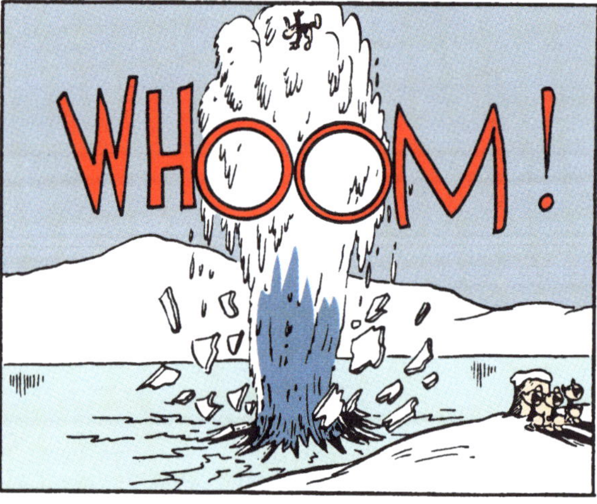
WHOOM !

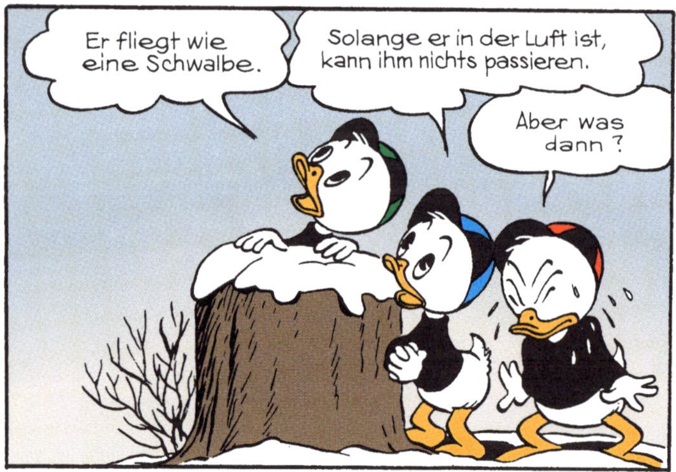
Er fliegt wie eine Schwalbe.
Solange er in der Luft ist, kann ihm nichts passieren.
Aber was dann ?

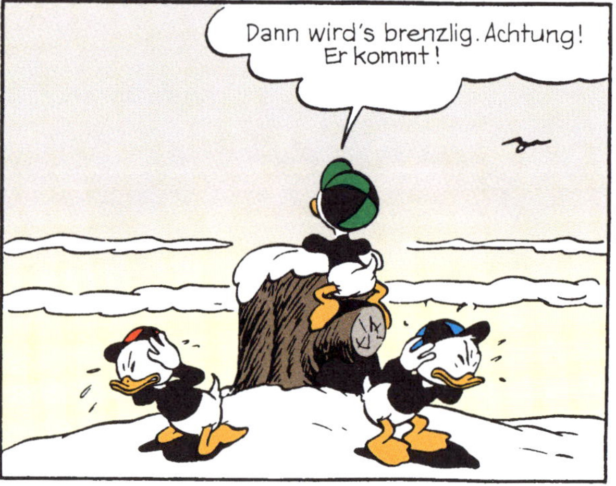
Dann wird's brenzlig. Achtung! Er kommt !

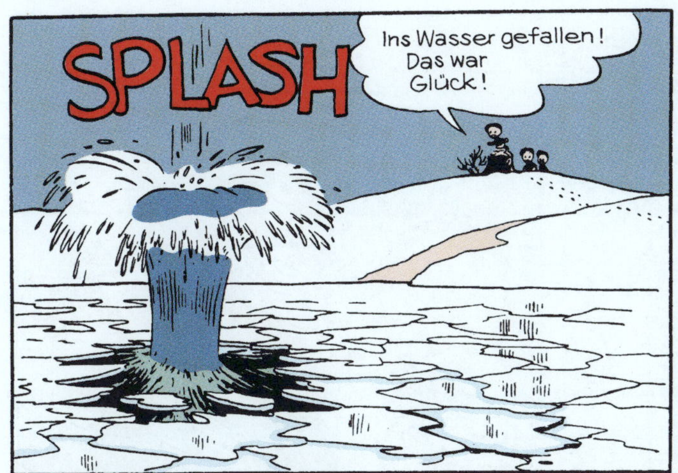

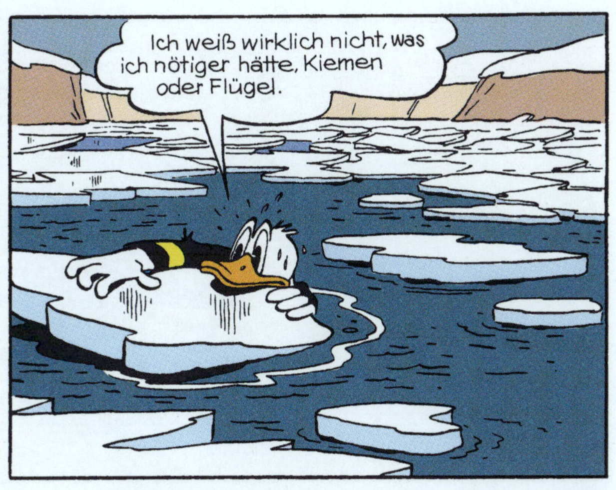

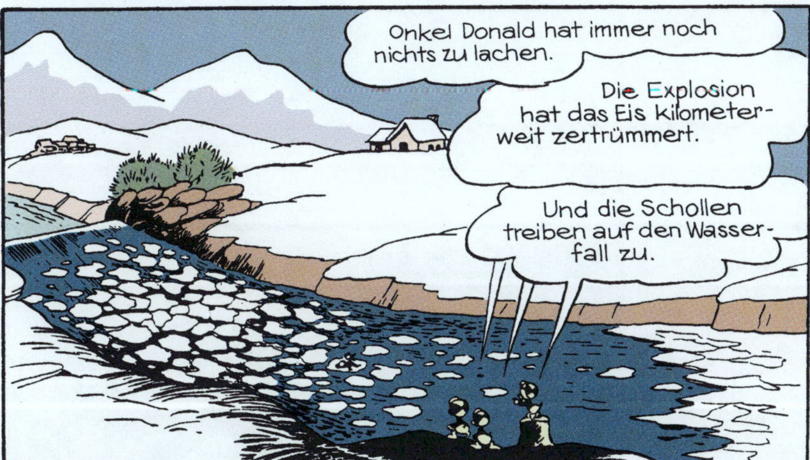

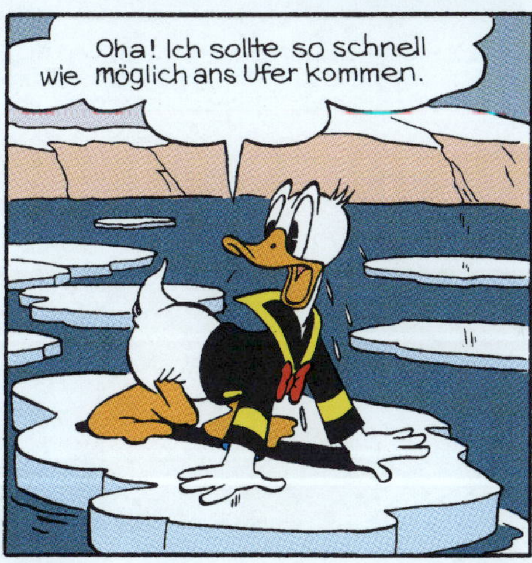

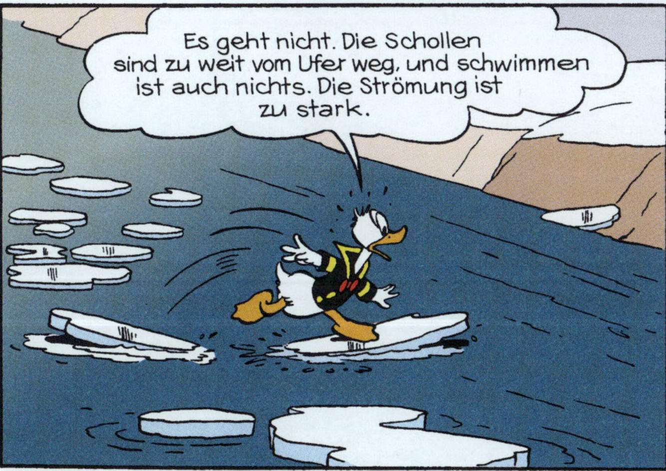

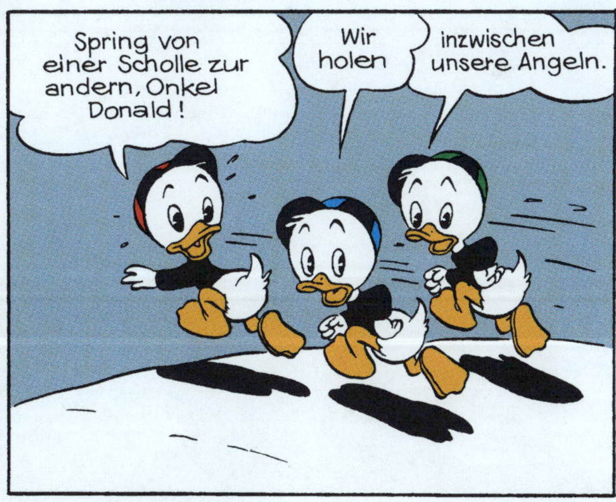

Trotz größter Anstrengung gerät Donald immer mehr in die bedrohliche Nähe des gefürchteten Wasserfalls.

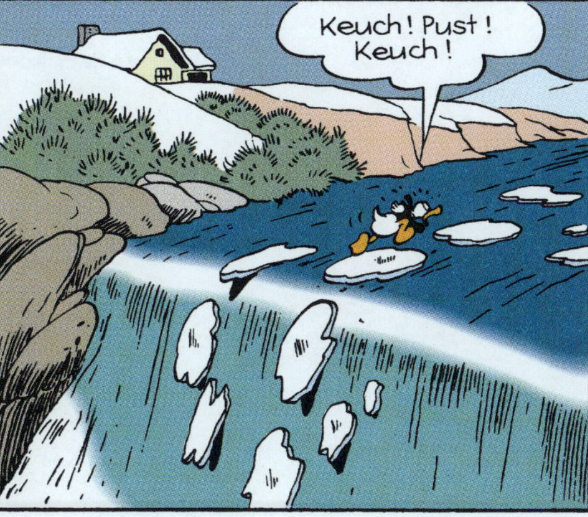

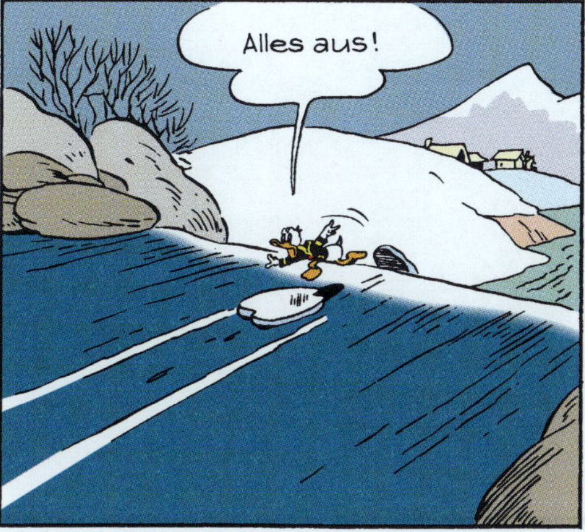

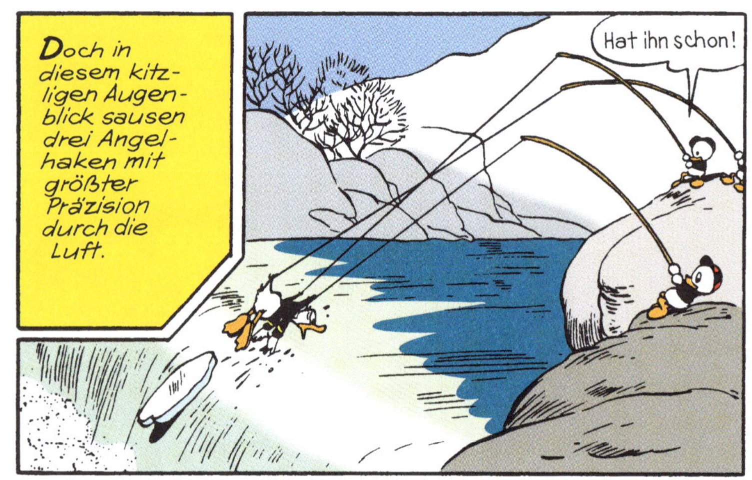
Doch in diesem kitzligen Augenblick sausen drei Angelhaken mit größter Präzision durch die Luft.
Hat ihn schon!

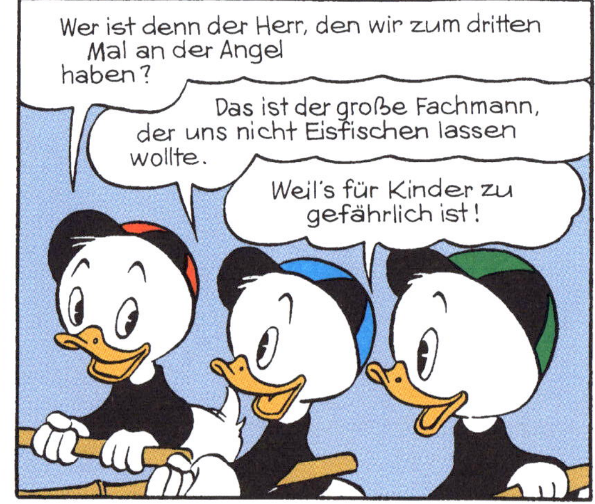
Wer ist denn der Herr, den wir zum dritten Mal an der Angel haben?
Das ist der große Fachmann, der uns nicht Eisfischen lassen wollte.
Weil's für Kinder zu gefährlich ist!

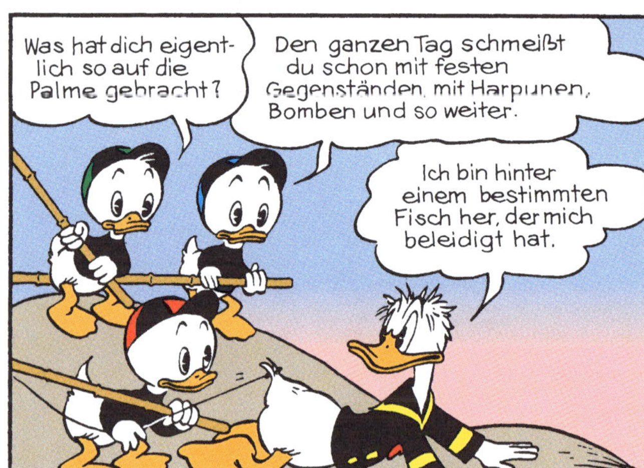
Was hat dich eigentlich so auf die Palme gebracht?
Den ganzen Tag schmeißt du schon mit festen Gegenständen, mit Harpunen, Bomben und so weiter.
Ich bin hinter einem bestimmten Fisch her, der mich beleidigt hat.

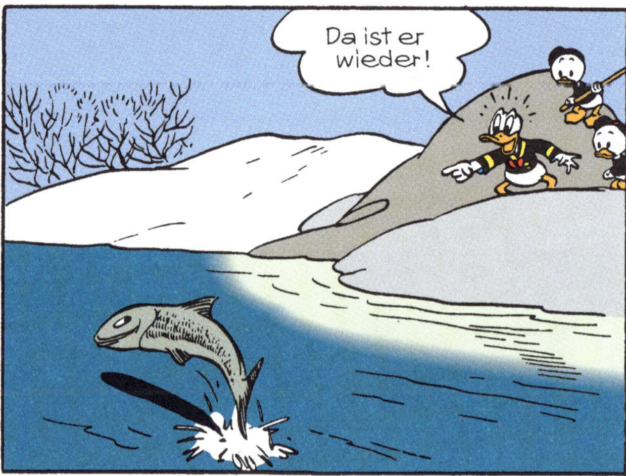
Da ist er wieder!

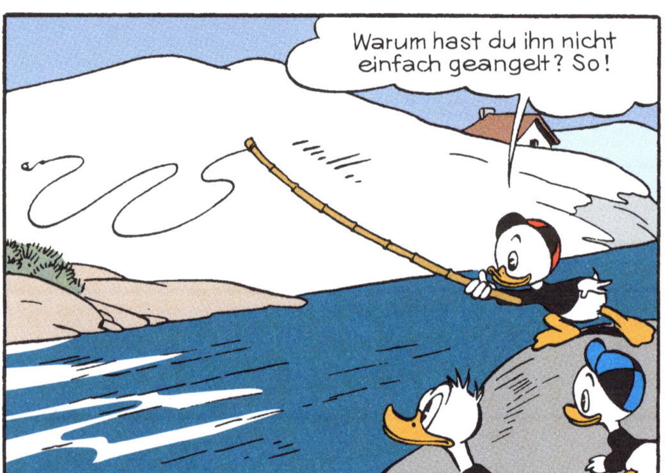
Warum hast du ihn nicht einfach geangelt? So!

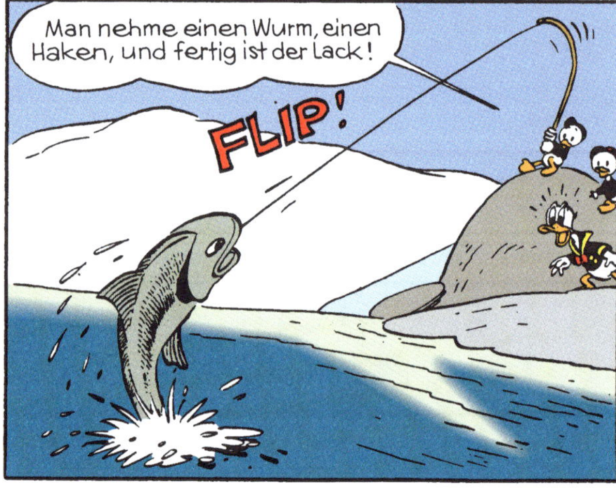
Man nehme einen Wurm, einen Haken, und fertig ist der Lack!
FLIP!

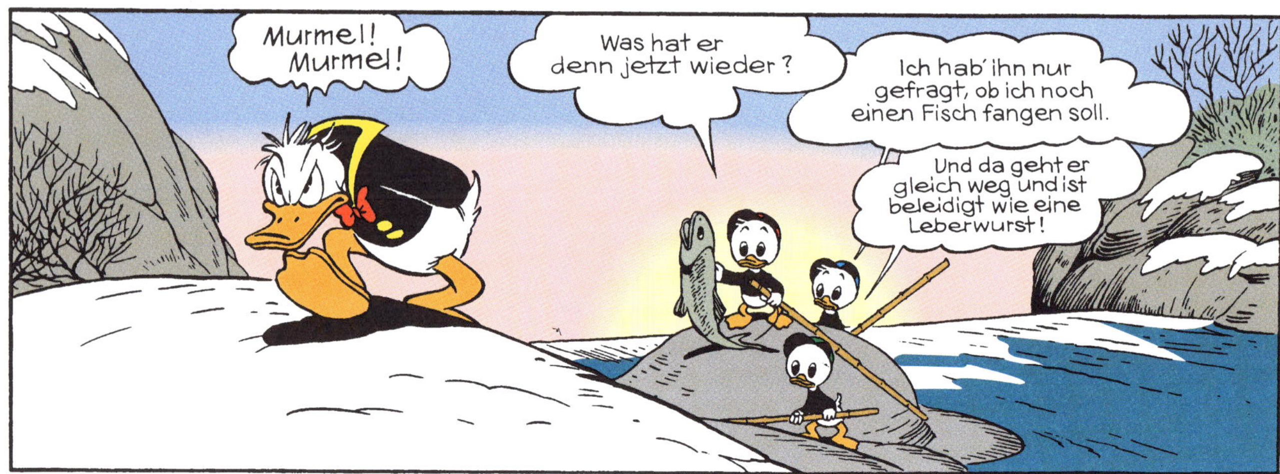
Murmel! Murmel!
Was hat er denn jetzt wieder?
Ich hab' ihn nur gefragt, ob ich noch einen Fisch fangen soll.
Und da geht er gleich weg und ist beleidigt wie eine Leberwurst!

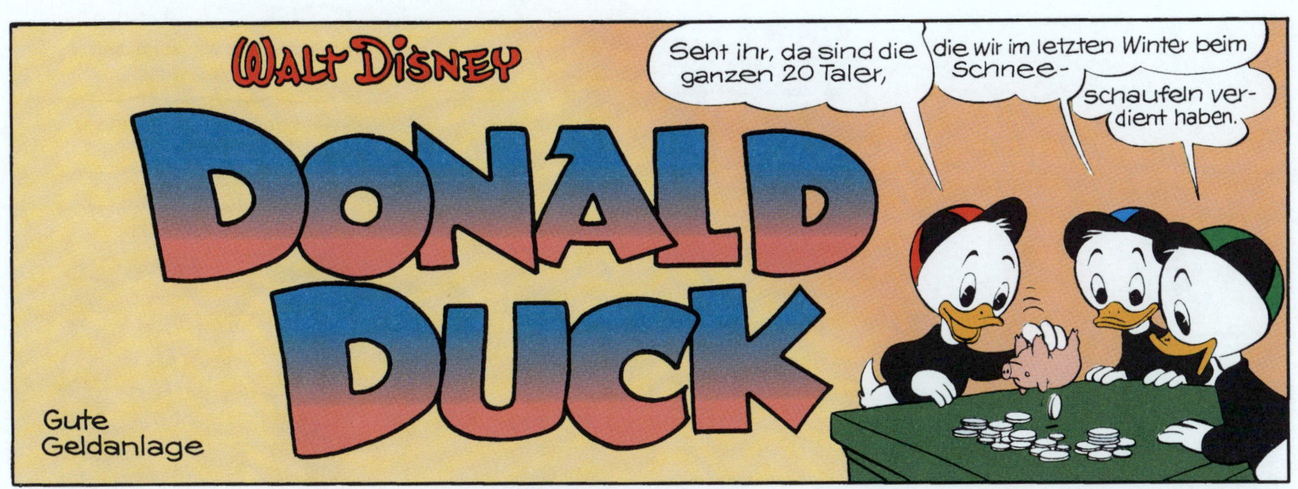
Walt Disney
Donald Duck
Gute Geldanlage
Seht ihr, da sind die ganzen 20 Taler,
die wir im letzten Winter beim Schnee-
schaufeln verdient haben.

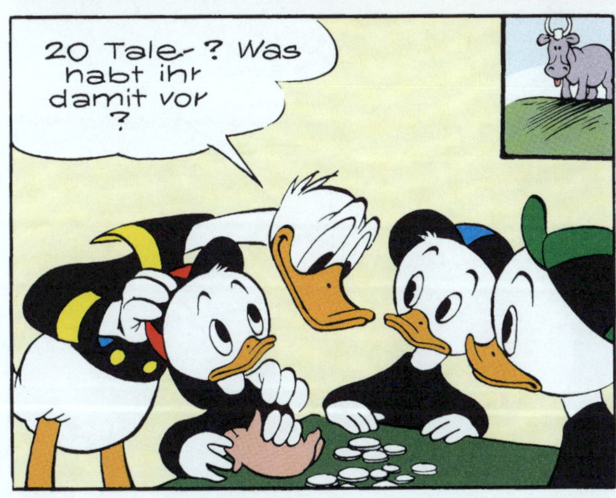
20 Tale-? Was habt ihr damit vor?

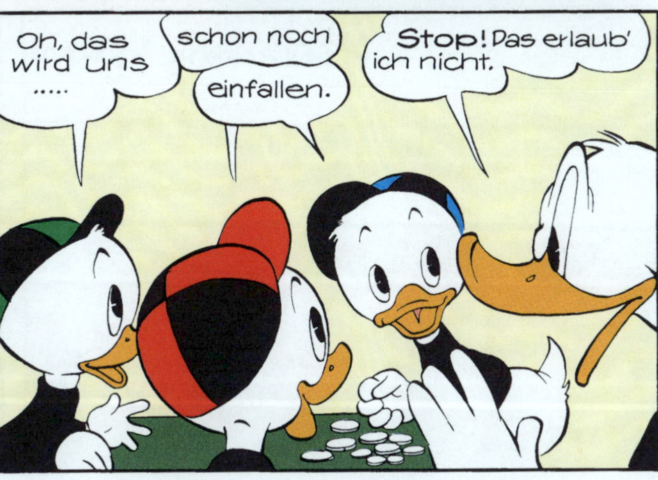
Oh, das wird uns .....
schon noch
einfallen.
Stop! Das erlaub' ich nicht.

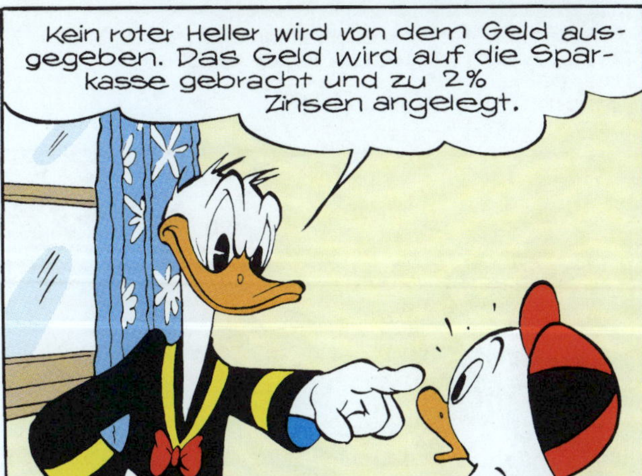
Kein roter Heller wird von dem Geld ausgegeben. Das Geld wird auf die Sparkasse gebracht und zu 2% Zinsen angelegt.

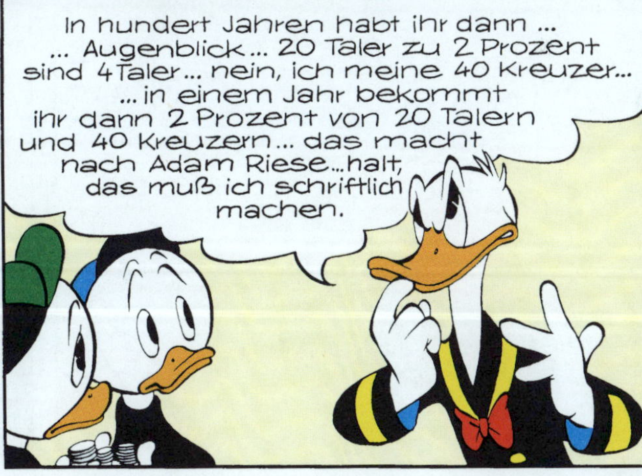
In hundert Jahren habt ihr dann ... ... Augenblick ... 20 Taler zu 2 Prozent sind 4 Taler ... nein, ich meine 40 Kreuzer ... ... in einem Jahr bekommt ihr dann 2 Prozent von 20 Talern und 40 Kreuzern ... das macht nach Adam Riese ... halt, das muß ich schriftlich machen.

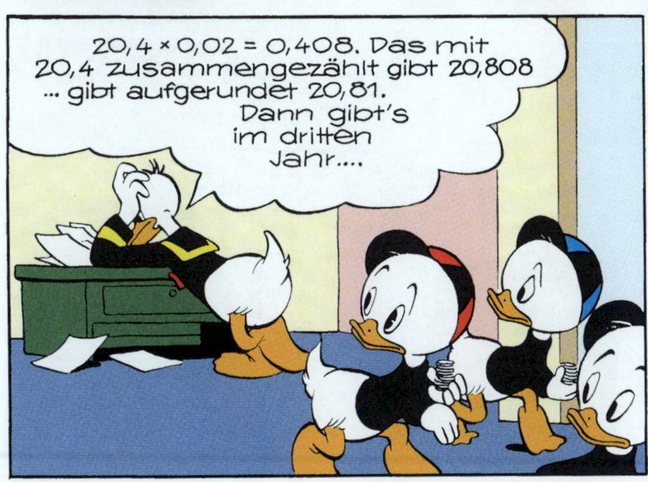
20,4 × 0,02 = 0,408. Das mit 20,4 zusammengezählt gibt 20,808 ... gibt aufgerundet 20,81. Dann gibt's im dritten Jahr....

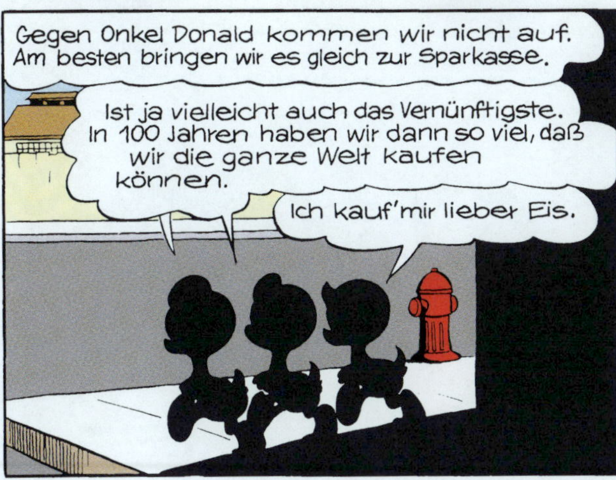
Gegen Onkel Donald kommen wir nicht auf. Am besten bringen wir es gleich zur Sparkasse.
Ist ja vielleicht auch das Vernünftigste. In 100 Jahren haben wir dann so viel, daß wir die ganze Welt kaufen können.
Ich kauf' mir lieber Eis.

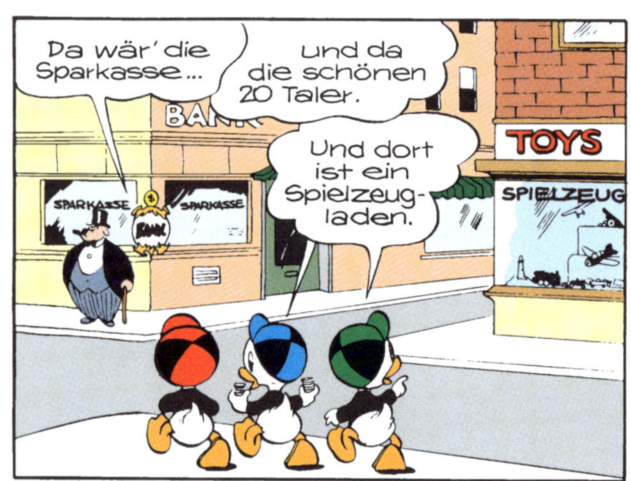
Da wär' die Sparkasse...
und da die schönen 20 Taler.
Und dort ist ein Spielzeugladen.
BANK
SPARKASSE
SPARKASSE
TOYS
SPIELZEUG

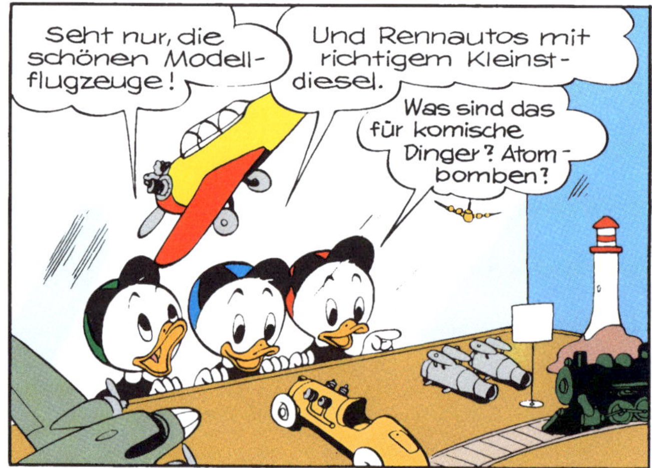
Seht nur, die schönen Modellflugzeuge!
Und Rennautos mit richtigem Kleinstdiesel.
Was sind das für komische Dinger? Atombomben?

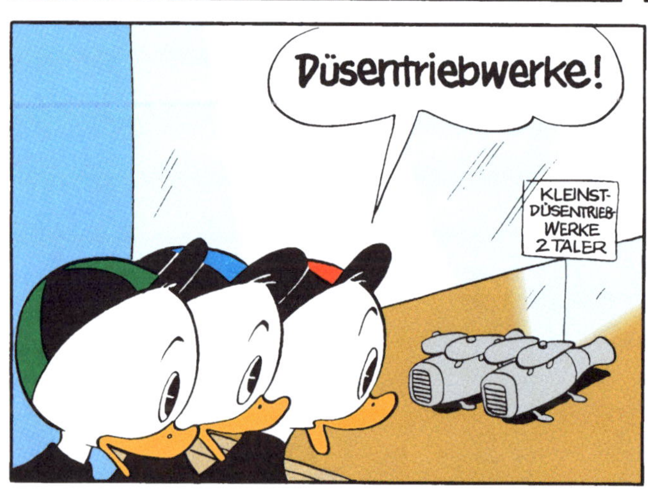
Düsentriebwerke!
KLEINST-DÜSENTRIEBWERKE 2 TALER

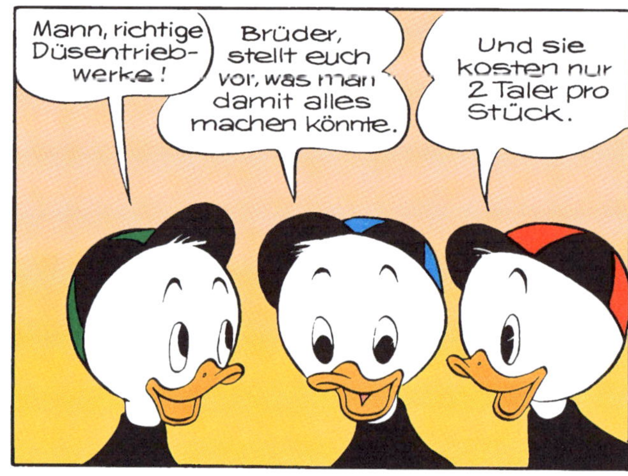
Mann, richtige Düsentriebwerke!
Brüder, stellt euch vor, was man damit alles machen könnte.
Und sie kosten nur 2 Taler pro Stück.

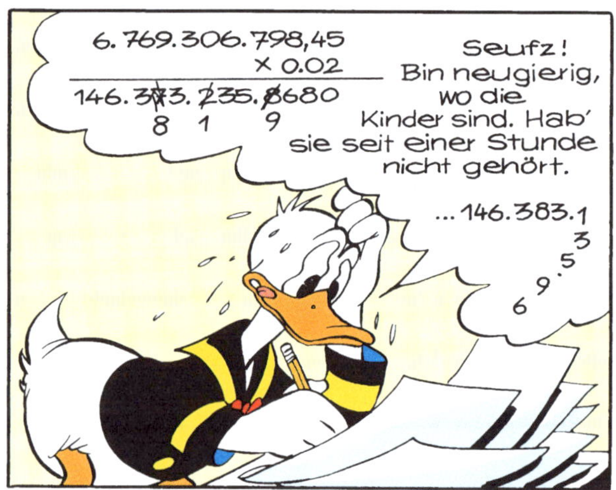
6.769.306.798,45
× 0.02
146.373.235.8680
8 1 9
Seufz! Bin neugierig, wo die Kinder sind. Hab' sie seit einer Stunde nicht gehört.
...146.383.1
3
5
9
6

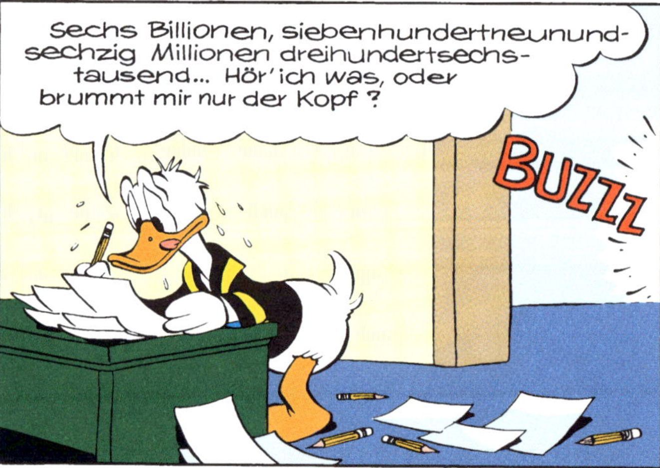
Sechs Billionen, siebenhundertneunundsechzig Millionen dreihundertsechstausend... Hör' ich was, oder brummt mir nur der Kopf?
BUZZZ

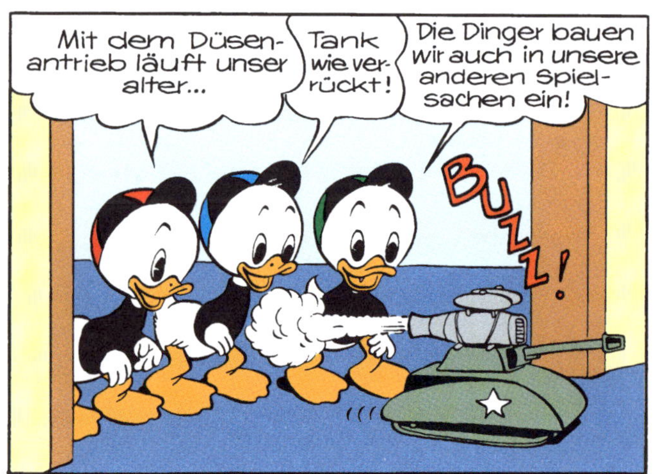
Mit dem Düsenantrieb läuft unser alter...
Tank wie verrückt!
Die Dinger bauen wir auch in unsere anderen Spielsachen ein!
BUZZ!

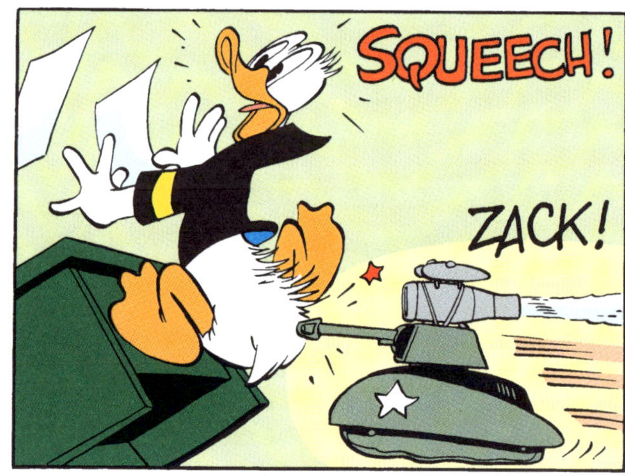
SQUEECH!
ZACK!

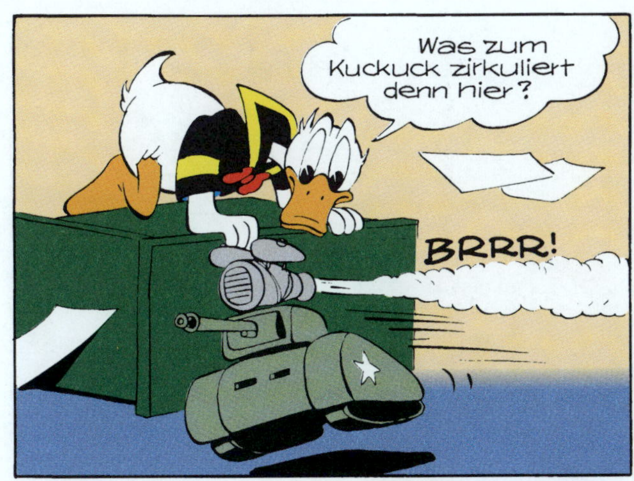
Was zum
Kuckuck zirkuliert
denn hier?
BRRR!

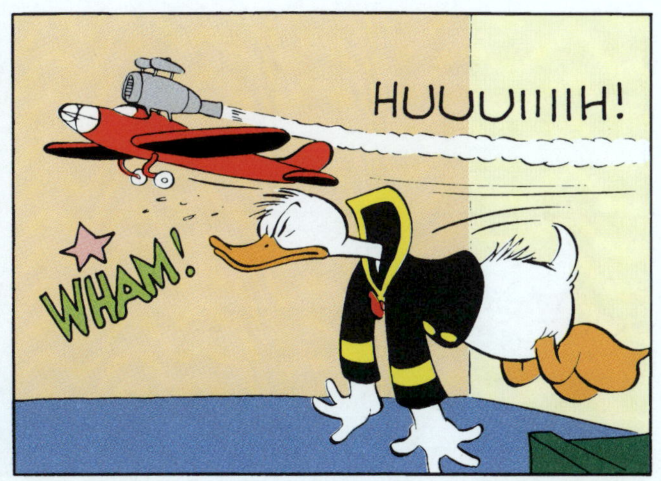
HUUUIIIIH!
WHAM!

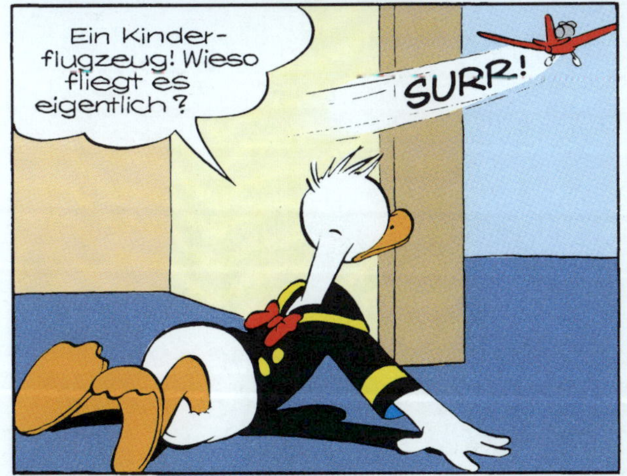
Ein Kinder-
flugzeug! Wieso
fliegt es
eigentlich?
SURR!

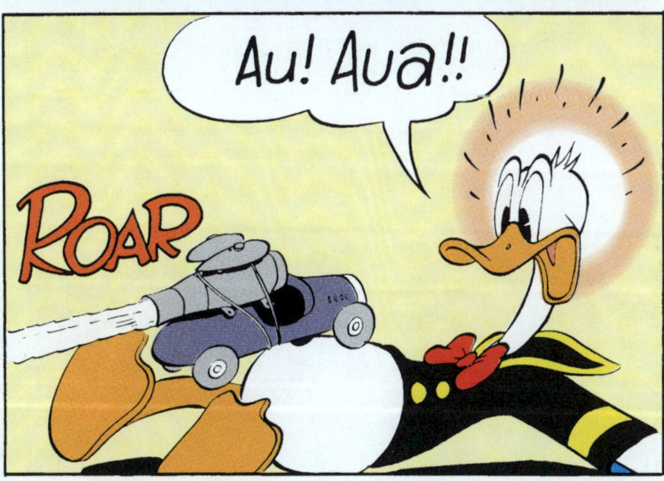
Au! Aua!!
ROAR

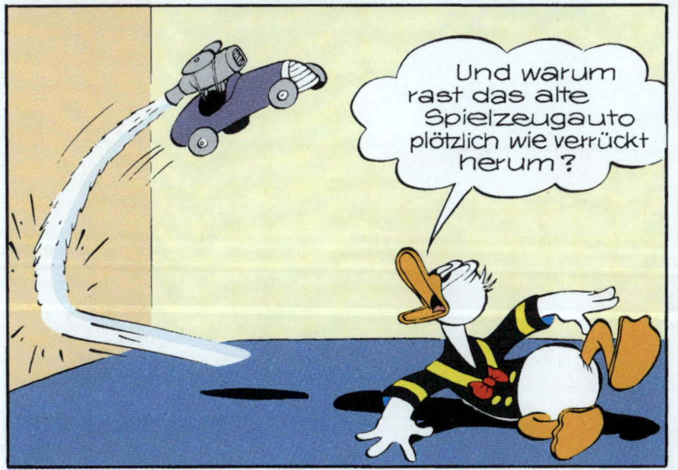
Und warum
rast das alte
Spielzeugauto
plötzlich wie verrückt
herum?

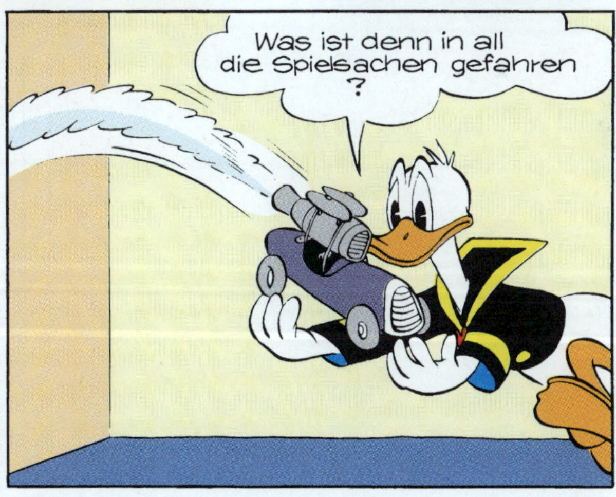
Was ist denn in all
die Spielsachen gefahren
?

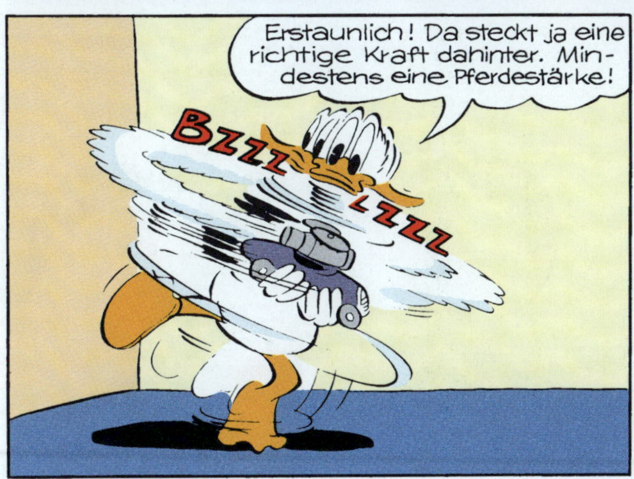
Erstaunlich! Da steckt ja eine
richtige Kraft dahinter. Mindestens eine Pferdestärke!
BZZZZZZZ

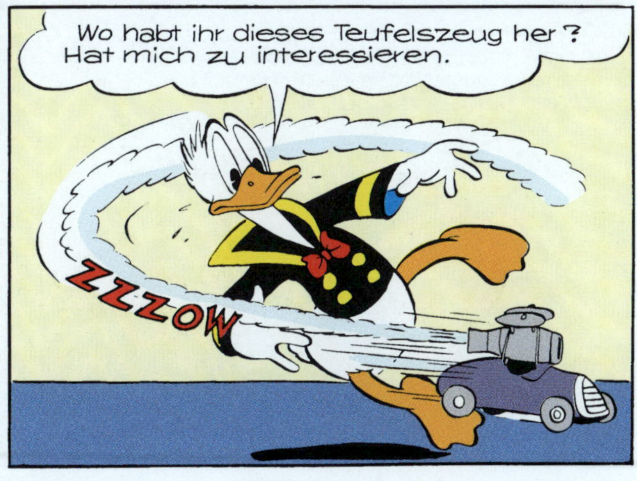
Wo habt ihr dieses Teufelszeug her?
Hat mich zu interessieren.
ZZZZOW

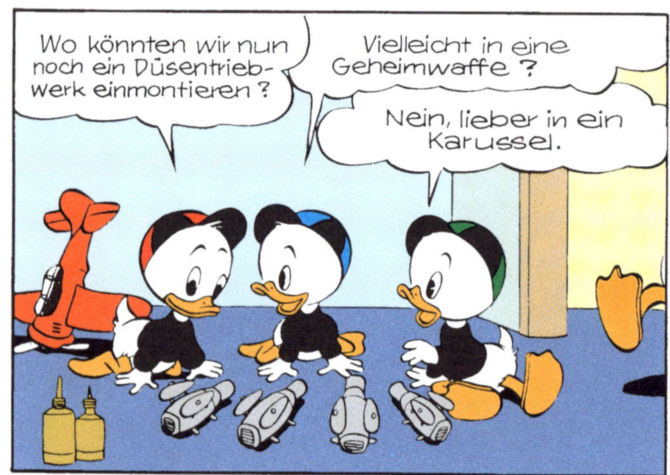
Wo könnten wir nun noch ein Düsentriebwerk einmontieren?
Vielleicht in eine Geheimwaffe?
Nein, lieber in ein Karussel.

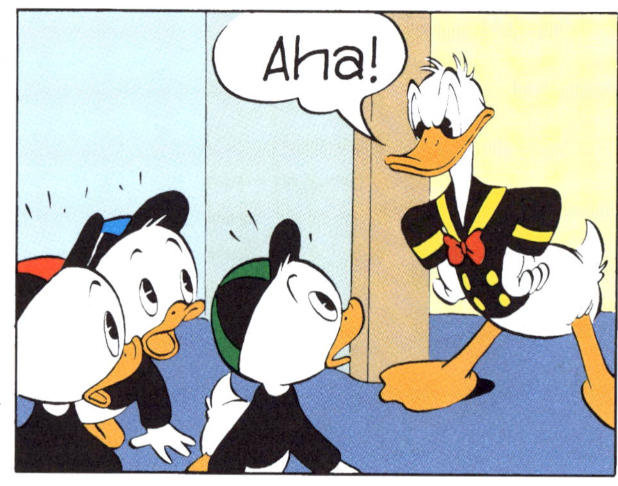
Aha!

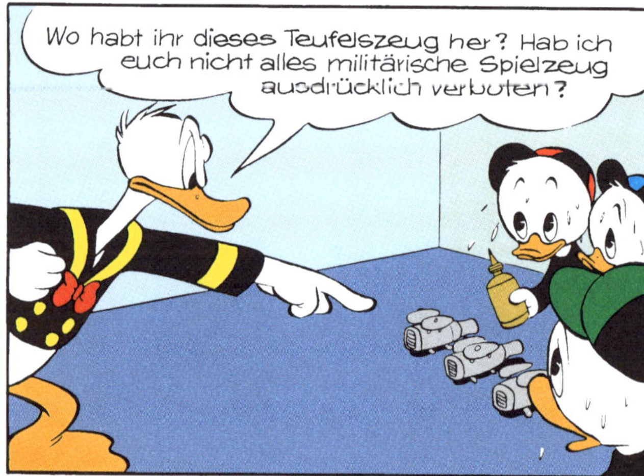
Wo habt ihr dieses Teufelszeug her? Hab ich euch nicht alles militärische Spielzeug ausdrücklich verboten?

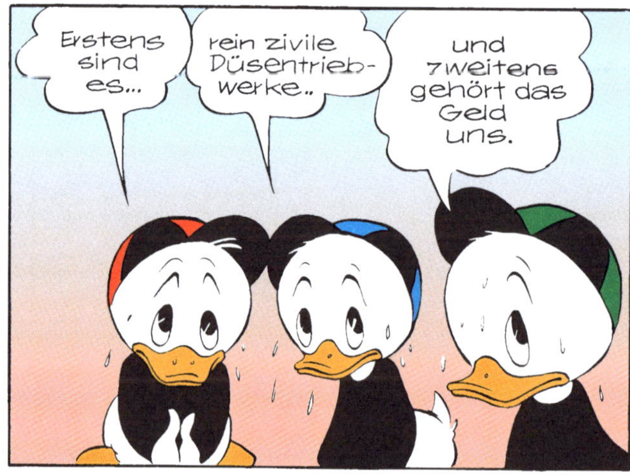
Erstens sind es...
rein zivile Düsentriebwerke..
und zweitens gehört das Geld uns.

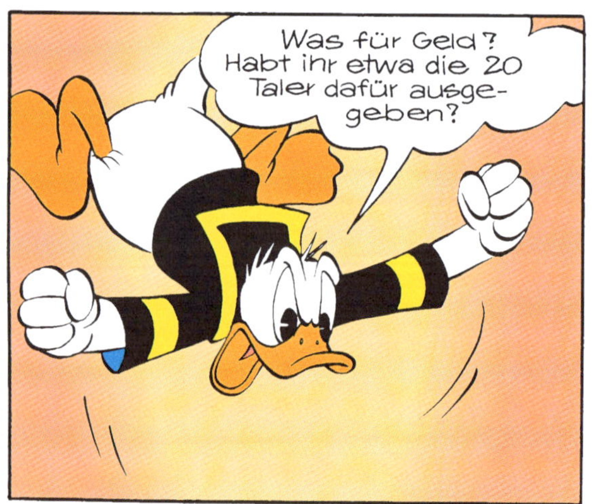
Was für Geld? Habt ihr etwa die 20 Taler dafür ausgegeben?

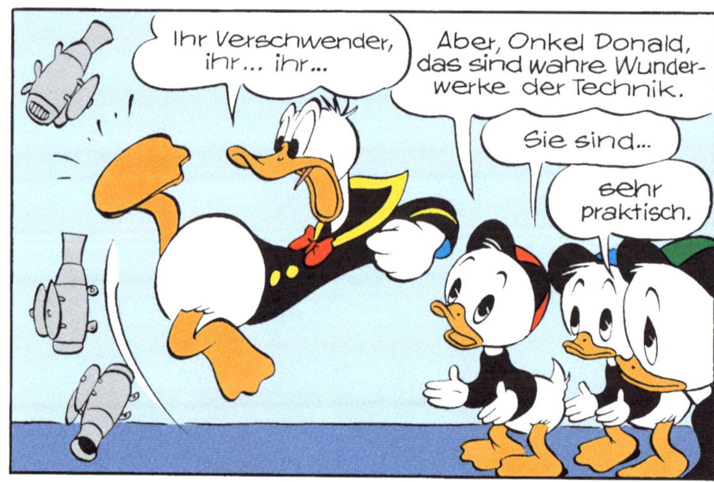
Ihr Verschwender, ihr... ihr...
Aber, Onkel Donald, das sind wahre Wunderwerke der Technik.
Sie sind...
sehr praktisch.

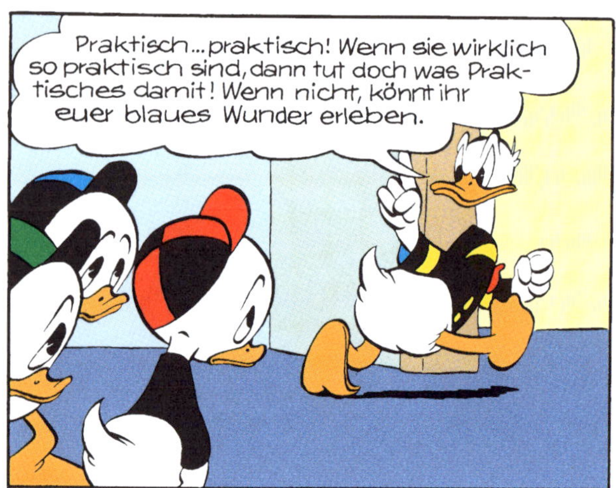
Praktisch...praktisch! Wenn sie wirklich so praktisch sind, dann tut doch was Praktisches damit! Wenn nicht, könnt ihr euer blaues Wunder erleben.

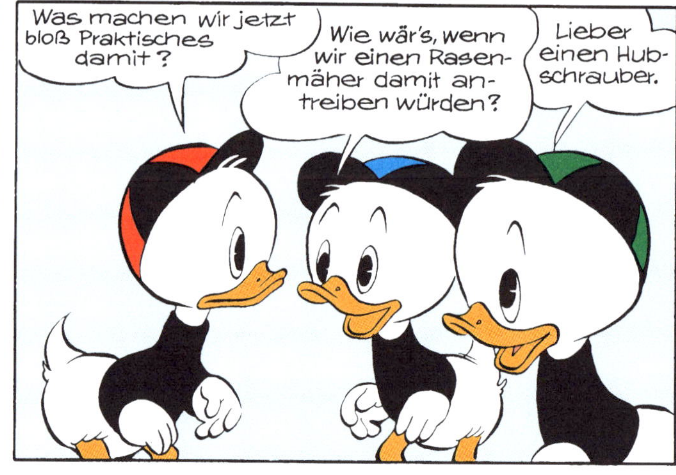
Was machen wir jetzt bloß Praktisches damit?
Wie wär's, wenn wir einen Rasenmäher damit antreiben würden?
Lieber einen Hubschrauber.

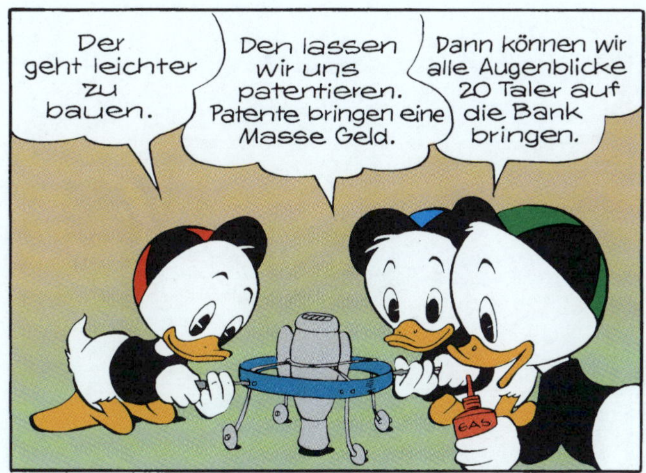
Der geht leichter zu bauen.
Den lassen wir uns patentieren. Patente bringen eine Masse Geld.
Dann können wir alle Augenblicke 20 Taler auf die Bank bringen.
GAS

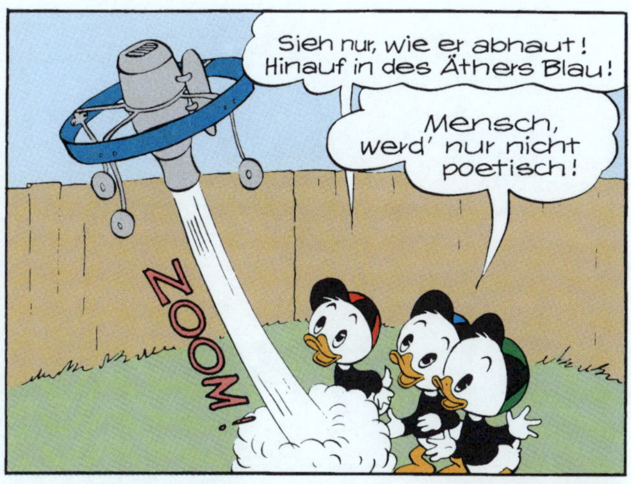
Sieh nur, wie er abhaut! Hinauf in des Äthers Blau!
Mensch, werd' nur nicht poetisch!
ZOOM

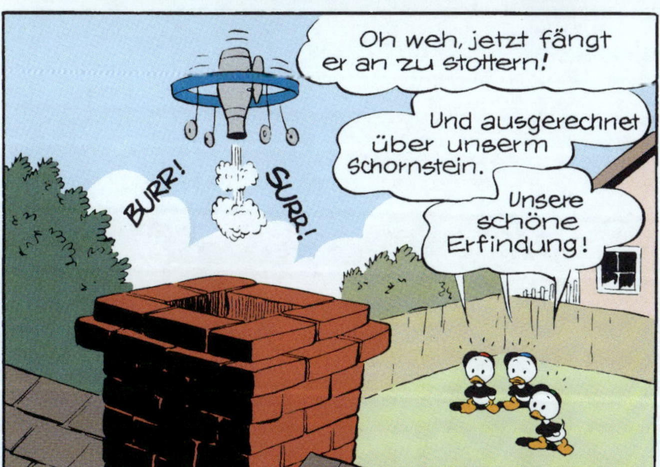
Oh weh, jetzt fängt er an zu stottern!
Und ausgerechnet über unserm Schornstein.
Unsere schöne Erfindung!
BURR!
SURR!

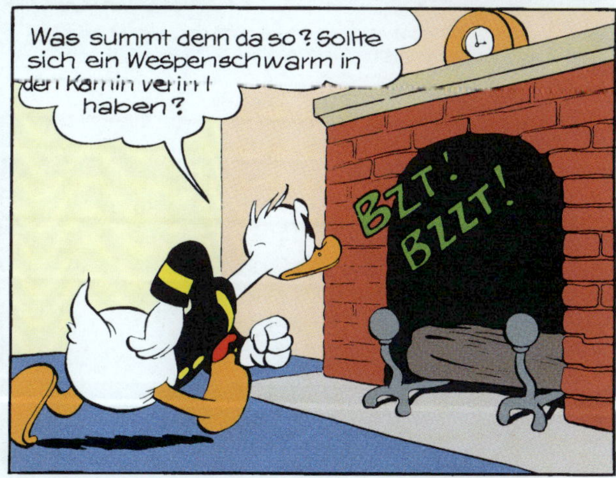
Was summt denn da so? Sollte sich ein Wespenschwarm in den Kamin verirrt haben?
BZT! BZZT!

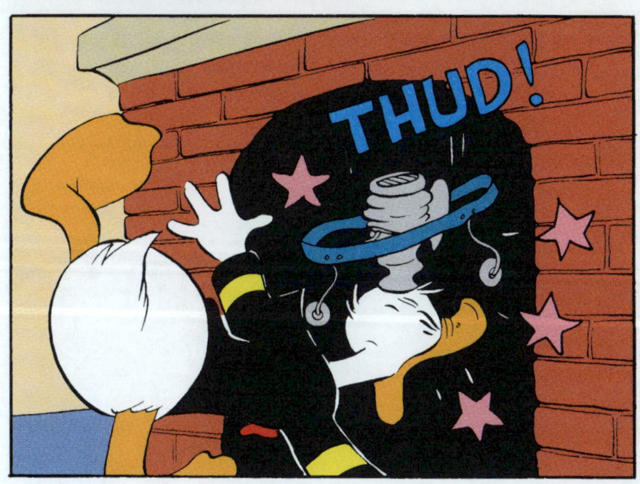
THUD!

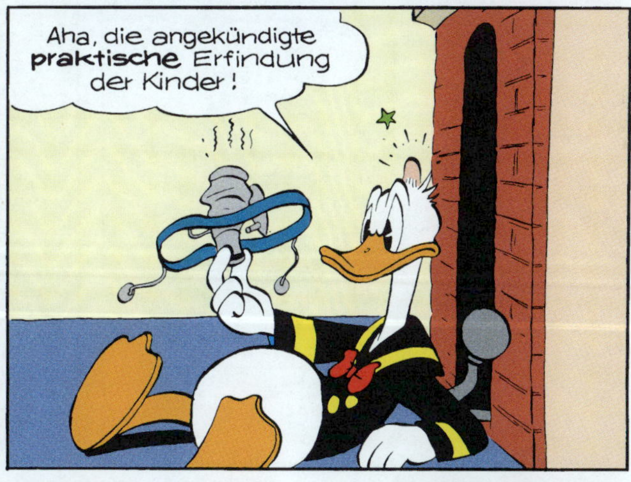
Aha, die angekündigte **praktische** Erfindung der Kinder!

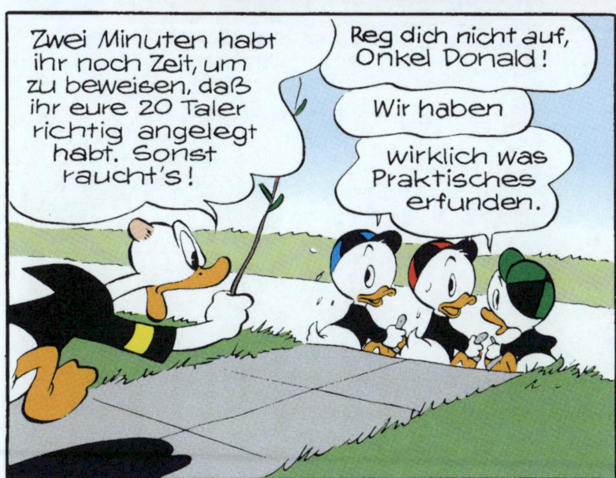
Zwei Minuten habt ihr noch Zeit, um zu beweisen, daß ihr eure 20 Taler richtig angelegt habt. Sonst raucht's!
Reg dich nicht auf, Onkel Donald!
Wir haben
wirklich was Praktisches erfunden.

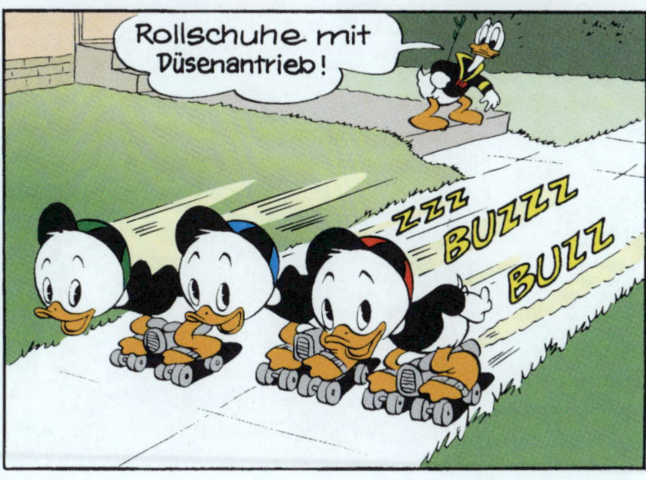
Rollschuhe mit Düsenantrieb!
ZZZ
BUZZZ
BUZZ

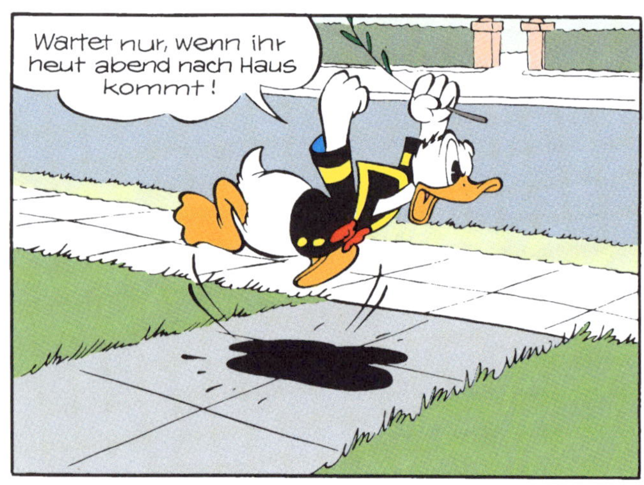
Wartet nur, wenn ihr heut abend nach Haus kommt!

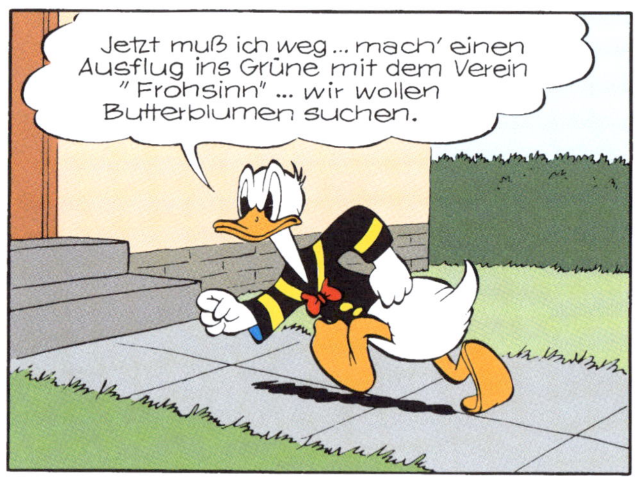
Jetzt muß ich weg ... mach' einen Ausflug ins Grüne mit dem Verein "Frohsinn" ... wir wollen Butterblumen suchen.

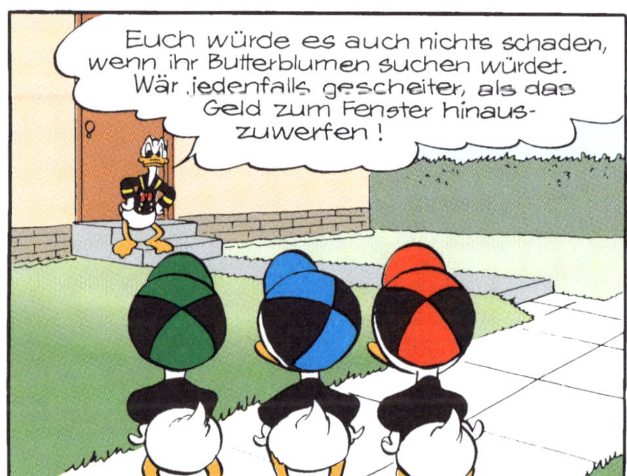
Euch würde es auch nichts schaden, wenn ihr Butterblumen suchen würdet. Wär jedenfalls gescheiter, als das Geld zum Fenster hinauszuwerfen!

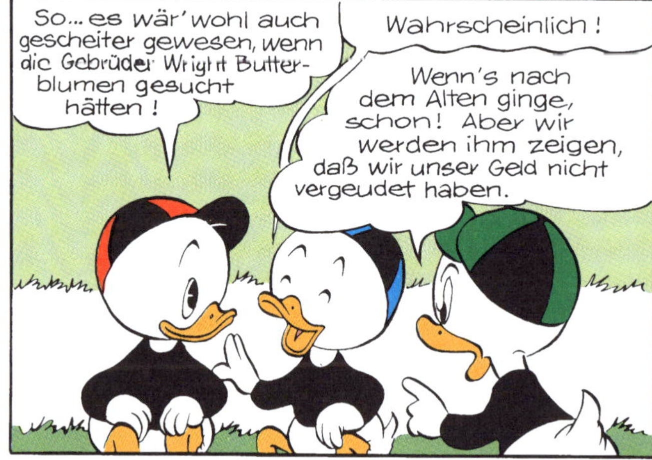
So... es wär' wohl auch gescheiter gewesen, wenn die Gebrüder Wright Butterblumen gesucht hätten!
Wahrscheinlich!
Wenn's nach dem Alten ginge, schon! Aber wir werden ihm zeigen, daß wir unser Geld nicht vergeudet haben.

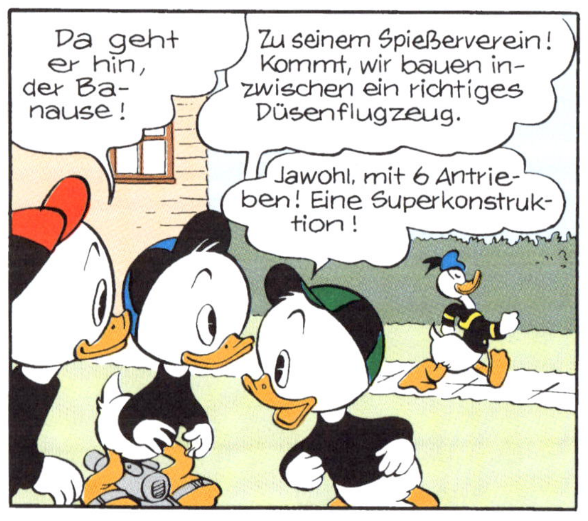
Da geht er hin, der Banause!
Zu seinem Spießerverein! Kommt, wir bauen inzwischen ein richtiges Düsenflugzeug.
Jawohl, mit 6 Antrieben! Eine Superkonstruktion!

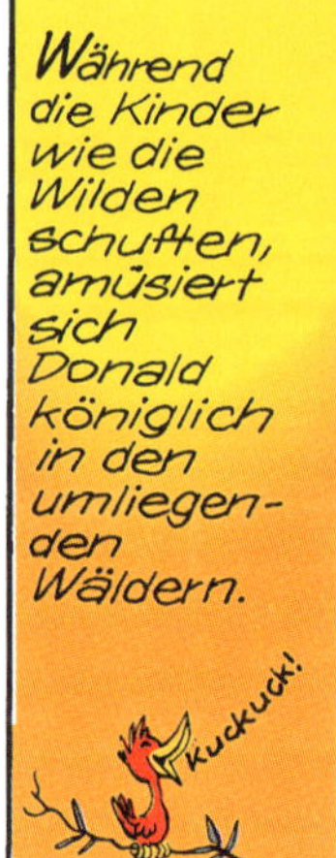
Während die Kinder wie die Wilden schuften, amüsiert sich Donald königlich in den umliegenden Wäldern.
Kuckuck!

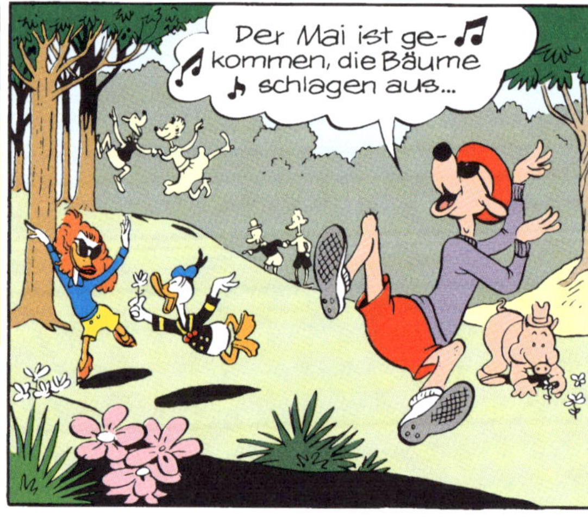
Der Mai ist gekommen, die Bäume schlagen aus...

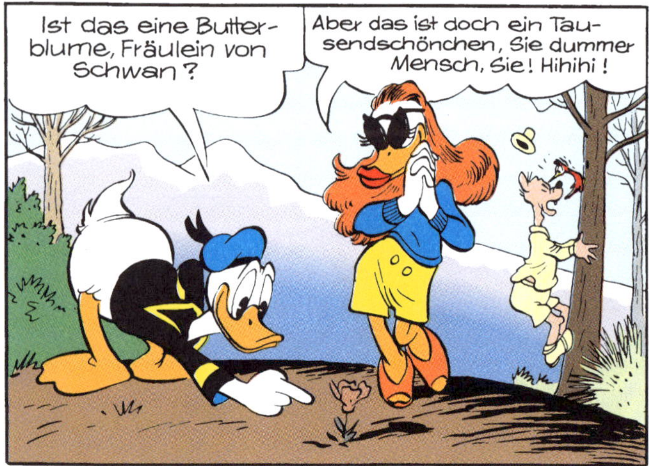
Ist das eine Butterblume, Fräulein von Schwan?
Aber das ist doch ein Tausendschönchen, Sie dummer Mensch, Sie! Hihihi!

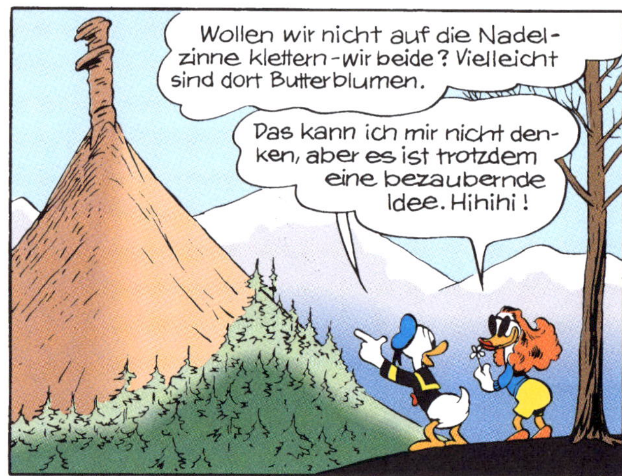
Wollen wir nicht auf die Nadelzinne klettern - wir beide? Vielleicht sind dort Butterblumen.
Das kann ich mir nicht denken, aber es ist trotzdem eine bezaubernde Idee. Hihihi!

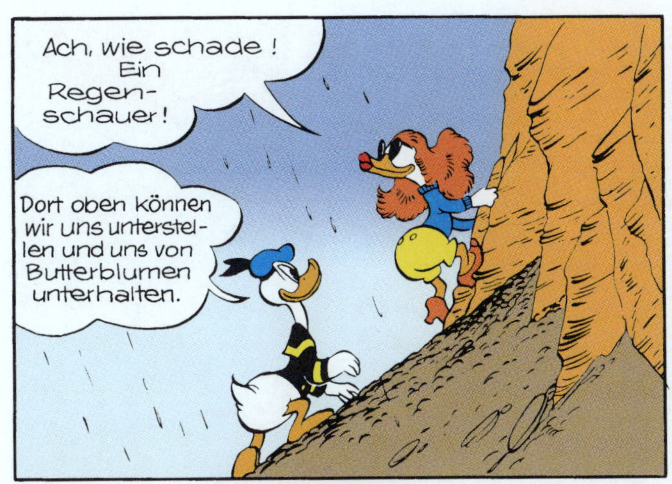

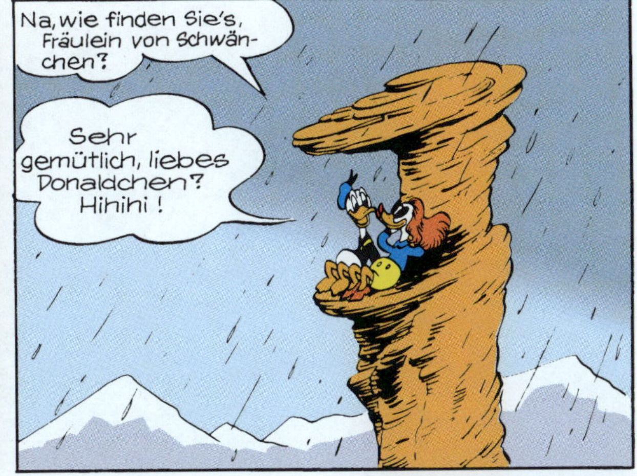

Aber die Gemütlichkeit sollte nicht lange währen. Aus dem Regenschauer wurde ein ausgesprochener Wolkenbruch.

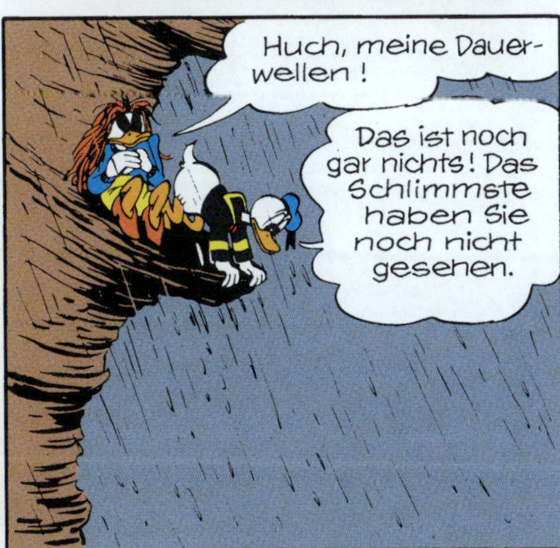

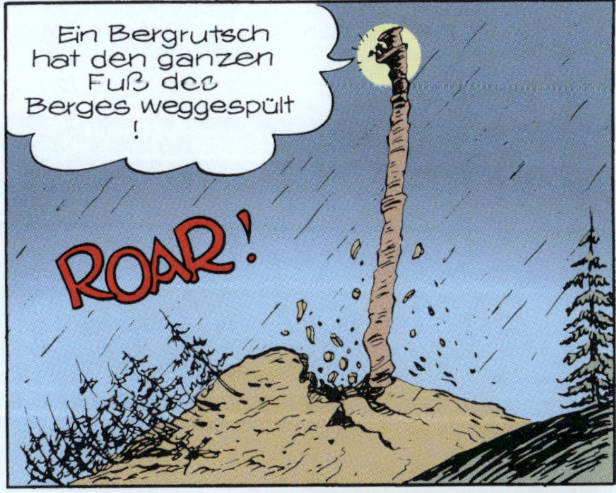

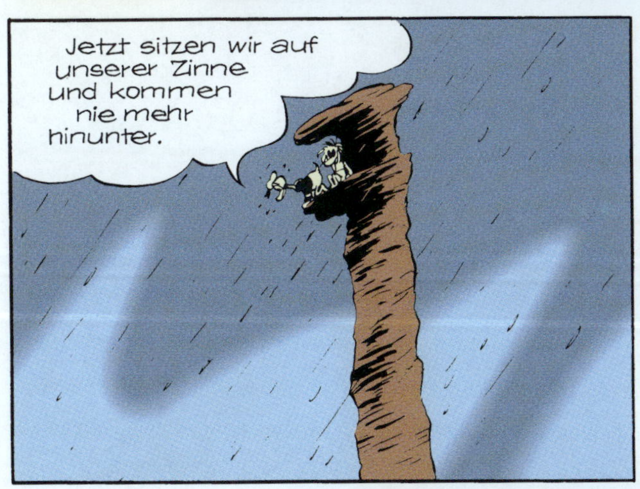

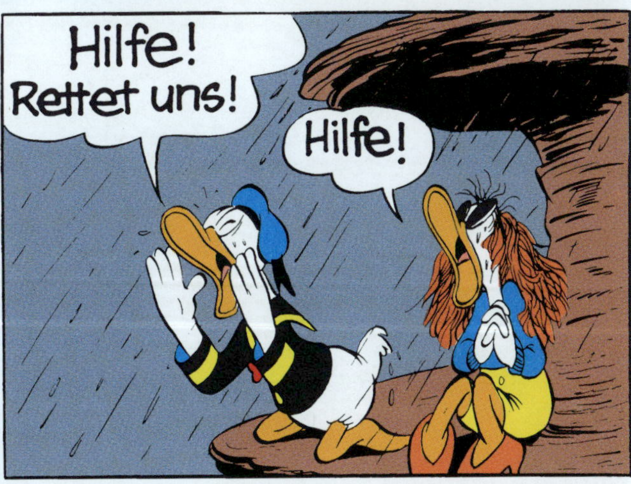

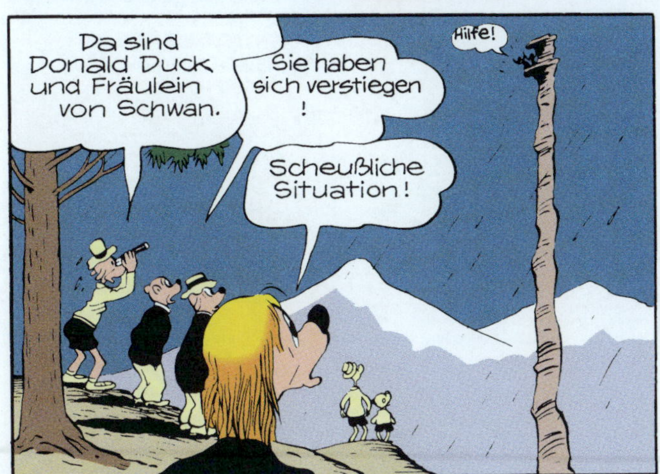

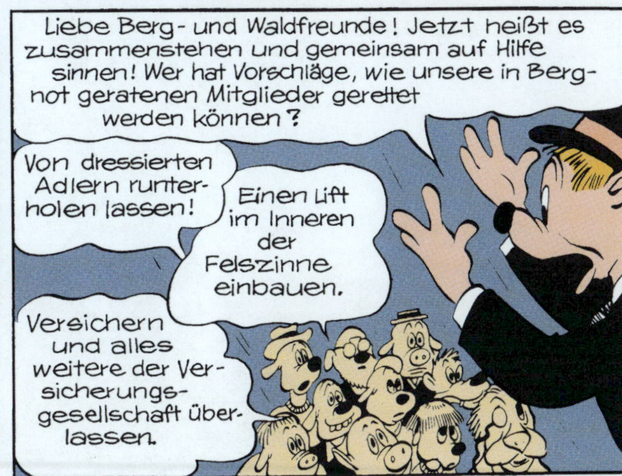

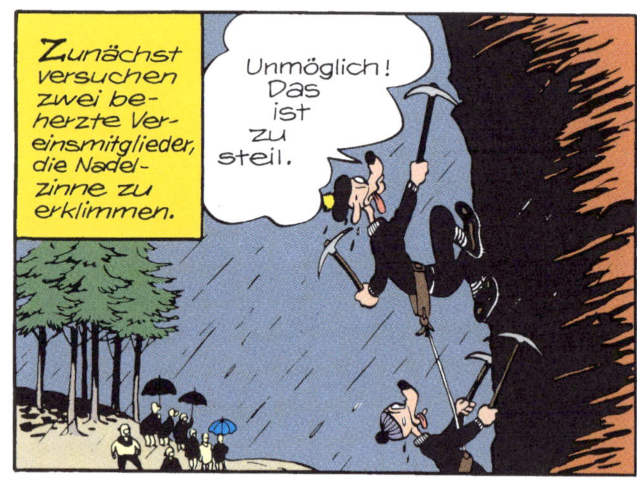
Zunächst versuchen zwei beherzte Vereinsmitglieder, die Nadelzinne zu erklimmen.
Unmöglich! Das ist zu steil.

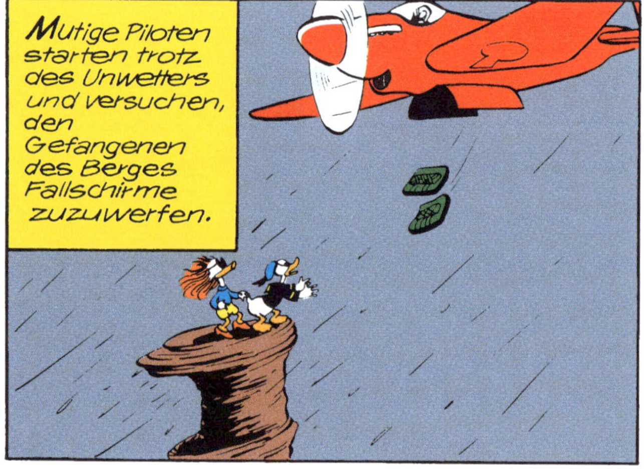
Mutige Piloten starten trotz des Unwetters und versuchen, den Gefangenen des Berges Fallschirme zuzuwerfen.

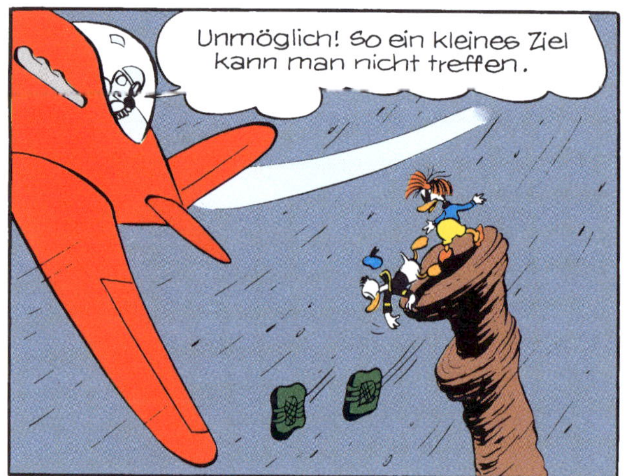
Unmöglich! So ein kleines Ziel kann man nicht treffen.

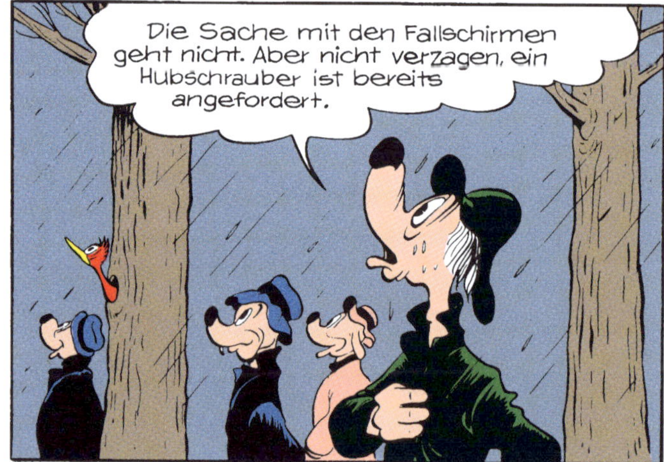
Die Sache mit den Fallschirmen geht nicht. Aber nicht verzagen, ein Hubschrauber ist bereits angefordert.

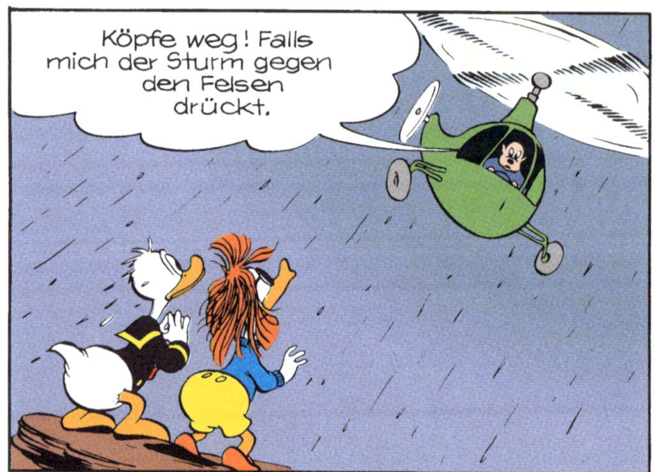
Köpfe weg! Falls mich der Sturm gegen den Felsen drückt.

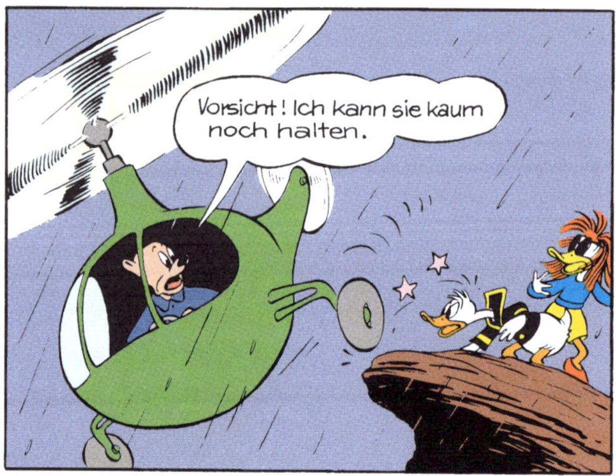
Vorsicht! Ich kann sie kaum noch halten.

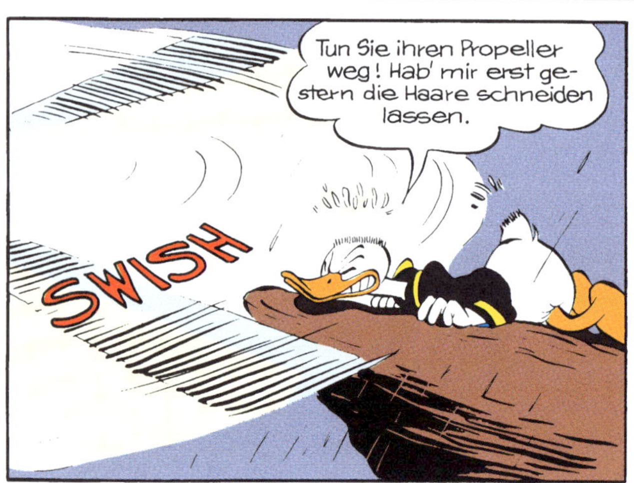
Tun Sie ihren Propeller weg! Hab' mir erst gestern die Haare schneiden lassen.
SWISH

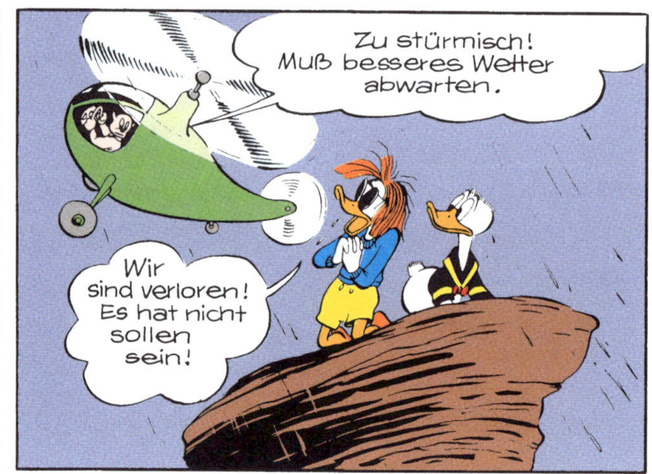
Zu stürmisch! Muß besseres Wetter abwarten.
Wir sind verloren! Es hat nicht sollen sein!

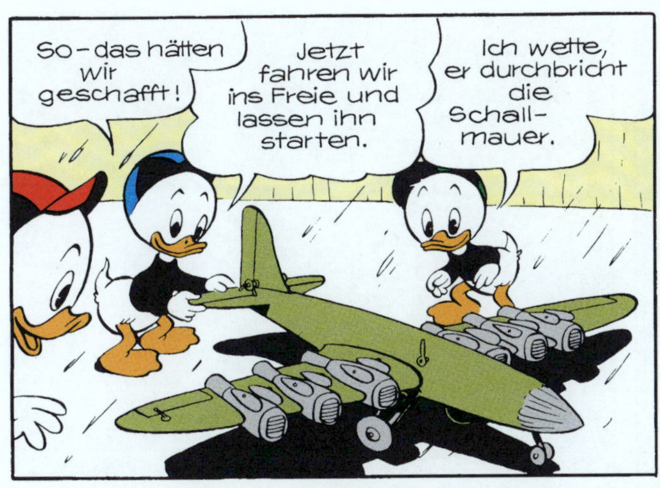
So – das hätten wir geschafft!
Jetzt fahren wir ins Freie und lassen ihn starten.
Ich wette, er durchbricht die Schallmauer.

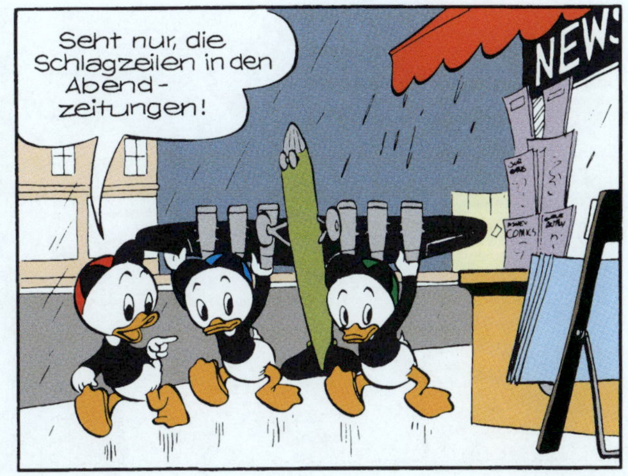
Seht nur, die Schlagzeilen in den Abendzeitungen!
NEWS

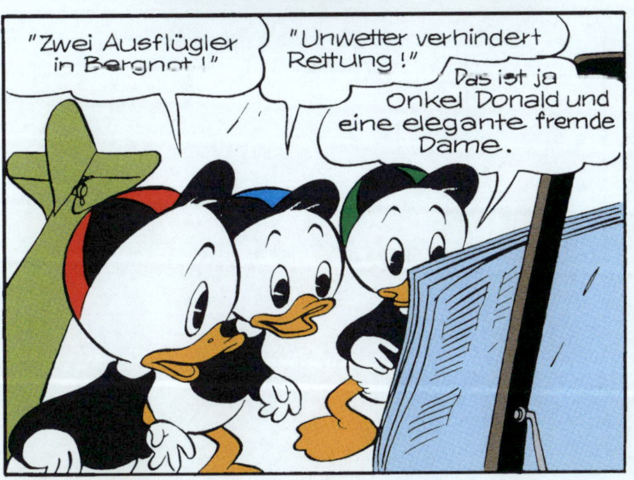
"Zwei Ausflügler in Bergnot!"
"Unwetter verhindert Rettung!"
Das ist ja Onkel Donald und eine elegante fremde Dame.

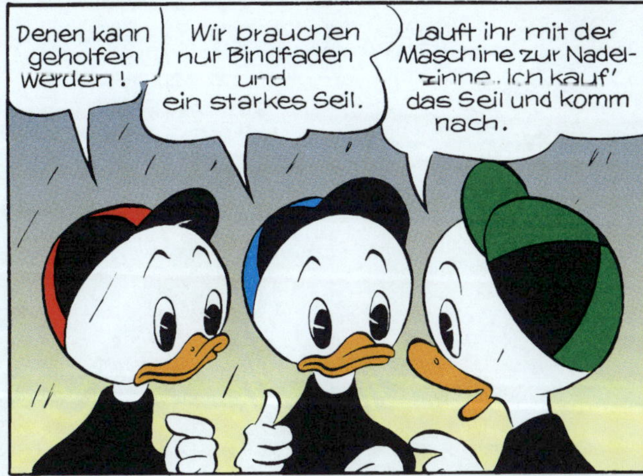
Denen kann geholfen werden!
Wir brauchen nur Bindfaden und ein starkes Seil.
Lauft ihr mit der Maschine zur Nadelzinne. Ich kauf' das Seil und komm nach.

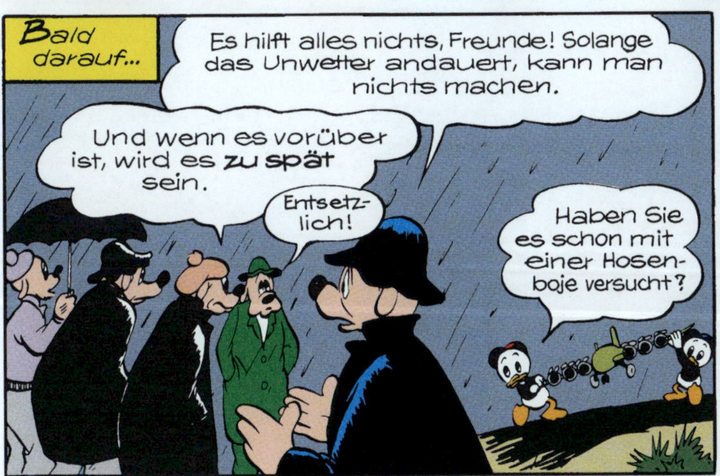
Bald darauf...
Es hilft alles nichts, Freunde! Solange das Unwetter andauert, kann man nichts machen.
Und wenn es vorüber ist, wird es **zu spät** sein.
Entsetzlich!
Haben Sie es schon mit einer Hosenboje versucht?

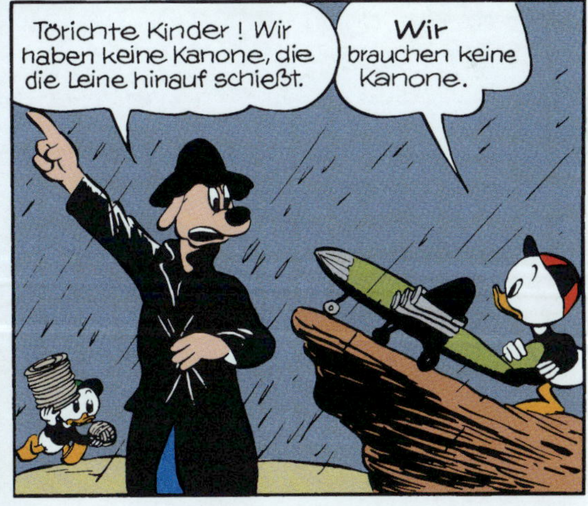
Törichte Kinder! Wir haben keine Kanone, die die Leine hinauf schießt.
Wir brauchen keine Kanone.

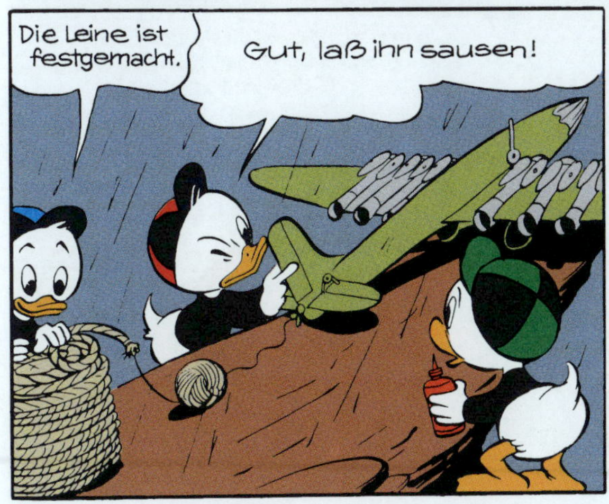
Die Leine ist festgemacht.
Gut, laß ihn sausen!

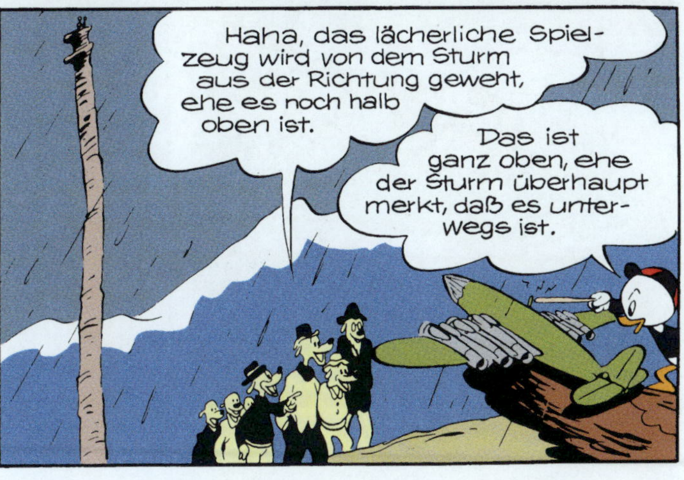
Haha, das lächerliche Spielzeug wird von dem Sturm aus der Richtung geweht, ehe es noch halb oben ist.
Das ist ganz oben, ehe der Sturm überhaupt merkt, daß es unterwegs ist.

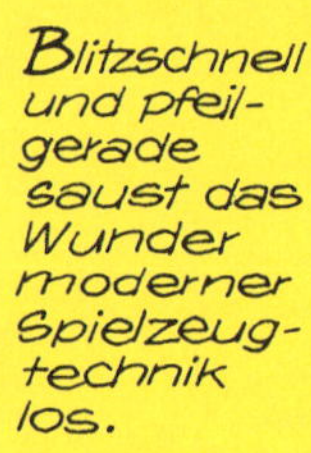
Blitzschnell und pfeilgerade saust das Wunder moderner Spielzeugtechnik los.

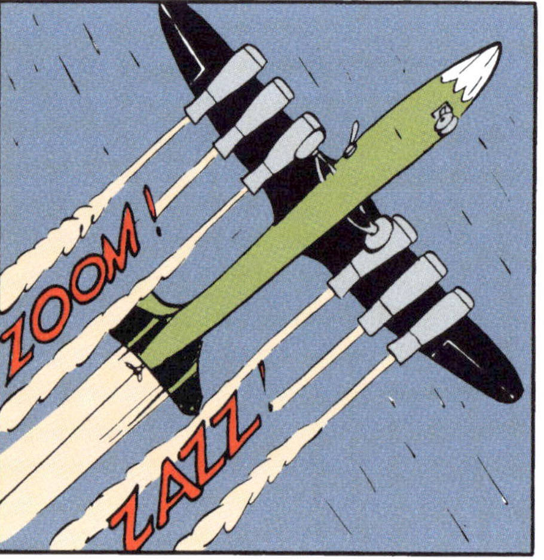
ZOOM!
ZAZZ!

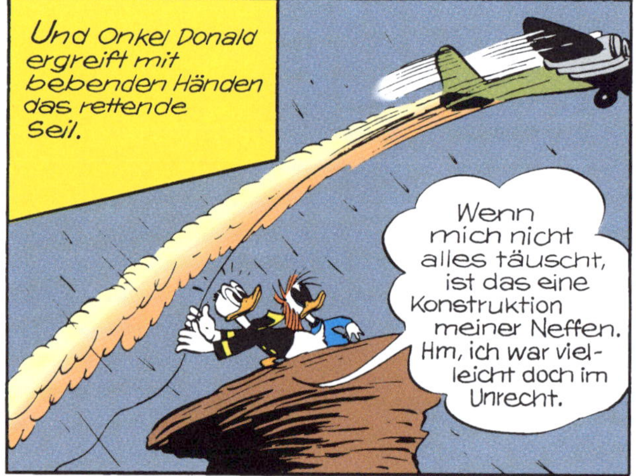
Und Onkel Donald ergreift mit bebenden Händen das rettende Seil.
Wenn mich nicht alles täuscht, ist das eine Konstruktion meiner Neffen. Hm, ich war vielleicht doch im Unrecht.

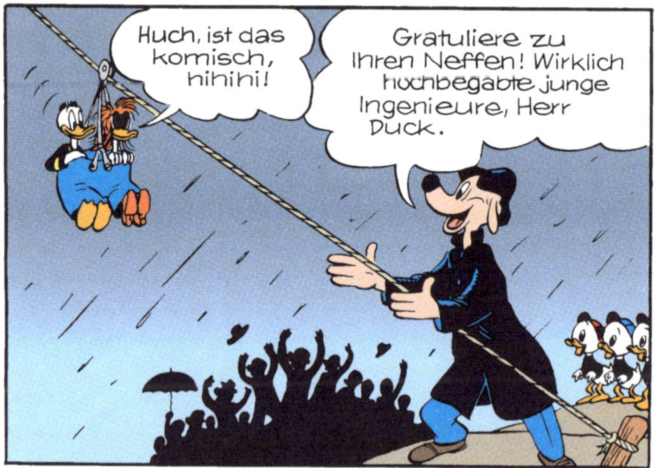
Huch, ist das komisch, hihihi!
Gratuliere zu Ihren Neffen! Wirklich hochbegabte junge Ingenieure, Herr Duck.

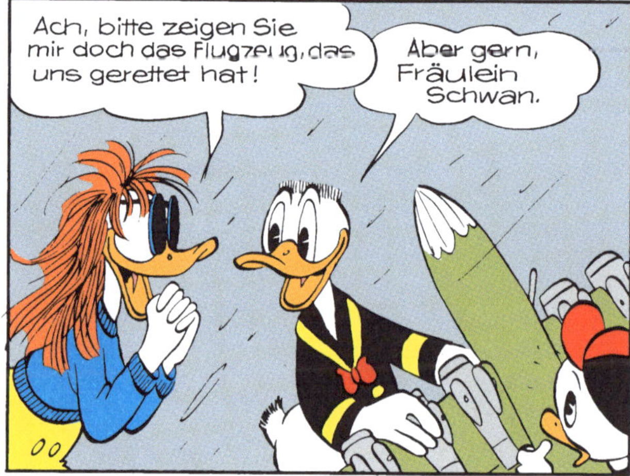
Ach, bitte zeigen Sie mir doch das Flugzeug, das uns gerettet hat!
Aber gern, Fräulein Schwan.

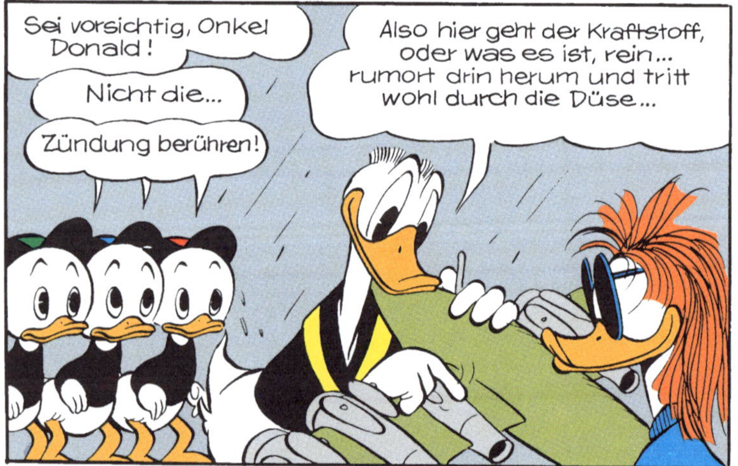
Sei vorsichtig, Onkel Donald!
Nicht die...
Zündung berühren!
Also hier geht der Kraftstoff, oder was es ist, rein... rumort drin herum und tritt wohl durch die Düse...

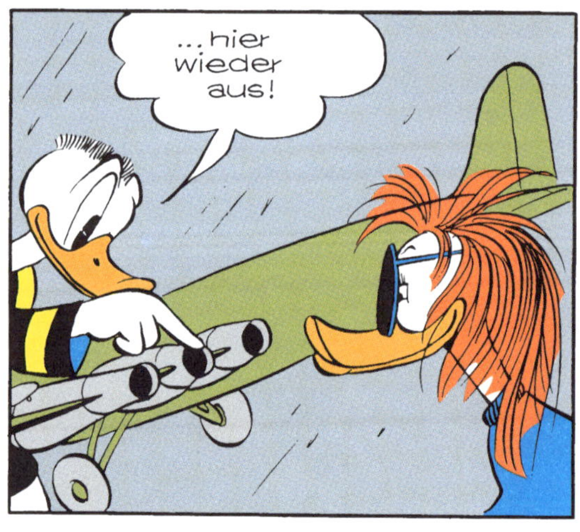
... hier wieder aus!

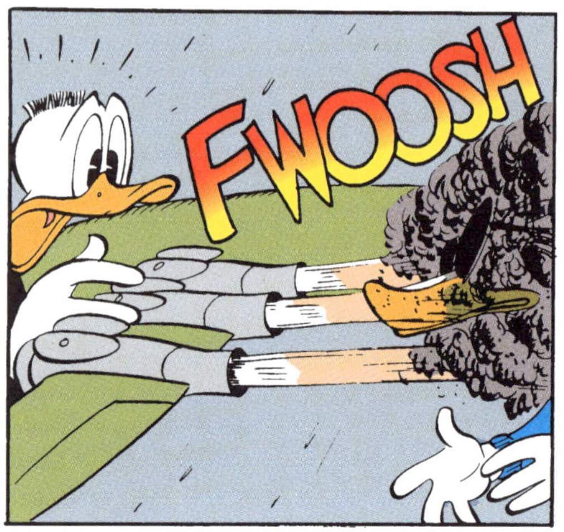
FWOOSH

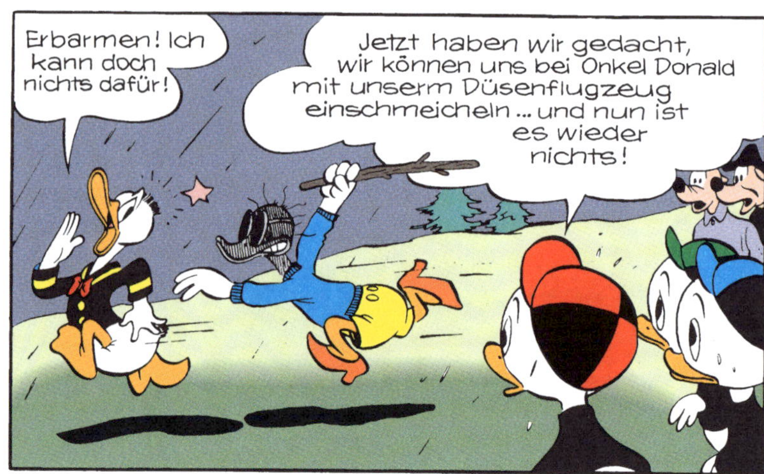
Erbarmen! Ich kann doch nichts dafür!
Jetzt haben wir gedacht, wir können uns bei Onkel Donald mit unserm Düsenflugzeug einschmeicheln ... und nun ist es wieder nichts!

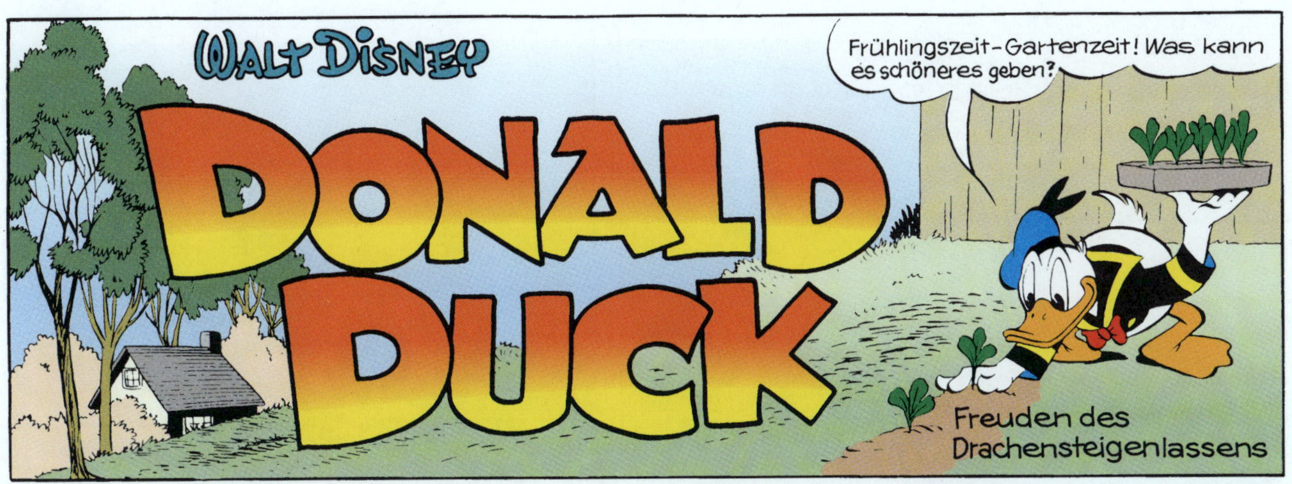
Walt Disney
Donald Duck
Frühlingszeit-Gartenzeit! Was kann es schöneres geben?
Freuden des Drachensteigenlassens

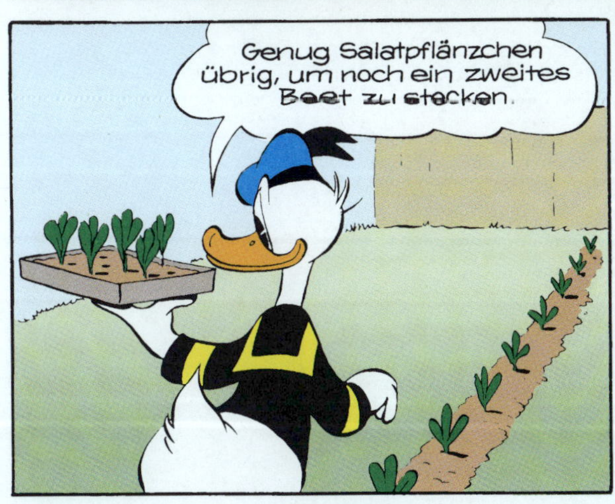
Genug Salatpflänzchen übrig, um noch ein zweites Beet zu stecken.

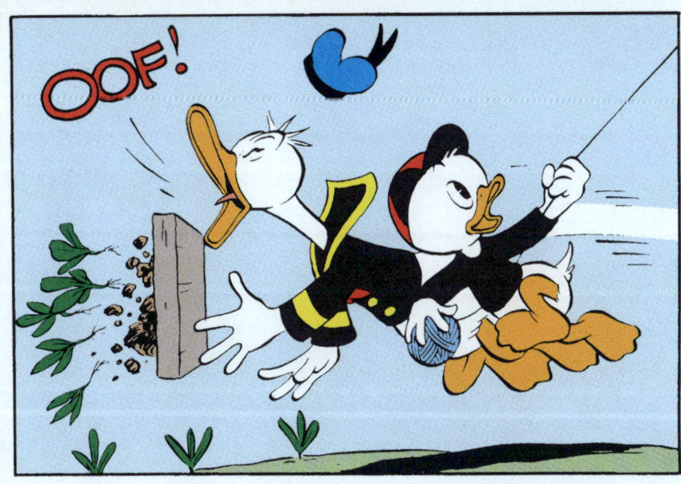
OOF!

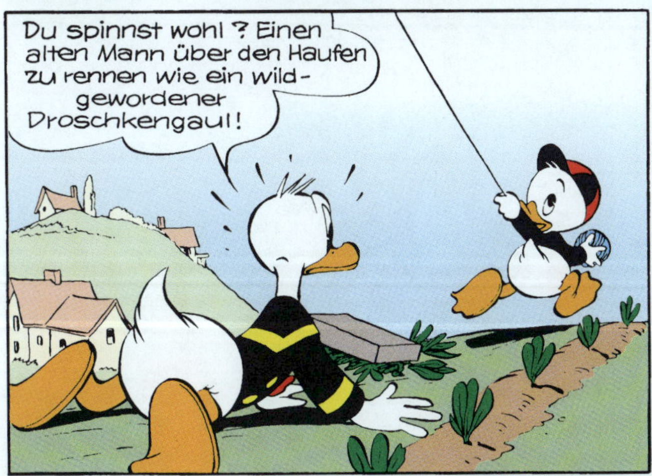
Du spinnst wohl? Einen alten Mann über den Haufen zu rennen wie ein wildgewordener Droschkengaul!

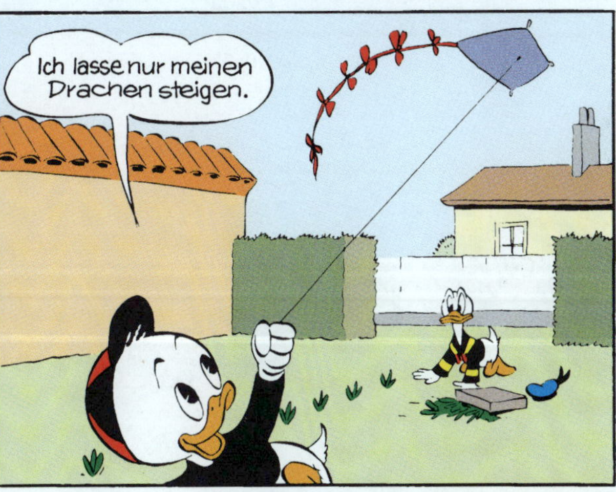
Ich lasse nur meinen Drachen steigen.

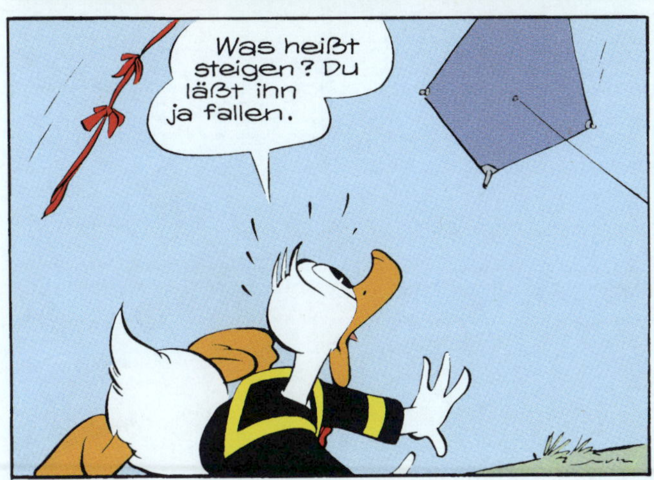
Was heißt steigen? Du läßt ihn ja fallen.

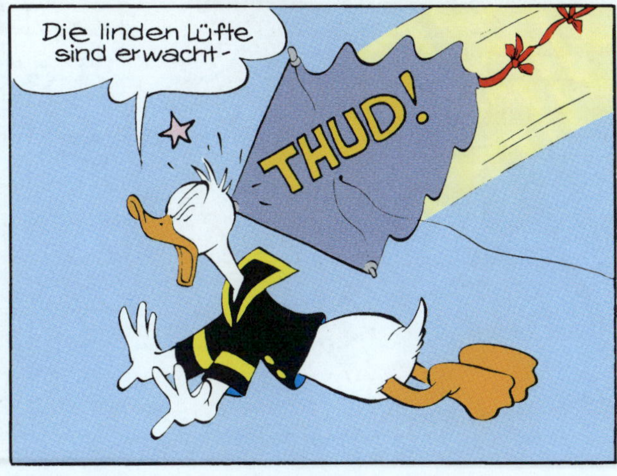
Die linden Lüfte sind erwacht-
THUD!

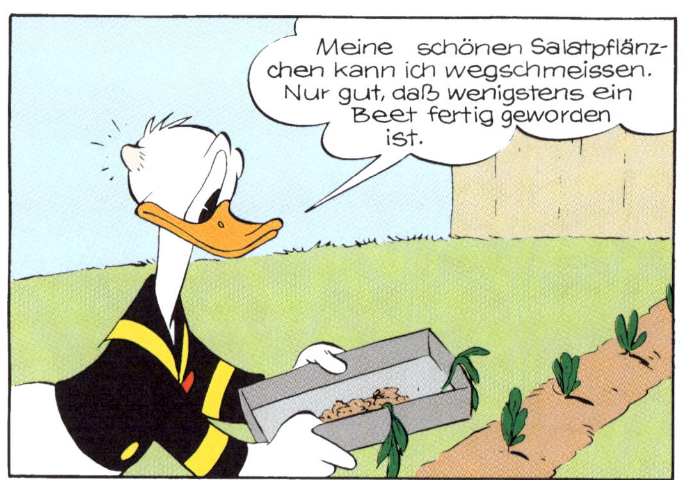
Meine schönen Salatpflänzchen kann ich wegschmeissen. Nur gut, daß wenigstens ein Beet fertig geworden ist.

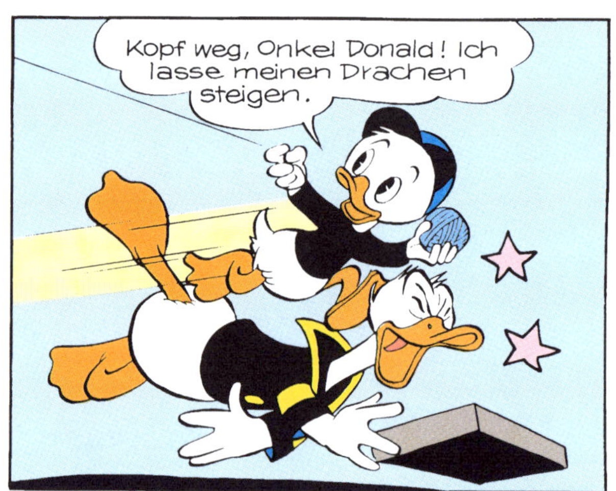
Kopf weg, Onkel Donald! Ich lasse meinen Drachen steigen.

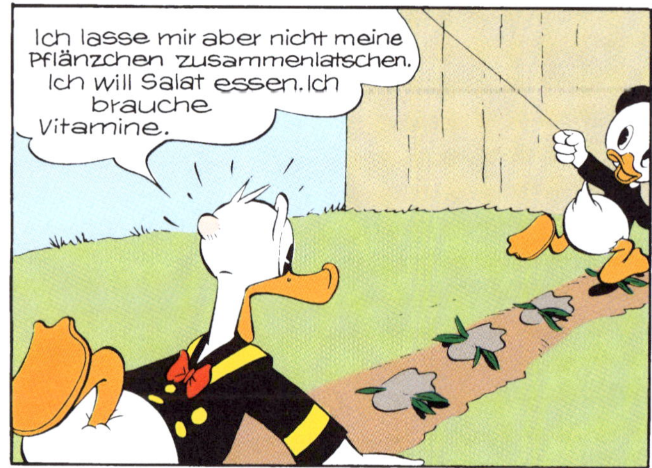
Ich lasse mir aber nicht meine Pflänzchen zusammenlatschen. Ich will Salat essen. Ich brauche Vitamine.

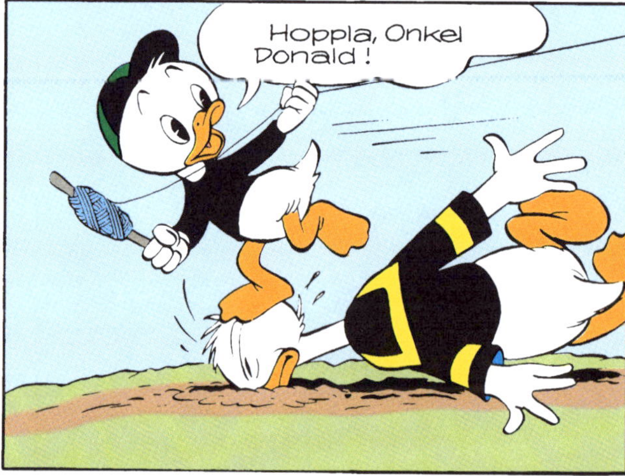
Hoppla, Onkel Donald!

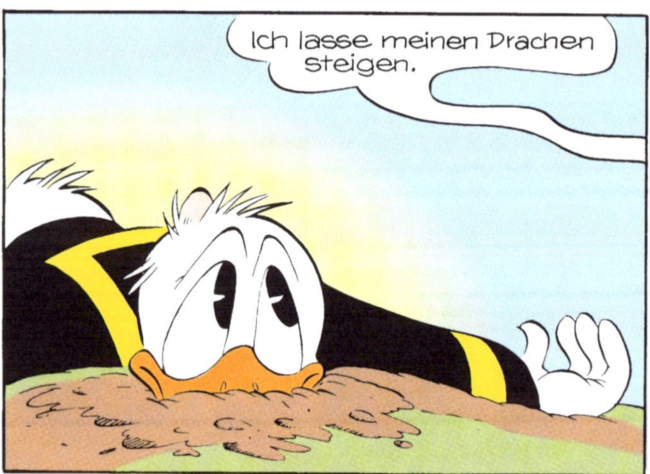
Ich lasse meinen Drachen steigen.

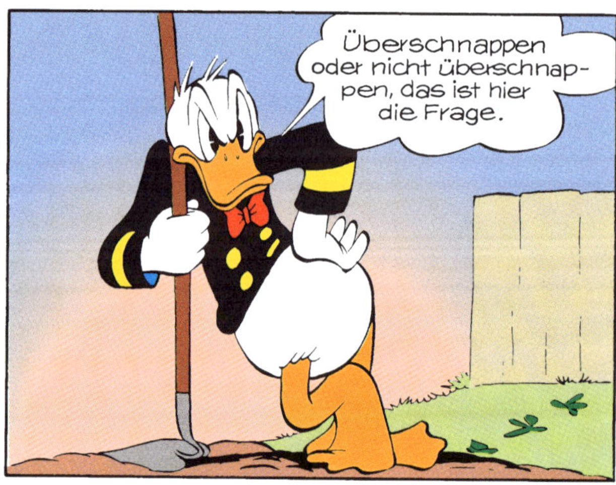
Überschnappen oder nicht überschnappen, das ist hier die Frage.

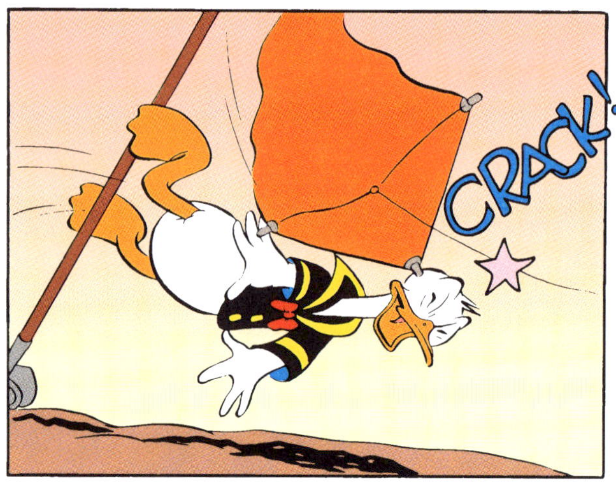
CRACK!

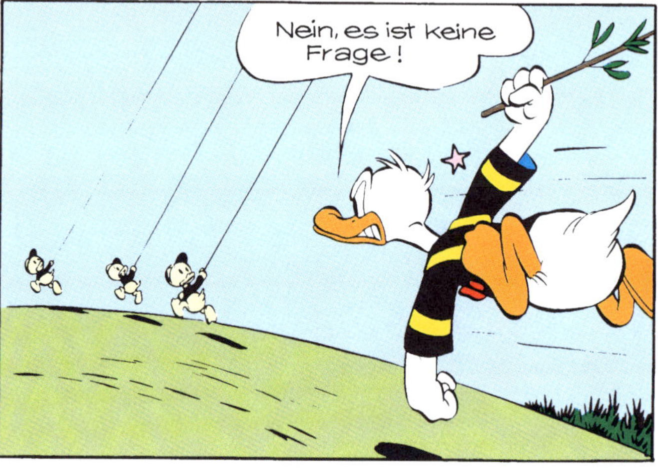
Nein, es ist keine Frage!

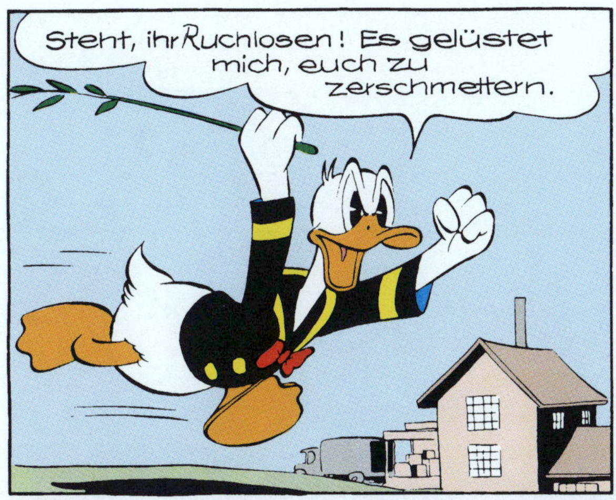
Steht, ihr Ruchlosen! Es gelüstet mich, euch zu zerschmettern.

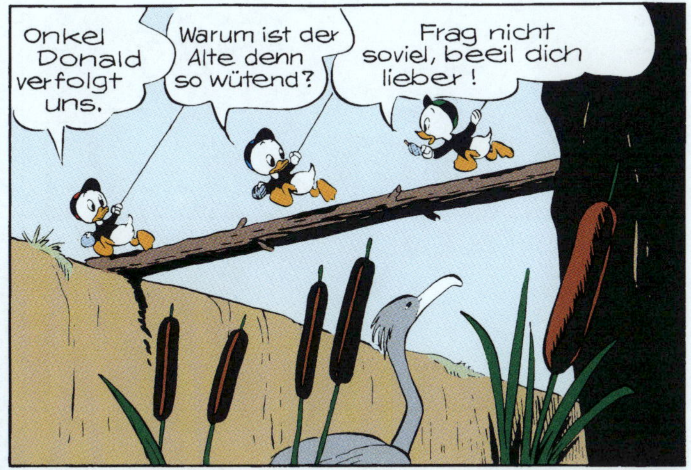
Onkel Donald verfolgt uns.
Warum ist der Alte denn so wütend?
Frag nicht soviel, beeil dich lieber!

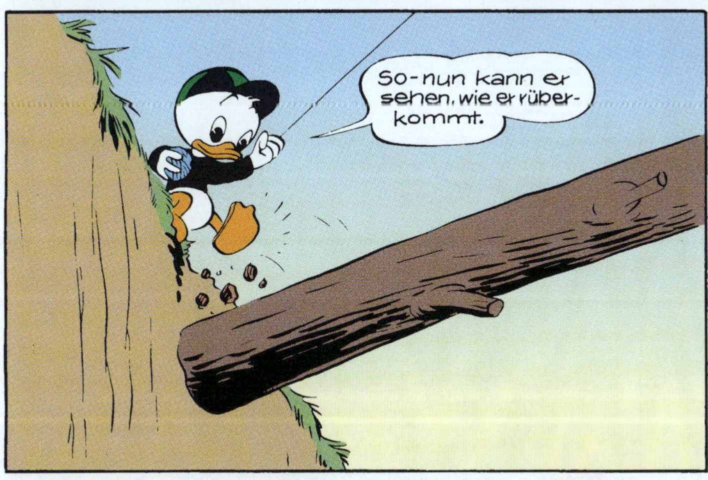
So-nun kann er sehen, wie er rüberkommt.

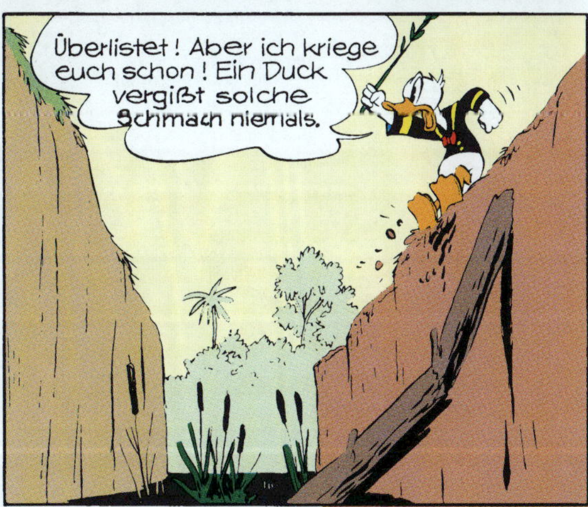
Überlistet! Aber ich kriege euch schon! Ein Duck vergißt solche Schmach niemals.

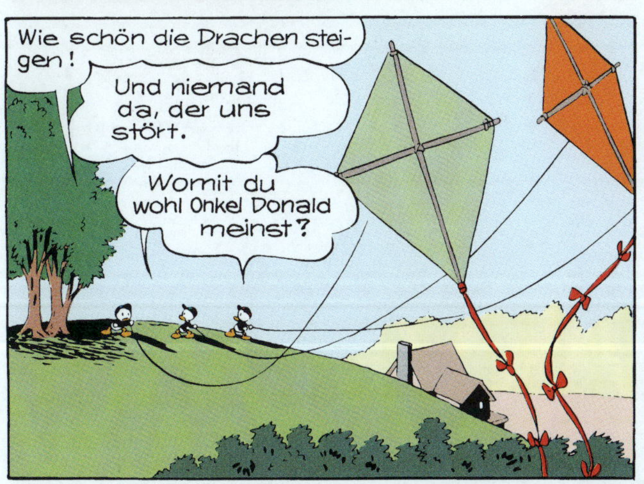
Wie schön die Drachen steigen!
Und niemand da, der uns stört.
Womit du wohl Onkel Donald meinst?

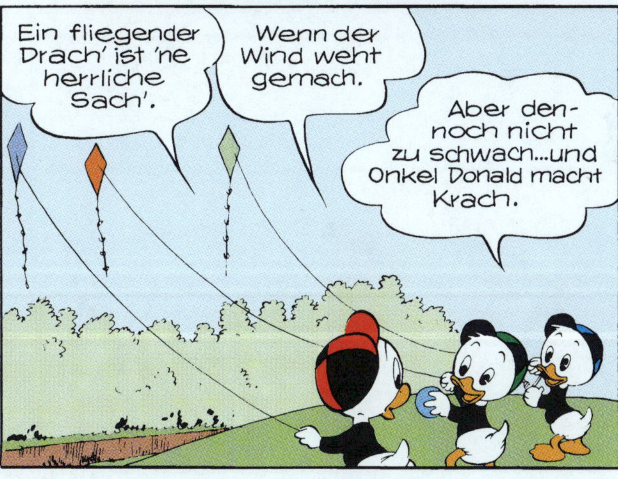
Ein fliegender Drach' ist 'ne herrliche Sach'.
Wenn der Wind weht gemach.
Aber dennoch nicht zu schwach...und Onkel Donald macht Krach.

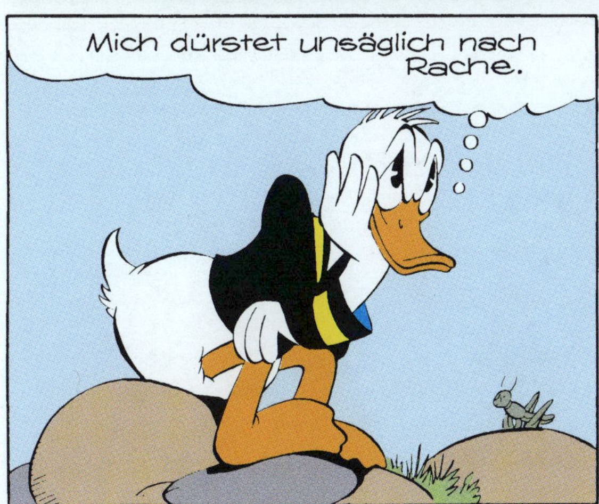
Mich dürstet unsäglich nach Rache.

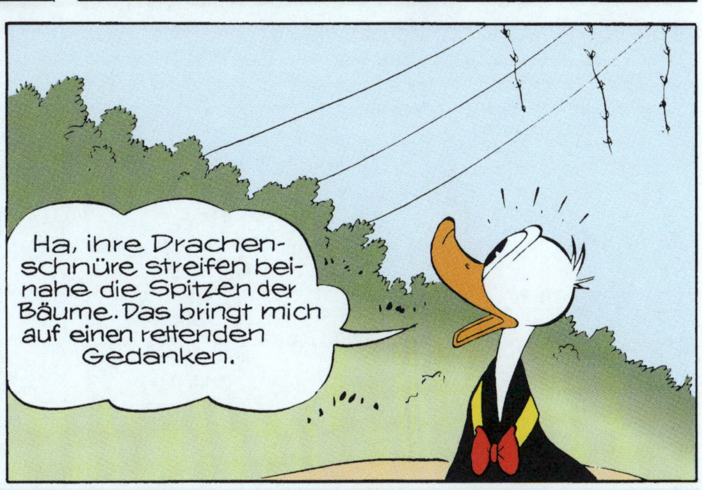
Ha, ihre Drachenschnüre streifen beinahe die Spitzen der Bäume. Das bringt mich auf einen rettenden Gedanken.

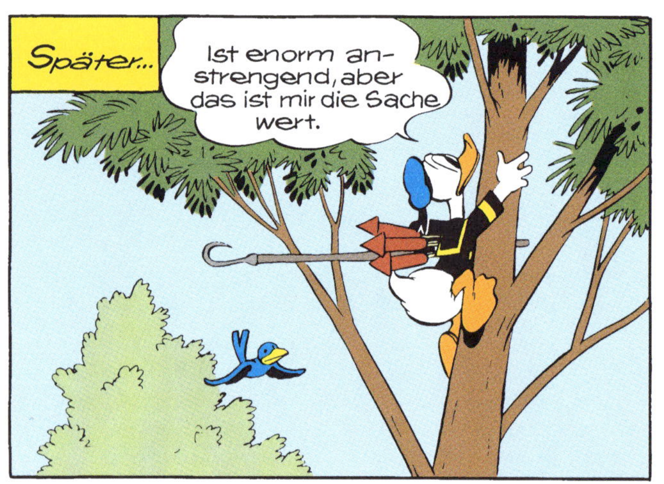
Später...
Ist enorm anstrengend, aber das ist mir die Sache wert.

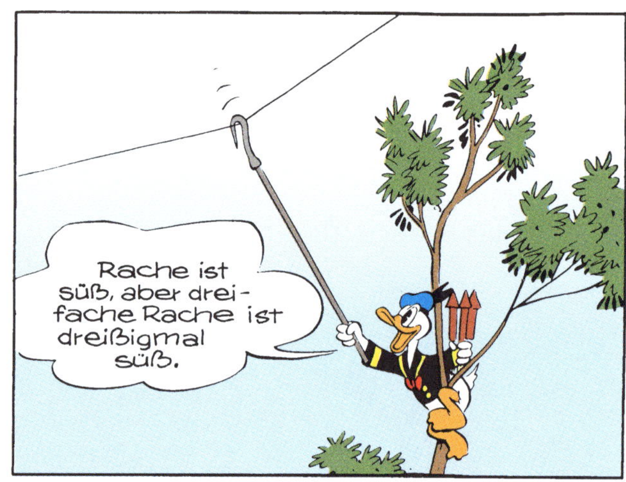
Rache ist süß, aber dreifache Rache ist dreißigmal süß.

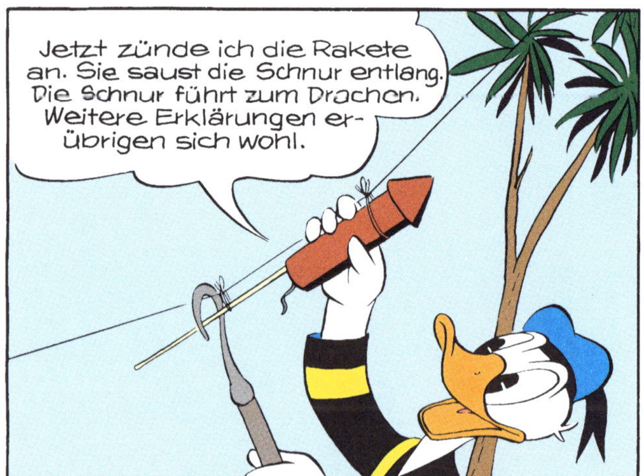
Jetzt zünde ich die Rakete an. Sie saust die Schnur entlang. Die Schnur führt zum Drachen. Weitere Erklärungen erübrigen sich wohl.

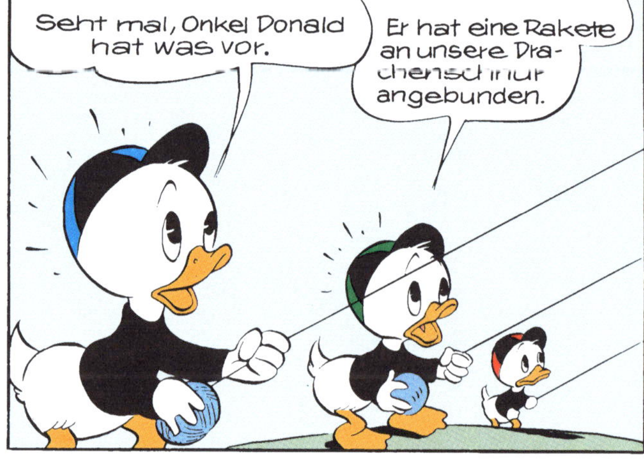
Seht mal, Onkel Donald hat was vor.
Er hat eine Rakete an unsere Drachenschnur angebunden.

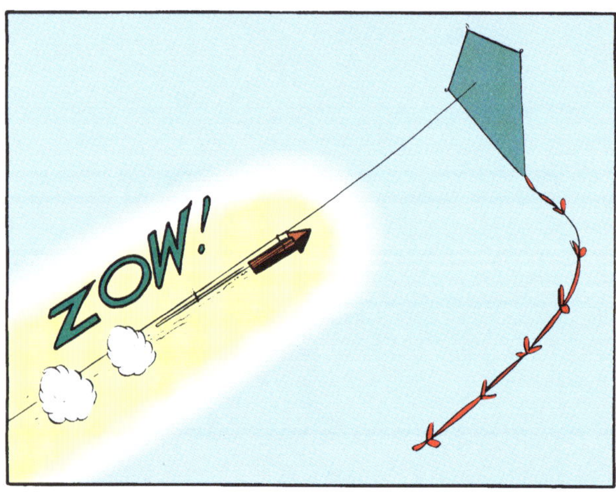
ZOW!

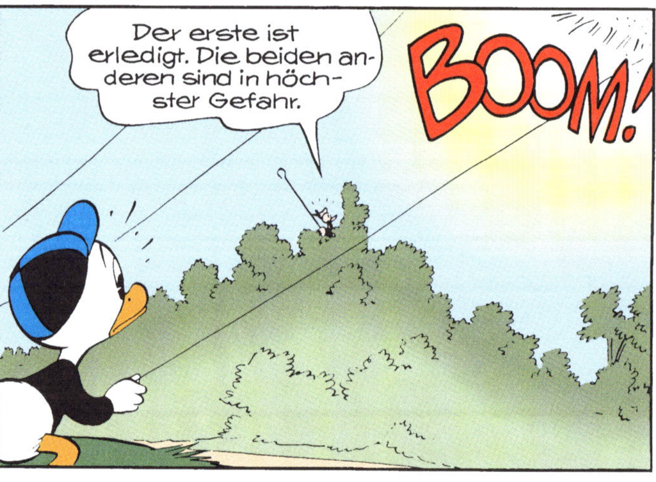
Der erste ist erledigt. Die beiden anderen sind in höchster Gefahr.
BOOM!

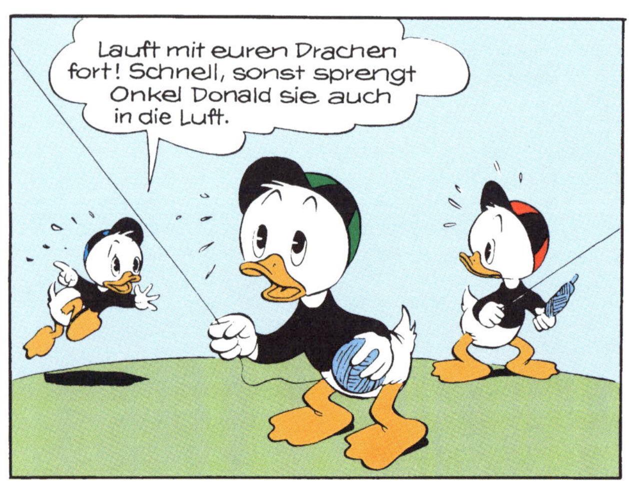
Lauft mit euren Drachen fort! Schnell, sonst sprengt Onkel Donald sie auch in die Luft.

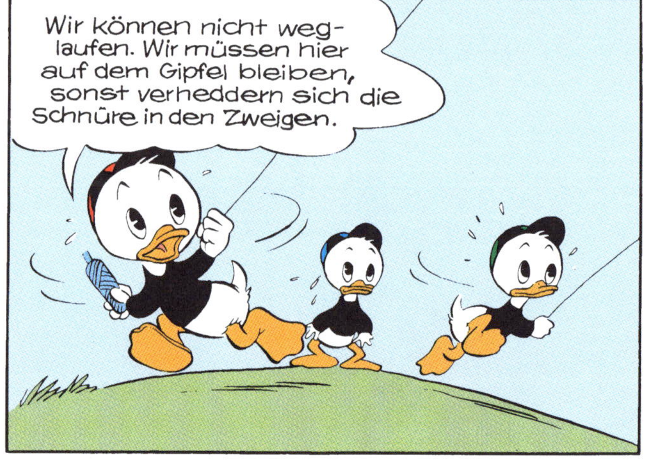
Wir können nicht weglaufen. Wir müssen hier auf dem Gipfel bleiben, sonst verheddern sich die Schnüre in den Zweigen.

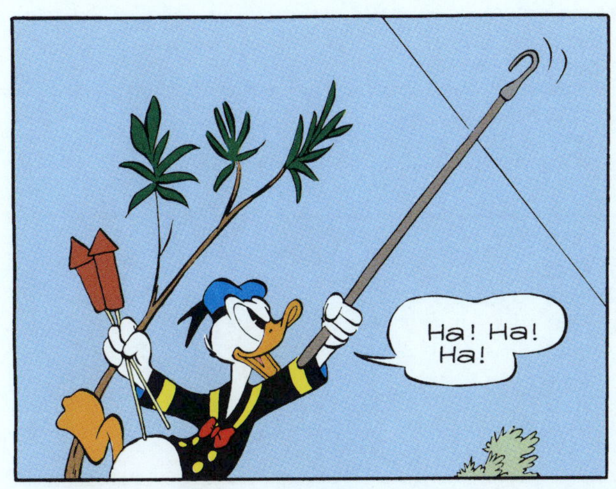
Ha! Ha! Ha!

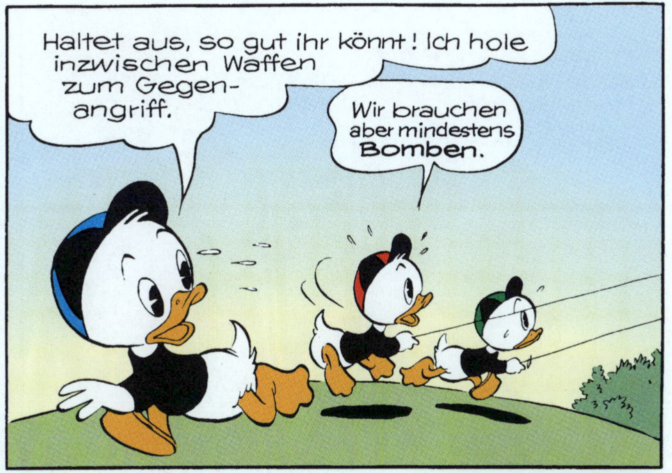
Haltet aus, so gut ihr könnt! Ich hole inzwischen Waffen zum Gegenangriff.
Wir brauchen aber mindestens **Bomben**.

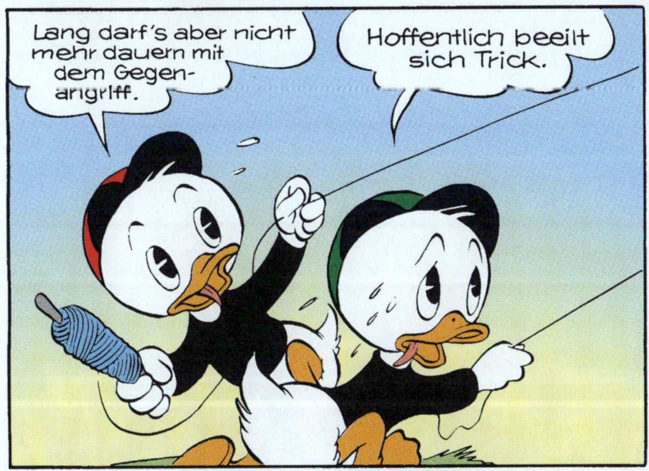
Lang darf's aber nicht mehr dauern mit dem Gegenangriff.
Hoffentlich beeilt sich Trick.

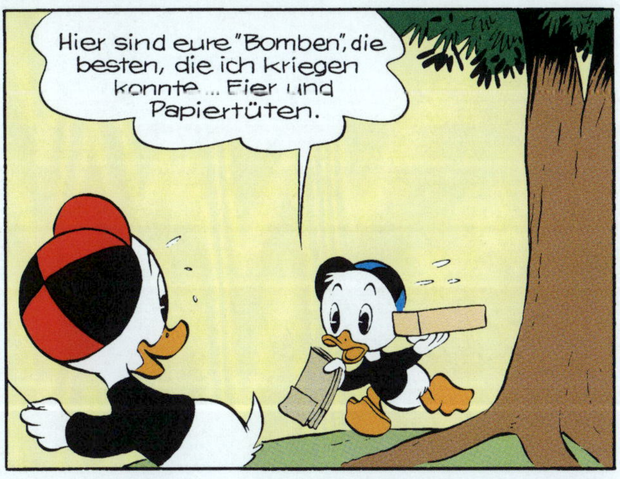
Hier sind eure "Bomben", die besten, die ich kriegen konnte ... Eier und Papiertüten.

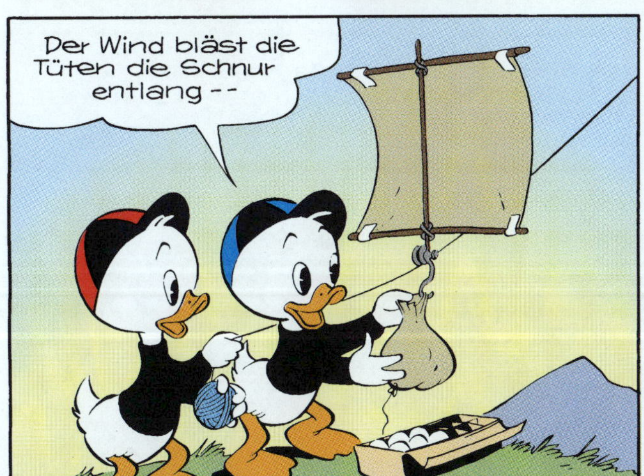
Der Wind bläst die Tüten die Schnur entlang --

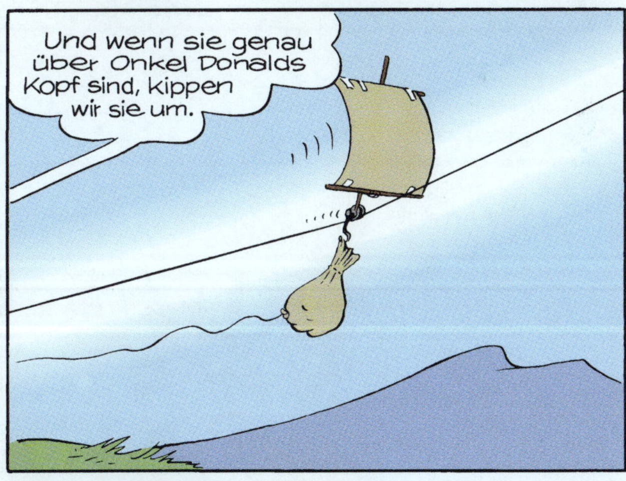
Und wenn sie genau über Onkel Donalds Kopf sind, kippen wir sie um.

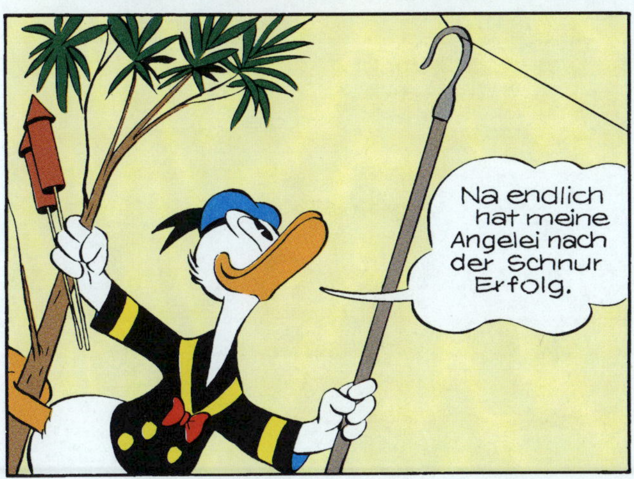
Na endlich hat meine Angelei nach der Schnur Erfolg.

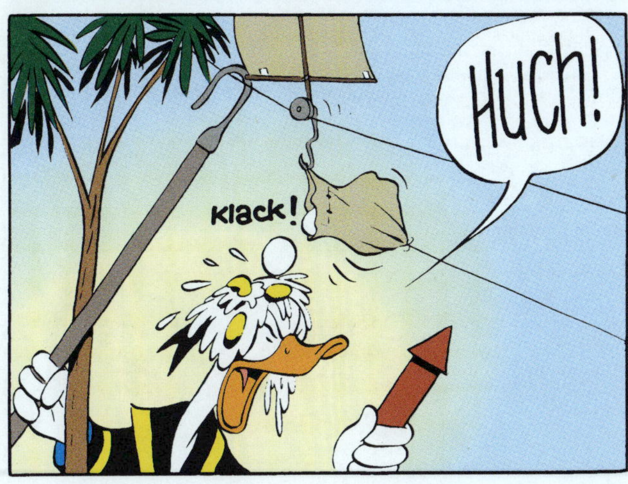
KLACK!
HUCH!

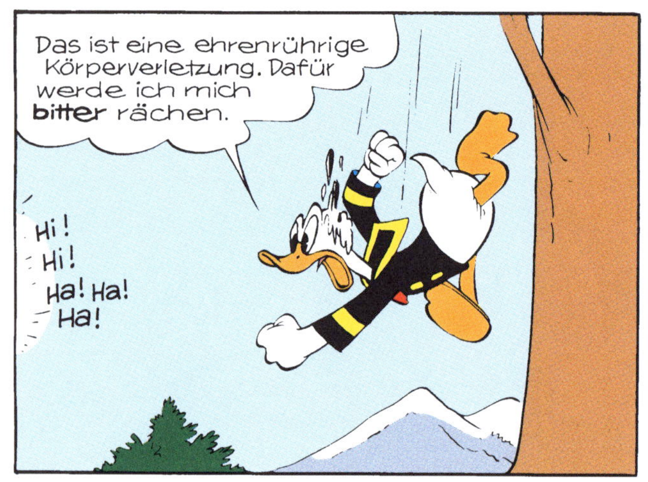
Das ist eine ehrenrührige Körperverletzung. Dafür werde ich mich **bitter** rächen.
Hi! Hi! Ha! Ha! Ha!

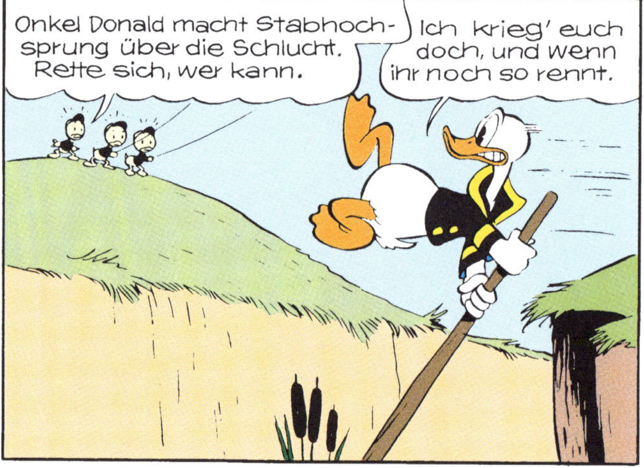
Onkel Donald macht Stabhochsprung über die Schlucht. Rette sich, wer kann.
Ich krieg' euch doch, und wenn ihr noch so rennt.

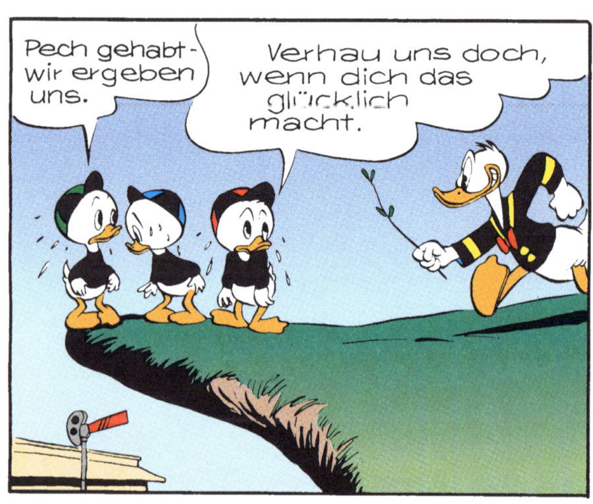
Pech gehabt - wir ergeben uns.
Verhau uns doch, wenn dich das glücklich macht.

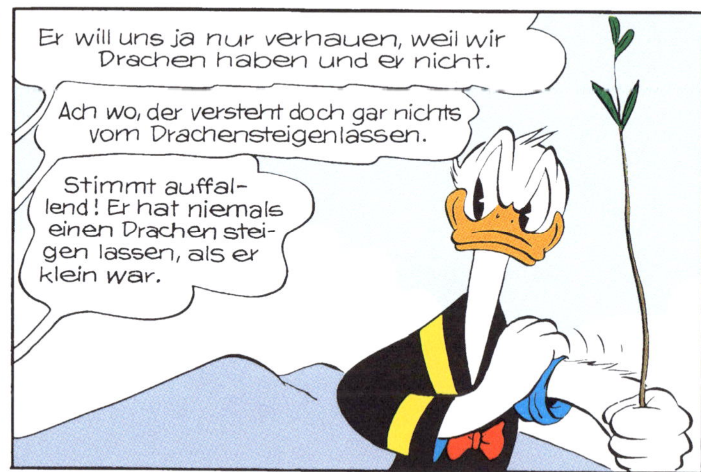
Er will uns ja nur verhauen, weil wir Drachen haben und er nicht.
Ach wo, der versteht doch gar nichts vom Drachensteigenlassen.
Stimmt auffallend! Er hat niemals einen Drachen steigen lassen, als er klein war.

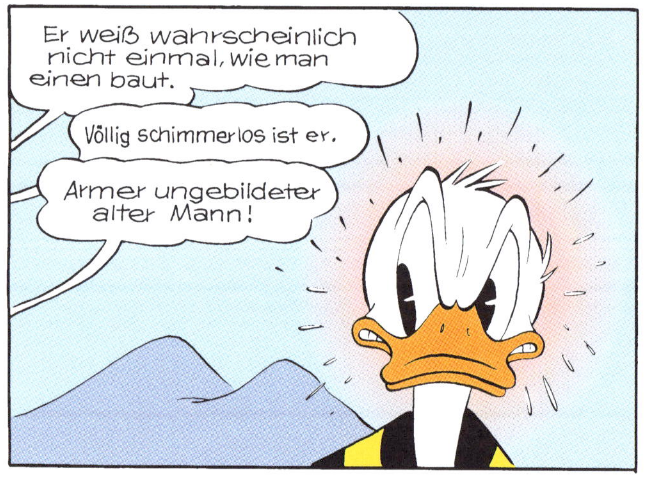
Er weiß wahrscheinlich nicht einmal, wie man einen baut.
Völlig schimmerlos ist er.
Armer ungebildeter alter Mann!

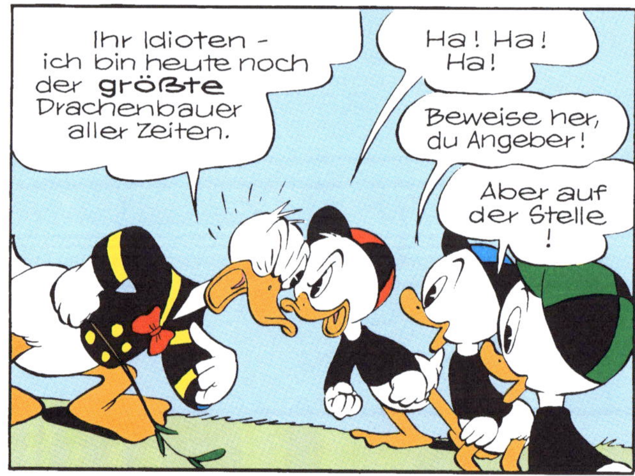
Ihr Idioten - ich bin heute noch der **größte** Drachenbauer aller Zeiten.
Ha! Ha! Ha!
Beweise her, du Angeber!
Aber auf der Stelle!

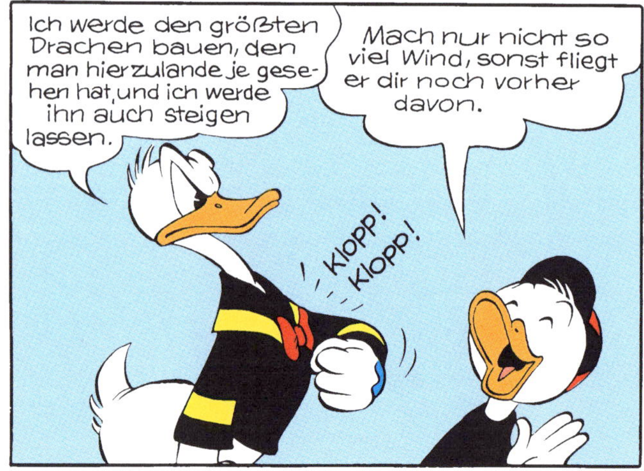
Ich werde den größten Drachen bauen, den man hierzulande je gesehen hat, und ich werde ihn auch steigen lassen.
Mach nur nicht so viel Wind, sonst fliegt er dir noch vorher davon.
Klopp! Klopp!

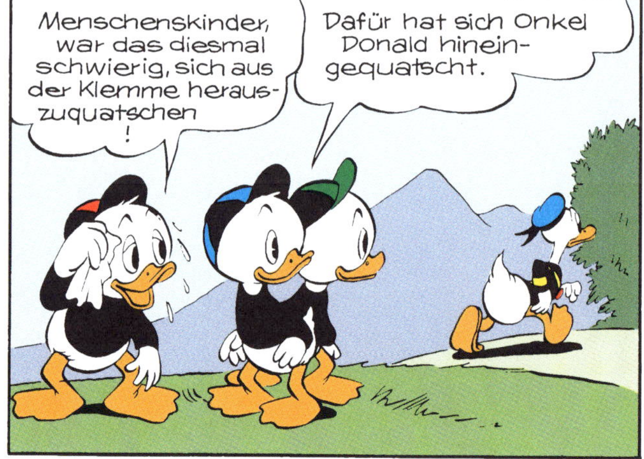
Menschenskinder, war das diesmal schwierig, sich aus der Klemme herauszuquatschen!
Dafür hat sich Onkel Donald hineingequatscht.

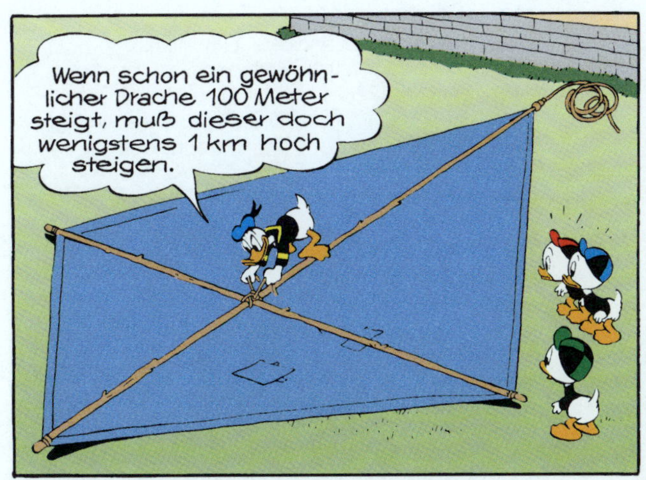
Wenn schon ein gewöhnlicher Drache 100 Meter steigt, muß dieser doch wenigstens 1 km hoch steigen.

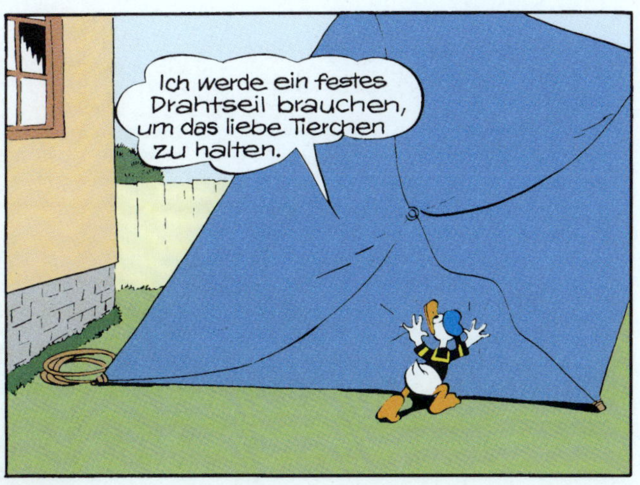
Ich werde ein festes Drahtseil brauchen, um das liebe Tierchen zu halten.

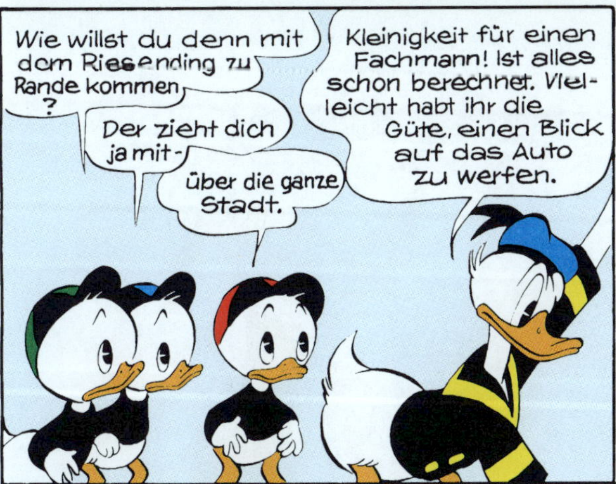
Wie willst du denn mit dem Riesending zu Rande kommen?
Der zieht dich ja mit-
über die ganze Stadt.
Kleinigkeit für einen Fachmann! Ist alles schon berechnet. Vielleicht habt ihr die Güte, einen Blick auf das Auto zu werfen.

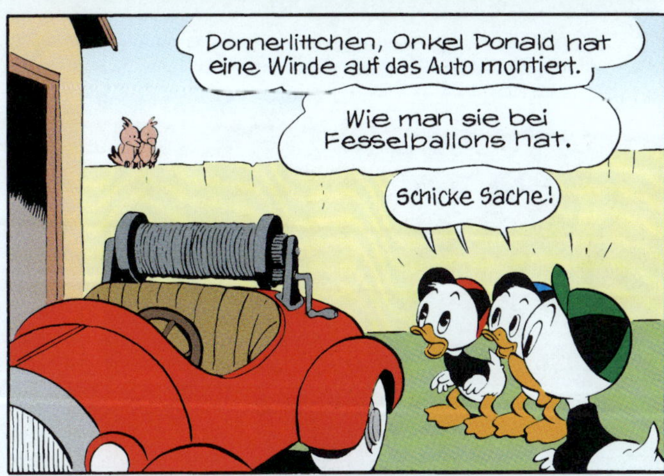
Donnerlittchen, Onkel Donald hat eine Winde auf das Auto montiert.
Wie man sie bei Fesselballons hat.
Schicke Sache!

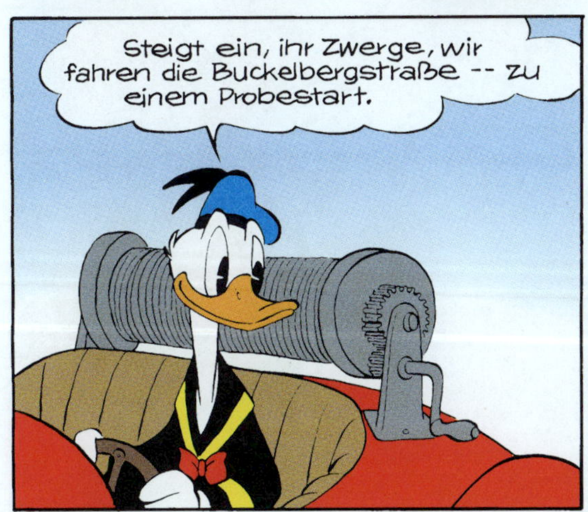
Steigt ein, ihr Zwerge, wir fahren die Buckelbergstraße -- zu einem Probestart.

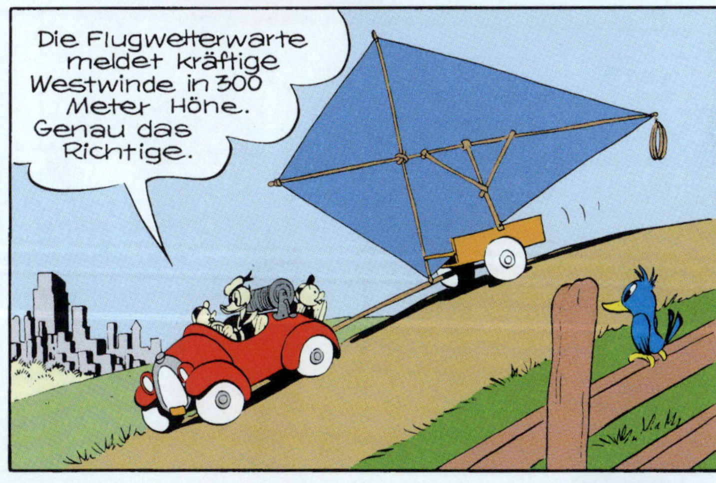
Die Flugwetterwarte meldet kräftige Westwinde in 300 Meter Höhe. Genau das Richtige.

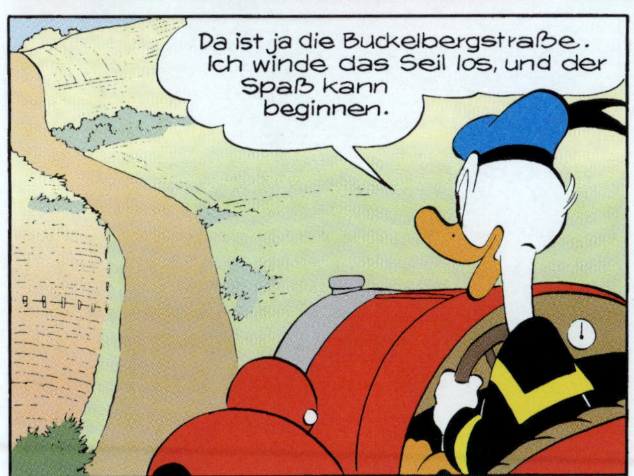
Da ist ja die Buckelbergstraße. Ich winde das Seil los, und der Spaß kann beginnen.

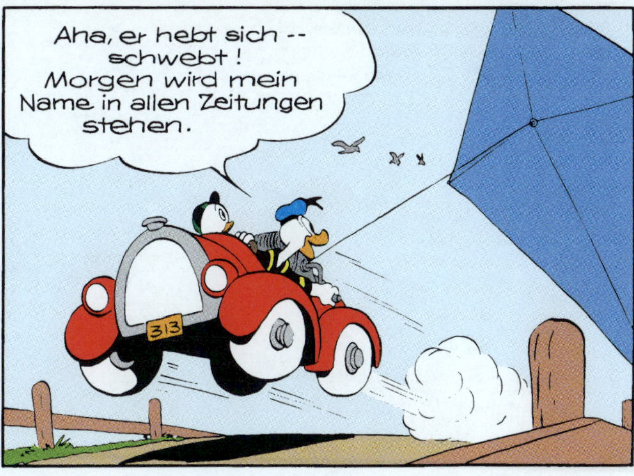
Aha, er hebt sich -- schwebt! Morgen wird mein Name in allen Zeitungen stehen.
313

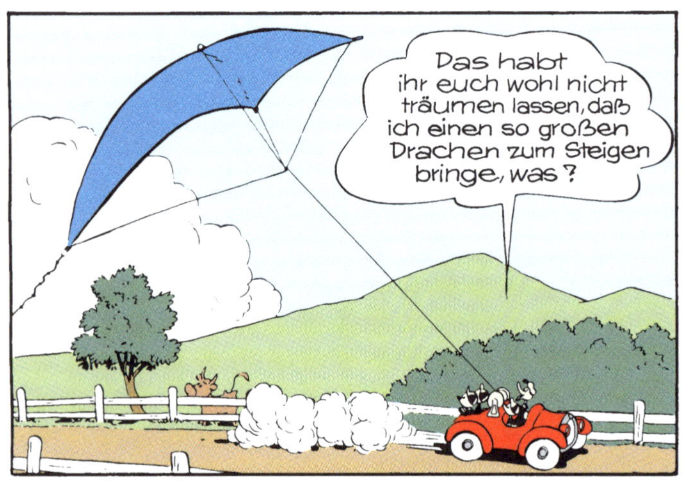
Das habt ihr euch wohl nicht träumen lassen, daß ich einen so großen Drachen zum Steigen bringe, was?

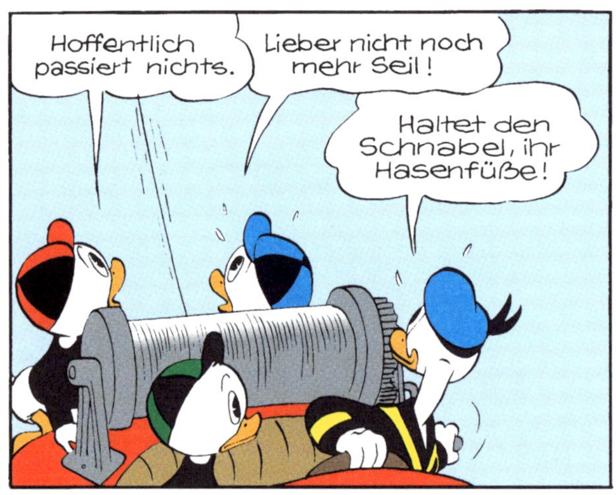
Hoffentlich passiert nichts.
Lieber nicht noch mehr Seil!
Haltet den Schnabel, ihr Hasenfüße!

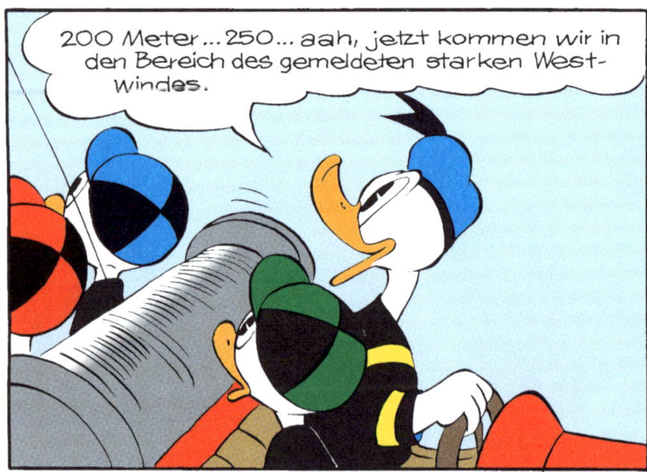
200 Meter ... 250 ... aah, jetzt kommen wir in den Bereich des gemeldeten starken Westwindes.

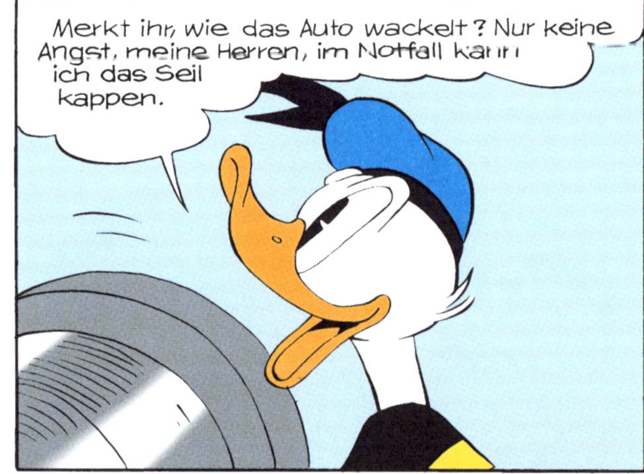
Merkt ihr, wie das Auto wackelt? Nur keine Angst, meine Herren, im Notfall kann ich das Seil kappen.

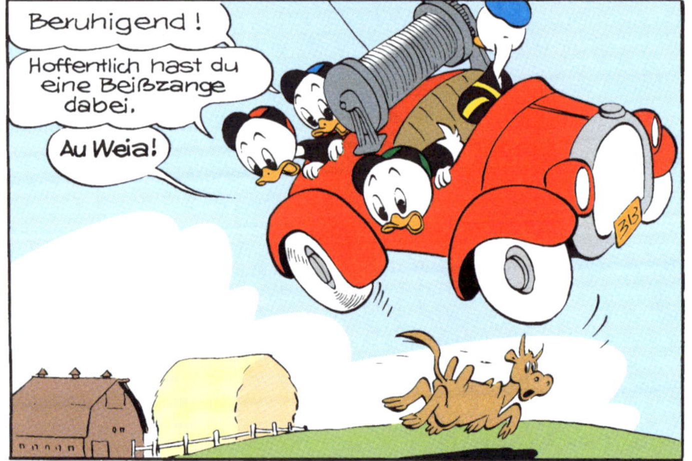
Beruhigend!
Hoffentlich hast du eine Beißzange dabei.
Au Weia!

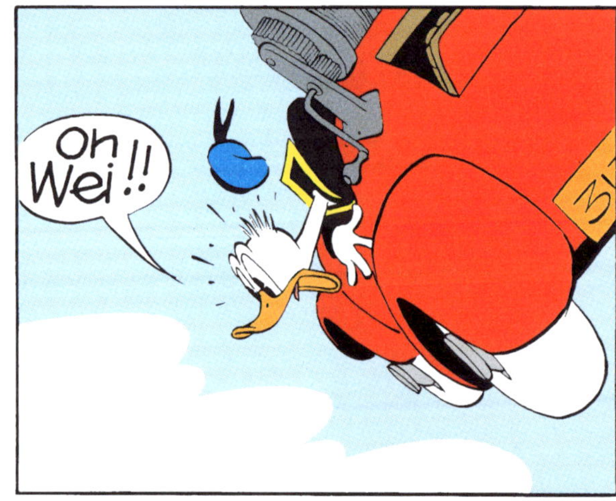
Oh Wei!!

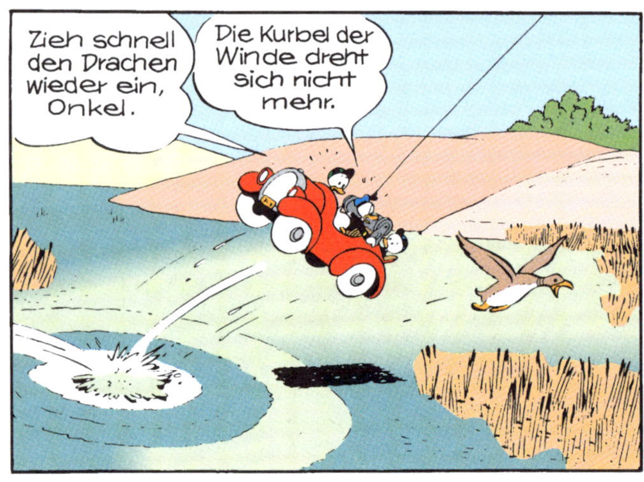
Zieh schnell den Drachen wieder ein, Onkel.
Die Kurbel der Winde dreht sich nicht mehr.

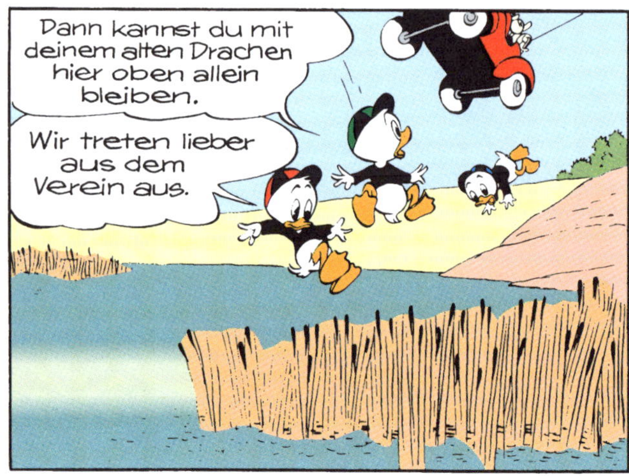
Dann kannst du mit deinem alten Drachen hier oben allein bleiben.
Wir treten lieber aus dem Verein aus.

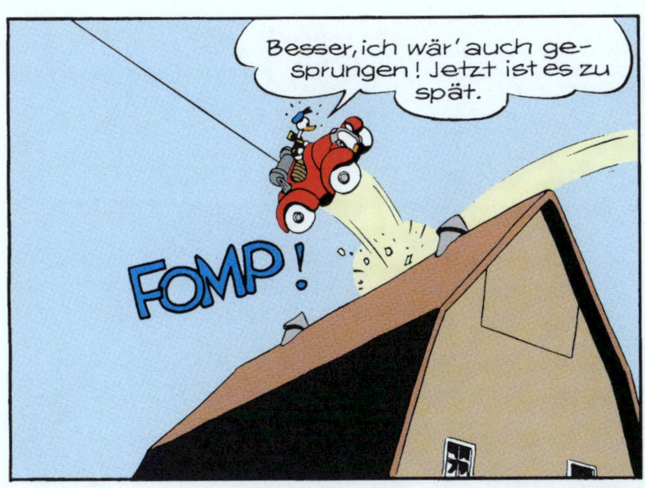

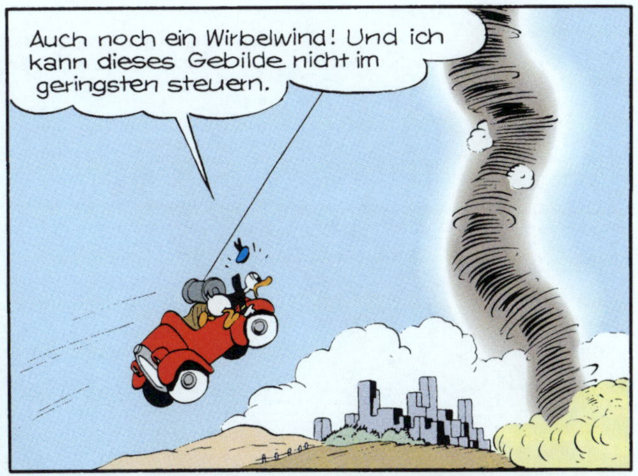

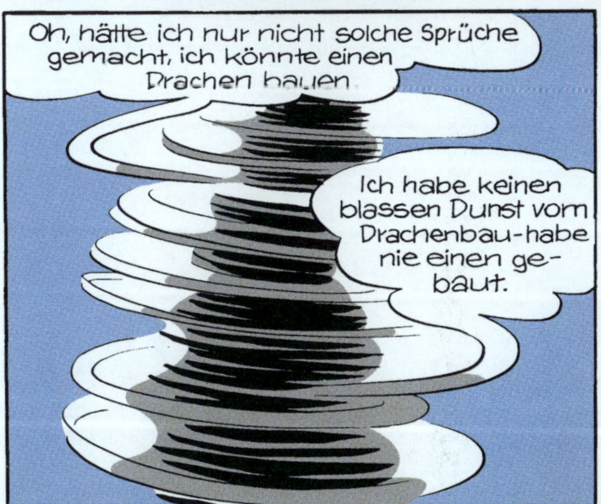

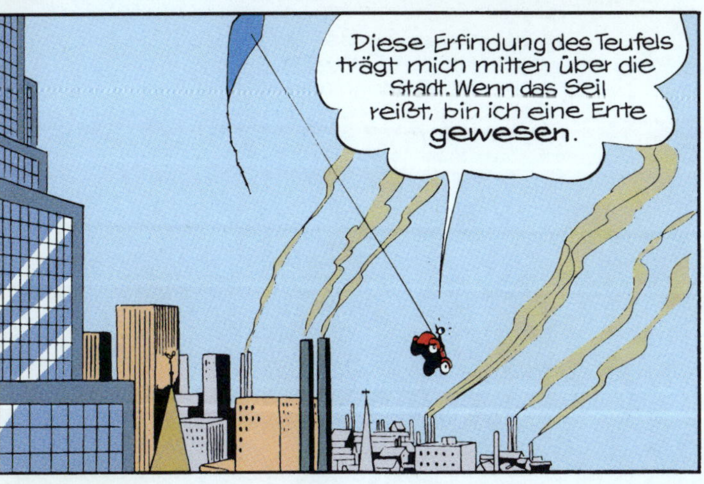

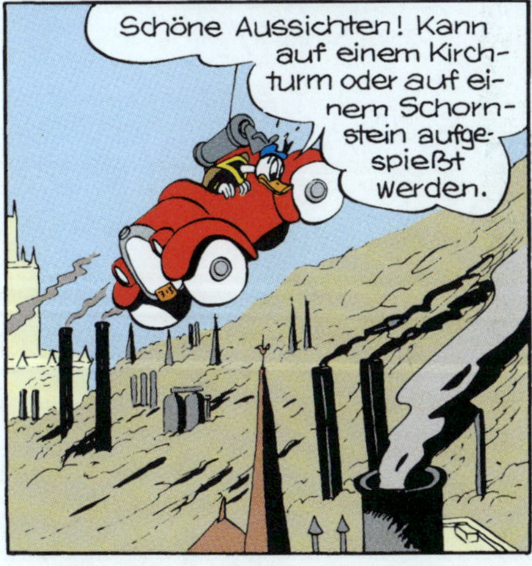

Auf dem Dachgarten des Palasthotels findet gerade ein Festessen zu Ehren der berühmtesten Männer der Stadt statt.

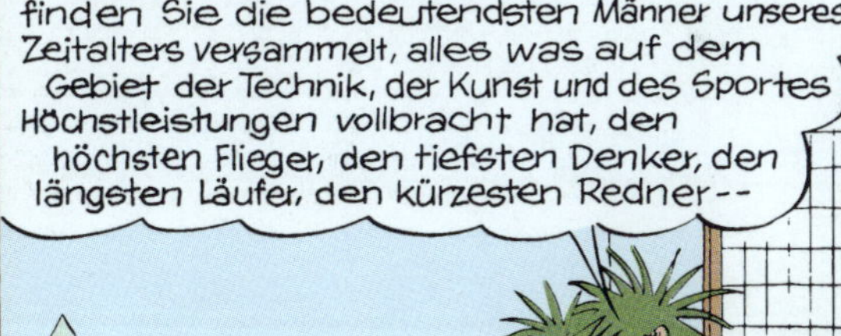

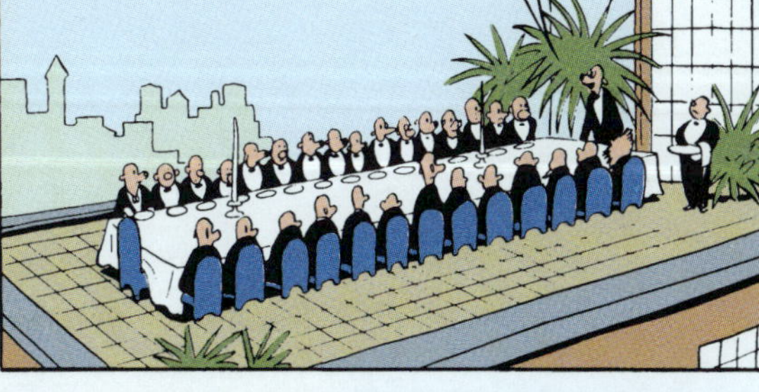

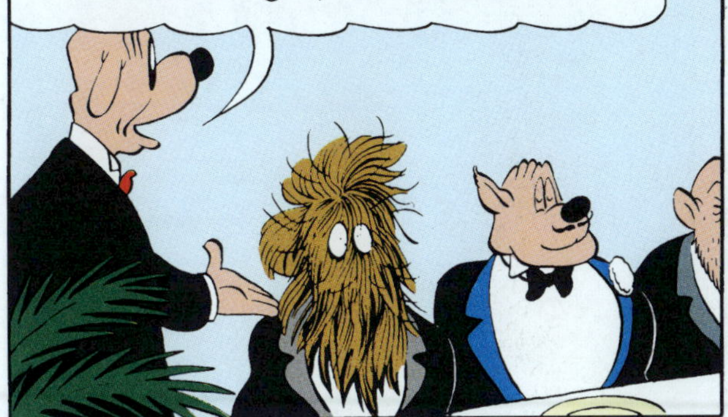

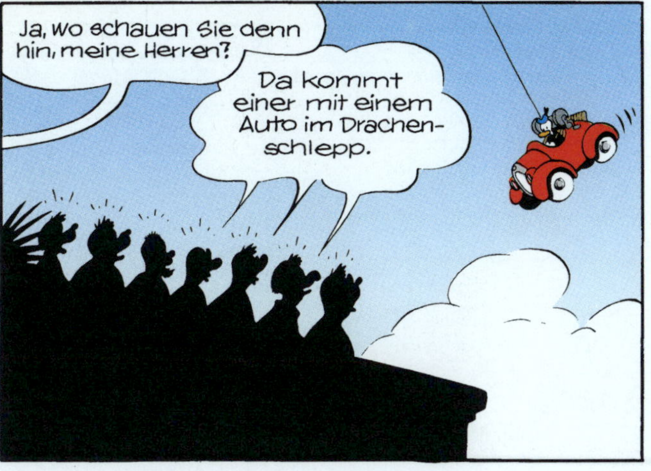

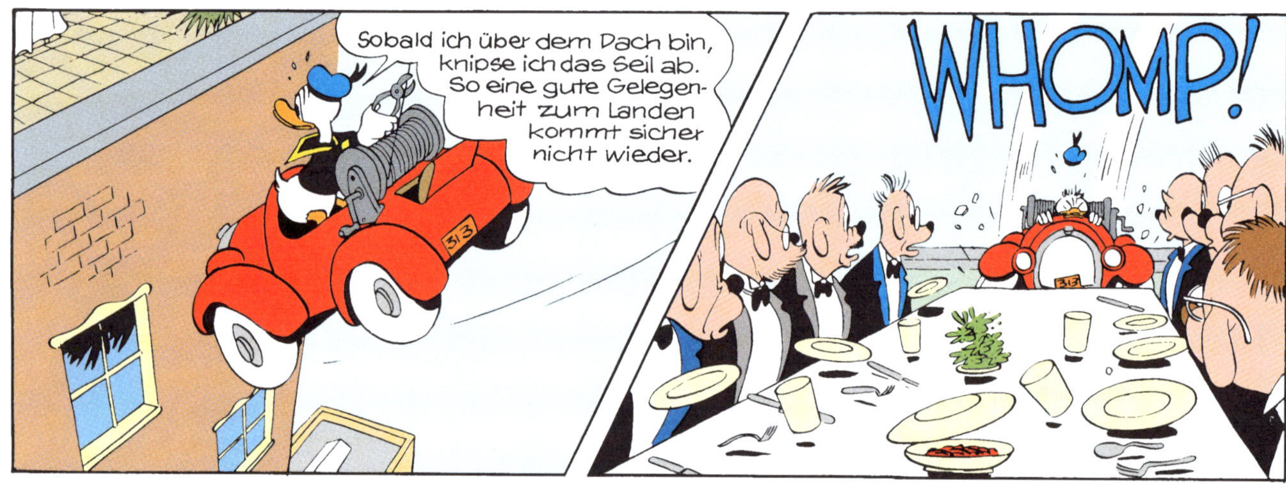
Sobald ich über dem Dach bin, knipse ich das Seil ab. So eine gute Gelegenheit zum Landen kommt sicher nicht wieder.
WHOMP!

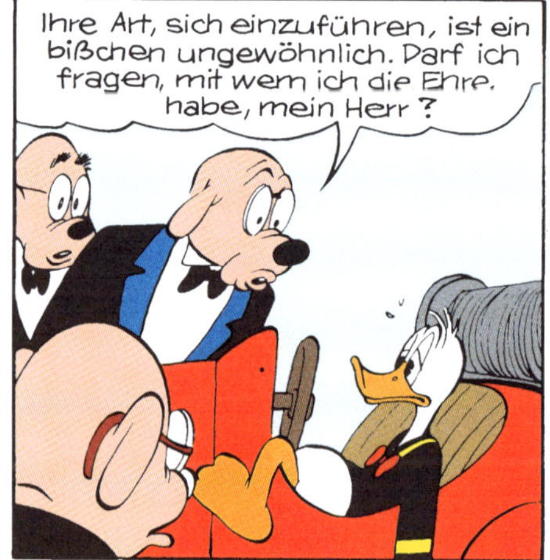
Ihre Art, sich einzuführen, ist ein bißchen ungewöhnlich. Darf ich fragen, mit wem ich die Ehre habe, mein Herr?

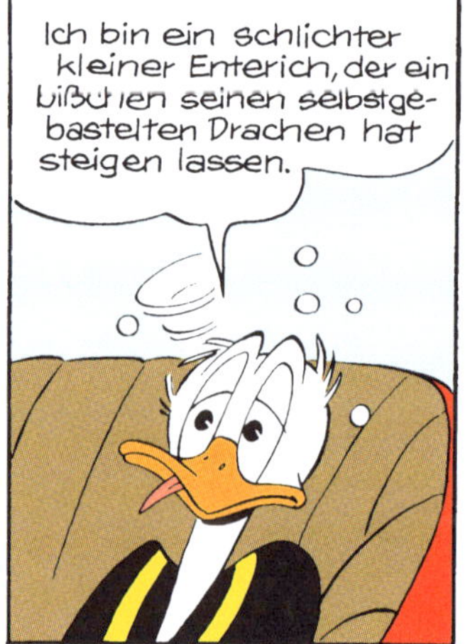
Ich bin ein schlichter kleiner Enterich, der ein bißchen seinen selbstgebastelten Drachen hat steigen lassen.

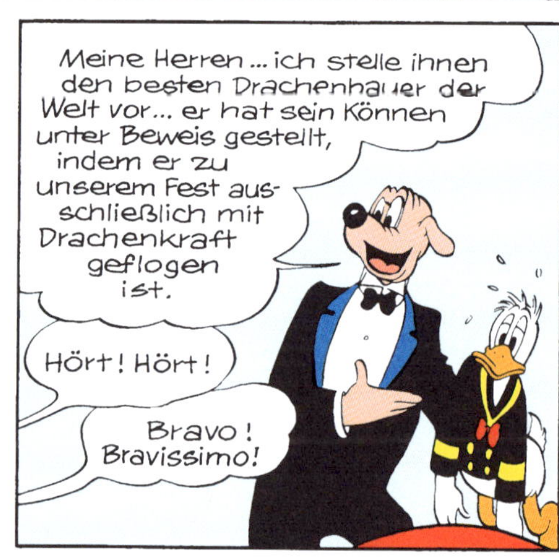
Meine Herren ... ich stelle ihnen den besten Drachenbauer der Welt vor ... er hat sein Können unter Beweis gestellt, indem er zu unserem Fest ausschließlich mit Drachenkraft geflogen ist.
Hört! Hört!
Bravo! Bravissimo!

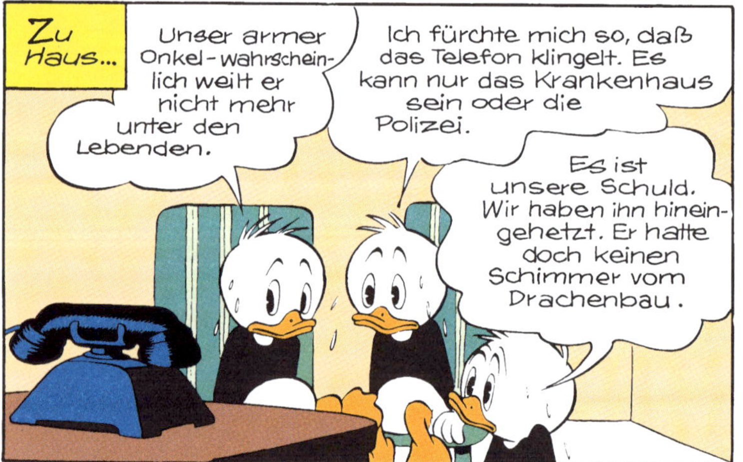
Zu Haus ...
Unser armer Onkel - wahrscheinlich weilt er nicht mehr unter den Lebenden.
Ich fürchte mich so, daß das Telefon klingelt. Es kann nur das Krankenhaus sein oder die Polizei.
Es ist unsere Schuld. Wir haben ihn hineingehetzt. Er hatte doch keinen Schimmer vom Drachenbau.

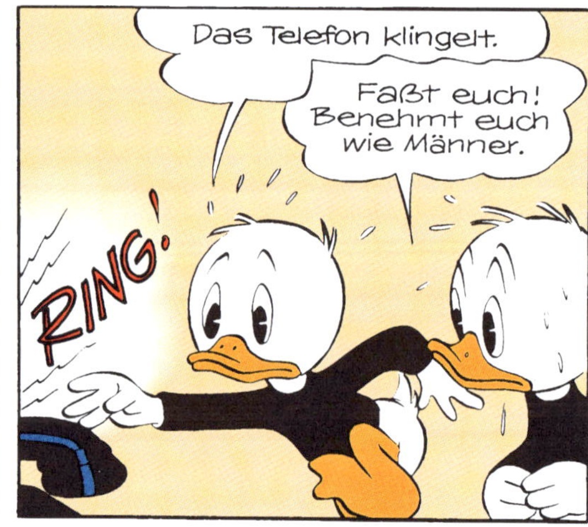
Das Telefon klingelt.
RING!
Faßt euch! Benehmt euch wie Männer.

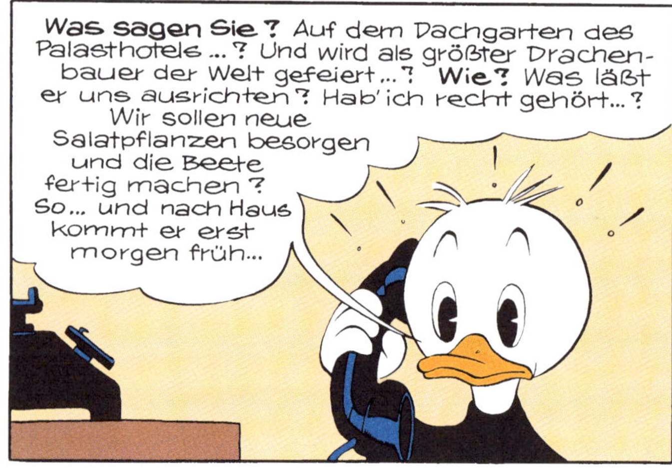
Was sagen Sie? Auf dem Dachgarten des Palasthotels ...? Und wird als größter Drachenbauer der Welt gefeiert ...? Wie? Was läßt er uns ausrichten? Hab' ich recht gehört ...? Wir sollen neue Salatpflanzen besorgen und die Beete fertig machen? So ... und nach Haus kommt er erst morgen früh ...

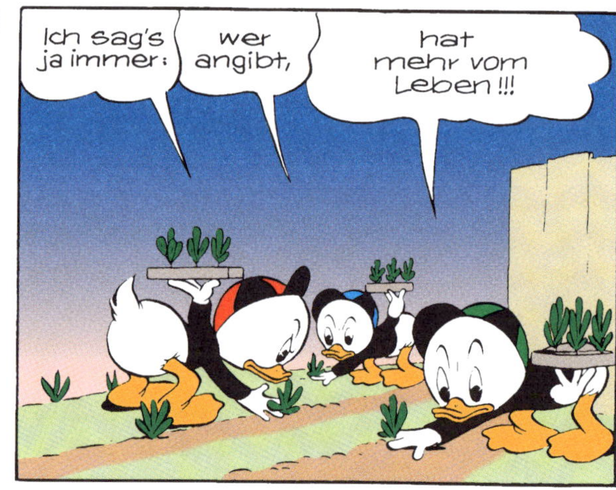
Ich sag's ja immer:
wer angibt,
hat mehr vom Leben!!!

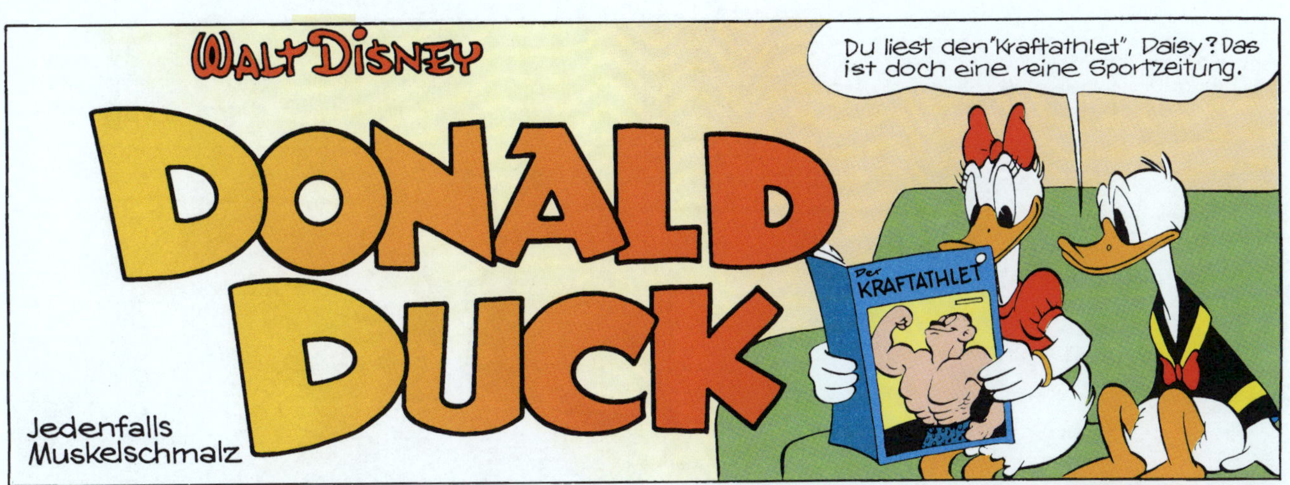
Walt Disney
Donald Duck
Jedenfalls Muskelschmalz
Du liest den "Kraftathlet", Daisy? Das ist doch eine reine Sportzeitung.
Der Kraftathlet

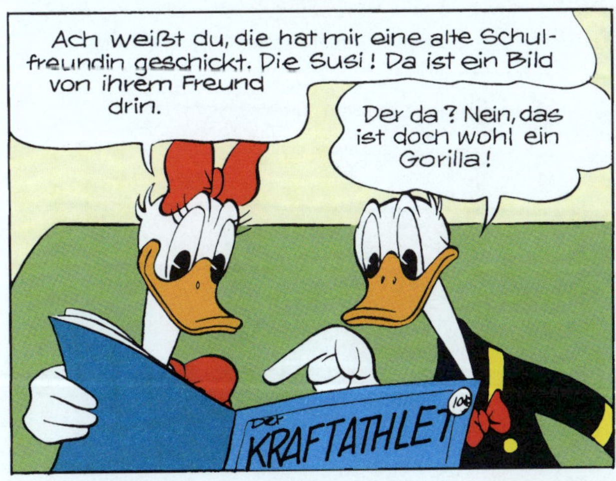
Ach weißt du, die hat mir eine alte Schulfreundin geschickt. Die Susi! Da ist ein Bild von ihrem Freund drin.
Der da? Nein, das ist doch wohl ein Gorilla!
Der Kraftathlet

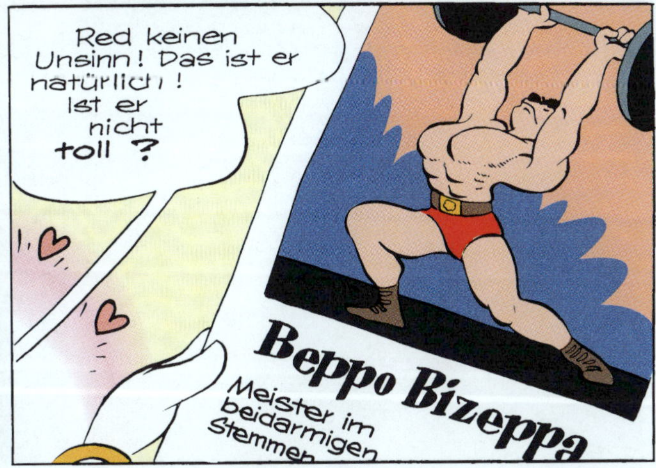
Red keinen Unsinn! Das ist er natürlich! Ist er nicht toll?
Beppo Bizeppa
Meister im beidarmigen Stemmen

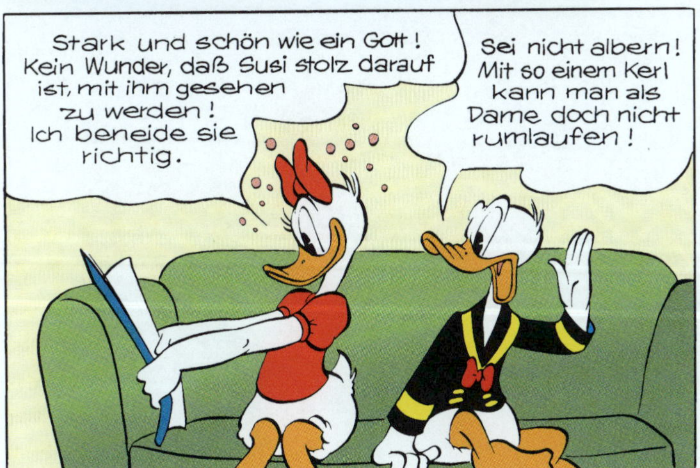
Stark und schön wie ein Gott! Kein Wunder, daß Susi stolz darauf ist, mit ihm gesehen zu werden! Ich beneide sie richtig.
Sei nicht albern! Mit so einem Kerl kann man als Dame doch nicht rumlaufen!

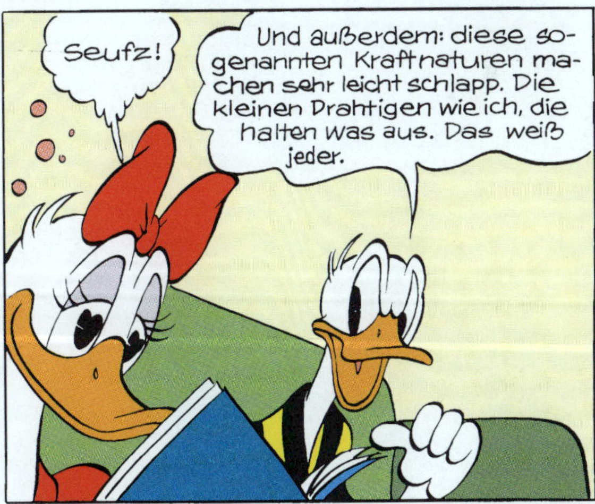
Seufz!
Und außerdem: diese sogenannten Kraftnaturen machen sehr leicht schlapp. Die kleinen Drahtigen wie ich, die halten was aus. Das weiß jeder.

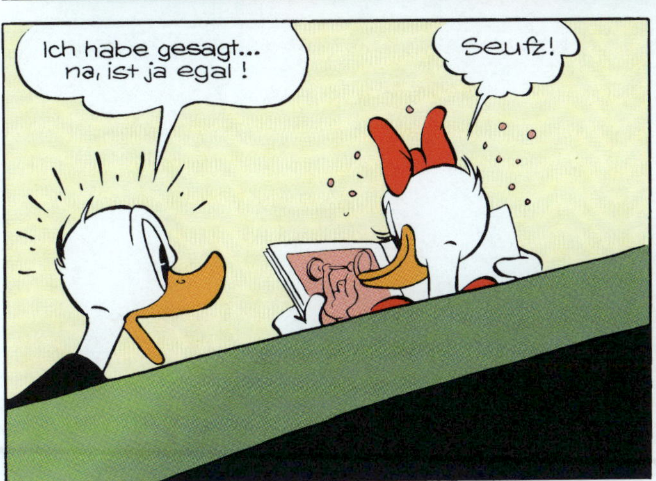
Ich habe gesagt... na, ist ja egal!
Seufz!

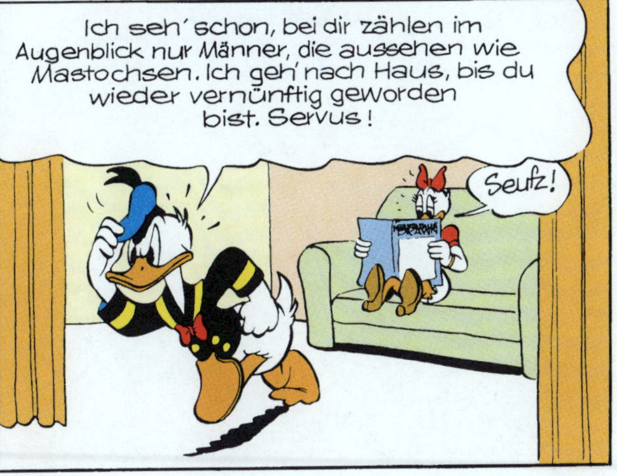
Ich seh' schon, bei dir zählen im Augenblick nur Männer, die aussehen wie Mastochsen. Ich geh' nach Haus, bis du wieder vernünftig geworden bist. Servus!
Seufz!

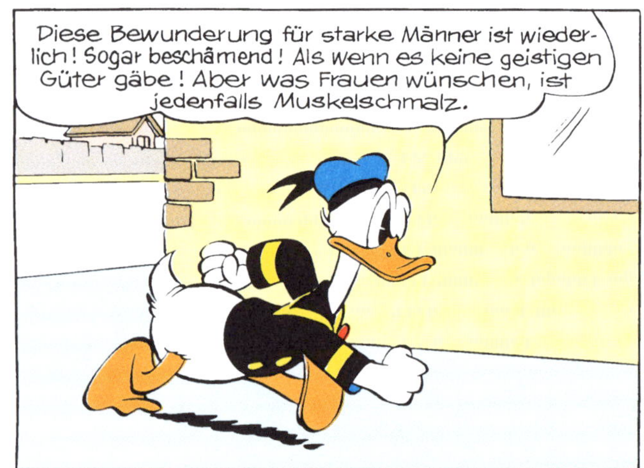
Diese Bewunderung für starke Männer ist wiederlich! Sogar beschämend! Als wenn es keine geistigen Güter gäbe! Aber was Frauen wünschen, ist jedenfalls Muskelschmalz.

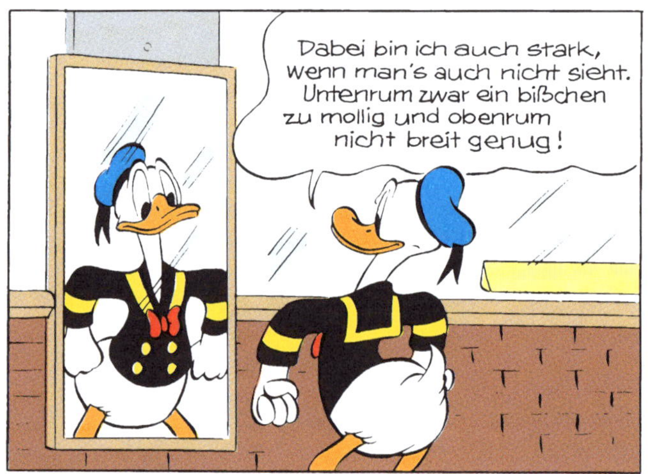
Dabei bin ich auch stark, wenn man's auch nicht sieht. Untenrum zwar ein bißchen zu mollig und obenrum nicht breit genug!

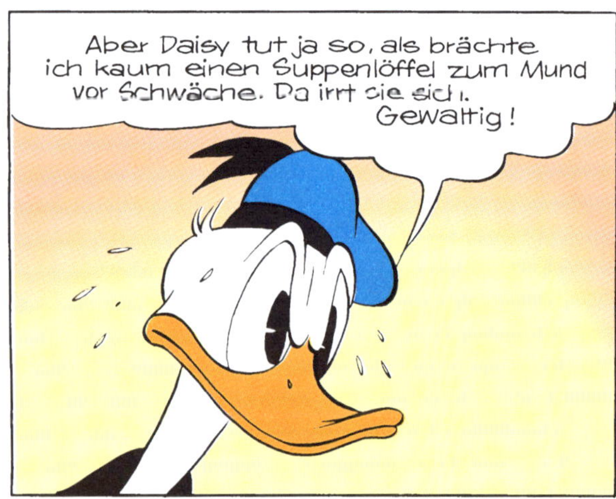
Aber Daisy tut ja so, als brächte ich kaum einen Suppenlöffel zum Mund vor Schwäche. Da irrt sie sich. Gewaltig!

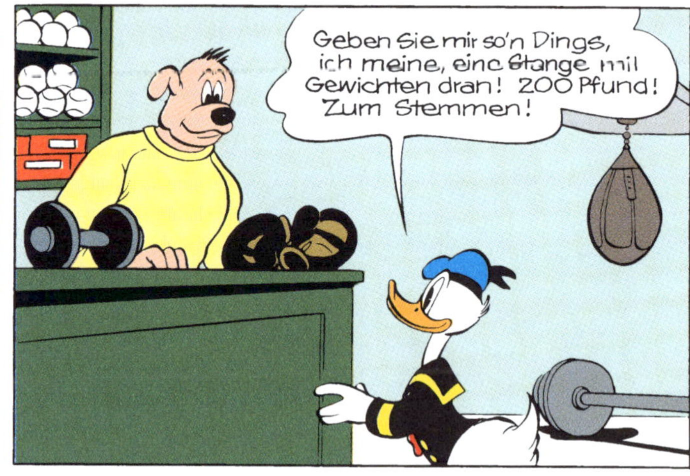
Geben Sie mir so'n Dings, ich meine, eine Stange mit Gewichten dran! 200 Pfund! Zum Stemmen!

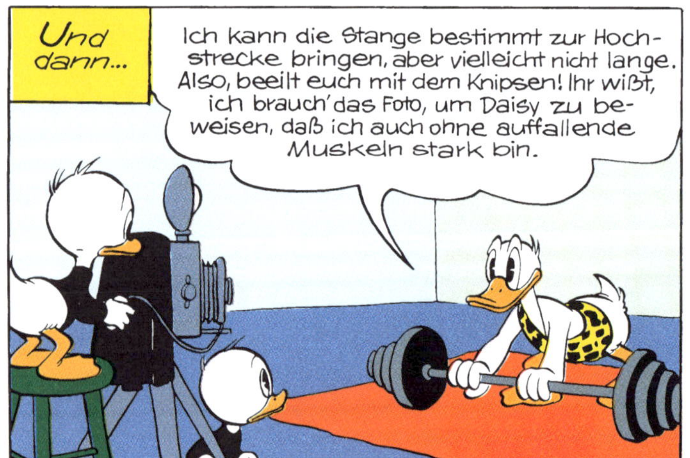
Und dann...
Ich kann die Stange bestimmt zur Hochstrecke bringen, aber vielleicht nicht lange. Also, beeilt euch mit dem Knipsen! Ihr wißt, ich brauch' das Foto, um Daisy zu beweisen, daß ich auch ohne auffallende Muskeln stark bin.

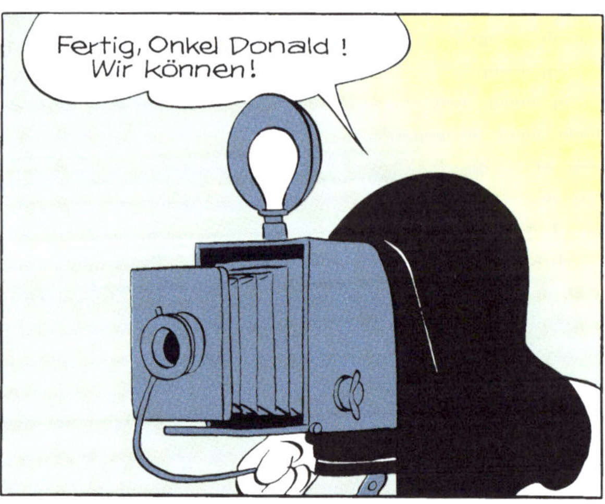
Fertig, Onkel Donald! Wir können!

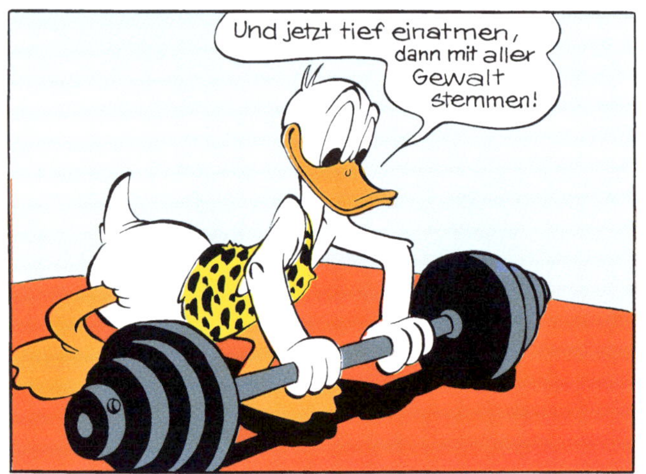
Und jetzt tief einatmen, dann mit aller Gewalt stemmen!

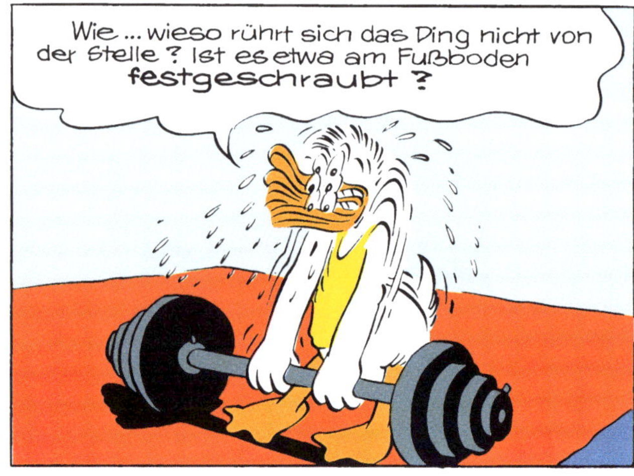
Wie ... wieso rührt sich das Ding nicht von der Stelle? Ist es etwa am Fußboden **festgeschraubt**?

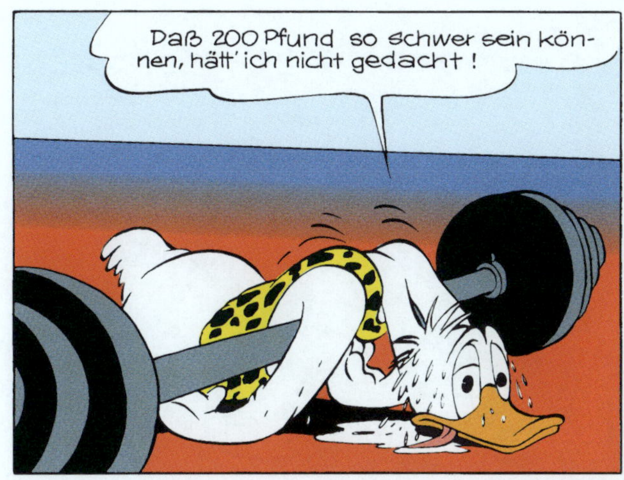
Daß 200 Pfund so schwer sein können, hätt' ich nicht gedacht!
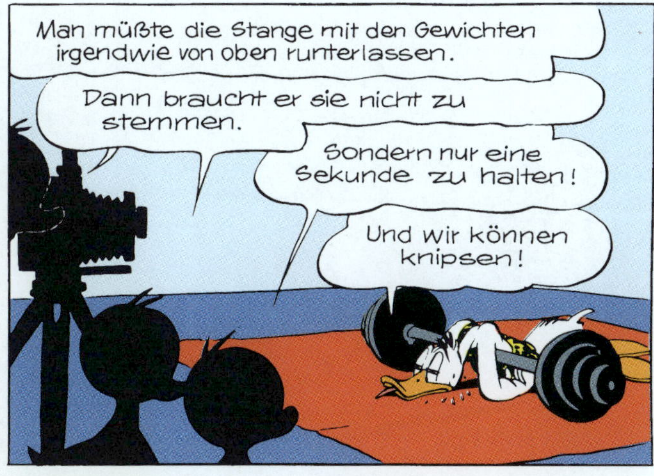
Man müßte die Stange mit den Gewichten irgendwie von oben runterlassen.
Dann braucht er sie nicht zu stemmen.
Sondern nur eine Sekunde zu halten!
Und wir können knipsen!
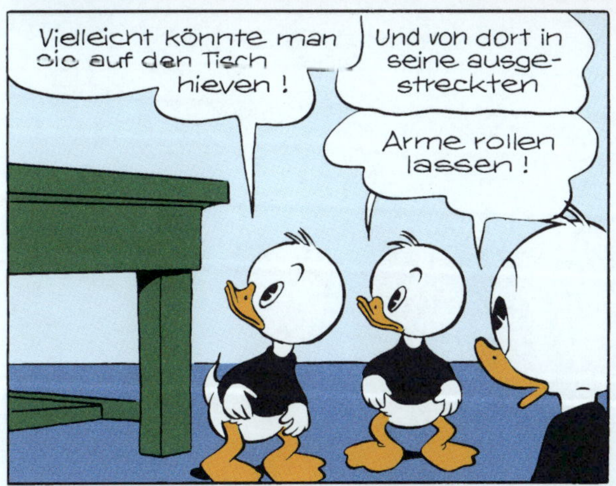
Vielleicht könnte man sie auf den Tisch hieven!
Und von dort in seine ausgestreckten
Arme rollen lassen!
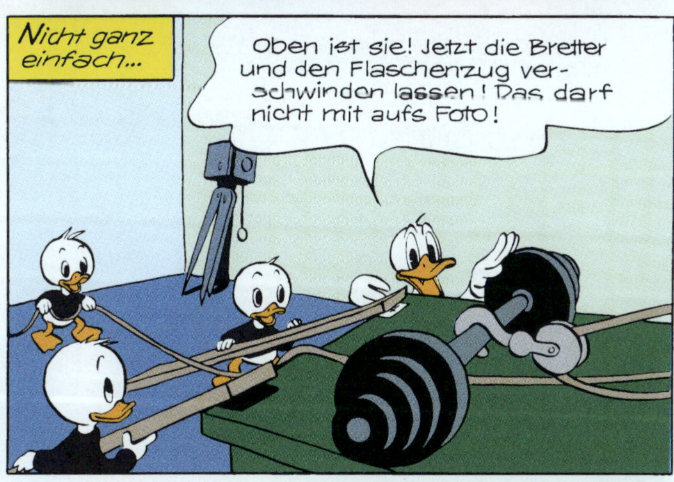
Nicht ganz einfach...
Oben ist sie! Jetzt die Bretter und den Flaschenzug verschwinden lassen! Das darf nicht mit aufs Foto!
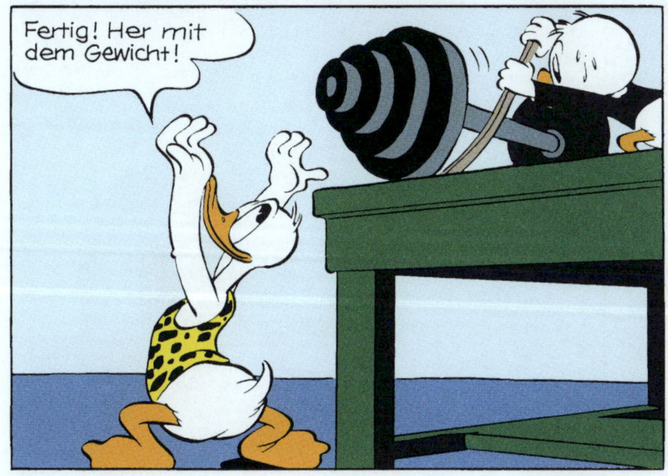
Fertig! Her mit dem Gewicht!
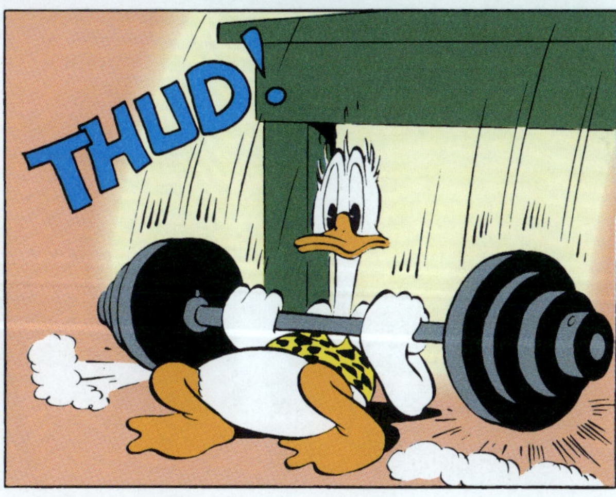
THUD!
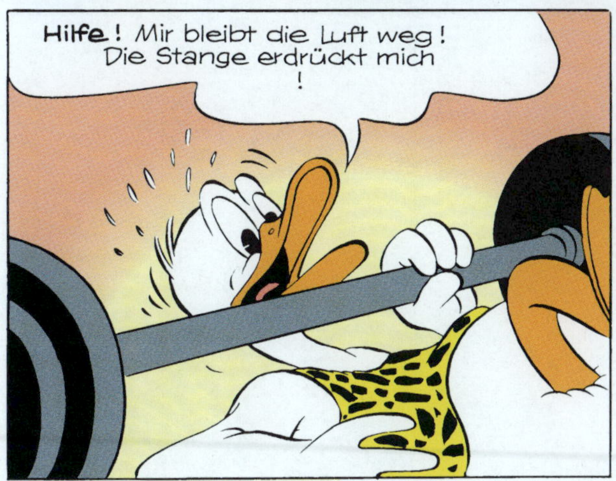
Hilfe! Mir bleibt die Luft weg! Die Stange erdrückt mich!
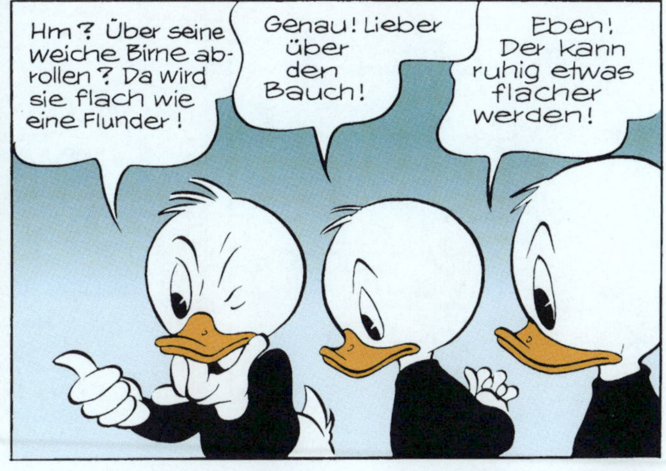
Hm? Über seine weiche Birne abrollen? Da wird sie flach wie eine Flunder!
Genau! Lieber über den Bauch!
Eben! Der kann ruhig etwas flacher werden!

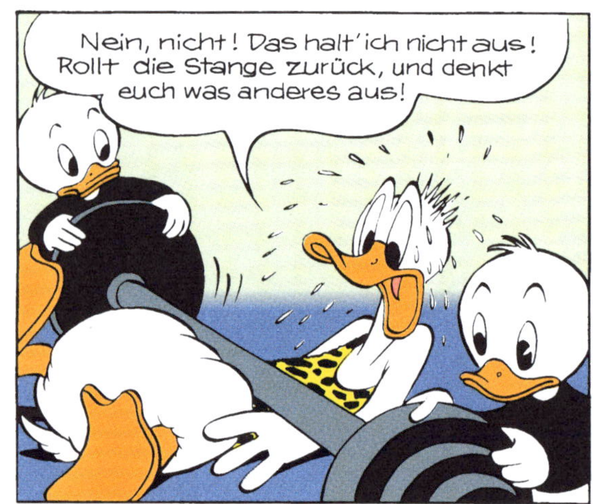
Nein, nicht! Das halt' ich nicht aus! Rollt die Stange zurück, und denkt euch was anderes aus!

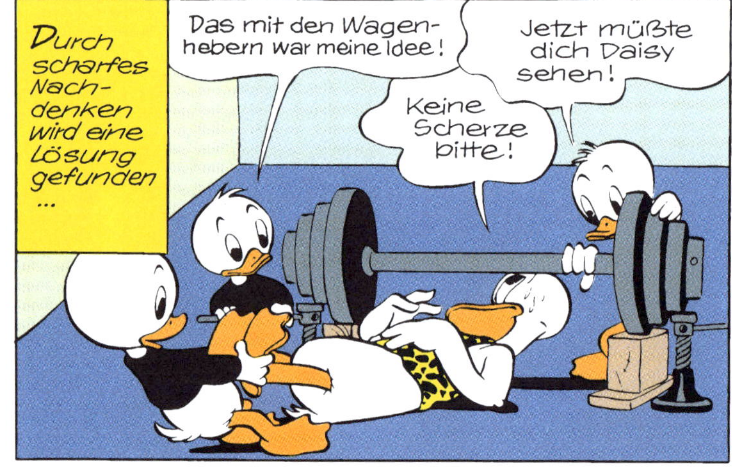
Durch scharfes Nachdenken wird eine Lösung gefunden ...
Das mit den Wagenhebern war meine Idee!
Jetzt müßte dich Daisy sehen!
Keine Scherze bitte!

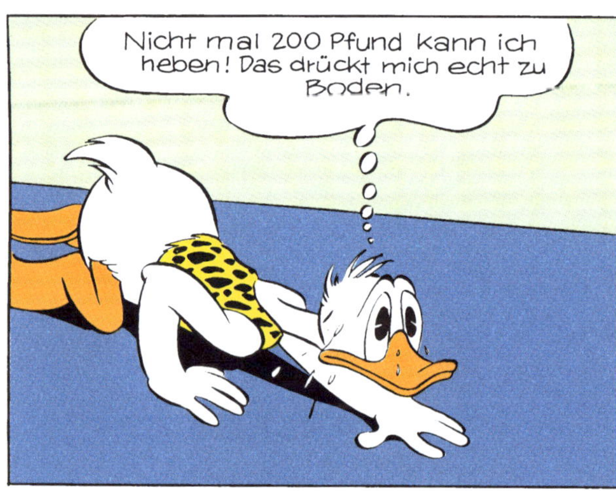
Nicht mal 200 Pfund kann ich heben! Das drückt mich echt zu Boden.

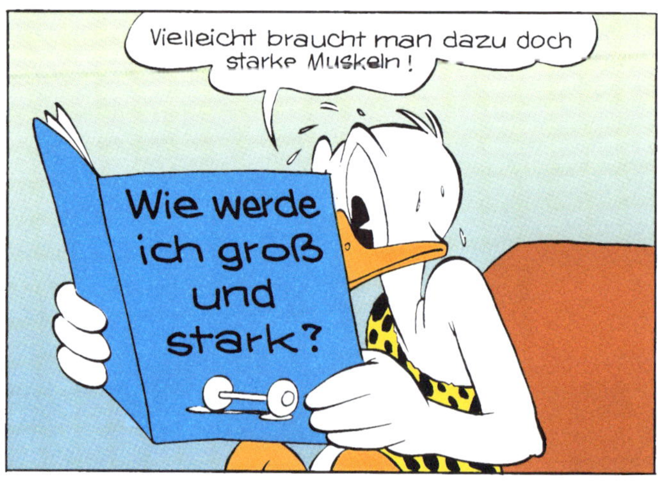
Vielleicht braucht man dazu doch starke Muskeln!
Wie werde ich groß und stark?

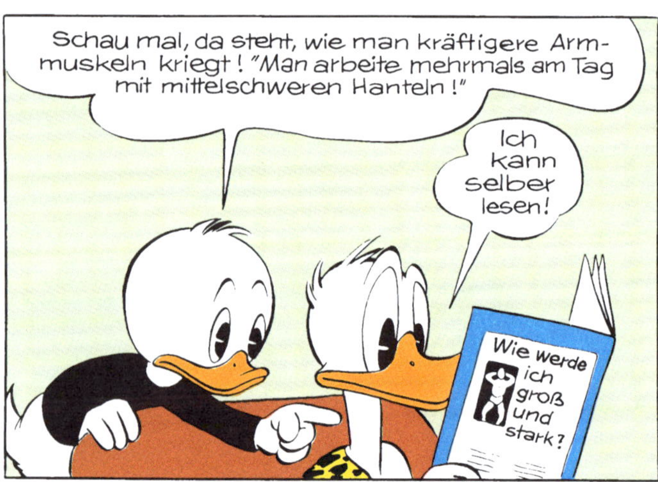
Schau mal, da steht, wie man kräftigere Armmuskeln kriegt! "Man arbeite mehrmals am Tag mit mittelschweren Hanteln!"
Ich kann selber lesen!
Wie werde ich groß und stark?

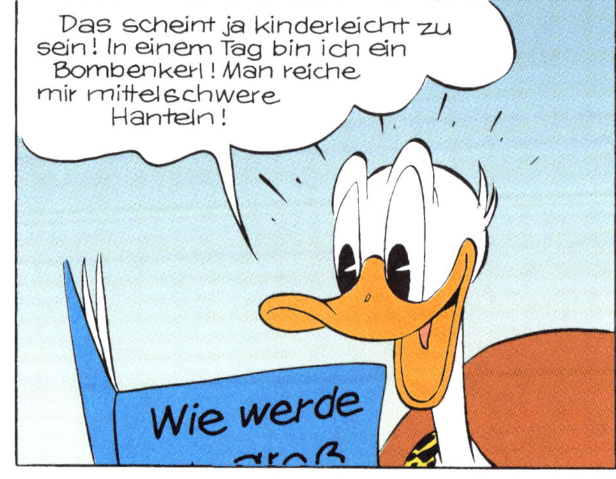
Das scheint ja kinderleicht zu sein! In einem Tag bin ich ein Bombenkerl! Man reiche mir mittelschwere Hanteln!
Wie werde

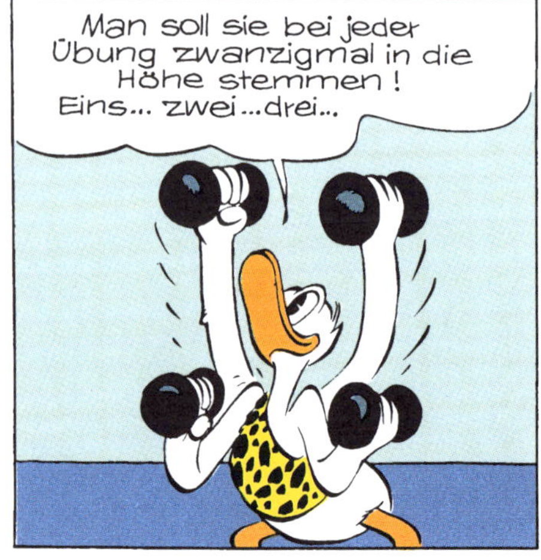
Man soll sie bei jeder Übung zwanzigmal in die Höhe stemmen! Eins... zwei ...drei...

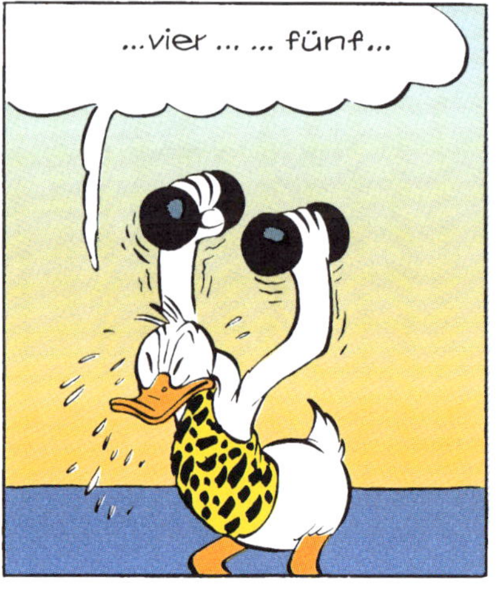
...vier ... ... fünf...

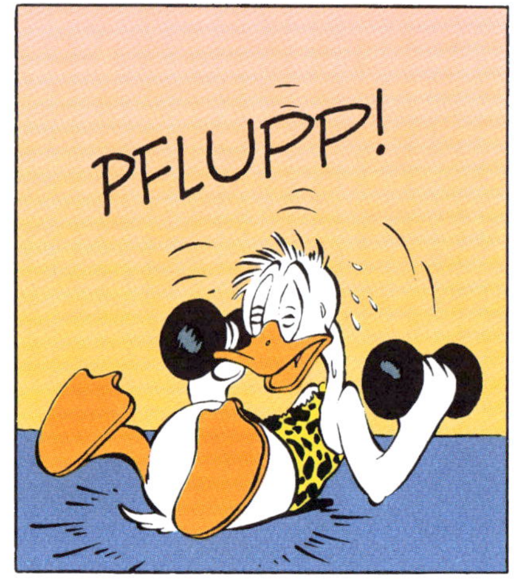
PFLUPP!

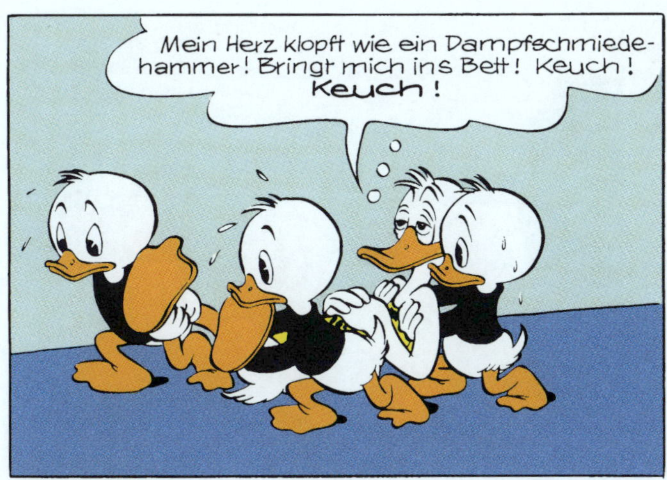
Mein Herz klopft wie ein Dampfschmiedehammer! Bringt mich ins Bett! Keuch! Keuch!

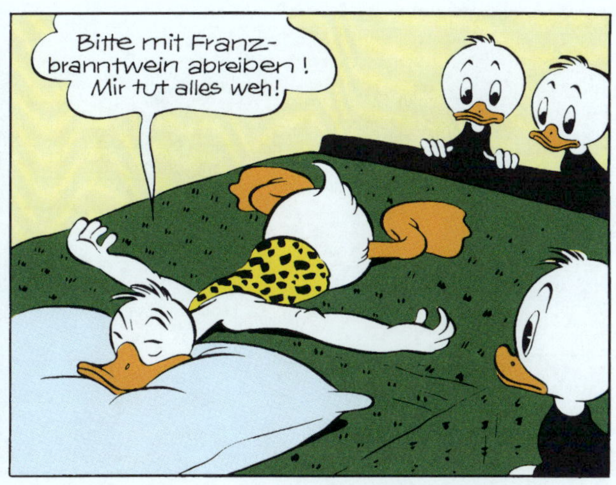
Bitte mit Franzbranntwein abreiben! Mir tut alles weh!

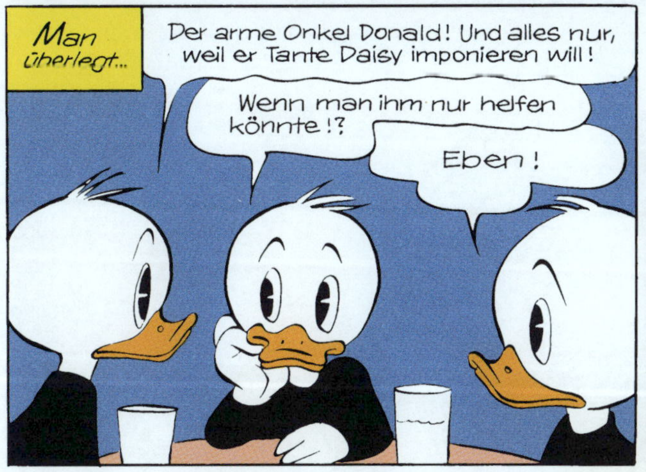
Man überlegt...
Der arme Onkel Donald! Und alles nur, weil er Tante Daisy imponieren will!
Wenn man ihm nur helfen könnte!?
Eben!

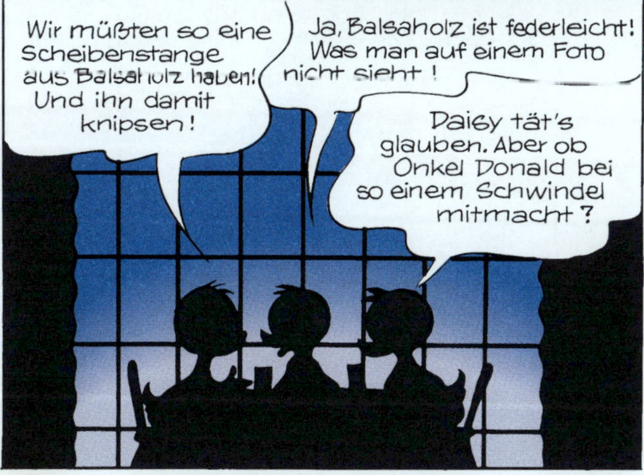
Wir müßten so eine Scheibenstange aus Balsaholz haben! Und ihn damit knipsen!
Ja, Balsaholz ist federleicht! Was man auf einem Foto nicht sieht!
Daisy tät's glauben. Aber ob Onkel Donald bei so einem Schwindel mitmacht?

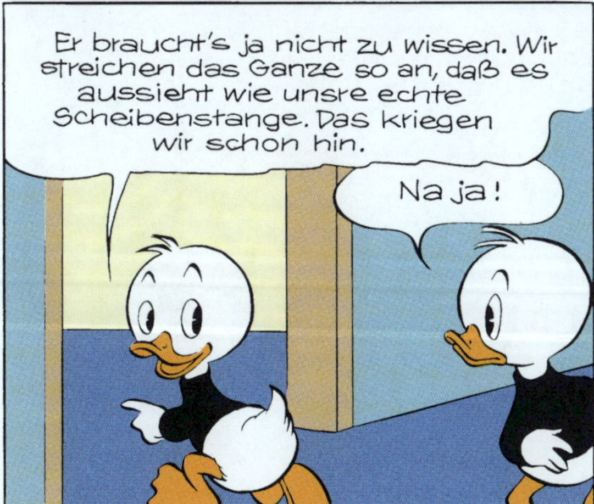
Er braucht's ja nicht zu wissen. Wir streichen das Ganze so an, daß es aussieht wie unsre echte Scheibenstange. Das kriegen wir schon hin.
Na ja!

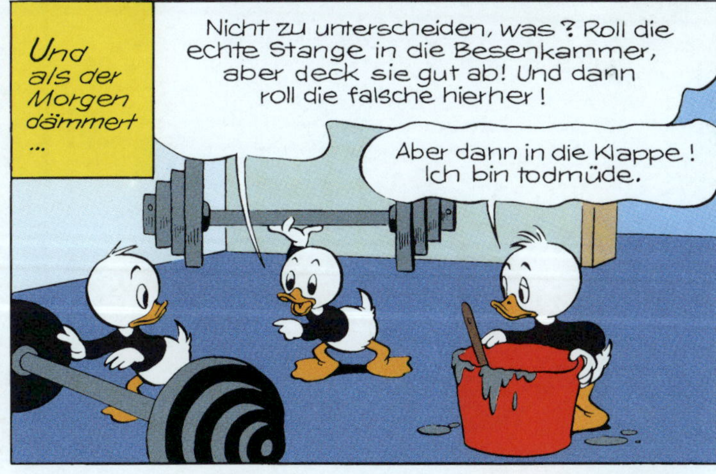
Und als der Morgen dämmert ...
Nicht zu unterscheiden, was? Roll die echte Stange in die Besenkammer, aber deck sie gut ab! Und dann roll die falsche hierher!
Aber dann in die Klappe! Ich bin todmüde.

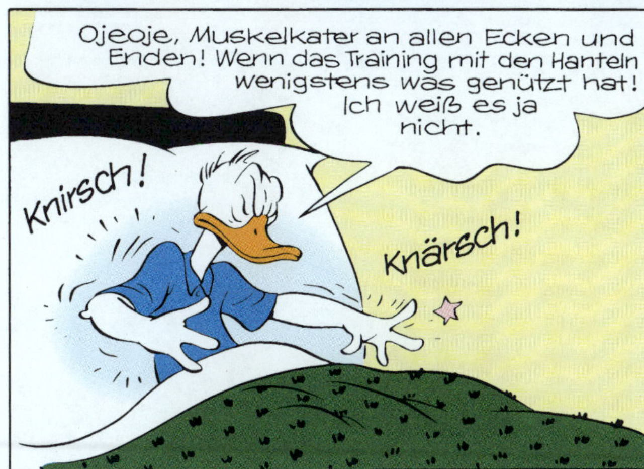
Ojeoje, Muskelkater an allen Ecken und Enden! Wenn das Training mit den Hanteln wenigstens was genützt hat! Ich weiß es ja nicht.
Knirsch!
Knärsch!

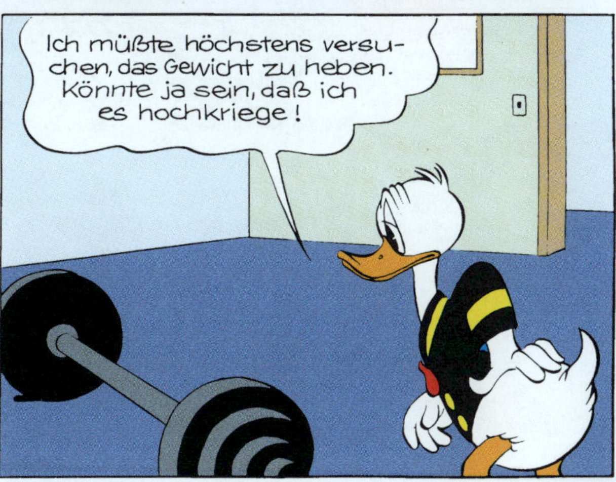
Ich müßte höchstens versuchen, das Gewicht zu heben. Könnte ja sein, daß ich es hochkriege!

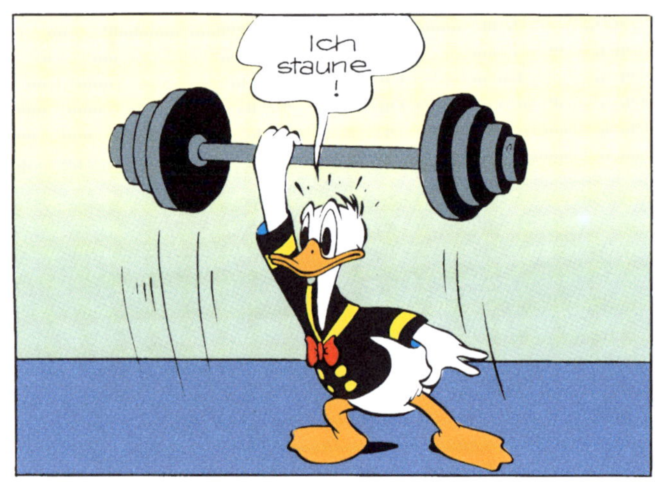
Ich staune !

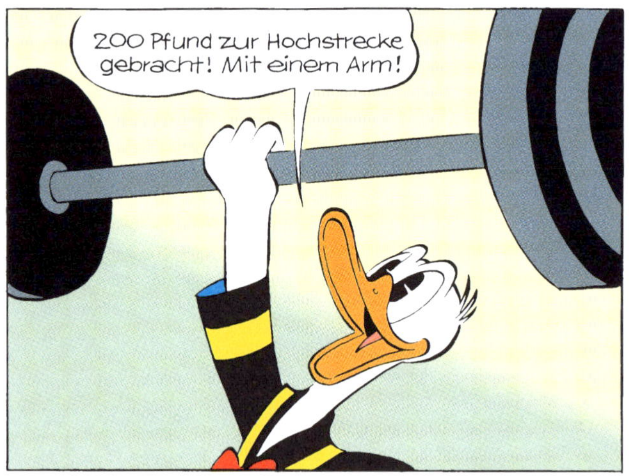
200 Pfund zur Hochstrecke gebracht! Mit einem Arm!

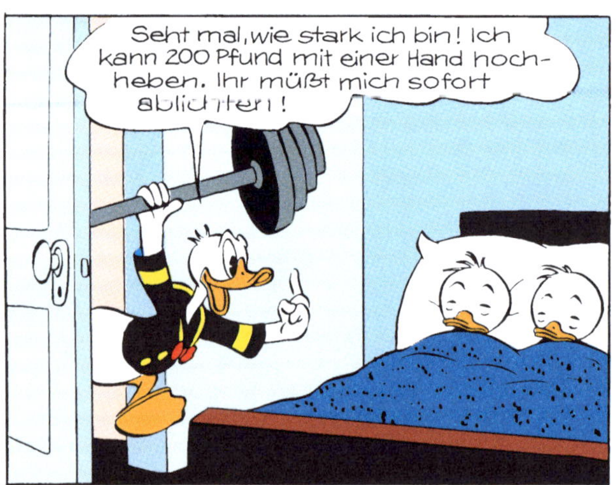
Seht mal, wie stark ich bin! Ich kann 200 Pfund mit einer Hand hoch-heben. Ihr müßt mich sofort ablichten!

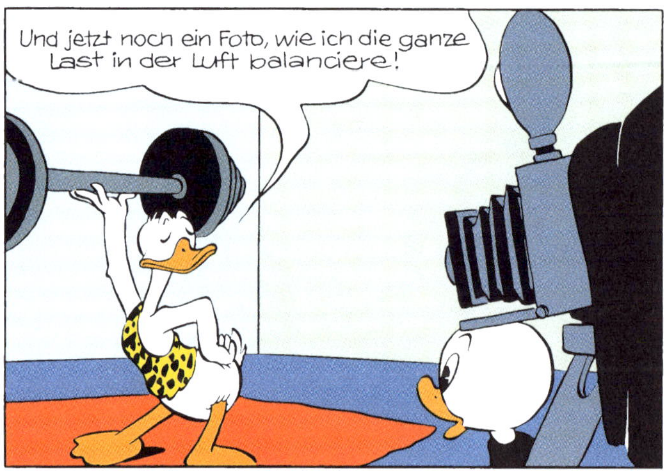
Und jetzt noch ein Foto, wie ich die ganze Last in der Luft balanciere!

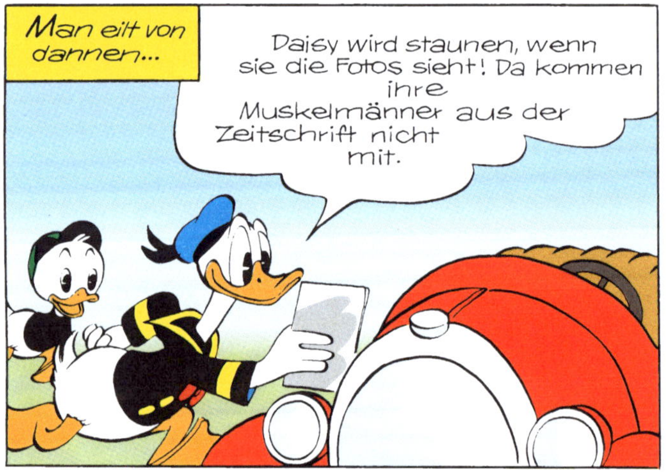
Man eilt von dannen...
Daisy wird staunen, wenn sie die Fotos sieht! Da kommen ihre Muskelmänner aus der Zeitschrift nicht mit.

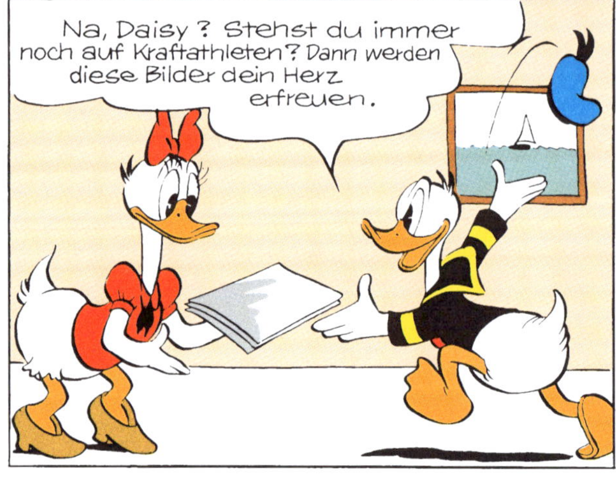
Na, Daisy? Stehst du immer noch auf Kraftathleten? Dann werden diese Bilder dein Herz erfreuen.

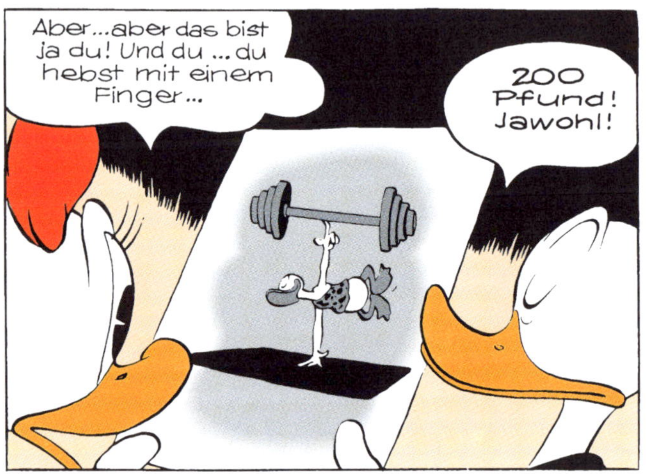
Aber... aber das bist ja du! Und du ... du hebst mit einem Finger...
200 Pfund! Jawohl!

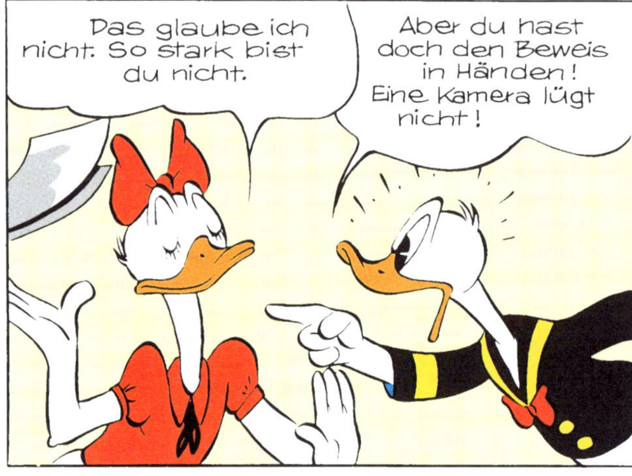
Das glaube ich nicht. So stark bist du nicht.
Aber du hast doch den Beweis in Händen! Eine Kamera lügt nicht!

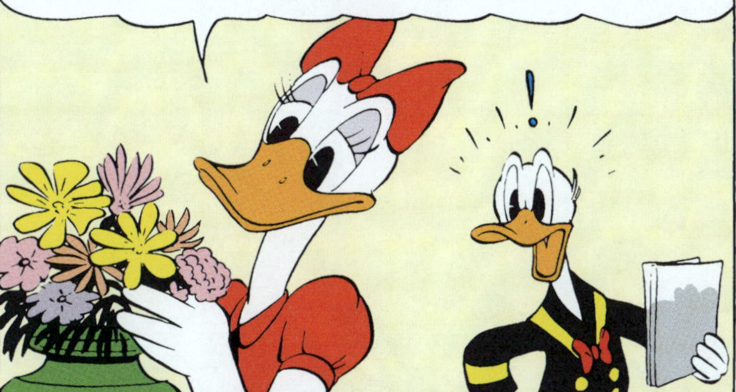
Natürlich nicht! Aber woher soll ich wissen, ob deine Stange echt ist? Vielleicht ist sie federleicht und wiegt keine drei Pfund.
!

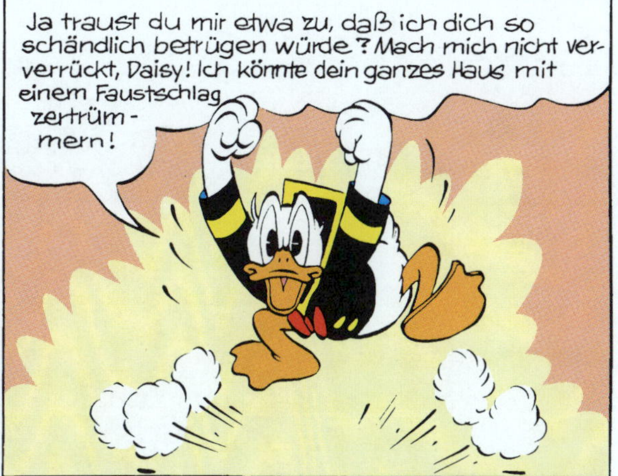
Ja traust du mir etwa zu, daß ich dich so schändlich betrügen würde? Mach mich nicht verrückt, Daisy! Ich könnte dein ganzes Haus mit einem Faustschlag zertrümmern!

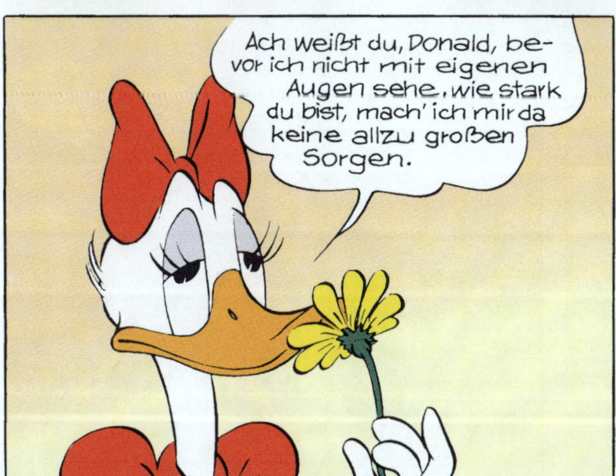
Ach weißt du, Donald, bevor ich nicht mit eigenen Augen sehe, wie stark du bist, mach' ich mir da keine allzu großen Sorgen.

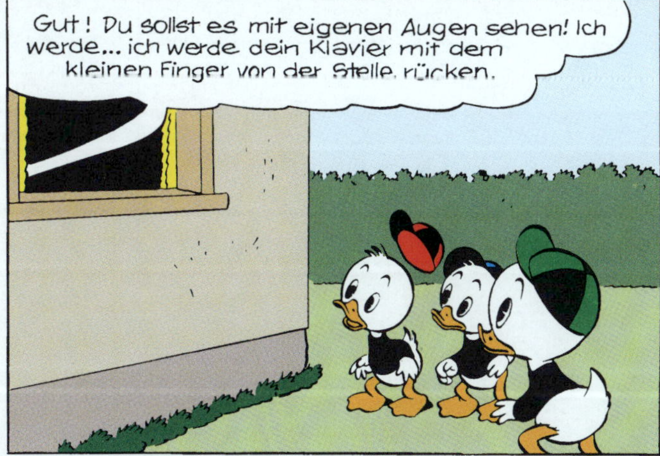
Gut! Du sollst es mit eigenen Augen sehen! Ich werde... ich werde dein Klavier mit dem kleinen Finger von der Stelle rücken.

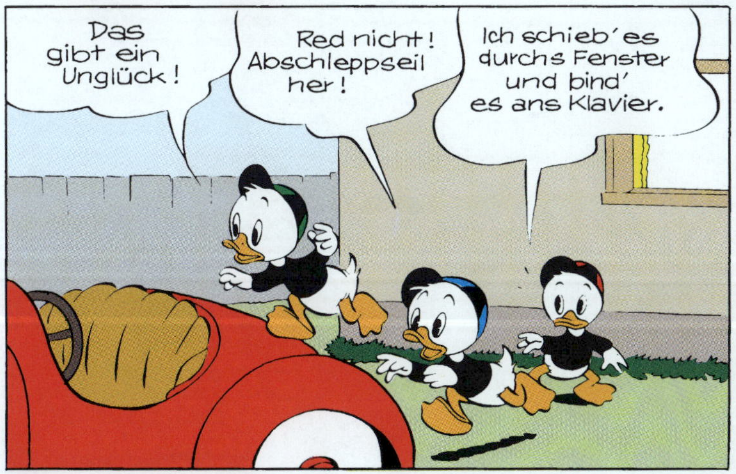
Das gibt ein Unglück!
Red nicht! Abschleppseil her!
Ich schieb' es durchs Fenster und bind' es ans Klavier.

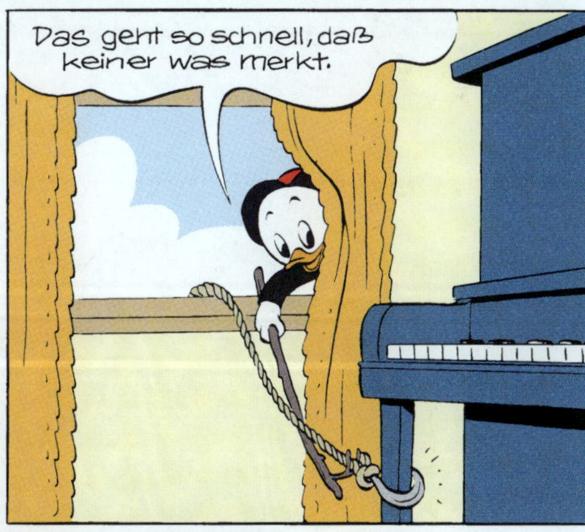
Das geht so schnell, daß keiner was merkt.

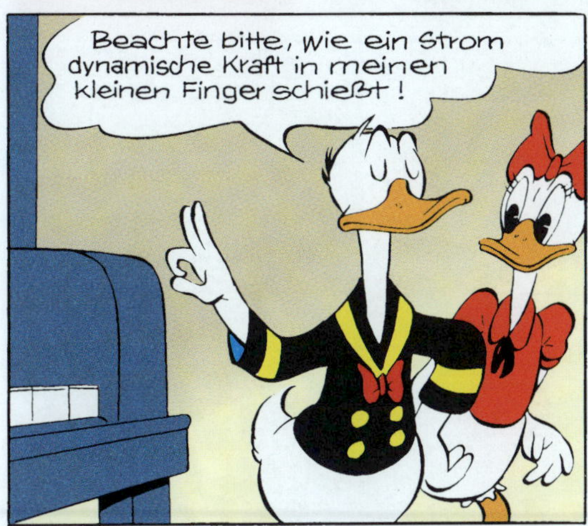
Beachte bitte, wie ein Strom dynamische Kraft in meinen kleinen Finger schießt!

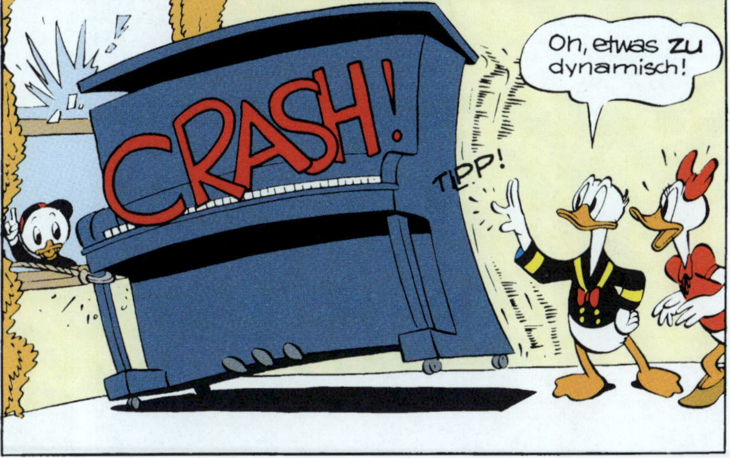
CRASH!
TIPP!
Oh, etwas zu dynamisch!

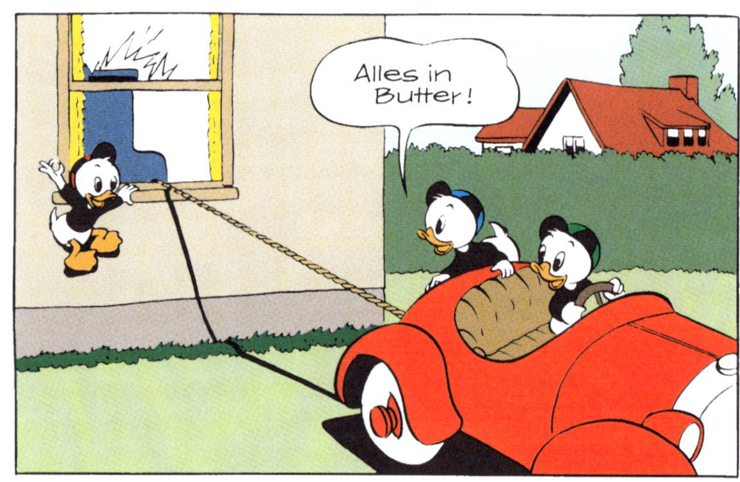

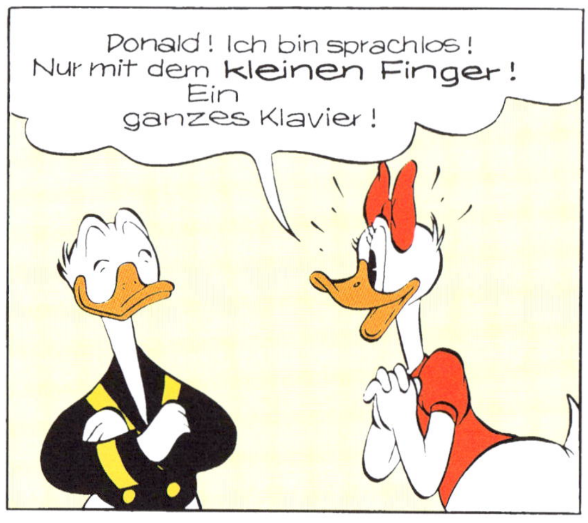

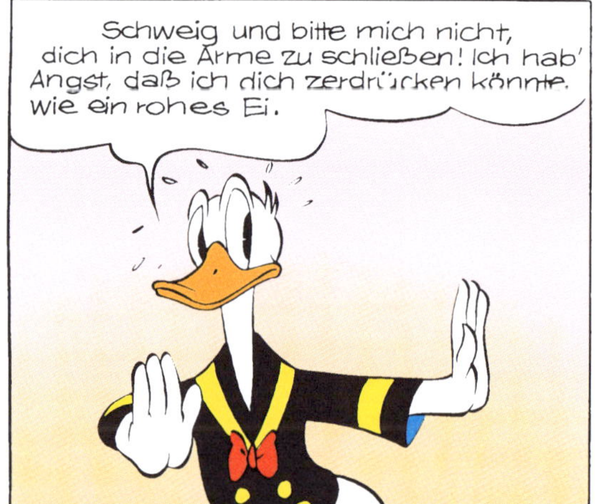

So ist Donald bei Daisy wieder in Gnaden aufgenommen, und in gehobener Stimmung ergeht man sich im Stadtpark...

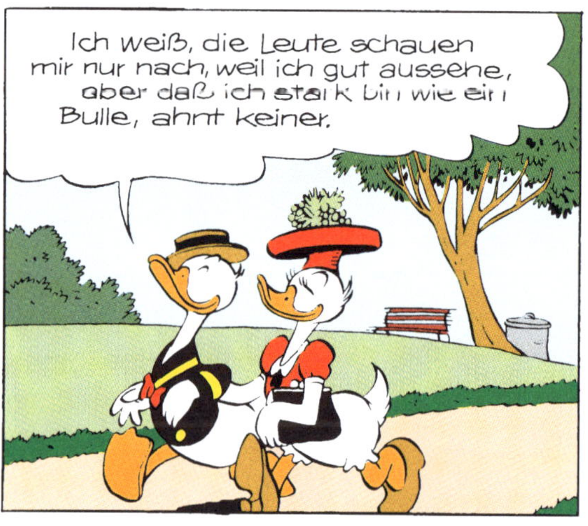

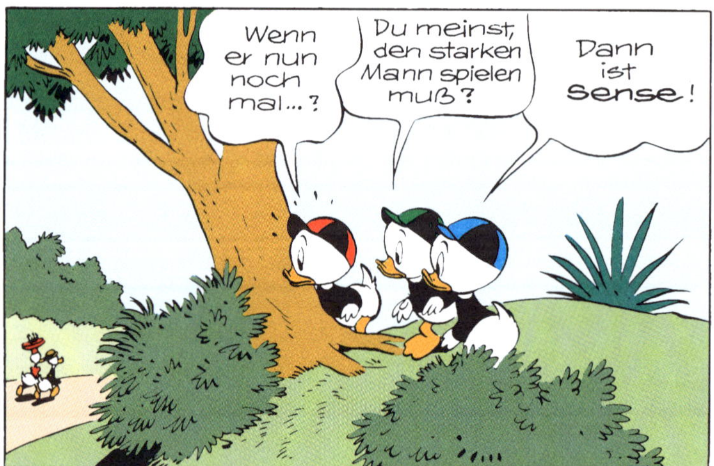

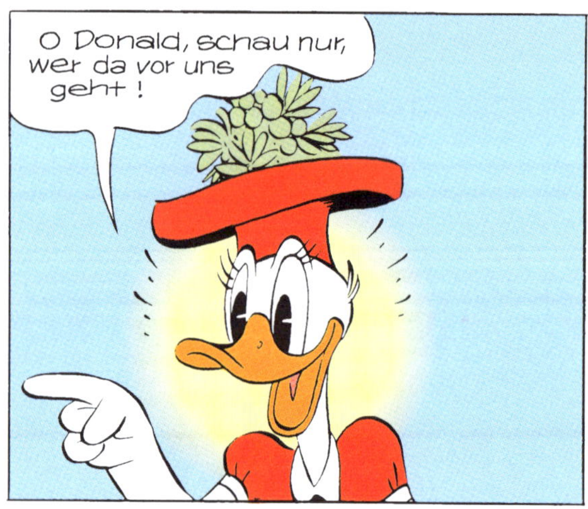

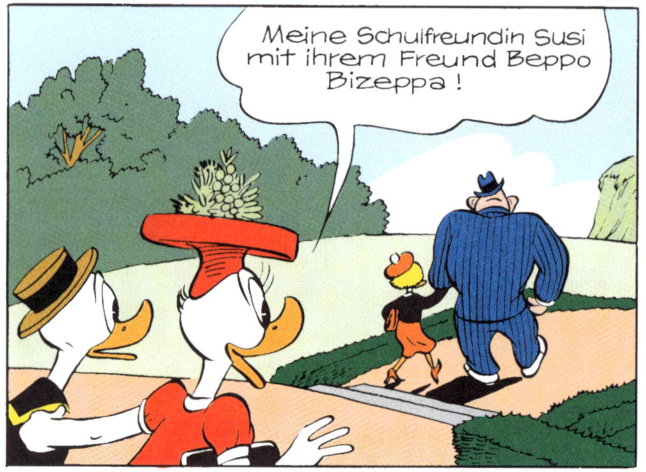

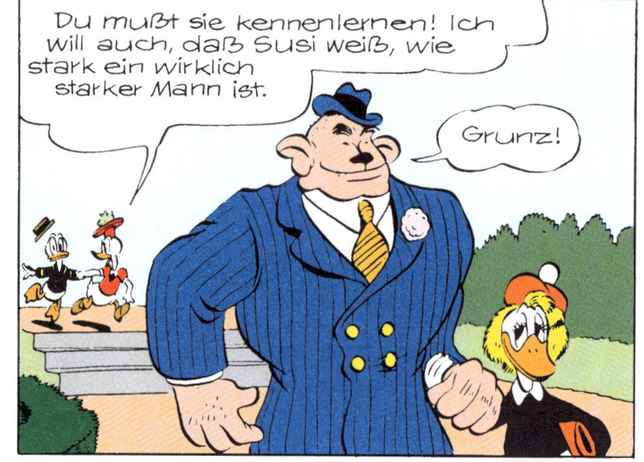

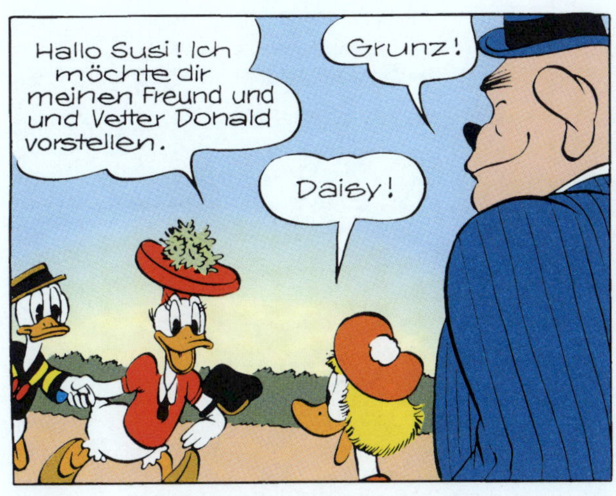
Hallo Susi! Ich möchte dir meinen Freund und und Vetter Donald vorstellen.
Grunz!
Daisy!

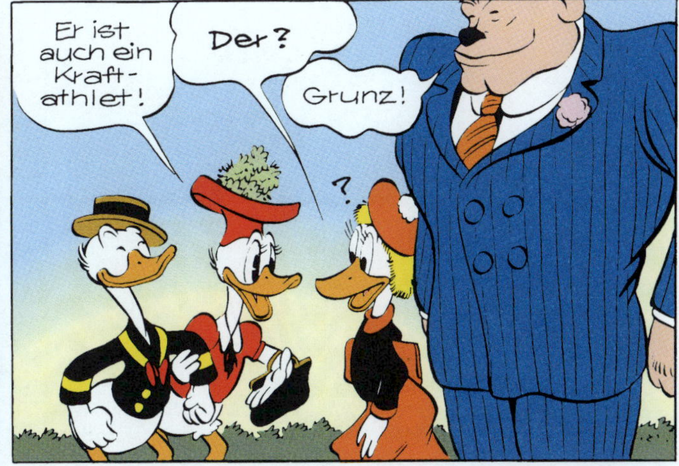
Er ist auch ein Kraft-athlet!
Der?
Grunz!
?

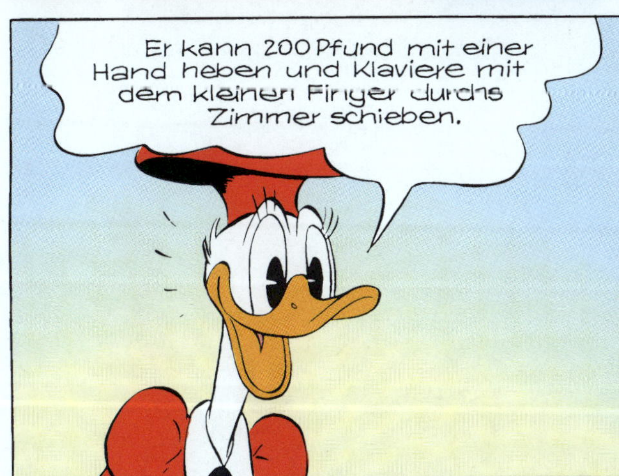
Er kann 200 Pfund mit einer Hand heben und Klaviere mit dem kleinen Finger durchs Zimmer schieben.

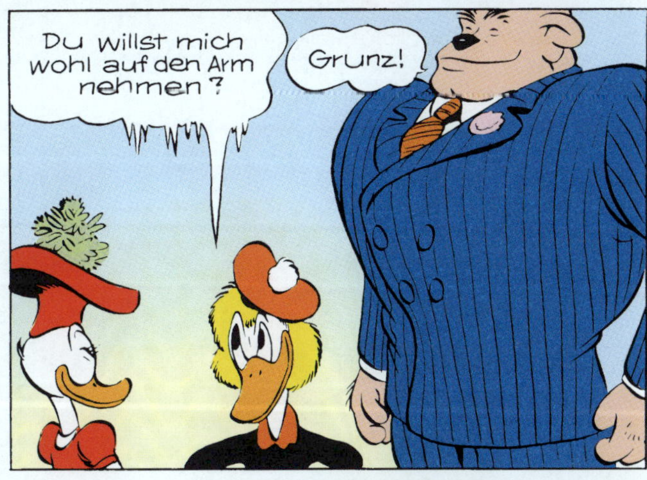
Du willst mich wohl auf den Arm nehmen?
Grunz!

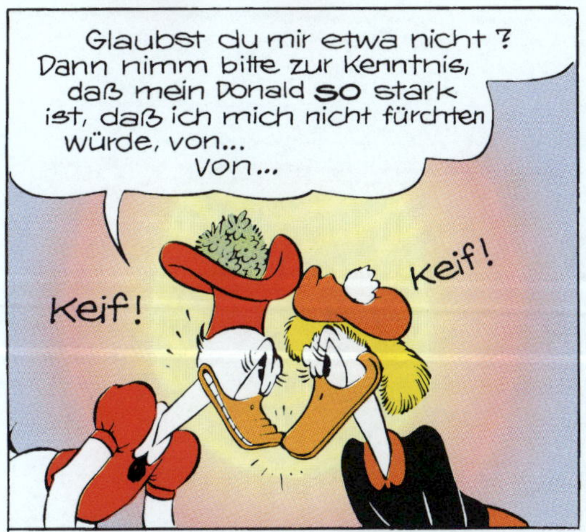
Glaubst du mir etwa nicht? Dann nimm bitte zur Kenntnis, daß mein Donald **so** stark ist, daß ich mich nicht fürchten würde, von... Von...
Keif!
Keif!

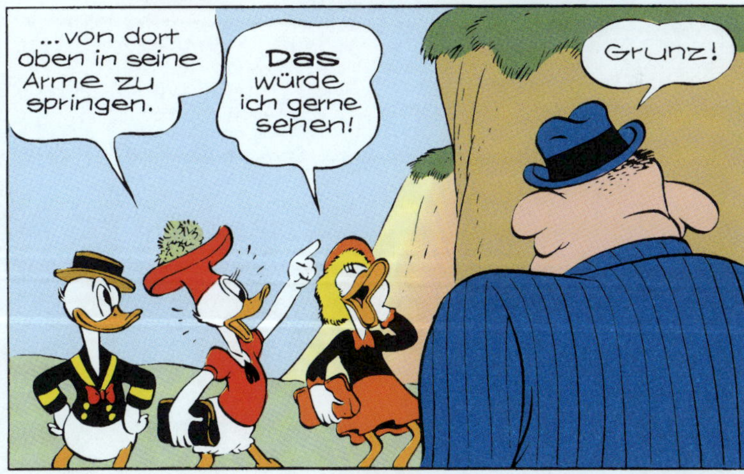
...von dort oben in seine Arme zu springen.
Das würde ich gerne sehen!
Grunz!

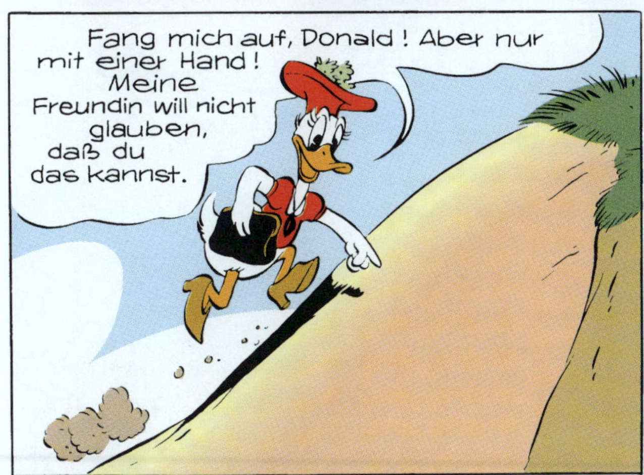
Fang mich auf, Donald! Aber nur mit einer Hand! Meine Freundin will nicht glauben, daß du das kannst.

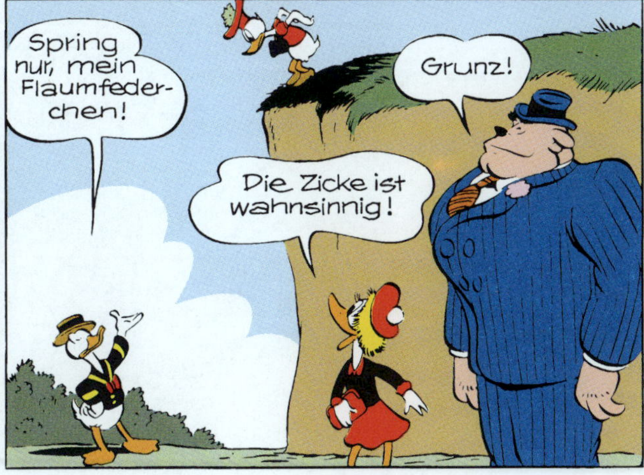
Spring nur, mein Flaumfeder-chen!
Grunz!
Die Zicke ist wahnsinnig!

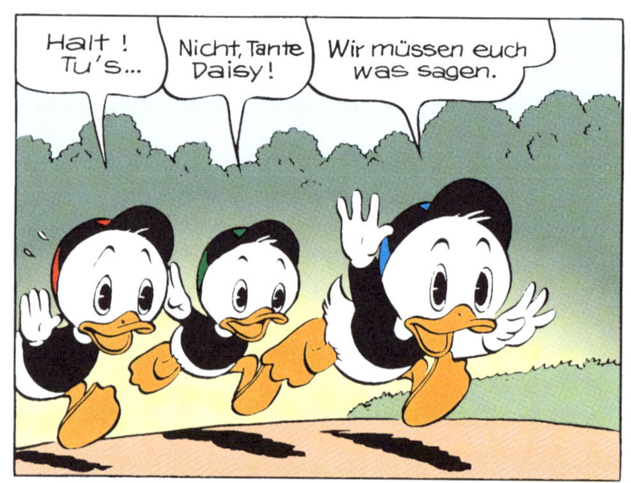
Halt! Tu's...
Nicht, Tante Daisy!
Wir müssen euch was sagen.

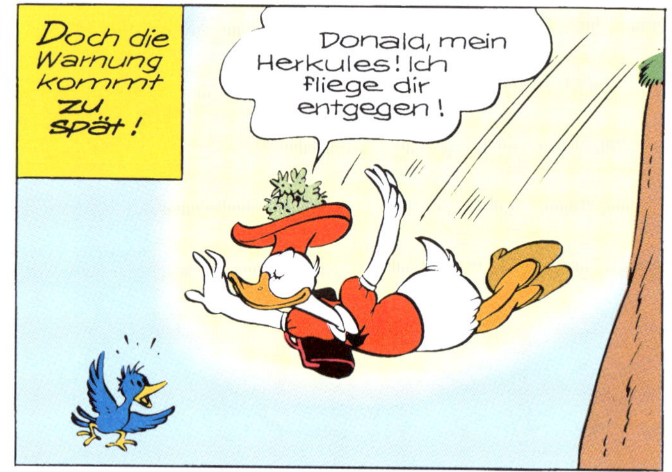
Doch die Warnung kommt zu spät!
Donald, mein Herkules! Ich fliege dir entgegen!

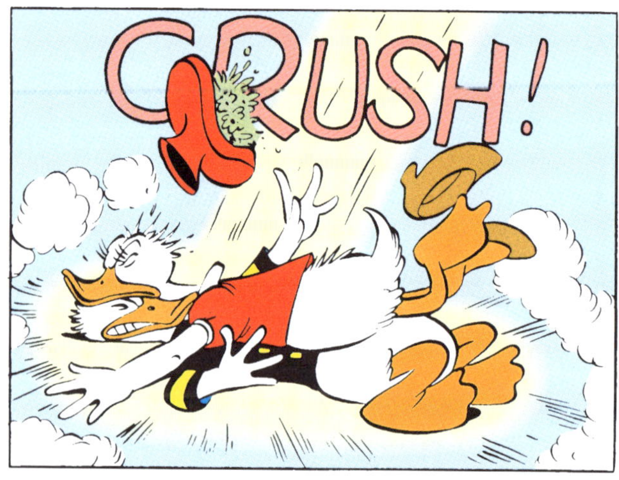
CRUSH!

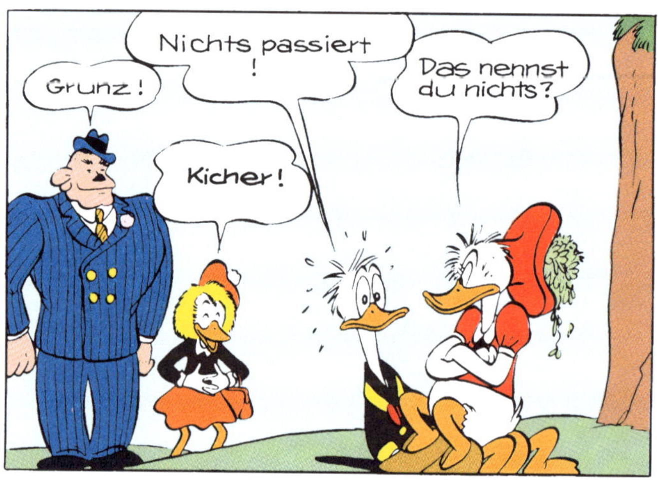
Grunz!
Nichts passiert!
Das nennst du nichts?
Kicher!

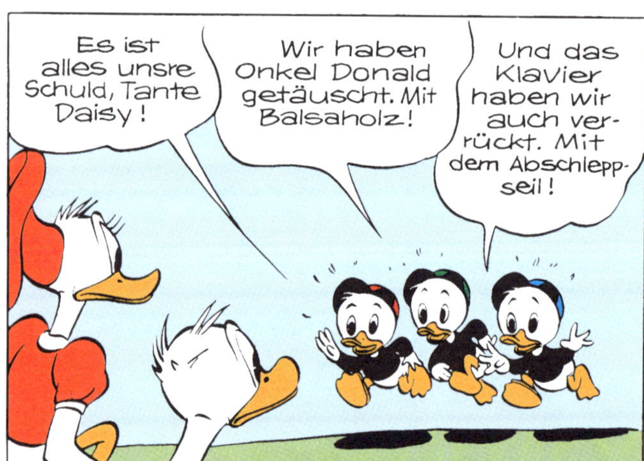
Es ist alles unsre Schuld, Tante Daisy!
Wir haben Onkel Donald getäuscht. Mit Balsaholz!
Und das Klavier haben wir verrückt. Mit dem Abschleppseil!

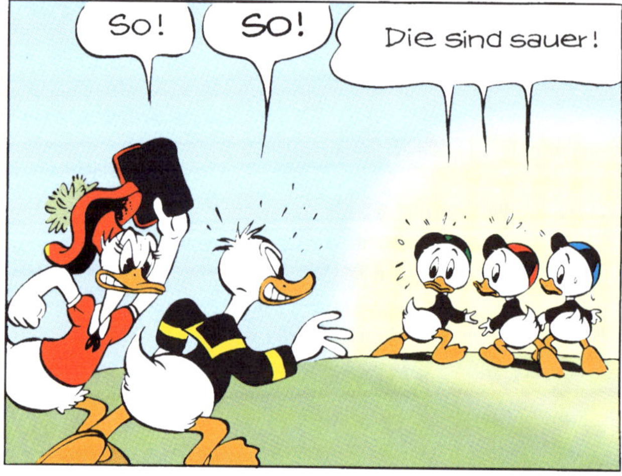
So!
SO!
Die sind sauer!

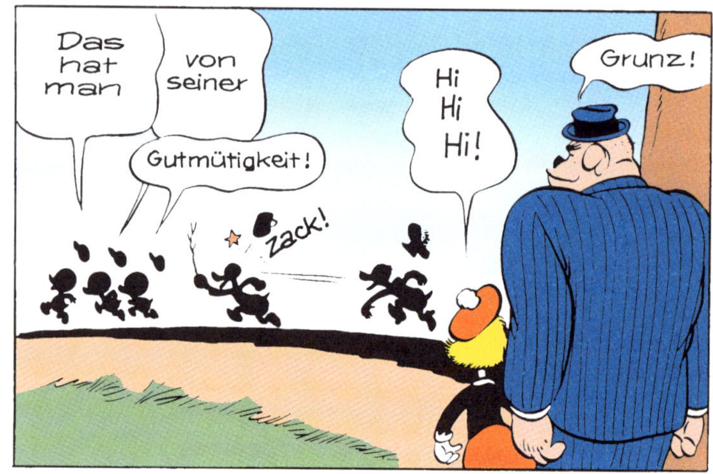
Das hat man
von seiner
Gutmütigkeit!
ZACK!
Hi Hi Hi!
Grunz!

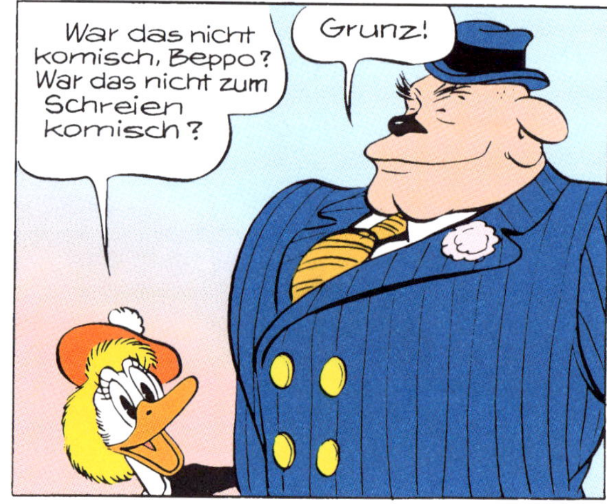
War das nicht komisch, Beppo? War das nicht zum Schreien komisch?
Grunz!

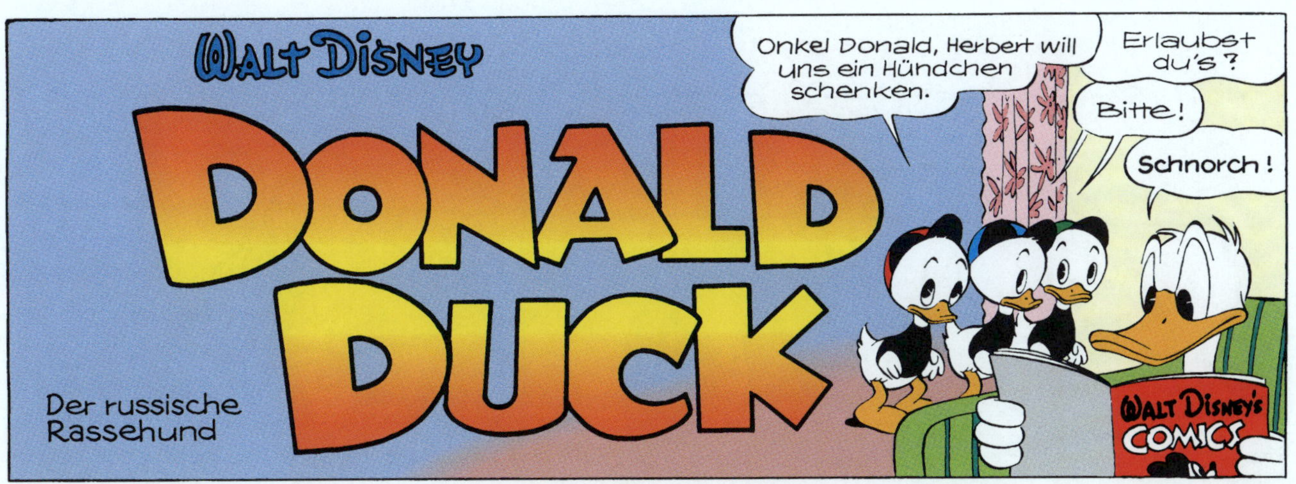
WALT DISNEY
DONALD DUCK
Der russische Rassehund
Onkel Donald, Herbert will uns ein Hündchen schenken.
Erlaubst du's?
Bitte!
Schnorch!
WALT DISNEY'S COMICS

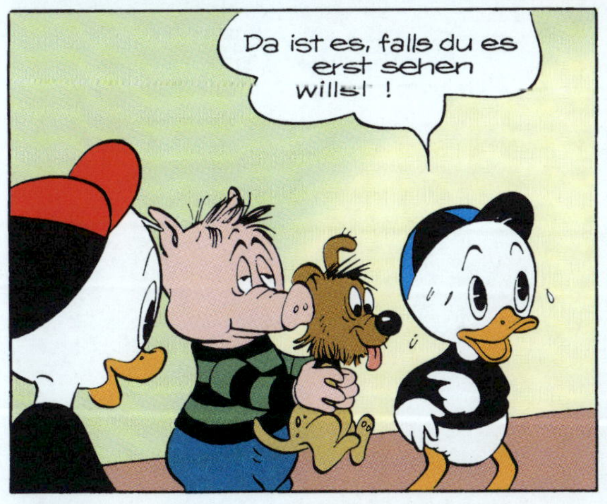
Da ist es, falls du es erst sehen willst!

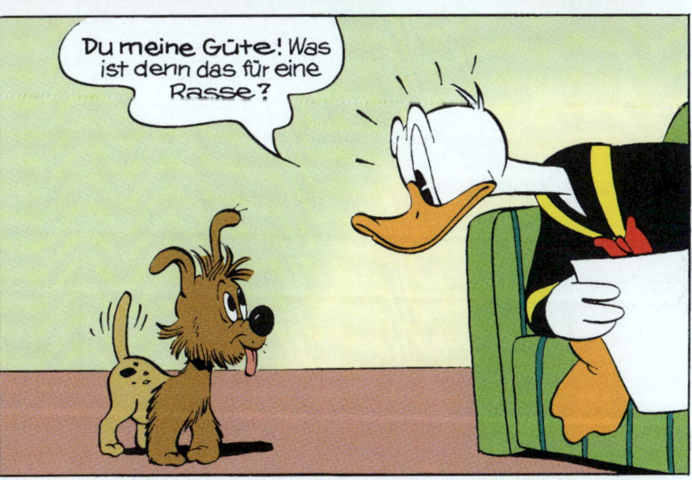
Du meine Güte! Was ist denn das für eine Rasse?

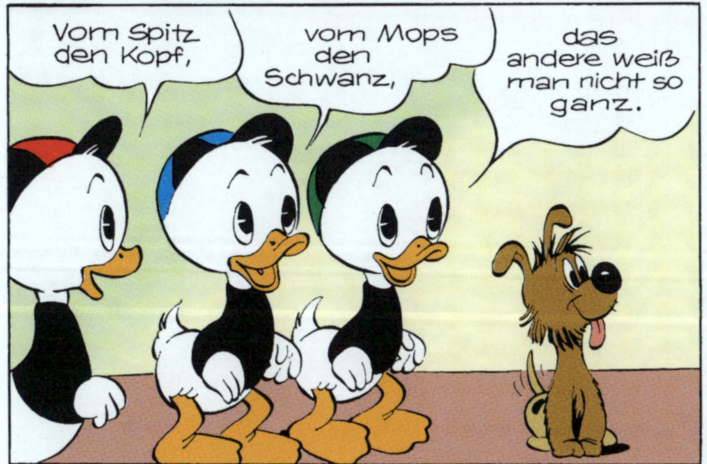
Vom Spitz den Kopf,
vom Mops den Schwanz,
das andere weiß man nicht so ganz.

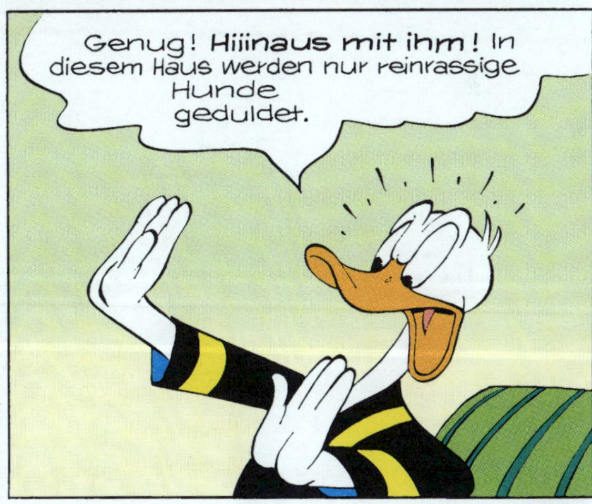
Genug! Hiiinaus mit ihm! In diesem Haus werden nur reinrassige Hunde geduldet.

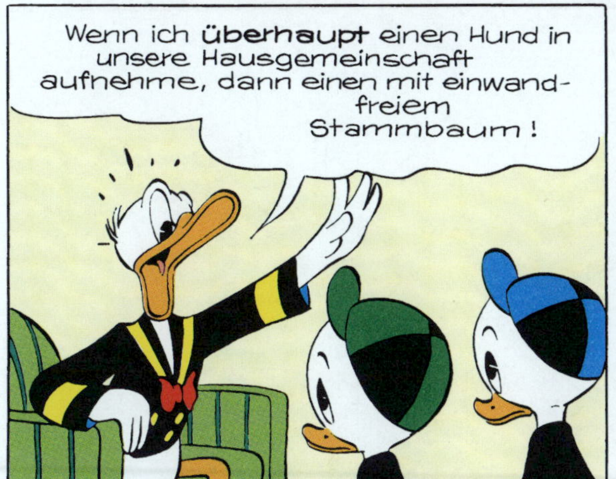
Wenn ich überhaupt einen Hund in unsere Hausgemeinschaft aufnehme, dann einen mit einwandfreiem Stammbaum!

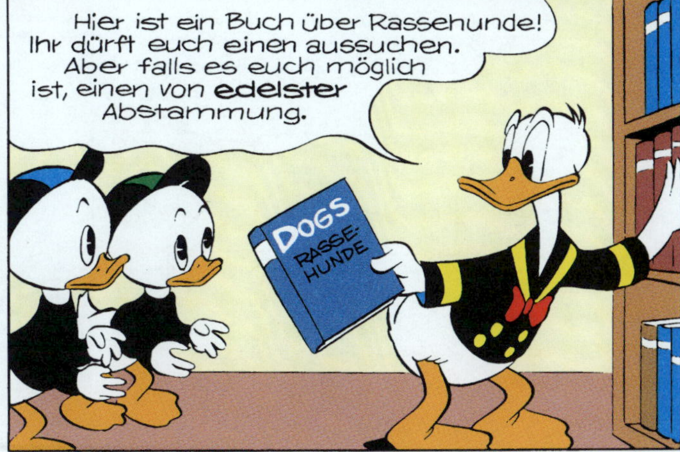
Hier ist ein Buch über Rassehunde! Ihr dürft euch einen aussuchen. Aber falls es euch möglich ist, einen von edelster Abstammung.
DOGS RASSEHUNDE

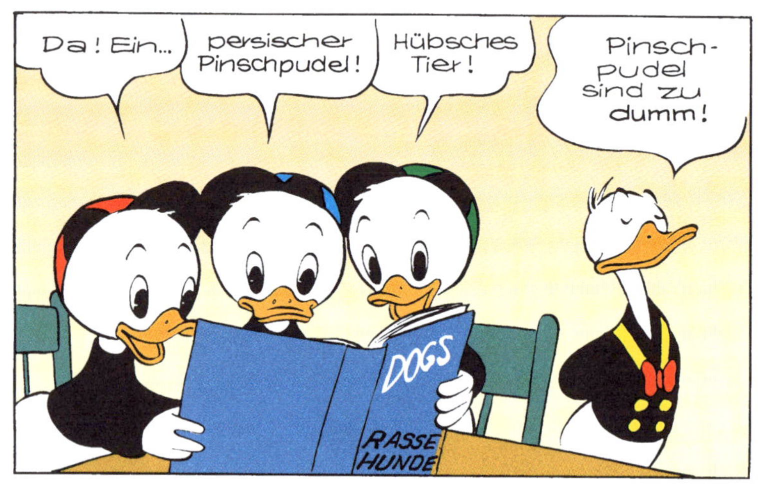
Da! Ein...
persischer Pinschpudel!
Hübsches Tier!
Pinsch-pudel sind zu dumm!

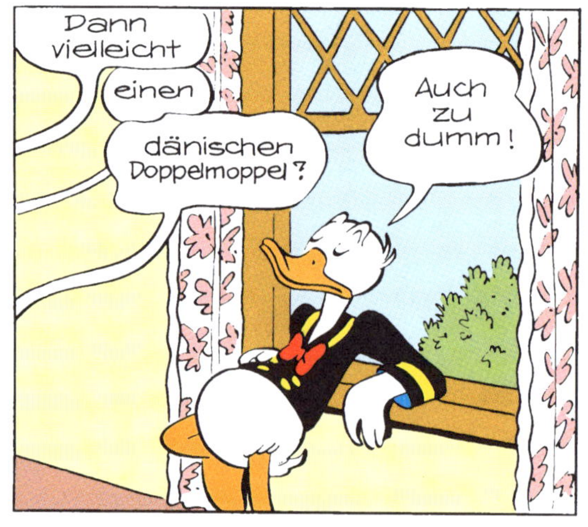
Dann vielleicht
einen
dänischen Doppelmoppel?
Auch zu dumm!

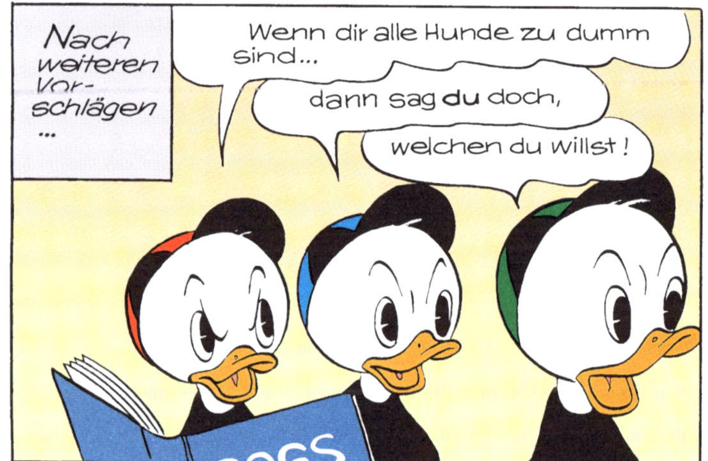
Nach weiteren Vor-schlägen ...
Wenn dir alle Hunde zu dumm sind...
dann sag du doch,
welchen du willst!
DOGS

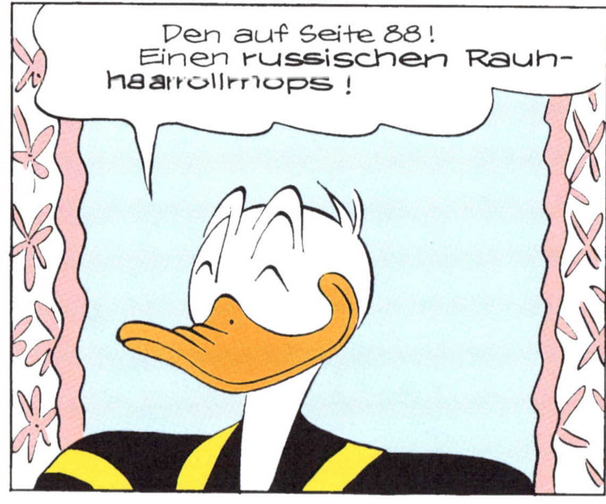
Den auf Seite 88! Einen russischen Rauh-haarrollmops!

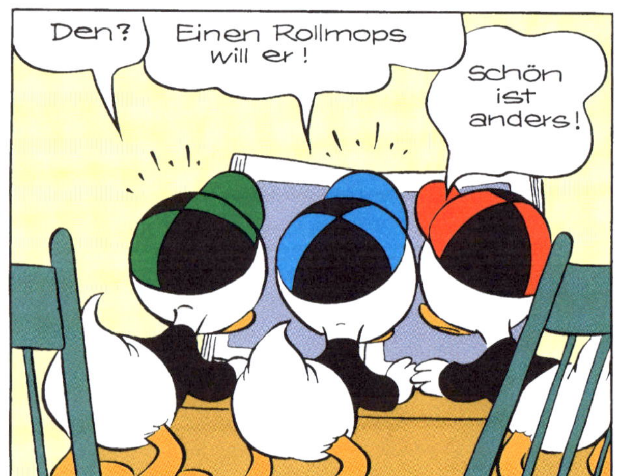
Den?
Einen Rollmops will er!
Schön ist anders!

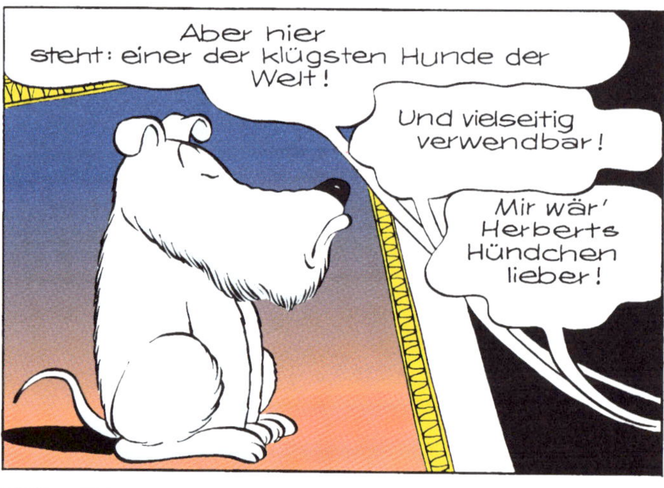
Aber hier steht: einer der klügsten Hunde der Welt!
Und vielseitig verwendbar!
Mir wär' Herberts Hündchen lieber!

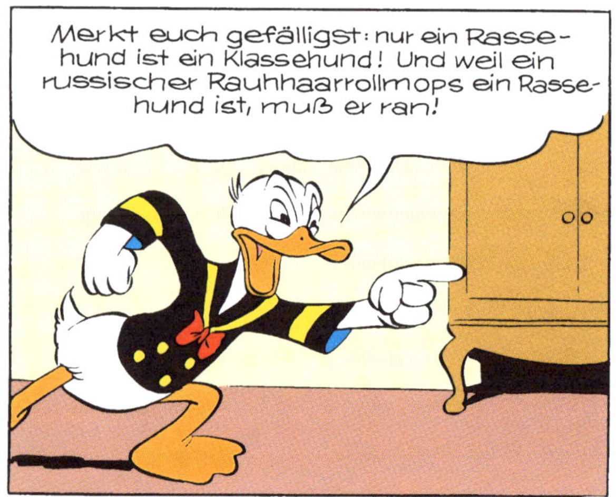
Merkt euch gefälligst: nur ein Rasse-hund ist ein Klassehund! Und weil ein russischer Rauhhaarrollmops ein Rasse-hund ist, muß er ran!

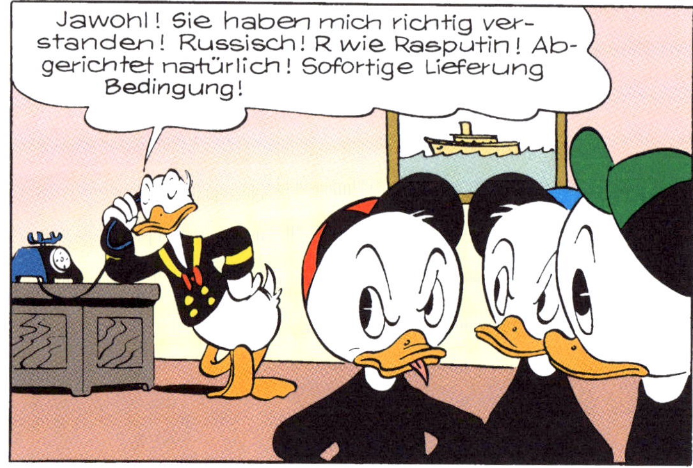
Jawohl! Sie haben mich richtig ver-standen! Russisch! R wie Rasputin! Ab-gerichtet natürlich! Sofortige Lieferung Bedingung!

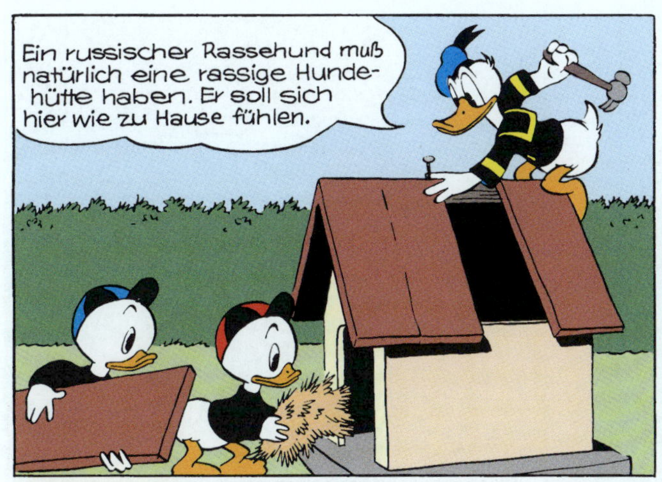
Ein russischer Rassehund muß natürlich eine rassige Hundehütte haben. Er soll sich hier wie zu Hause fühlen.

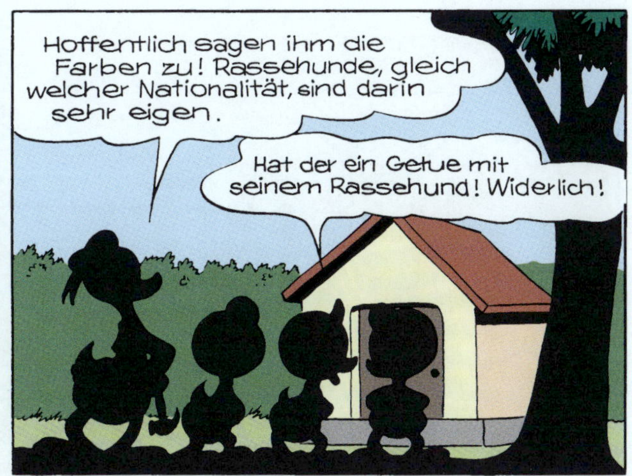
Hoffentlich sagen ihm die Farben zu! Rassehunde, gleich welcher Nationalität, sind darin sehr eigen.
Hat der ein Getue mit seinem Rassehund! Widerlich!

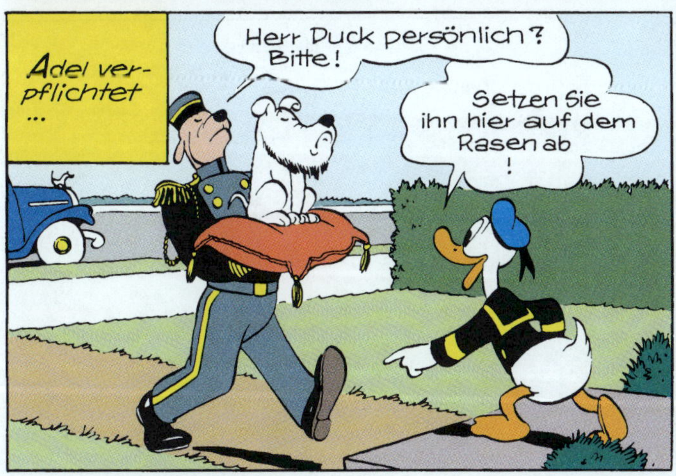
Adel verpflichtet ...
Herr Duck persönlich? Bitte!
Setzen Sie ihn hier auf dem Rasen ab!

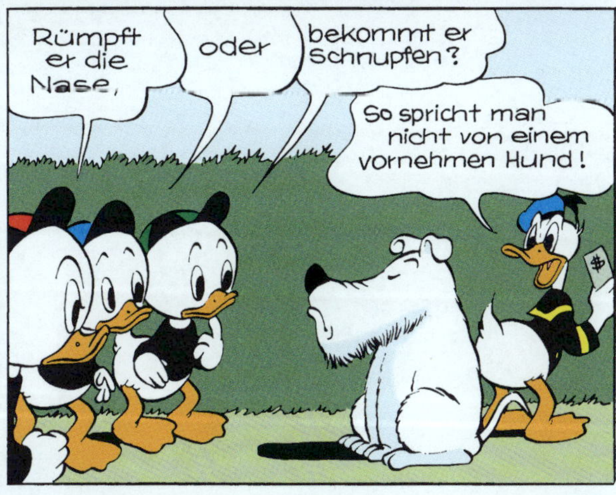
Rümpft er die Nase,
oder
bekommt er Schnupfen?
So spricht man nicht von einem vornehmen Hund!

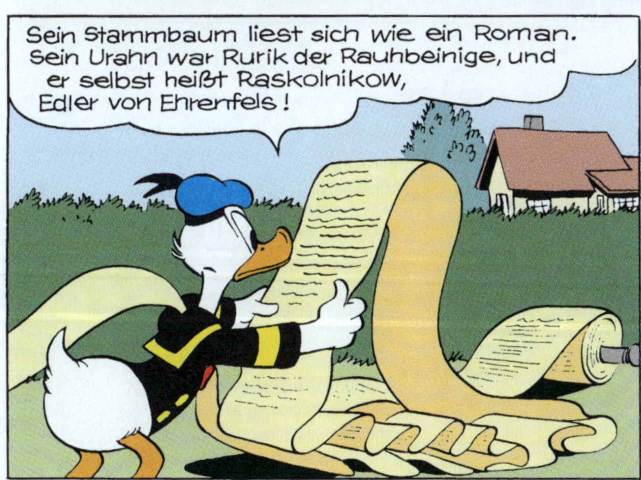
Sein Stammbaum liest sich wie ein Roman. Sein Urahn war Rurik der Rauhbeinige, und er selbst heißt Raskolnikow, Edler von Ehrenfels!

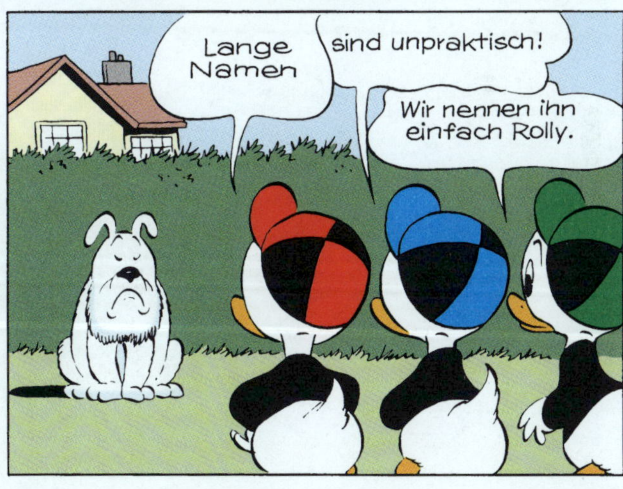
Lange Namen
sind unpraktisch!
Wir nennen ihn einfach Rolly.

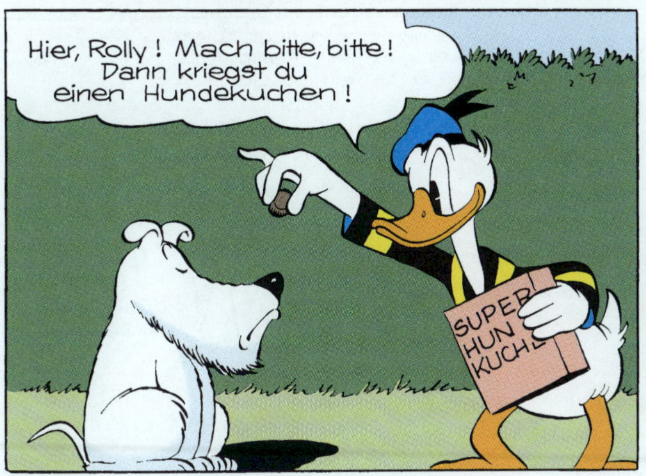
Hier, Rolly! Mach bitte, bitte! Dann kriegst du einen Hundekuchen!
SUPER HUN KUCH

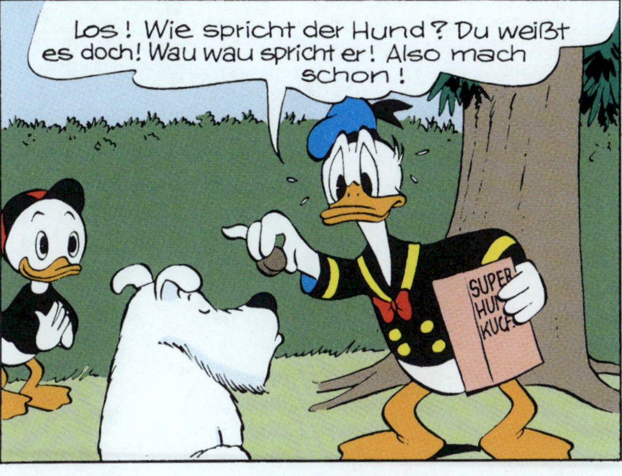
Los! Wie spricht der Hund? Du weißt es doch! Wau wau spricht er! Also mach schon!
SUPER HUN KUCH

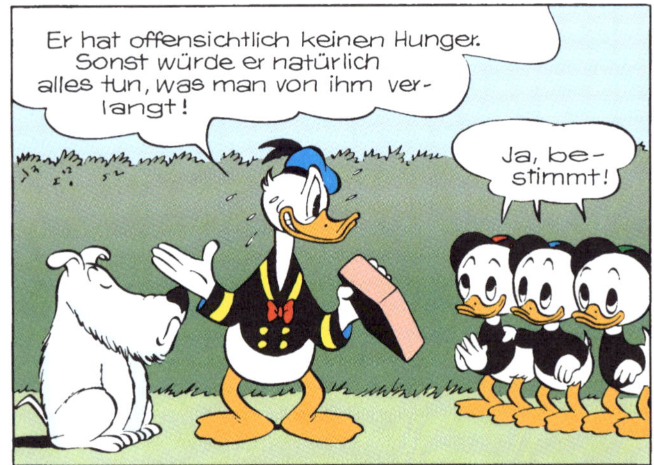
Er hat offensichtlich keinen Hunger. Sonst würde er natürlich alles tun, was man von ihm verlangt!
Ja, bestimmt!

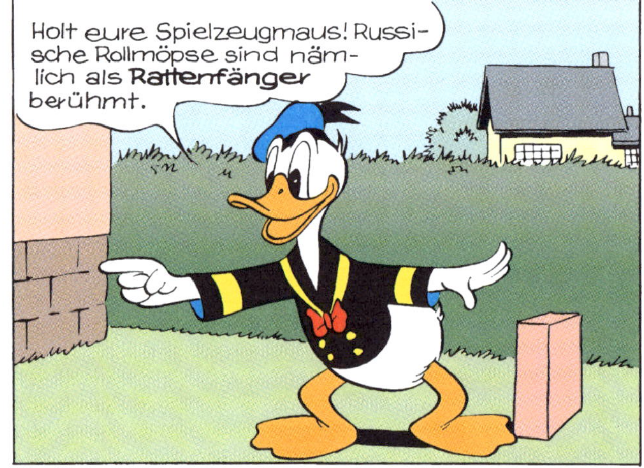
Holt eure Spielzeugmaus! Russische Rollmöpse sind nämlich als **Rattenfänger** berühmt.

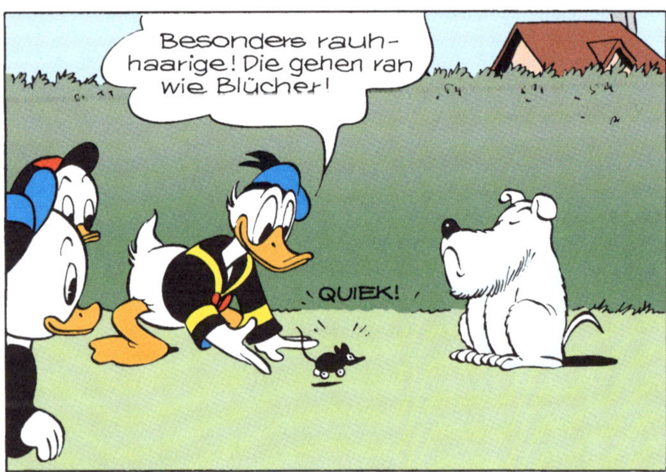
Besonders rauhhaarige! Die gehen ran wie Blücher!
QUIEK!

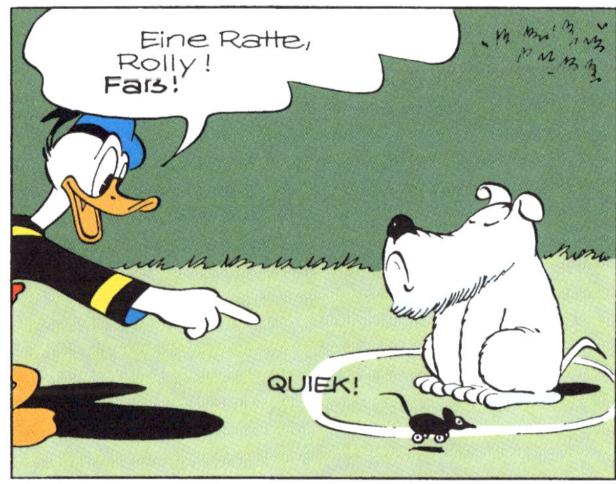
Eine Ratte, Rolly! **Faß!**
QUIEK!

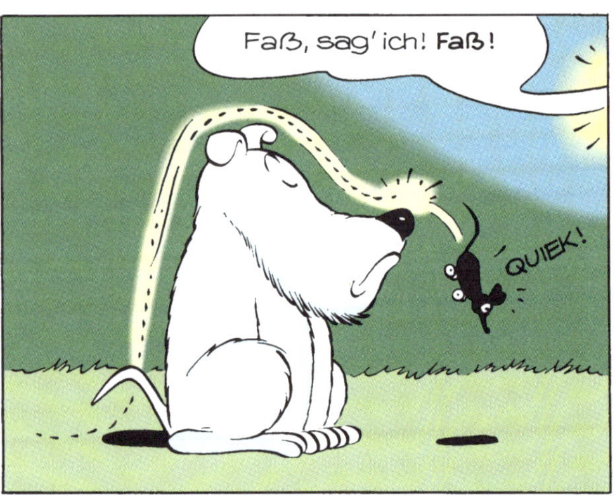
Faß, sag'ich! **Faß!**
QUIEK!

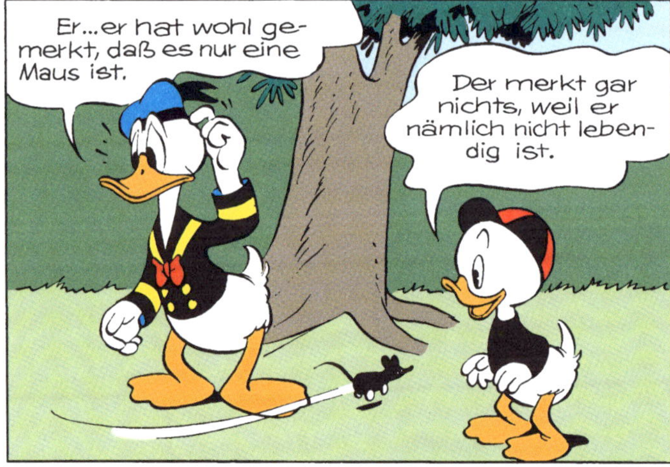
Er... er hat wohl gemerkt, daß es nur eine Maus ist.
Der merkt gar nichts, weil er nämlich nicht lebendig ist.

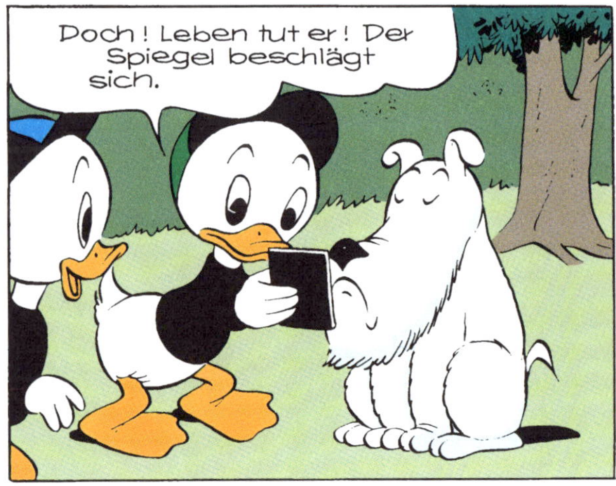
Doch! Leben tut er! Der Spiegel beschlägt sich.

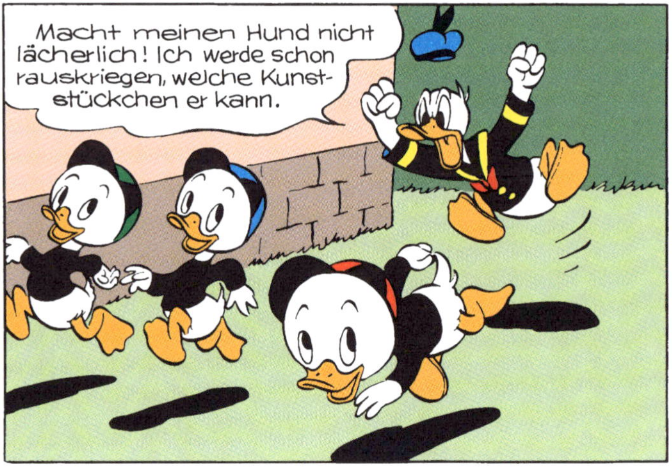
Macht meinen Hund nicht lächerlich! Ich werde schon rauskriegen, welche Kunststückchen er kann.

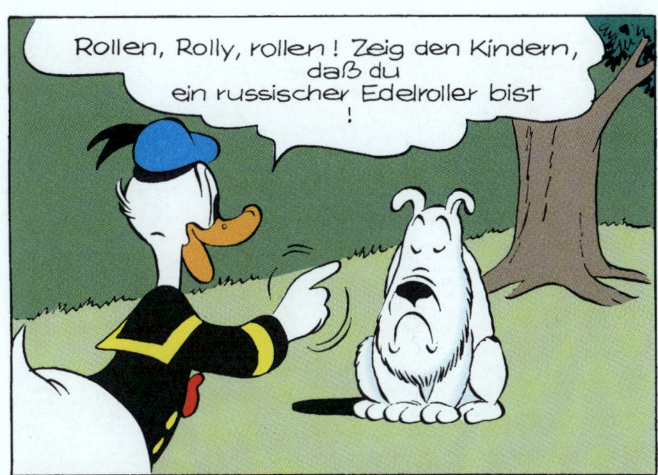
Rollen, Rolly, rollen! Zeig den Kindern, daß du ein russischer Edelroller bist!

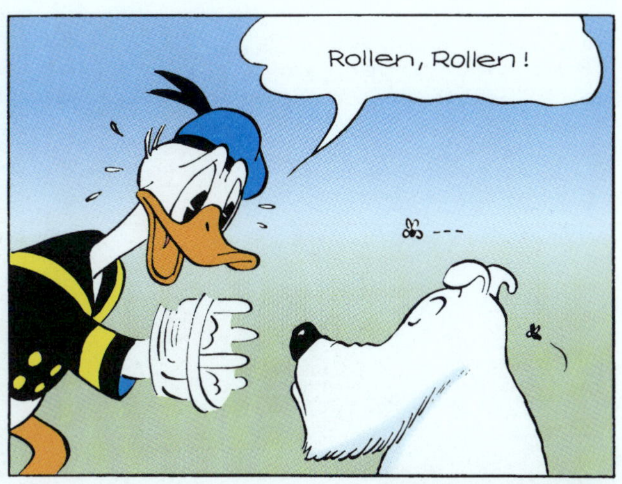
Rollen, Rollen!

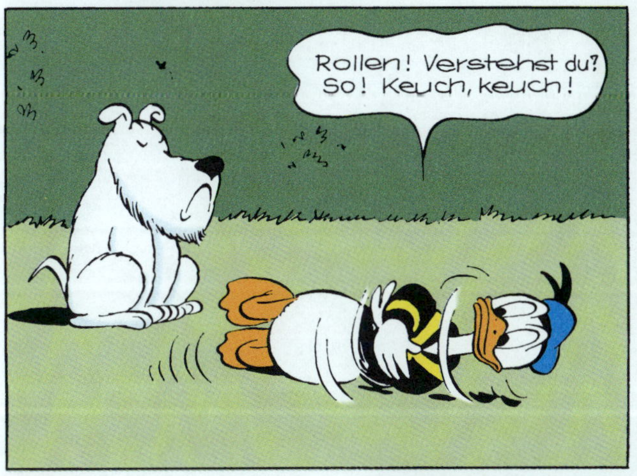
Rollen! Verstehst du? So! Keuch, keuch!

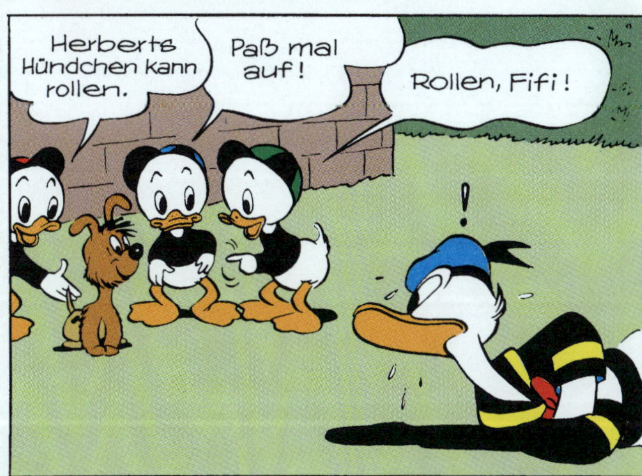
Herberts Hündchen kann rollen.
Paß mal auf!
Rollen, Fifi!
!

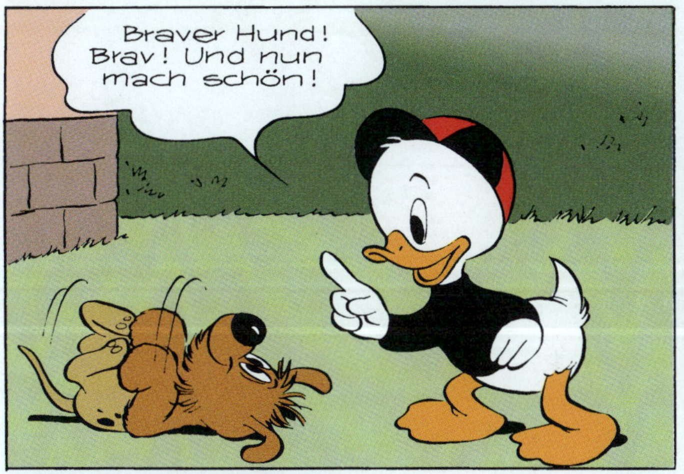
Braver Hund! Brav! Und nun mach schön!

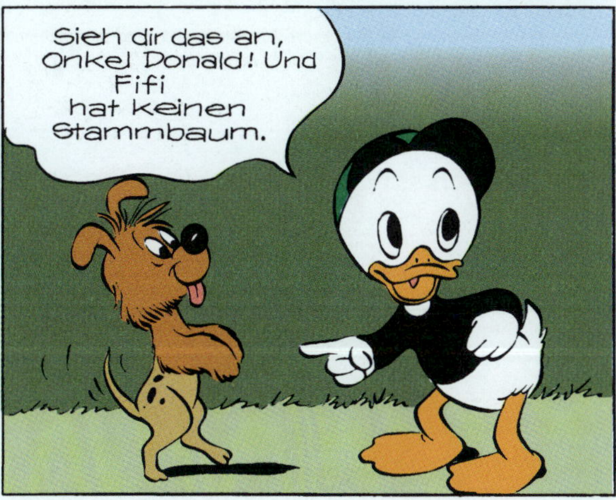
Sieh dir das an, Onkel Donald! Und Fifi hat keinen Stammbaum.

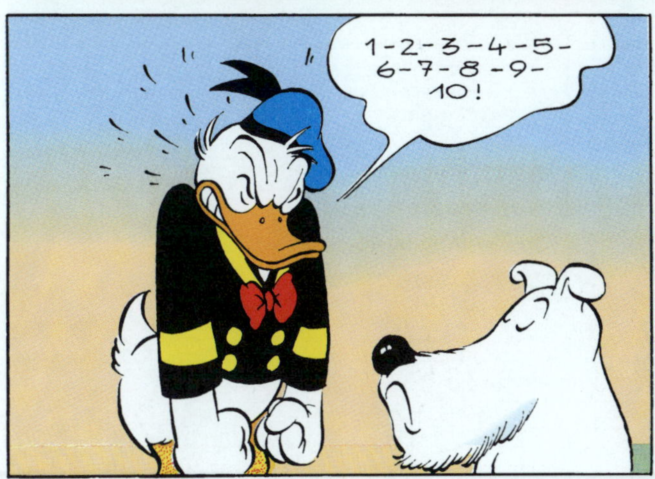
1-2-3-4-5-6-7-8-9-10!

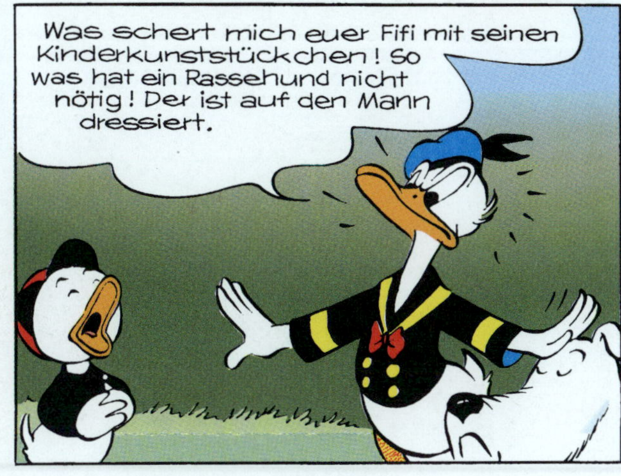
Was schert mich euer Fifi mit seinen Kinderkunststückchen! So was hat ein Rassehund nicht nötig! Der ist auf den Mann dressiert.

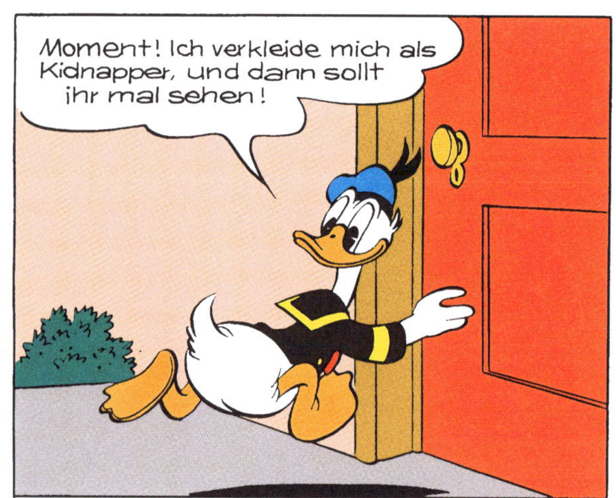
Moment! Ich verkleide mich als Kidnapper, und dann sollt ihr mal sehen!

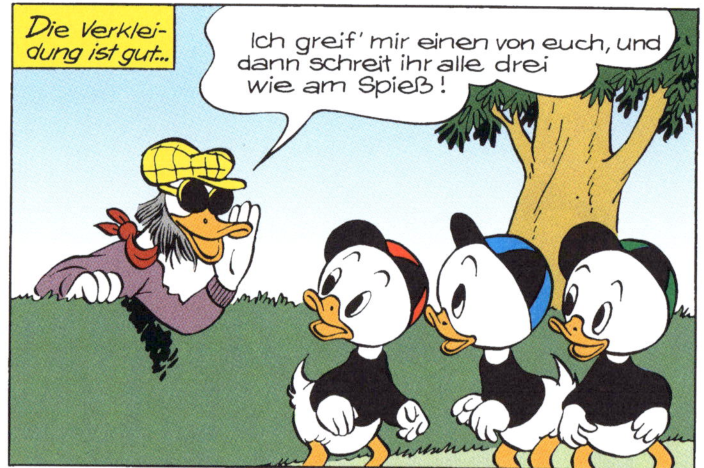
Die Verkleidung ist gut...
Ich greif' mir einen von euch, und dann schreit ihr alle drei wie am Spieß!

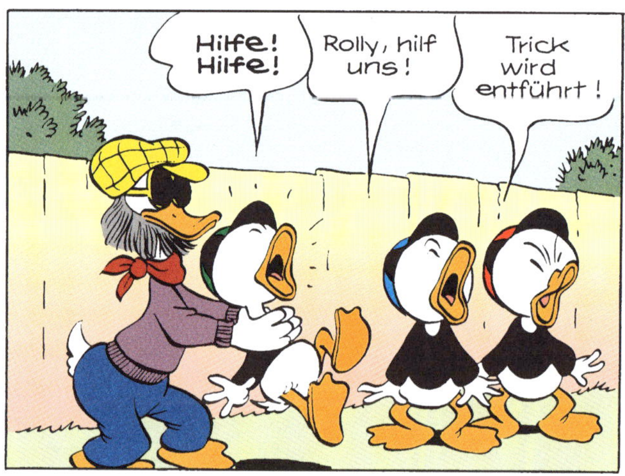
Hilfe! Hilfe!
Rolly, hilf uns!
Trick wird entführt!

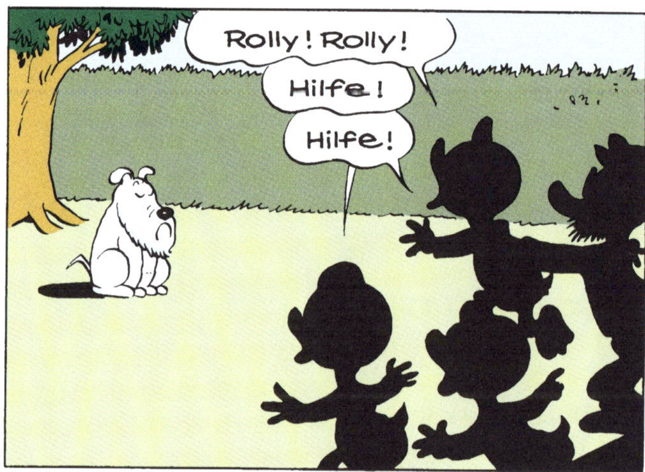
Rolly! Rolly!
Hilfe!
Hilfe!

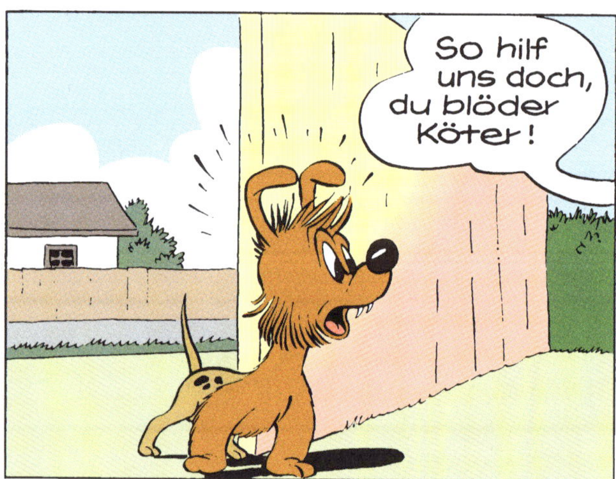
So hilf uns doch, du blöder Köter!

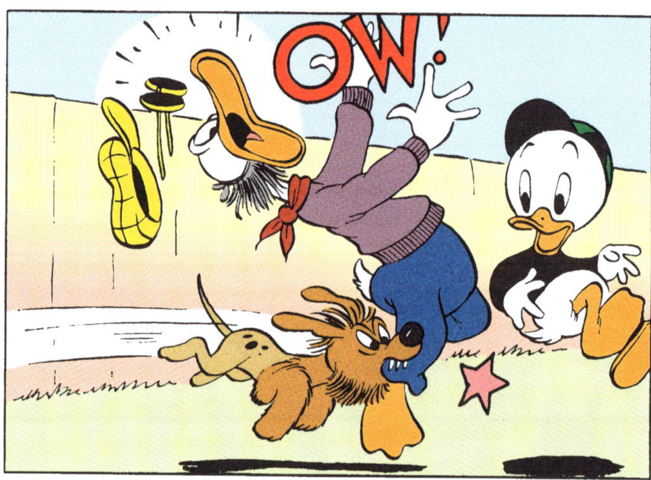
OW!

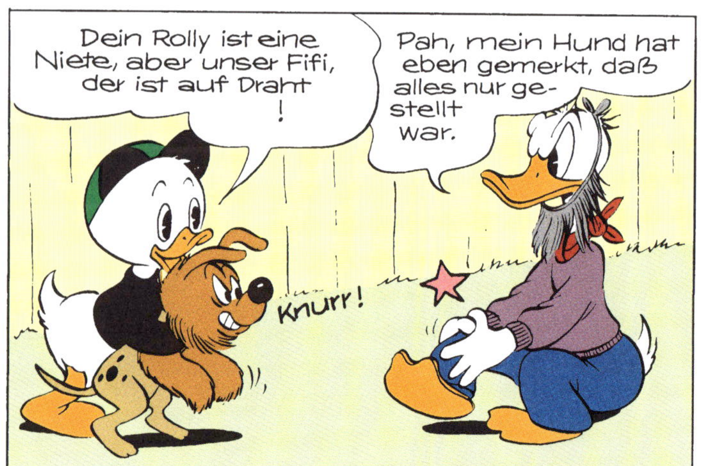
Dein Rolly ist eine Niete, aber unser Fifi, der ist auf Draht!
Pah, mein Hund hat eben gemerkt, daß alles nur gestellt war.
Knurr!

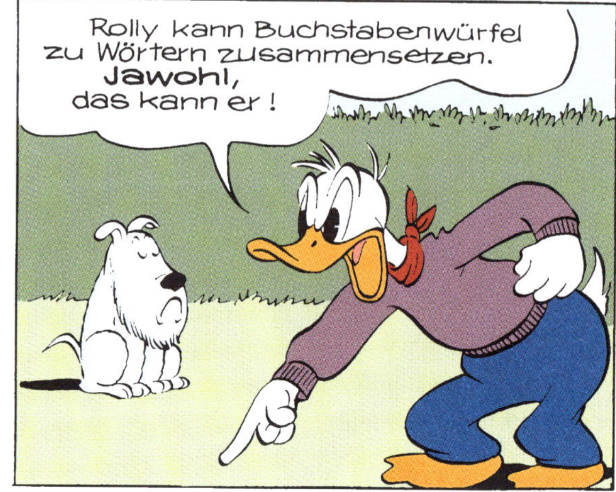
Rolly kann Buchstabenwürfel zu Wörtern zusammensetzen. Jawohl, das kann er!

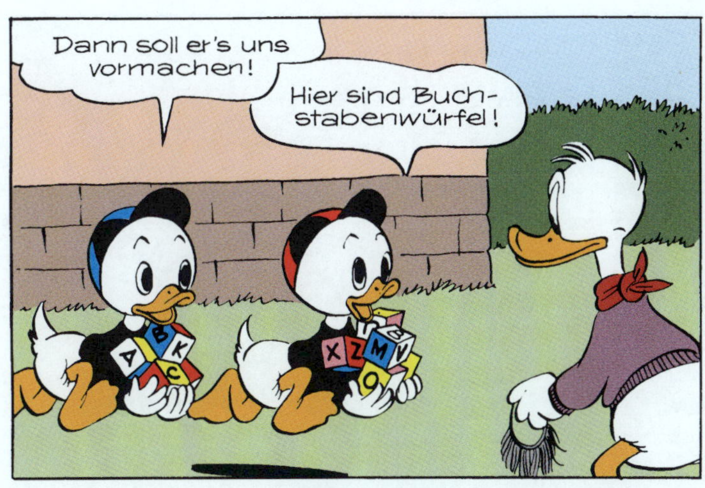
Dann soll er's uns vormachen!
Hier sind Buchstabenwürfel!

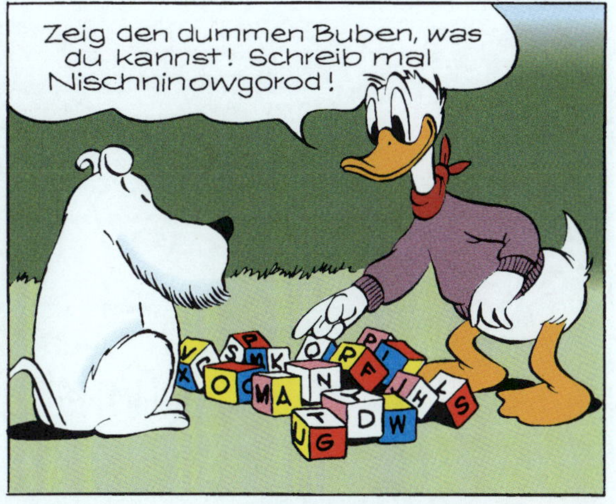
Zeig den dummen Buben, was du kannst! Schreib mal Nischninowgorod!

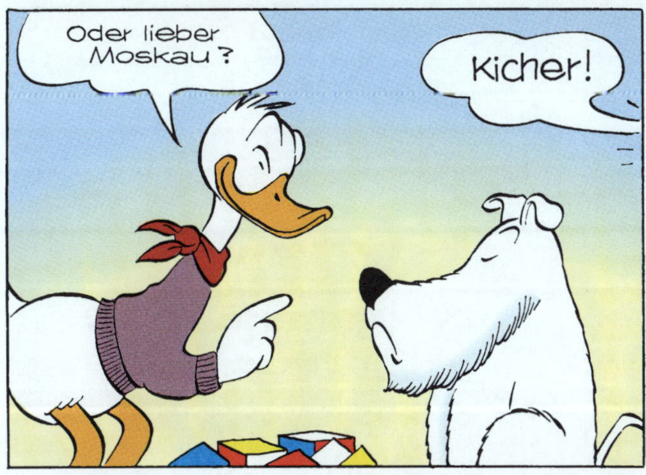
Oder lieber Moskau?
Kicher!

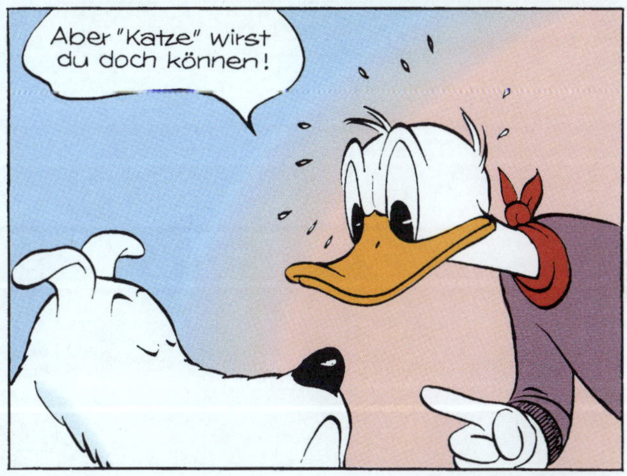
Aber "Katze" wirst du doch können!

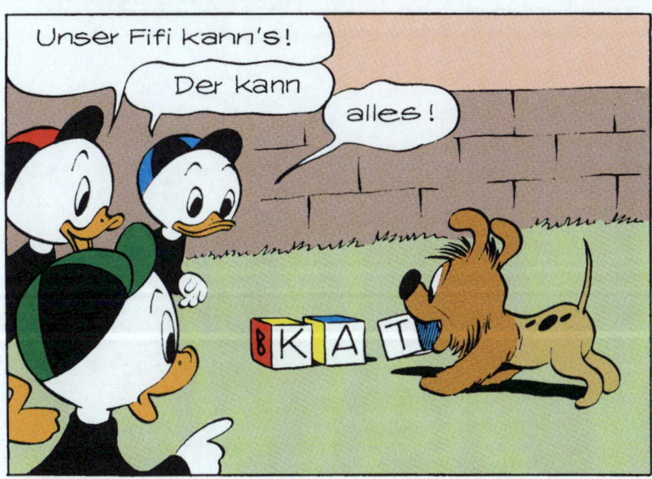
Unser Fifi kann's!
Der kann
alles!
BKAT

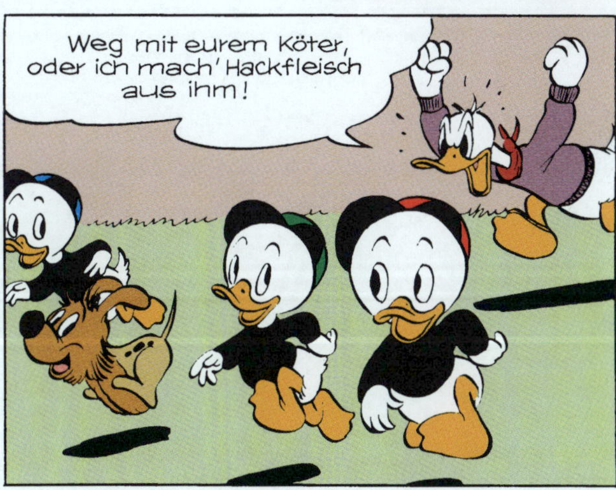
Weg mit eurem Köter, oder ich mach' Hackfleisch aus ihm!

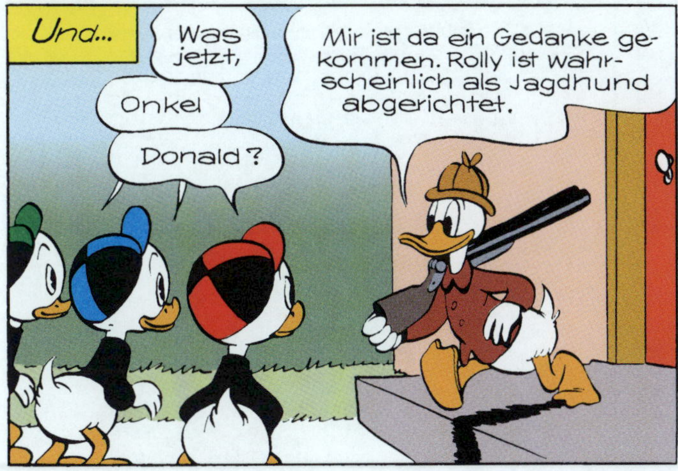
Und...
Was jetzt,
Onkel
Donald?
Mir ist da ein Gedanke gekommen. Rolly ist wahrscheinlich als Jagdhund abgerichtet.

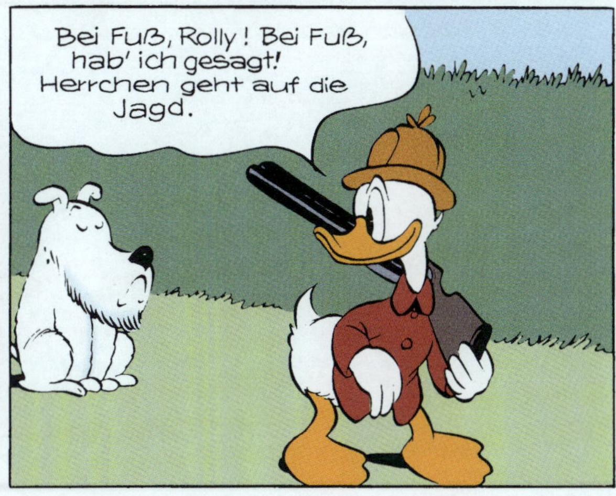
Bei Fuß, Rolly! Bei Fuß, hab' ich gesagt! Herrchen geht auf die Jagd.

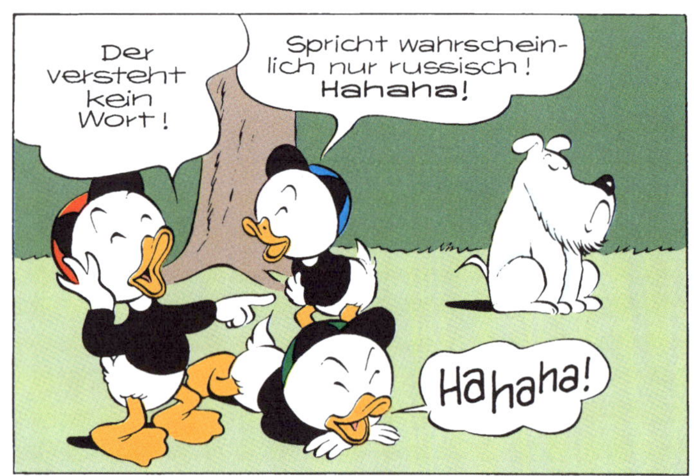
Der versteht kein Wort!
Spricht wahrscheinlich nur russisch! Hahaha!
Hahaha!

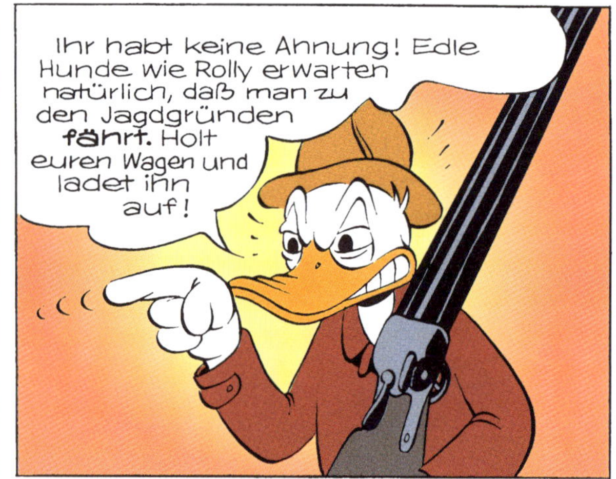
Ihr habt keine Ahnung! Edle Hunde wie Rolly erwarten natürlich, daß man zu den Jagdgründen fährt. Holt euren Wagen und ladet ihn auf!

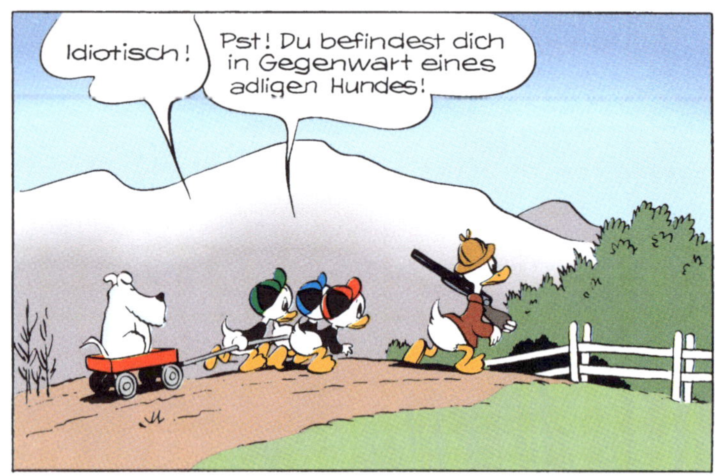
Idiotisch!
Pst! Du befindest dich in Gegenwart eines adligen Hundes!

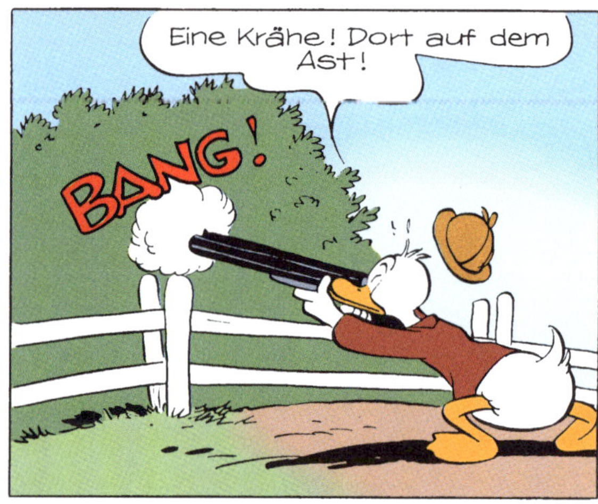
Eine Krähe! Dort auf dem Ast!
BANG!

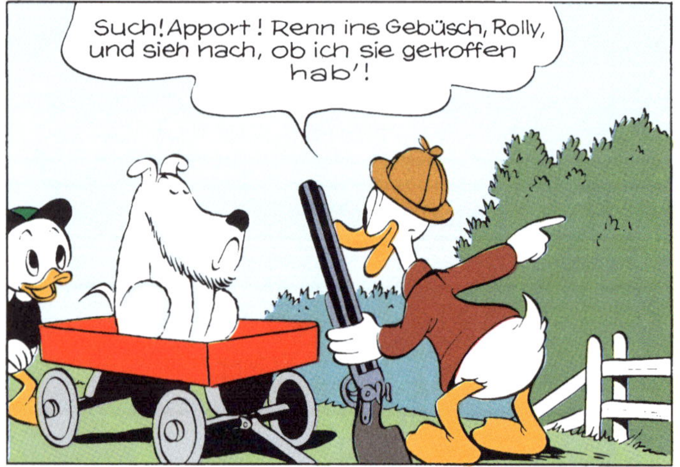
Such! Apport! Renn ins Gebüsch, Rolly, und sieh nach, ob ich sie getroffen hab'!

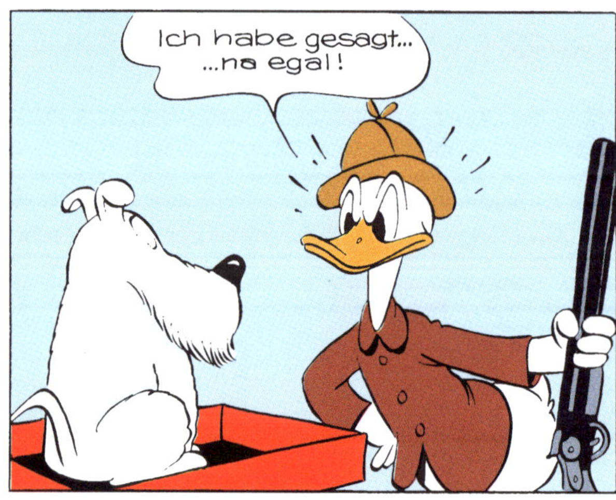
Ich habe gesagt... ...na egal!

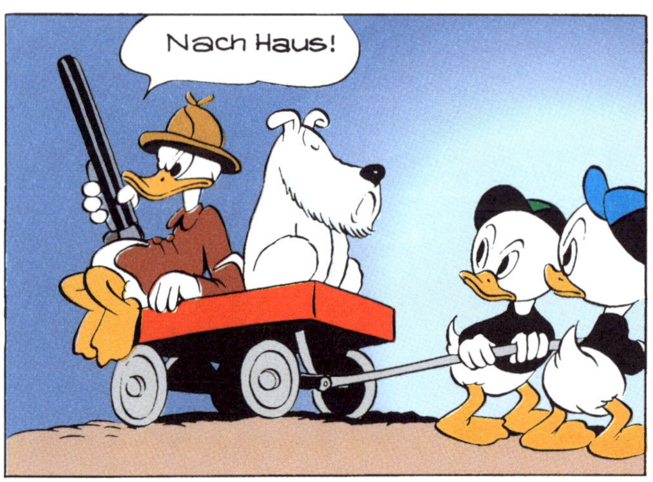
Nach Haus!

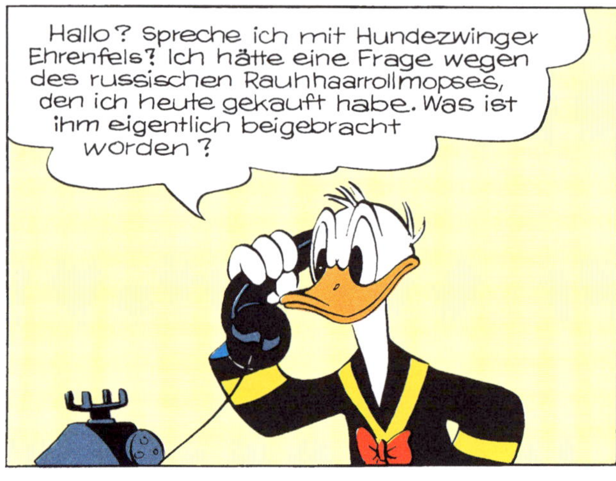
Hallo? Spreche ich mit Hundezwinger Ehrenfels? Ich hätte eine Frage wegen des russischen Rauhhaarrollmopses, den ich heute gekauft habe. Was ist ihm eigentlich beigebracht worden?

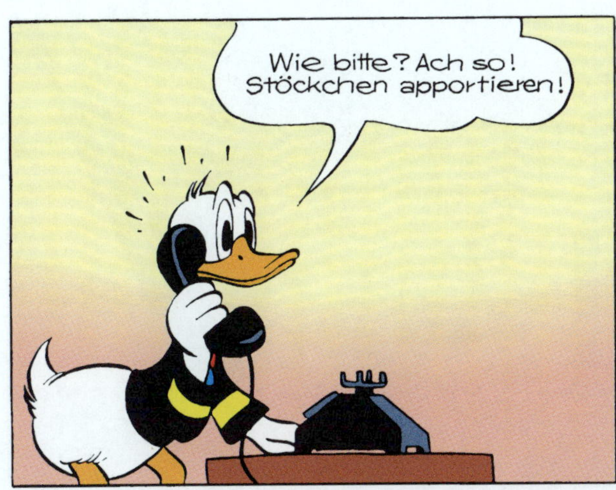
Wie bitte? Ach so! Stöckchen apportieren!

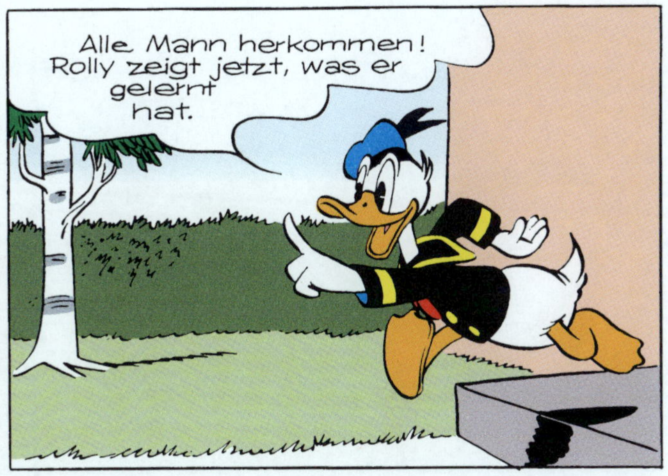
Alle Mann herkommen! Rolly zeigt jetzt, was er gelernt hat.

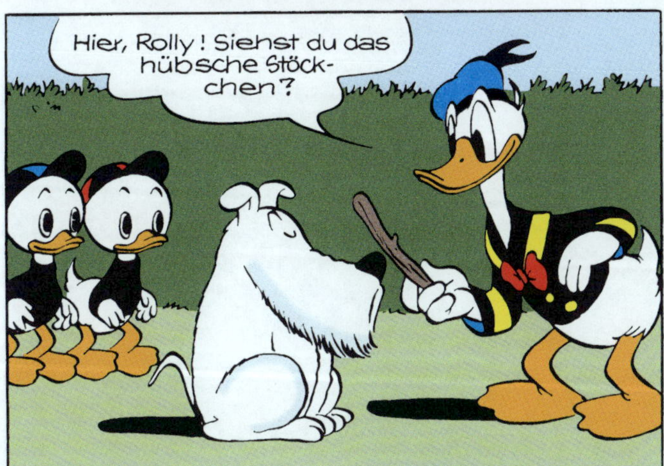
Hier, Rolly! Siehst du das hübsche Stöckchen?

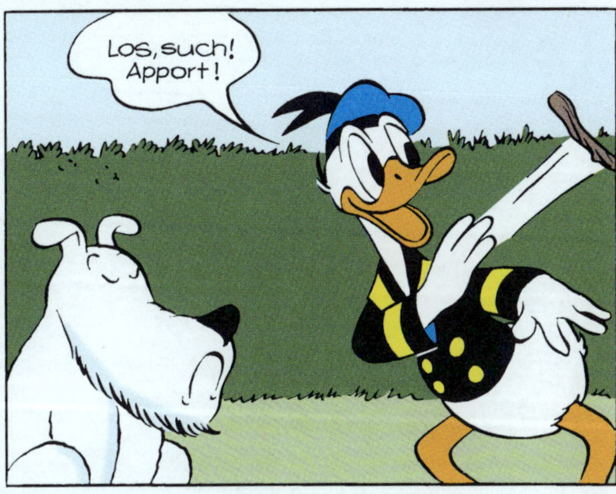
Los, such! Apport!

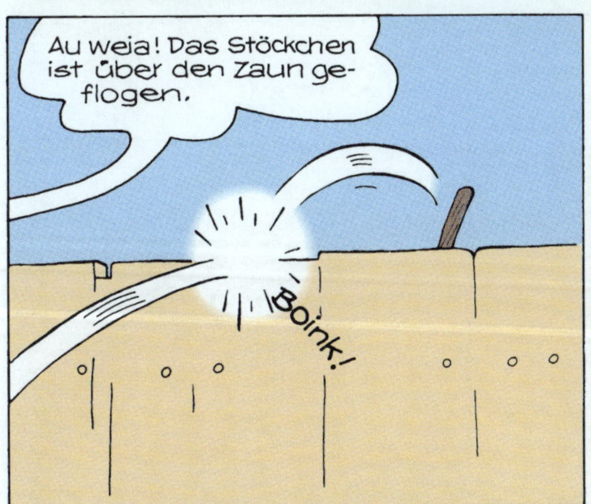
Au weia! Das Stöckchen ist über den Zaun geflogen.
Boink!

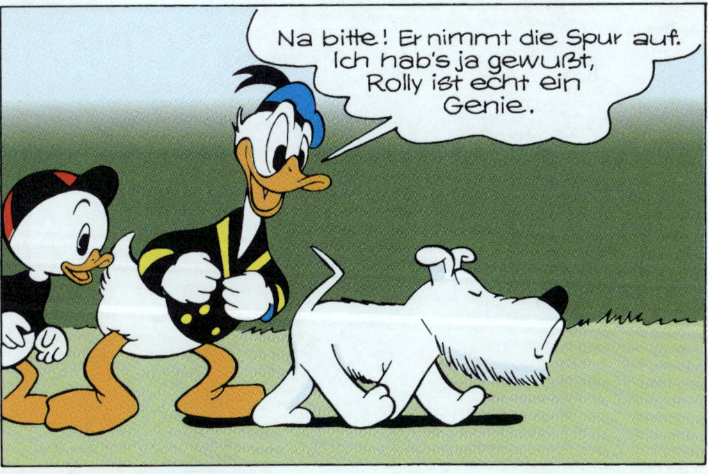
Na bitte! Er nimmt die Spur auf. Ich hab's ja gewußt, Rolly ist echt ein Genie.

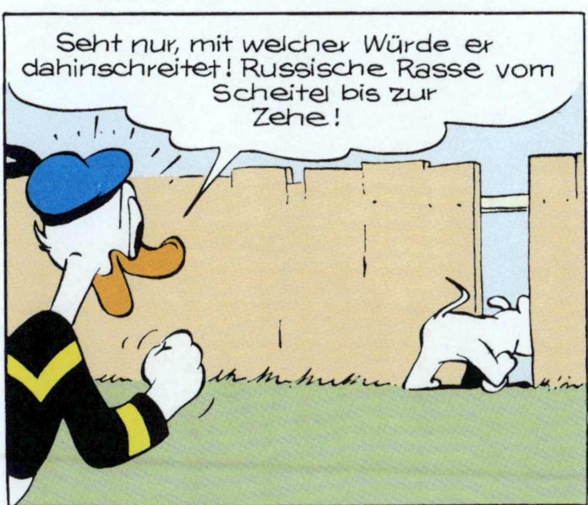
Seht nur, mit welcher Würde er dahinschreitet! Russische Rasse vom Scheitel bis zur Zehe!

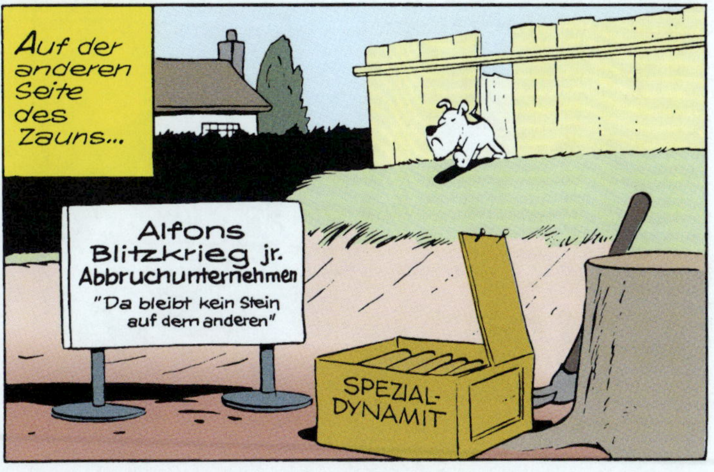
Auf der anderen Seite des Zauns...
Alfons Blitzkrieg jr. Abbruchunternehmen
"Da bleibt kein Stein auf dem anderen"
SPEZIAL-DYNAMIT

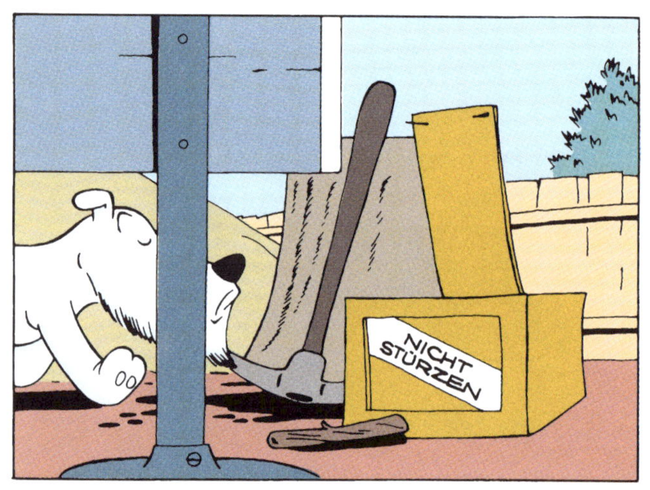
NICHT STÜRZEN

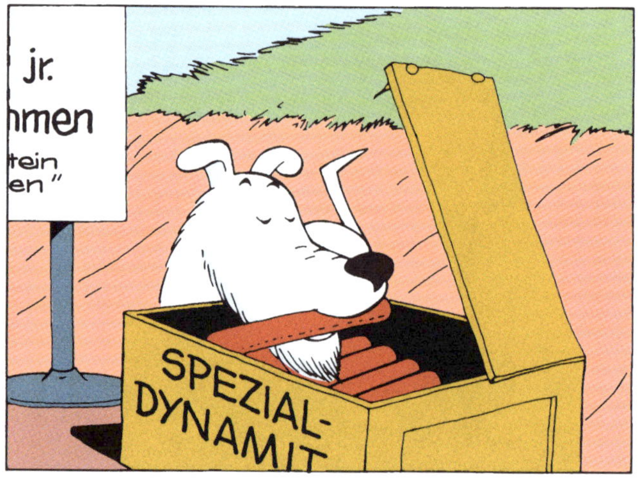
jr.
hmen
tein
en"
SPEZIAL-DYNAMIT

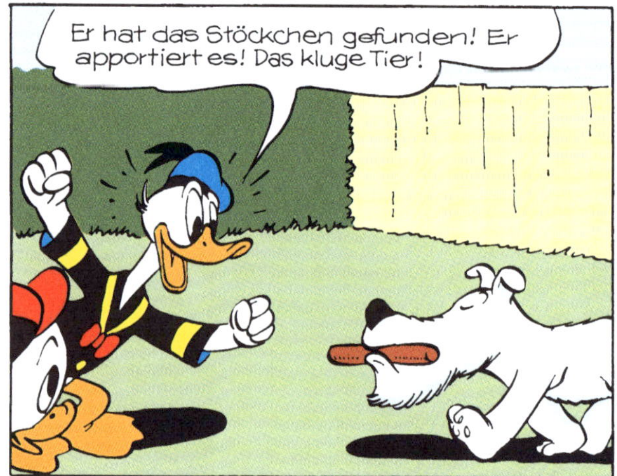
Er hat das Stöckchen gefunden! Er apportiert es! Das kluge Tier!

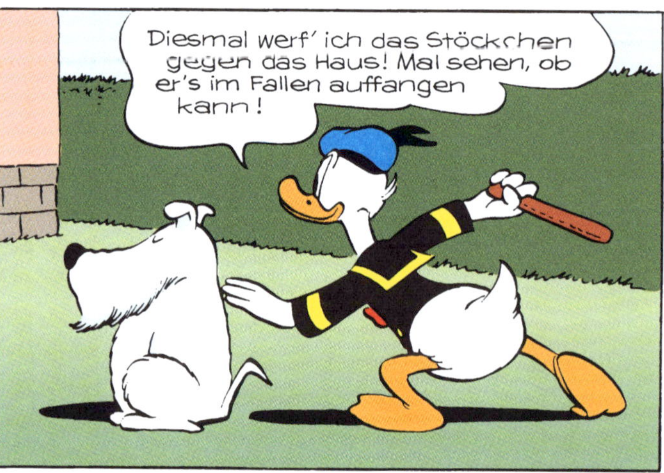
Diesmal werf' ich das Stöckchen gegen das Haus! Mal sehen, ob er's im Fallen auffangen kann!

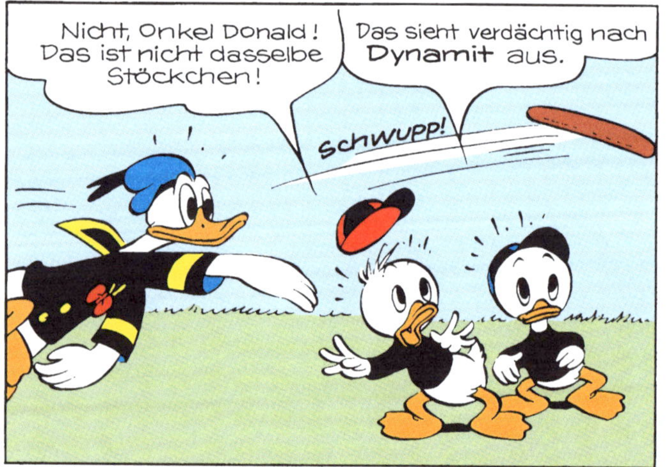
Nicht, Onkel Donald! Das ist nicht dasselbe Stöckchen!
Das sieht verdächtig nach Dynamit aus.
SCHWUPP!

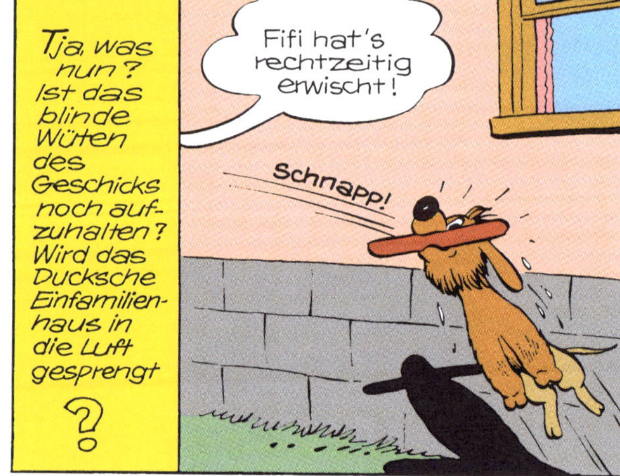
Tja, was nun? Ist das blinde Wüten des Geschicks noch aufzuhalten? Wird das Ducksche Einfamilienhaus in die Luft gesprengt ?
Fifi hat's rechtzeitig erwischt!
Schnapp!

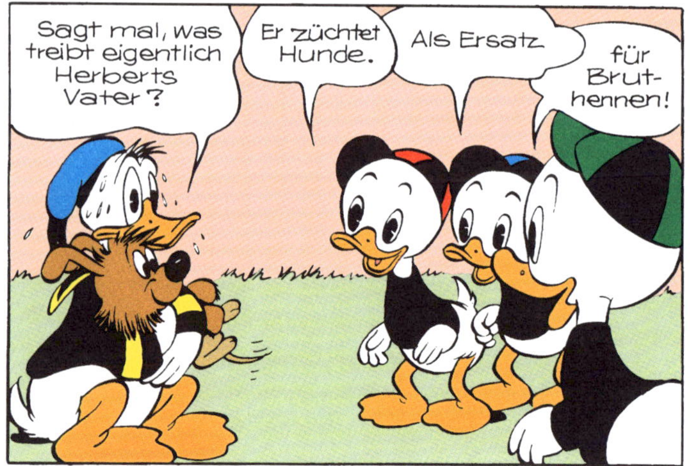
Sagt mal, was treibt eigentlich Herberts Vater?
Er züchtet Hunde.
Als Ersatz
für Bruthennen!

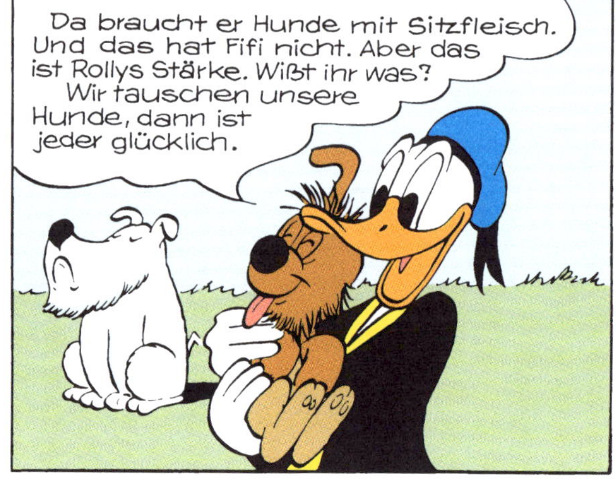
Da braucht er Hunde mit Sitzfleisch. Und das hat Fifi nicht. Aber das ist Rollys Stärke. Wißt ihr was? Wir tauschen unsere Hunde, dann ist jeder glücklich.

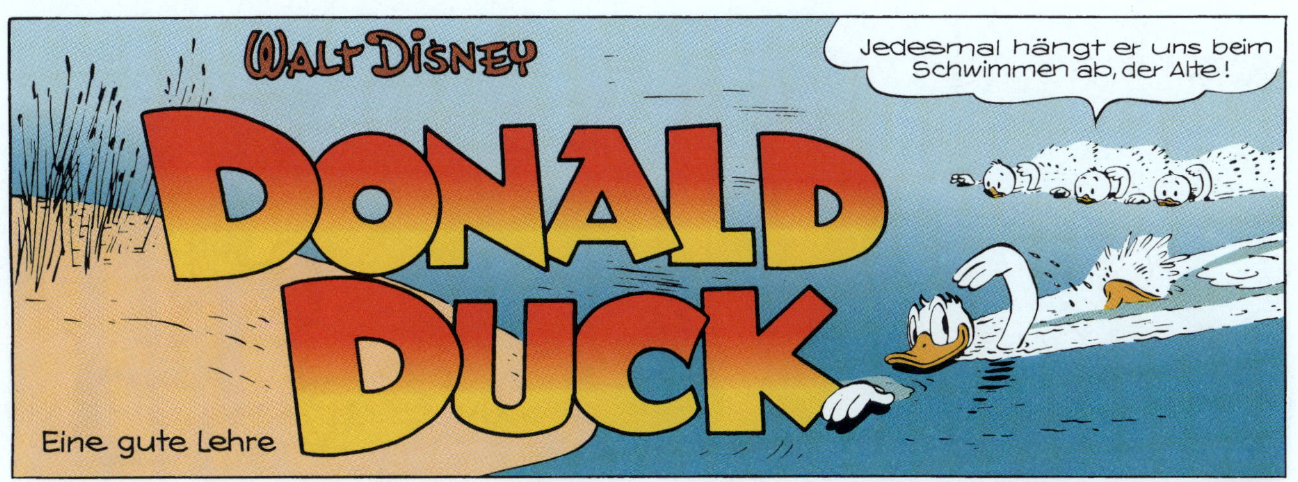
Walt Disney
Donald Duck
Eine gute Lehre
Jedesmal hängt er uns beim Schwimmen ab, der Alte!

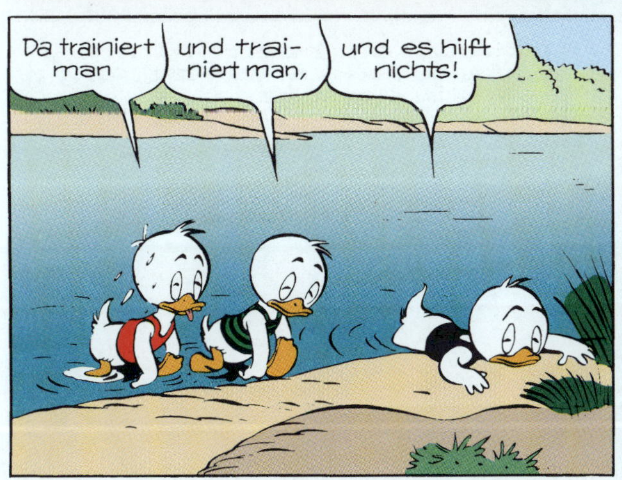
Da trainiert man
und trainiert man,
und es hilft nichts!

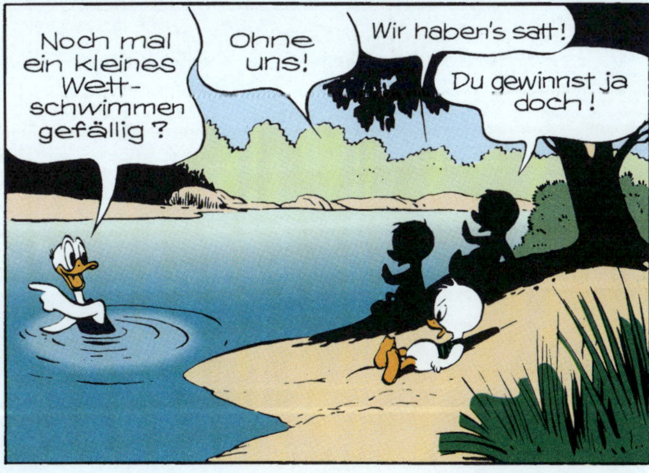
Noch mal ein kleines Wettschwimmen gefällig?
Ohne uns!
Wir haben's satt!
Du gewinnst ja doch!

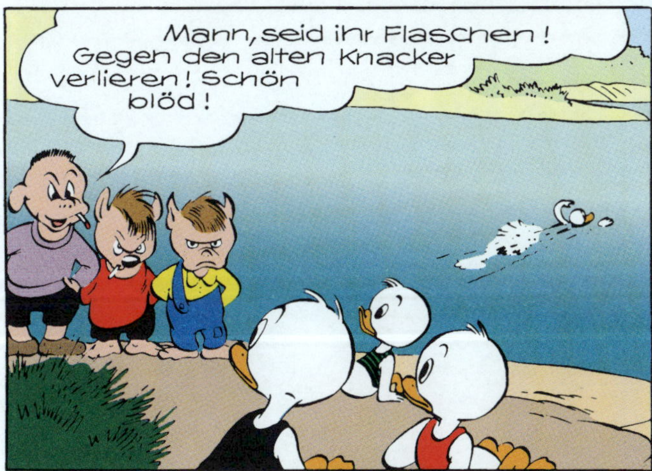
Mann, seid ihr Flaschen! Gegen den alten Knacker verlieren! Schön blöd!

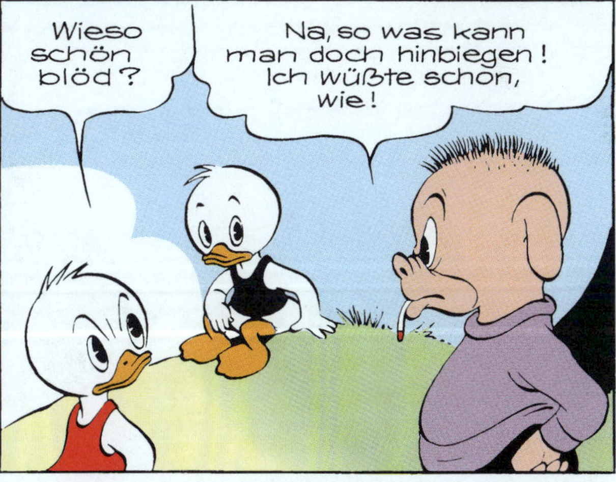
Wieso schön blöd?
Na, so was kann man doch hinbiegen! Ich wüßte schon, wie!

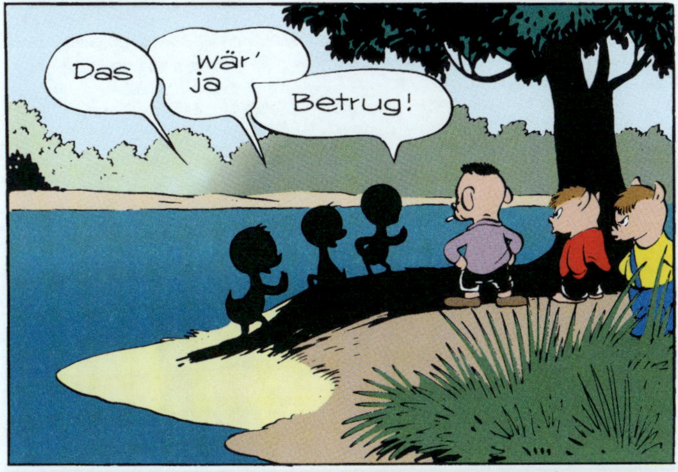
Das
wär' ja
Betrug!

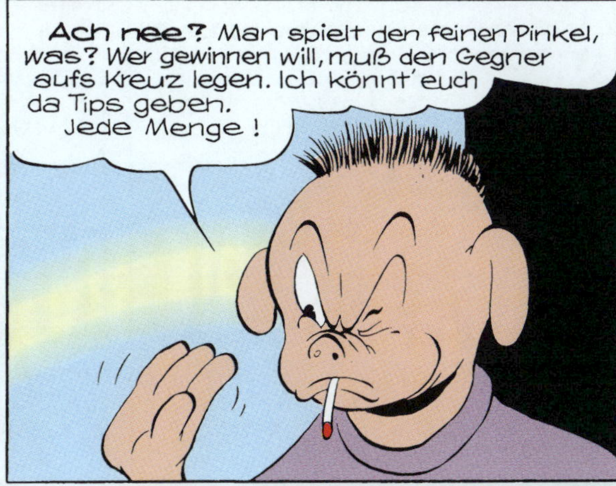
Ach nee? Man spielt den feinen Pinkel, was? Wer gewinnen will, muß den Gegner aufs Kreuz legen. Ich könnt' euch da Tips geben. Jede Menge!

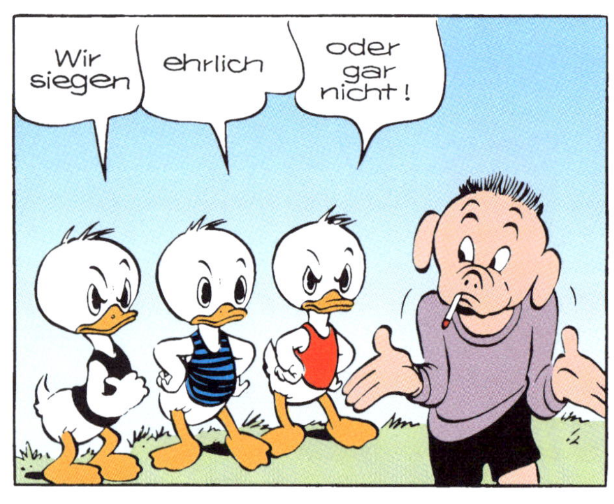
Wir siegen
ehrlich
oder gar nicht!

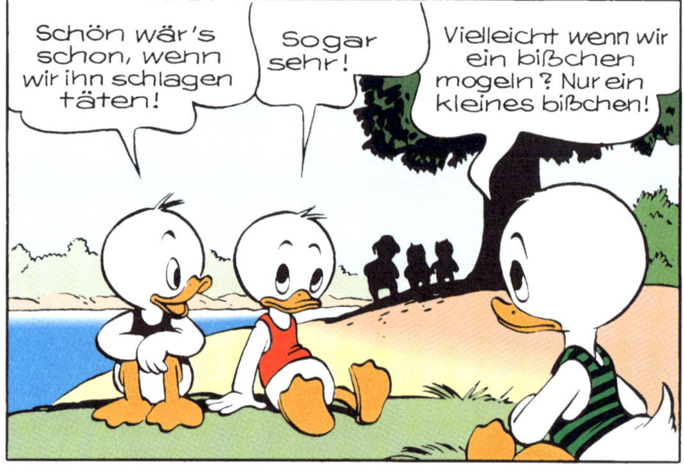
Schön wär's schon, wenn wir ihn schlagen täten!
Sogar sehr!
Vielleicht wenn wir ein bißchen mogeln? Nur ein kleines bißchen!

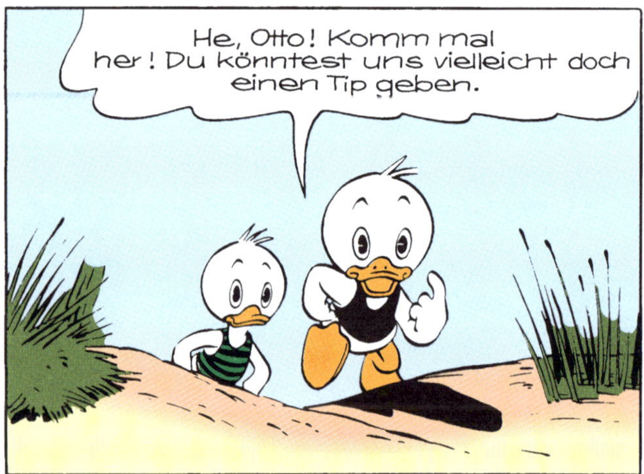
He, Otto! Komm mal her! Du könntest uns vielleicht doch einen Tip geben.

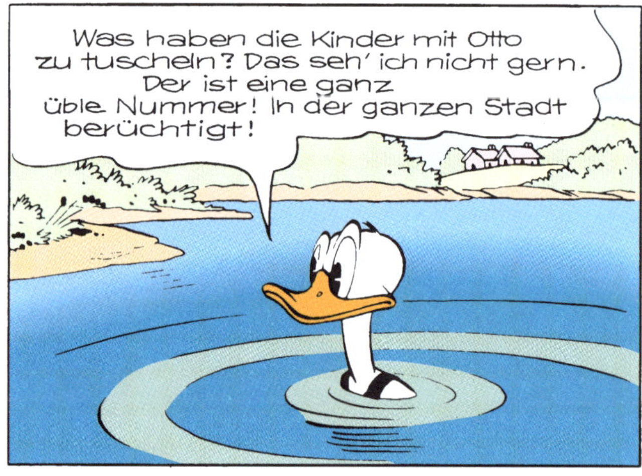
Was haben die Kinder mit Otto zu tuscheln? Das seh' ich nicht gern. Der ist eine ganz üble Nummer! In der ganzen Stadt berüchtigt!

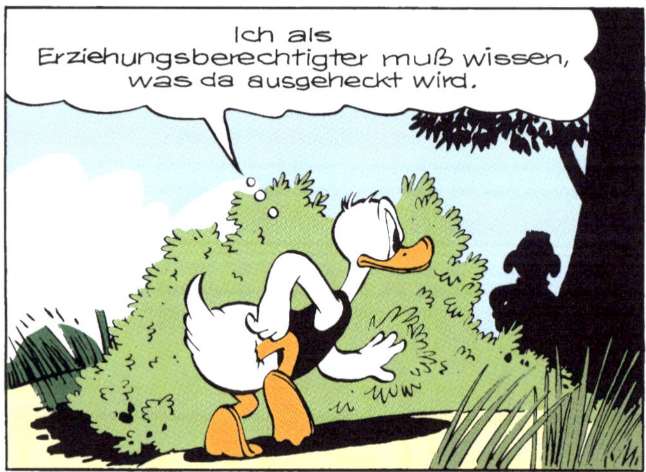
Ich als Erziehungsberechtigter muß wissen, was da ausgeheckt wird.

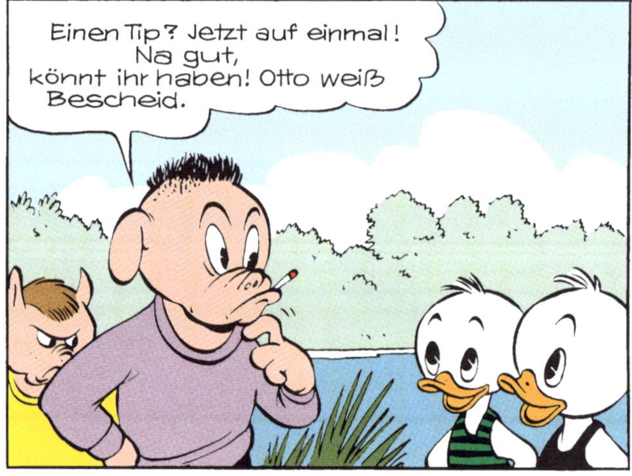
Einen Tip? Jetzt auf einmal! Na gut, könnt ihr haben! Otto weiß Bescheid.

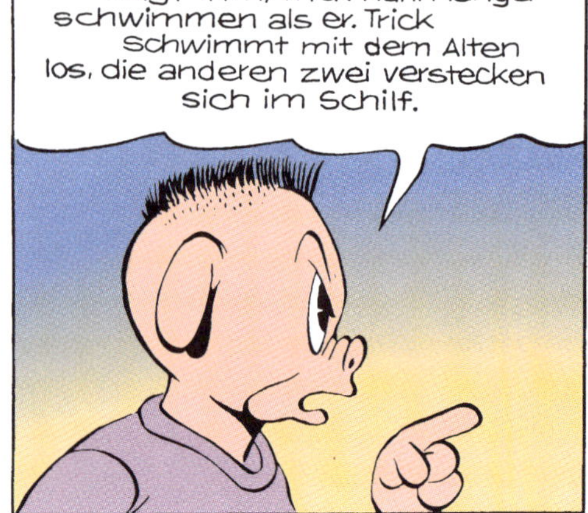
Sagt ihm, Trick kann länger schwimmen als er. Trick schwimmt mit dem Alten los, die anderen zwei verstecken sich im Schilf.

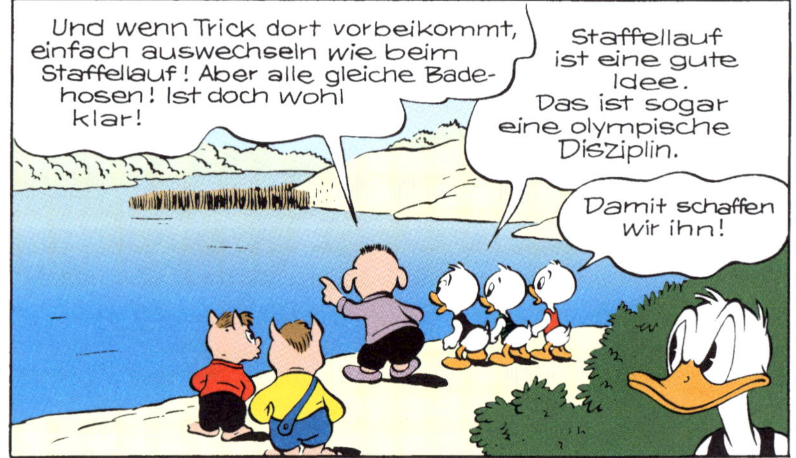
Und wenn Trick dort vorbeikommt, einfach auswechseln wie beim Staffellauf! Aber alle gleiche Badehosen! Ist doch wohl klar!
Staffellauf ist eine gute Idee. Das ist sogar eine olympische Disziplin.
Damit schaffen wir ihn!

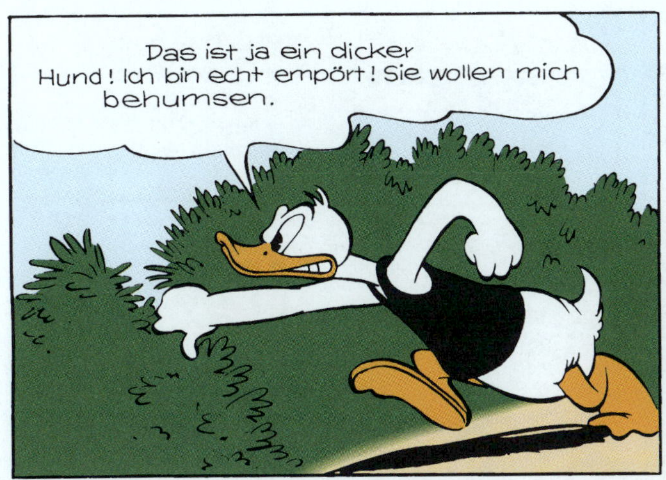
Das ist ja ein dicker Hund! Ich bin echt empört! Sie wollen mich behumsen.

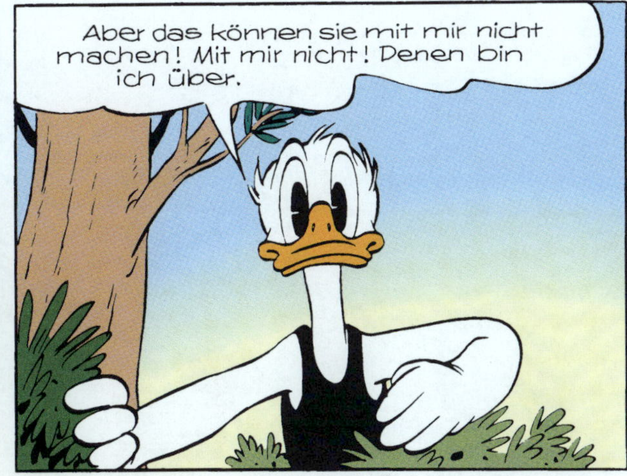
Aber das können sie mit mir nicht machen! Mit mir nicht! Denen bin ich über.

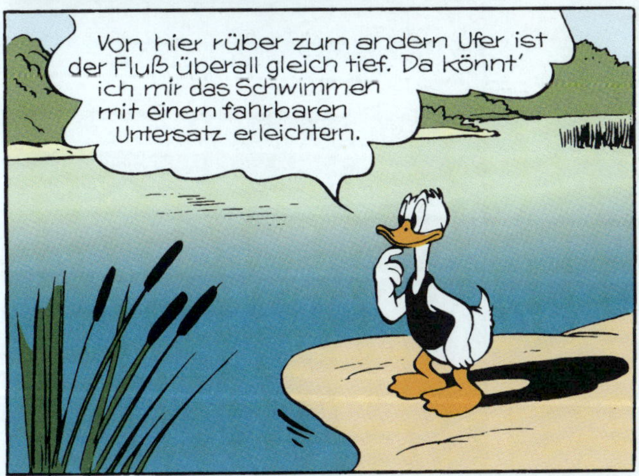
Von hier rüber zum andern Ufer ist der Fluß überall gleich tief. Da könnt' ich mir das Schwimmen mit einem fahrbaren Untersatz erleichtern.

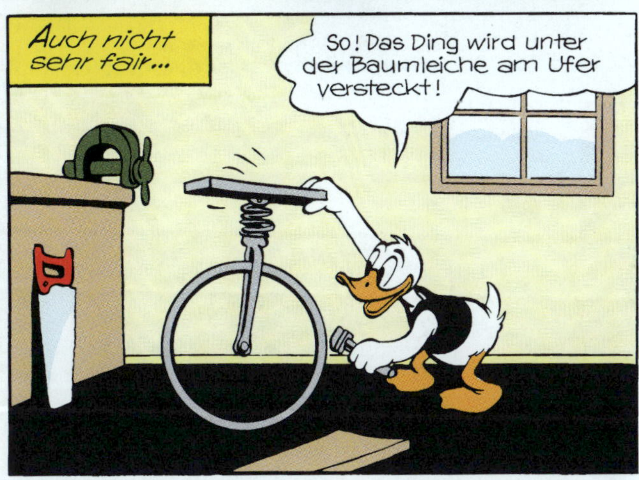
Auch nicht sehr fair...
So! Das Ding wird unter der Baumleiche am Ufer versteckt!

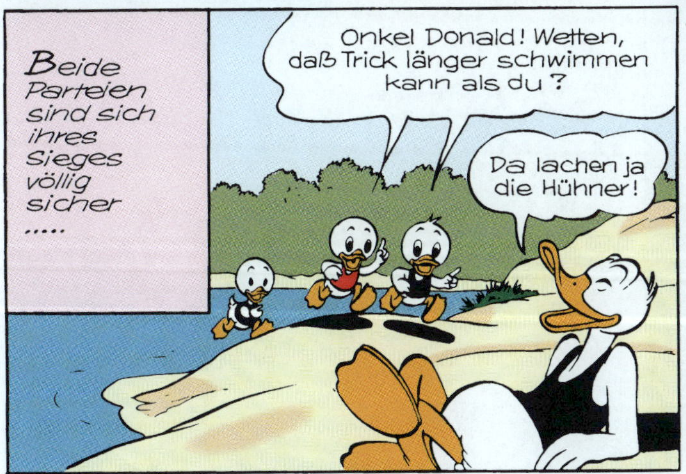
Beide Parteien sind sich ihres Sieges völlig sicher .....
Onkel Donald! Wetten, daß Trick länger schwimmen kann als du?
Da lachen ja die Hühner!

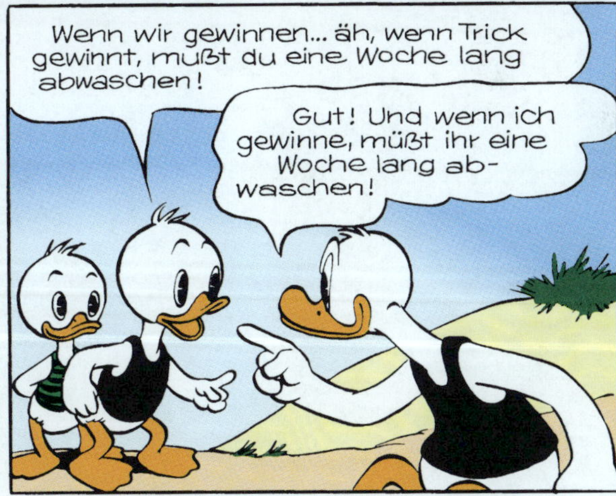
Wenn wir gewinnen... äh, wenn Trick gewinnt, mußt du eine Woche lang abwaschen!
Gut! Und wenn ich gewinne, müßt ihr eine Woche lang abwaschen!

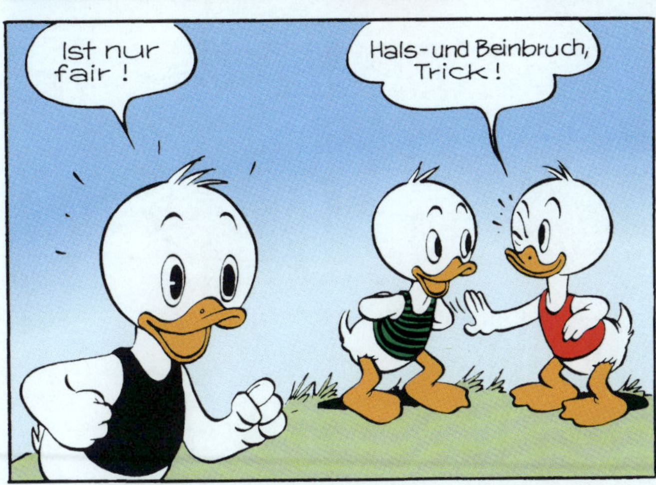
Ist nur fair!
Hals- und Beinbruch, Trick!

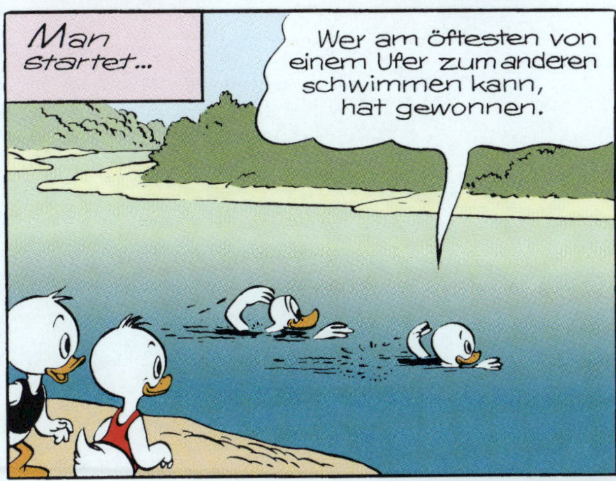
Man startet...
Wer am öftesten von einem Ufer zum anderen schwimmen kann, hat gewonnen.

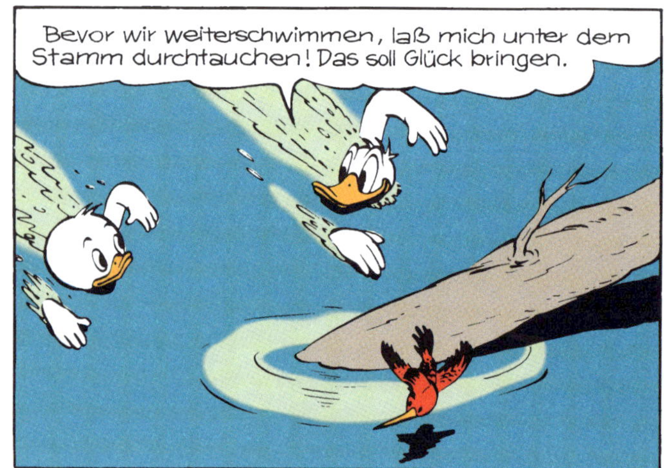

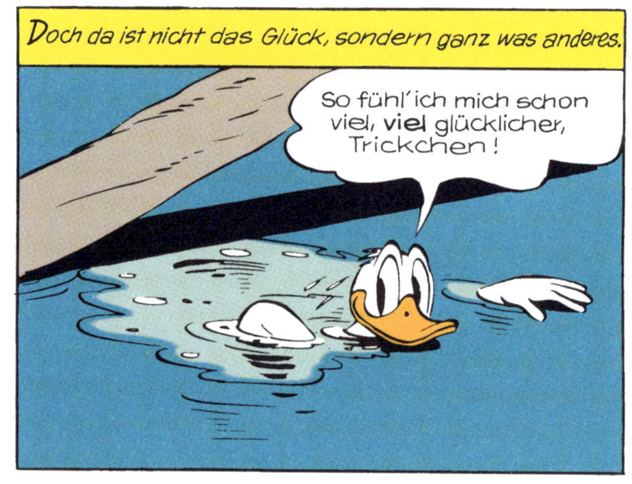

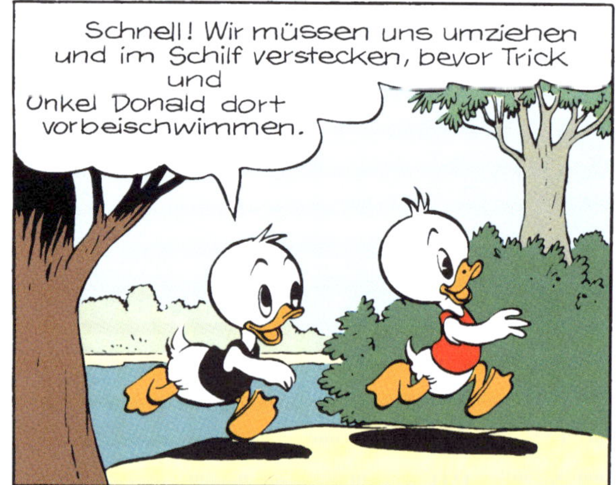

So betrügt einer den andern, und man weiß wirklich nicht, wem man den Sieg gönnen soll...

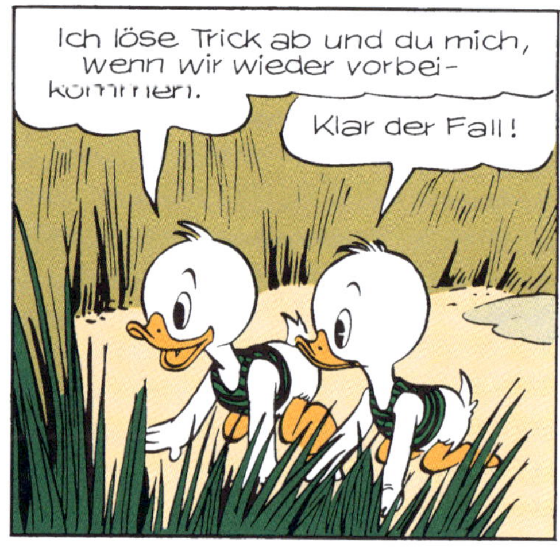

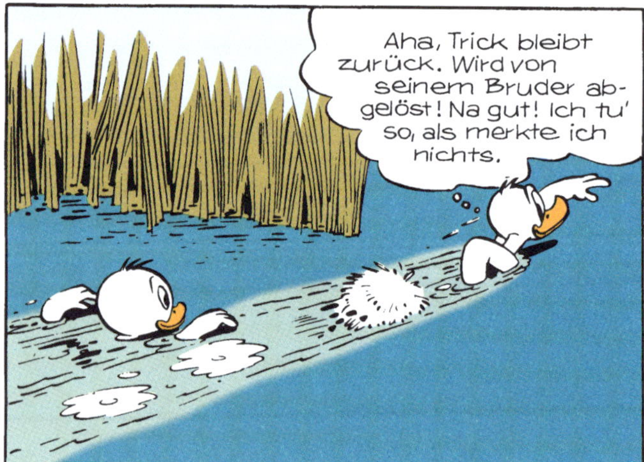

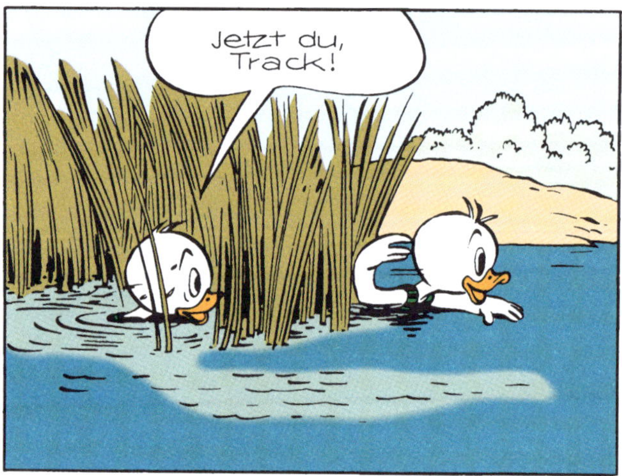

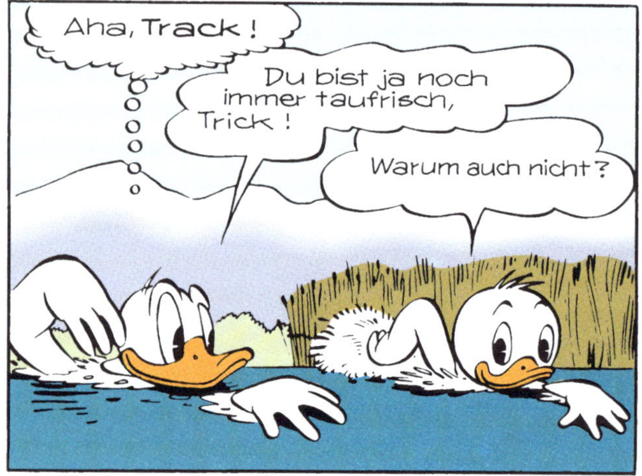

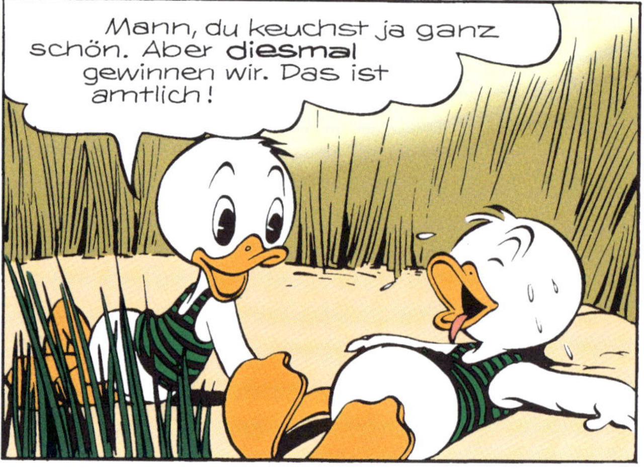

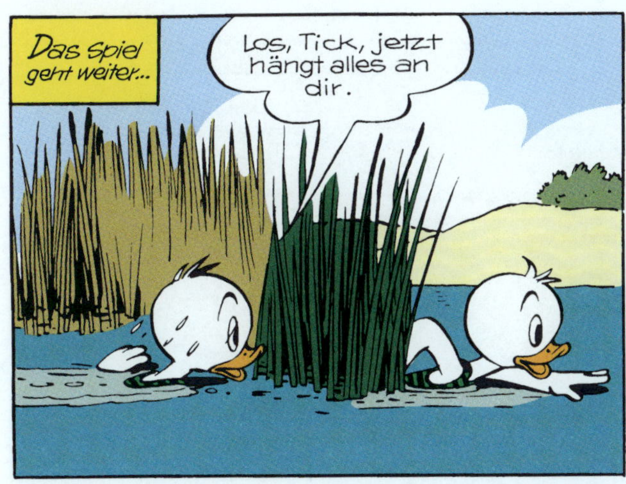
Das Spiel geht weiter...
Los, Tick, jetzt hängt alles an dir.

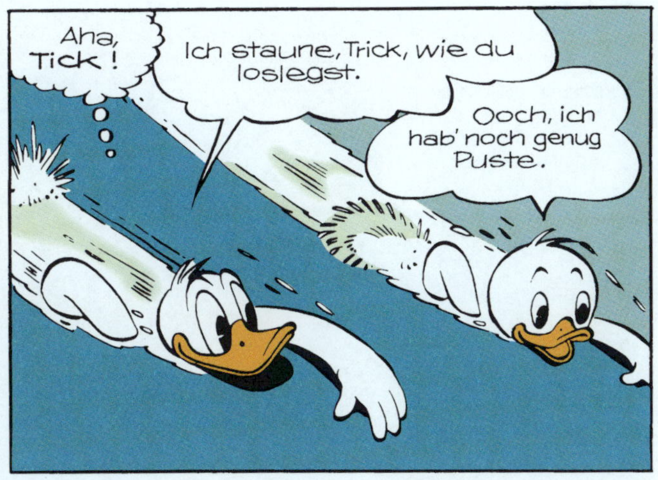
Aha, Tick!
Ich staune, Trick, wie du loslegst.
Ooch, ich hab' noch genug Puste.

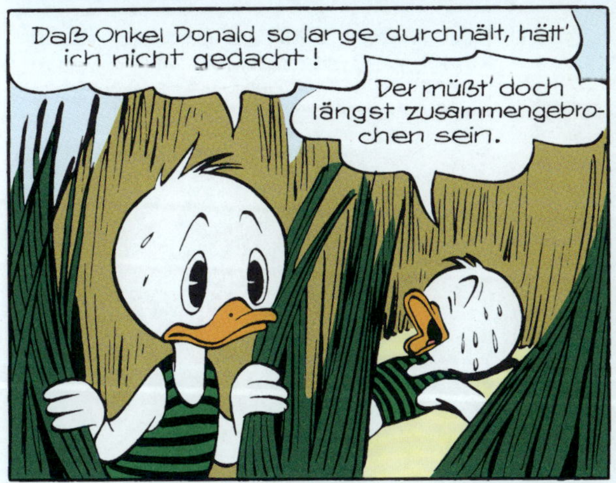
Daß Onkel Donald so lange durchhält, hätt' ich nicht gedacht!
Der müßt' doch längst zusammengebrochen sein.

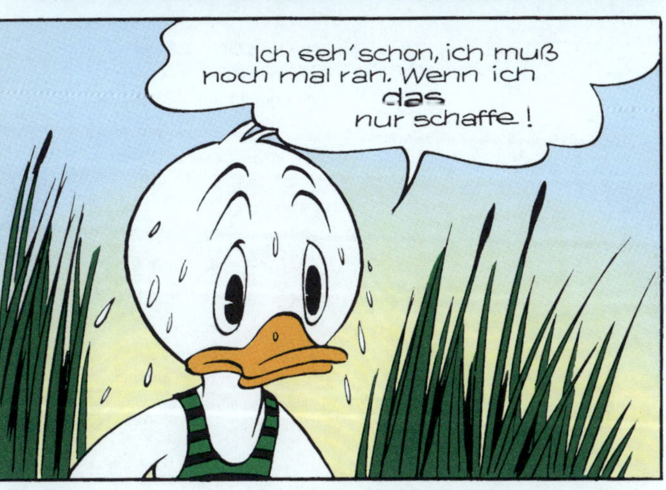
Ich seh' schon, ich muß noch mal ran. Wenn ich das nur schaffe!

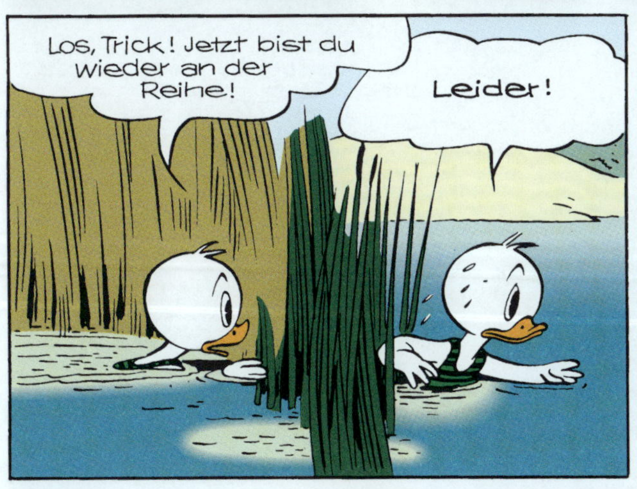
Los, Trick! Jetzt bist du wieder an der Reihe!
Leider!

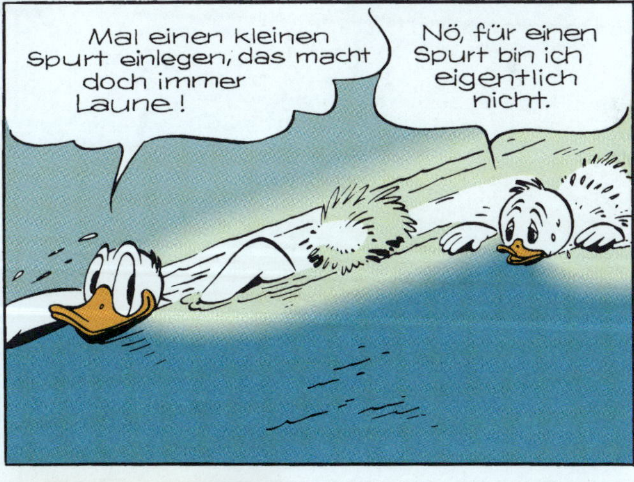
Mal einen kleinen Spurt einlegen, das macht doch immer Laune!
Nö, für einen Spurt bin ich eigentlich nicht.

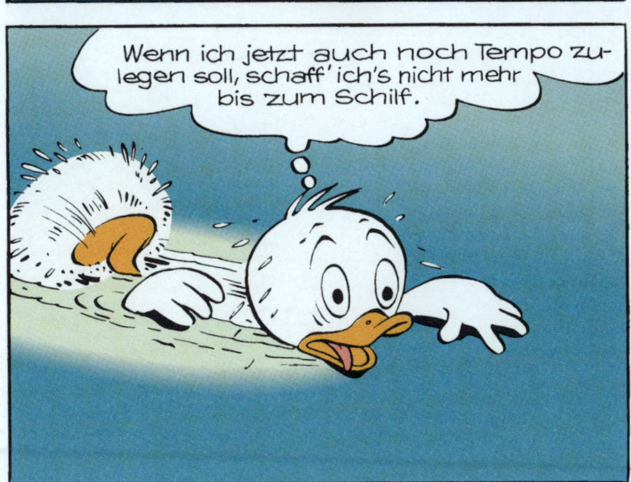
Wenn ich jetzt auch noch Tempo zulegen soll, schaff' ich's nicht mehr bis zum Schilf.

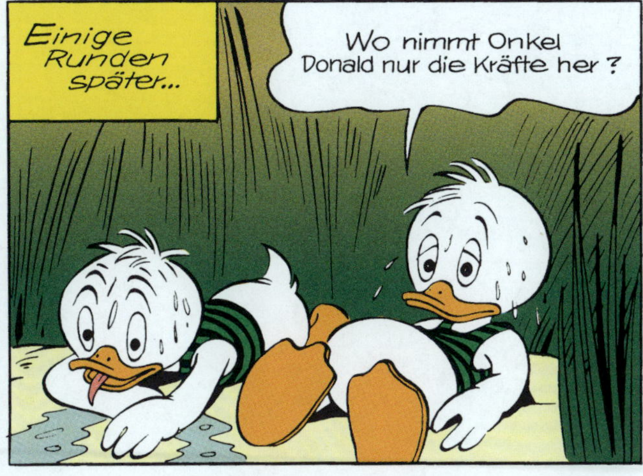
Einige Runden später...
Wo nimmt Onkel Donald nur die Kräfte her?

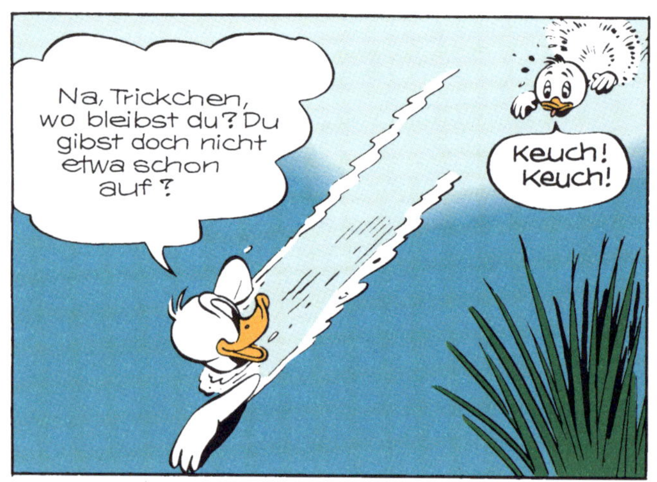
Na, Trickchen, wo bleibst du? Du gibst doch nicht etwa schon auf?
Keuch! Keuch!

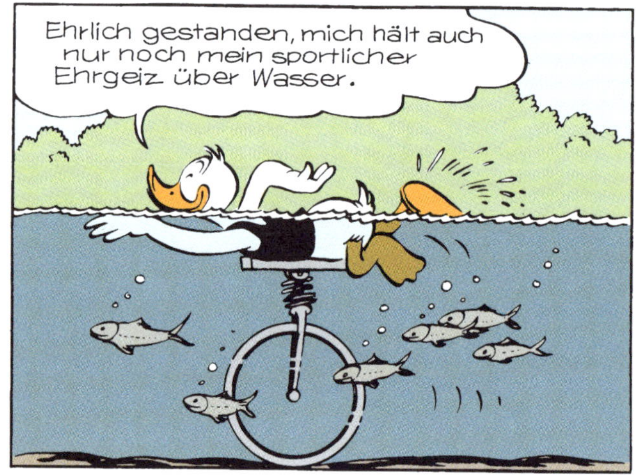
Ehrlich gestanden, mich hält auch nur noch mein sportlicher Ehrgeiz über Wasser.

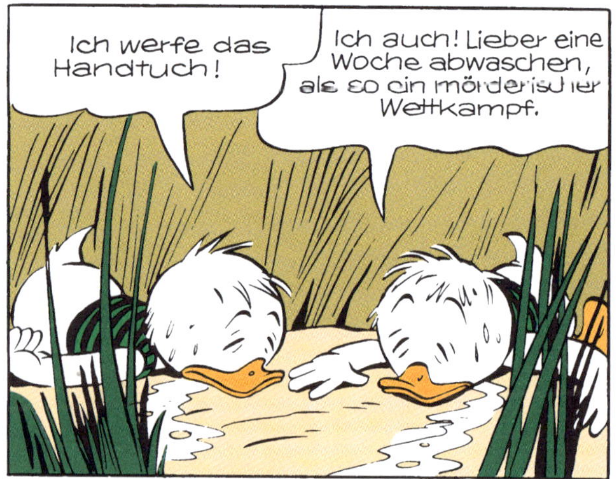
Ich werfe das Handtuch!
Ich auch! Lieber eine Woche abwaschen, als so ein mörderischer Wettkampf.

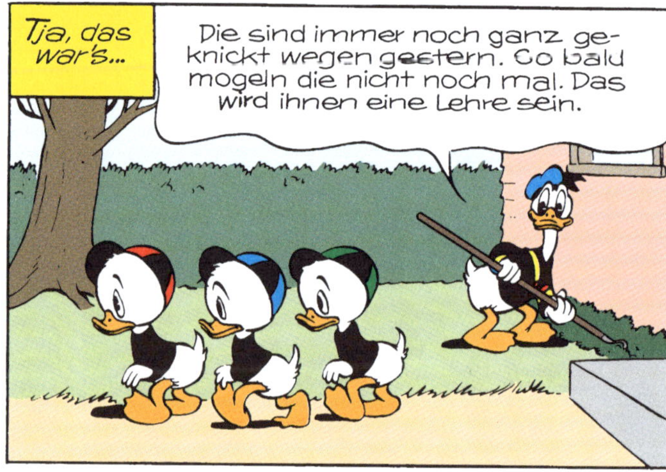
Tja, das war's...
Die sind immer noch ganz geknickt wegen gestern. So bald mogeln die nicht noch mal. Das wird ihnen eine Lehre sein.

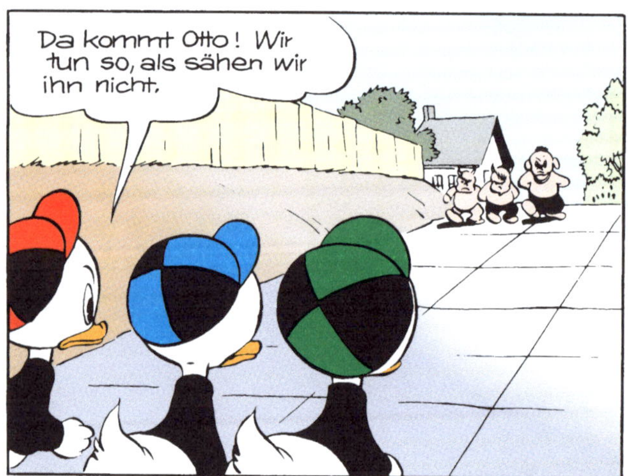
Da kommt Otto! Wir tun so, als sähen wir ihn nicht.

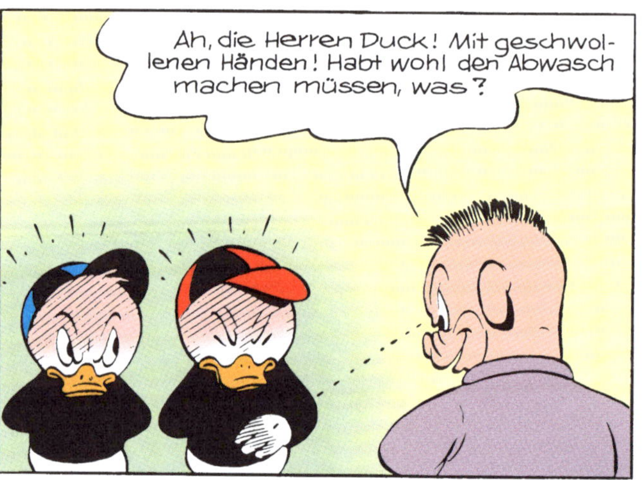
Ah, die Herren Duck! Mit geschwollenen Händen! Habt wohl den Abwasch machen müssen, was?

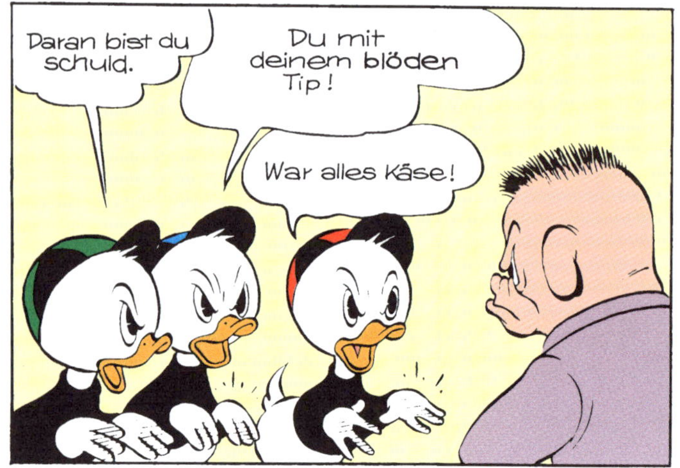
Daran bist du schuld.
Du mit deinem blöden Tip!
War alles Käse!

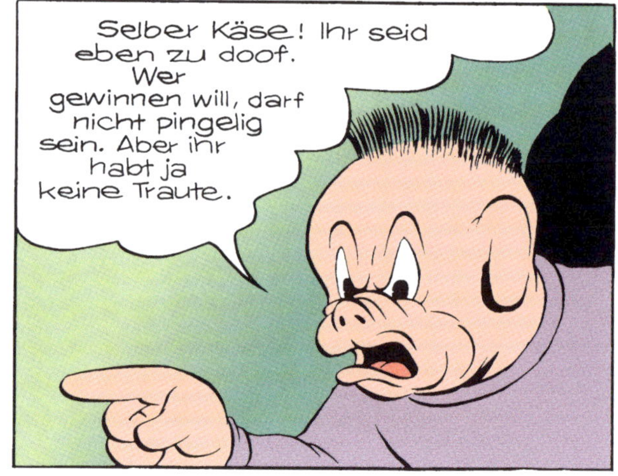
Selber Käse! Ihr seid eben zu doof. Wer gewinnen will, darf nicht pingelig sein. Aber ihr habt ja keine Traute.

Der Wunsch, Onkel Donald im Schwimmen zu schlagen, ist zu mächtig, und so verfallen die drei nochmals Ottos bösen Einflüsterungen...

Kapiert, was ihr braucht? Leim und ein Netz! Und nicht lange fackeln. Laßt euren Onkel voll gegen den Schrank laufen.

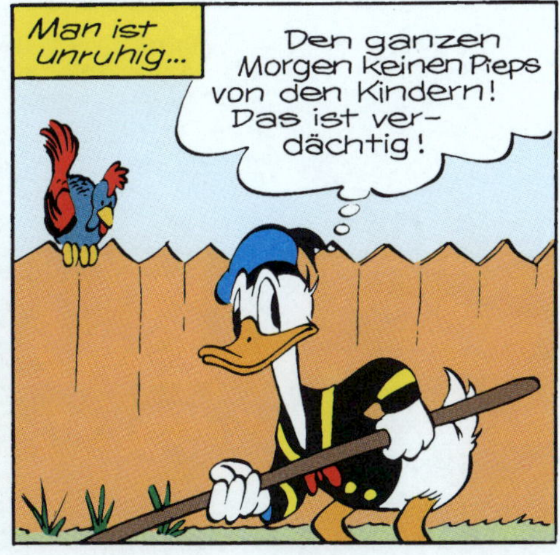

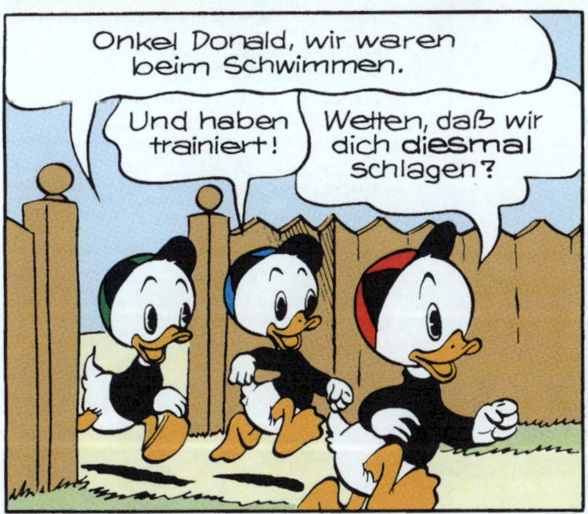

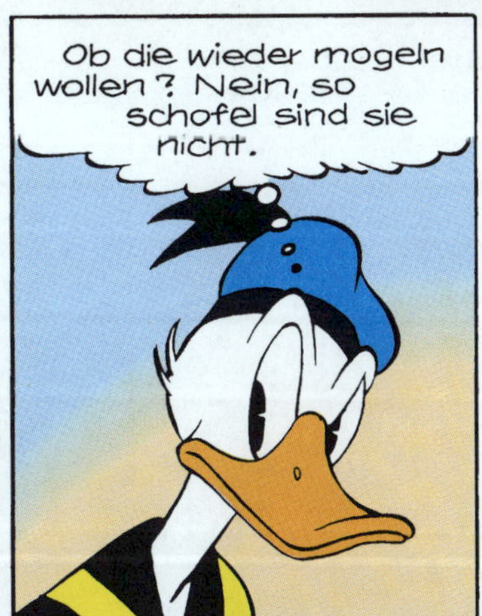

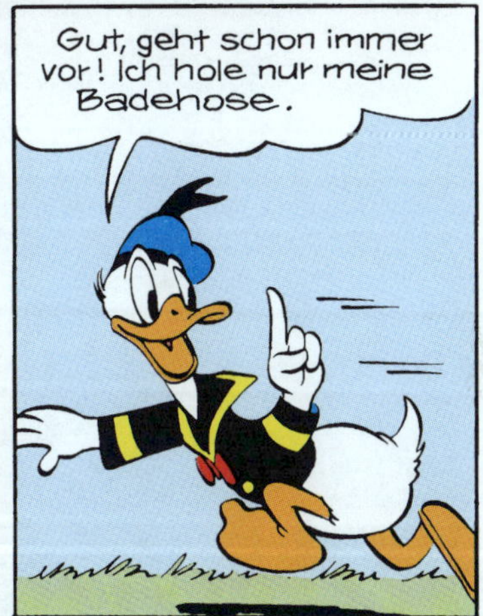

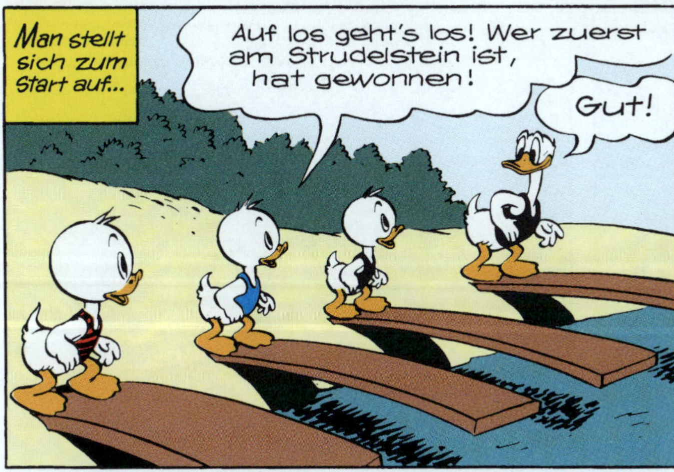

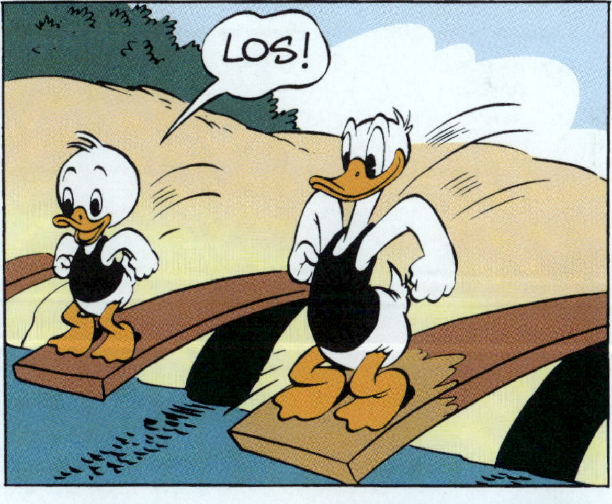

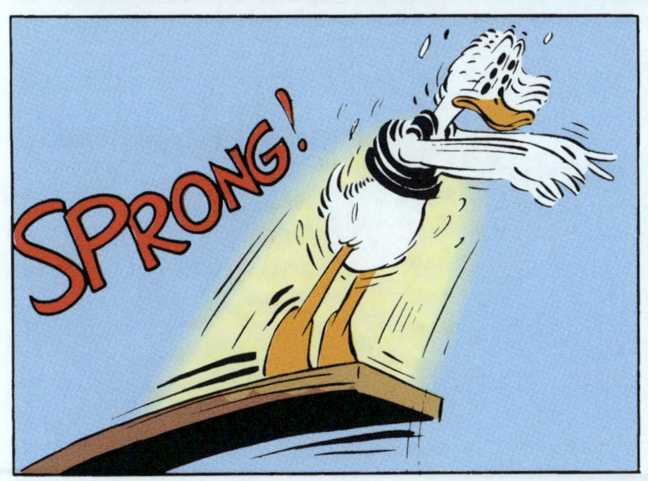

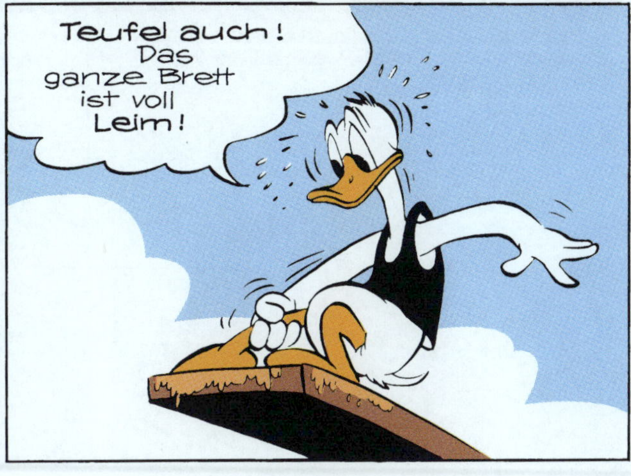

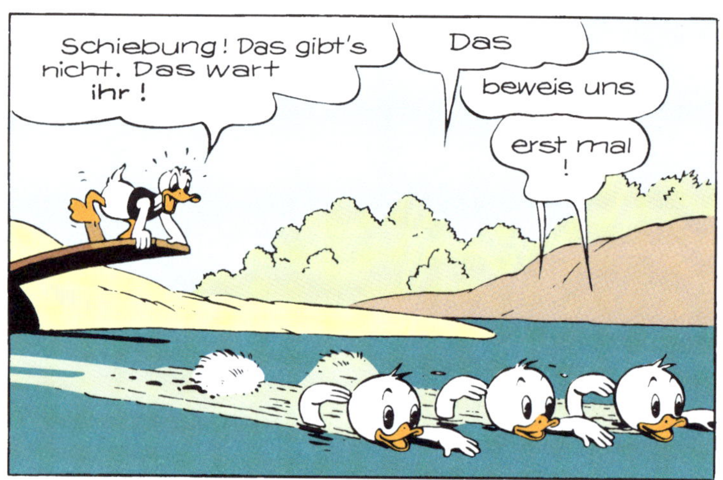
Schiebung! Das gibt's nicht. Das wart ihr!
Das
beweis uns
erst mal!

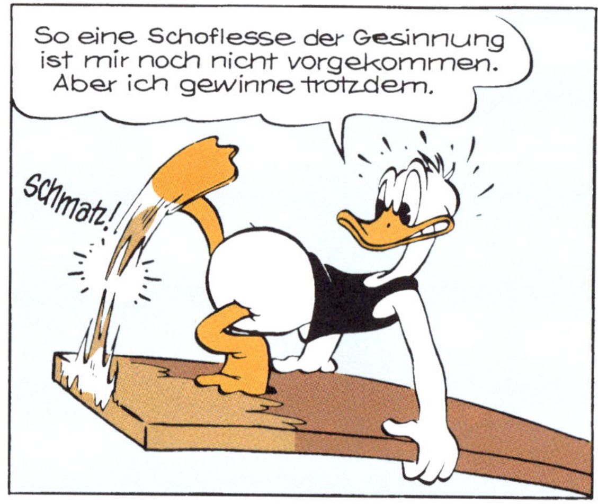
So eine Schoflesse der Gesinnung ist mir noch nicht vorgekommen. Aber ich gewinne trotzdem.
SCHMATZ!

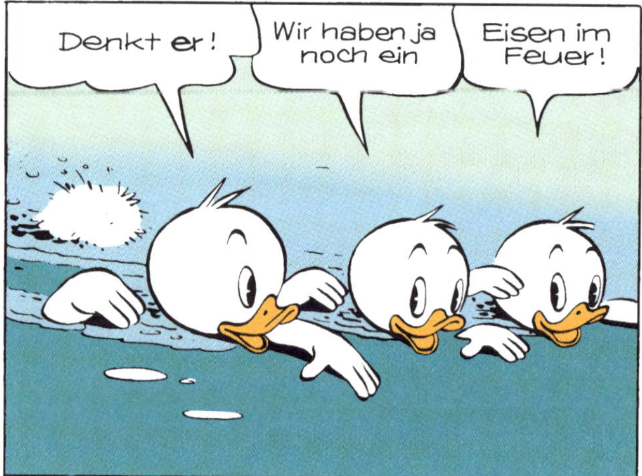
Denkt er!
Wir haben ja noch ein
Eisen im Feuer!

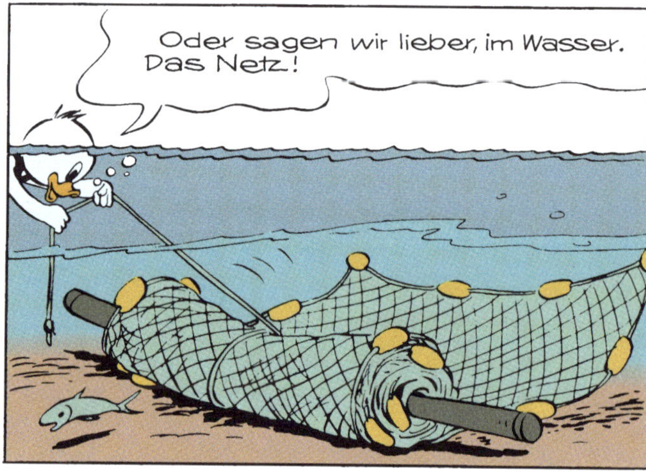
Oder sagen wir lieber, im Wasser. Das Netz!

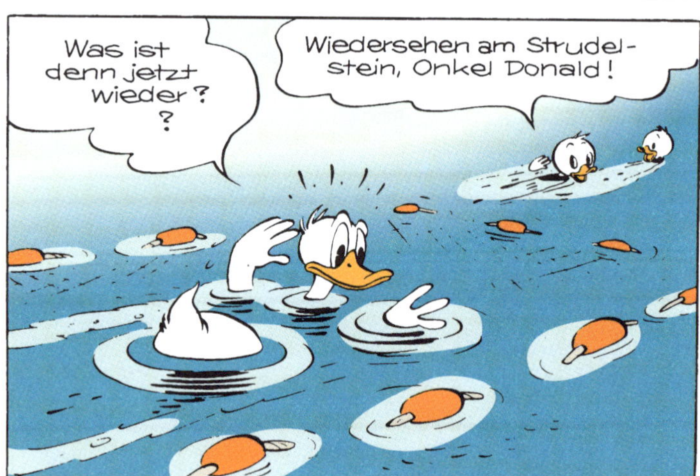
Was ist denn jetzt wieder??
Wiedersehen am Strudelstein, Onkel Donald!

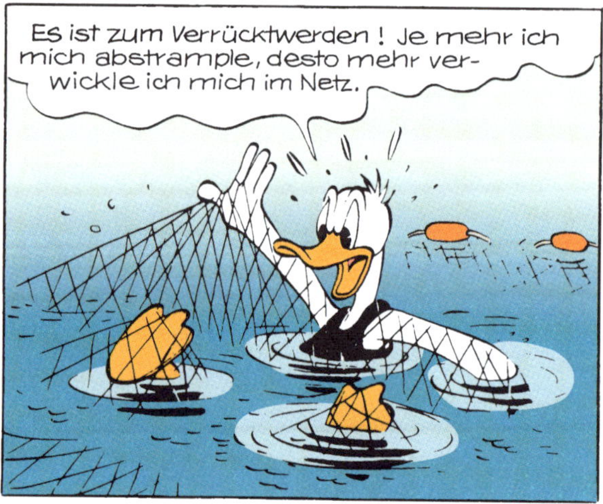
Es ist zum Verrücktwerden! Je mehr ich mich abstrample, desto mehr verwickle ich mich im Netz.

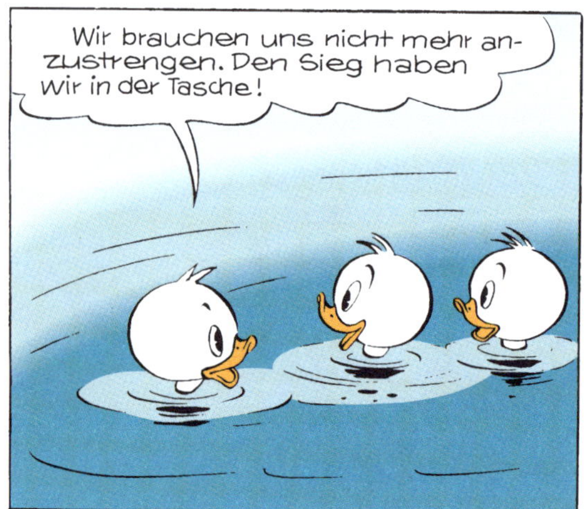
Wir brauchen uns nicht mehr anzustrengen. Den Sieg haben wir in der Tasche!

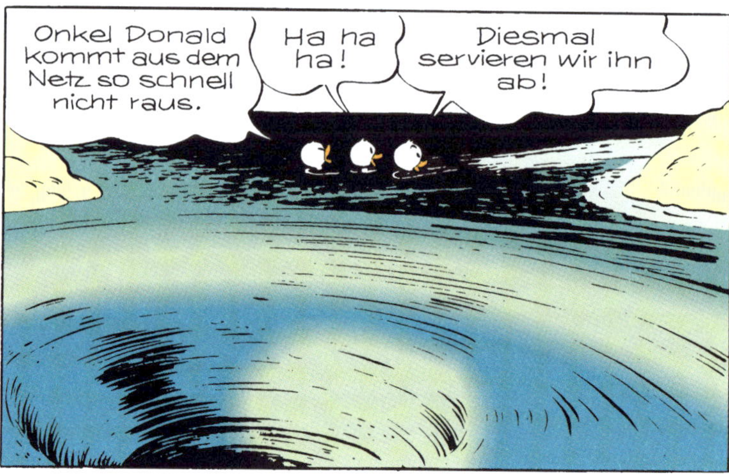
Onkel Donald kommt aus dem Netz so schnell nicht raus.
Ha ha ha!
Diesmal servieren wir ihn ab!

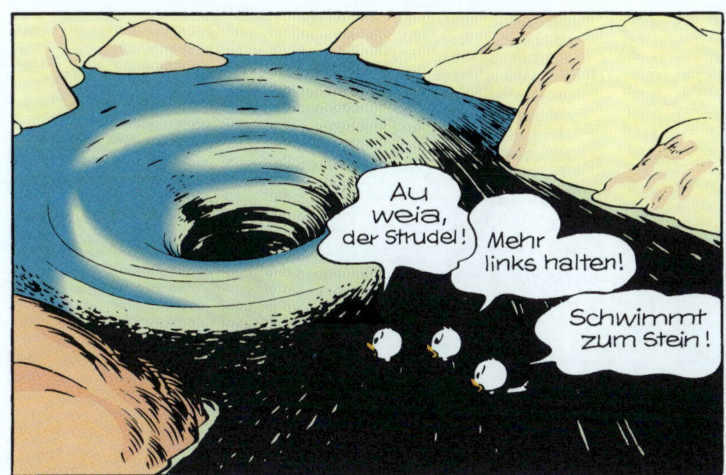
Au weia, der Strudel!
Mehr links halten!
Schwimmt zum Stein!

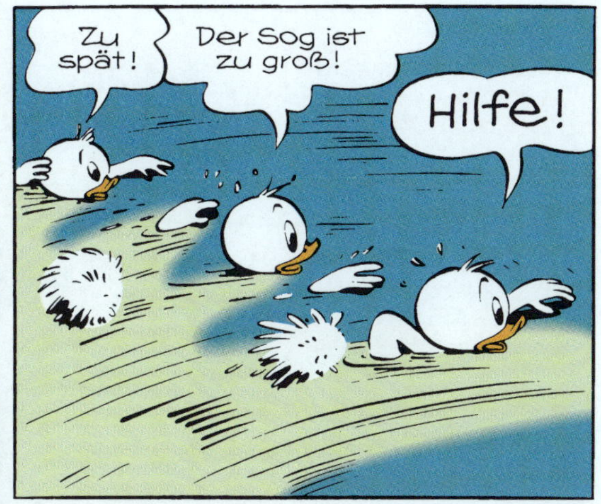
Zu spät!
Der Sog ist zu groß!
Hilfe!

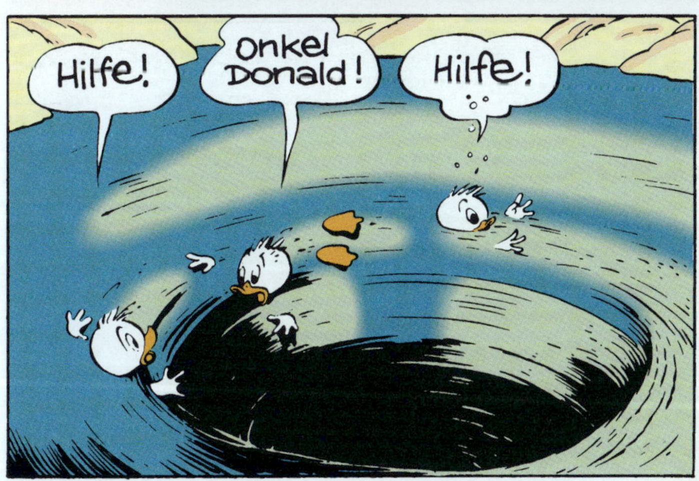
Hilfe!
Onkel Donald!
Hilfe!

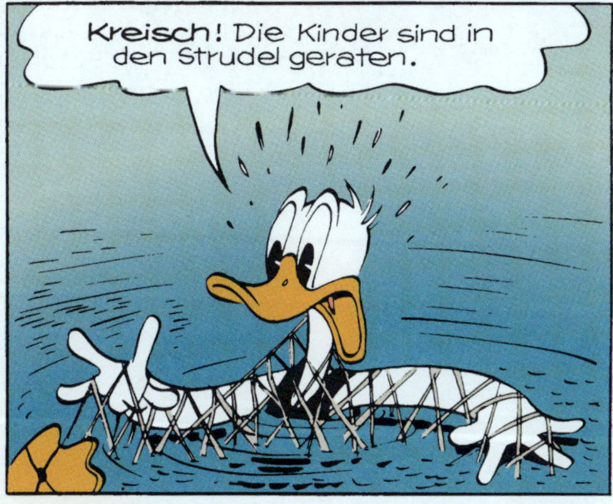
Kreisch! Die Kinder sind in den Strudel geraten.

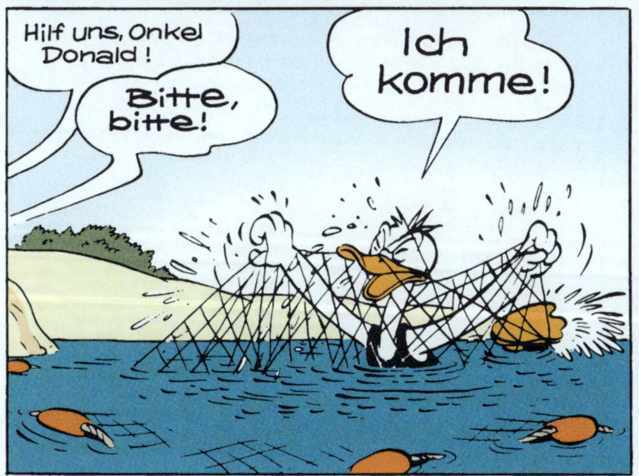
Hilf uns, Onkel Donald!
Bitte, bitte!
Ich komme!

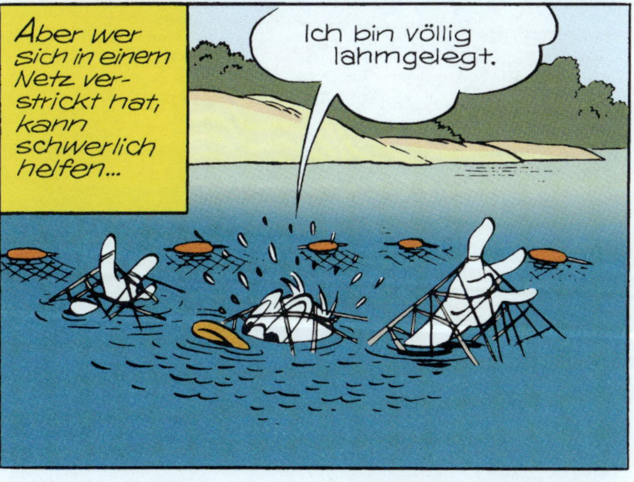
Aber wer sich in einem Netz verstrickt hat, kann schwerlich helfen...
Ich bin völlig lahmgelegt.

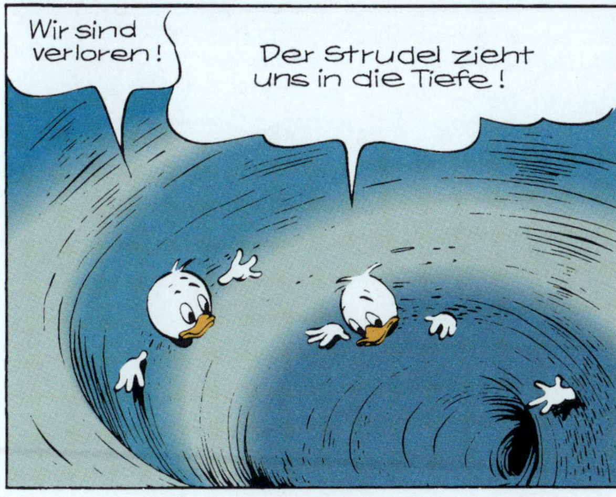
Wir sind verloren!
Der Strudel zieht uns in die Tiefe!

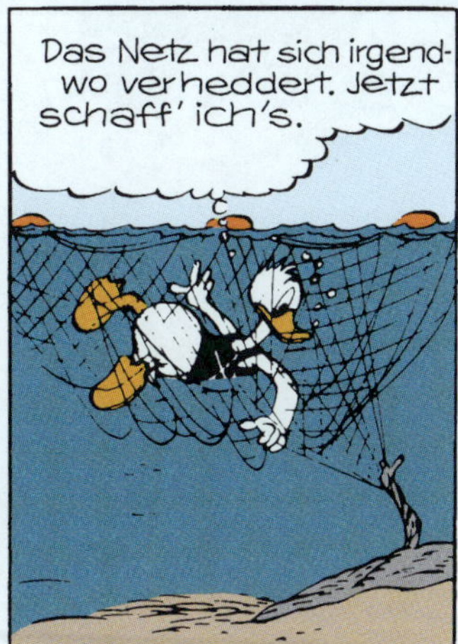
Das Netz hat sich irgendwo verheddert. Jetzt schaff' ich's.

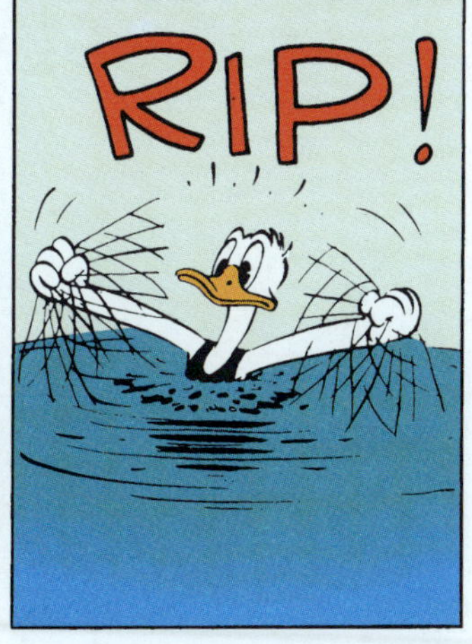
RIP!

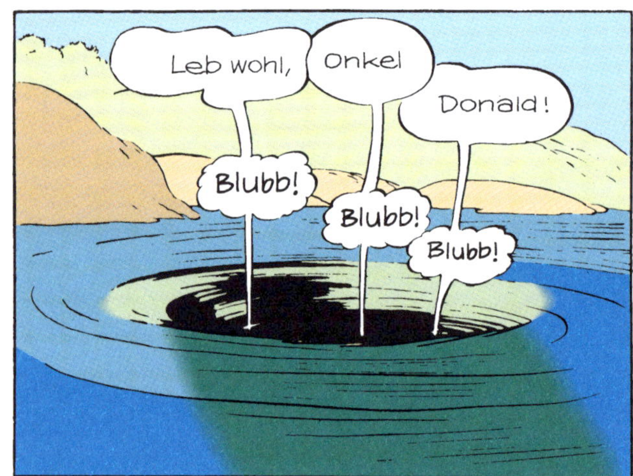
Leb wohl,
Onkel
Donald!
Blubb!
Blubb!
Blubb!

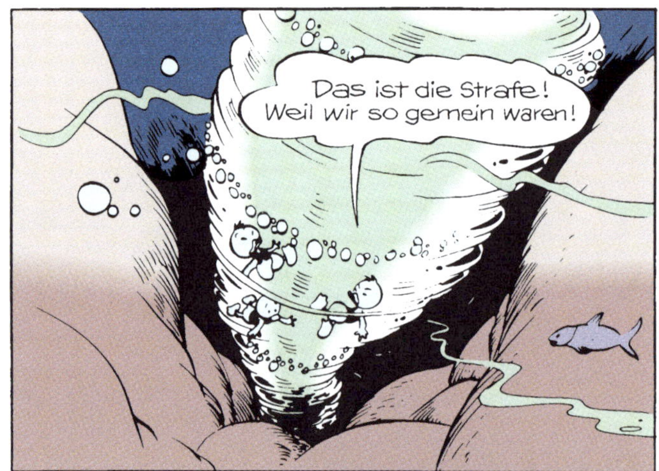
Das ist die Strafe! Weil wir so gemein waren!

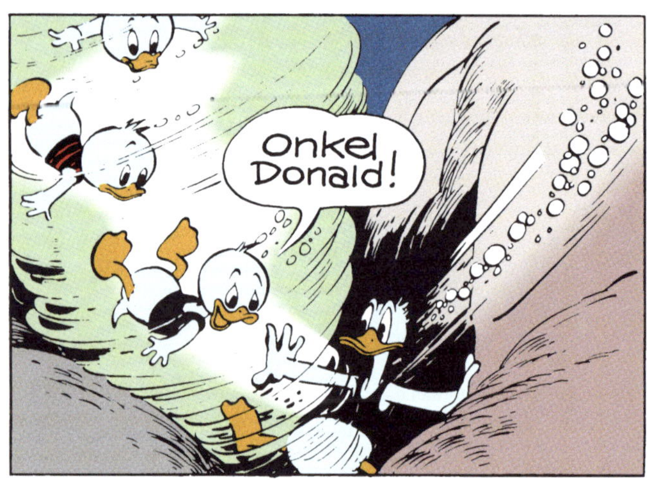
Onkel Donald!

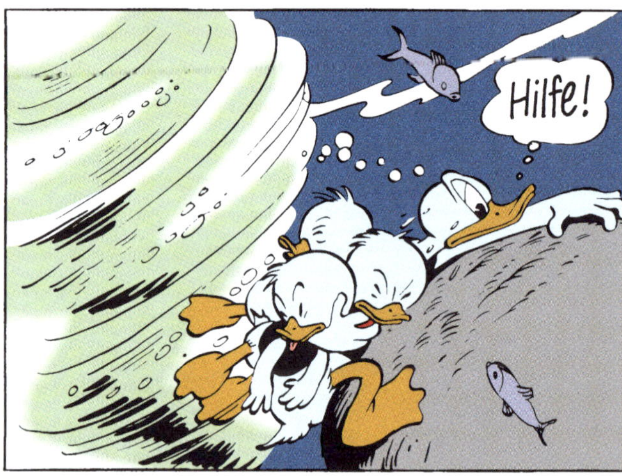
Hilfe!

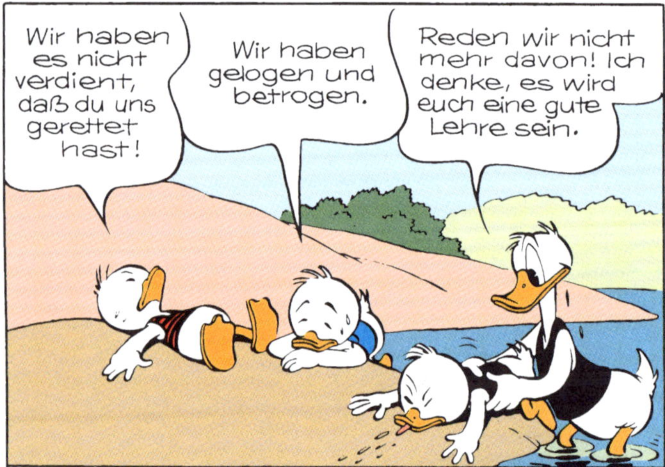
Wir haben es nicht verdient, daß du uns gerettet hast!
Wir haben gelogen und betrogen.
Reden wir nicht mehr davon! Ich denke, es wird euch eine gute Lehre sein.

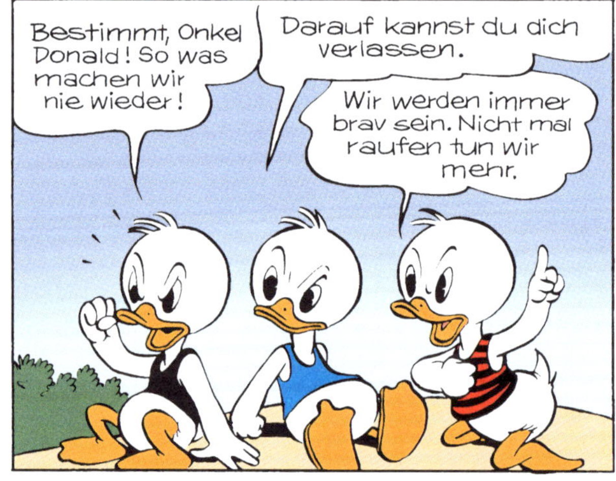
Bestimmt, Onkel Donald! So was machen wir nie wieder!
Darauf kannst du dich verlassen.
Wir werden immer brav sein. Nicht mal raufen tun wir mehr.

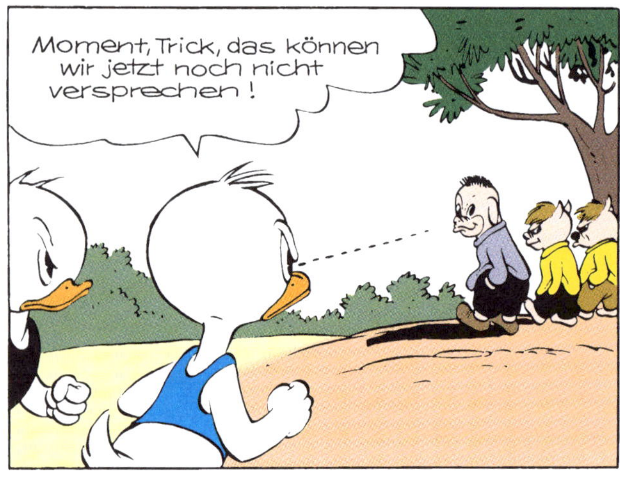
Moment, Trick, das können wir jetzt noch nicht versprechen!

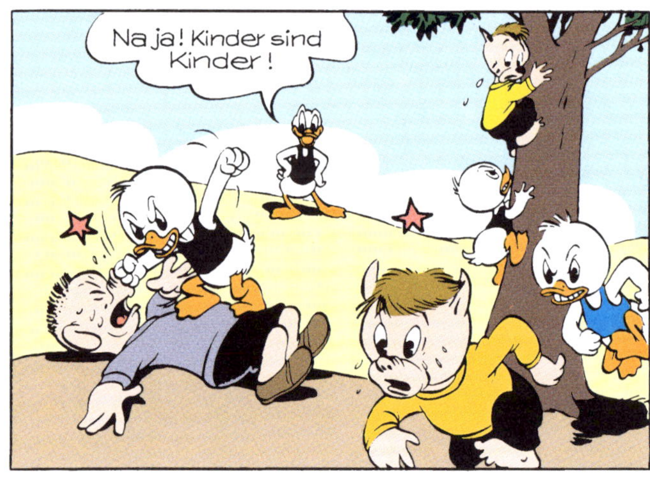
Na ja! Kinder sind Kinder!

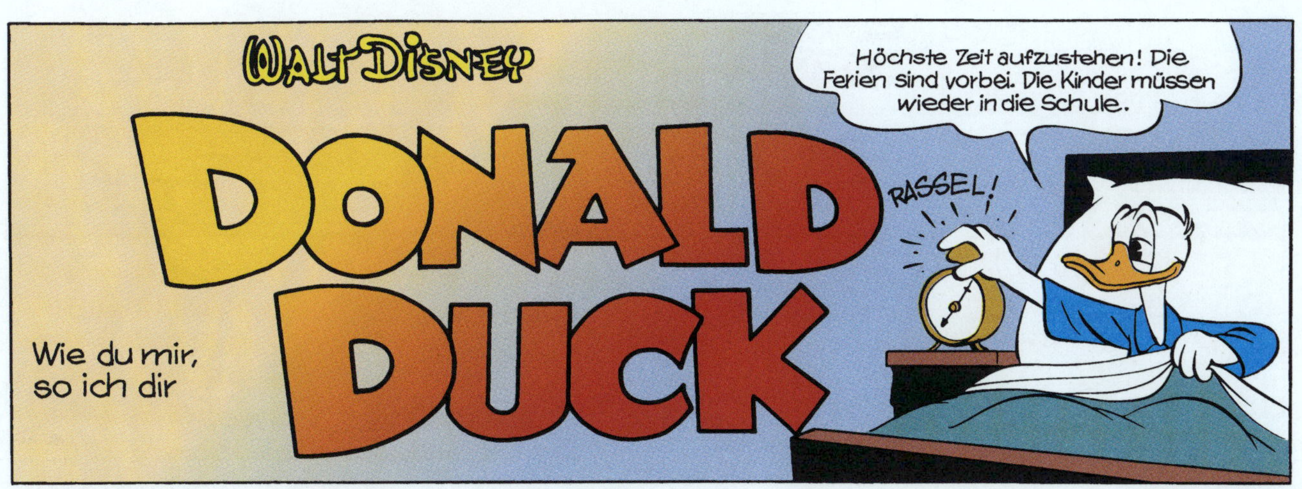
WALT DISNEY
DONALD DUCK
Wie du mir, so ich dir
Höchste Zeit aufzustehen! Die Ferien sind vorbei. Die Kinder müssen wieder in die Schule.
RASSEL!

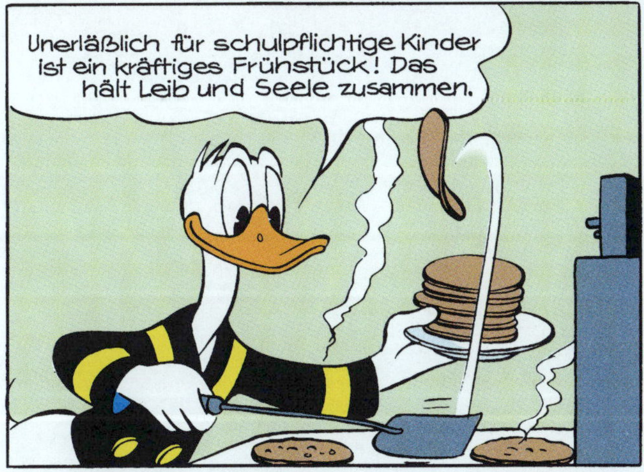
Unerläßlich für schulpflichtige Kinder ist ein kräftiges Frühstück! Das hält Leib und Seele zusammen.

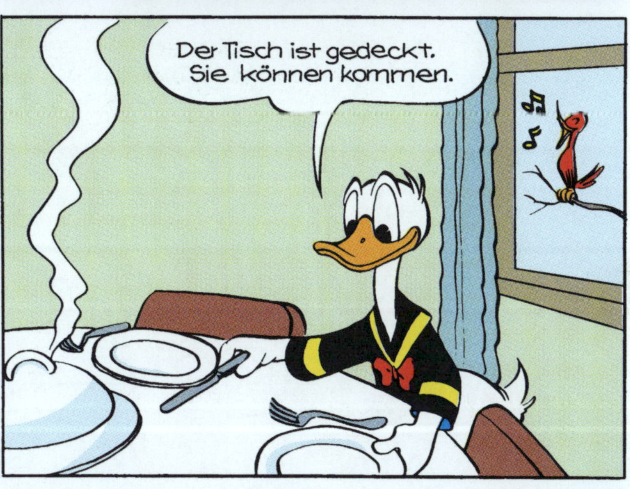
Der Tisch ist gedeckt. Sie können kommen.

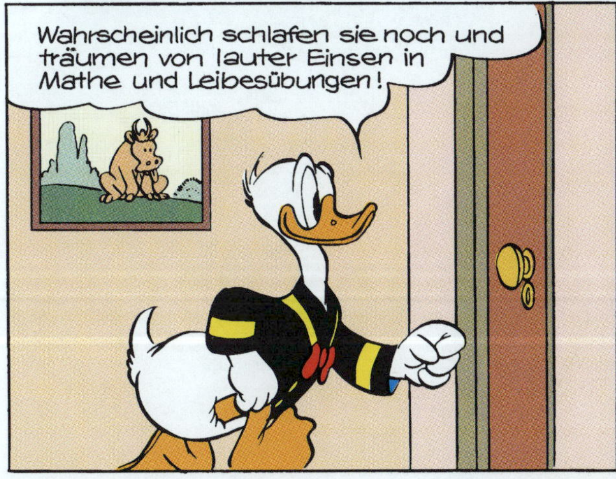
Wahrscheinlich schlafen sie noch und träumen von lauter Einsen in Mathe und Leibesübungen!

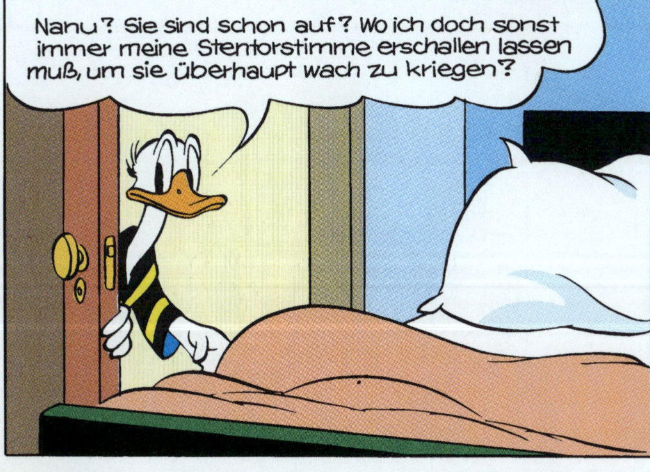
Nanu? Sie sind schon auf? Wo ich doch sonst immer meine Stentorstimme erschallen lassen muß, um sie überhaupt wach zu kriegen?

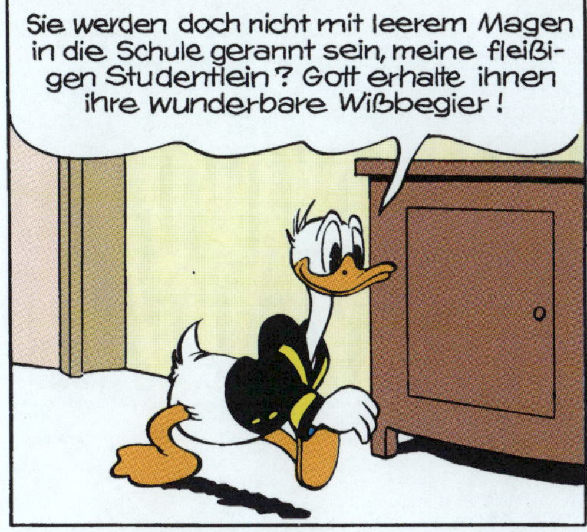
Sie werden doch nicht mit leerem Magen in die Schule gerannt sein, meine fleißigen Studentlein? Gott erhalte ihnen ihre wunderbare Wißbegier!

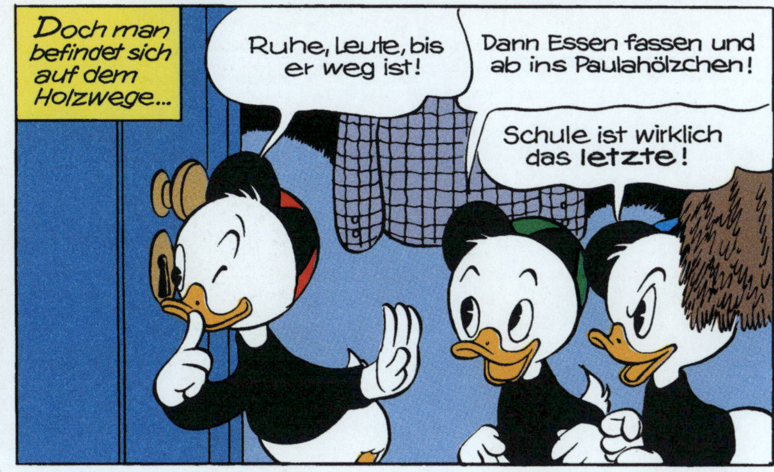
Doch man befindet sich auf dem Holzwege...
Ruhe, Leute, bis er weg ist!
Dann Essen fassen und ab ins Paulahölzchen!
Schule ist wirklich das letzte!

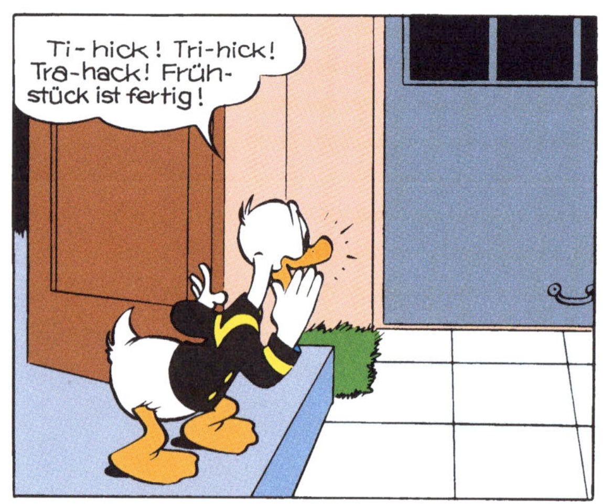
Ti-hick! Tri-hick! Tra-hack! Frühstück ist fertig!

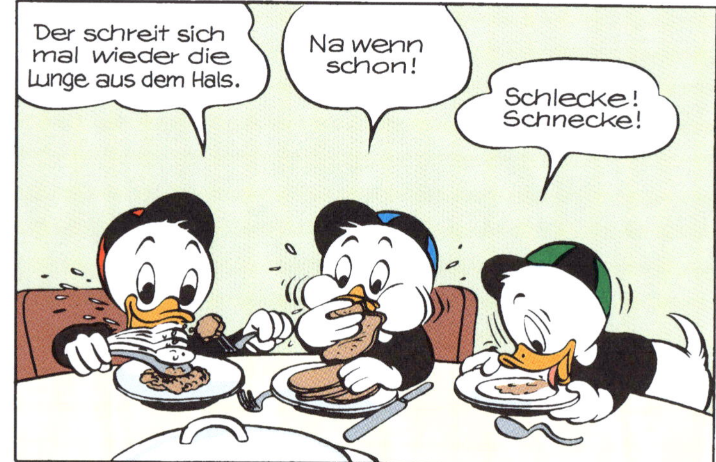
Der schreit sich mal wieder die Lunge aus dem Hals.
Na wenn schon!
Schlecke! Schnecke!

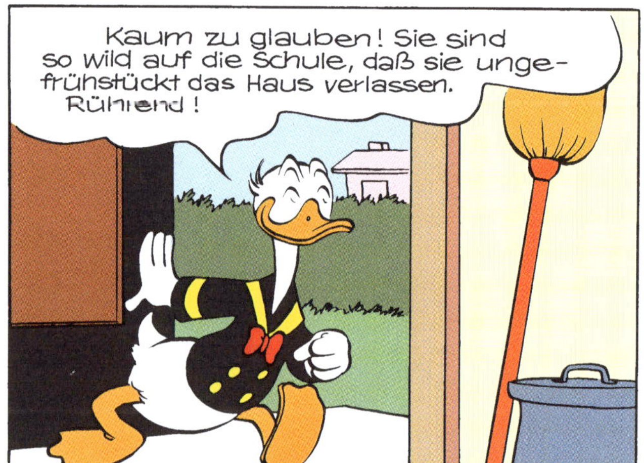
Kaum zu glauben! Sie sind so wild auf die Schule, daß sie ungefrühstückt das Haus verlassen. Rührend!

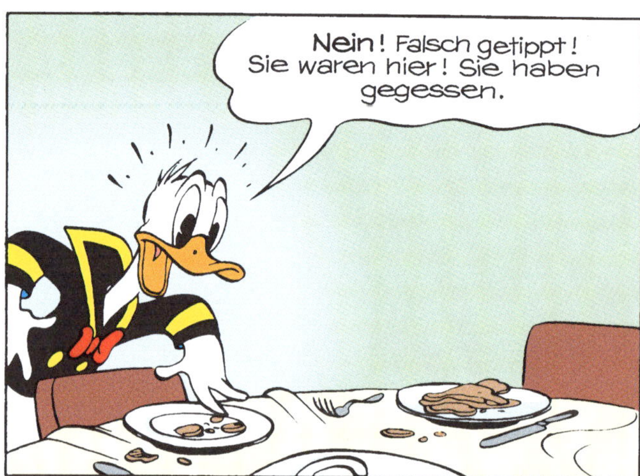
Nein! Falsch getippt! Sie waren hier! Sie haben gegessen.

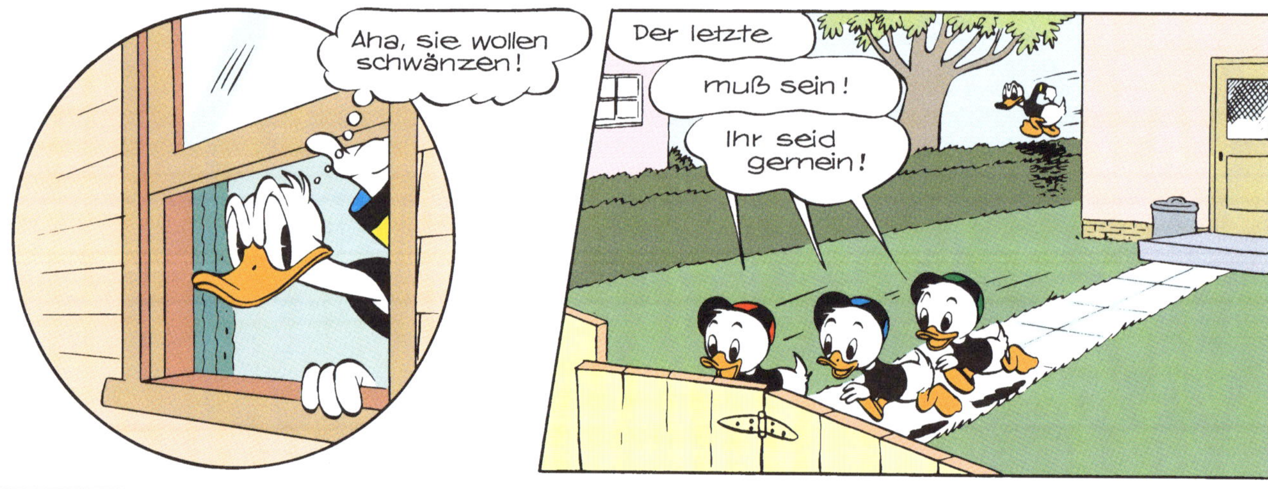
Aha, sie wollen schwänzen!
Der letzte
muß sein!
Ihr seid gemein!

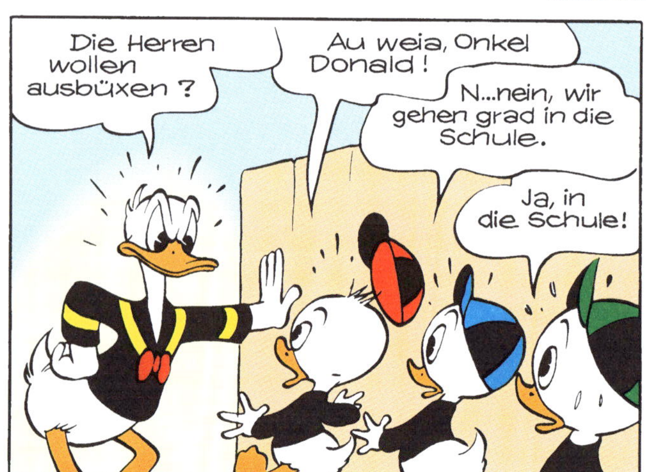
Die Herren wollen ausbüxen?
Au weia, Onkel Donald!
N...nein, wir gehen grad in die Schule.
Ja, in die Schule!

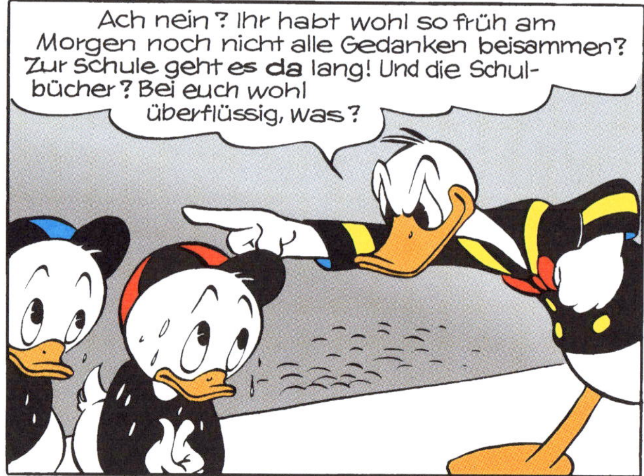
Ach nein? Ihr habt wohl so früh am Morgen noch nicht alle Gedanken beisammen? Zur Schule geht es da lang! Und die Schulbücher? Bei euch wohl überflüssig, was?

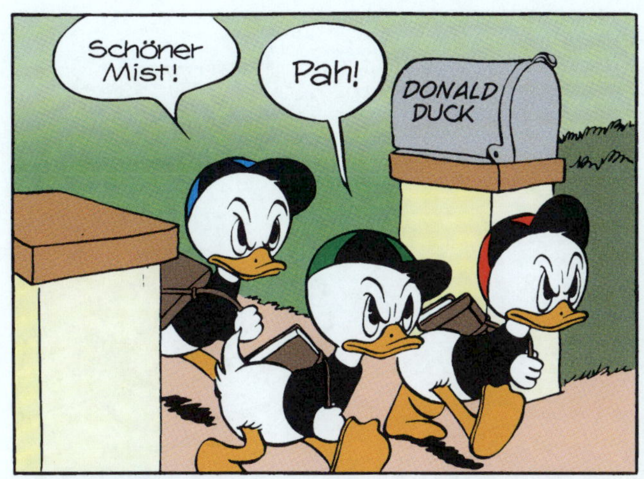
Schöner Mist!
Pah!
DONALD DUCK

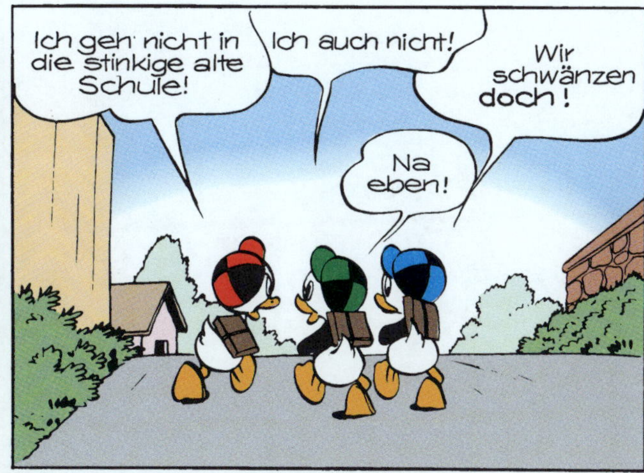
Ich geh nicht in die stinkige alte Schule!
Ich auch nicht!
Wir schwänzen **doch**!
Na eben!

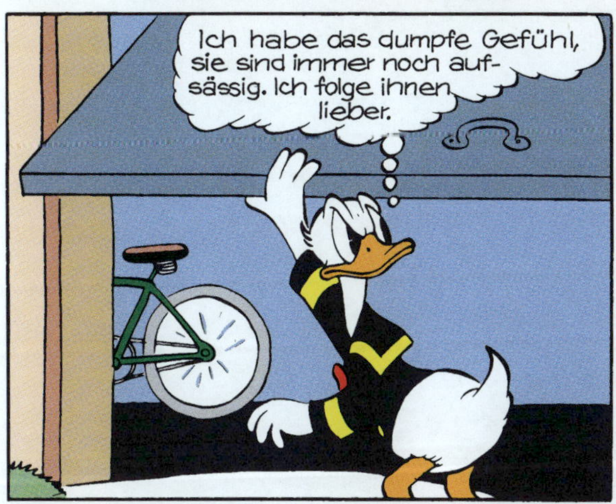
Ich habe das dumpfe Gefühl, sie sind immer noch aufsässig. Ich folge ihnen lieber.

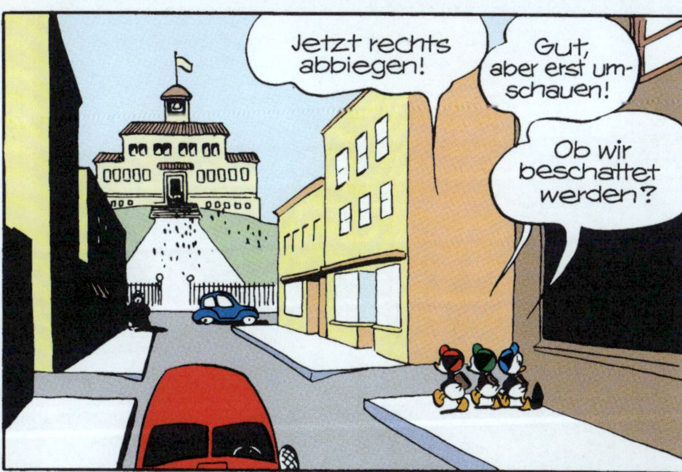
Jetzt rechts abbiegen!
Gut, aber erst umschauen!
Ob wir beschattet werden?

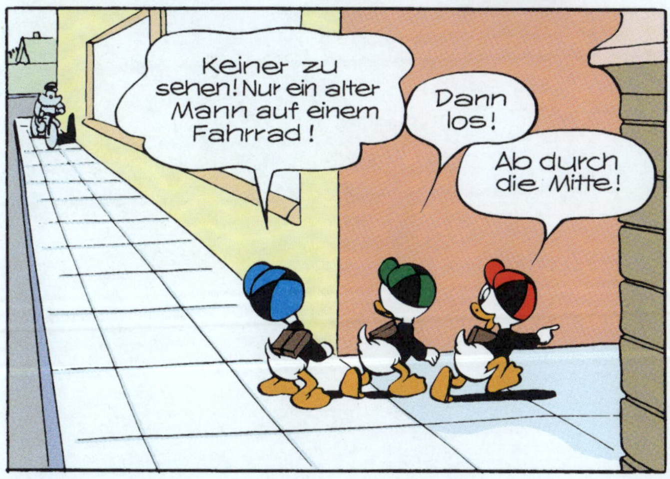
Keiner zu sehen! Nur ein alter Mann auf einem Fahrrad!
Dann los!
Ab durch die Mitte!

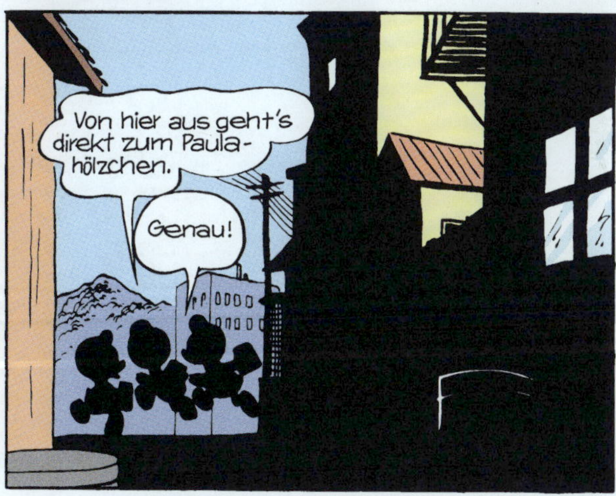
Von hier aus geht's direkt zum Paulahölzchen.
Genau!

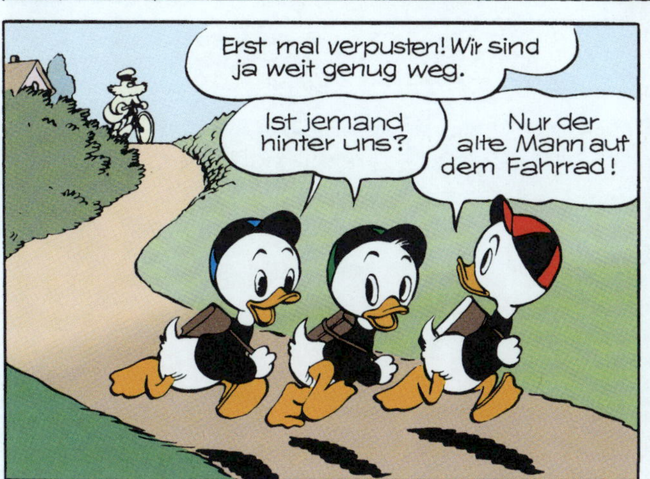
Erst mal verpusten! Wir sind ja weit genug weg.
Ist jemand hinter uns?
Nur der alte Mann auf dem Fahrrad!

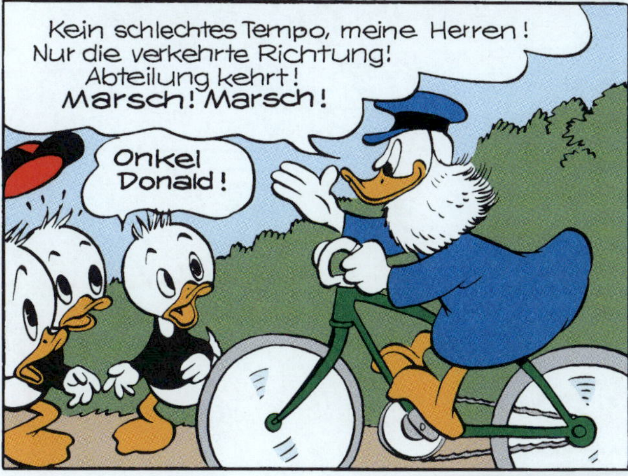
Kein schlechtes Tempo, meine Herren! Nur die verkehrte Richtung! Abteilung kehrt! **Marsch! Marsch!**
Onkel Donald!

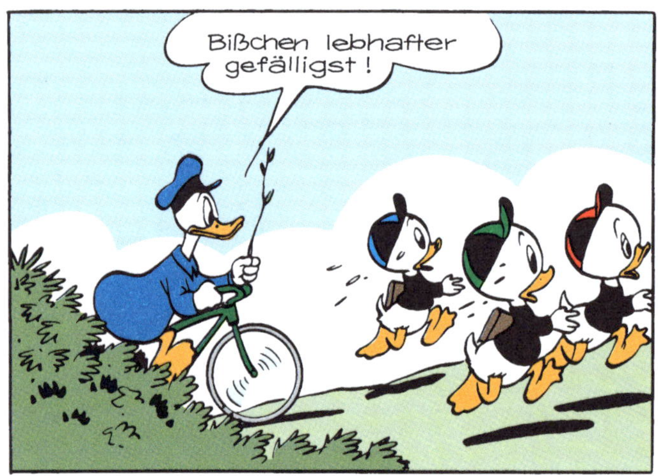
Bißchen lebhafter gefälligst!

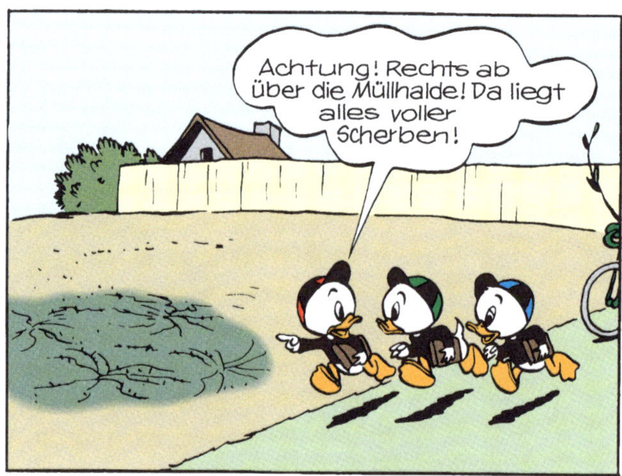
Achtung! Rechts ab über die Müllhalde! Da liegt alles voller Scherben!

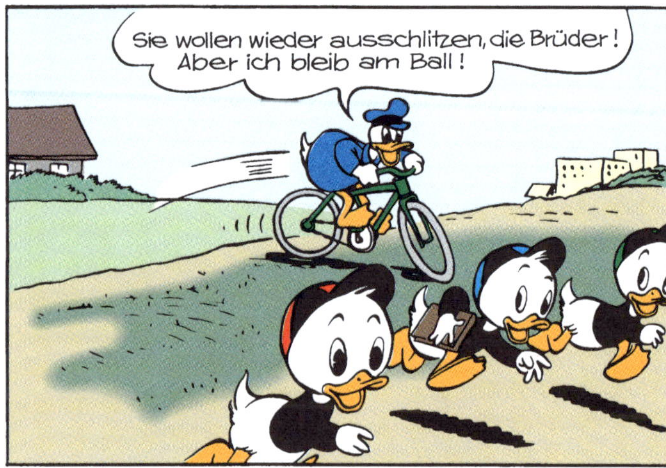
Sie wollen wieder ausschlitzen, die Brüder! Aber ich bleib am Ball!

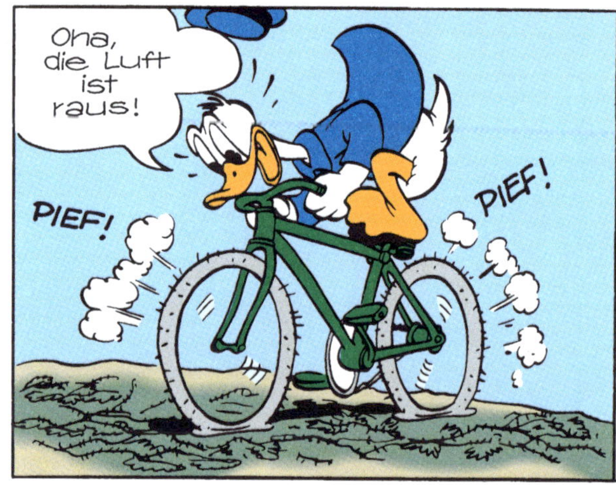
Oha, die Luft ist raus!
PIEF!
PIEF!

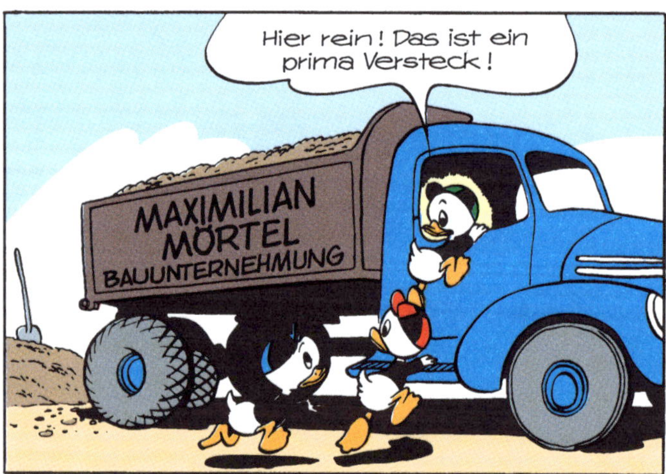
Hier rein! Das ist ein prima Versteck!
MAXIMILIAN MÖRTEL BAUUNTERNEHMUNG

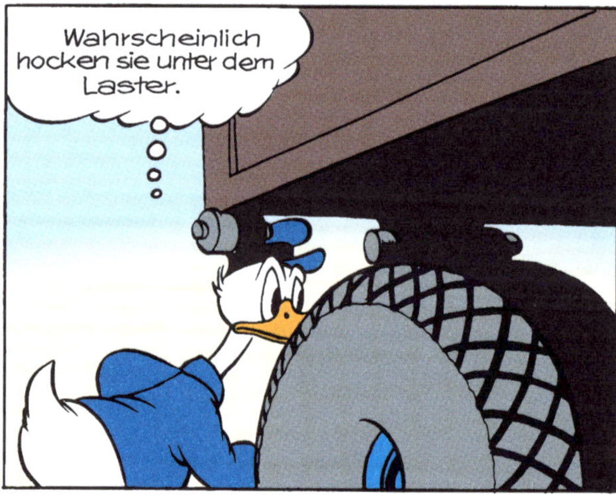
Wahrscheinlich hocken sie unter dem Laster.

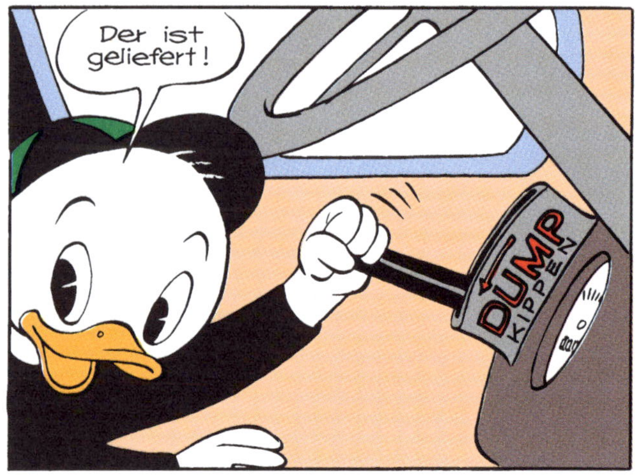
Der ist geliefert!
DUMP
KIPPEN

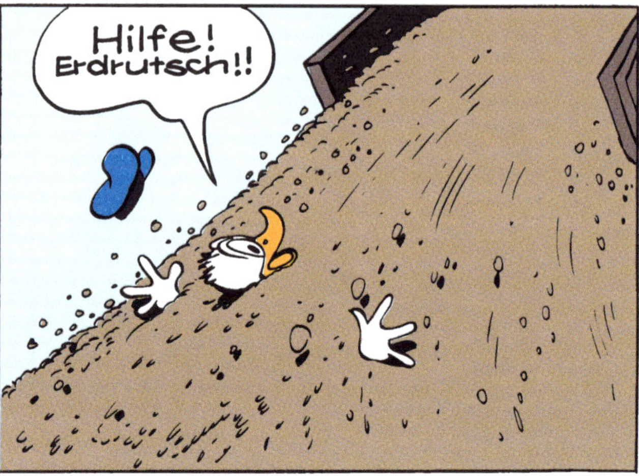
Hilfe! Erdrutsch!!

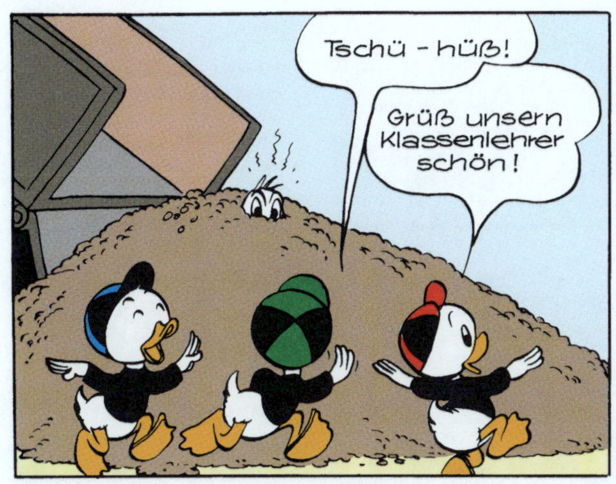
Tschü - hüß!
Grüß unsern Klassenlehrer schön!

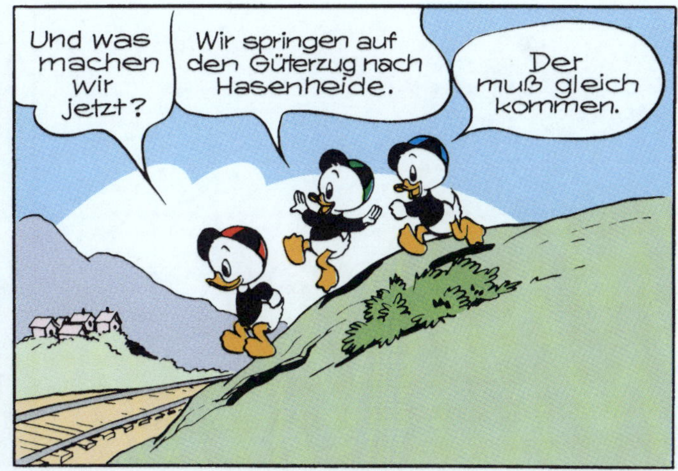
Und was machen wir jetzt?
Wir springen auf den Güterzug nach Hasenheide.
Der muß gleich kommen.

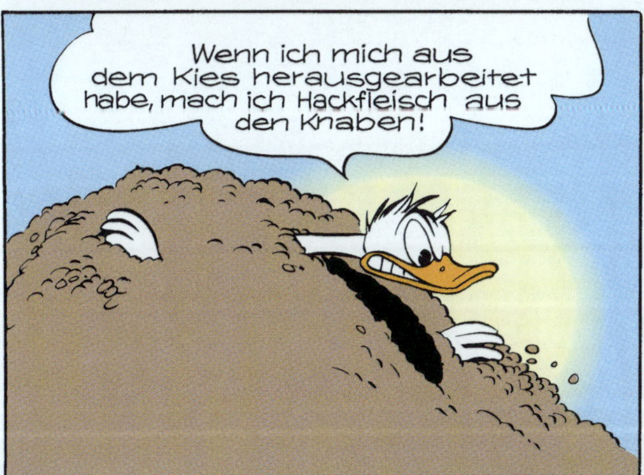
Wenn ich mich aus dem Kies herausgearbeitet habe, mach ich Hackfleisch aus den Knaben!

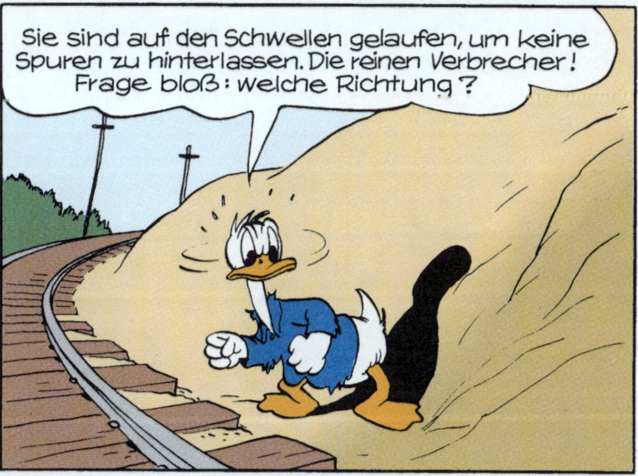
Sie sind auf den Schwellen gelaufen, um keine Spuren zu hinterlassen. Die reinen Verbrecher! Frage bloß: welche Richtung?

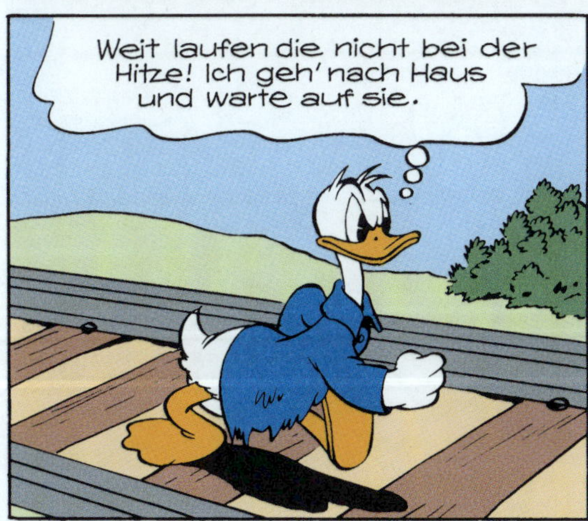
Weit laufen die nicht bei der Hitze! Ich geh' nach Haus und warte auf sie.

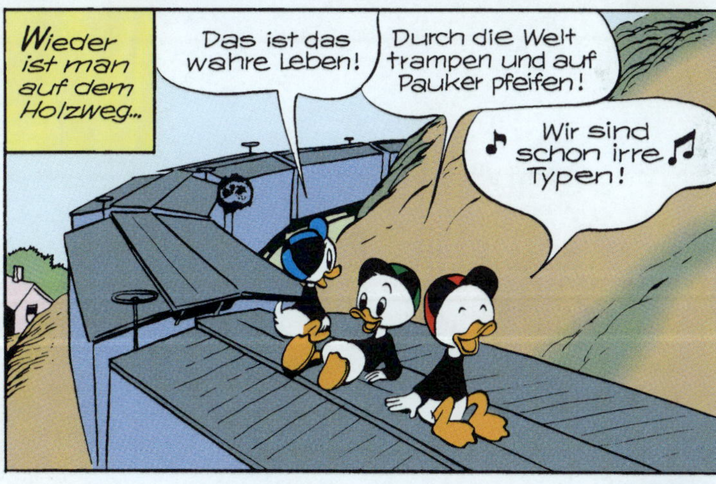
Wieder ist man auf dem Holzweg...
Das ist das wahre Leben!
Durch die Welt trampen und auf Pauker pfeifen!
♪ Wir sind schon irre Typen! ♫

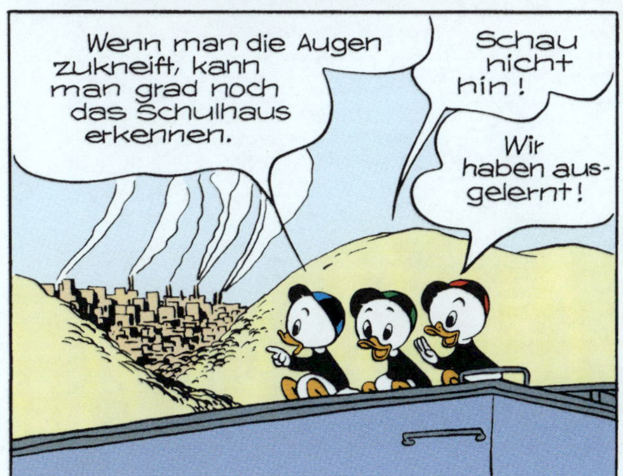
Wenn man die Augen zukneift, kann man grad noch das Schulhaus erkennen.
Schau nicht hin!
Wir haben ausgelernt!

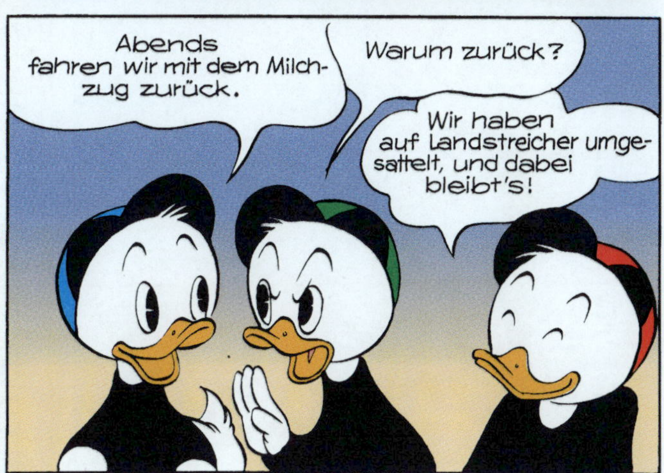
Abends fahren wir mit dem Milchzug zurück.
Warum zurück?
Wir haben auf Landstreicher umgesattelt, und dabei bleibt's!

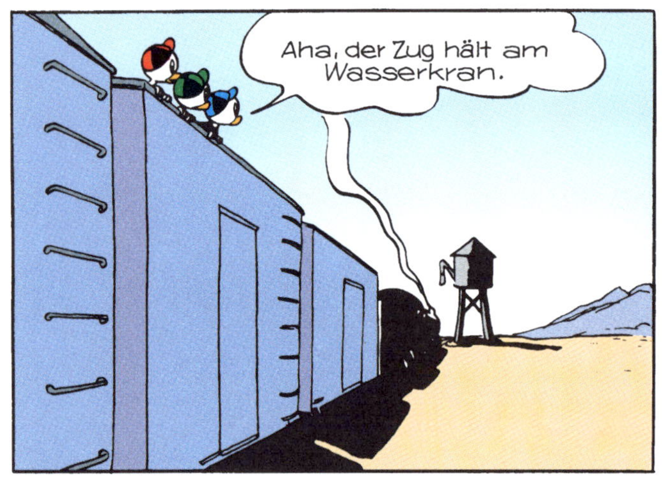
Aha, der Zug hält am Wasserkran.

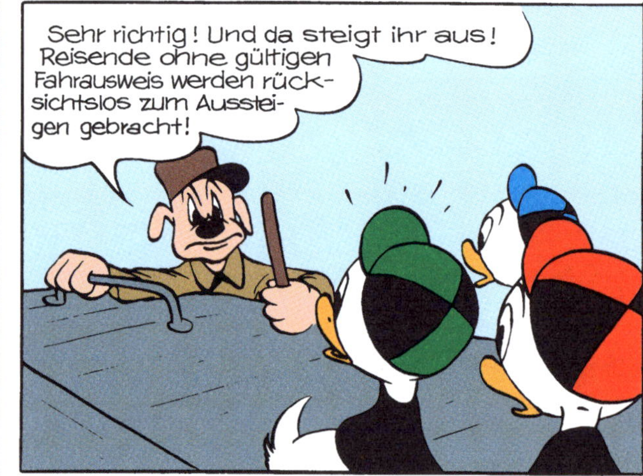
Sehr richtig! Und da steigt ihr aus! Reisende ohne gültigen Fahrausweis werden rücksichtslos zum Aussteigen gebracht!

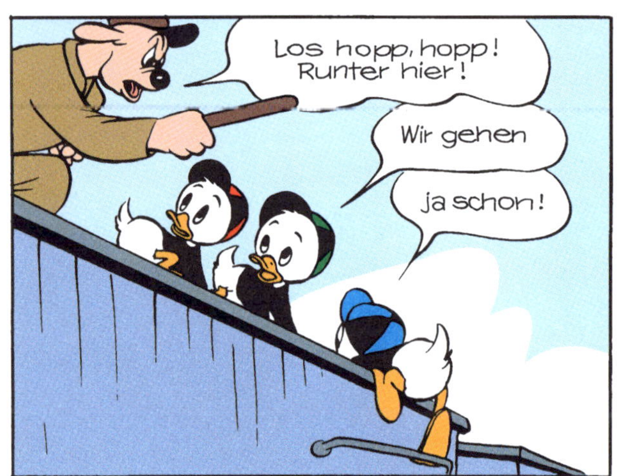
Los hopp, hopp! Runter hier!
Wir gehen
ja schon!

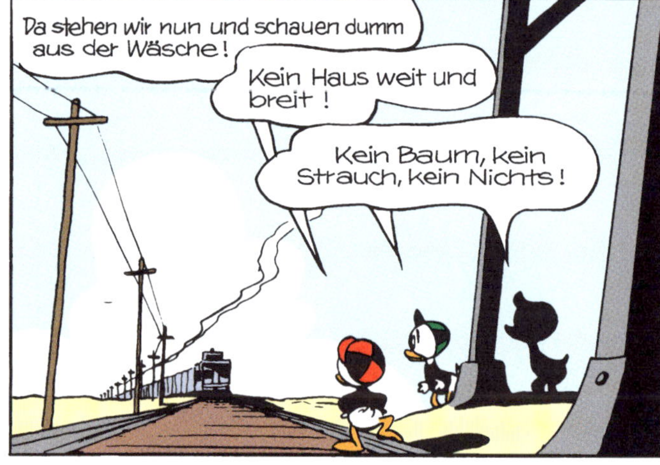
Da stehen wir nun und schauen dumm aus der Wäsche!
Kein Haus weit und breit!
Kein Baum, kein Strauch, kein Nichts!

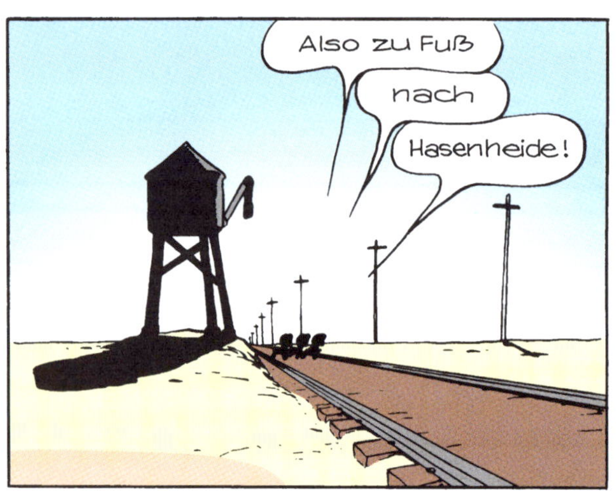
Also zu Fuß
nach
Hasenheide!

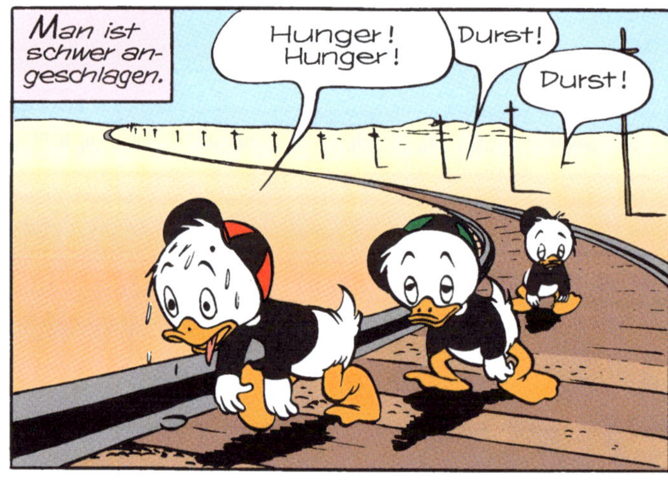
Man ist schwer angeschlagen.
Hunger! Hunger!
Durst!
Durst!

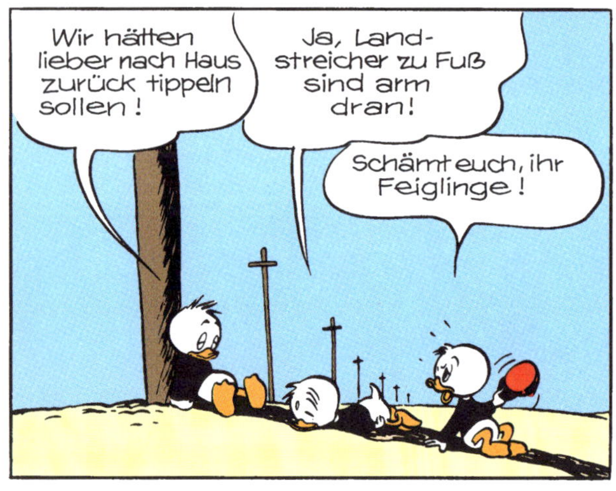
Wir hätten lieber nach Haus zurück tippeln sollen!
Ja, Landstreicher zu Fuß sind arm dran!
Schämt euch, ihr Feiglinge!

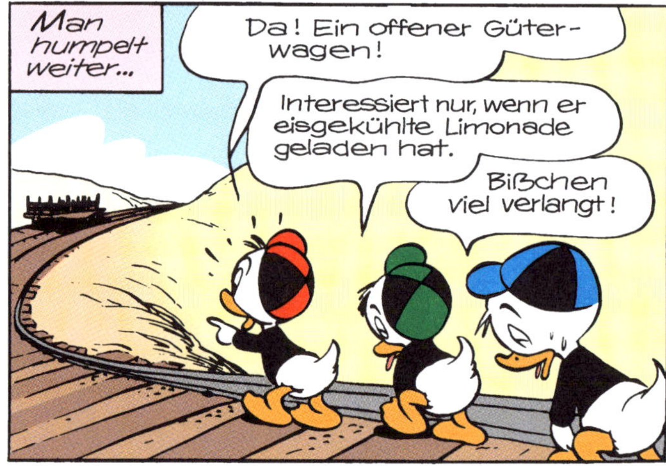
Man humpelt weiter...
Da! Ein offener Güterwagen!
Interessiert nur, wenn er eisgekühlte Limonade geladen hat.
Bißchen viel verlangt!

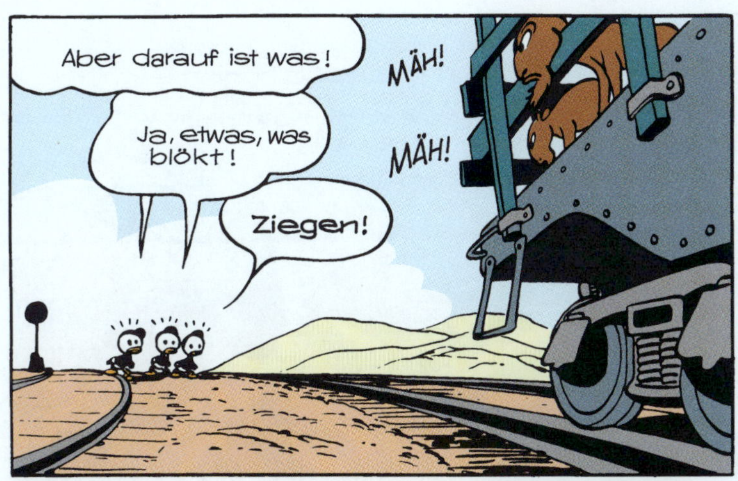
Aber darauf ist was!
MÄH!
Ja, etwas, was blökt!
MÄH!
Ziegen!

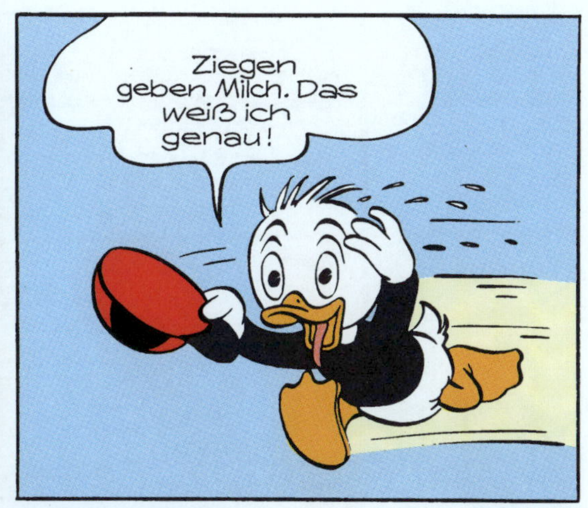
Ziegen geben Milch. Das weiß ich genau!

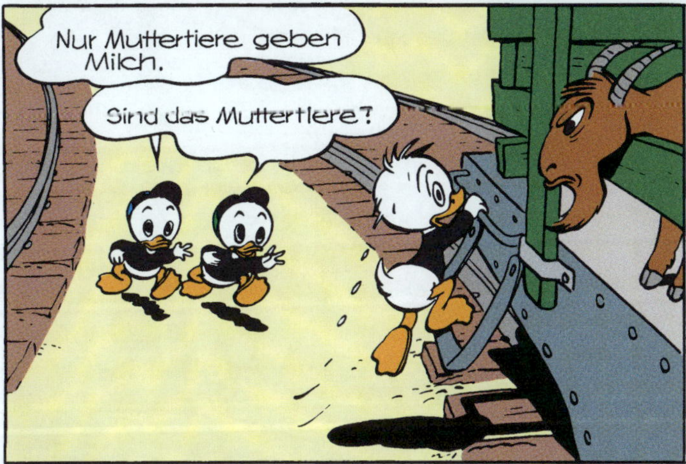
Nur Muttertiere geben Milch.
Sind das Muttertiere?

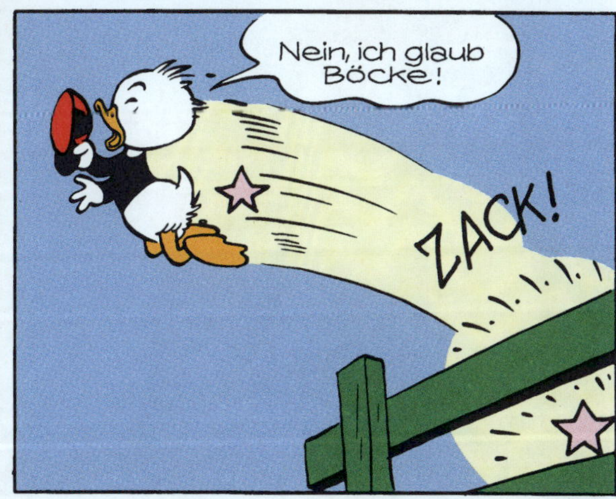
Nein, ich glaub Böcke!
ZACK!

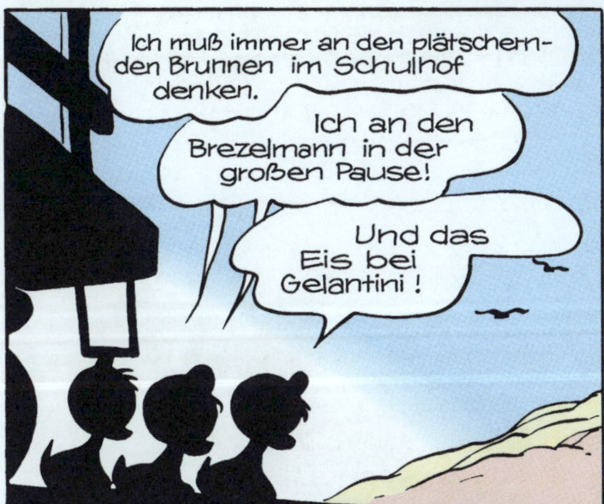
Ich muß immer an den plätschernden Brunnen im Schulhof denken.
Ich an den Brezelmann in der großen Pause!
Und das Eis bei Gelantini!

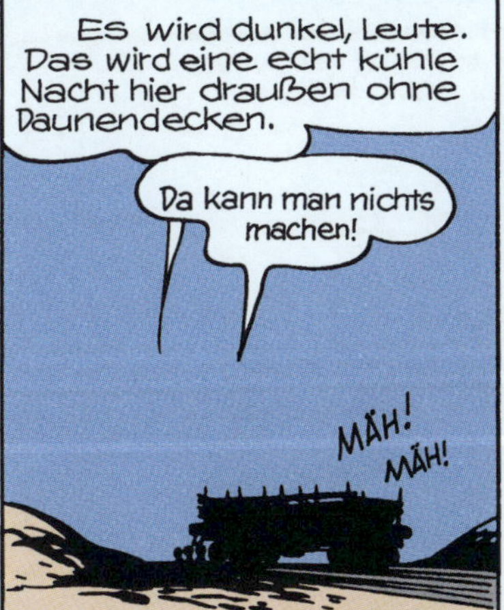
Es wird dunkel, Leute. Das wird eine echt kühle Nacht hier draußen ohne Daunendecken.
Da kann man nichts machen!
MÄH!
MÄH!

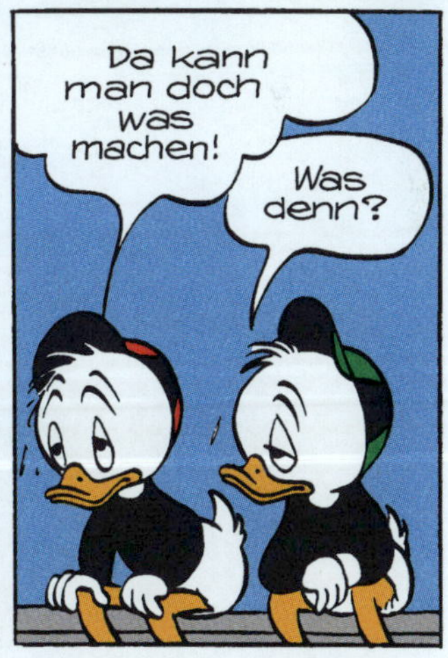
Da kann man doch was machen!
Was denn?

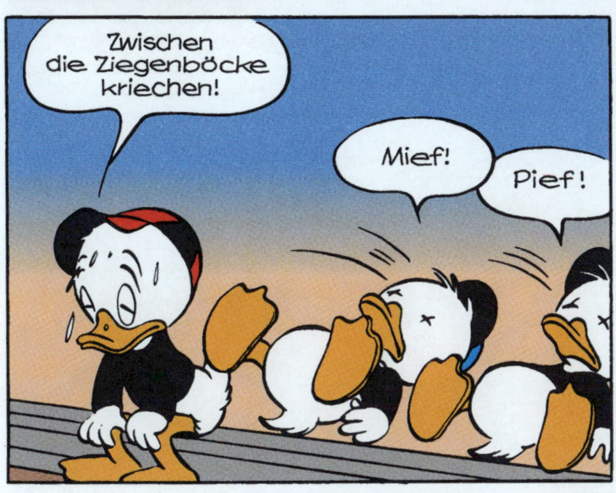
Zwischen die Ziegenböcke kriechen!
Mief!
Pief!

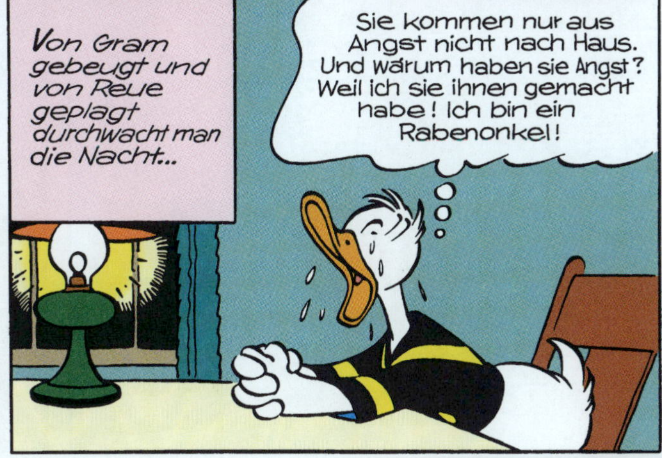
Von Gram gebeugt und von Reue geplagt durchwacht man die Nacht...
Sie kommen nur aus Angst nicht nach Haus. Und warum haben sie Angst? Weil ich sie ihnen gemacht habe! Ich bin ein Rabenonkel!

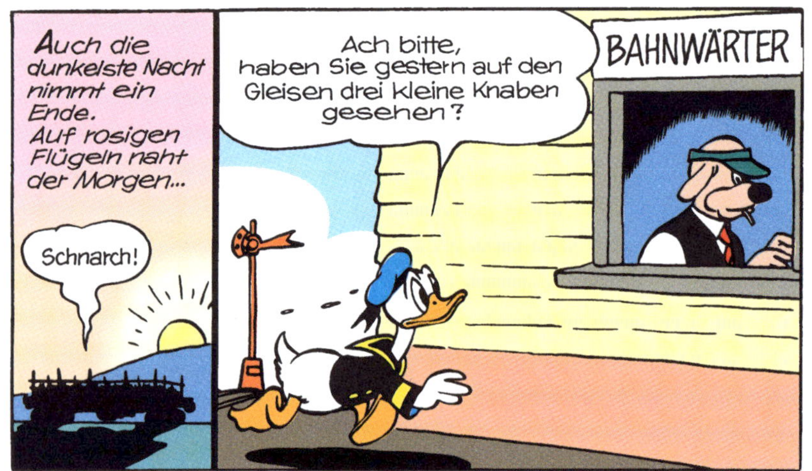
Auch die dunkelste Nacht nimmt ein Ende. Auf rosigen Flügeln naht der Morgen...
Schnarch!
Ach bitte, haben Sie gestern auf den Gleisen drei kleine Knaben gesehen?
BAHNWÄRTER

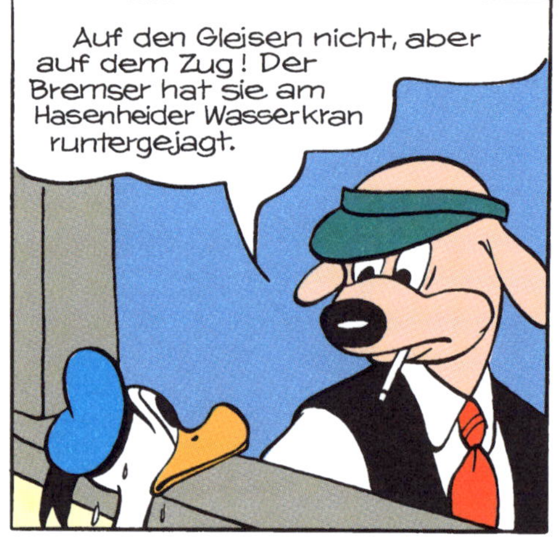
Auf den Gleisen nicht, aber auf dem Zug! Der Bremser hat sie am Hasenheider Wasserkran runtergejagt.

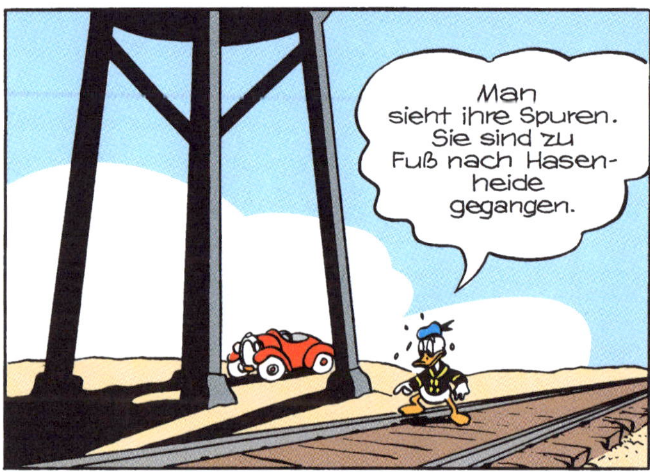
Man sieht ihre Spuren. Sie sind zu Fuß nach Hasenheide gegangen.

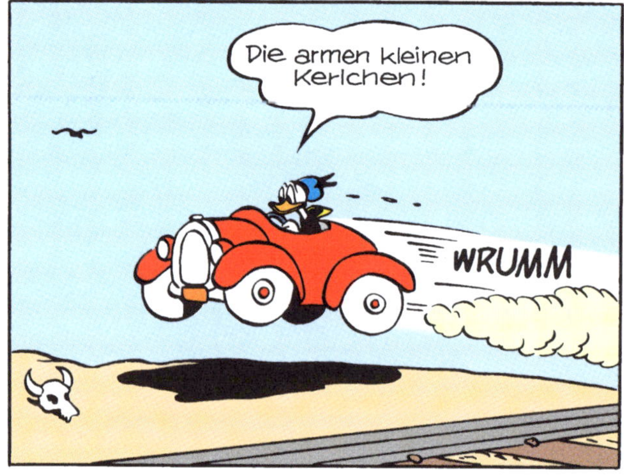
Die armen kleinen Kerlchen!
WRUMM

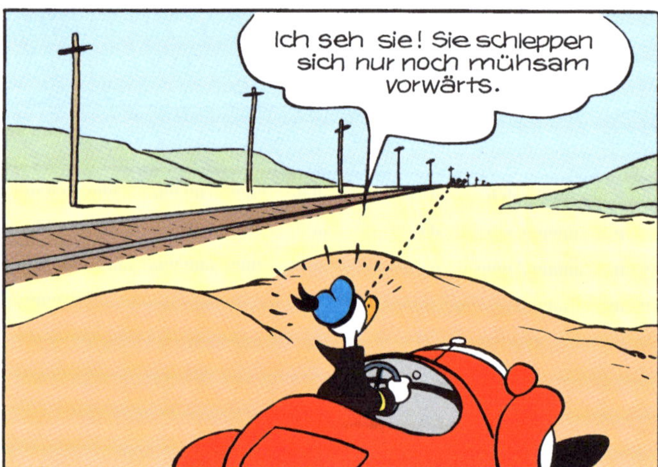
Ich seh sie! Sie schleppen sich nur noch mühsam vorwärts.

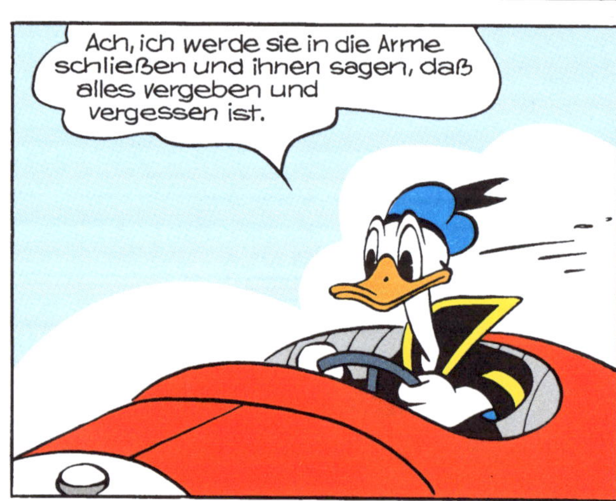
Ach, ich werde sie in die Arme schließen und ihnen sagen, daß alles vergeben und vergessen ist.

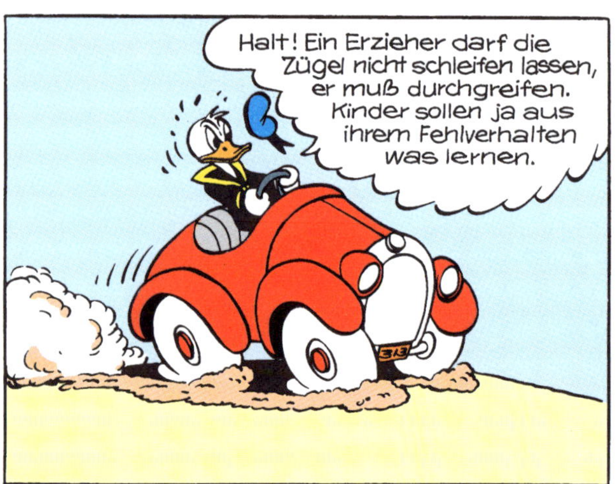
Halt! Ein Erzieher darf die Zügel nicht schleifen lassen, er muß durchgreifen. Kinder sollen ja aus ihrem Fehlverhalten was lernen.

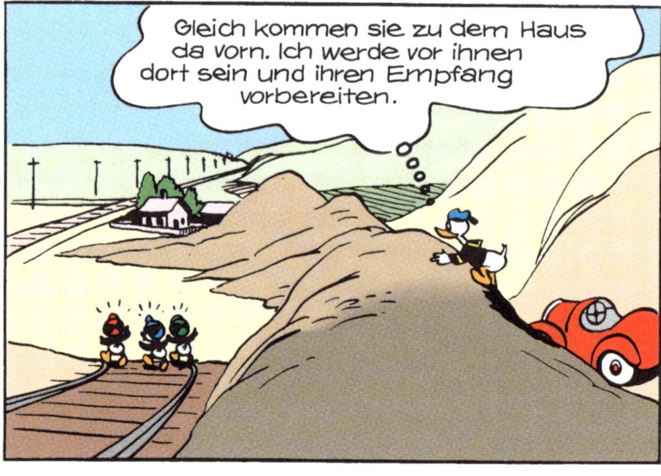
Gleich kommen sie zu dem Haus da vorn. Ich werde vor ihnen dort sein und ihren Empfang vorbereiten.

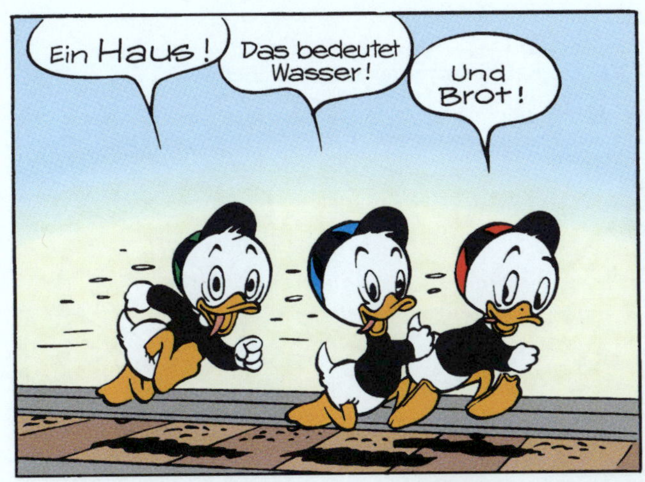
Ein Haus!
Das bedeutet Wasser!
Und Brot!

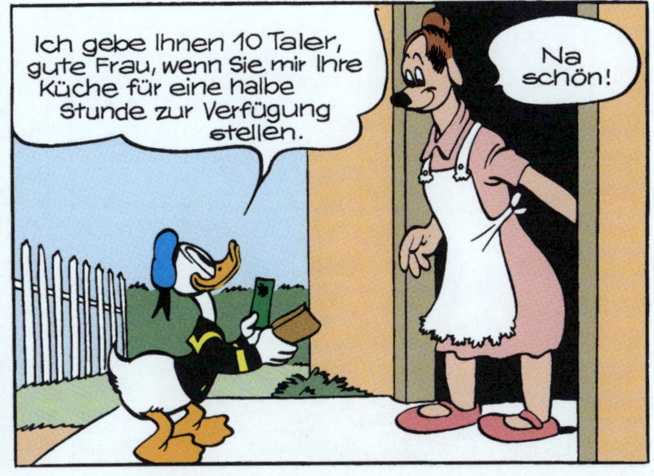
Ich gebe Ihnen 10 Taler, gute Frau, wenn Sie mir Ihre Küche für eine halbe Stunde zur Verfügung stellen.
Na schön!

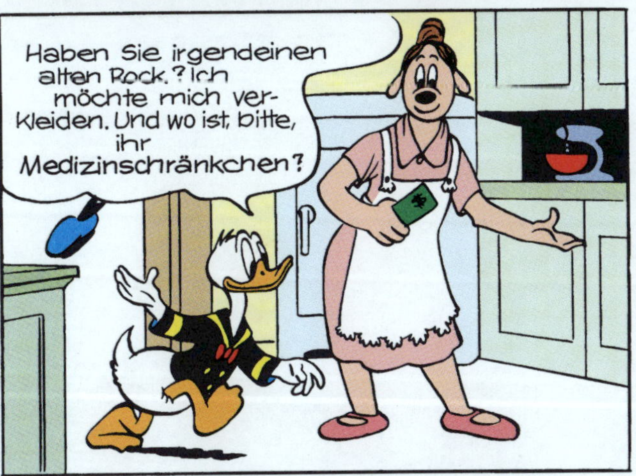
Haben Sie irgendeinen alten Rock? Ich möchte mich verkleiden. Und wo ist, bitte, ihr Medizinschränkchen?

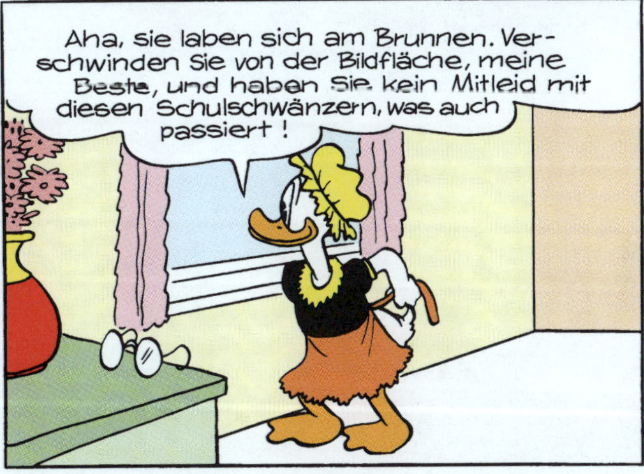
Aha, sie laben sich am Brunnen. Verschwinden Sie von der Bildfläche, meine Beste, und haben Sie kein Mitleid mit diesen Schulschwänzern, was auch passiert!

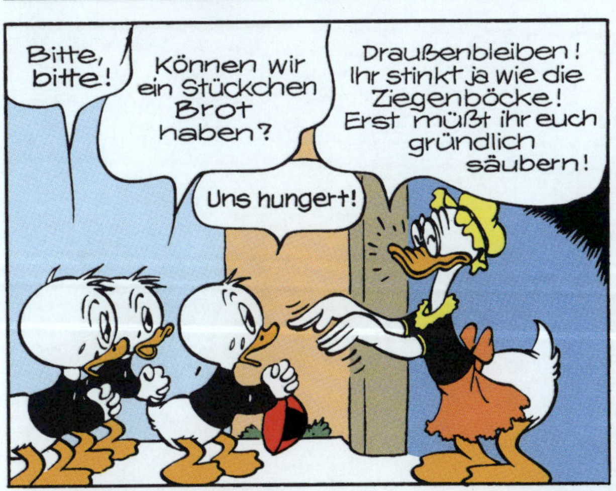
Bitte, bitte!
Können wir ein Stückchen Brot haben?
Uns hungert!
Draußenbleiben! Ihr stinkt ja wie die Ziegenböcke! Erst müßt ihr euch gründlich säubern!

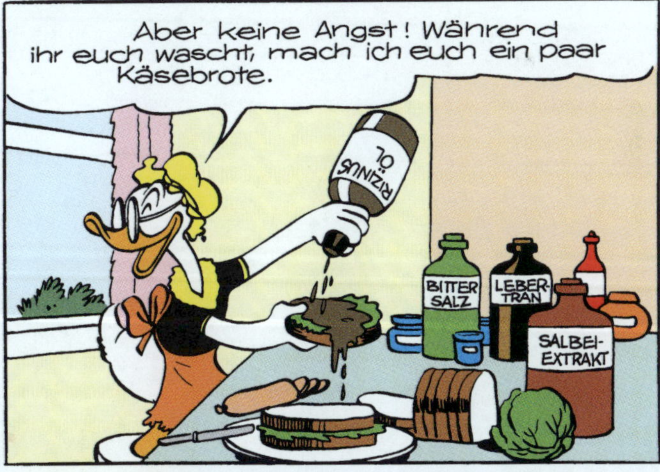
Aber keine Angst! Während ihr euch wascht, mach ich euch ein paar Käsebrote.
RIZINUS ÖL
BITTER SALZ
LEBER-TRAN
SALBEI-EXTRAKT

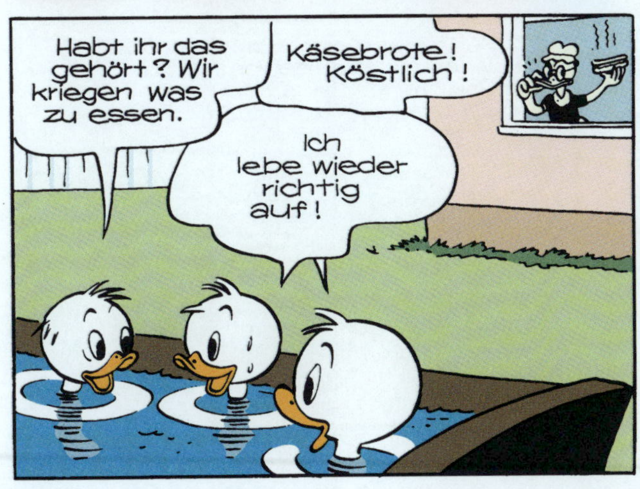
Habt ihr das gehört? Wir kriegen was zu essen.
Käsebrote! Köstlich!
Ich lebe wieder richtig auf!

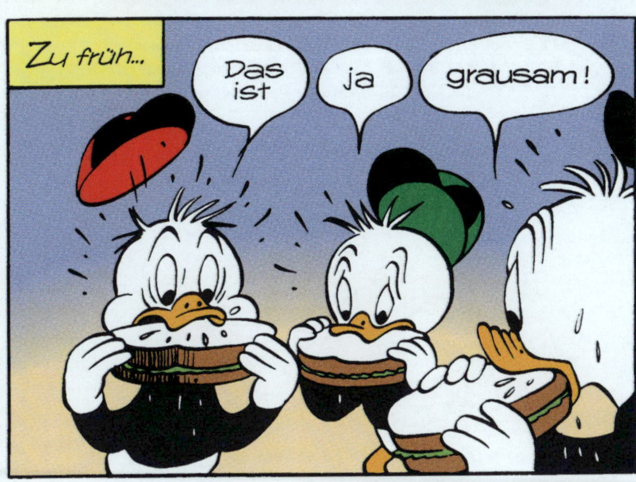
Zu früh...
Das ist
ja
grausam!

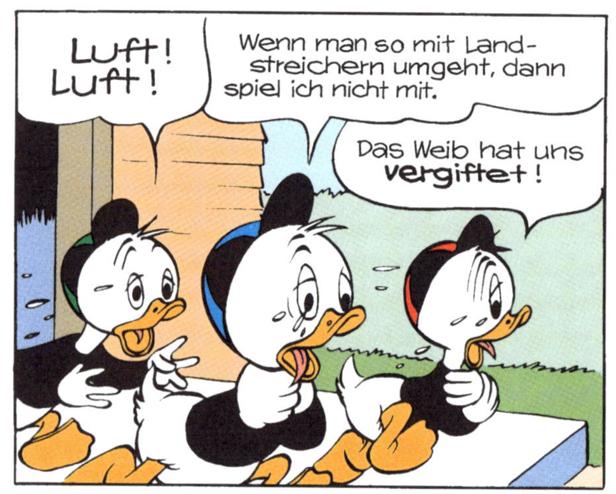

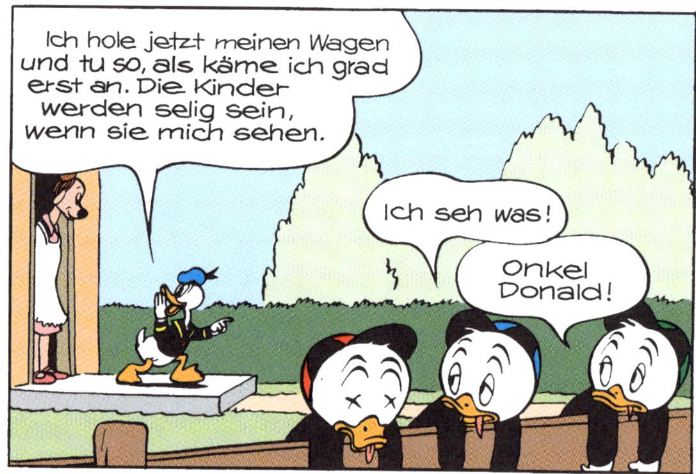

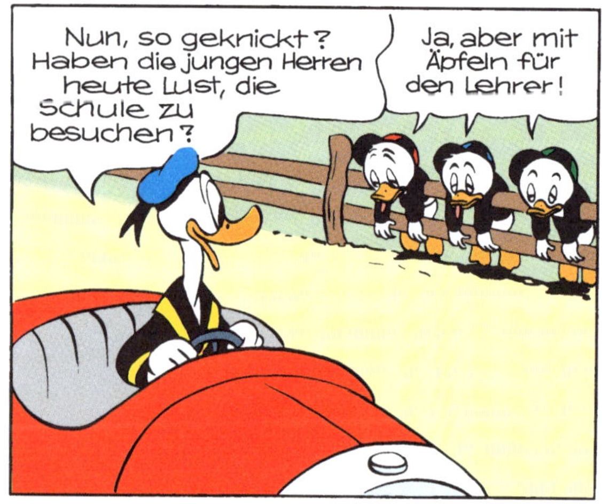

Zuerst aber geht's nach Haus, wo sich die Ausreißer überraschend wohl fühlen ...

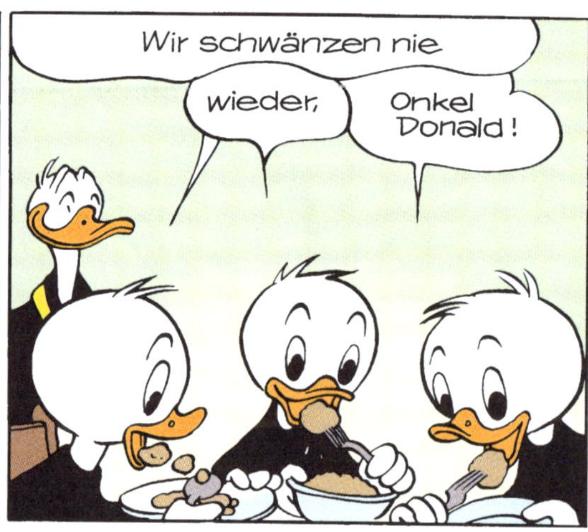

Später, als es Zeit ist, zur Schule zu gehen ...

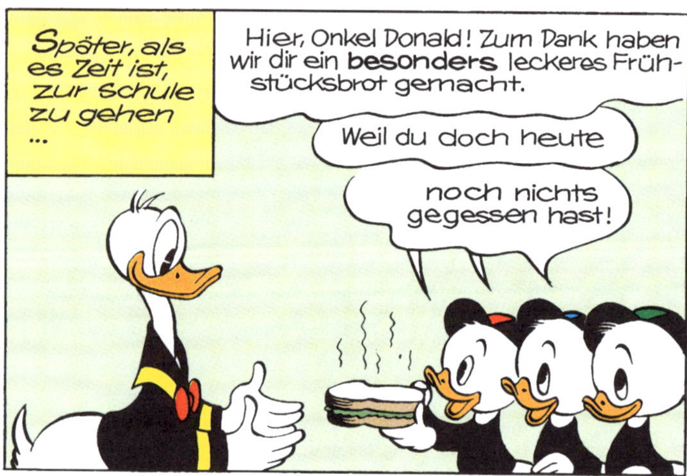

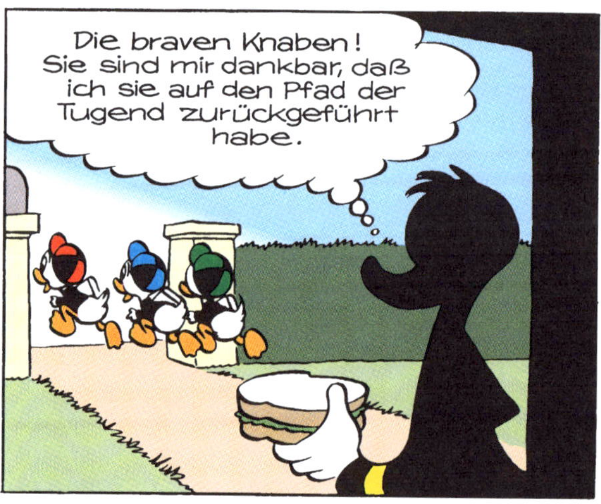

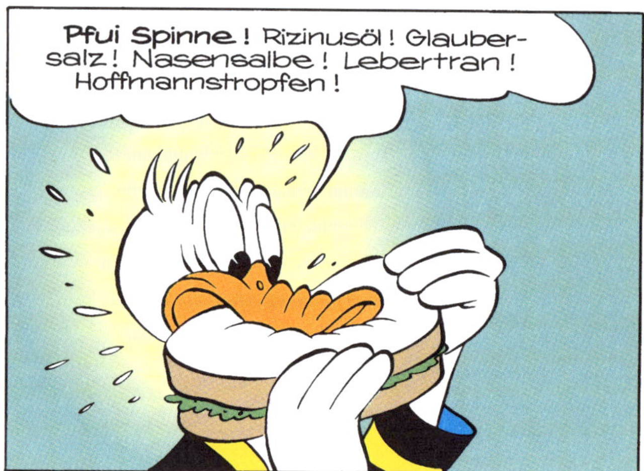

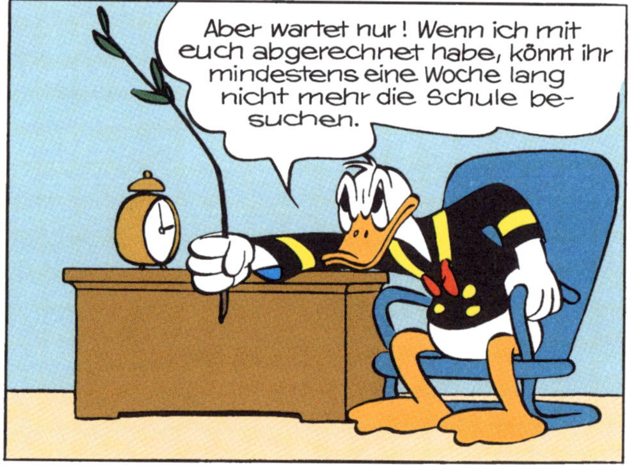

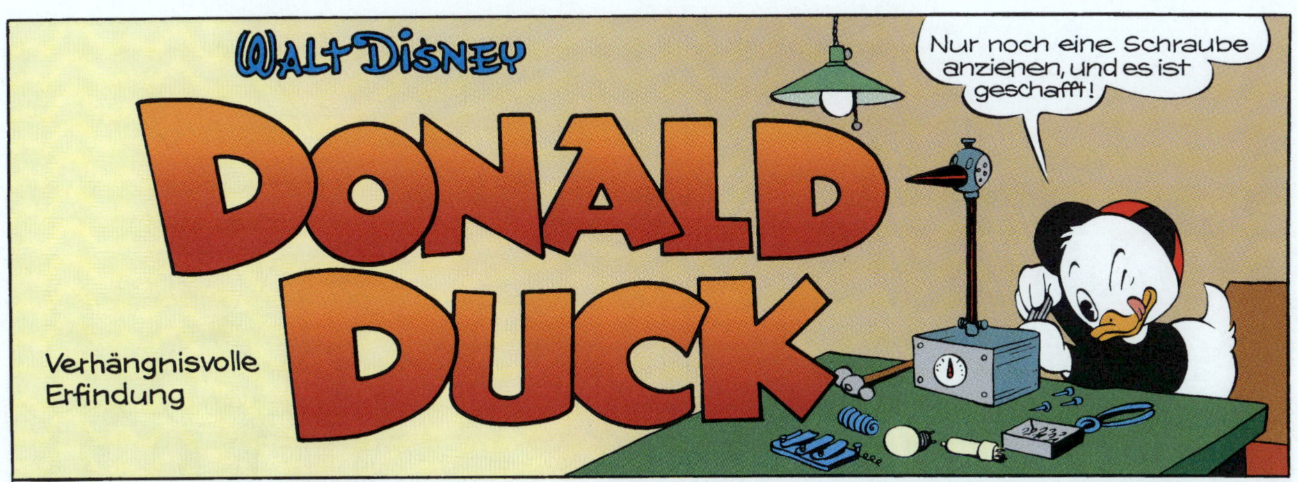
WALT DISNEY
DONALD DUCK
Verhängnisvolle Erfindung
Nur noch eine Schraube anziehen, und es ist geschafft!

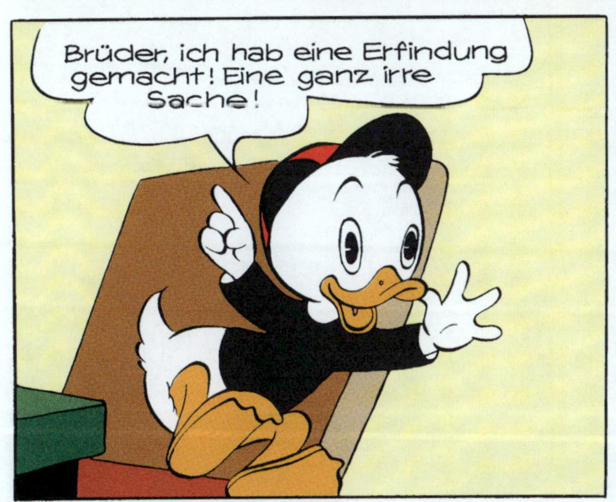
Brüder, ich hab eine Erfindung gemacht! Eine ganz irre Sache!

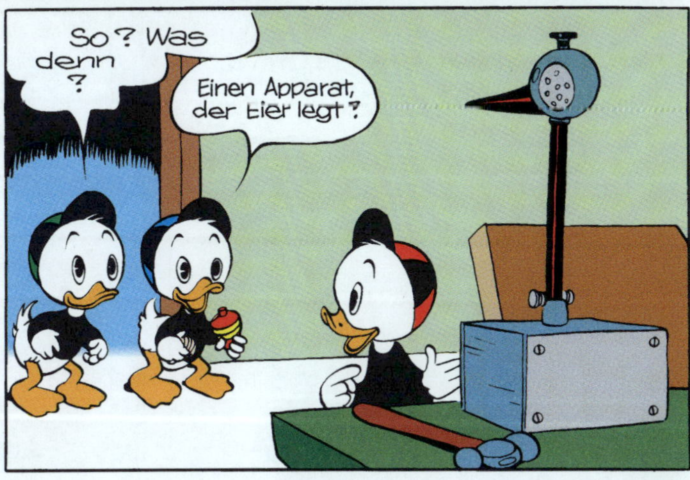
So? Was denn?
Einen Apparat, der Eier legt?

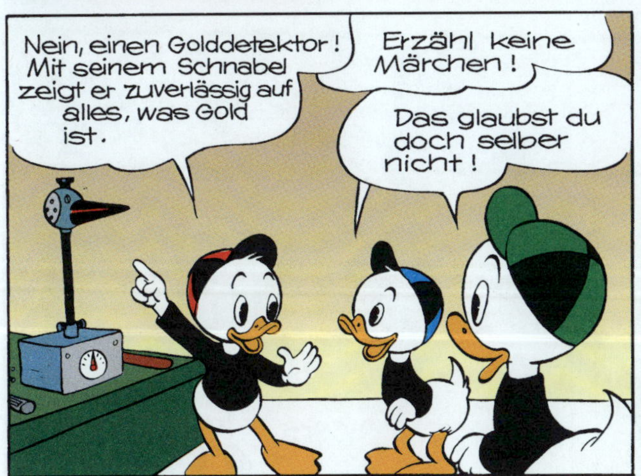
Nein, einen Golddetektor! Mit seinem Schnabel zeigt er zuverlässig auf alles, was Gold ist.
Erzähl keine Märchen!
Das glaubst du doch selber nicht!

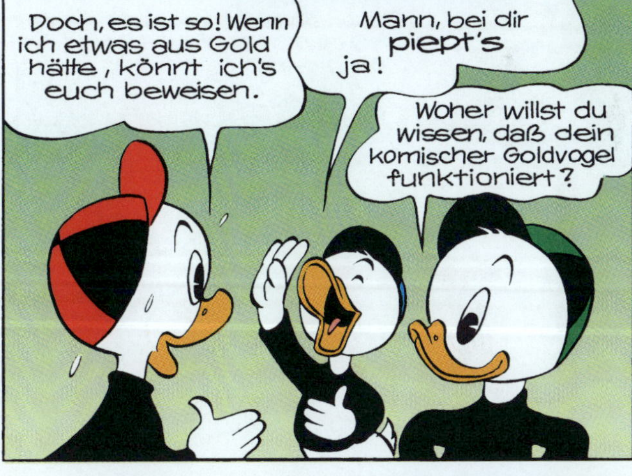
Doch, es ist so! Wenn ich etwas aus Gold hätte, könnt ich's euch beweisen.
Mann, bei dir piept's ja!
Woher willst du wissen, daß dein komischer Goldvogel funktioniert?

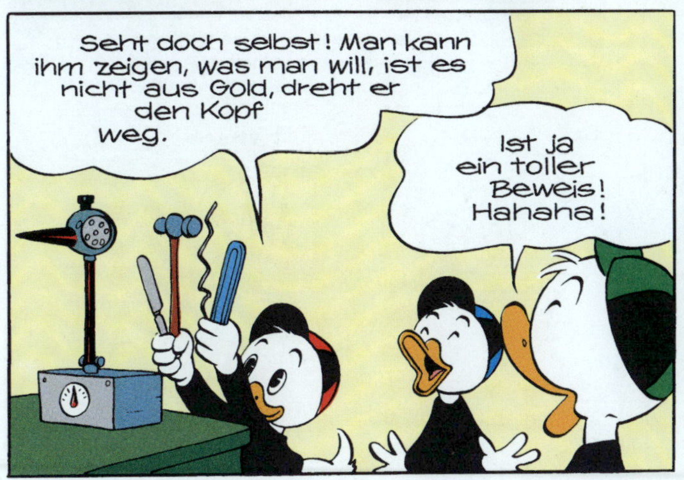
Seht doch selbst! Man kann ihm zeigen, was man will, ist es nicht aus Gold, dreht er den Kopf weg.
Ist ja ein toller Beweis! Hahaha!

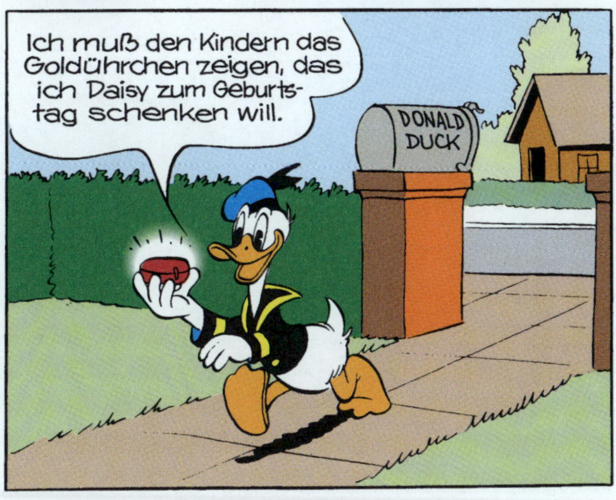
Ich muß den Kindern das Goldührchen zeigen, das ich Daisy zum Geburtstag schenken will.
DONALD DUCK

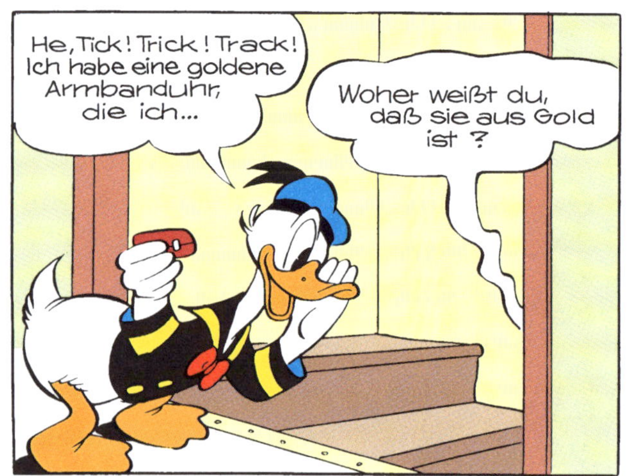
He, Tick! Trick! Track! Ich habe eine goldene Armbanduhr, die ich...
Woher weißt du, daß sie aus Gold ist ?

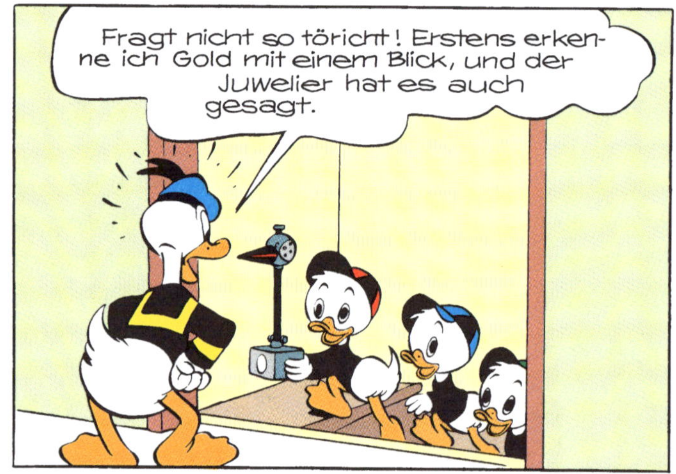
Fragt nicht so töricht! Erstens erkenne ich Gold mit einem Blick, und der Juwelier hat es auch gesagt.

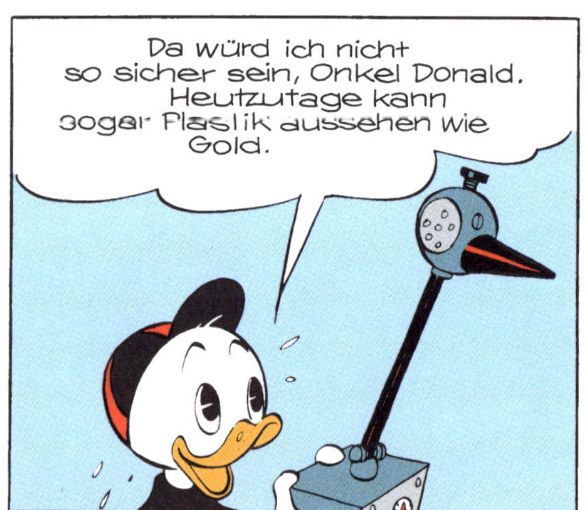
Da würd ich nicht so sicher sein, Onkel Donald. Heutzutage kann sogar Plastik aussehen wie Gold.

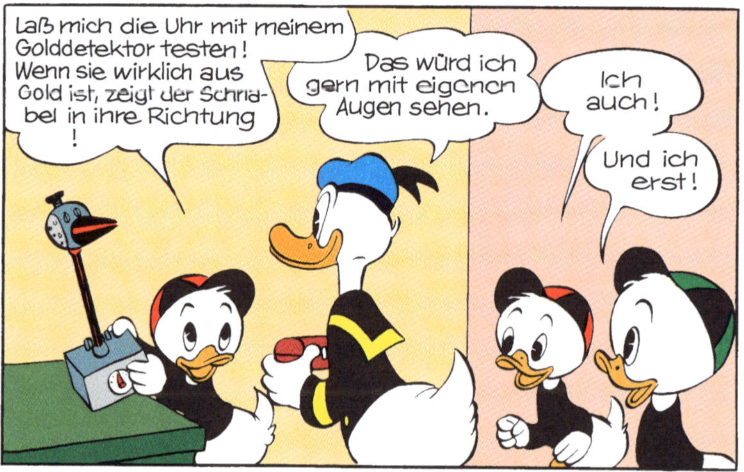
Laß mich die Uhr mit meinem Golddetektor testen! Wenn sie wirklich aus Gold ist, zeigt der Schnabel in ihre Richtung!
Das würd ich gern mit eignen Augen sehen.
Ich auch!
Und ich erst!

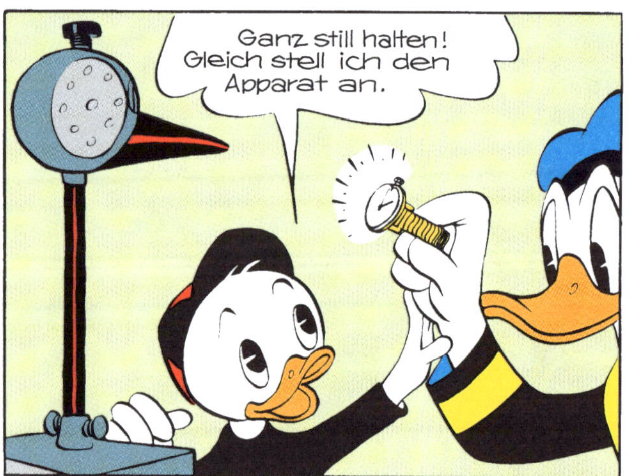
Ganz still halten! Gleich stell ich den Apparat an.

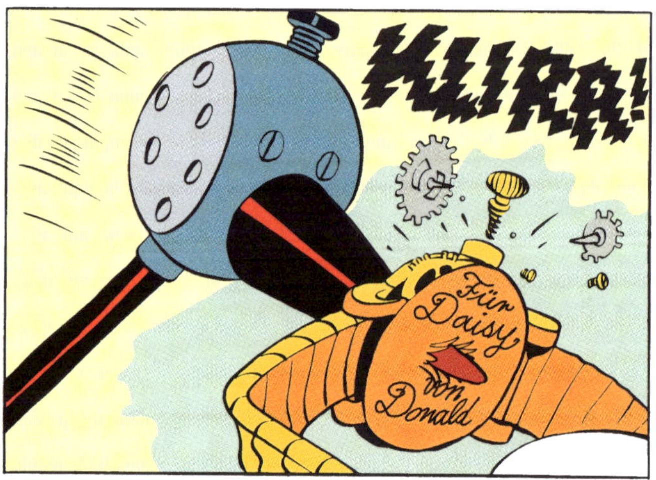
KLIRR!
Für Daisy von Donald

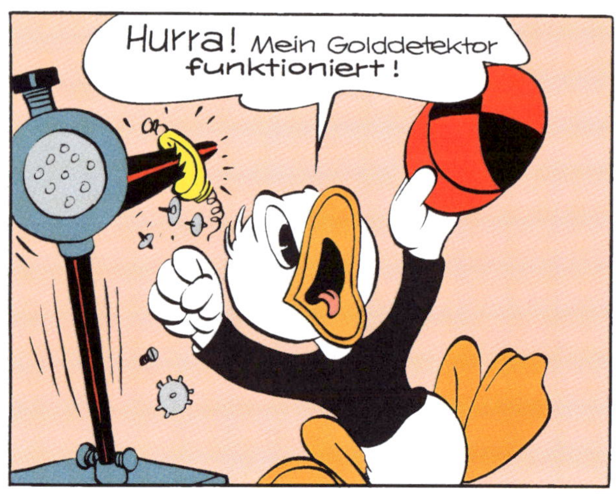
Hurra! Mein Golddetektor funktioniert!

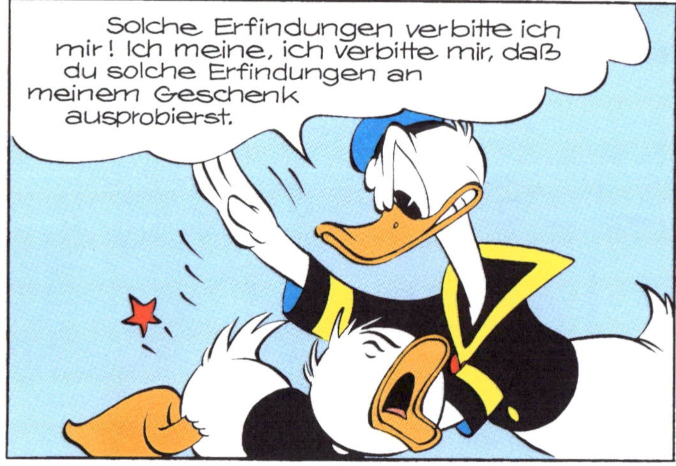
Solche Erfindungen verbitte ich mir! Ich meine, ich verbitte mir, daß du solche Erfindungen an meinem Geschenk ausprobierst.

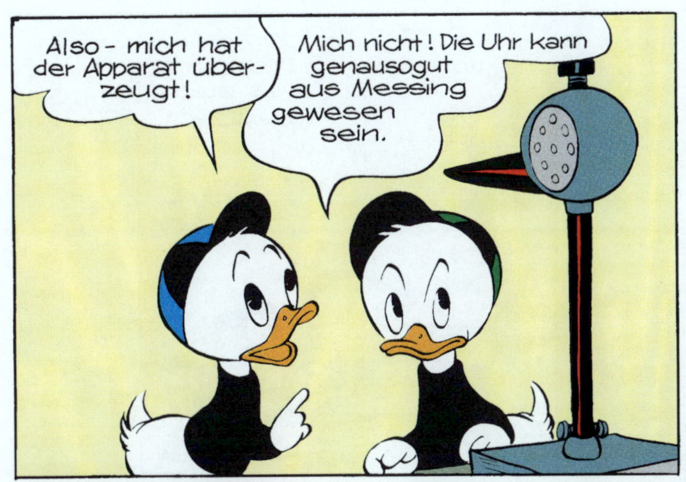
Also - mich hat der Apparat überzeugt!
Mich nicht! Die Uhr kann genausogut aus Messing gewesen sein.
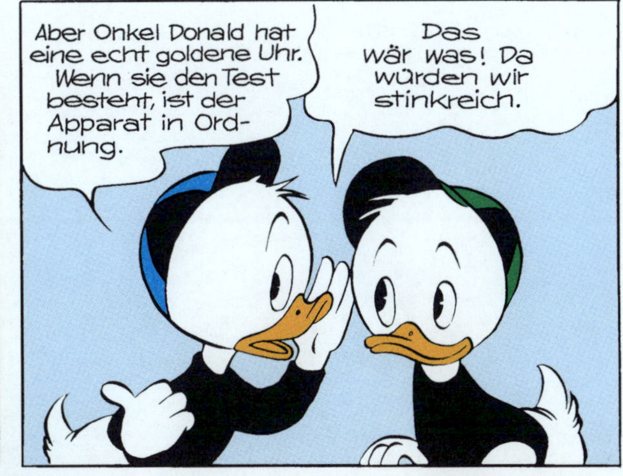
Aber Onkel Donald hat eine echt goldene Uhr. Wenn sie den Test besteht, ist der Apparat in Ordnung.
Das wär was! Da würden wir stinkreich.
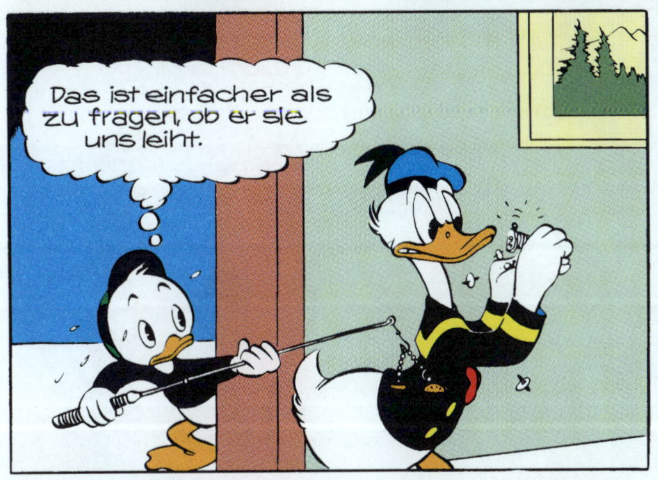
Das ist einfacher als zu fragen, ob er sie uns leiht.
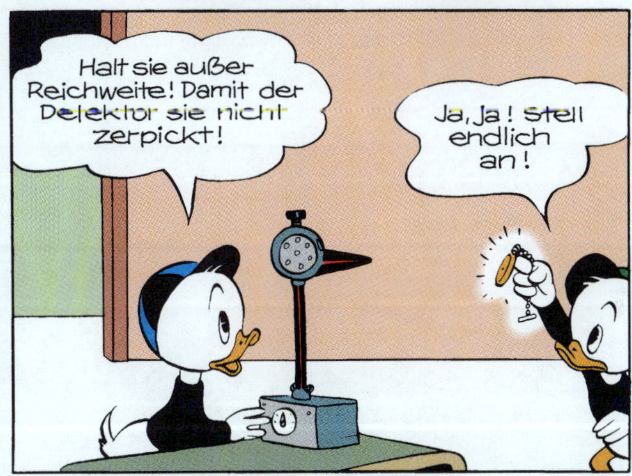
Halt sie außer Reichweite! Damit der Detektor sie nicht zerpickt!
Ja, ja! Stell endlich an!
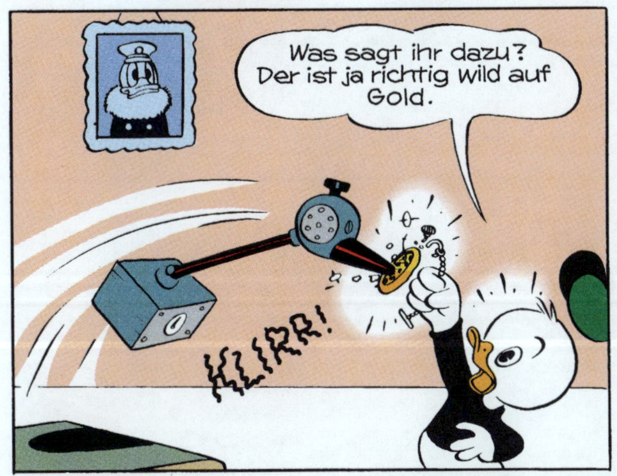
Was sagt ihr dazu? Der ist ja richtig wild auf Gold.
KLIRR!
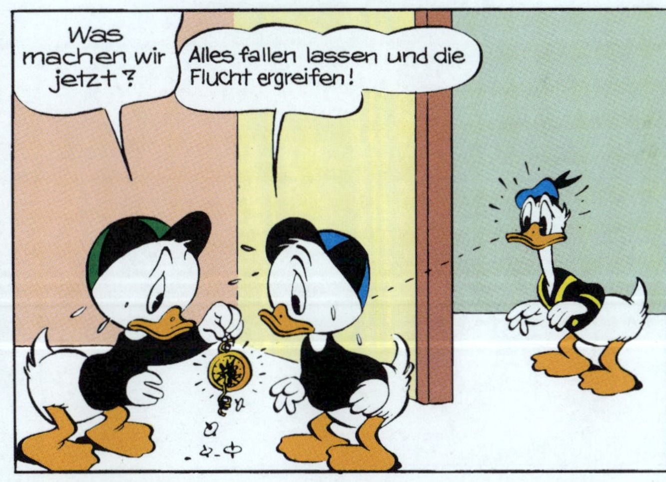
Was machen wir jetzt?
Alles fallen lassen und die Flucht ergreifen!
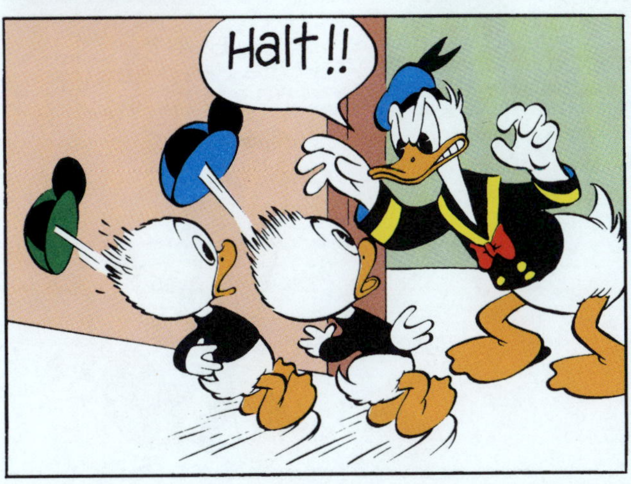
Halt!!
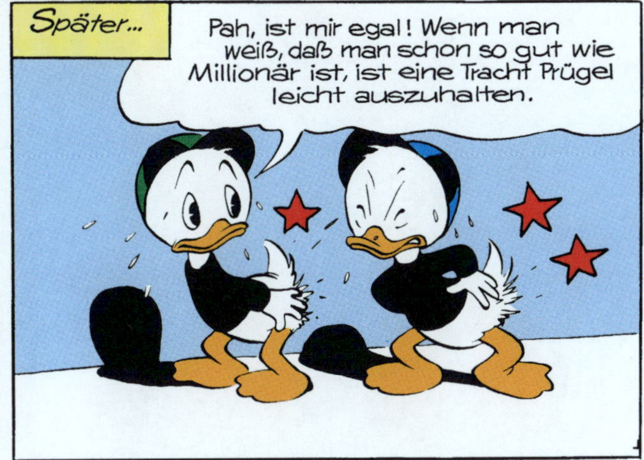
Später...
Pah, ist mir egal! Wenn man weiß, daß man schon so gut wie Millionär ist, ist eine Tracht Prügel leicht auszuhalten.

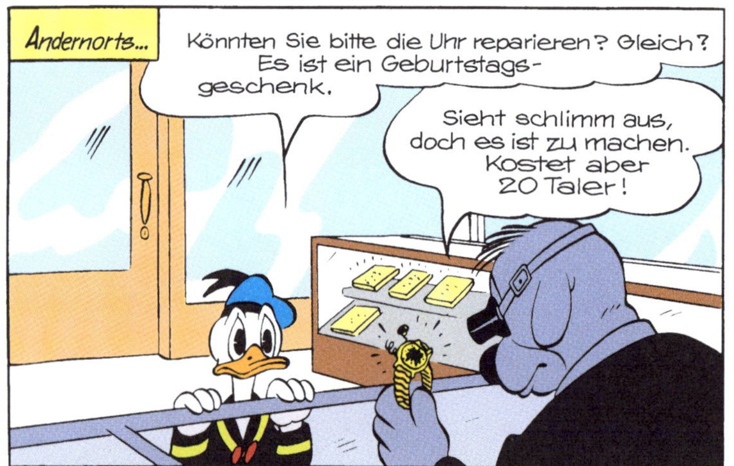
Andernorts...
Könnten Sie bitte die Uhr reparieren? Gleich? Es ist ein Geburtstags-geschenk.
Sieht schlimm aus, doch es ist zu machen. Kostet aber 20 Taler!
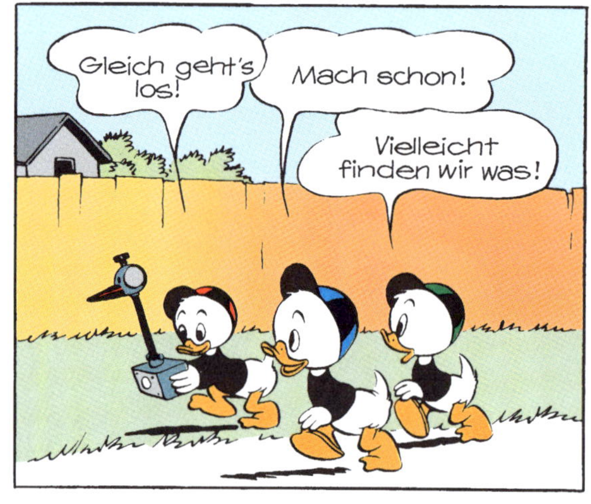
Gleich geht's los!
Mach schon!
Vielleicht finden wir was!
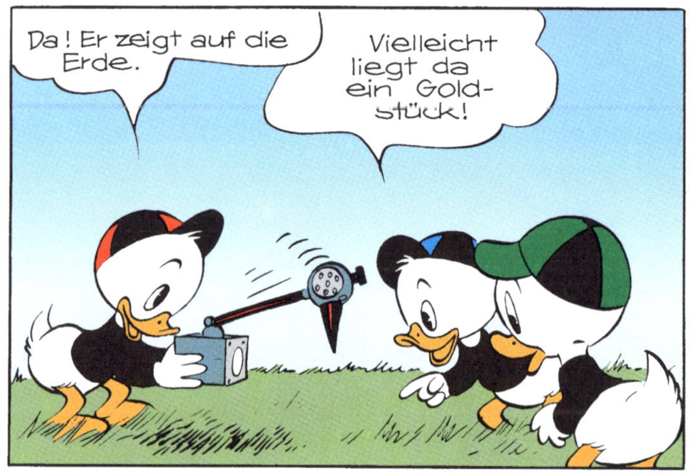
Da! Er zeigt auf die Erde.
Vielleicht liegt da ein Gold-stück!
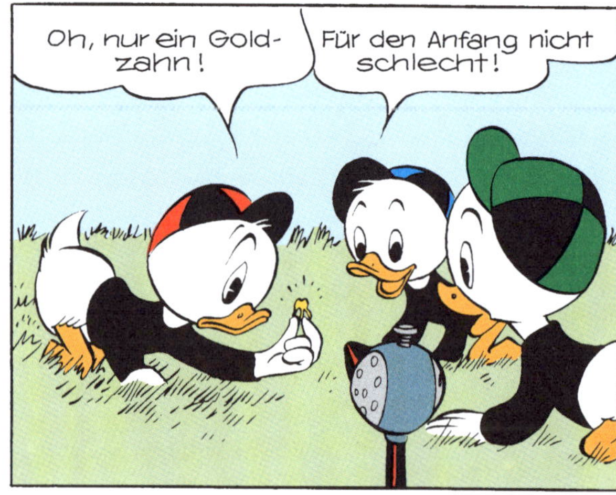
Oh, nur ein Gold-zahn!
Für den Anfang nicht schlecht!
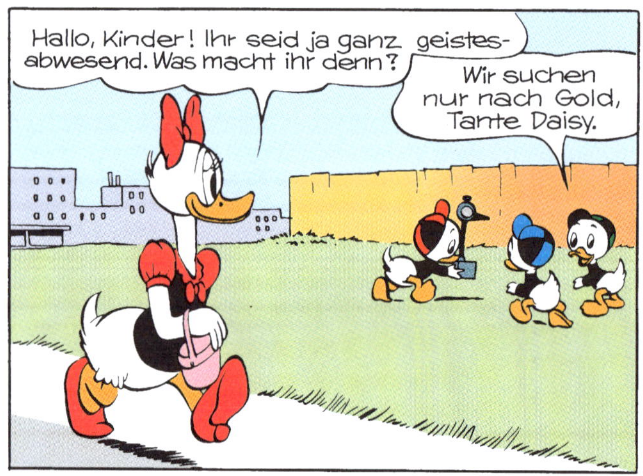
Hallo, Kinder! Ihr seid ja ganz geistes-abwesend. Was macht ihr denn?
Wir suchen nur nach Gold, Tante Daisy.
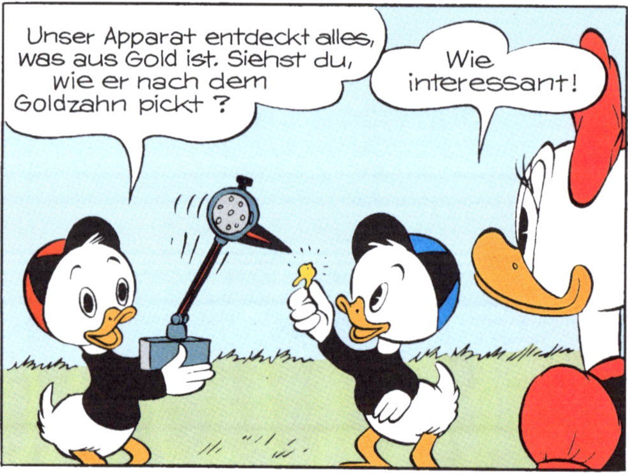
Unser Apparat entdeckt alles, was aus Gold ist. Siehst du, wie er nach dem Goldzahn pickt?
Wie interessant!
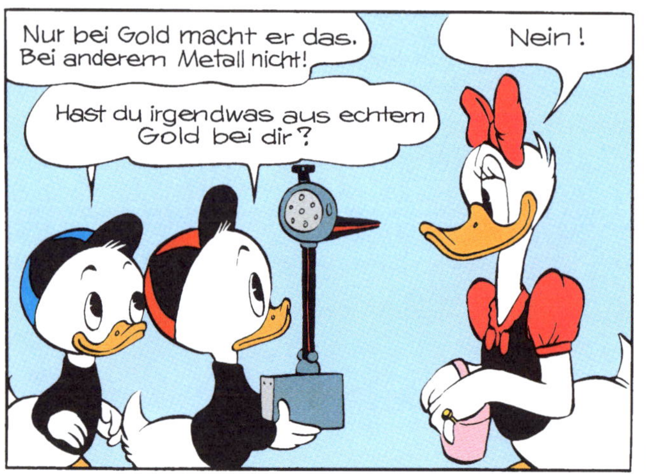
Nur bei Gold macht er das. Bei anderem Metall nicht!
Hast du irgendwas aus echtem Gold bei dir?
Nein!
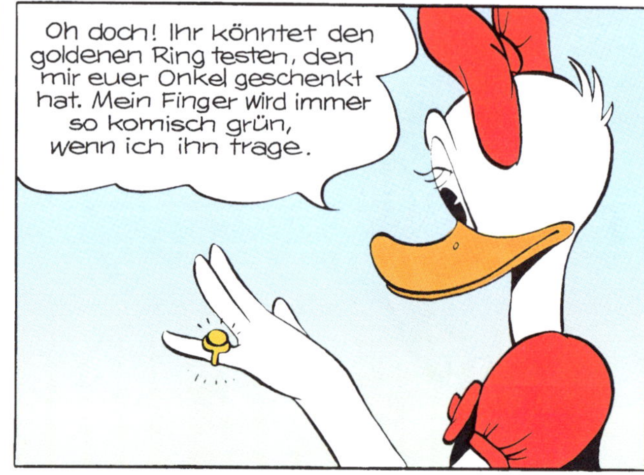
Oh doch! Ihr könntet den goldenen Ring testen, den mir euer Onkel geschenkt hat. Mein Finger wird immer so komisch grün, wenn ich ihn trage.

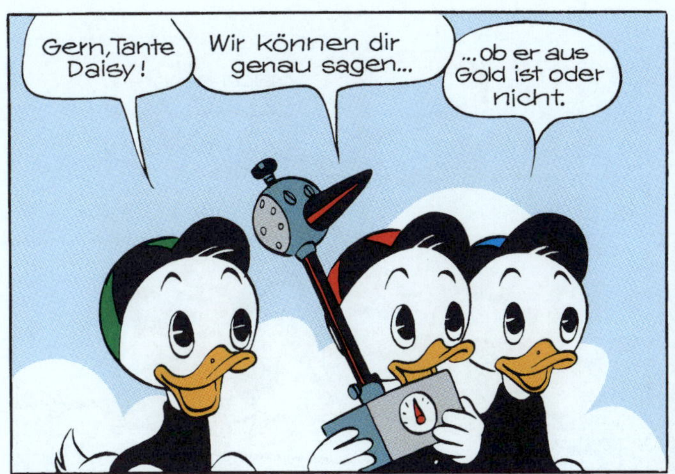
Gern, Tante Daisy!
Wir können dir genau sagen...
...ob er aus Gold ist oder nicht.

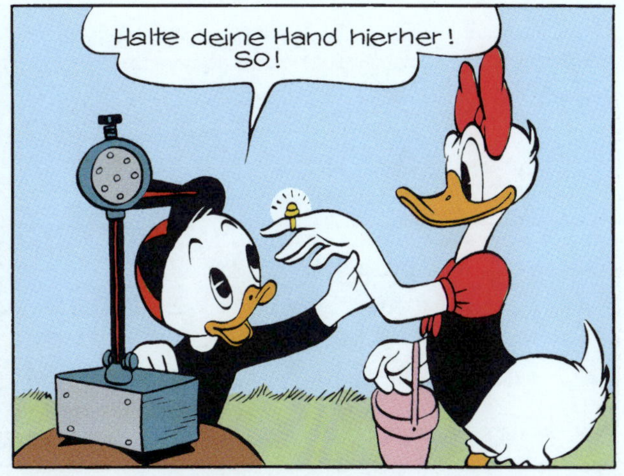
Halte deine Hand hierher! So!

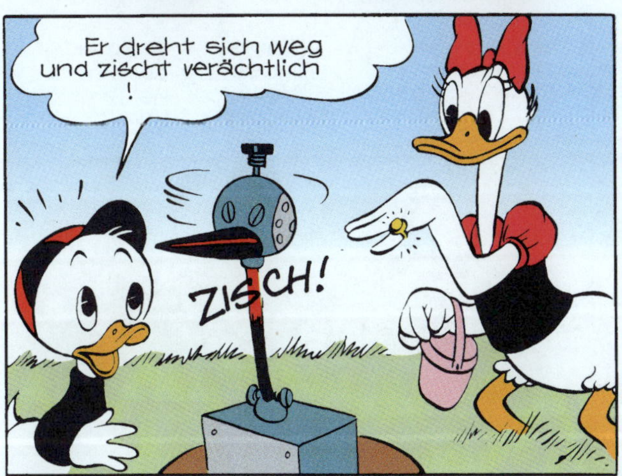
Er dreht sich weg und zischt verächtlich!
ZISCH!

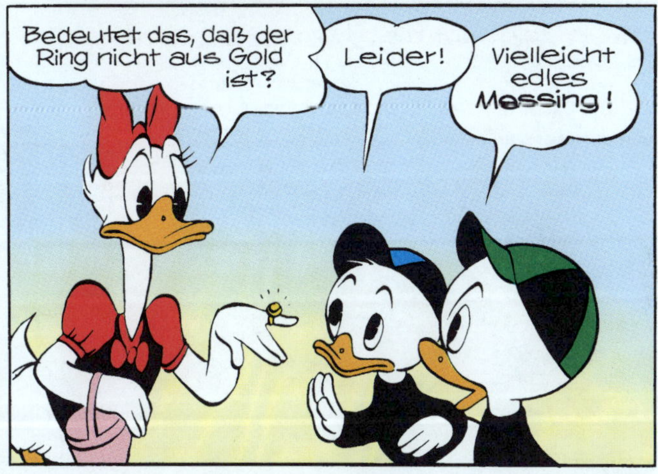
Bedeutet das, daß der Ring nicht aus Gold ist?
Leider!
Vielleicht edles Messing!

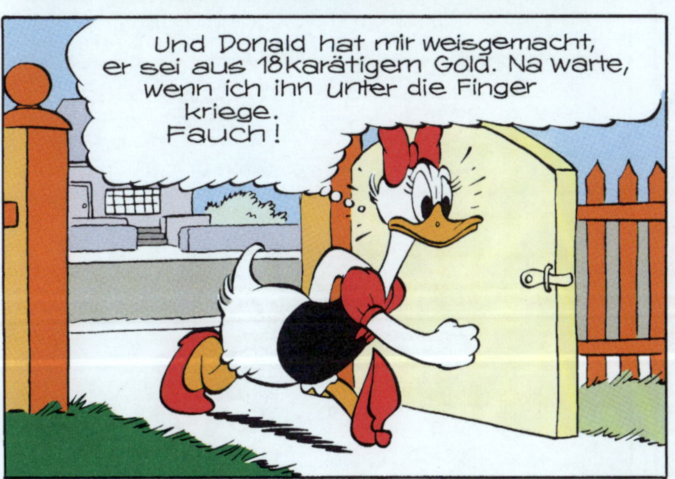
Und Donald hat mir weisgemacht, er sei aus 18karätigem Gold. Na warte, wenn ich ihn unter die Finger kriege. Fauch!

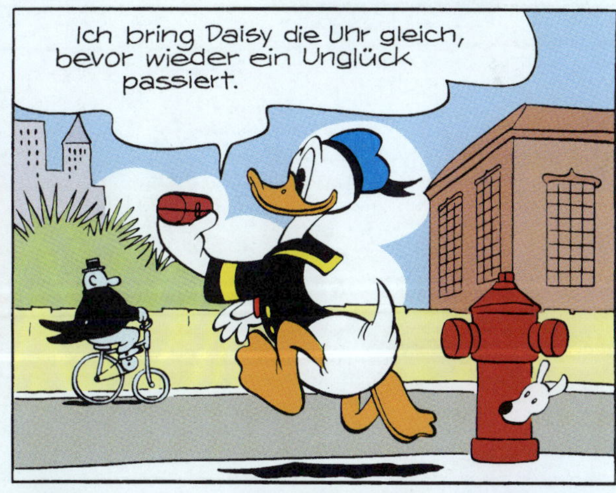
Ich bring Daisy die Uhr gleich, bevor wieder ein Unglück passiert.

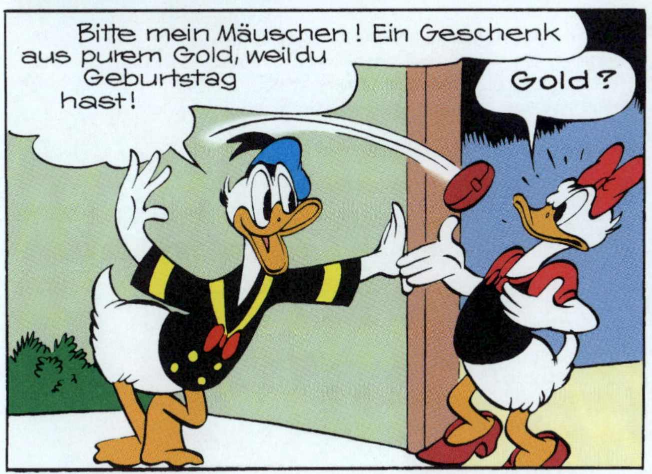
Bitte mein Mäuschen! Ein Geschenk aus purem Gold, weil du Geburtstag hast!
Gold?

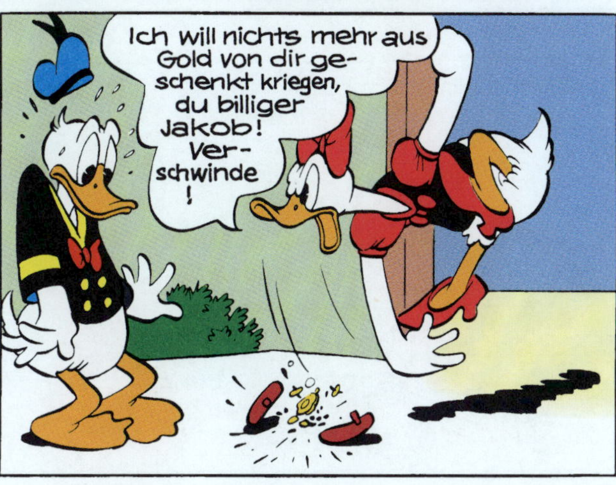
Ich will nichts mehr aus Gold von dir geschenkt kriegen, du billiger Jakob! Verschwinde!

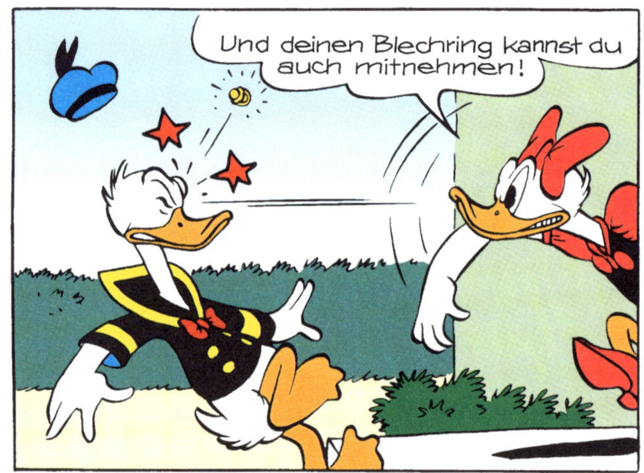
Und deinen Blechring kannst du auch mitnehmen!

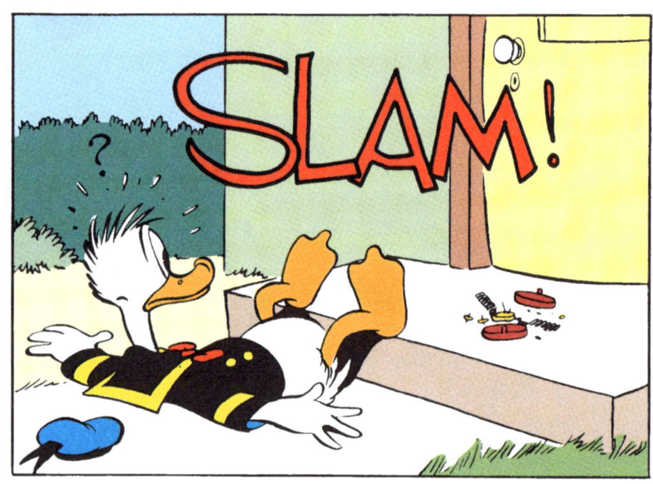
SLAM!

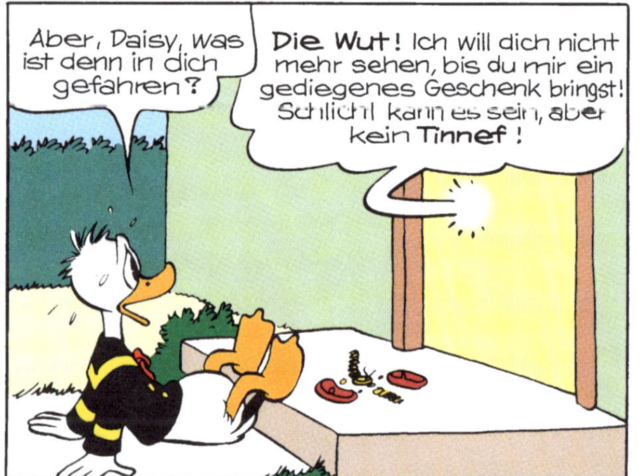
Aber, Daisy, was ist denn in dich gefahren?
Die Wut! Ich will dich nicht mehr sehen, bis du mir ein gediegenes Geschenk bringst! Schlicht kann es sein, aber kein Tinnef!

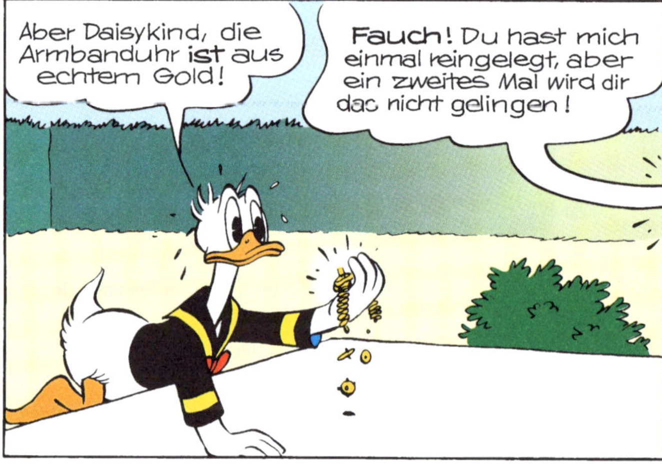
Aber Daisykind, die Armbanduhr ist aus echtem Gold!
Fauch! Du hast mich einmal reingelegt, aber ein zweites Mal wird dir das nicht gelingen!

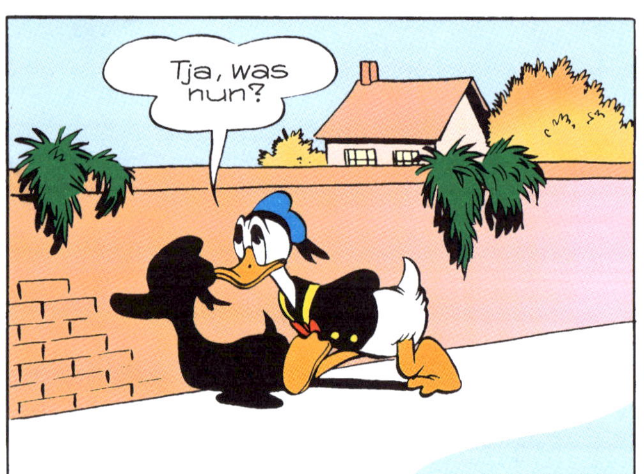
Tja, was nun?

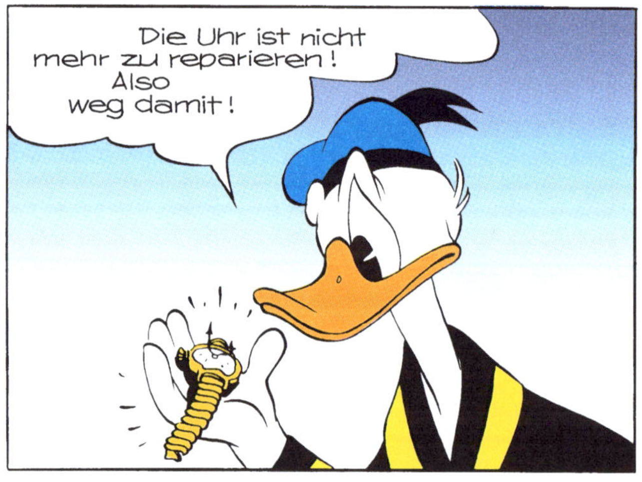
Die Uhr ist nicht mehr zu reparieren! Also weg damit!

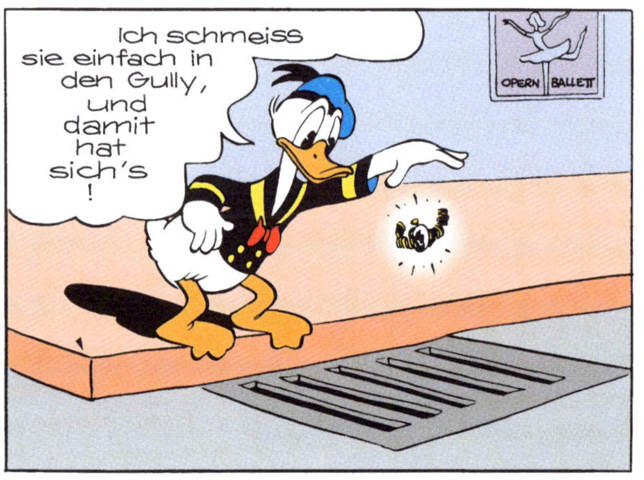
Ich schmeiss sie einfach in den Gully, und damit hat sich's!
OPERN BALLETT

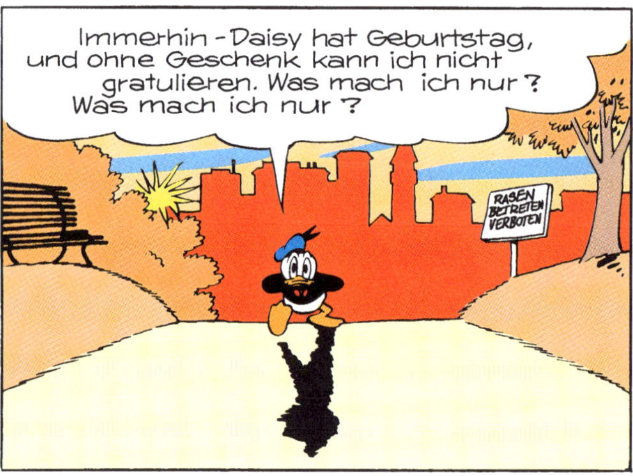
Immerhin - Daisy hat Geburtstag, und ohne Geschenk kann ich nicht gratulieren. Was mach ich nur? Was mach ich nur?
RASEN BETRETEN VERBOTEN

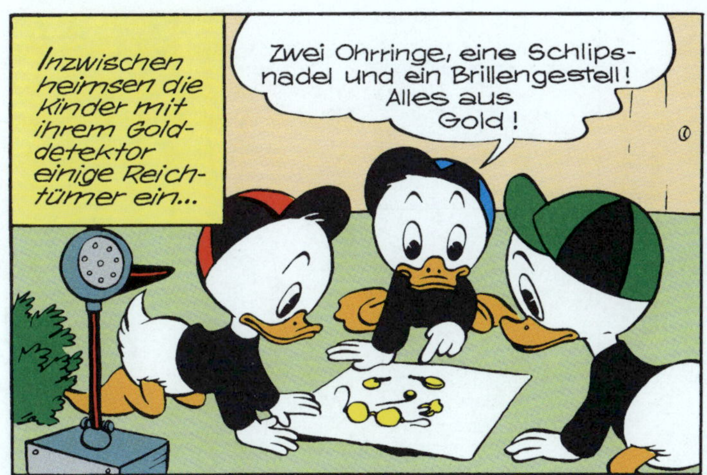
Inzwischen heimsen die Kinder mit ihrem Golddetektor einige Reichtümer ein...
Zwei Ohrringe, eine Schlipsnadel und ein Brillengestell! Alles aus Gold!

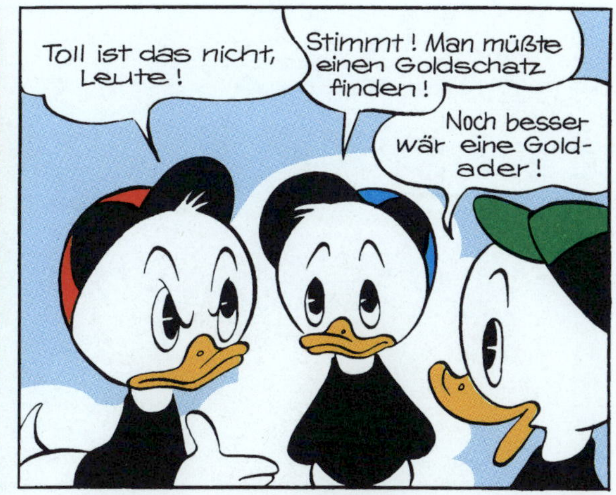
Toll ist das nicht, Leute!
Stimmt! Man müßte einen Goldschatz finden!
Noch besser wär eine Goldader!

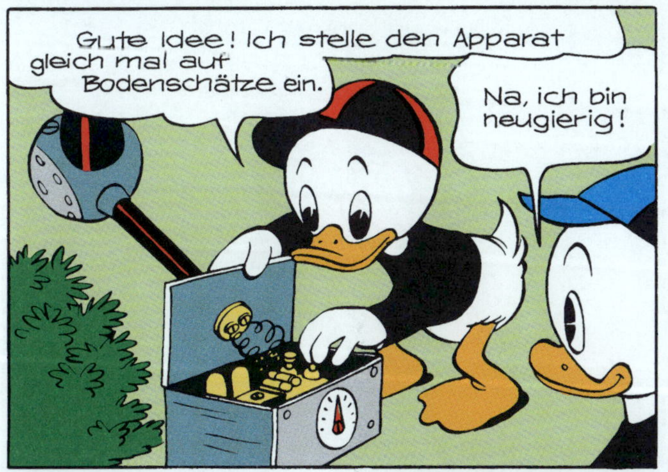
Gute Idee! Ich stelle den Apparat gleich mal auf Bodenschätze ein.
Na, ich bin neugierig!

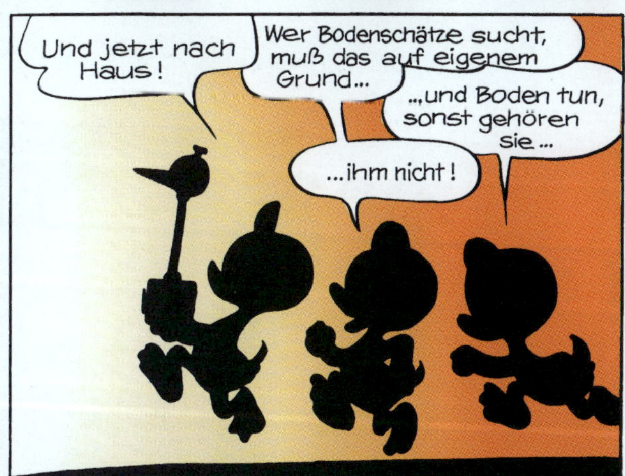
Und jetzt nach Haus!
Wer Bodenschätze sucht, muß das auf eigenem Grund...
...und Boden tun, sonst gehören sie...
...ihm nicht!

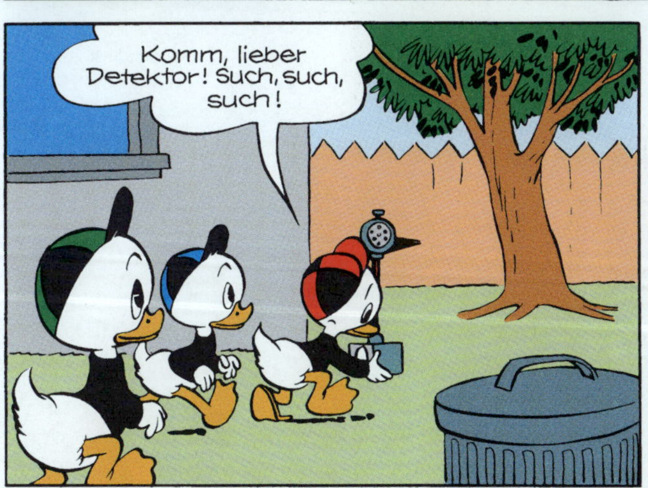
Komm, lieber Detektor! Such, such, such!

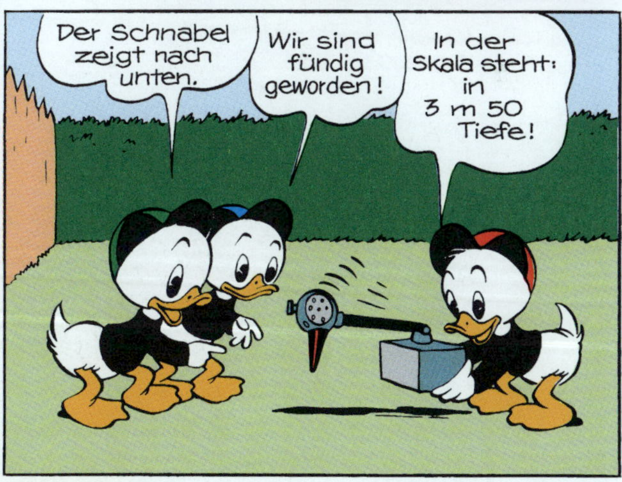
Der Schnabel zeigt nach unten.
Wir sind fündig geworden!
In der Skala steht: in 3 m 50 Tiefe!

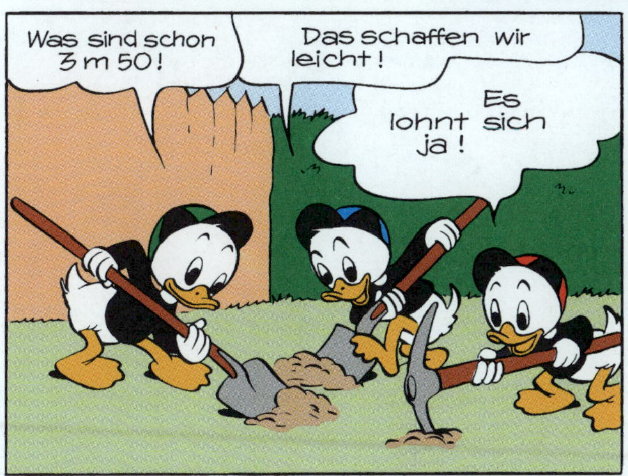
Was sind schon 3 m 50!
Das schaffen wir leicht!
Es lohnt sich ja!

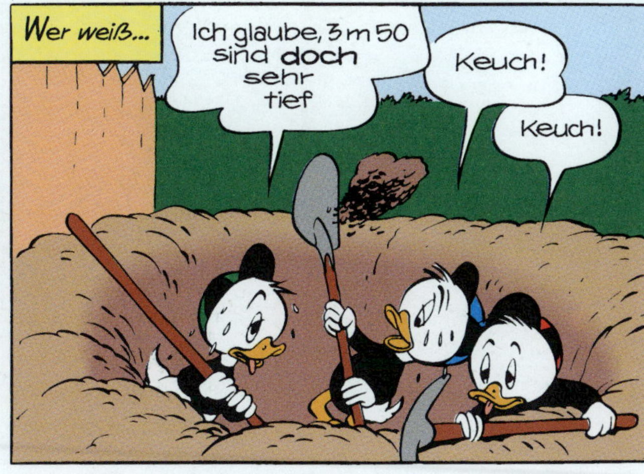
Wer weiß...
Ich glaube, 3 m 50 sind **doch** sehr tief
Keuch!
Keuch!

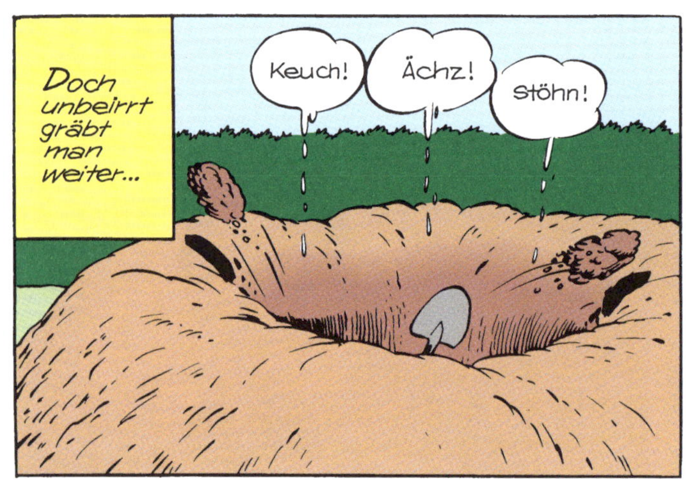
Doch unbeirrt gräbt man weiter...
Keuch!
Ächz!
Stöhn!

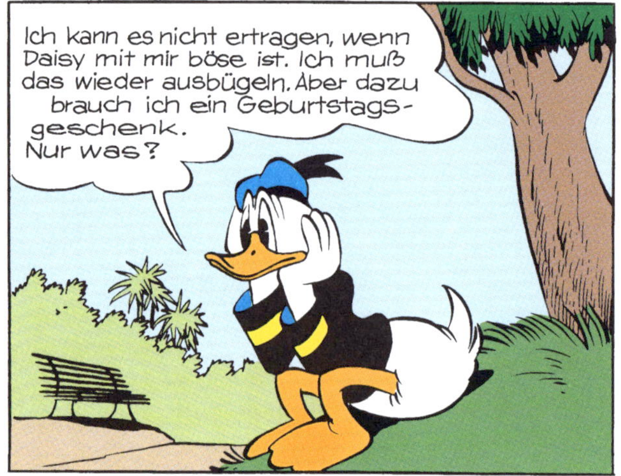
Ich kann es nicht ertragen, wenn Daisy mit mir böse ist. Ich muß das wieder ausbügeln. Aber dazu brauch ich ein Geburtstagsgeschenk. Nur was?

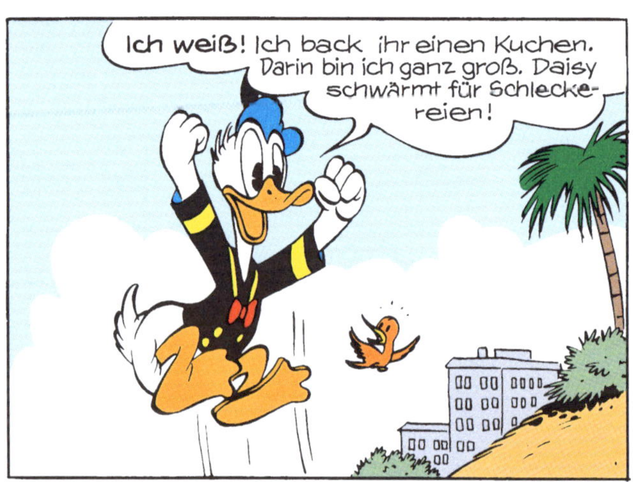
Ich weiß! Ich back ihr einen Kuchen. Darin bin ich ganz groß. Daisy schwärmt für Schleckereien!

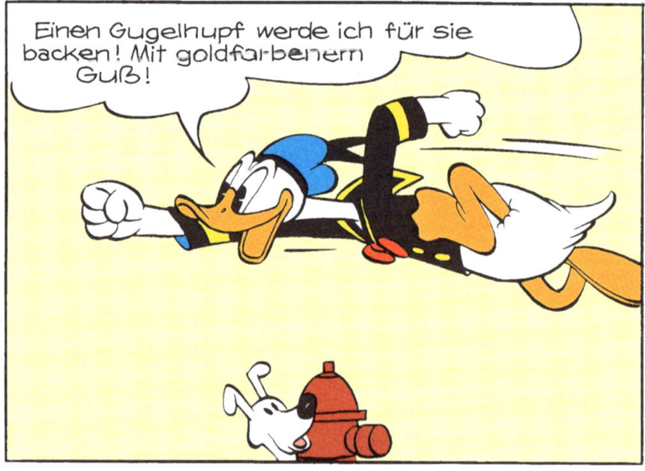
Einen Gugelhupf werde ich für sie backen! Mit goldfarbenem Guß!

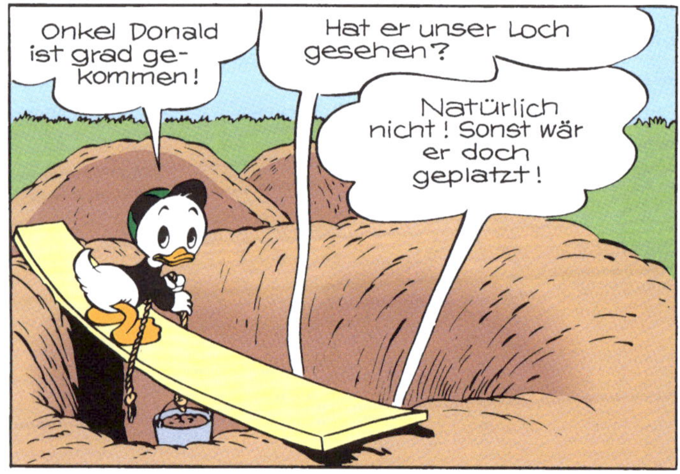
Onkel Donald ist grad gekommen!
Hat er unser Loch gesehen?
Natürlich nicht! Sonst wär er doch geplatzt!

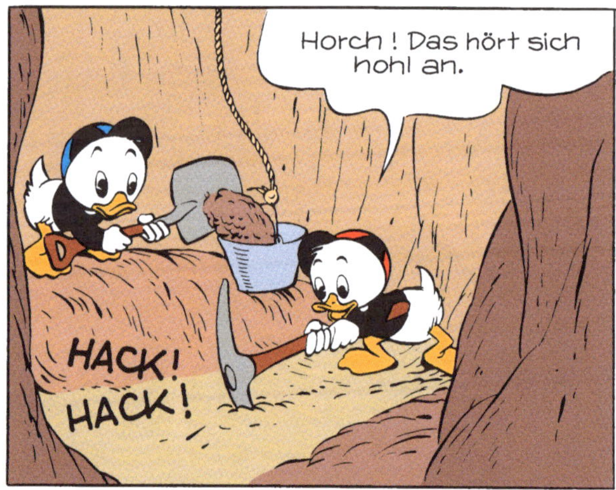
Horch! Das hört sich hohl an.
HACK! HACK!

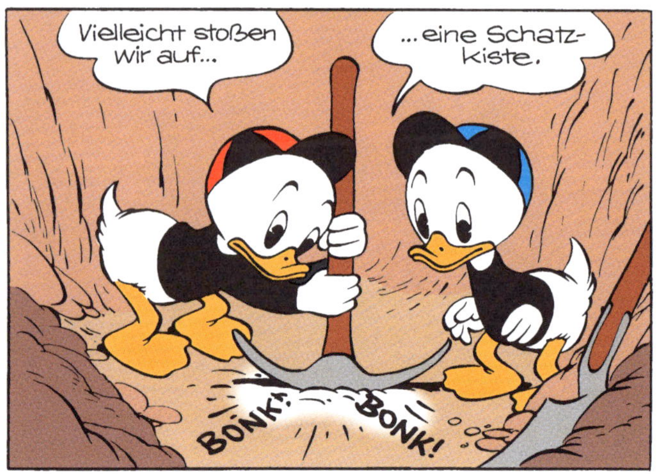
Vielleicht stoßen wir auf...
...eine Schatzkiste.
BONK! BONK!

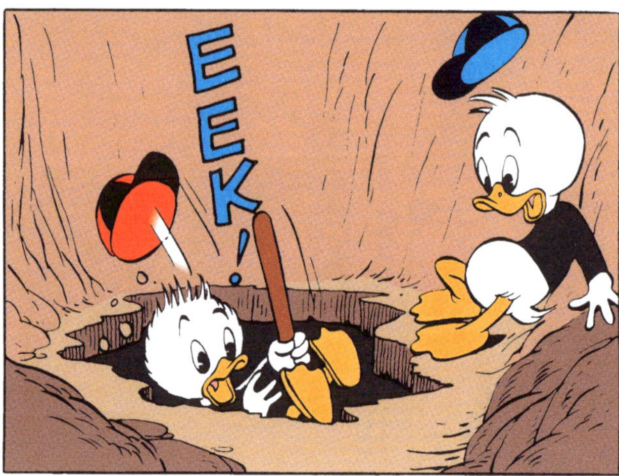
EEEK!

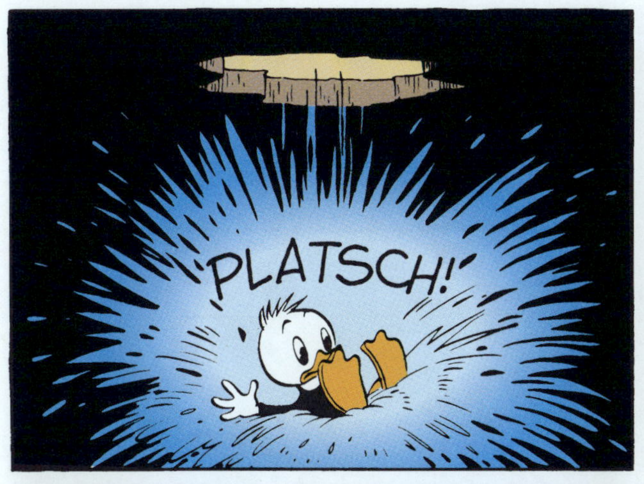
PLATSCH!

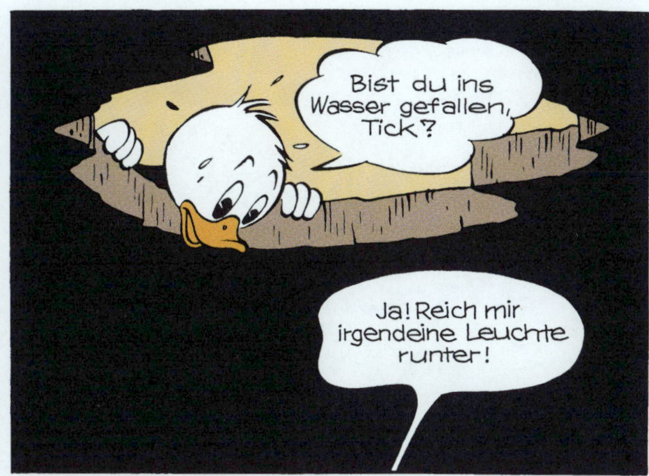
Bist du ins Wasser gefallen, Tick?
Ja! Reich mir irgendeine Leuchte runter!

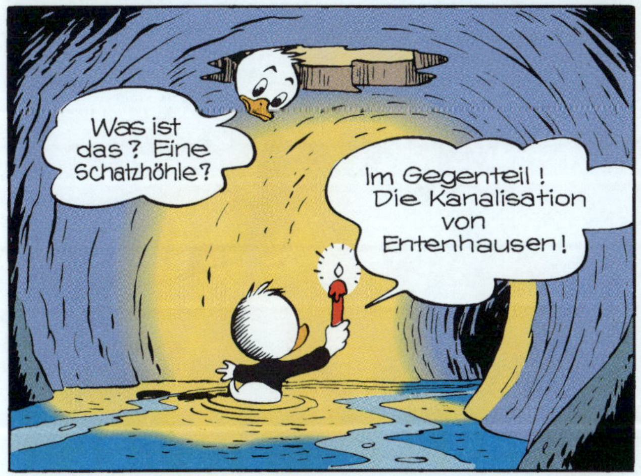
Was ist das? Eine Schatzhöhle?
Im Gegenteil! Die Kanalisation von Entenhausen!

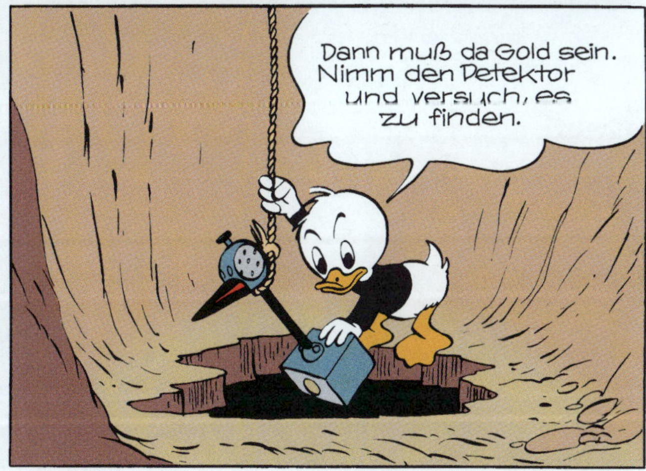
Dann muß da Gold sein. Nimm den Detektor und versuch, es zu finden.

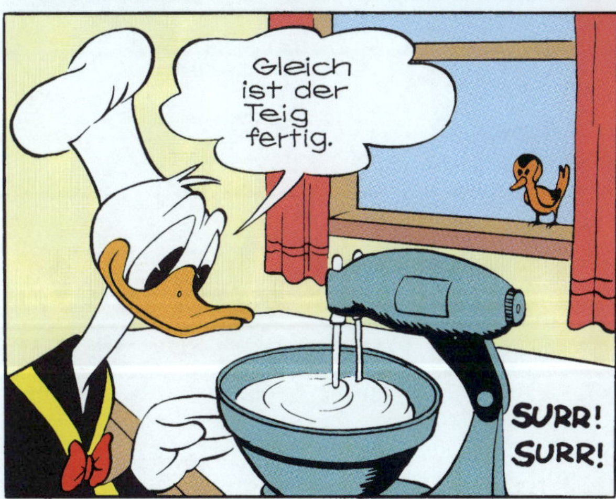
Gleich ist der Teig fertig.
SURR! SURR!

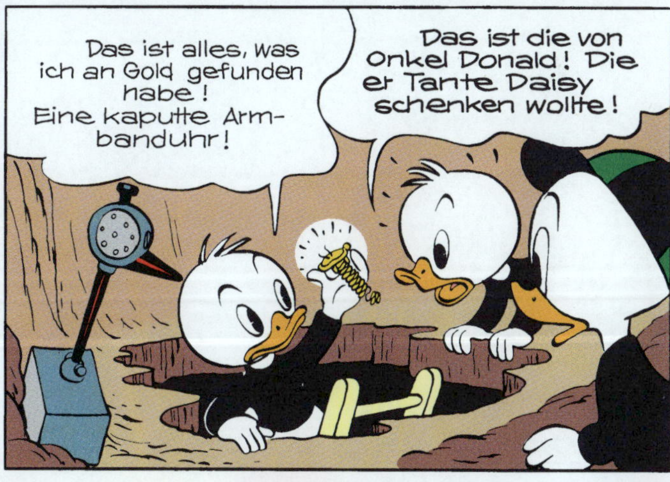
Das ist alles, was ich an Gold gefunden habe! Eine kaputte Armbanduhr!
Das ist die von Onkel Donald! Die er Tante Daisy schenken wollte!

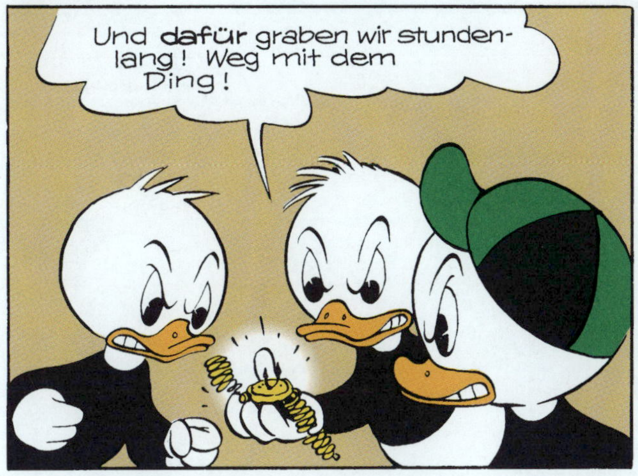
Und **dafür** graben wir stundenlang! Weg mit dem Ding!

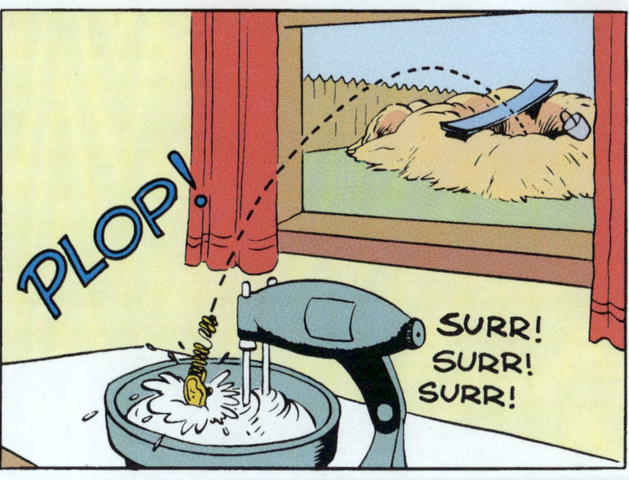
PLOP!
SURR! SURR! SURR!

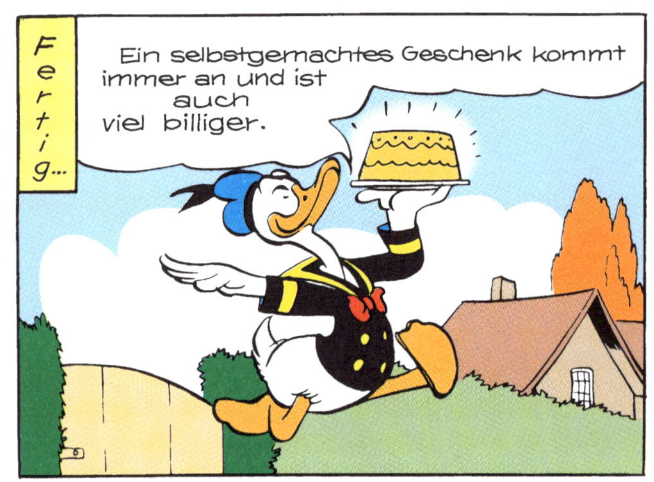
Fertig...
Ein selbstgemachtes Geschenk kommt immer an und ist auch viel billiger.
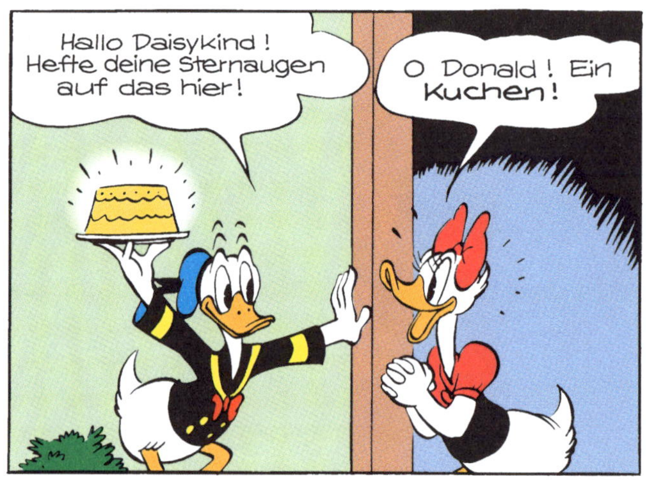
Hallo Daisykind! Hefte deine Sternaugen auf das hier!
O Donald! Ein Kuchen!
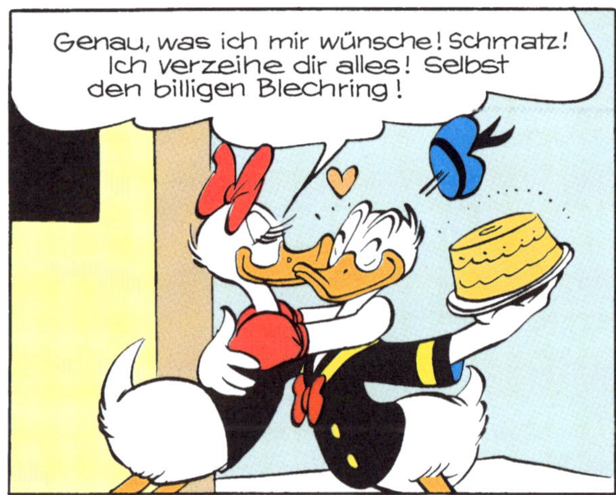
Genau, was ich mir wünsche! Schmatz! Ich verzeihe dir alles! Selbst den billigen Blechring!
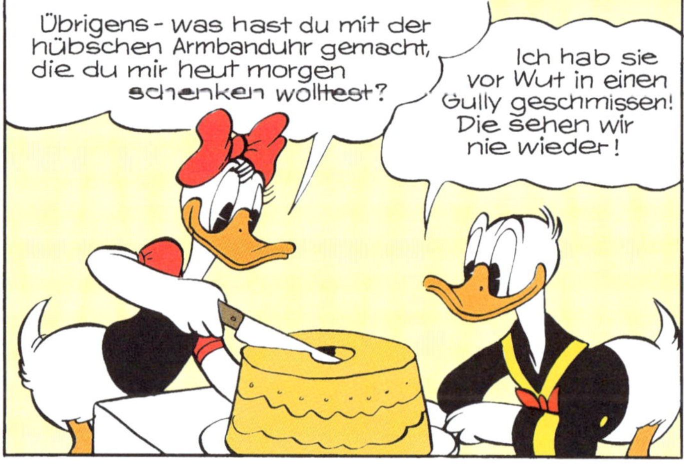
Übrigens - was hast du mit der hübschen Armbanduhr gemacht, die du mir heut morgen schenken wolltest?
Ich hab sie vor Wut in einen Gully geschmissen! Die sehen wir nie wieder!
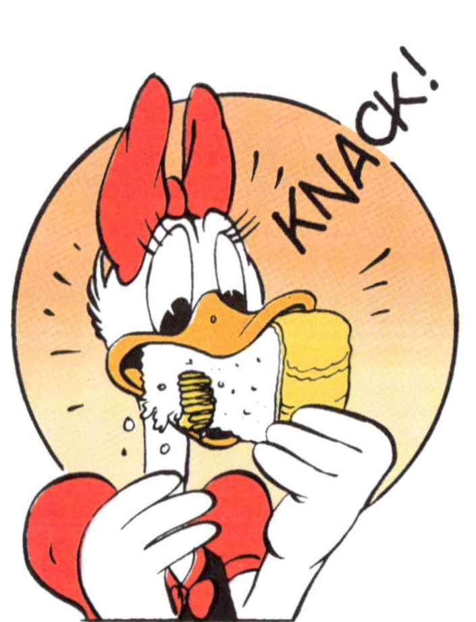
KNACK!
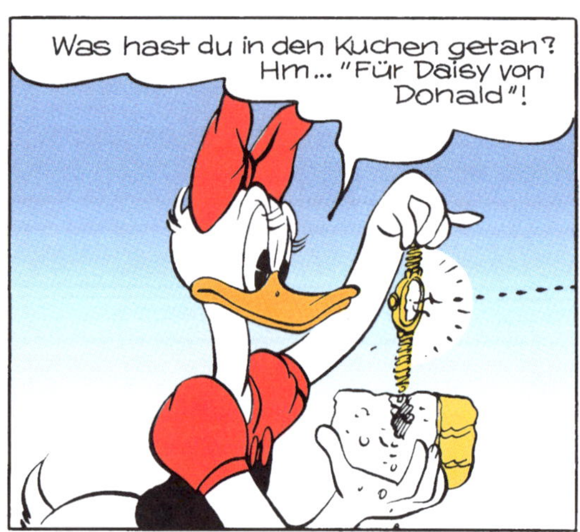
Was hast du in den Kuchen getan? Hm... "Für Daisy von Donald"!
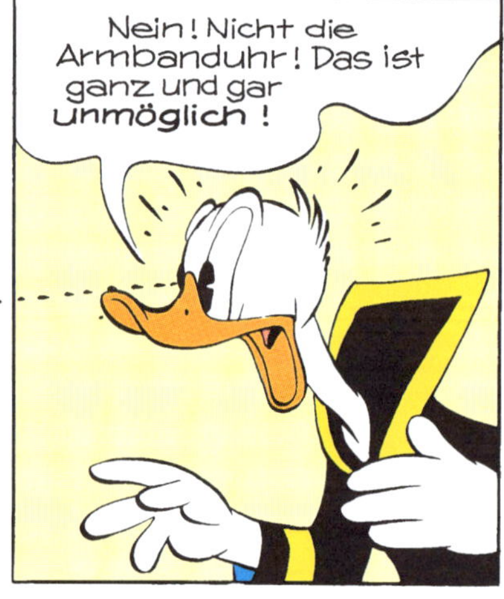
Nein! Nicht die Armbanduhr! Das ist ganz und gar unmöglich!
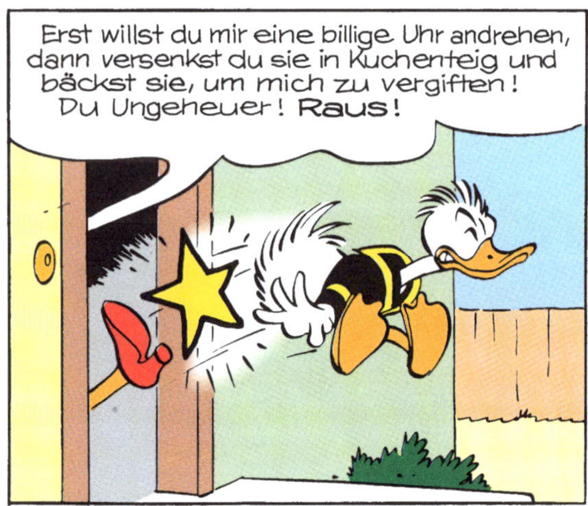
Erst willst du mir eine billige Uhr andrehen, dann versenkst du sie in Kuchenteig und bäckst sie, um mich zu vergiften! Du Ungeheuer! Raus!
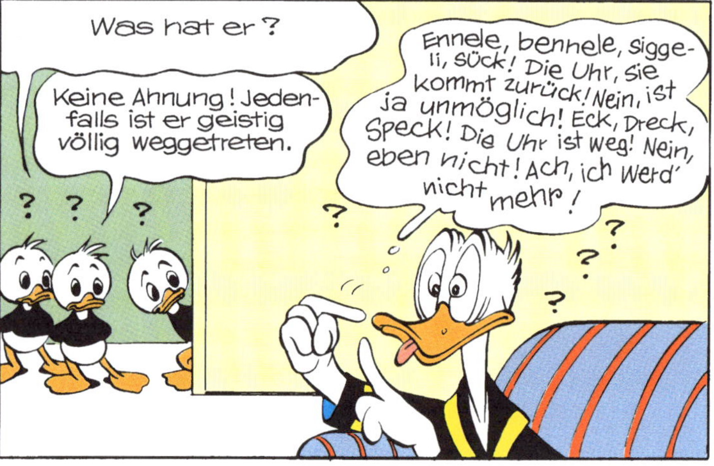
Was hat er?
Keine Ahnung! Jedenfalls ist er geistig völlig weggetreten.
Ennele, bennele, siggeli, sück! Die Uhr, sie kommt zurück! Nein, ist ja unmöglich! Eck, Dreck, Speck! Die Uhr ist weg! Nein, eben nicht! Ach, ich werd' nicht mehr!

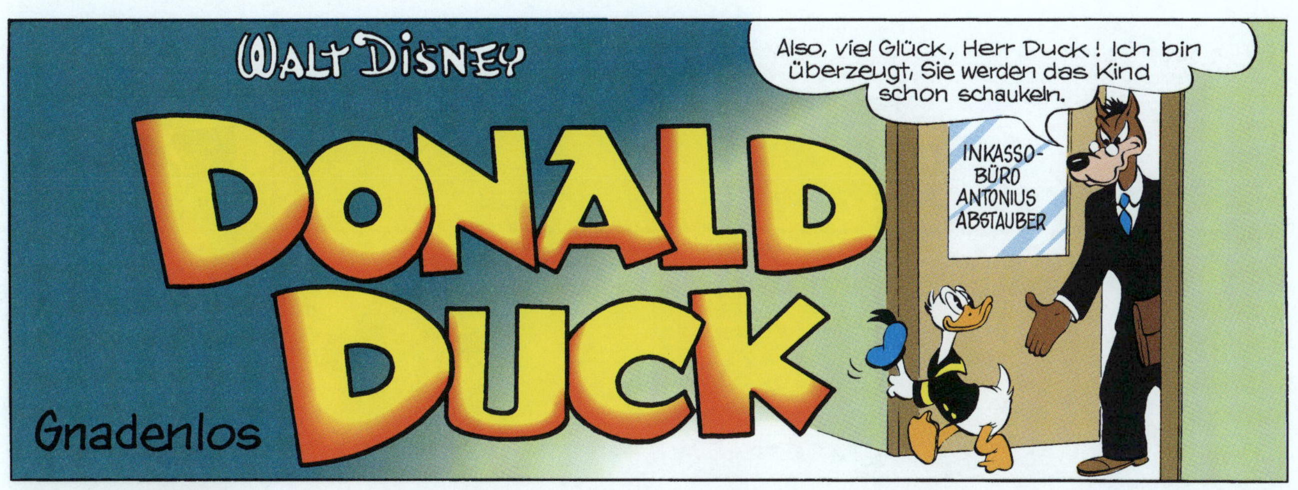
WALT DISNEY
DONALD DUCK
Gnadenlos
Also, viel Glück, Herr Duck! Ich bin überzeugt, Sie werden das Kind schon schaukeln.
INKASSO-BÜRO ANTONIUS ABSTAUBER

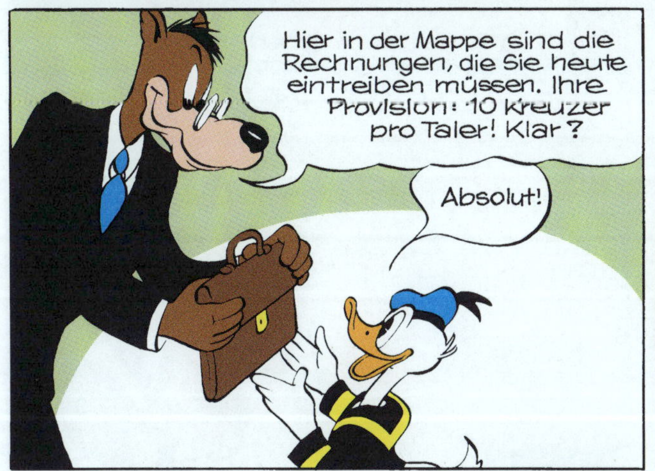
Hier in der Mappe sind die Rechnungen, die Sie heute eintreiben müssen. Ihre Provision: 10 Kreuzer pro Taler! Klar?
Absolut!

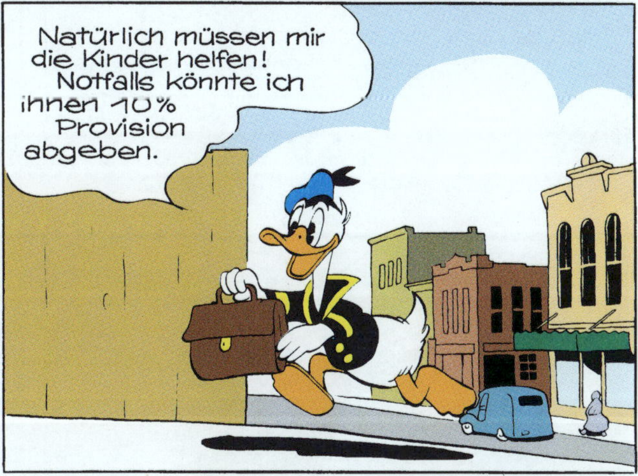
Natürlich müssen mir die Kinder helfen! Notfalls könnte ich ihnen 10% Provision abgeben.

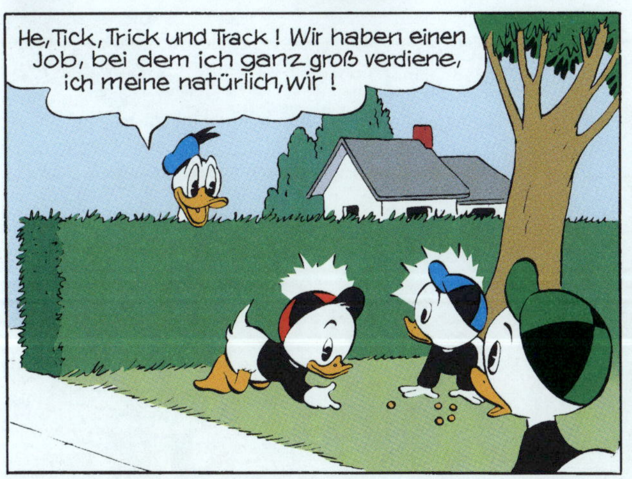
He, Tick, Trick und Track! Wir haben einen Job, bei dem ich ganz groß verdiene, ich meine natürlich, wir!

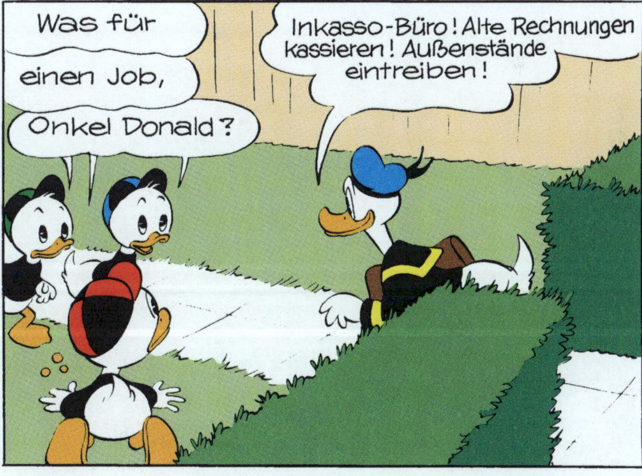
Was für
einen Job,
Onkel Donald?
Inkasso-Büro! Alte Rechnungen kassieren! Außenstände eintreiben!

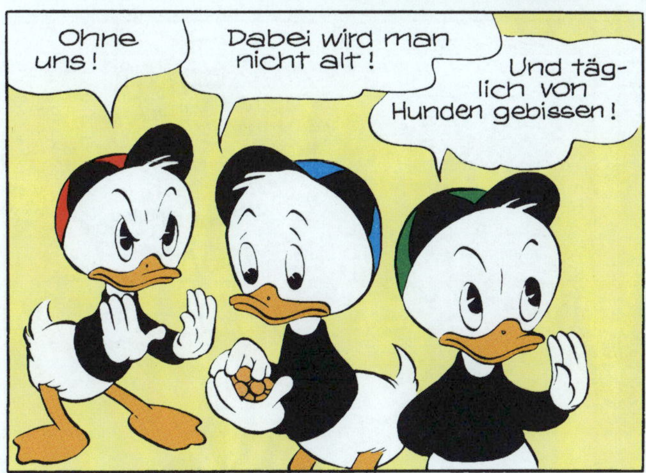
Ohne uns!
Dabei wird man nicht alt!
Und täglich von Hunden gebissen!

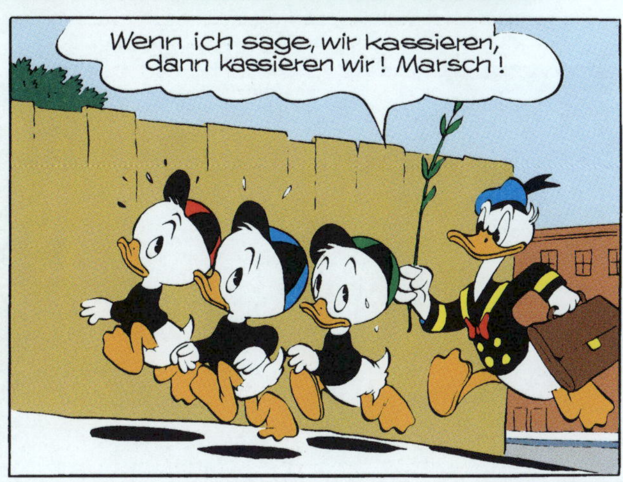
Wenn ich sage, wir kassieren, dann kassieren wir! Marsch!

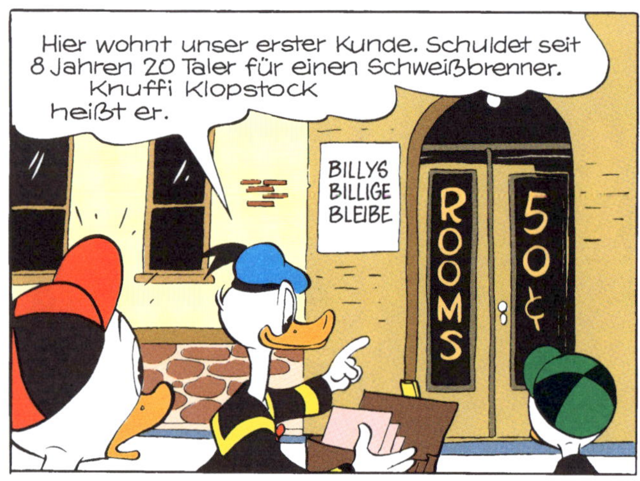
Hier wohnt unser erster Kunde. Schuldet seit 8 Jahren 20 Taler für einen Schweißbrenner. Knuffi Klopstock heißt er.
BILLYS BILLIGE BLEIBE
ROOMS
50¢

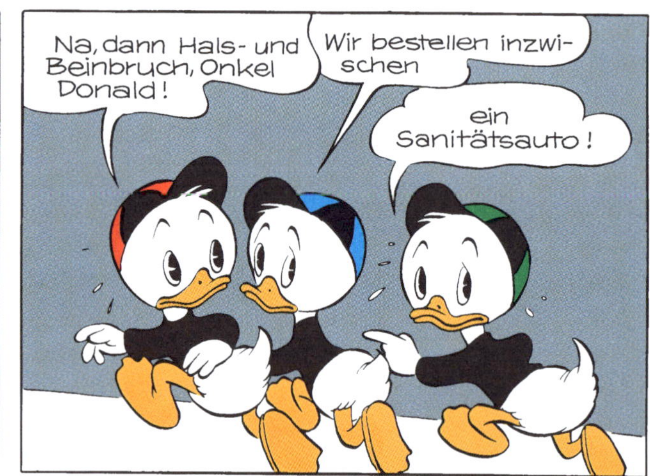
Na, dann Hals- und Beinbruch, Onkel Donald!
Wir bestellen inzwischen
ein Sanitätsauto!

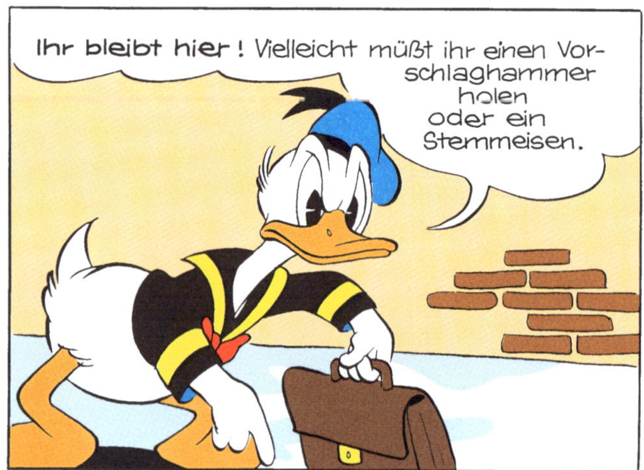
Ihr bleibt hier! Vielleicht müßt ihr einen Vorschlaghammer holen oder ein Stemmeisen.

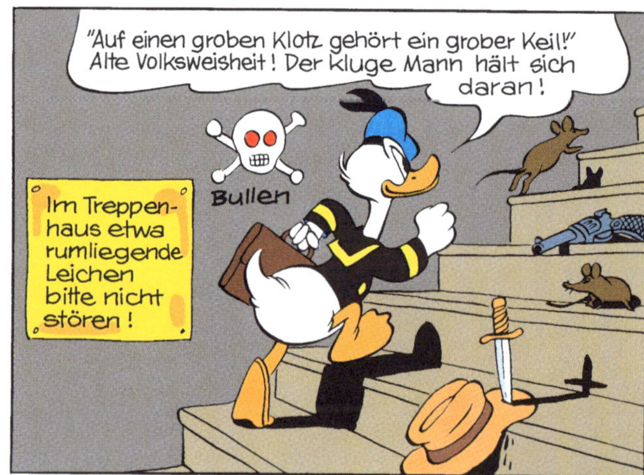
"Auf einen groben Klotz gehört ein grober Keil!" Alte Volksweisheit! Der kluge Mann hält sich daran!
Bullen
Im Treppenhaus etwa rumliegende Leichen bitte nicht stören!

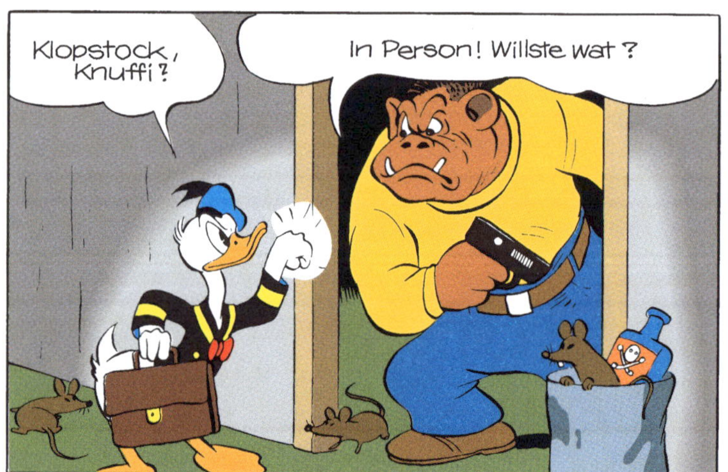
Klopstock, Knuffi?
In Person! Willste wat?

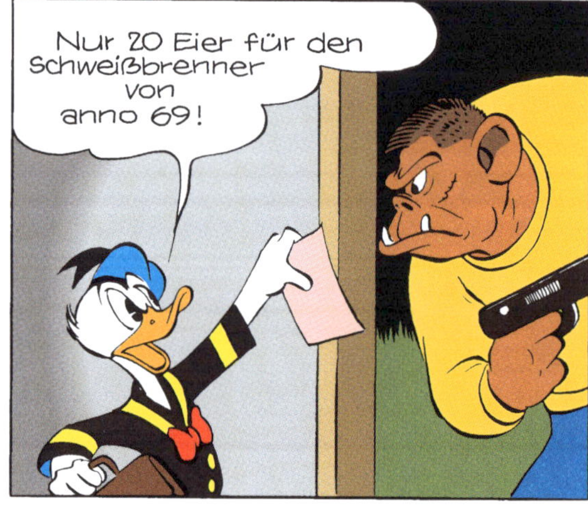
Nur 20 Eier für den Schweißbrenner von anno 69!

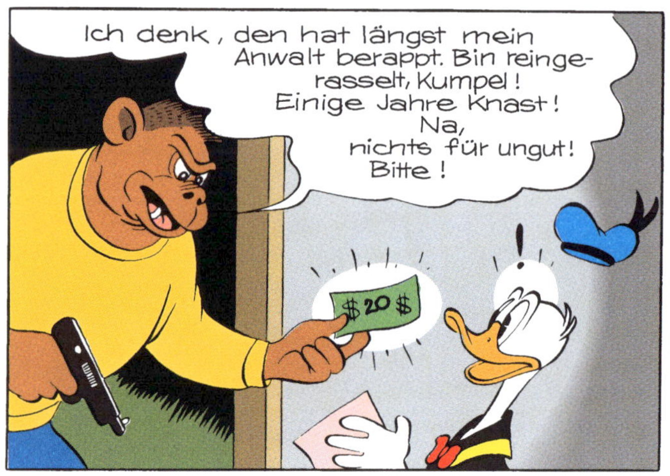
Ich denk, den hat längst mein Anwalt berappt. Bin reingerasselt, Kumpel! Einige Jahre Knast! Na, nichts für ungut! Bitte!
$ 20 $

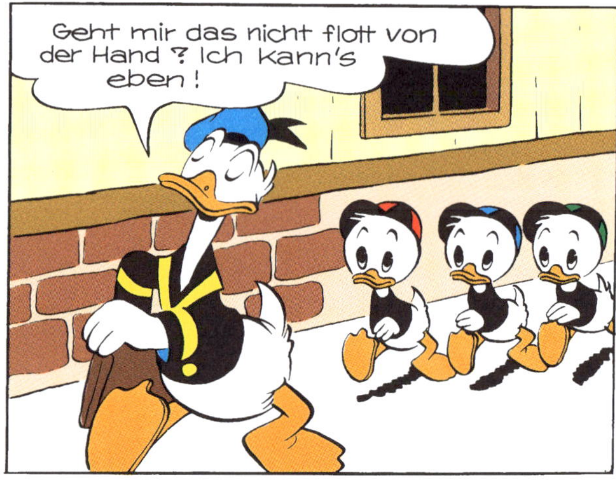
Geht mir das nicht flott von der Hand? Ich kann's eben!

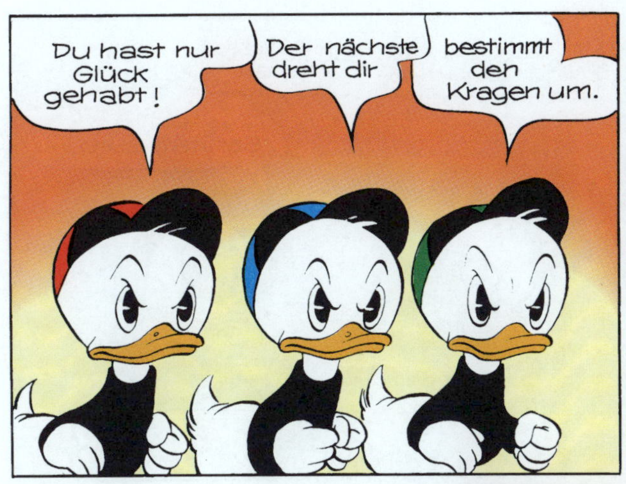
Du hast nur Glück gehabt!
Der nächste dreht dir
bestimmt den Kragen um.

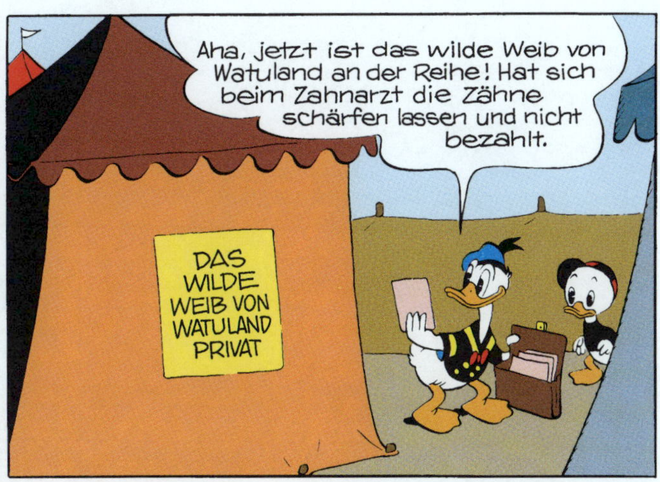
Aha, jetzt ist das wilde Weib von Watuland an der Reihe! Hat sich beim Zahnarzt die Zähne schärfen lassen und nicht bezahlt.
DAS WILDE WEIB VON WATULAND PRIVAT

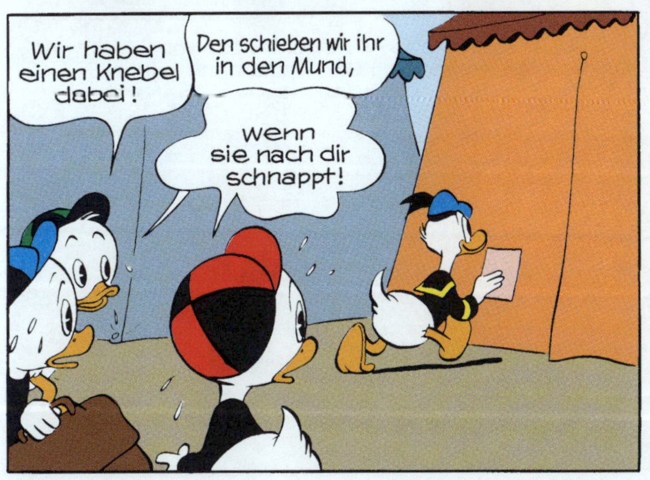
Wir haben einen Knebel dabei!
Den schieben wir ihr in den Mund,
wenn sie nach dir schnappt!

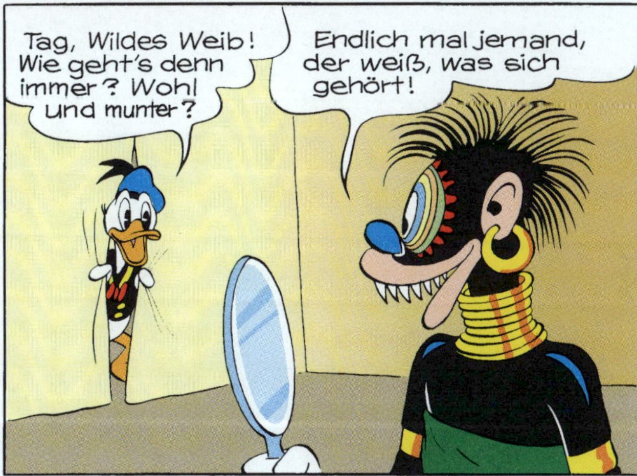
Tag, Wildes Weib! Wie geht's denn immer? Wohl und munter?
Endlich mal jemand, der weiß, was sich gehört!

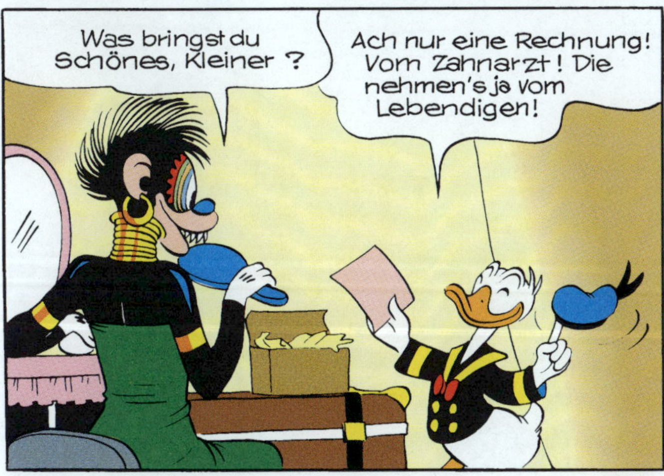
Was bringst du Schönes, Kleiner?
Ach nur eine Rechnung! Vom Zahnarzt! Die nehmen's ja vom Lebendigen!

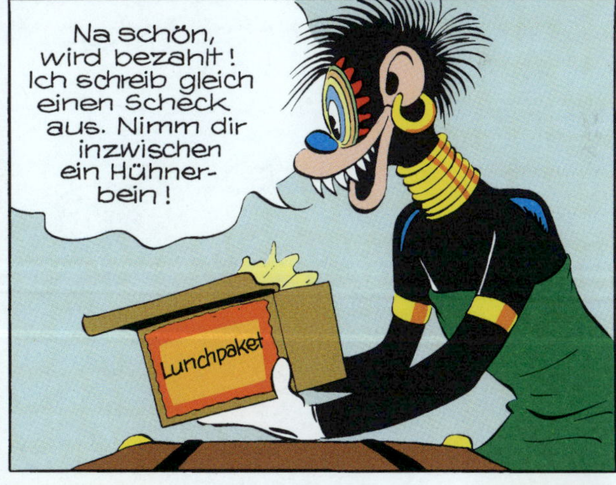
Na schön, wird bezahlt! Ich schreib gleich einen Scheck aus. Nimm dir inzwischen ein Hühnerbein!
Lunchpaket

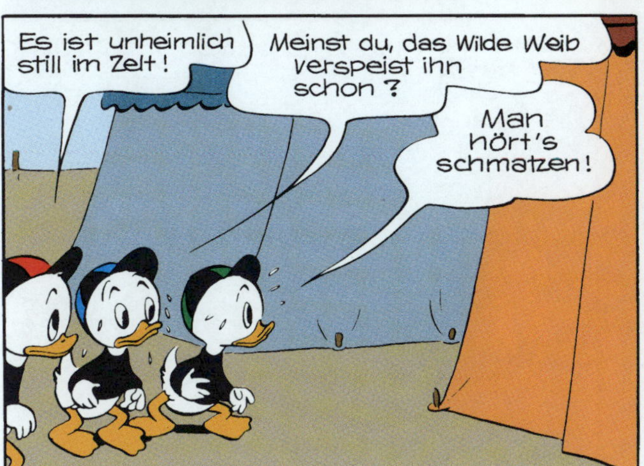
Es ist unheimlich still im Zelt!
Meinst du, das Wilde Weib verspeist ihn schon?
Man hört's schmatzen!

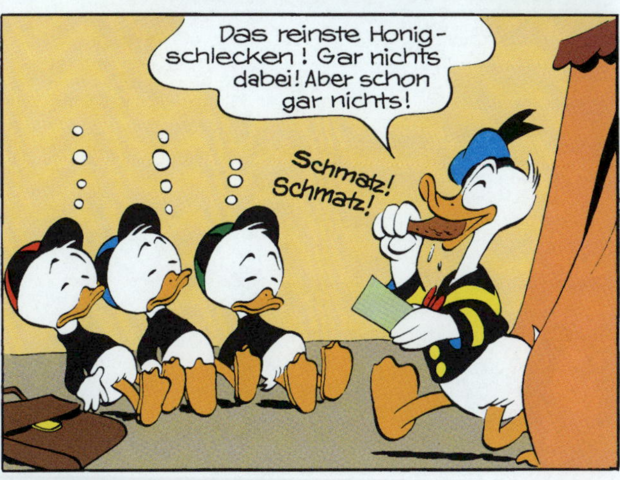
Das reinste Honigschlecken! Gar nichts dabei! Aber schon gar nichts!
Schmatz! Schmatz!

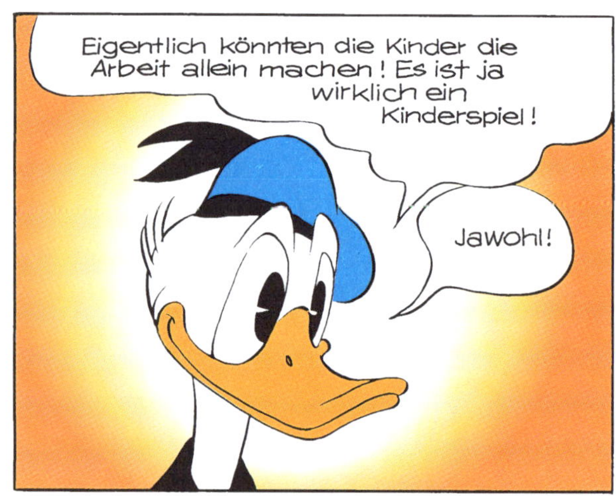
Eigentlich könnten die Kinder die Arbeit allein machen! Es ist ja wirklich ein Kinderspiel!
Jawohl!

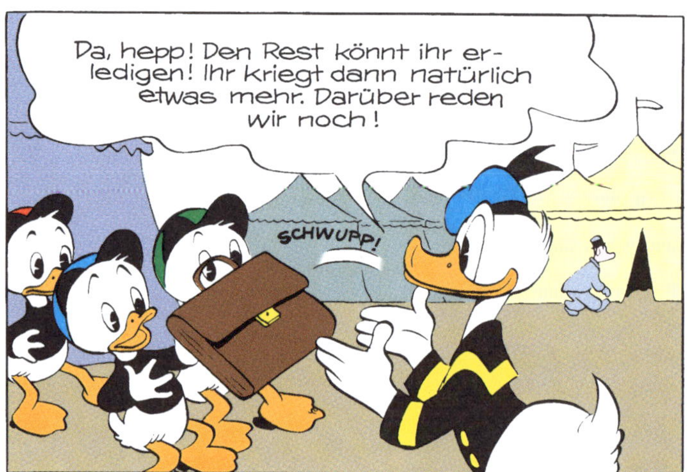
Da, hepp! Den Rest könnt ihr erledigen! Ihr kriegt dann natürlich etwas mehr. Darüber reden wir noch!
SCHWUPP!

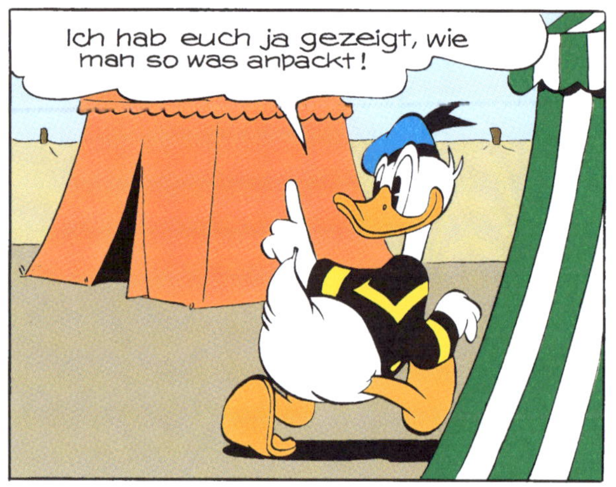
Ich hab euch ja gezeigt, wie man so was anpackt!

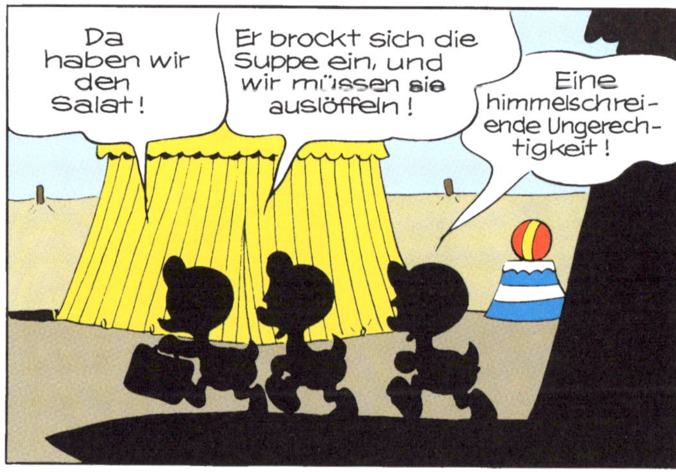
Da haben wir den Salat!
Er brockt sich die Suppe ein, und wir müssen sie auslöffeln!
Eine himmelschreiende Ungerechtigkeit!

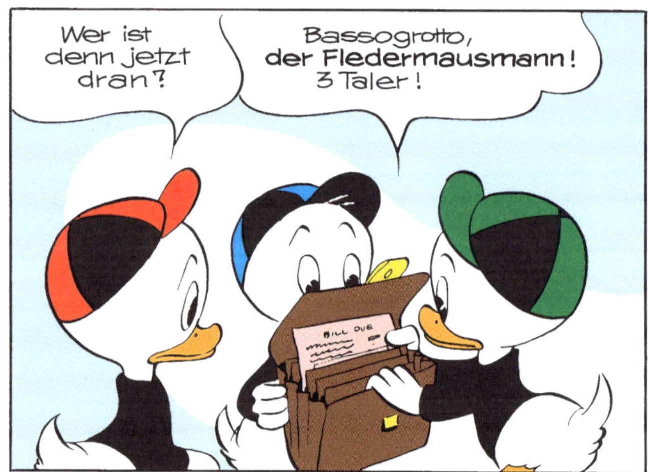
Wer ist denn jetzt dran?
Bassogrotto, der Fledermausmann! 3 Taler!
BILL DUE

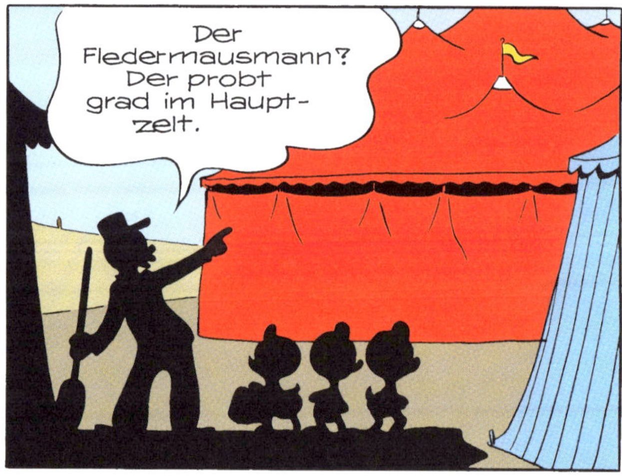
Der Fledermausmann? Der probt grad im Hauptzelt.

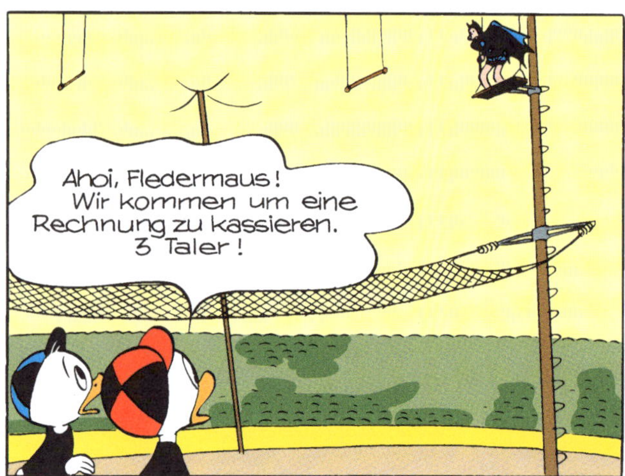
Ahoi, Fledermaus! Wir kommen um eine Rechnung zu kassieren. 3 Taler!

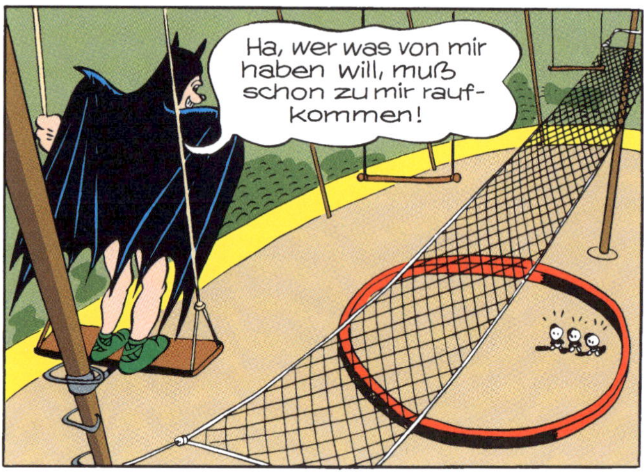
Ha, wer was von mir haben will, muß schon zu mir raufkommen!

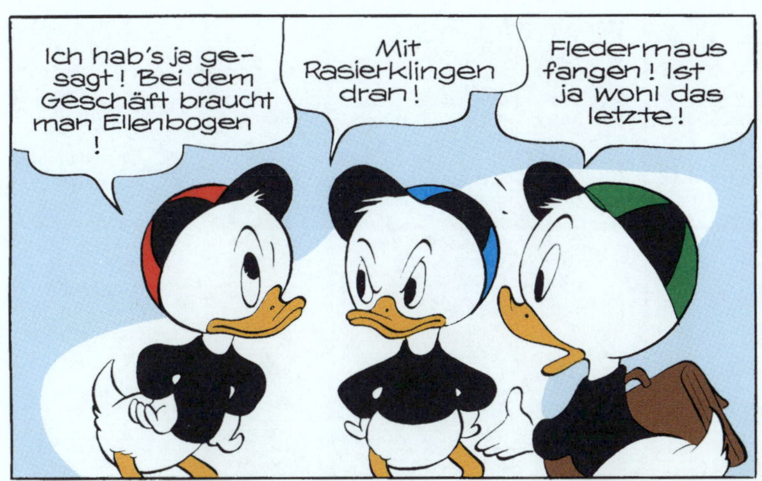
Ich hab's ja gesagt! Bei dem Geschäft braucht man Ellenbogen!
Mit Rasierklingen dran!
Fledermaus fangen! Ist ja wohl das letzte!
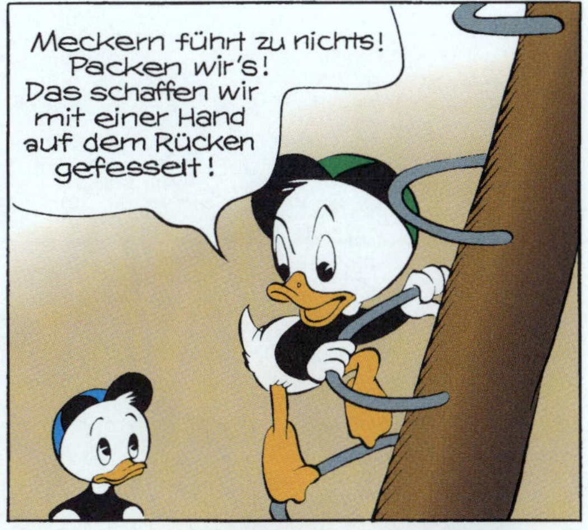
Meckern führt zu nichts! Packen wir's! Das schaffen wir mit einer Hand auf dem Rücken gefesselt!
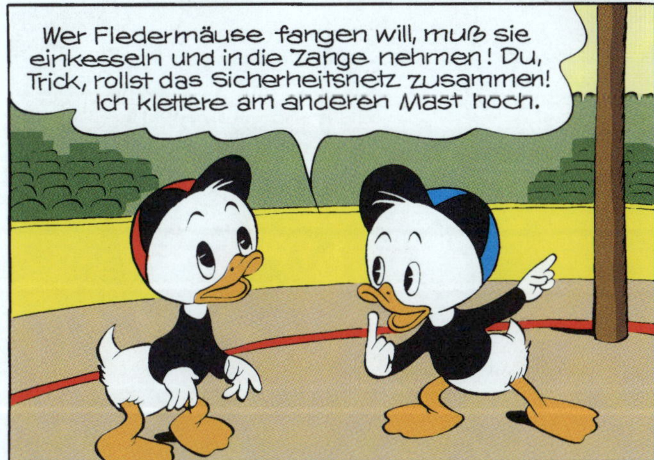
Wer Fledermäuse fangen will, muß sie einkesseln und in die Zange nehmen! Du, Trick, rollst das Sicherheitsnetz zusammen! Ich klettere am anderen Mast hoch.
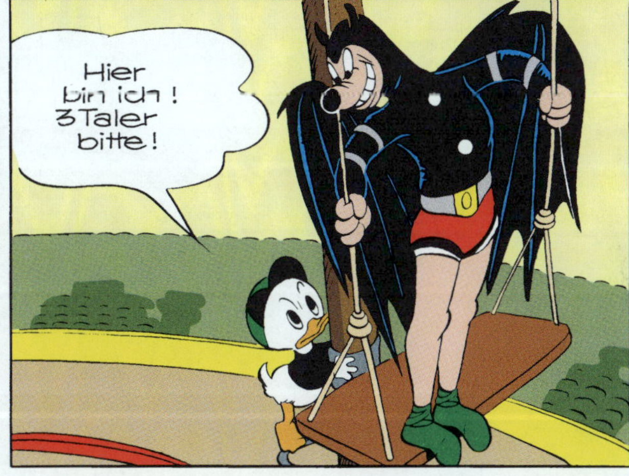
Hier bin ich! 3 Taler bitte!
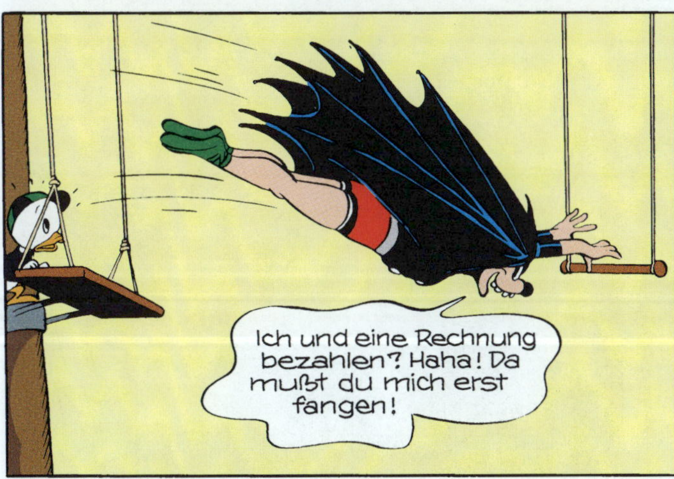
Ich und eine Rechnung bezahlen? Haha! Da mußt du mich erst fangen!
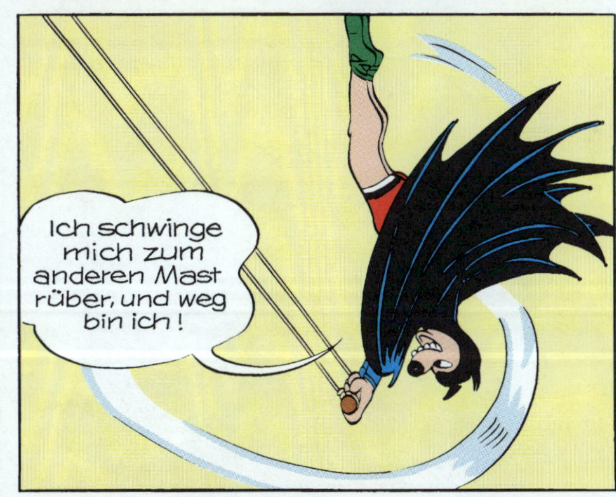
Ich schwinge mich zum anderen Mast rüber, und weg bin ich!
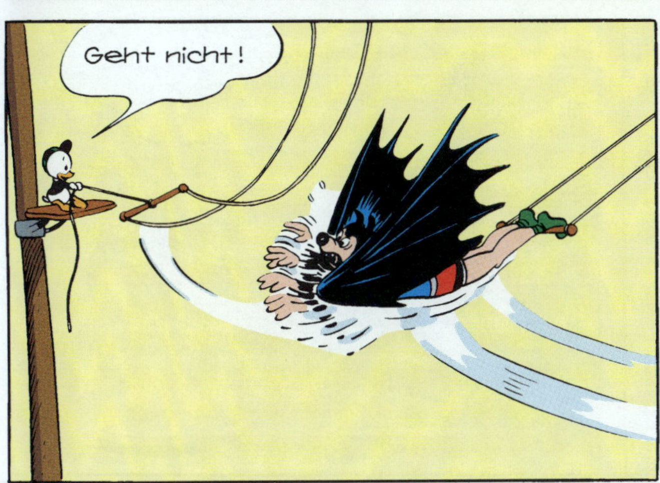
Geht nicht!
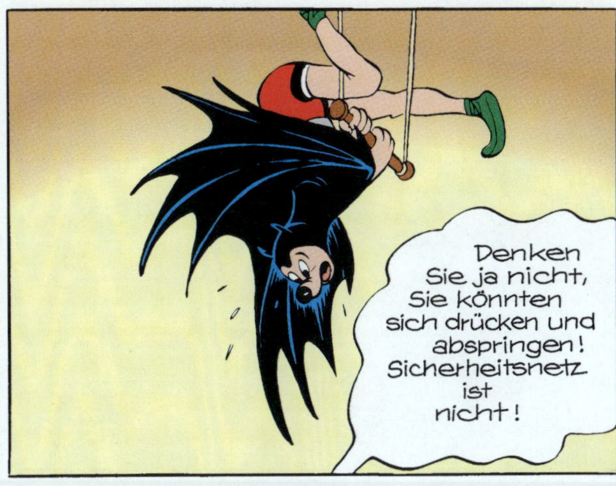
Denken Sie ja nicht, Sie könnten sich drücken und abspringen! Sicherheitsnetz ist nicht!

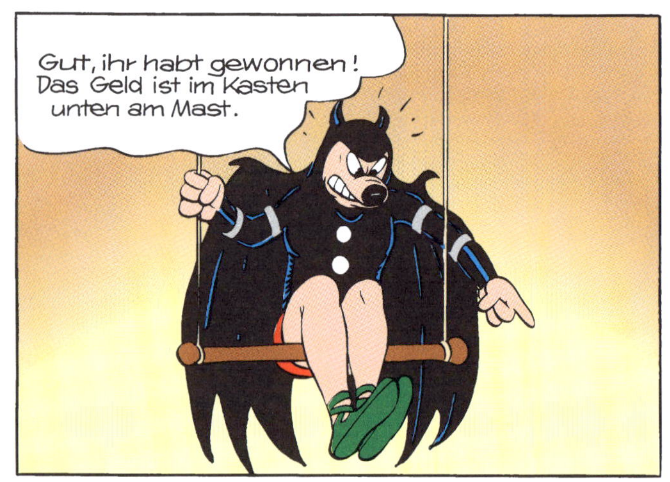
Gut, ihr habt gewonnen! Das Geld ist im Kasten unten am Mast.

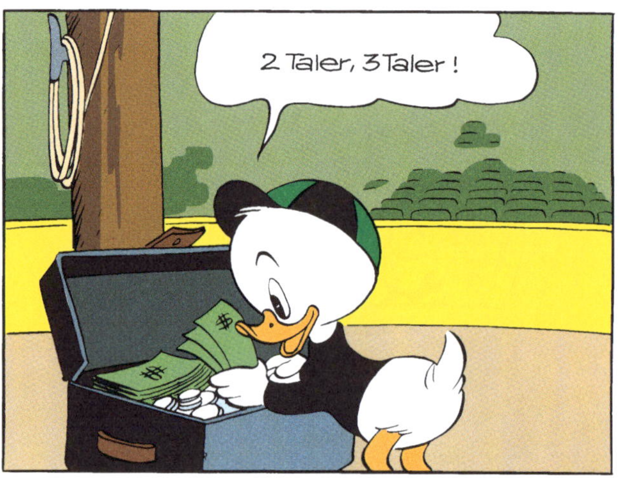
2 Taler, 3 Taler!

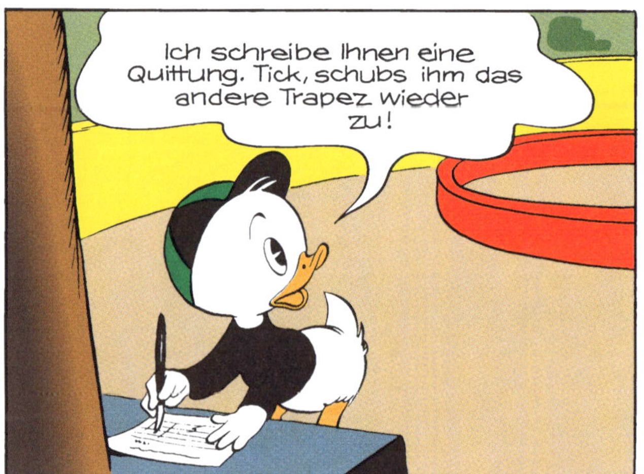
Ich schreibe Ihnen eine Quittung. Tick, schubs ihm das andere Trapez wieder zu!

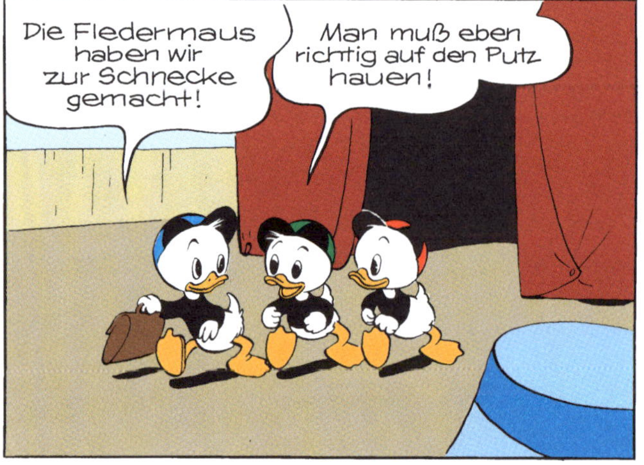
Die Fledermaus haben wir zur Schnecke gemacht!
Man muß eben richtig auf den Putz hauen!

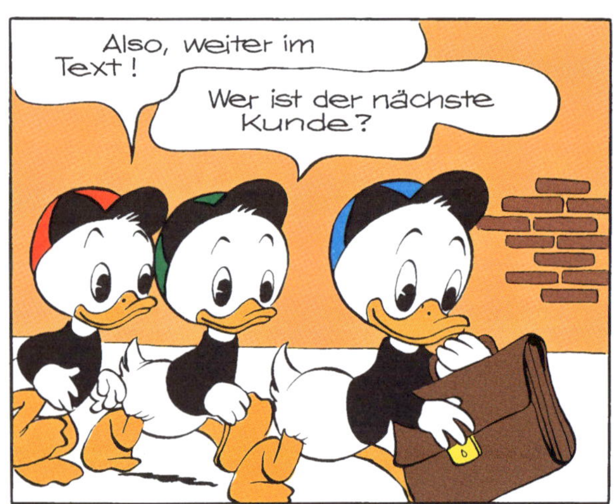
Also, weiter im Text!
Wer ist der nächste Kunde?

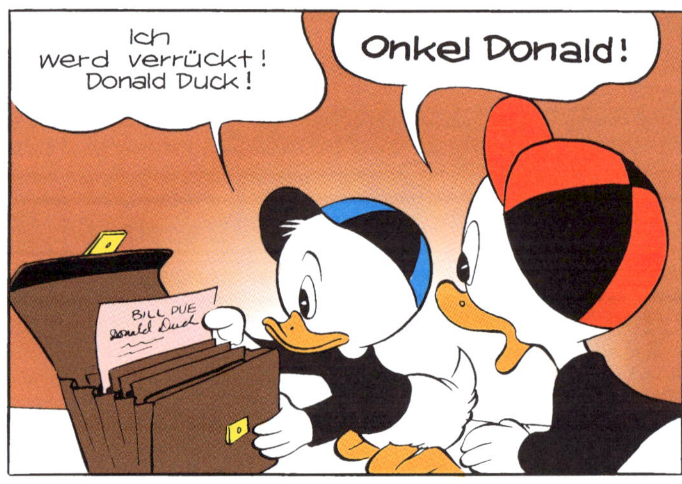
Ich werd verrückt! Donald Duck!
Onkel Donald!
BILL DUE
Donald Duck

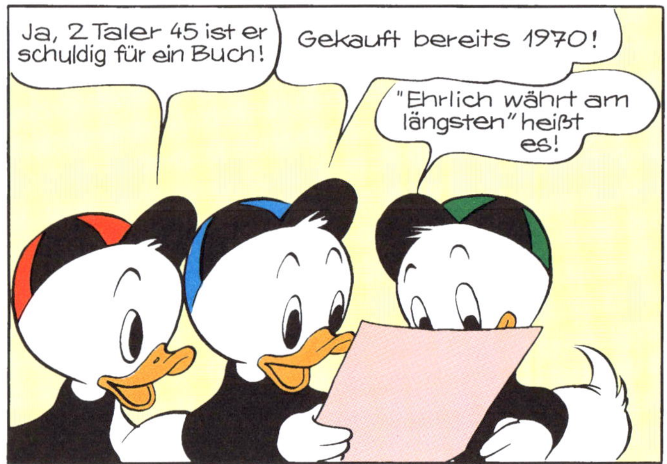
Ja, 2 Taler 45 ist er schuldig für ein Buch!
Gekauft bereits 1970!
"Ehrlich währt am längsten" heißt es!

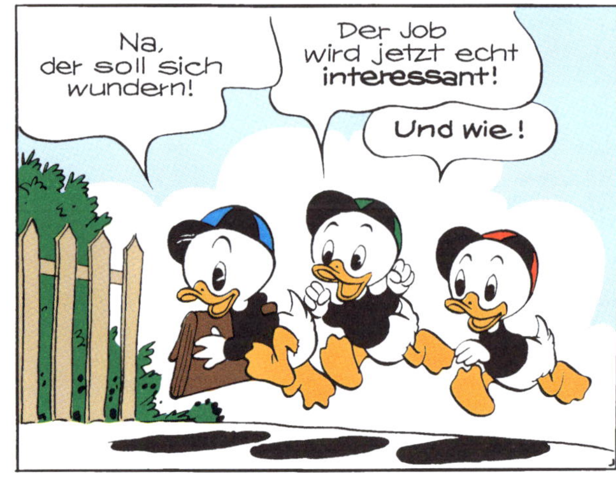
Na, der soll sich wundern!
Der Job wird jetzt echt **interessant**!
Und wie!

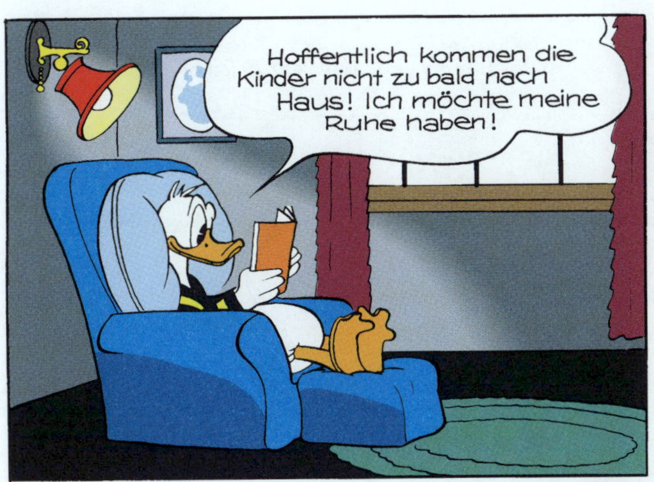
Hoffentlich kommen die Kinder nicht zu bald nach Haus! Ich möchte meine Ruhe haben!

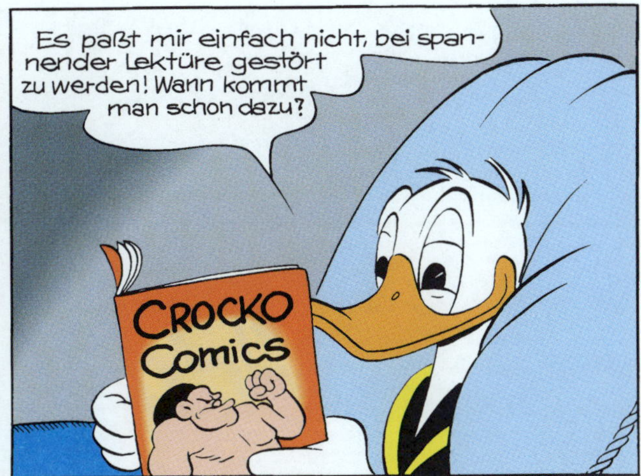
Es paßt mir einfach nicht, bei spannender Lektüre gestört zu werden! Wann kommt man schon dazu?
CROCKO Comics

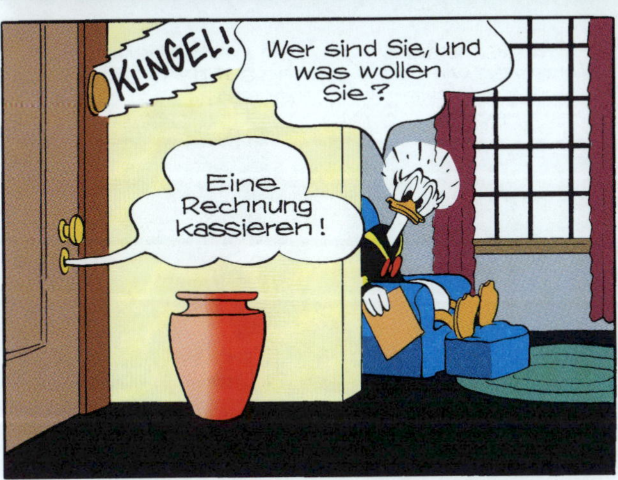
KLINGEL!
Wer sind Sie, und was wollen Sie?
Eine Rechnung kassieren!

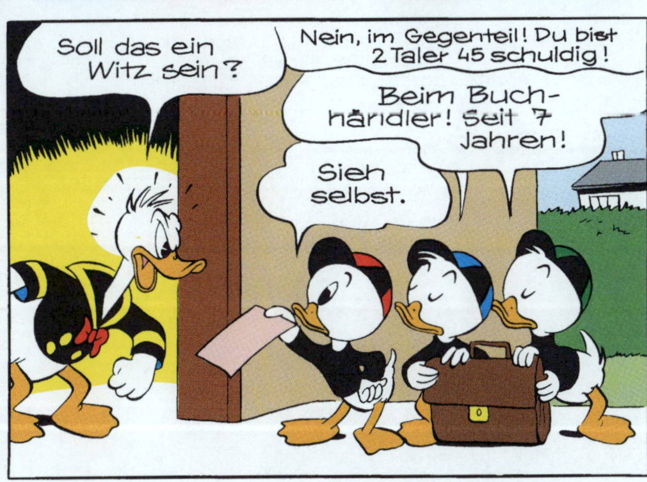
Soll das ein Witz sein?
Nein, im Gegenteil! Du bist 2 Taler 45 schuldig!
Beim Buchhändler! Seit 7 Jahren!
Sieh selbst.

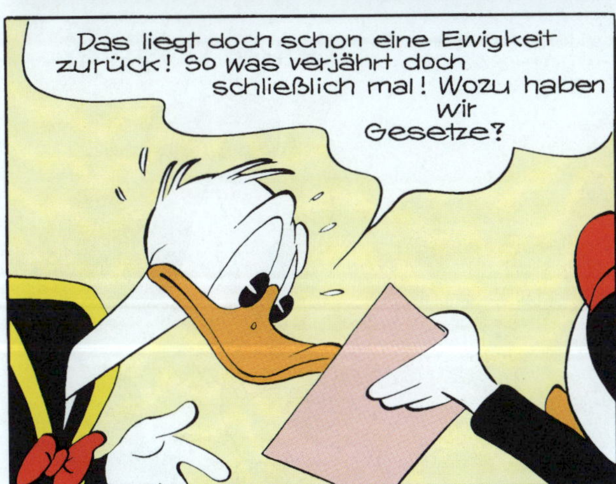
Das liegt doch schon eine Ewigkeit zurück! So was verjährt doch schließlich mal! Wozu haben wir Gesetze?

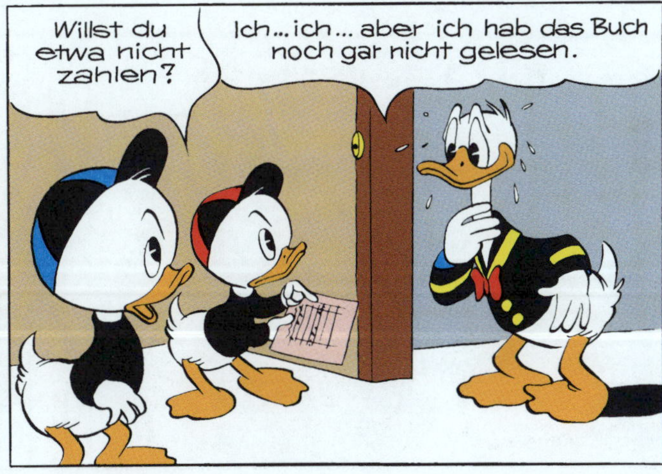
Willst du etwa nicht zahlen?
Ich... ich... aber ich hab das Buch noch gar nicht gelesen.

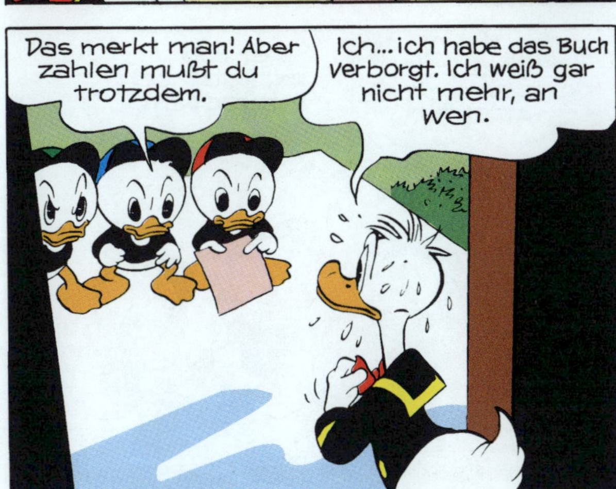
Das merkt man! Aber zahlen mußt du trotzdem.
Ich... ich habe das Buch verborgt. Ich weiß gar nicht mehr, an wen.

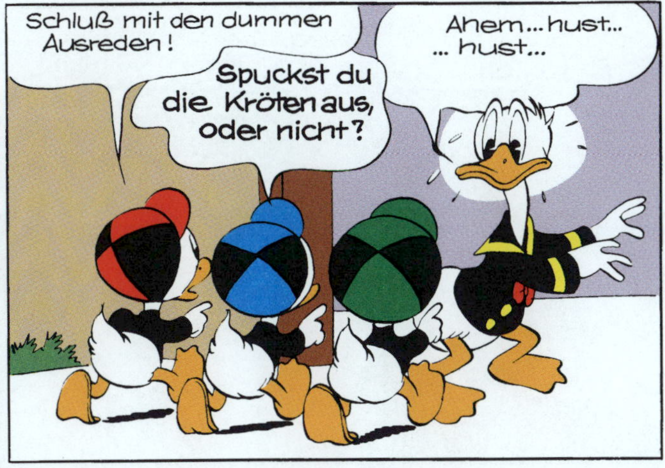
Schluß mit den dummen Ausreden!
Spuckst du die Kröten aus, oder nicht?
Ahem... hust... ... hust...

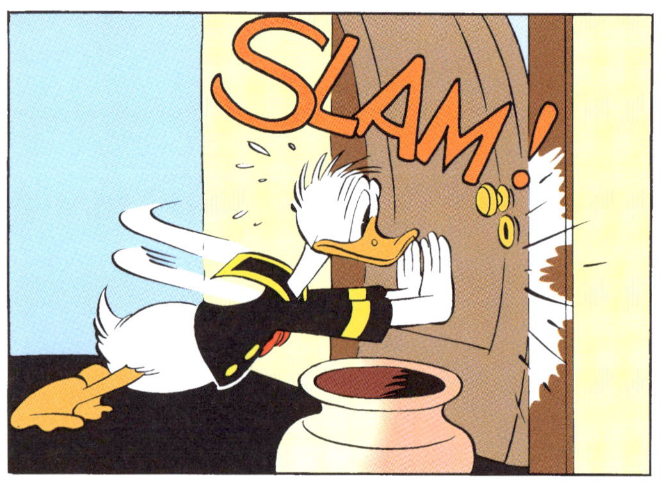
SLAM!

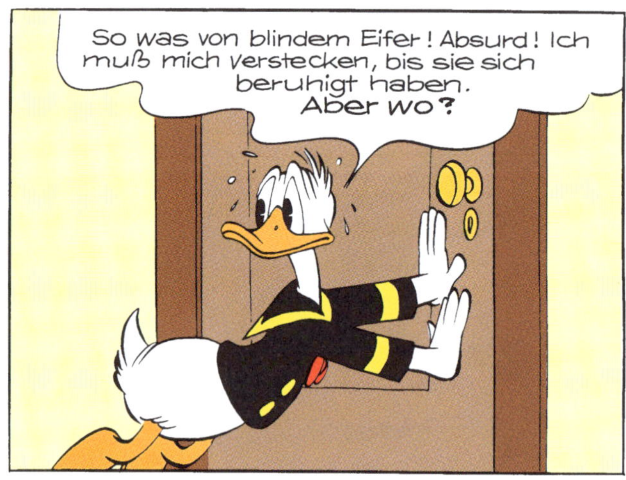
So was von blindem Eifer! Absurd! Ich muß mich verstecken, bis sie sich beruhigt haben. Aber wo?

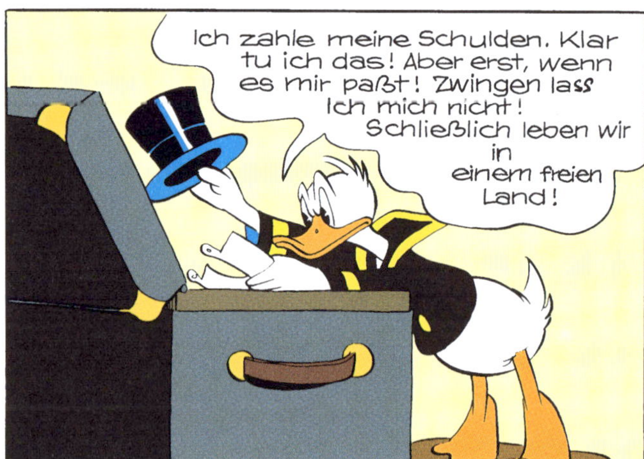
Ich zahle meine Schulden. Klar tu ich das! Aber erst, wenn es mir paßt! Zwingen lass ich mich nicht! Schließlich leben wir in einem freien Land!

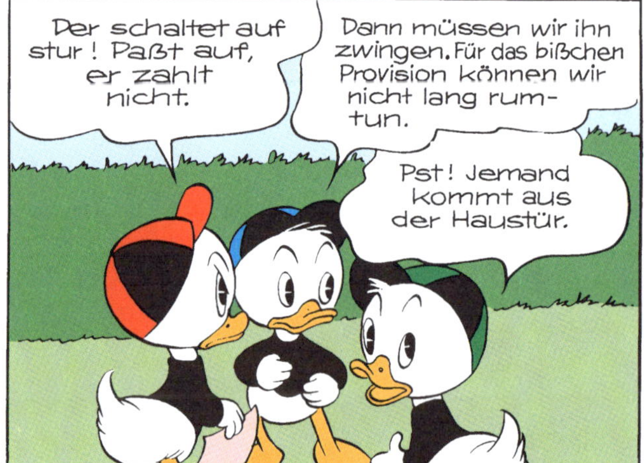
Der schaltet auf stur! Paßt auf, er zahlt nicht.
Dann müssen wir ihn zwingen. Für das bißchen Provision können wir nicht lang rumtun.
Pst! Jemand kommt aus der Haustür.

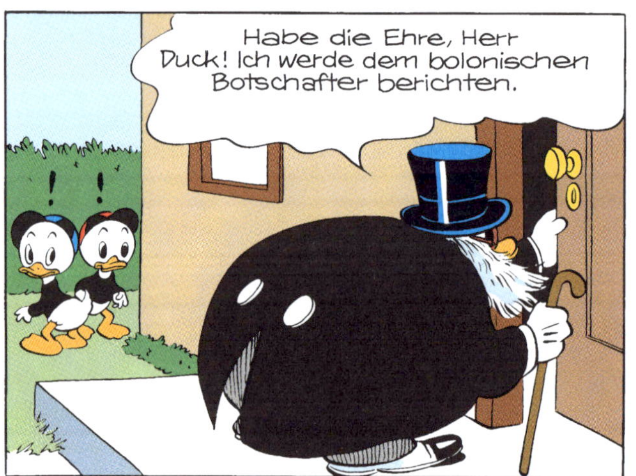
Habe die Ehre, Herr Duck! Ich werde dem bolonischen Botschafter berichten.
! !

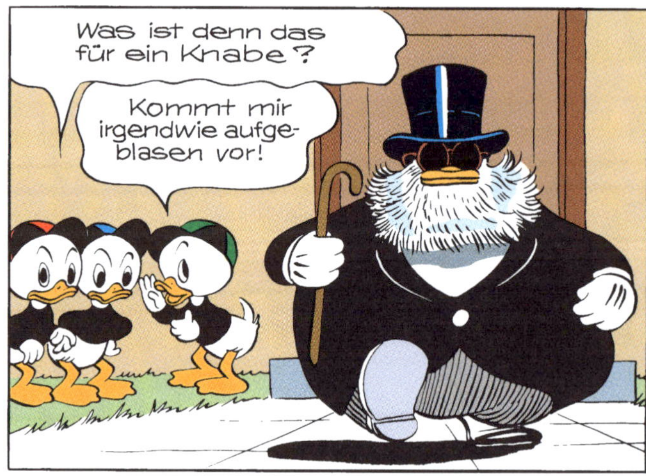
Was ist denn das für ein Knabe?
Kommt mir irgendwie aufgeblasen vor!

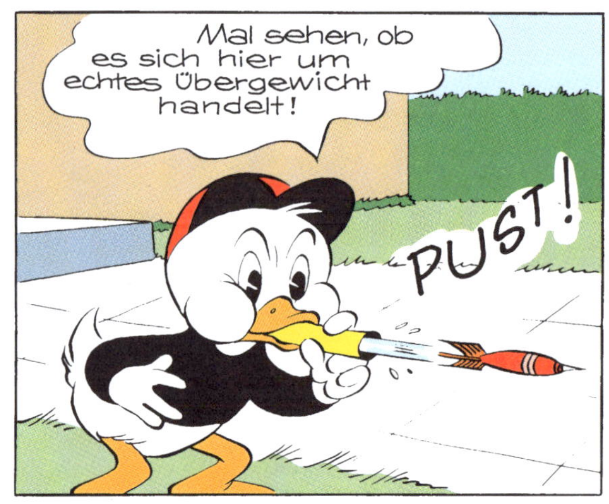
Mal sehen, ob es sich hier um echtes Übergewicht handelt!
PUST!

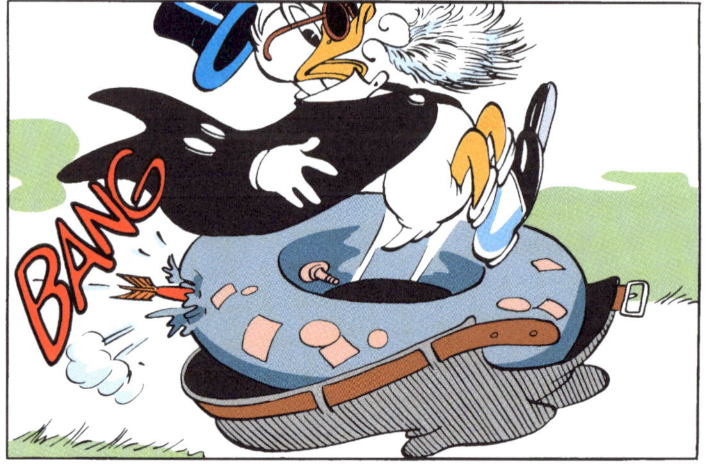
BANG

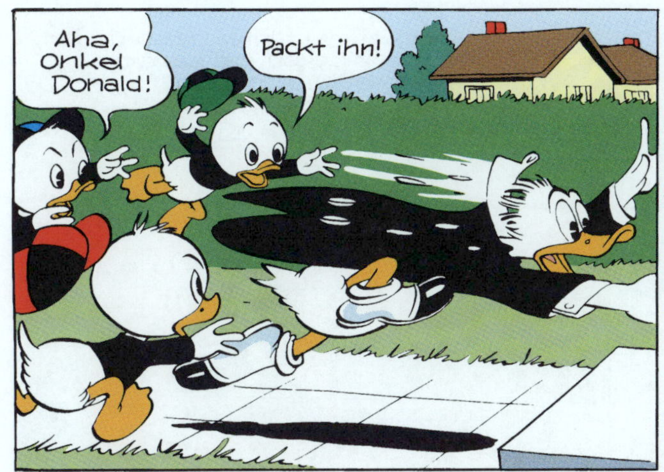
Aha, Onkel Donald!
Packt ihn!

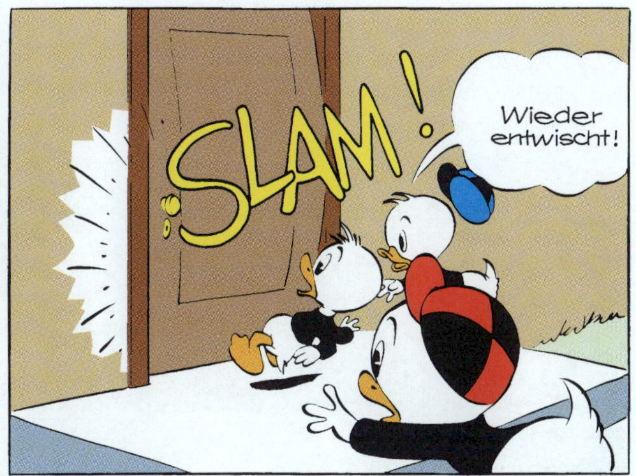
SLAM!
Wieder entwischt!

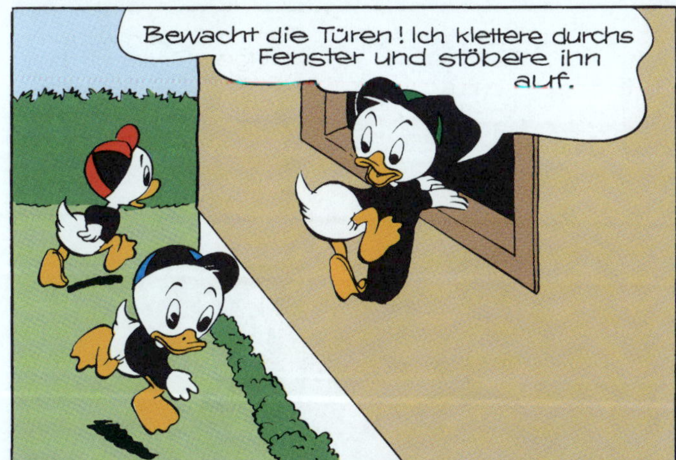
Bewacht die Türen! Ich klettere durchs Fenster und stöbere ihn auf.

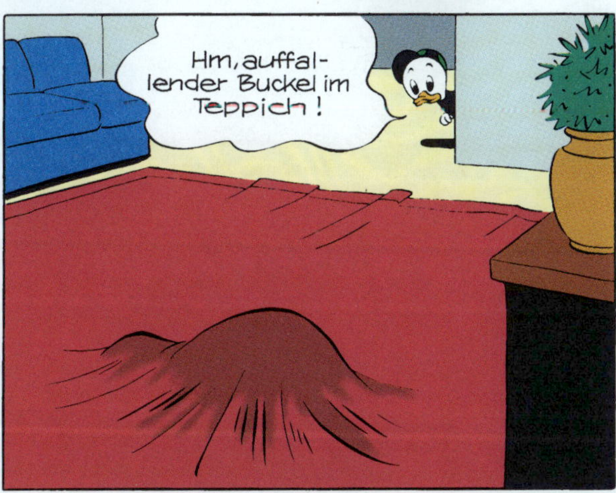
Hm, auffallender Buckel im Teppich!

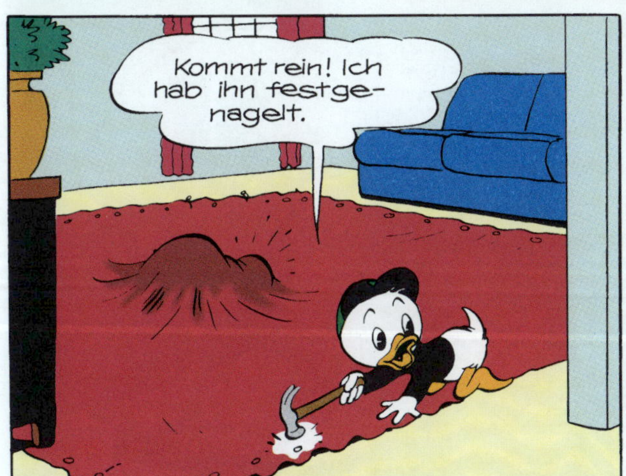
Kommt rein! Ich hab ihn festgenagelt.

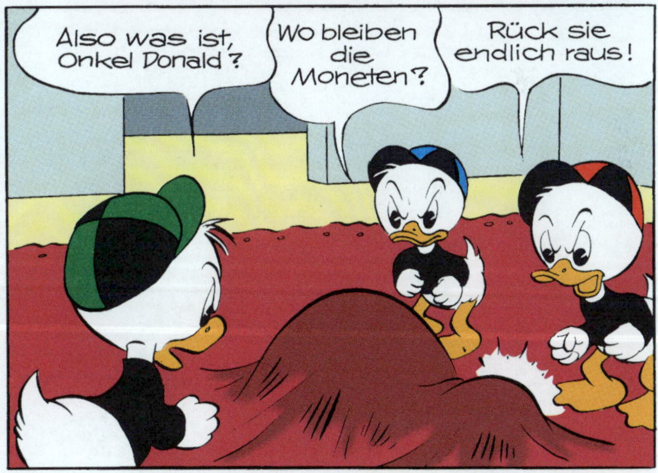
Also was ist, Onkel Donald?
Wo bleiben die Moneten?
Rück sie endlich raus!

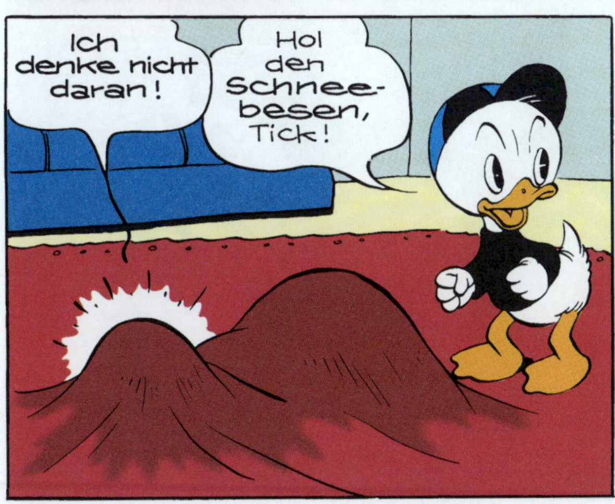
Ich denke nicht daran!
Hol den Schneebesen, Tick!

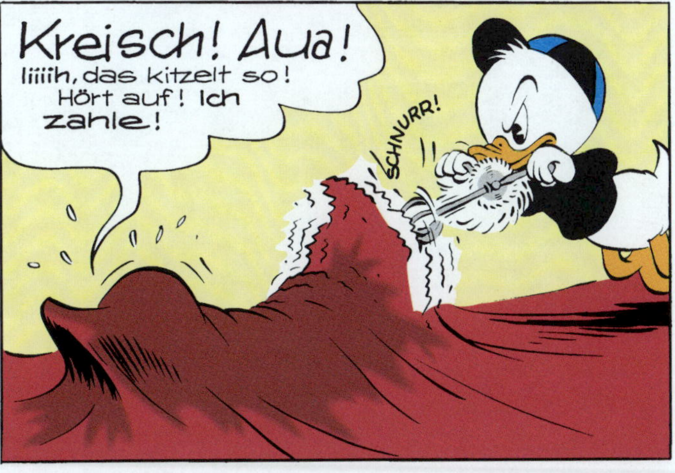
Kreisch! Aua!
Iiiiih, das kitzelt so! Hört auf! Ich zahle!
SCHNURR!

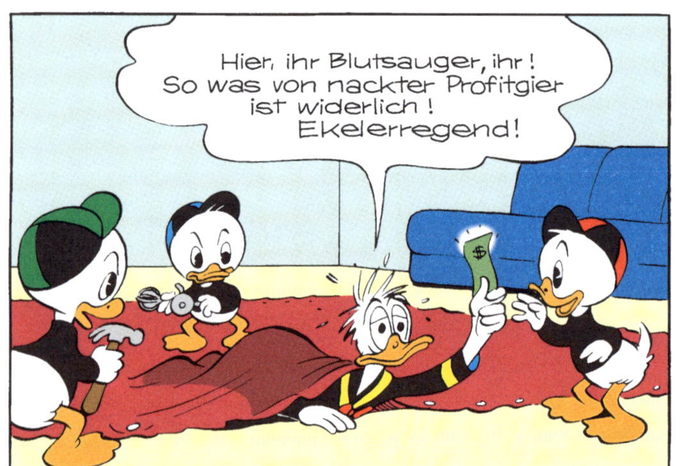
Hier, ihr Blutsauger, ihr! So was von nackter Profitgier ist widerlich! Ekelerregend!

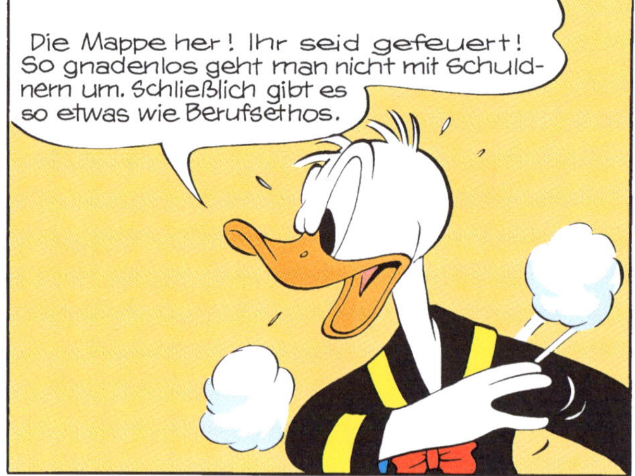
Die Mappe her! Ihr seid gefeuert! So gnadenlos geht man nicht mit Schuldnern um. Schließlich gibt es so etwas wie Berufsethos.

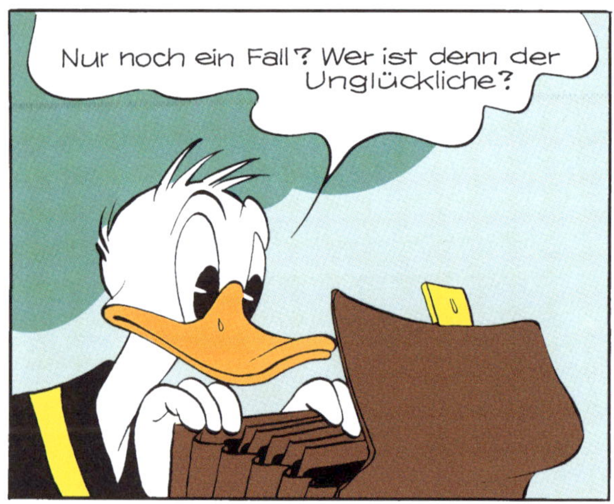
Nur noch ein Fall? Wer ist denn der Unglückliche?

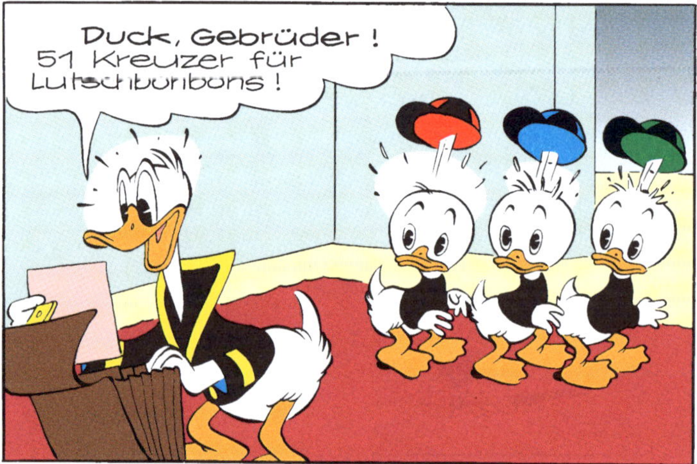
Duck, Gebrüder! 51 Kreuzer für Lutschbonbons!

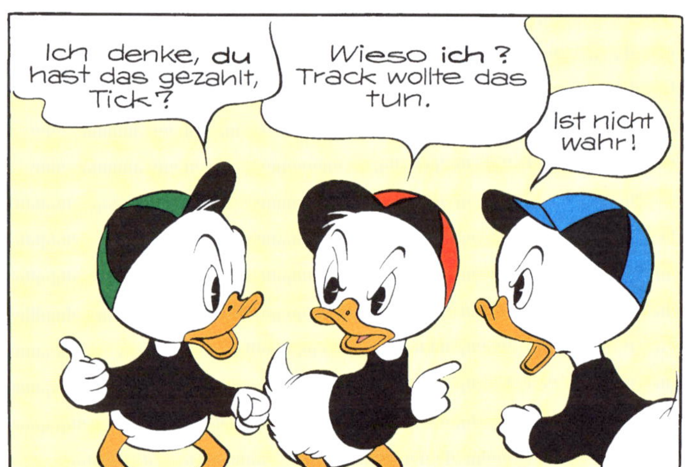
Ich denke, du hast das gezahlt, Tick?
Wieso ich? Track wollte das tun.
Ist nicht wahr!

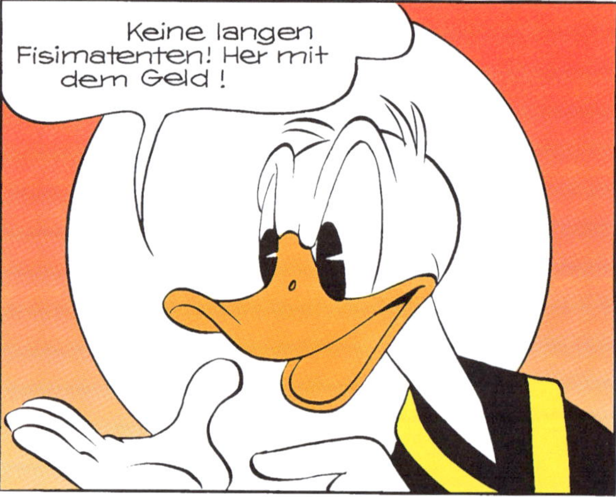
Keine langen Fisimatenten! Her mit dem Geld!

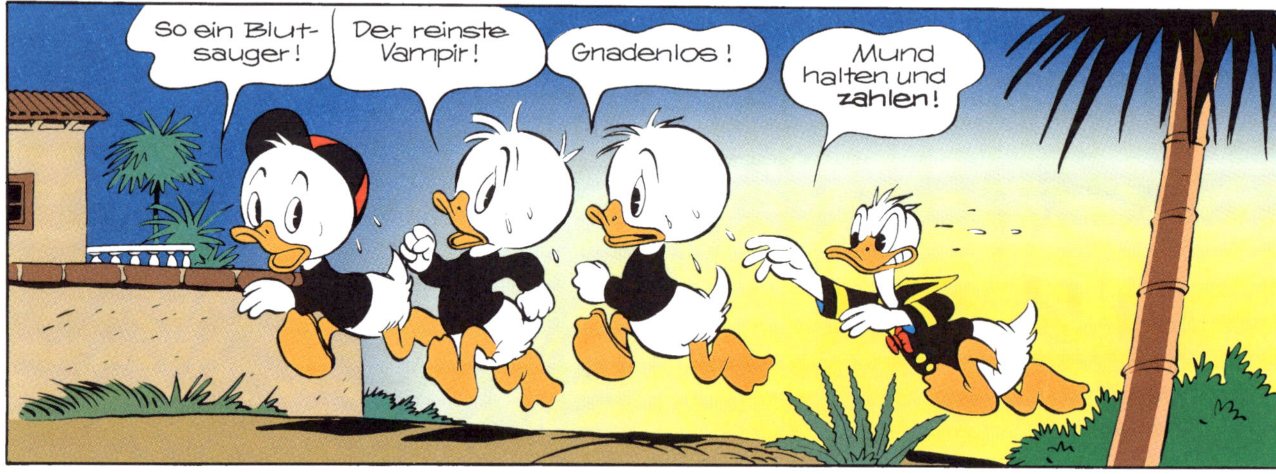
So ein Blutsauger!
Der reinste Vampir!
Gnadenlos!
Mund halten und zahlen!

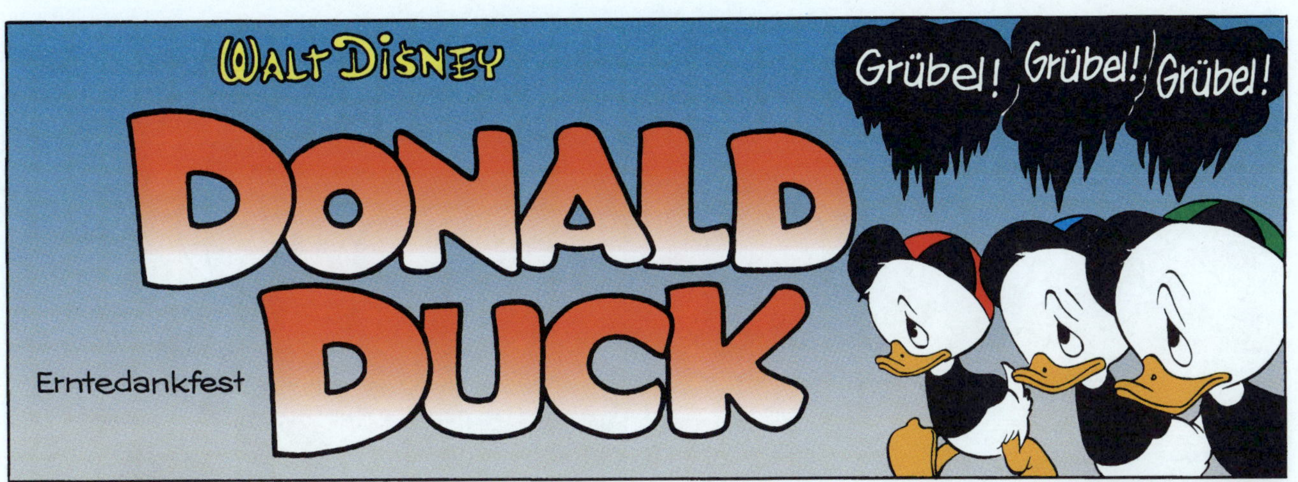
Walt Disney
Donald Duck
Erntedankfest
Grübel! Grübel! Grübel!

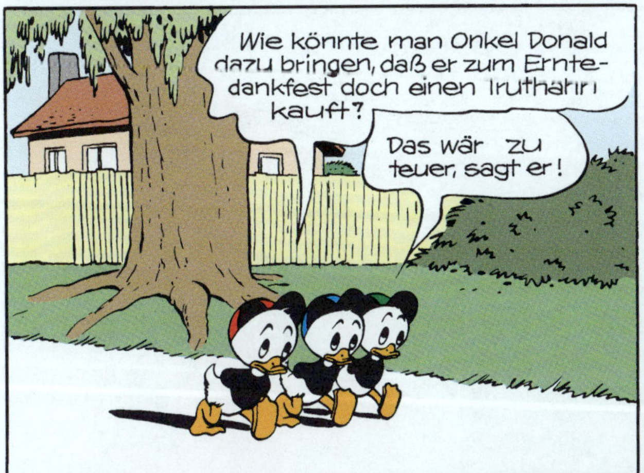
Wie könnte man Onkel Donald dazu bringen, daß er zum Erntedankfest doch einen Truthahn kauft?
Das wär zu teuer, sagt er!

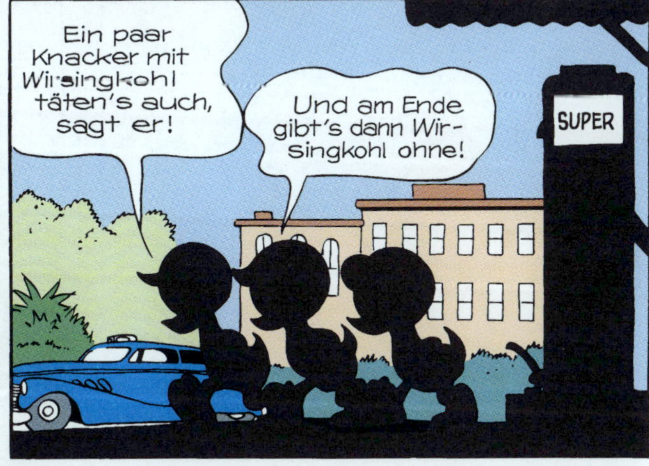
Ein paar Knacker mit Wirsingkohl täten's auch, sagt er!
Und am Ende gibt's dann Wirsingkohl ohne!
SUPER

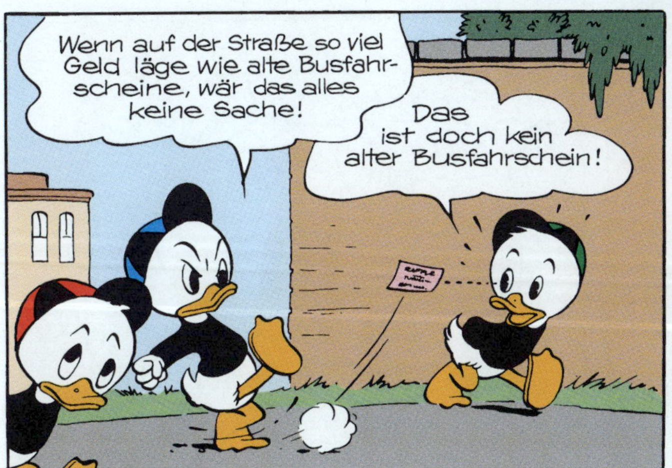
Wenn auf der Straße so viel Geld läge wie alte Busfahrscheine, wär das alles keine Sache!
Das ist doch kein alter Busfahrschein!

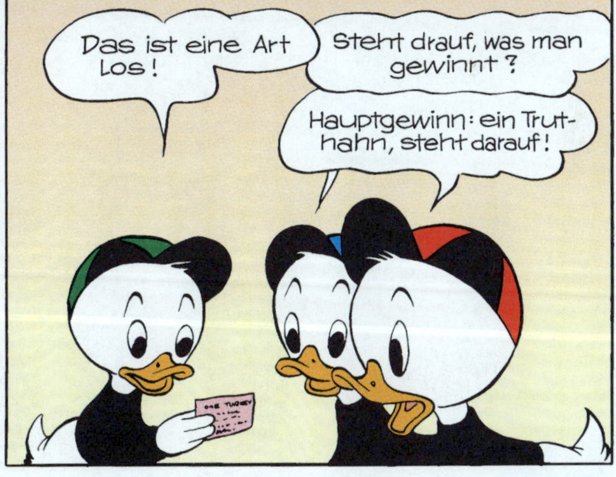
Das ist eine Art Los!
Steht drauf, was man gewinnt?
Hauptgewinn: ein Truthahn, steht darauf!

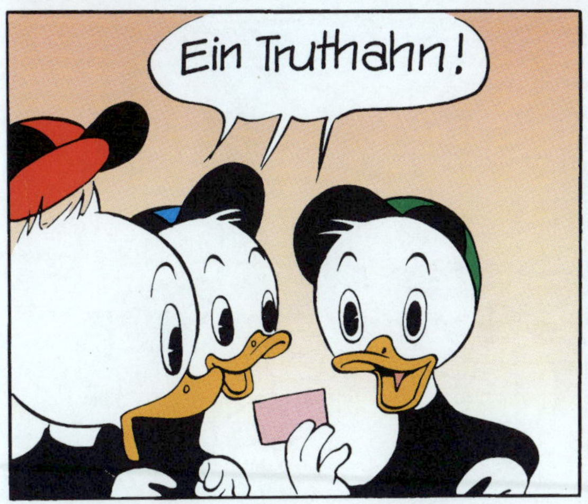
Ein Truthahn!

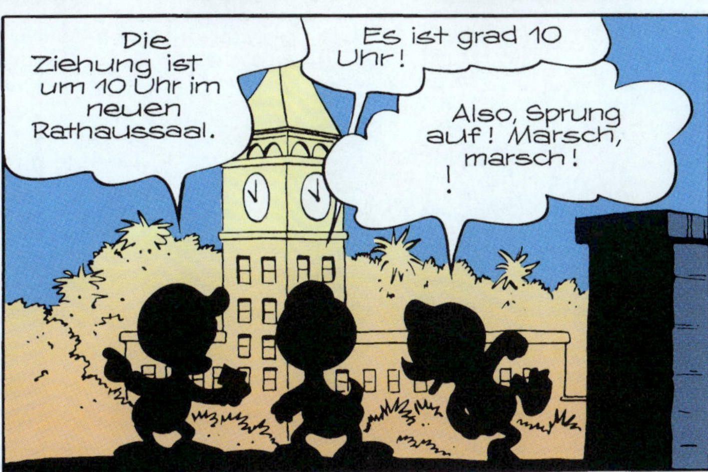
Die Ziehung ist um 10 Uhr im neuen Rathaussaal.
Es ist grad 10 Uhr!
Also, Sprung auf! Marsch, marsch!

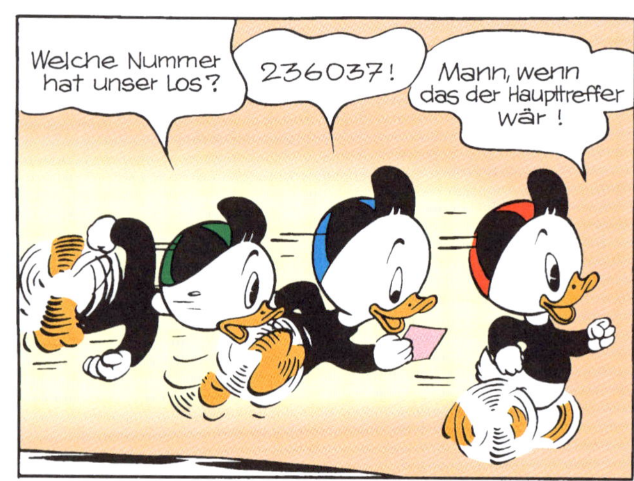
Welche Nummer hat unser Los?
236037!
Mann, wenn das der Haupttreffer wär!

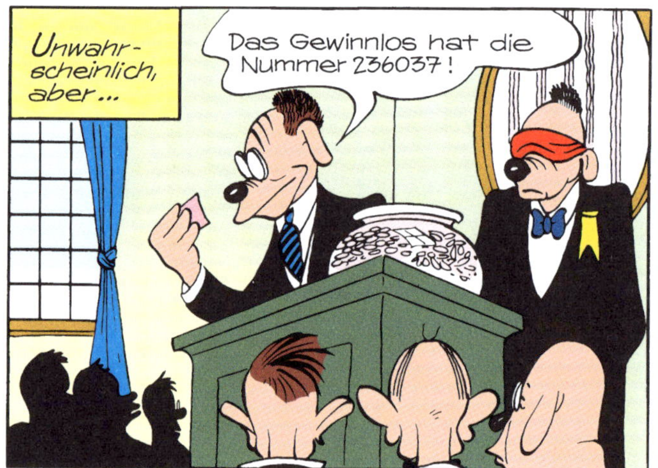
Unwahrscheinlich, aber...
Das Gewinnlos hat die Nummer 236037!

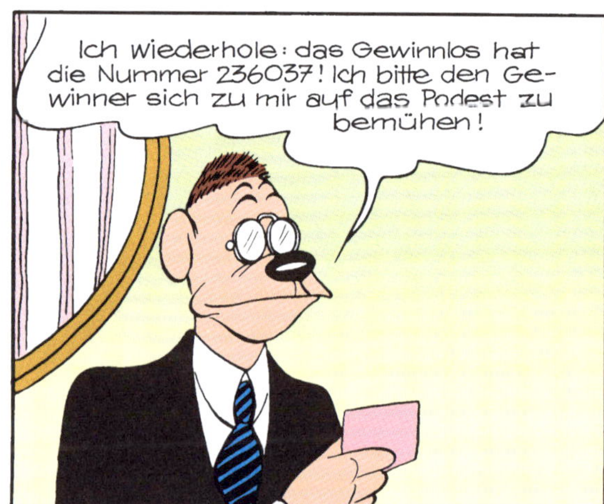
Ich wiederhole: das Gewinnlos hat die Nummer 236037! Ich bitte den Gewinner sich zu mir auf das Podest zu bemühen!

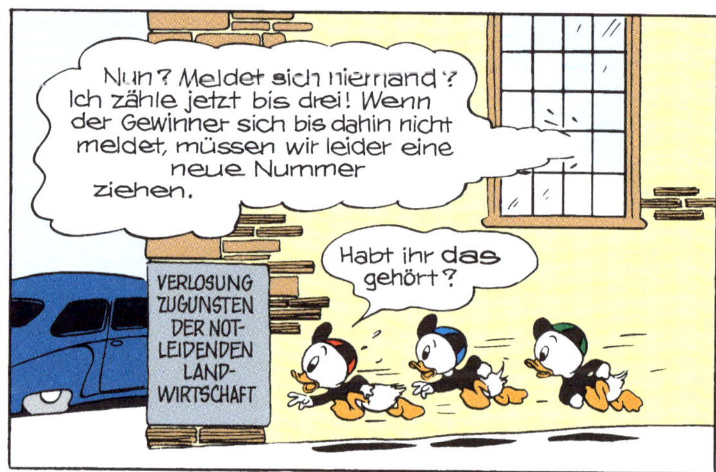
Nun? Meldet sich niemand? Ich zähle jetzt bis drei! Wenn der Gewinner sich bis dahin nicht meldet, müssen wir leider eine neue Nummer ziehen.
Habt ihr das gehört?
VERLOSUNG ZUGUNSTEN DER NOTLEIDENDEN LANDWIRTSCHAFT

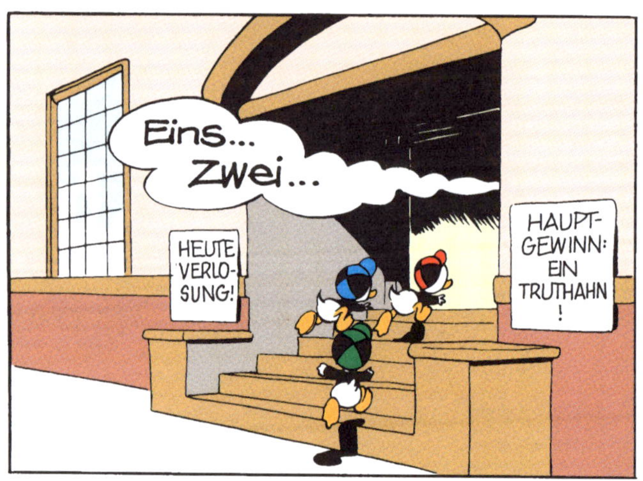
Eins... Zwei...
HEUTE VERLOSUNG!
HAUPTGEWINN: EIN TRUTHAHN!

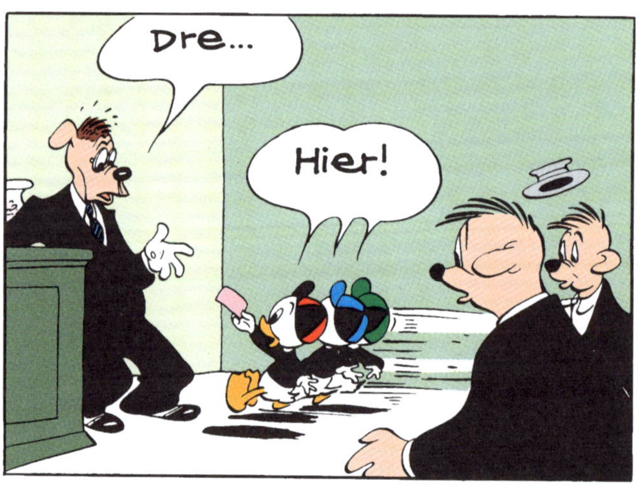
Dre...
Hier!

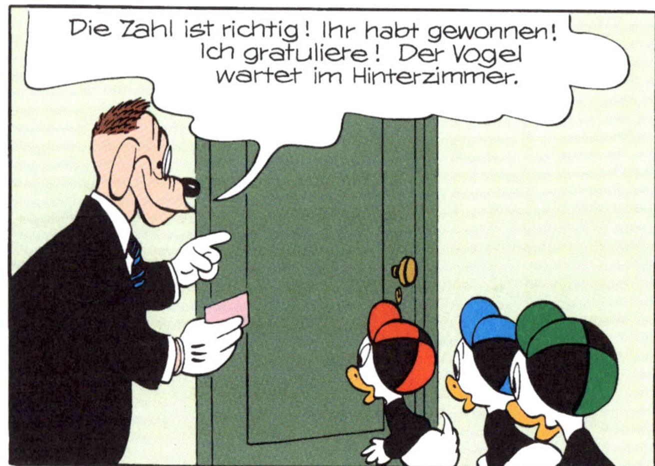
Die Zahl ist richtig! Ihr habt gewonnen! Ich gratuliere! Der Vogel wartet im Hinterzimmer.

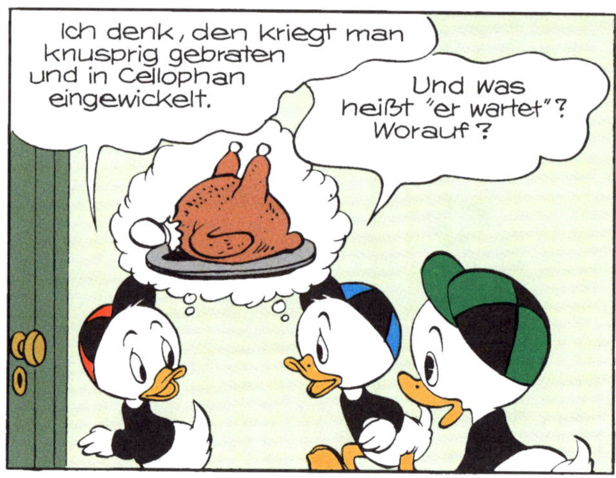
Ich denk, den kriegt man knusprig gebraten und in Cellophan eingewickelt.
Und was heißt "er wartet"? Worauf?

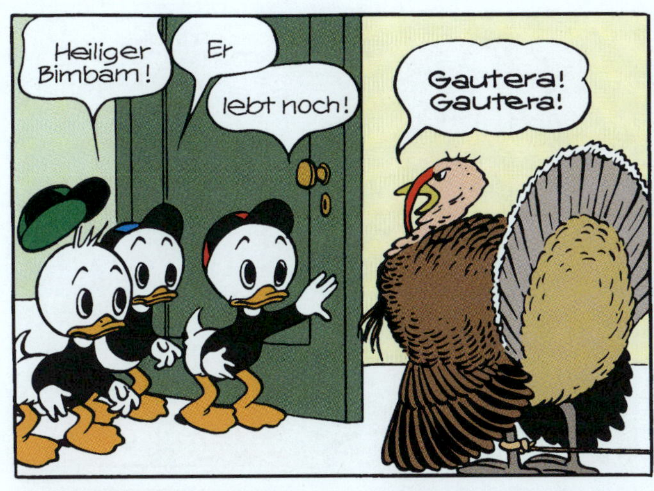
Heiliger Bimbam!
Er lebt noch!
Gautera! Gautera!

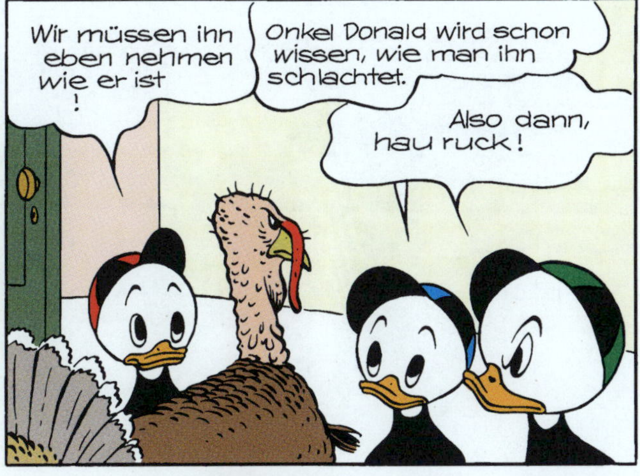
Wir müssen ihn eben nehmen wie er ist!
Onkel Donald wird schon wissen, wie man ihn schlachtet.
Also dann, hau ruck!

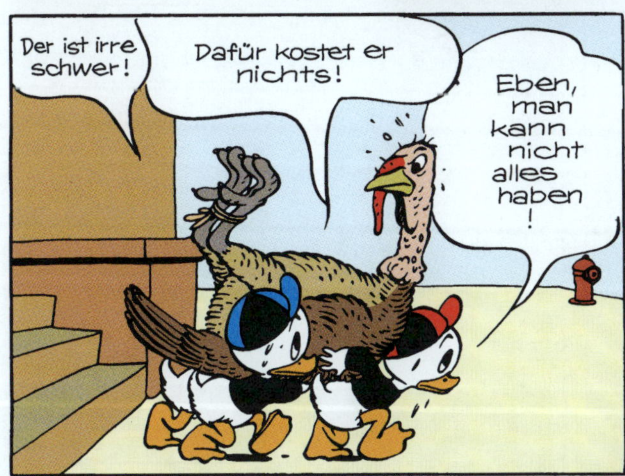
Der ist irre schwer!
Dafür kostet er nichts!
Eben, man kann nicht alles haben!

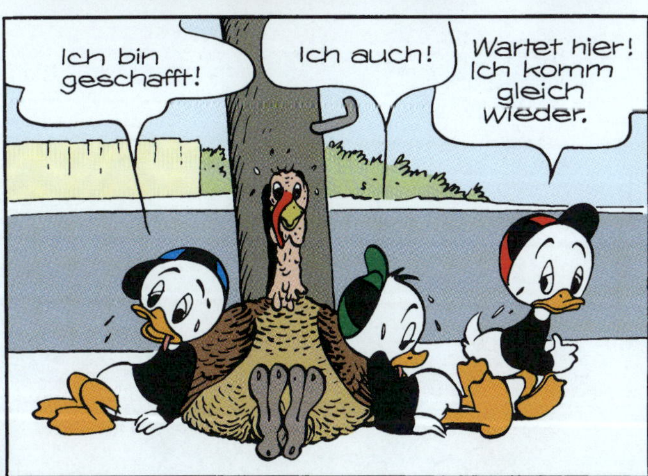
Ich bin geschafft!
Ich auch!
Wartet hier! Ich komm gleich wieder.

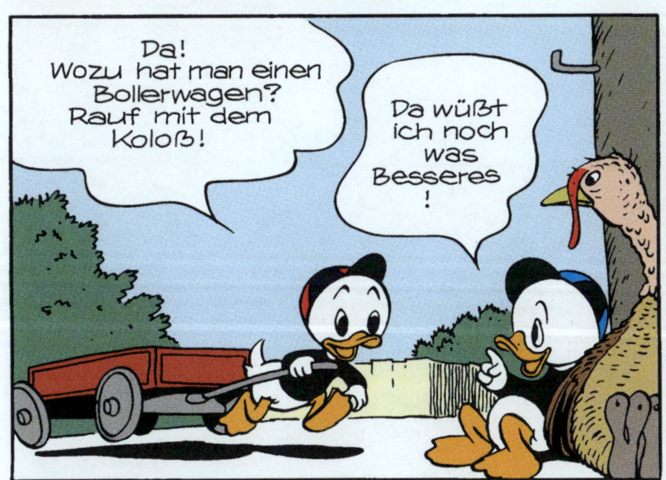
Da! Wozu hat man einen Bollerwagen? Rauf mit dem Koloß!
Da wüßt ich noch was Besseres!

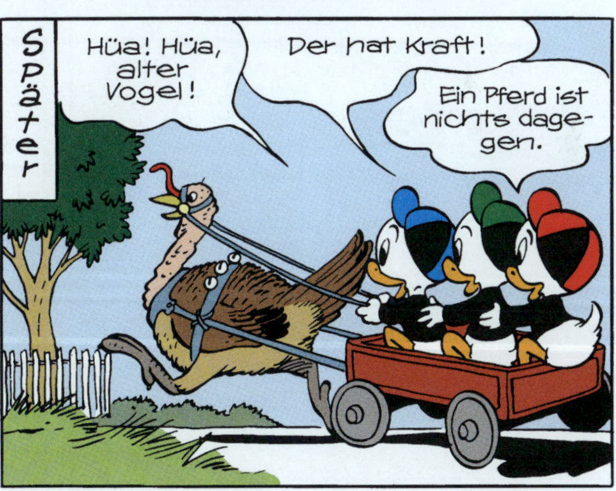
Später
Hüa! Hüa, alter Vogel!
Der hat Kraft!
Ein Pferd ist nichts dagegen.

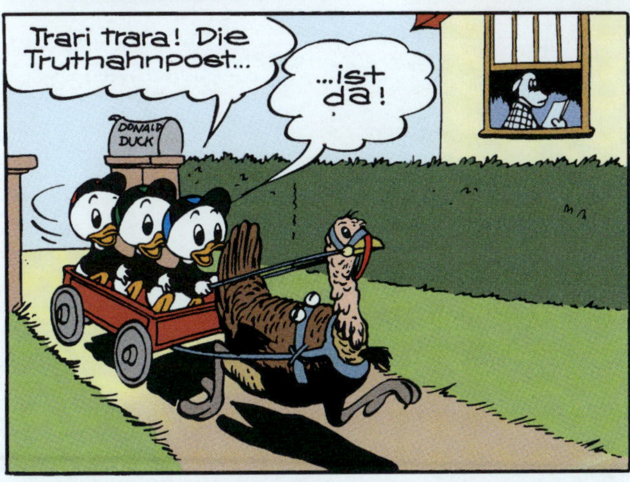
Trari trara! Die Truthahnpost...
...ist da!
DONALD DUCK

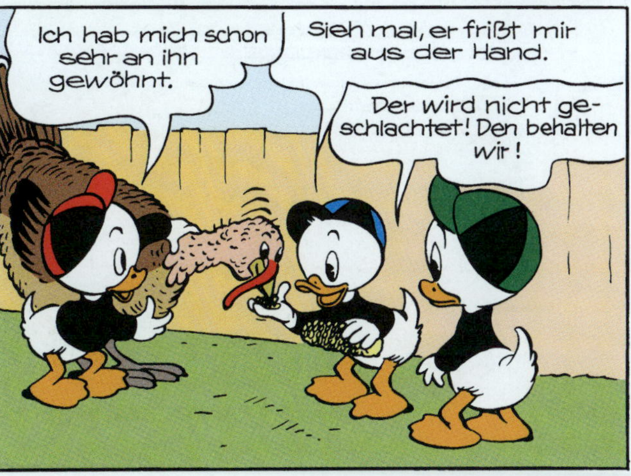
Ich hab mich schon sehr an ihn gewöhnt.
Sieh mal, er frißt mir aus der Hand.
Der wird nicht geschlachtet! Den behalten wir!

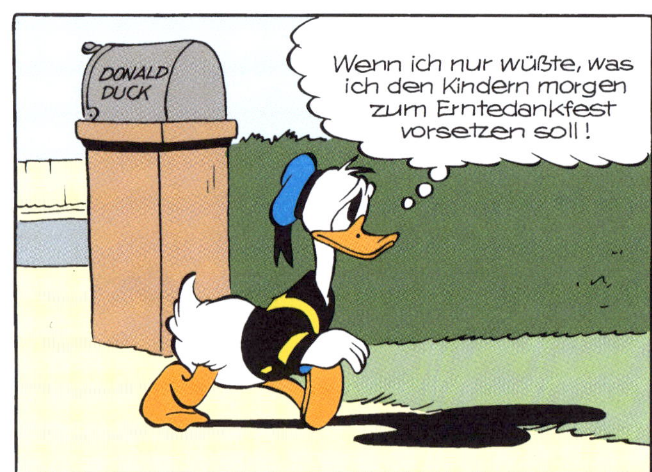
DONALD DUCK
Wenn ich nur wüßte, was ich den Kindern morgen zum Erntedankfest vorsetzen soll!
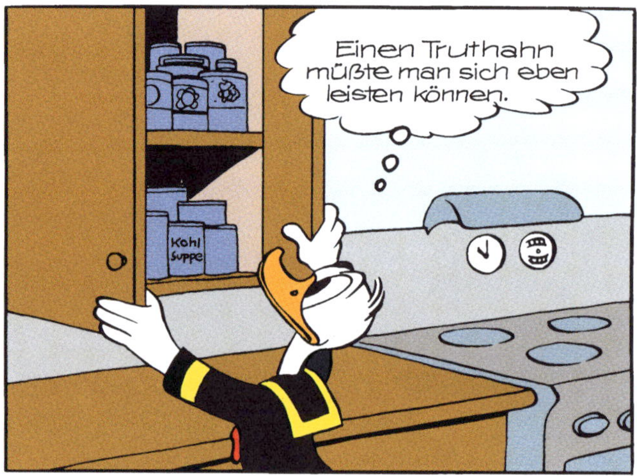
Einen Truthahn müßte man sich eben leisten können.
Kohl Suppe
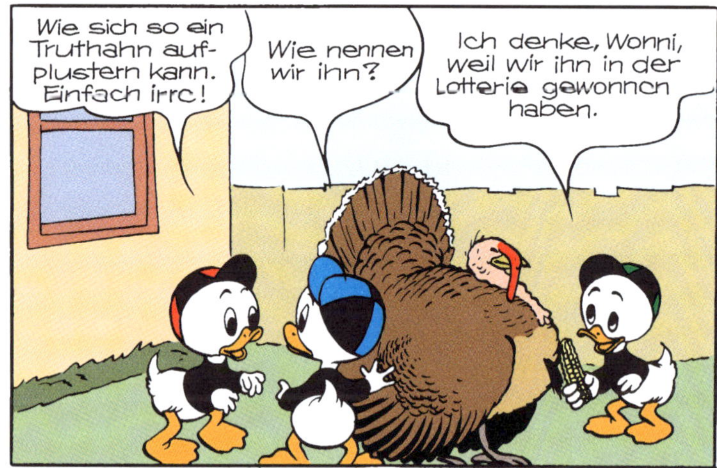
Wie sich so ein Truthahn aufplustern kann. Einfach irre!
Wie nennen wir ihn?
Ich denke, Wonni, weil wir ihn in der Lotterie gewonnen haben.
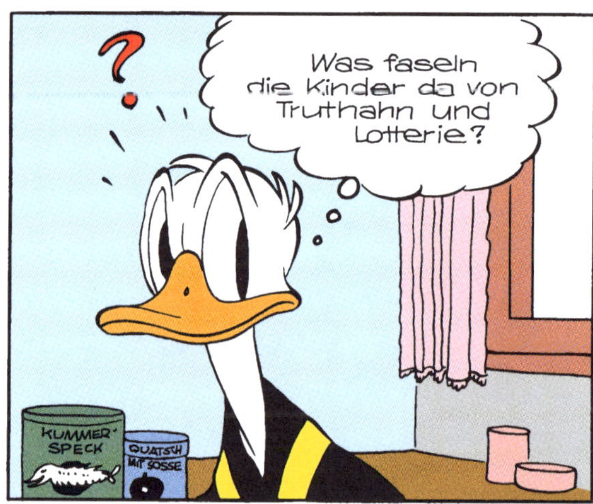
Was faseln die Kinder da von Truthahn und Lotterie?
KUMMER-SPECK
QUATSCH MIT SOSSE
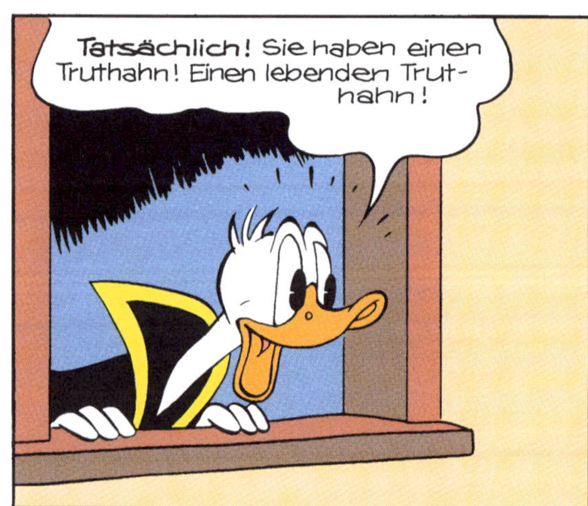
Tatsächlich! Sie haben einen Truthahn! Einen lebenden Truthahn!
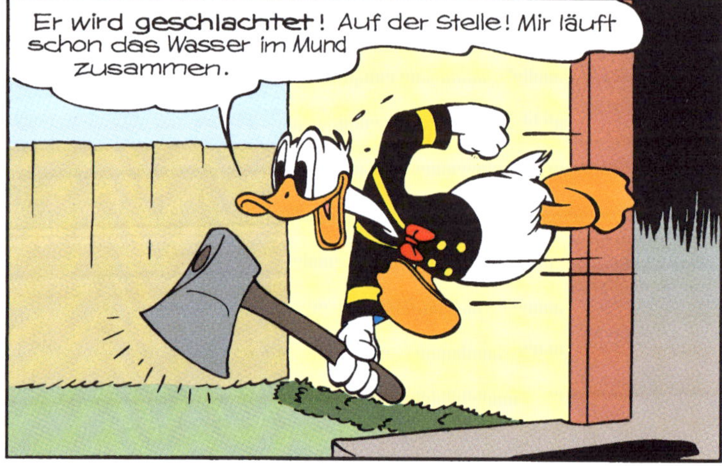
Er wird geschlachtet! Auf der Stelle! Mir läuft schon das Wasser im Mund zusammen.
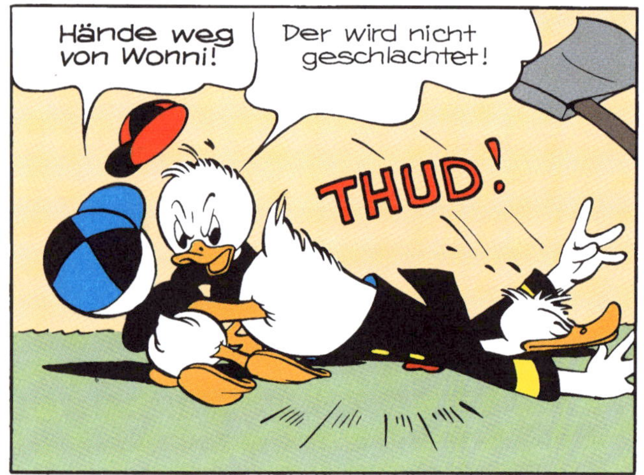
Hände weg von Wonni!
Der wird nicht geschlachtet!
THUD!
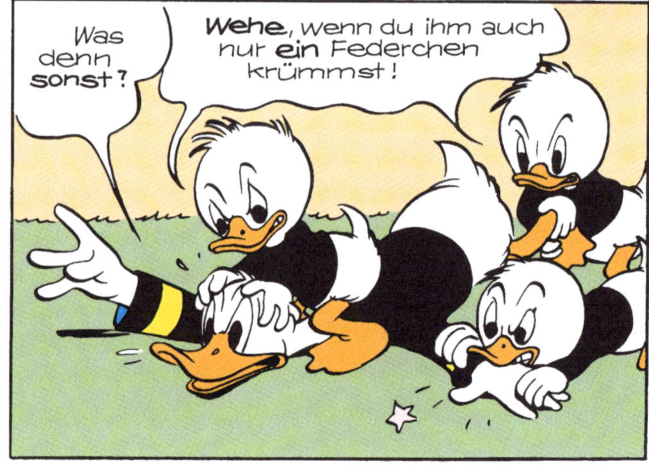
Was denn sonst?
Wehe, wenn du ihm auch nur ein Federchen krümmst!

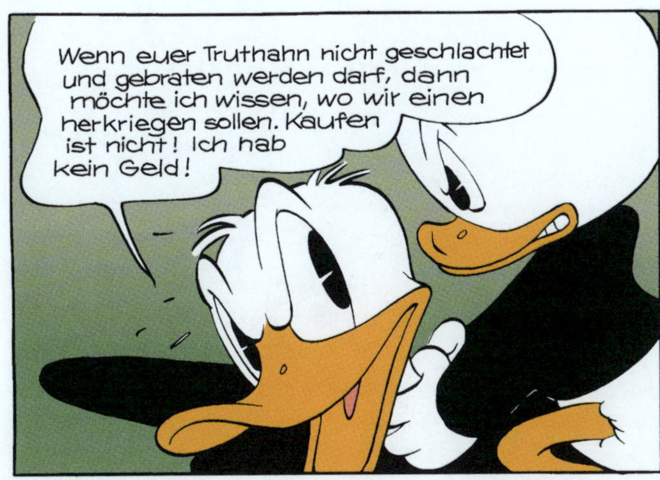
Wenn euer Truthahn nicht geschlachtet und gebraten werden darf, dann möchte ich wissen, wo wir einen herkriegen sollen. Kaufen ist nicht! Ich hab kein Geld!

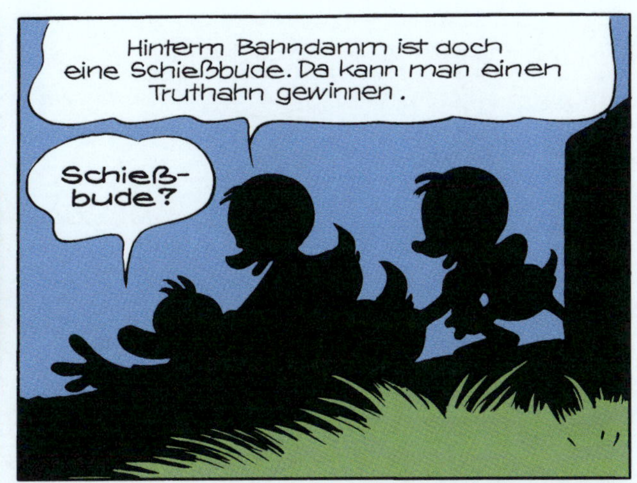
Hinterm Bahndamm ist doch eine Schießbude. Da kann man einen Truthahn gewinnen.
Schieß-bude?

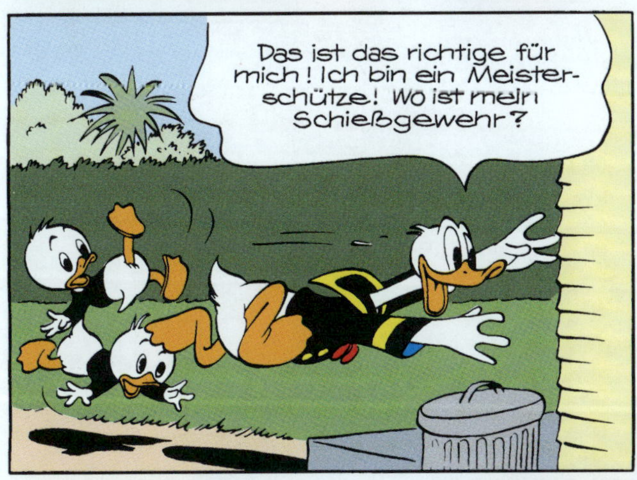
Das ist das richtige für mich! Ich bin ein Meister-schütze! Wo ist mein Schießgewehr?

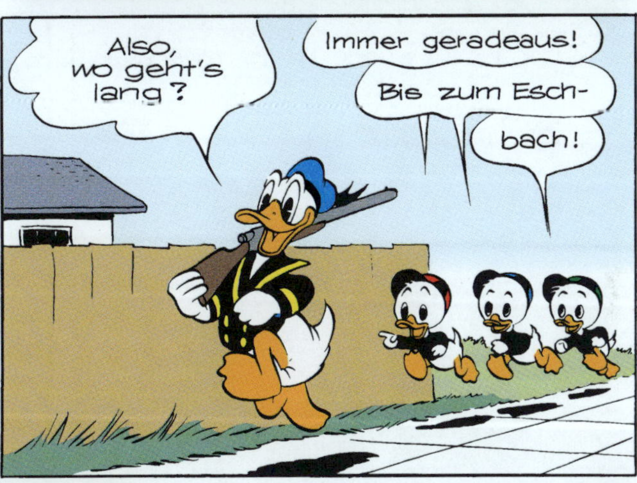
Also, wo geht's lang?
Immer geradeaus!
Bis zum Esch-
bach!

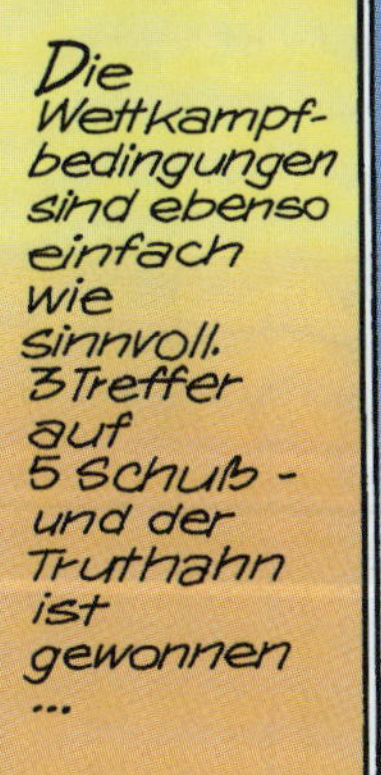
Die Wettkampf-bedingungen sind ebenso einfach wie sinnvoll. 3 Treffer auf 5 Schuß - und der Truthahn ist gewonnen ...

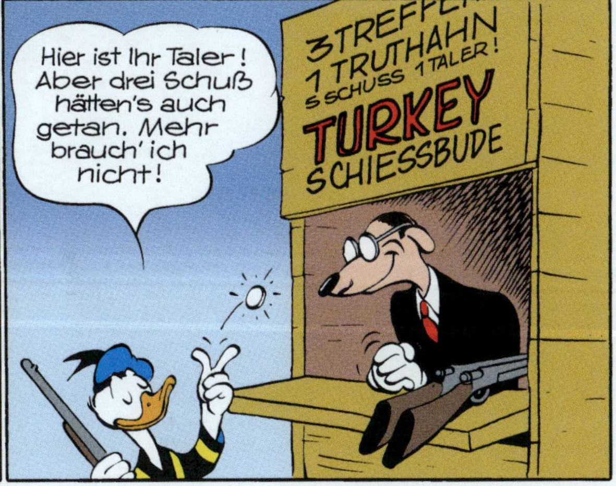
Hier ist Ihr Taler! Aber drei Schuß hätten's auch getan. Mehr brauch' ich nicht!
3 TREFFER 1 TRUTHAHN
5 SCHUSS 1 TALER!
TURKEY SCHIESSBUDE

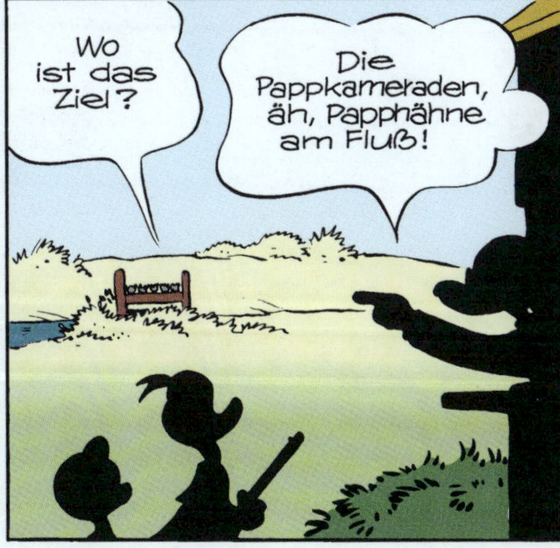
Wo ist das Ziel?
Die Pappkameraden, äh, Papphähne am Fluß!

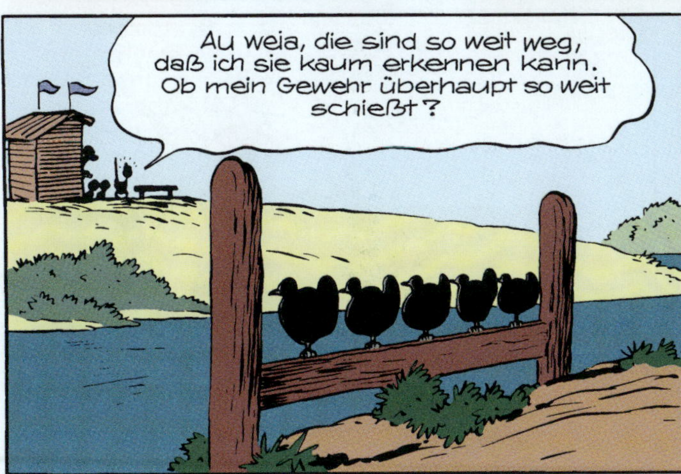
Au weia, die sind so weit weg, daß ich sie kaum erkennen kann. Ob mein Gewehr überhaupt so weit schießt?

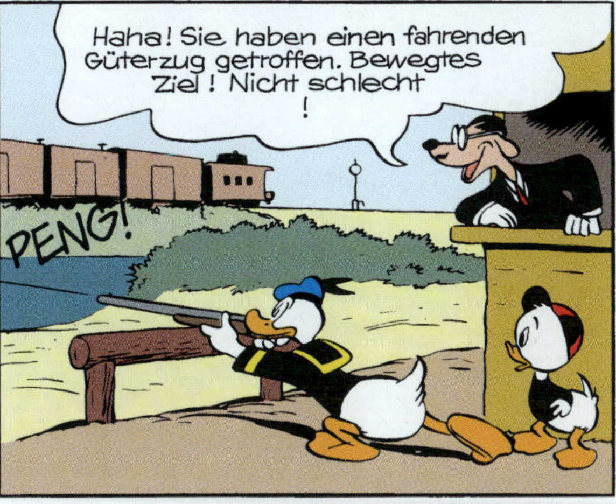
Haha! Sie haben einen fahrenden Güterzug getroffen. Bewegtes Ziel! Nicht schlecht!
PENG!

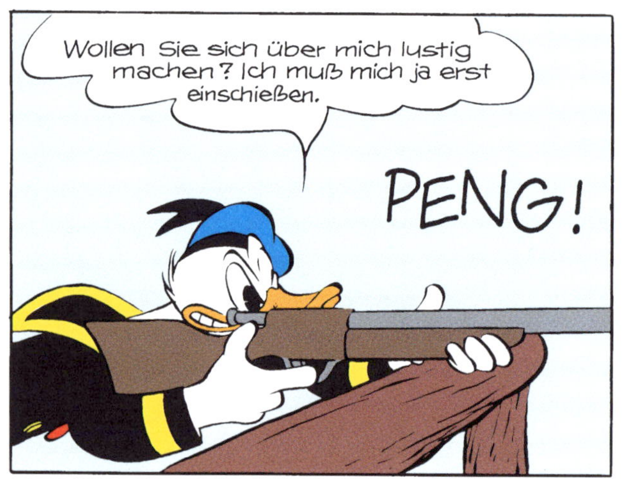
Wollen Sie sich über mich lustig machen? Ich muß mich ja erst einschießen.
PENG!

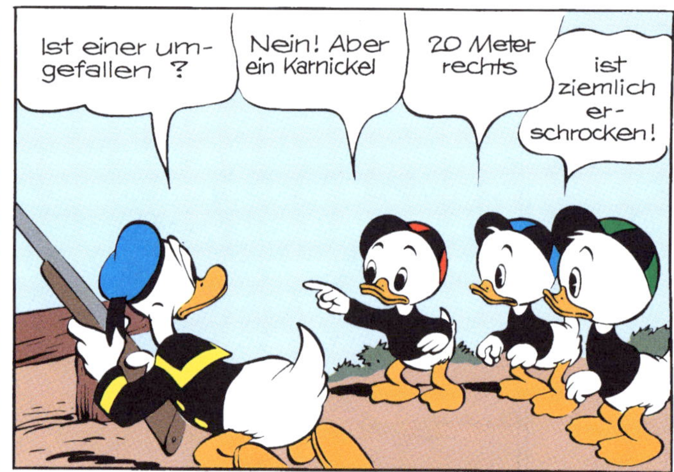
Ist einer umgefallen ?
Nein! Aber ein Karnickel
20 Meter rechts
ist ziemlich erschrocken!

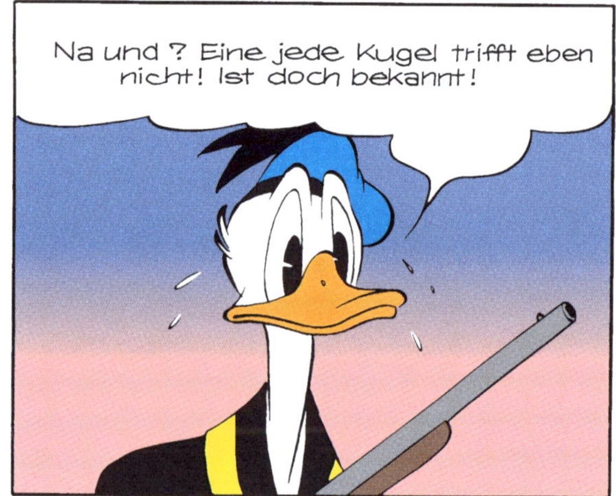
Na und ? Eine jede Kugel trifft eben nicht! Ist doch bekannt!

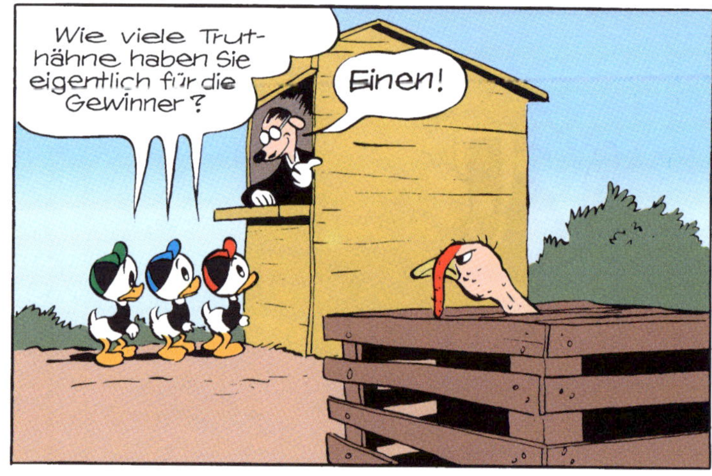
Wie viele Truthähne haben Sie eigentlich für die Gewinner ?
Einen!

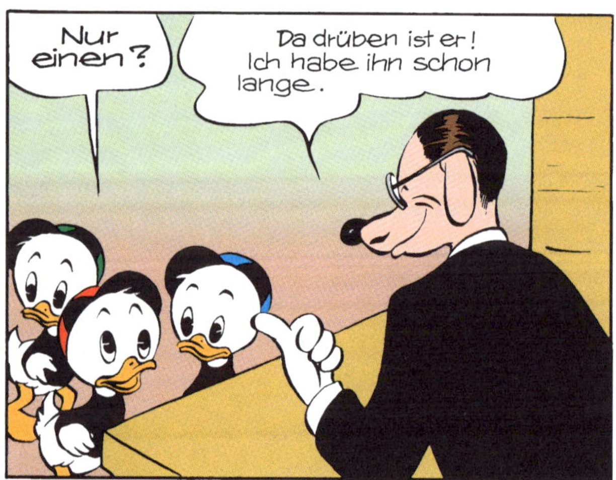
Nur einen?
Da drüben ist er! Ich habe ihn schon lange.

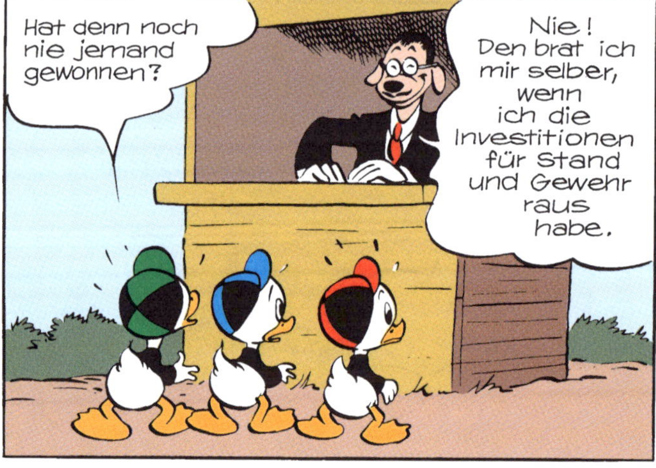
Hat denn noch nie jemand gewonnen?
Nie! Den brat ich mir selber, wenn ich die Investitionen für Stand und Gewehr raus habe.

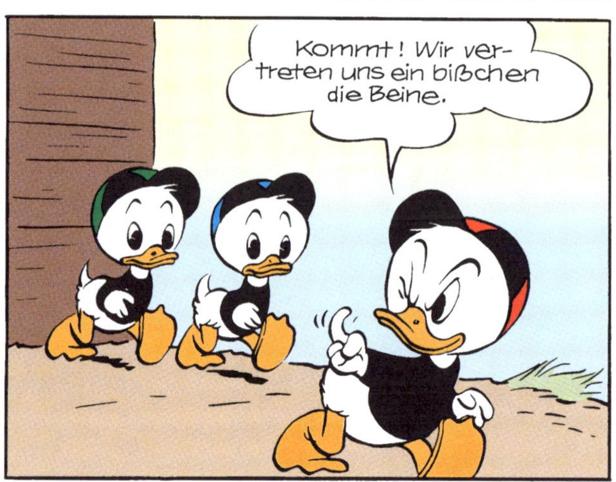
Kommt! Wir vertreten uns ein bißchen die Beine.

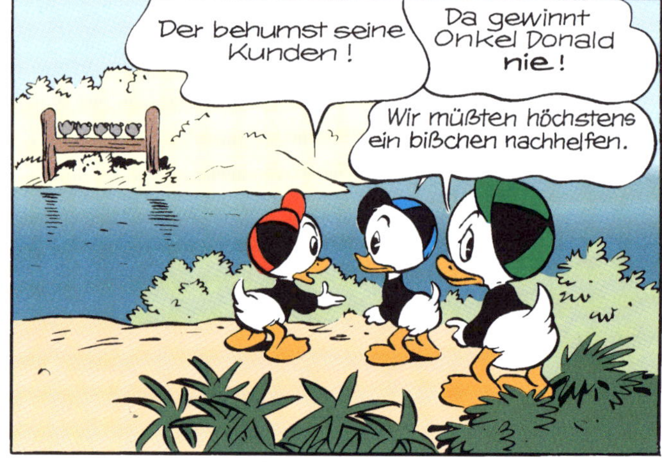
Der behumst seine Kunden!
Da gewinnt Onkel Donald nie!
Wir müßten höchstens ein bißchen nachhelfen.

Während Donald krampfhaft über Kimme und Korn schielt, schneiden sich die Kinder ein Blasrohr ...

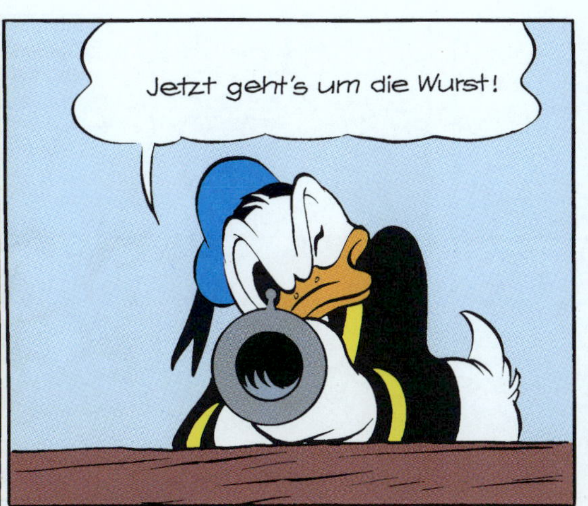

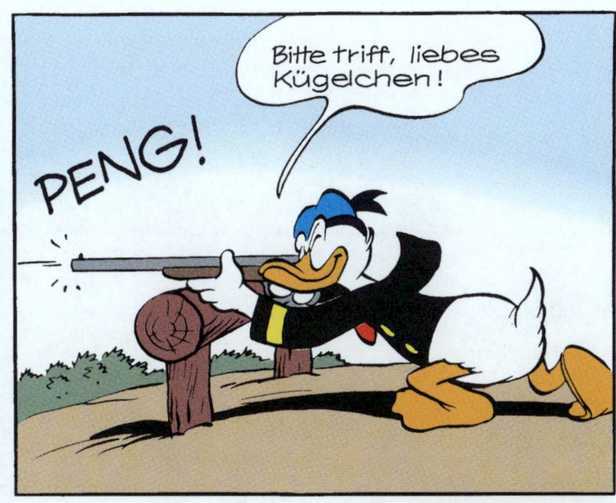

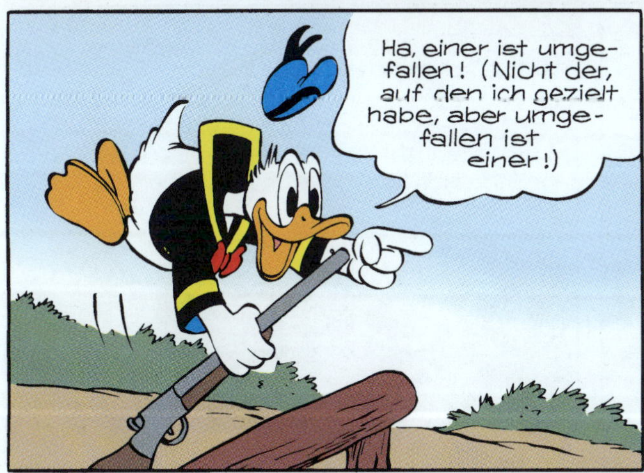

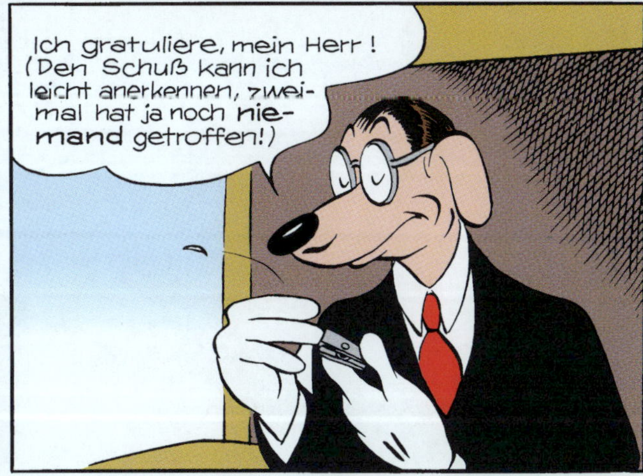

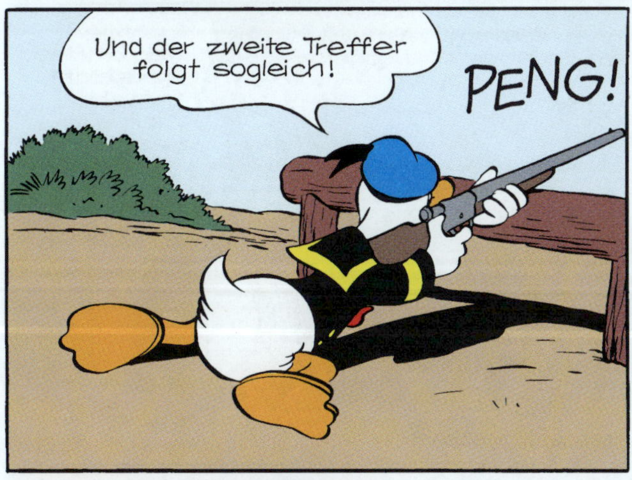

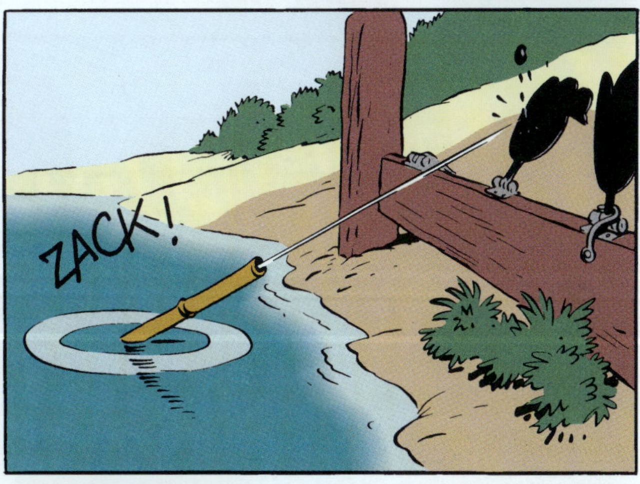

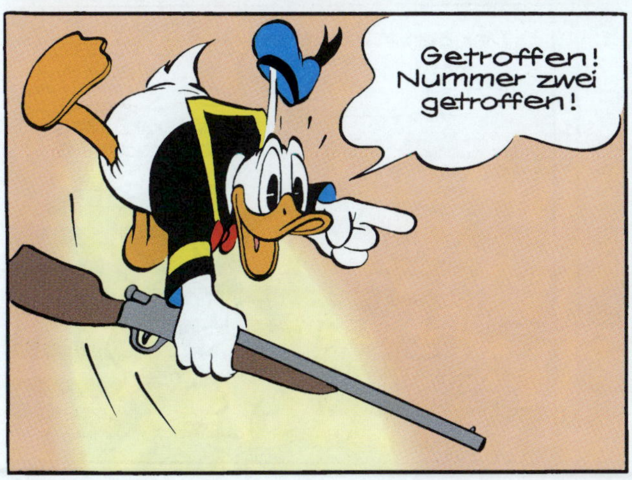

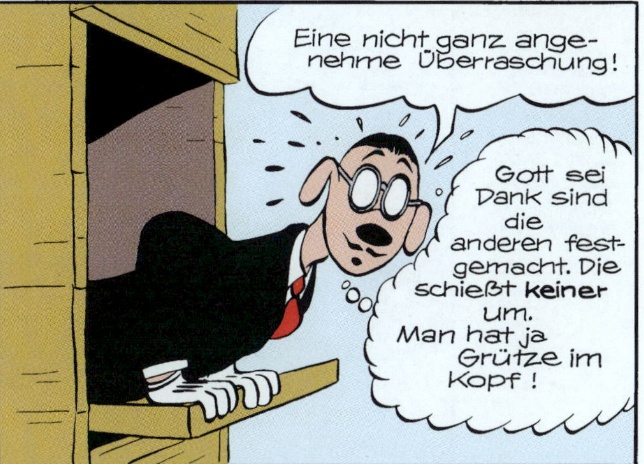

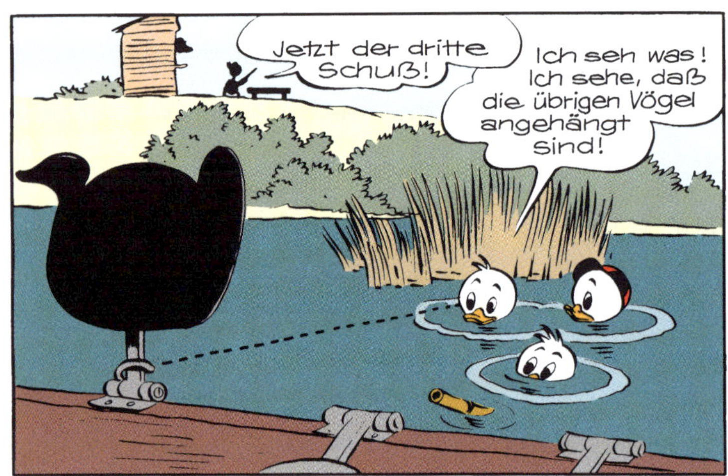
Jetzt der dritte Schuß!
Ich seh was! Ich sehe, daß die übrigen Vögel angehängt sind!

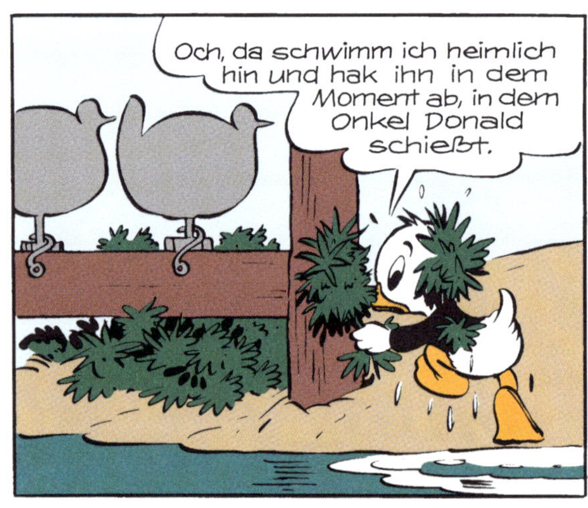
Och, da schwimm ich heimlich hin und hak ihn in dem Moment ab, in dem Onkel Donald schießt.

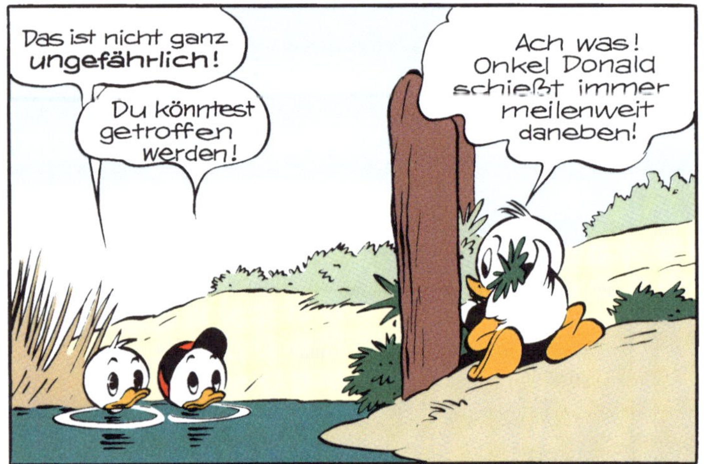
Das ist nicht ganz ungefährlich!
Du könntest getroffen werden!
Ach was! Onkel Donald schießt immer meilenweit daneben!

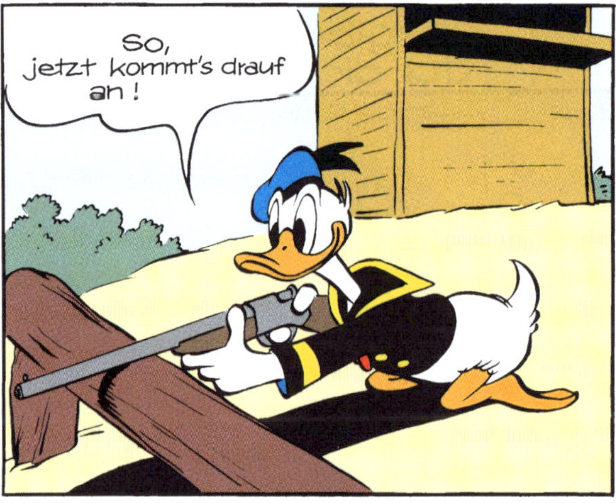
So, jetzt kommt's drauf an!

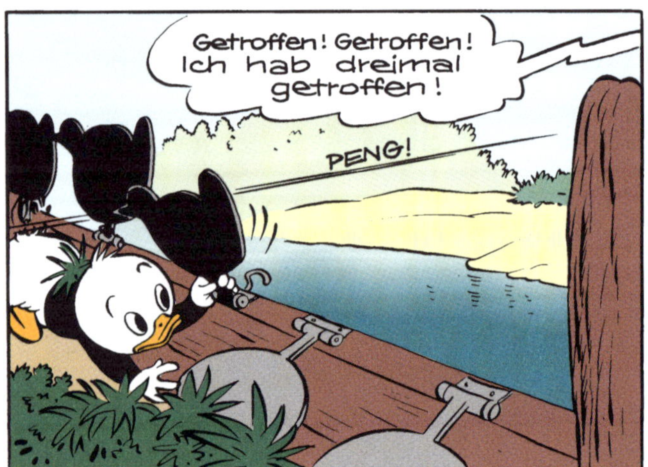
Getroffen! Getroffen! Ich hab dreimal getroffen!
PENG!

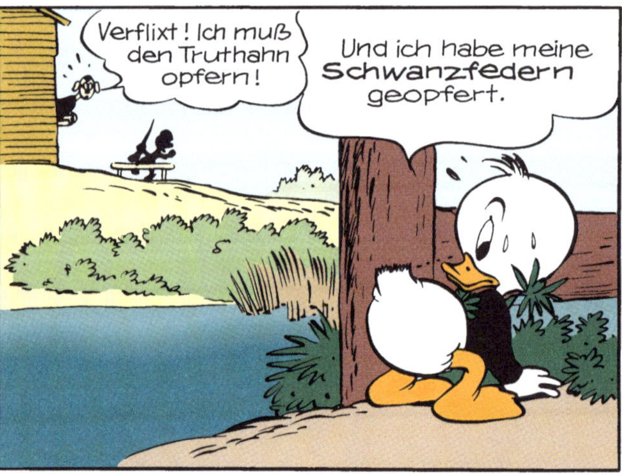
Verflixt! Ich muß den Truthahn opfern!
Und ich habe meine Schwanzfedern geopfert.

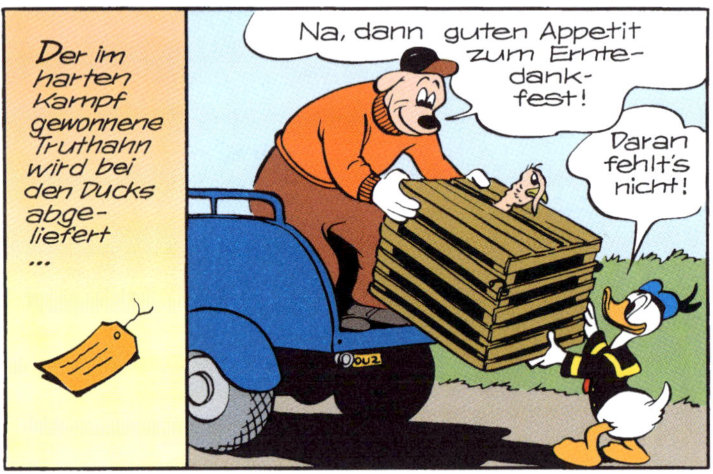
Der im harten Kampf gewonnene Truthahn wird bei den Ducks abgeliefert ...
Na, dann guten Appetit zum Erntedankfest!
Daran fehlt's nicht!

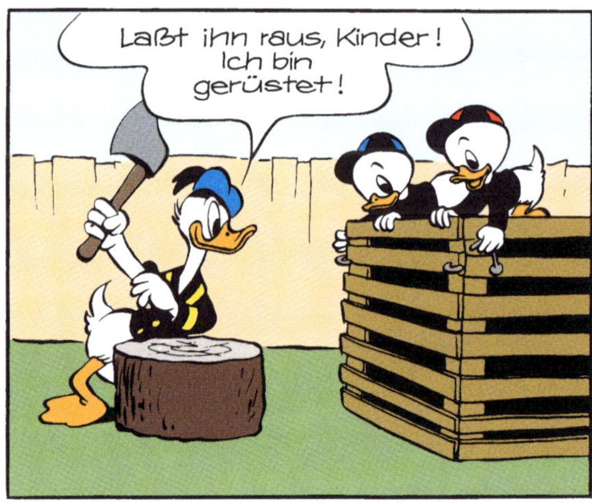
Laßt ihn raus, Kinder! Ich bin gerüstet!

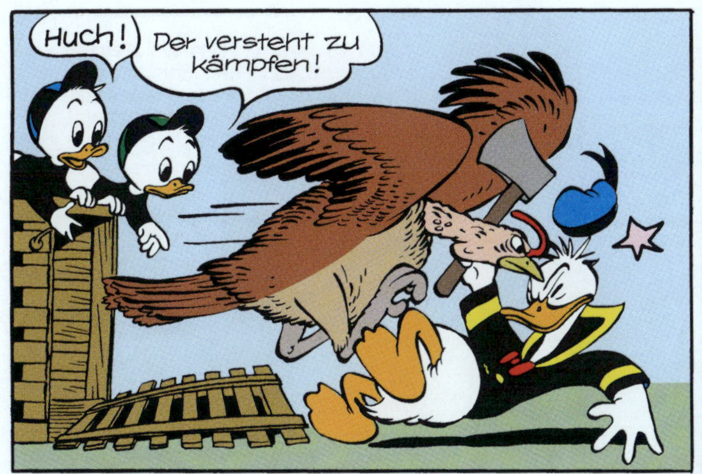
Huch!
Der versteht zu kämpfen!

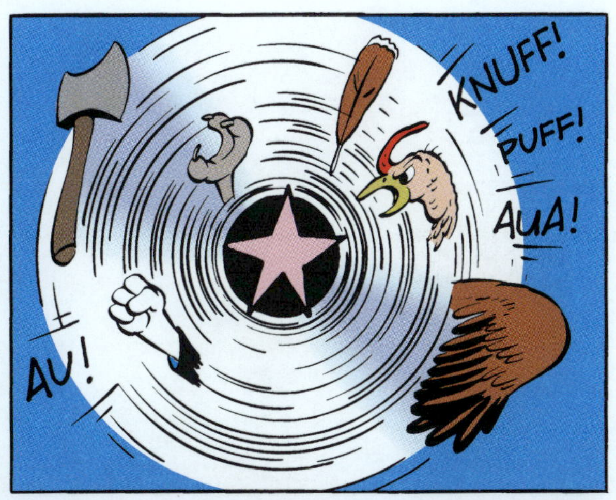
KNUFF!
PUFF!
AUA!
AU!

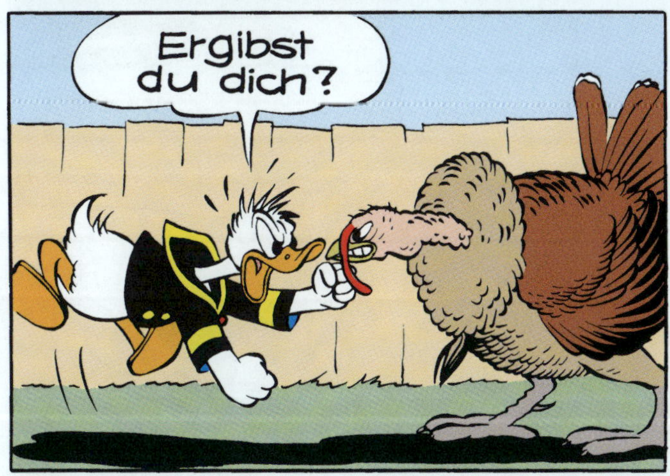
Ergibst du dich?

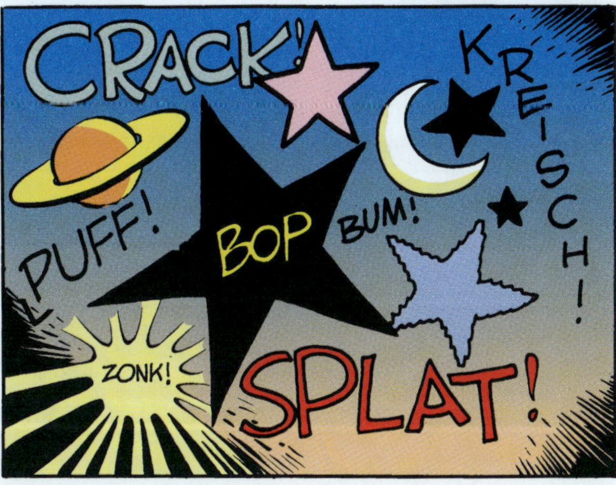
CRACK!
KREISCH!
PUFF!
BOP
BUM!
ZONK!
SPLAT!

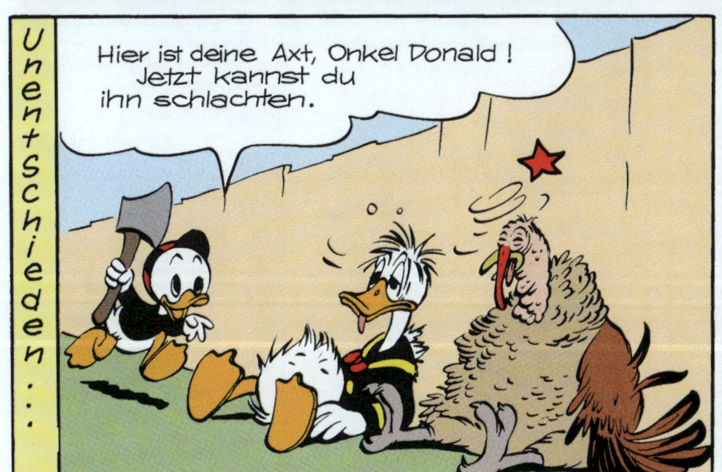
Unentschieden...
Hier ist deine Axt, Onkel Donald! Jetzt kannst du ihn schlachten.

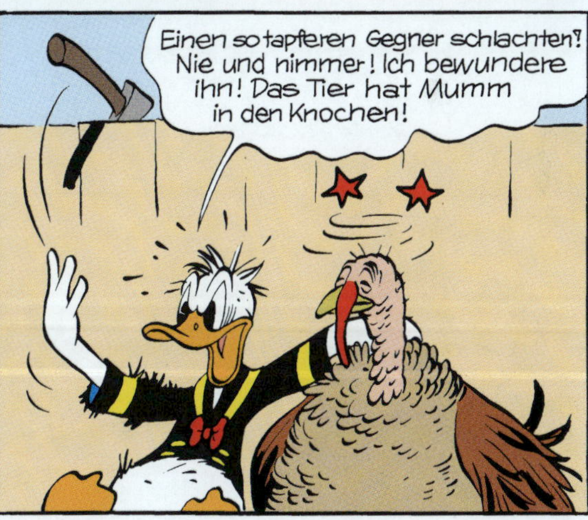
Einen so tapferen Gegner schlachten? Nie und nimmer! Ich bewundere ihn! Das Tier hat Mumm in den Knochen!

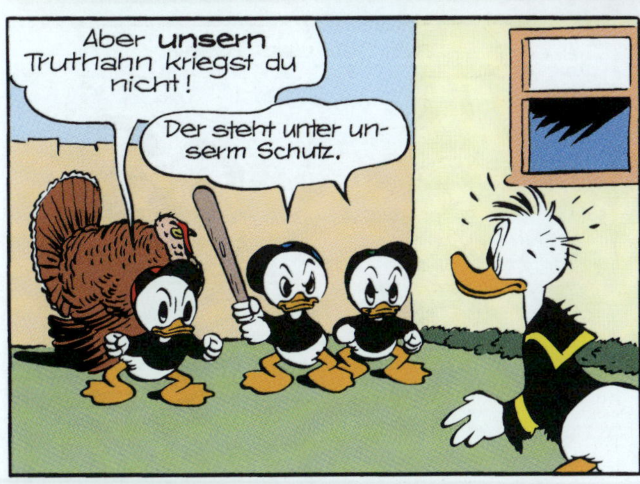
Aber **unsern** Truthahn kriegst du nicht!
Der steht unter unserm Schutz.

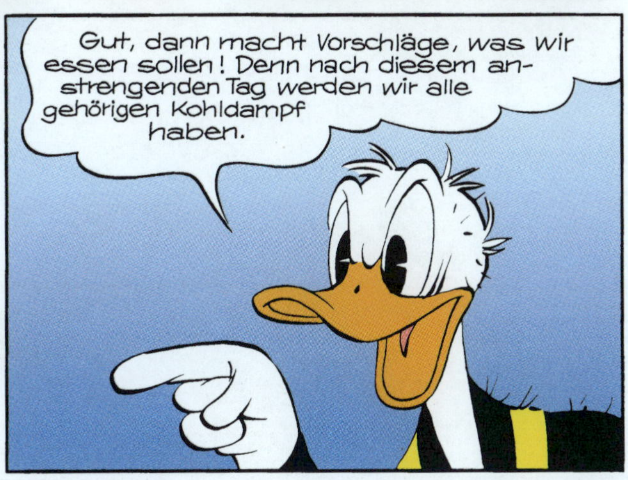
Gut, dann macht Vorschläge, was wir essen sollen! Denn nach diesem anstrengenden Tag werden wir alle gehörigen Kohldampf haben.

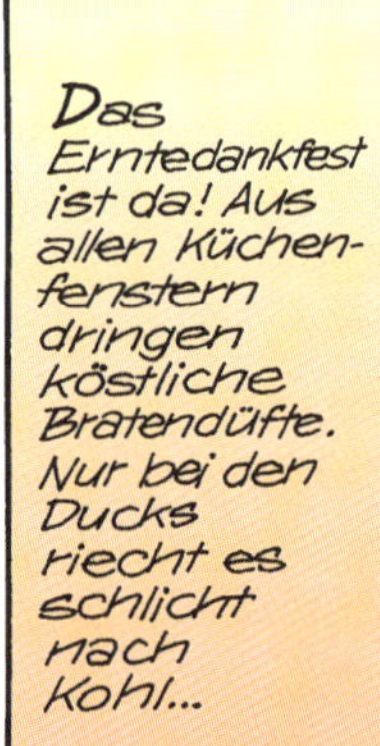
Das Erntedankfest ist da! Aus allen Küchenfenstern dringen köstliche Bratendüfte. Nur bei den Ducks riecht es schlicht nach Kohl...

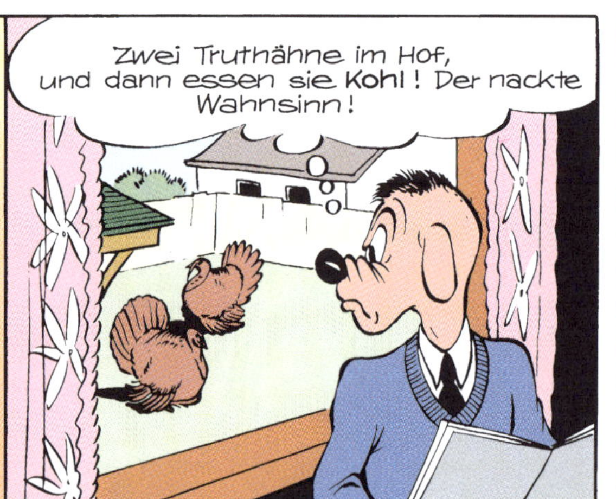
Zwei Truthähne im Hof, und dann essen sie Kohl! Der nackte Wahnsinn!

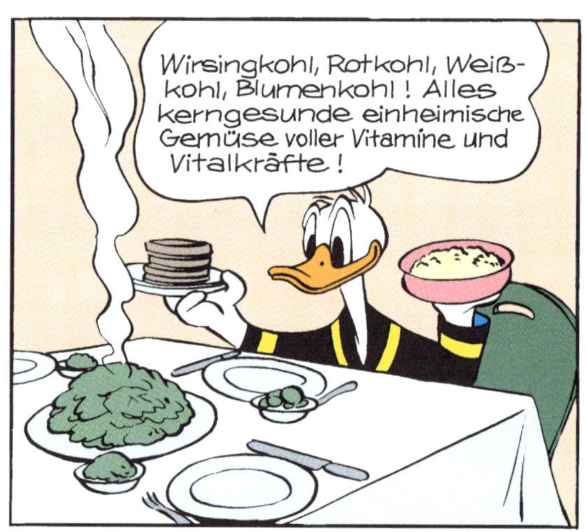
Wirsingkohl, Rotkohl, Weißkohl, Blumenkohl! Alles kerngesunde einheimische Gemüse voller Vitamine und Vitalkräfte!

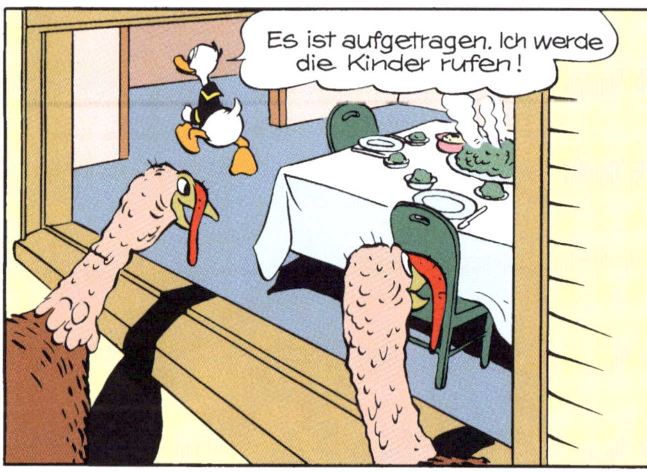
Es ist aufgetragen. Ich werde die Kinder rufen!

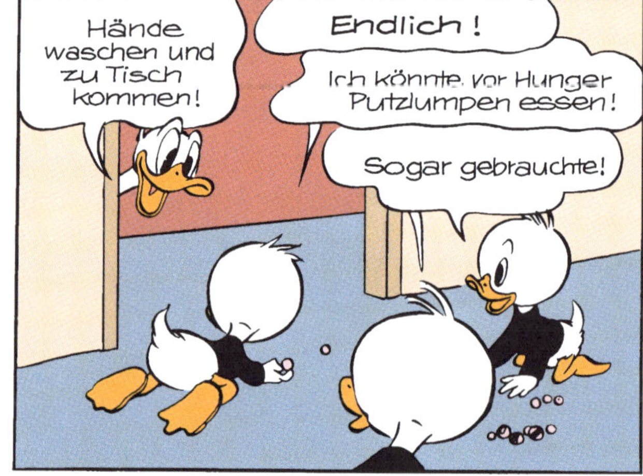
Hände waschen und zu Tisch kommen!
Endlich!
Ich könnte vor Hunger Putzlumpen essen!
Sogar gebrauchte!

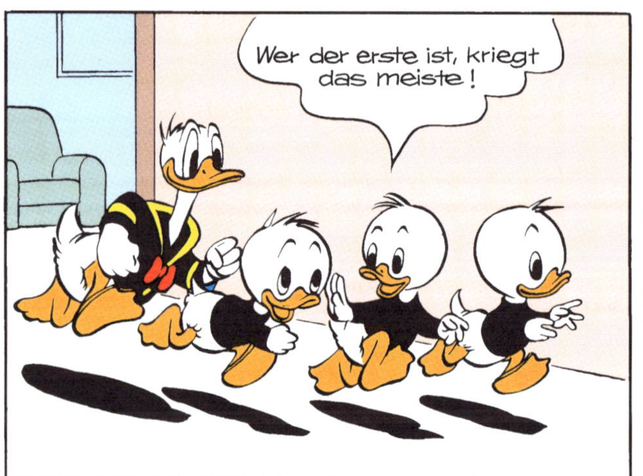
Wer der erste ist, kriegt das meiste!

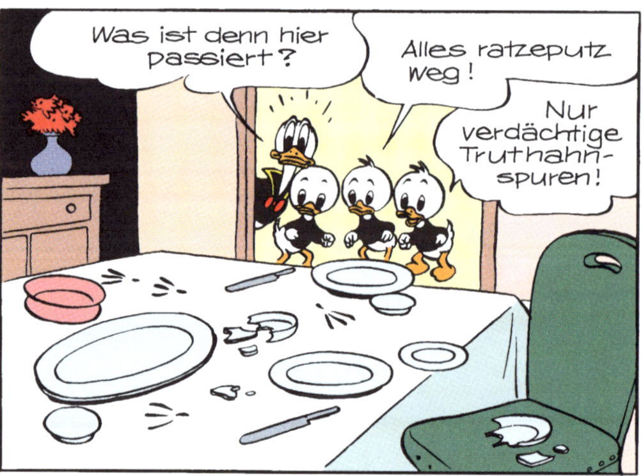
Was ist denn hier passiert?
Alles ratzeputz weg!
Nur verdächtige Truthahnspuren!

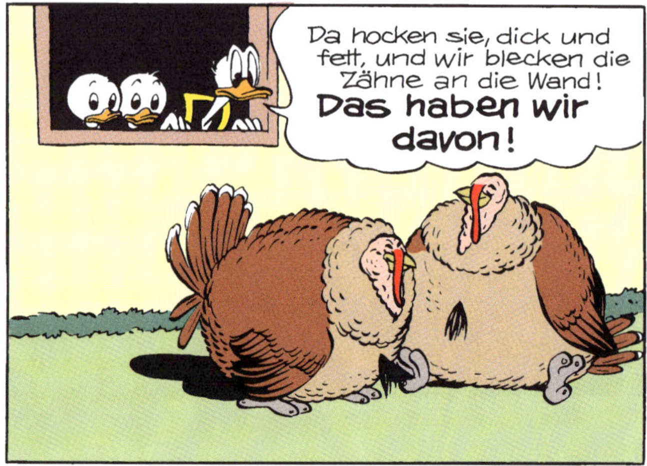
Da hocken sie, dick und fett, und wir blecken die Zähne an die Wand! Das haben wir davon!

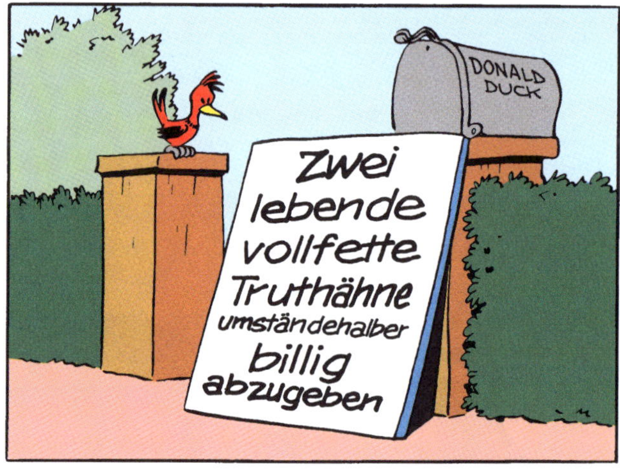
DONALD DUCK
Zwei lebende vollfette Truthähne umständehalber billig abzugeben

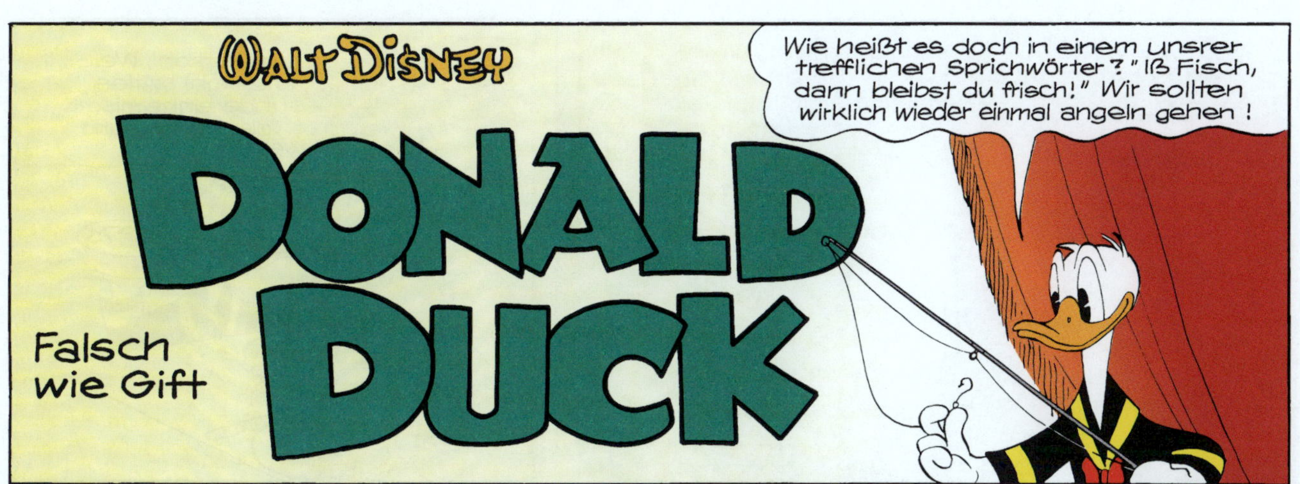
WALT DISNEY
DONALD DUCK
Falsch wie Gift
Wie heißt es doch in einem unsrer trefflichen Sprichwörter? "Iß Fisch, dann bleibst du frisch!" Wir sollten wirklich wieder einmal angeln gehen!

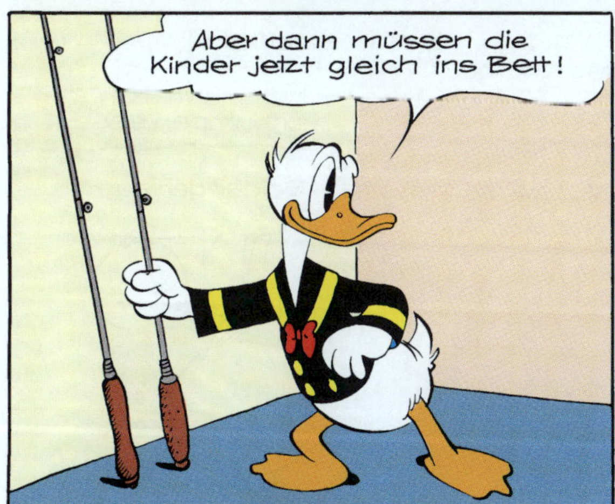
Aber dann müssen die Kinder jetzt gleich ins Bett!

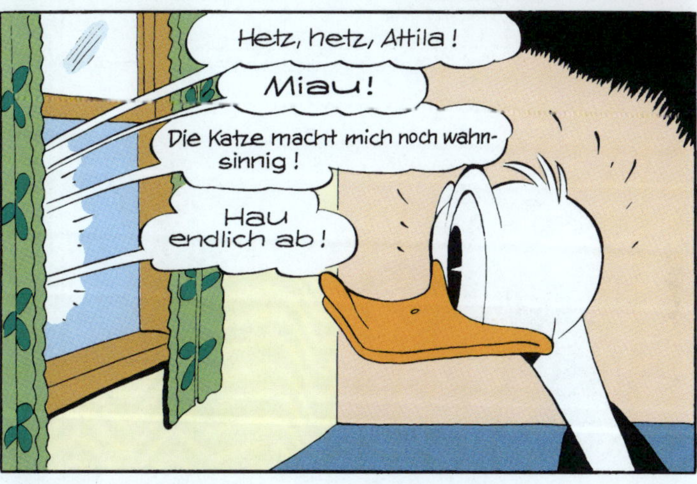
Hetz, hetz, Attila!
Miau!
Die Katze macht mich noch wahnsinnig!
Hau endlich ab!

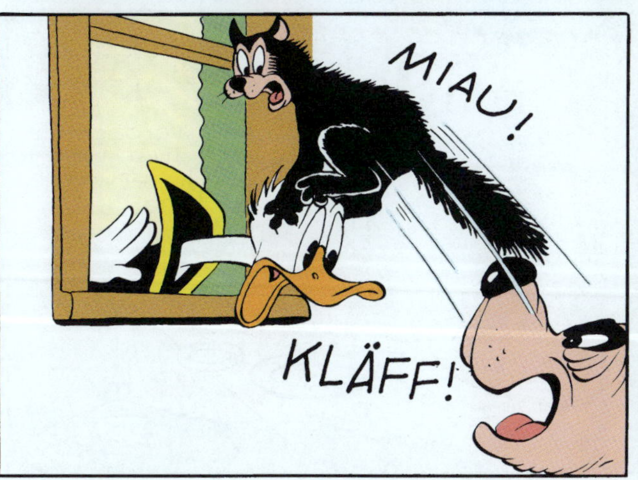
MIAU!
KLÄFF!

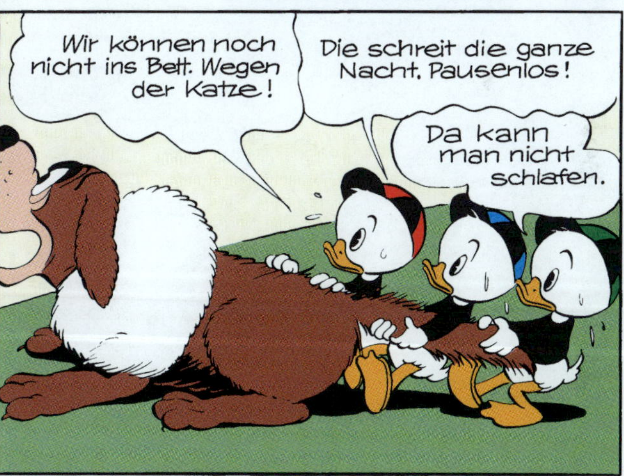
Wir können noch nicht ins Bett. Wegen der Katze!
Die schreit die ganze Nacht. Pausenlos!
Da kann man nicht schlafen.

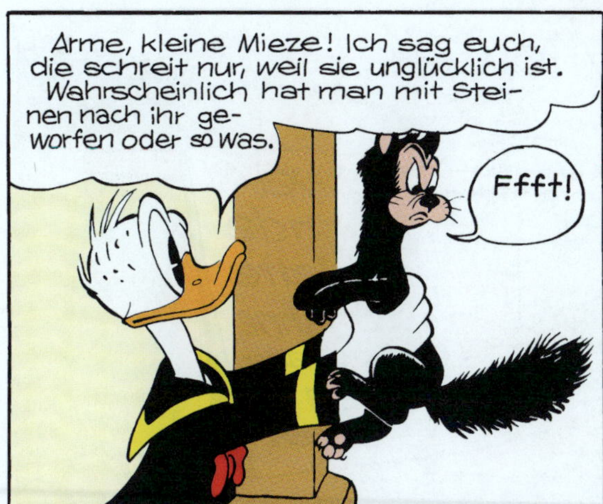
Arme, kleine Mieze! Ich sag euch, die schreit nur, weil sie unglücklich ist. Wahrscheinlich hat man mit Steinen nach ihr geworfen oder so was.
Ffft!

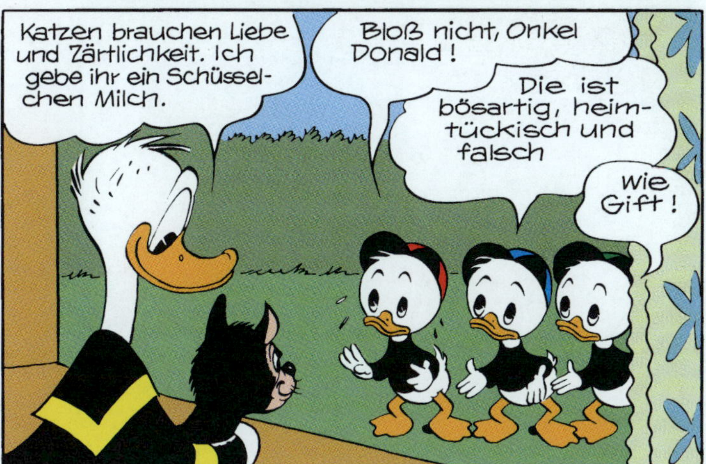
Katzen brauchen Liebe und Zärtlichkeit. Ich gebe ihr ein Schüsselchen Milch.
Bloß nicht, Onkel Donald!
Die ist bösartig, heimtückisch und falsch
wie Gift!

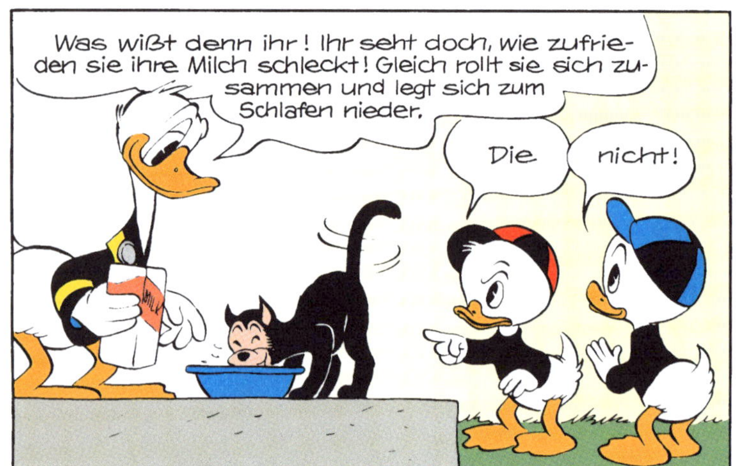
Was wißt denn ihr! Ihr seht doch, wie zufrieden sie ihre Milch schleckt! Gleich rollt sie sich zusammen und legt sich zum Schlafen nieder.
Die
nicht!
MILK
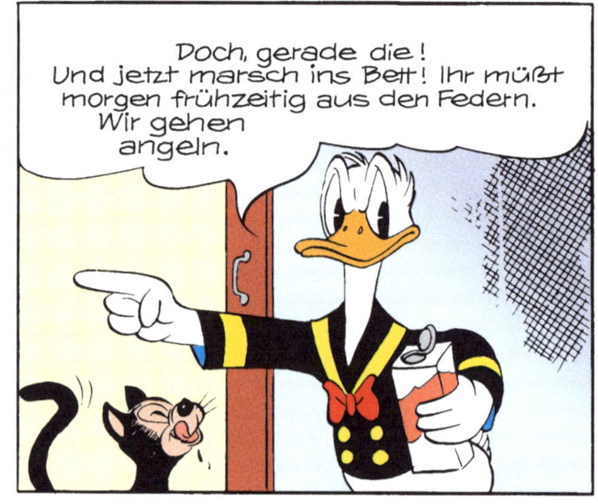
Doch, gerade die! Und jetzt marsch ins Bett! Ihr müßt morgen frühzeitig aus den Federn. Wir gehen angeln.
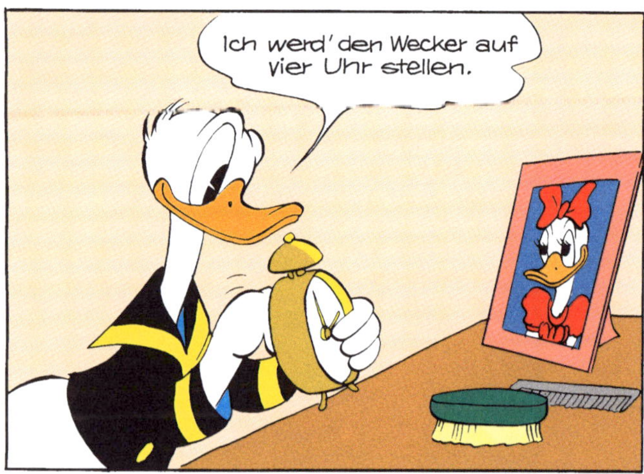
Ich werd' den Wecker auf vier Uhr stellen.
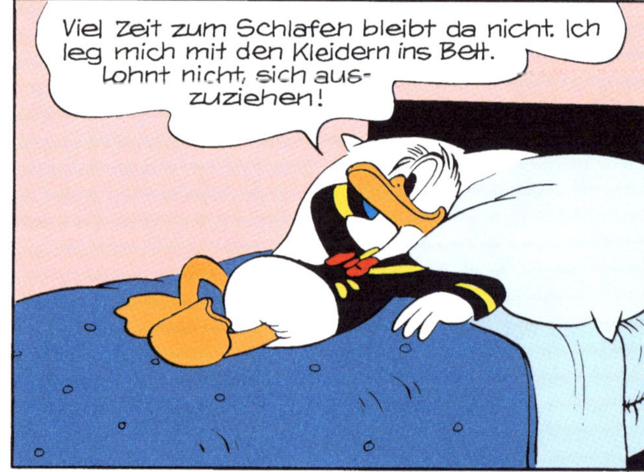
Viel Zeit zum Schlafen bleibt da nicht. Ich leg mich mit den Kleidern ins Bett. Lohnt nicht, sich auszuziehen!
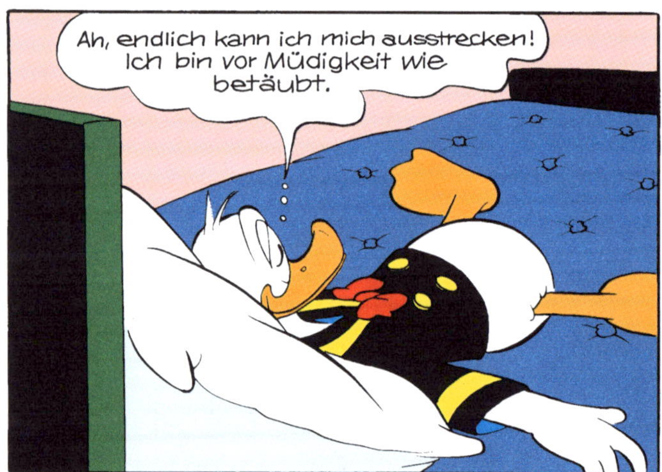
Ah, endlich kann ich mich ausstrecken! Ich bin vor Müdigkeit wie betäubt.
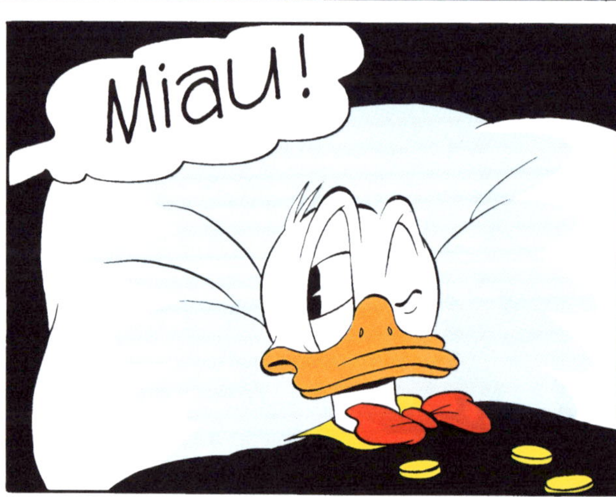
Miau!
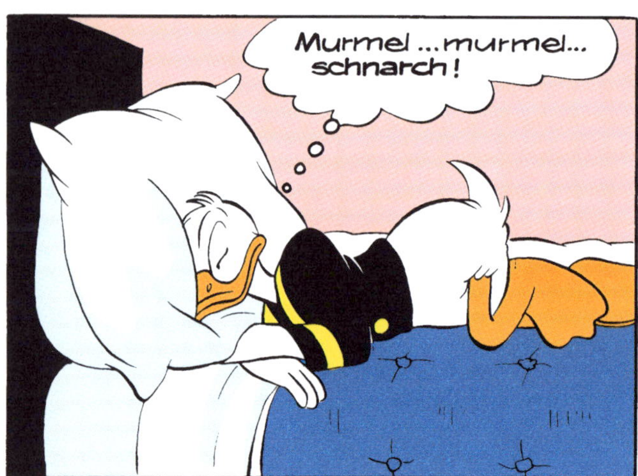
Murmel ... murmel... schnarch!
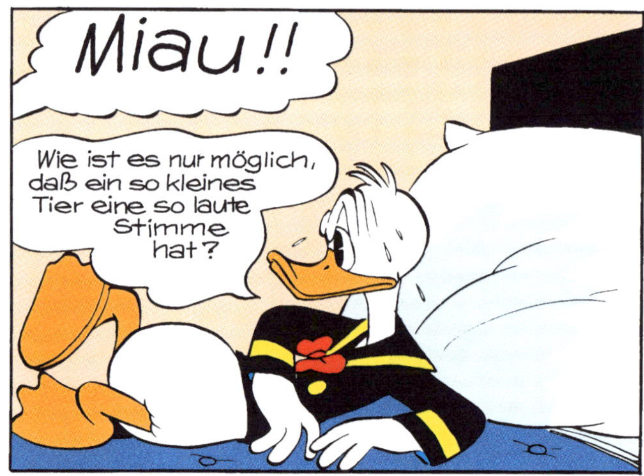
Miau!!
Wie ist es nur möglich, daß ein so kleines Tier eine so laute Stimme hat?

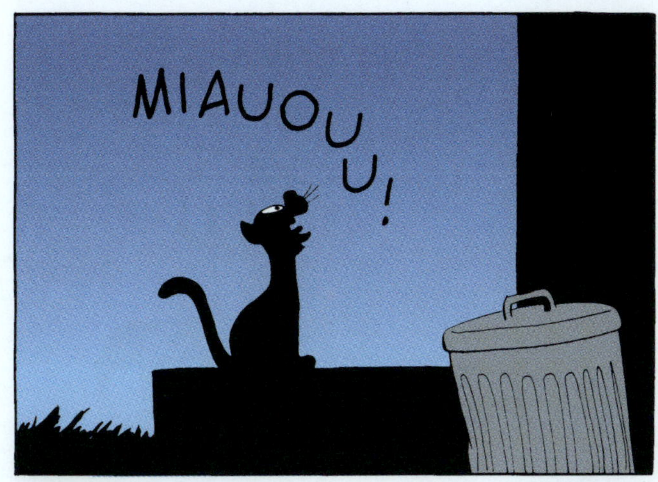
MIAUOUU!

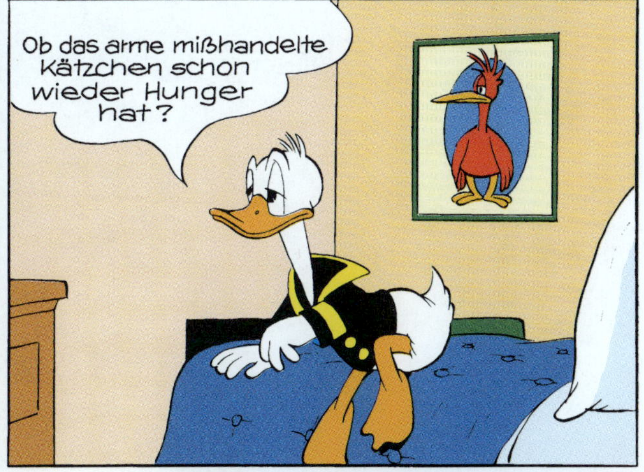
Ob das arme mißhandelte Kätzchen schon wieder Hunger hat?

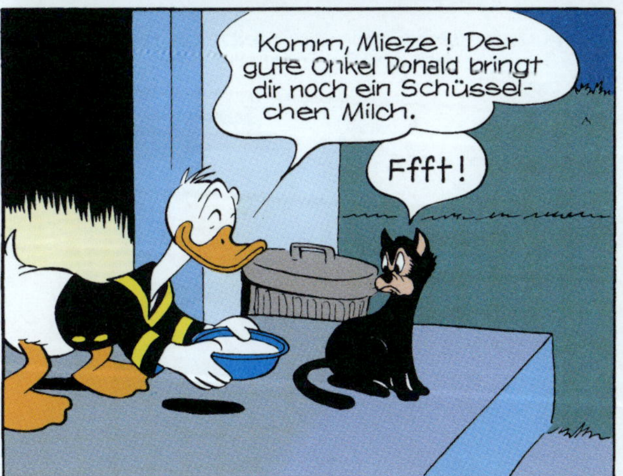
Komm, Mieze! Der gute Onkel Donald bringt dir noch ein Schüssel-chen Milch.
Ffft!

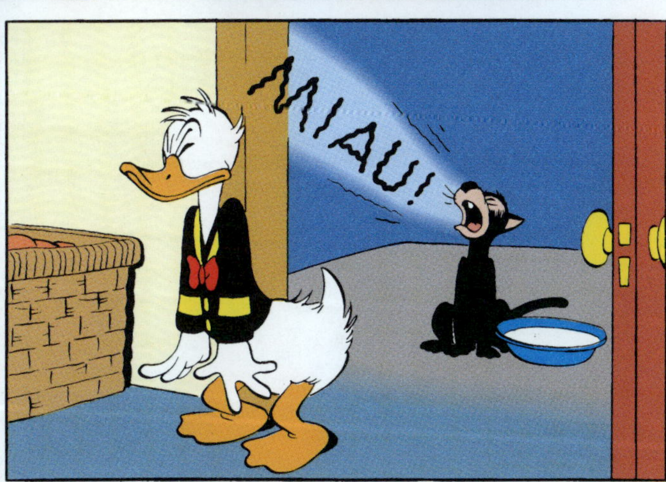
MIAU!

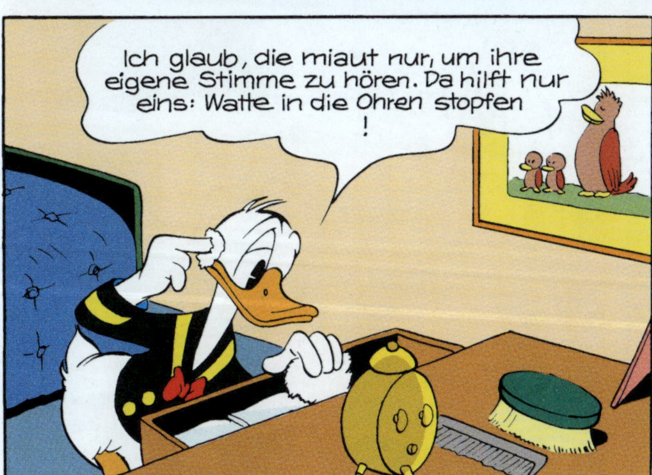
Ich glaub, die miaut nur, um ihre eigene Stimme zu hören. Da hilft nur eins: Watte in die Ohren stopfen!

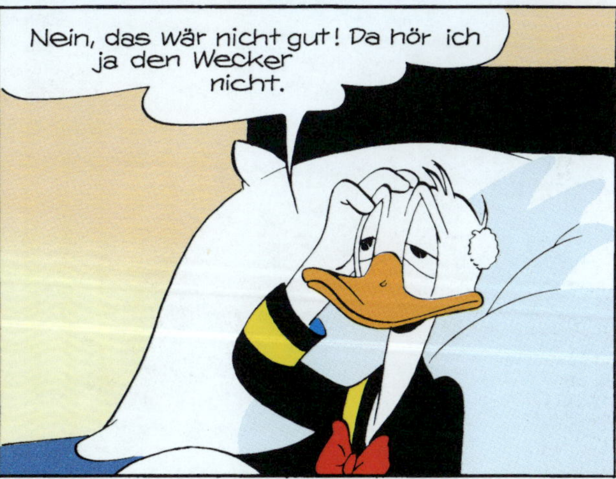
Nein, das wär nicht gut! Da hör ich ja den Wecker nicht.

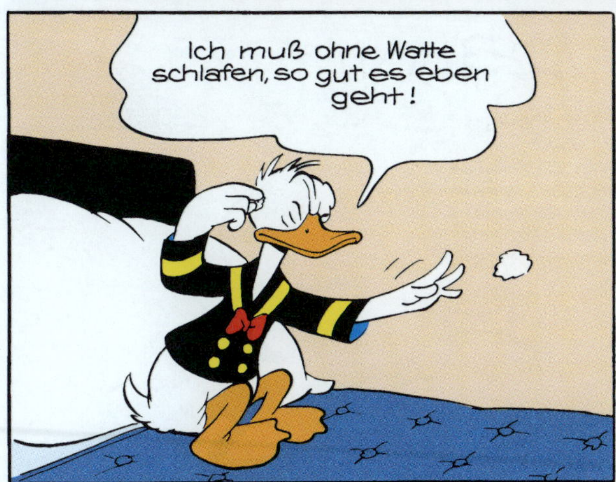
Ich muß ohne Watte schlafen, so gut es eben geht!

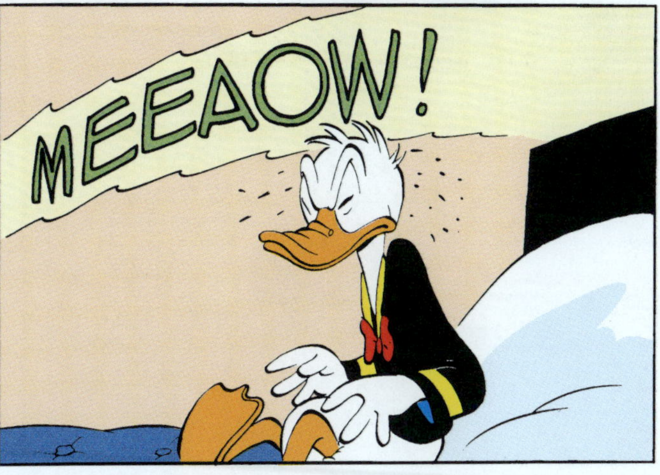
MEEAOW!

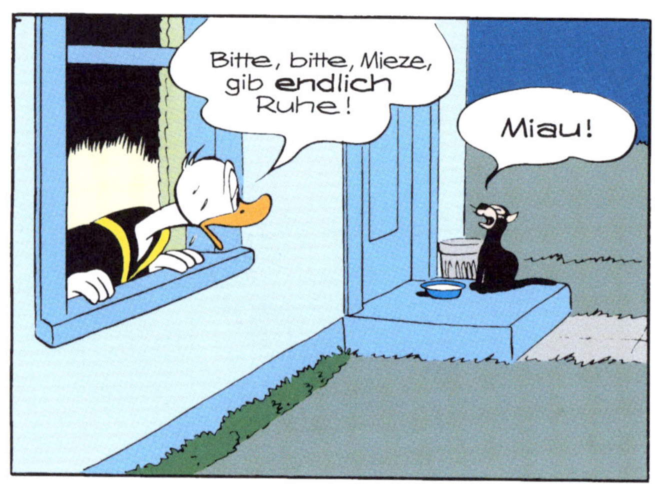
Bitte, bitte, Mieze, gib endlich Ruhe!
Miau!

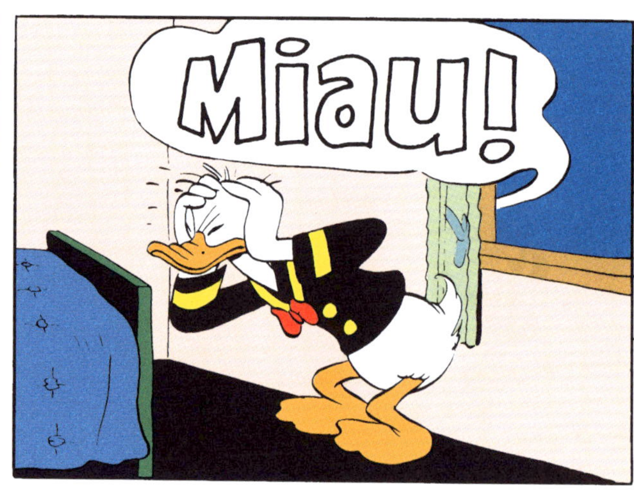
Miau!

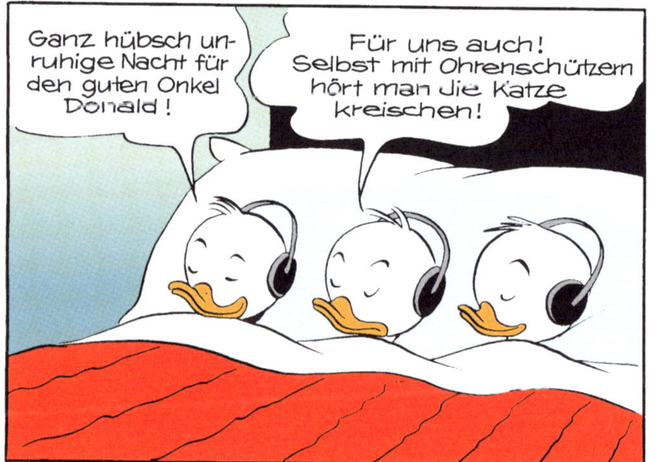
Ganz hübsch unruhige Nacht für den guten Onkel Donald!
Für uns auch! Selbst mit Ohrenschützern hört man die Katze kreischen!

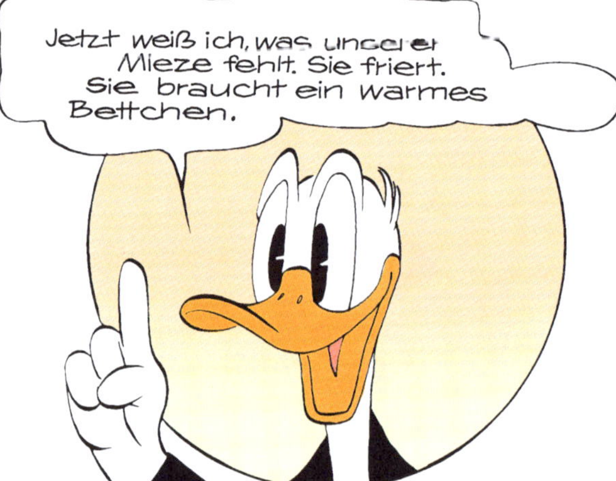
Jetzt weiß ich, was unserer Mieze fehlt. Sie friert. Sie braucht ein warmes Bettchen.

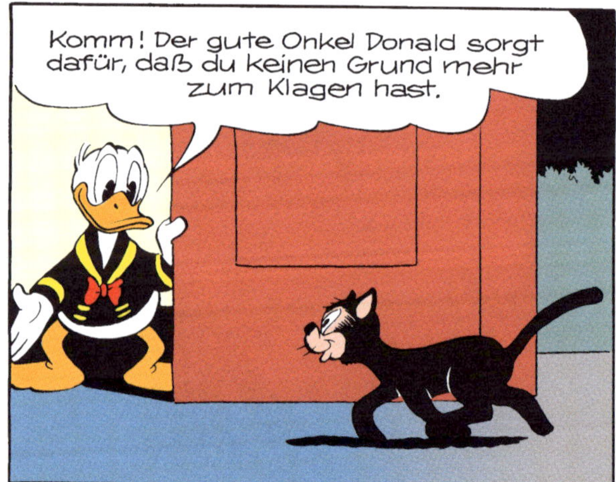
Komm! Der gute Onkel Donald sorgt dafür, daß du keinen Grund mehr zum Klagen hast.

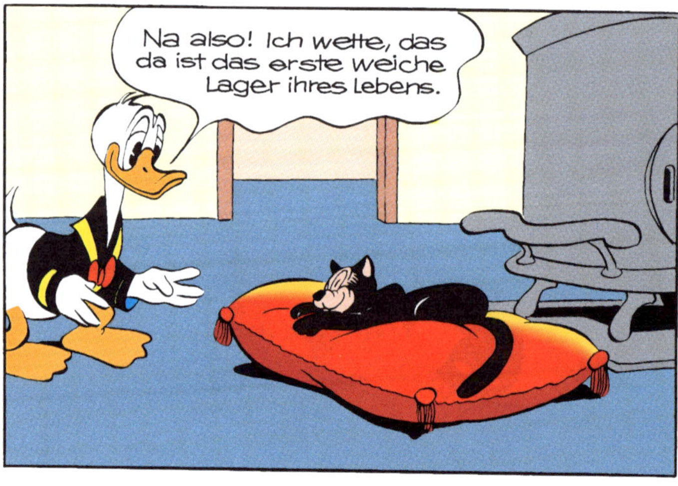
Na also! Ich wette, das da ist das erste weiche Lager ihres Lebens.

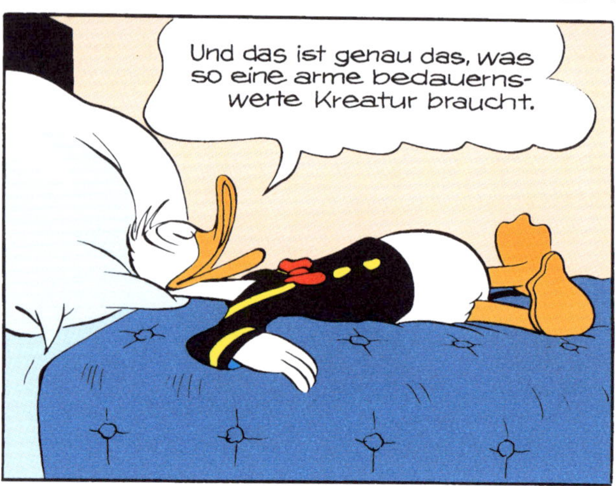
Und das ist genau das, was so eine arme bedauernswerte Kreatur braucht.

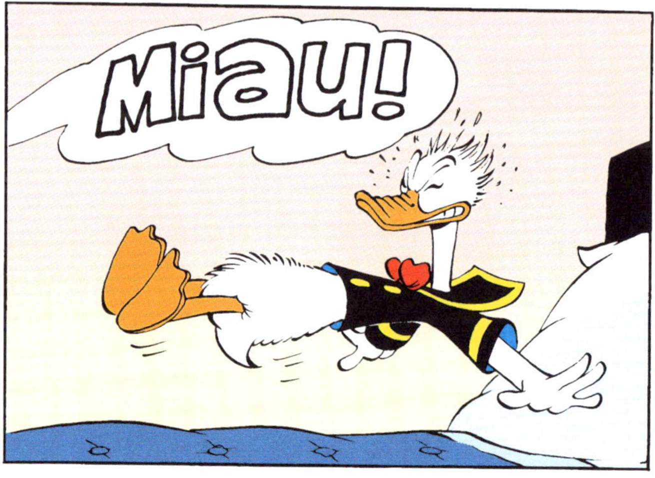
Miau!

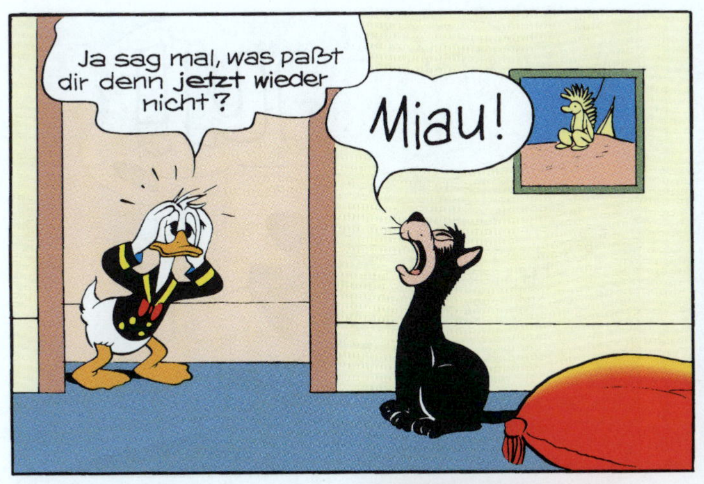
Ja sag mal, was paßt dir denn **jetzt** wieder nicht?
Miau!

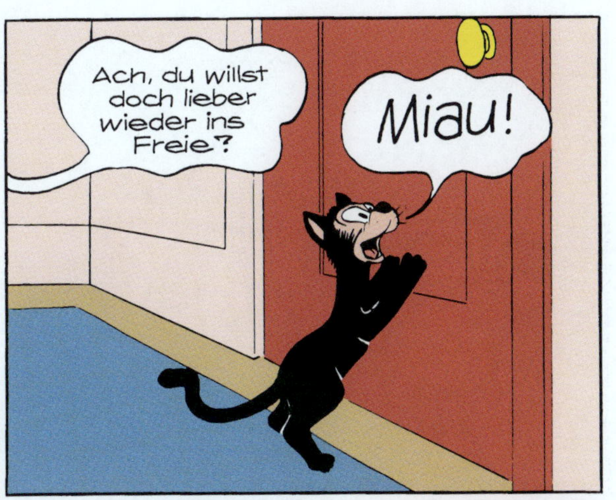
Ach, du willst doch lieber wieder ins Freie?
Miau!

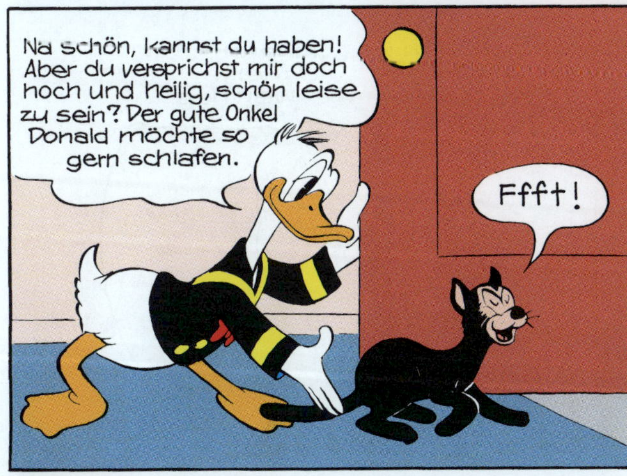
Na schön, kannst du haben! Aber du versprichst mir doch hoch und heilig, schön leise zu sein? Der gute Onkel Donald möchte so gern schlafen.
Ffft!

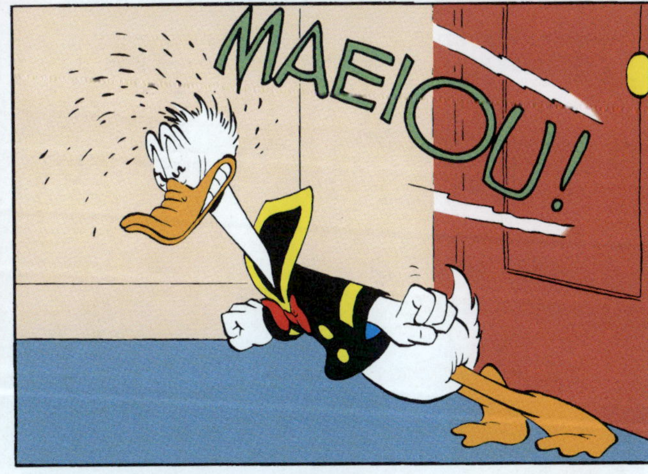
MAEIOU!

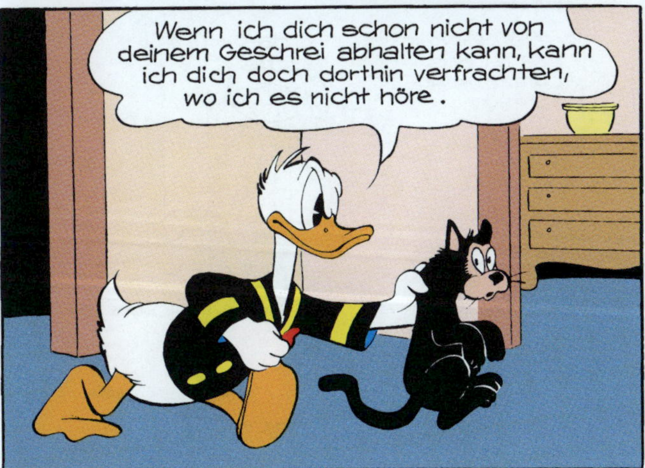
Wenn ich dich schon nicht von deinem Geschrei abhalten kann, kann ich dich doch dorthin verfrachten, wo ich es nicht höre.

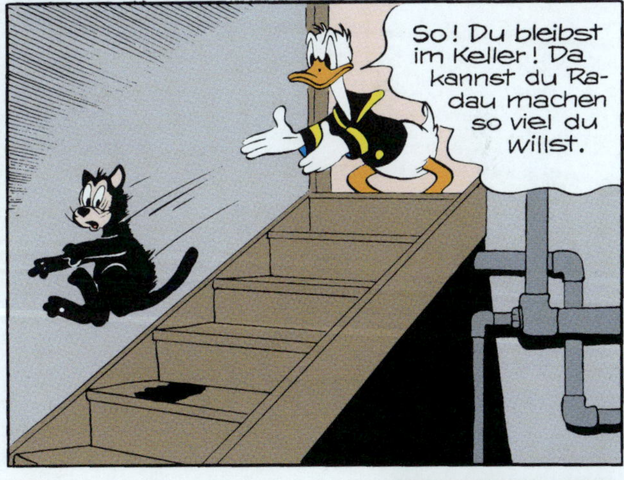
So! Du bleibst im Keller! Da kannst du Radau machen so viel du willst.

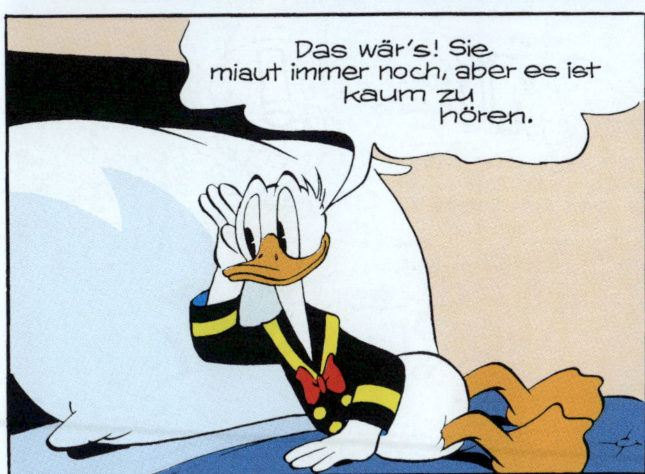
Das wär's! Sie miaut immer noch, aber es ist kaum zu hören.

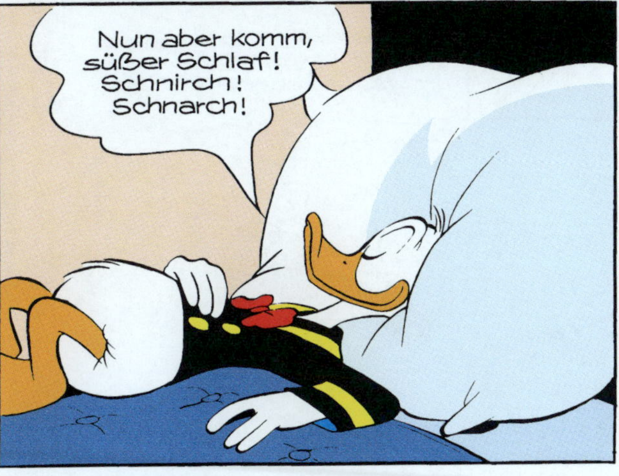
Nun aber komm, süßer Schlaf! Schnirch! Schnarch!

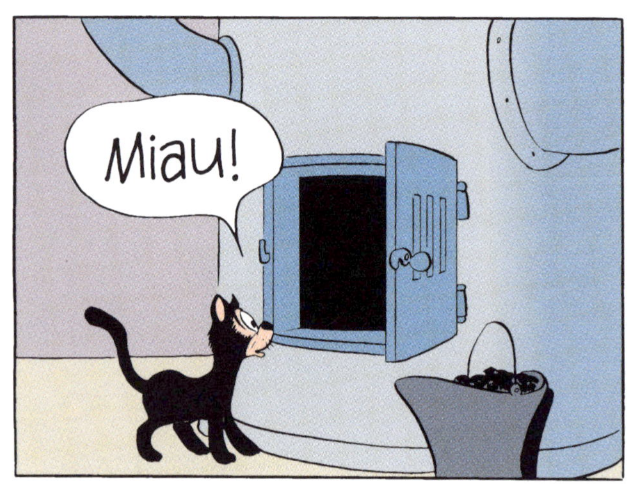
Miau!
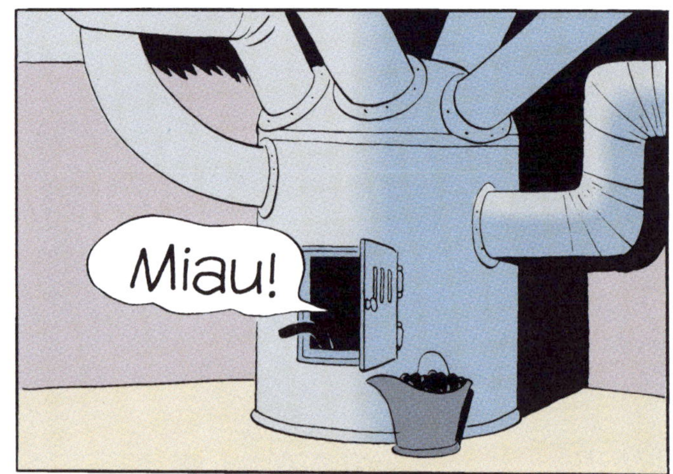
Miau!
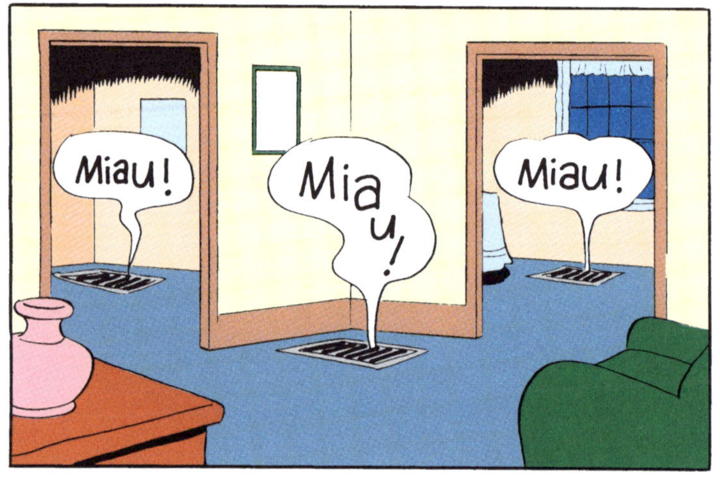
Miau!
Miau!
Miau!
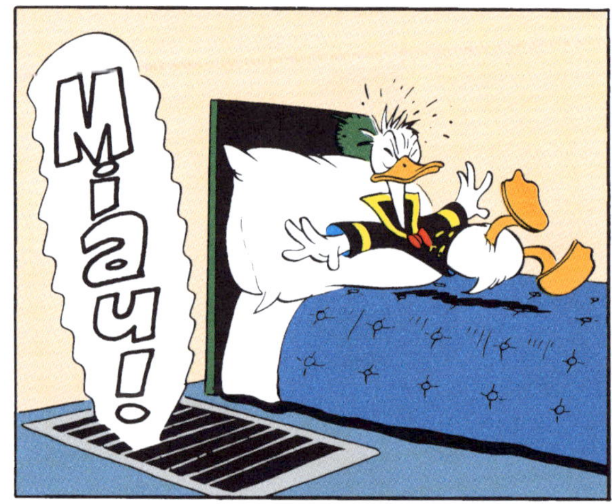
Miau!
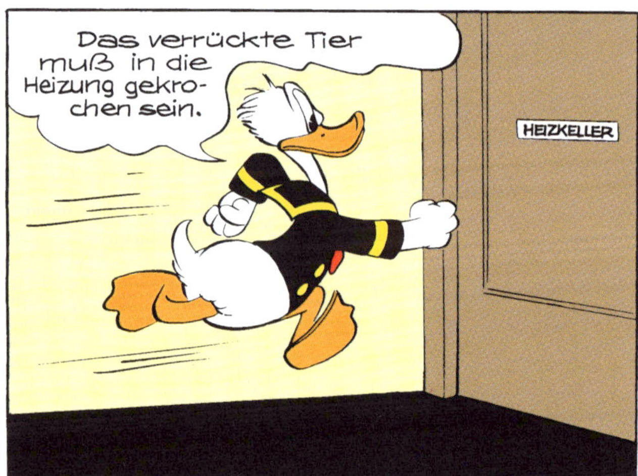
Das verrückte Tier muß in die Heizung gekrochen sein.
HEIZKELLER
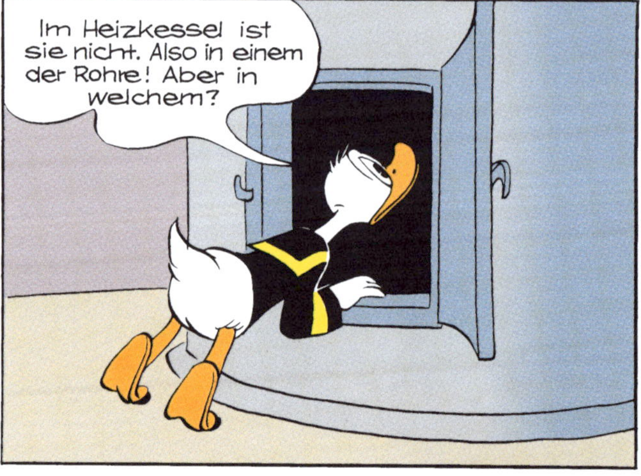
Im Heizkessel ist sie nicht. Also in einem der Rohre! Aber in welchem?
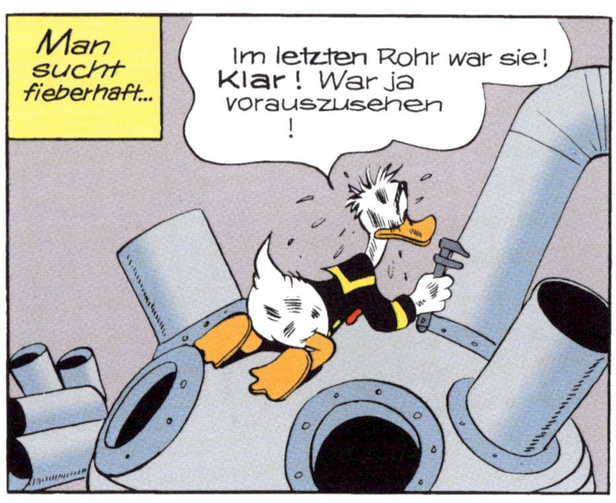
Man sucht fieberhaft...
Im letzten Rohr war sie! Klar! War ja vorauszusehen!
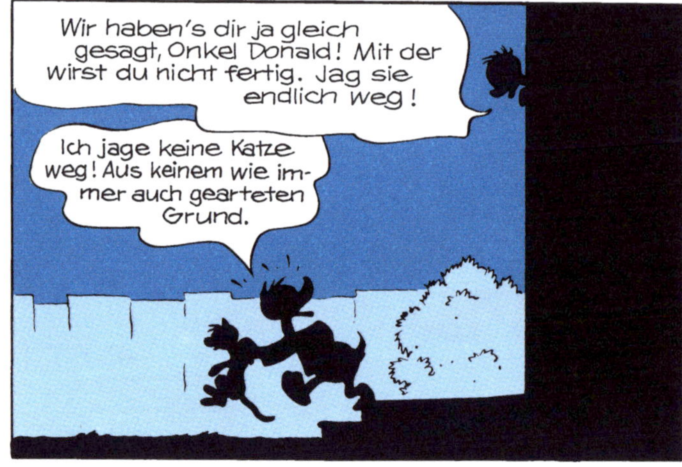
Wir haben's dir ja gleich gesagt, Onkel Donald! Mit der wirst du nicht fertig. Jag sie endlich weg!
Ich jage keine Katze weg! Aus keinem wie immer auch gearteten Grund.

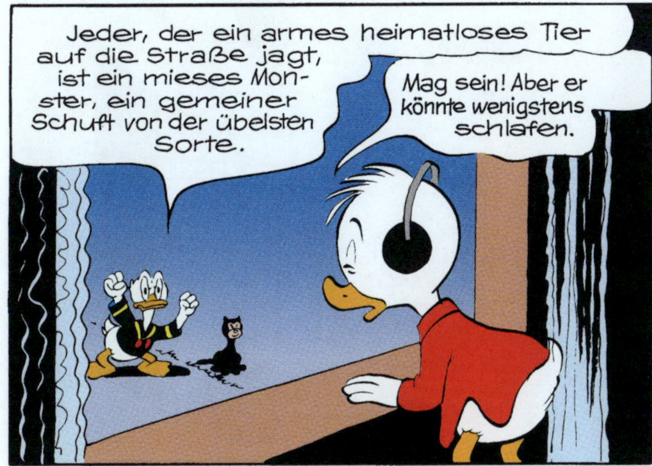
Jeder, der ein armes heimatloses Tier auf die Straße jagt, ist ein mieses Monster, ein gemeiner Schuft von der übelsten Sorte.
Mag sein! Aber er könnte wenigstens schlafen.

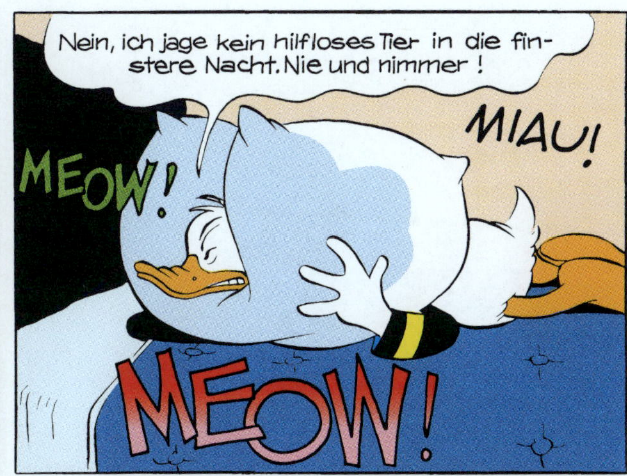
Nein, ich jage kein hilfloses Tier in die finstere Nacht. Nie und nimmer!
MIAU!
MEOW!
MEOW!

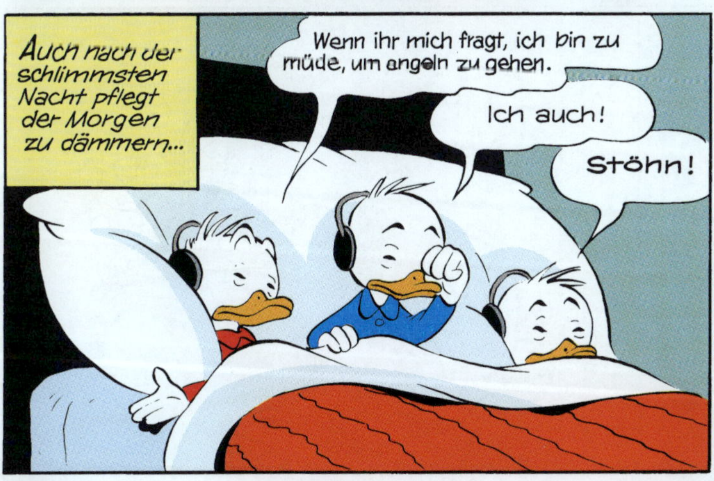
Auch nach der schlimmsten Nacht pflegt der Morgen zu dämmern...
Wenn ihr mich fragt, ich bin zu müde, um angeln zu gehen.
Ich auch!
Stöhn!

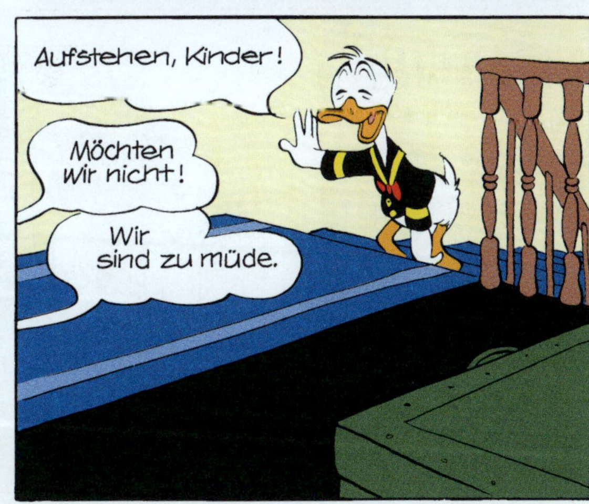
Aufstehen, Kinder!
Möchten wir nicht!
Wir sind zu müde.

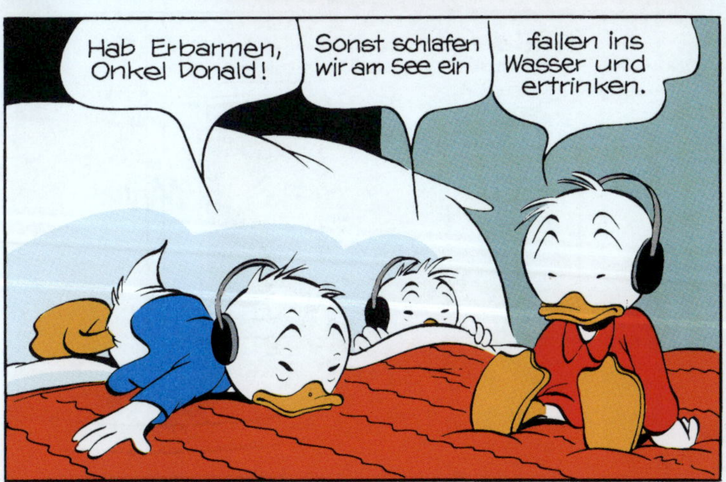
Hab Erbarmen, Onkel Donald!
Sonst schlafen wir am See ein
fallen ins Wasser und ertrinken.

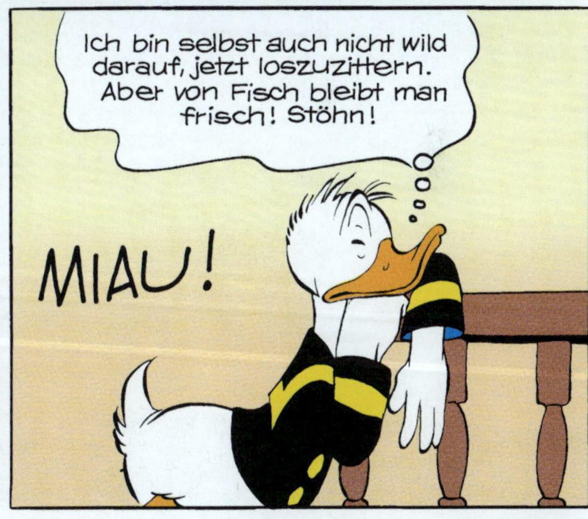
Ich bin selbst auch nicht wild darauf, jetzt loszuzittern. Aber von Fisch bleibt man frisch! Stöhn!
MIAU!

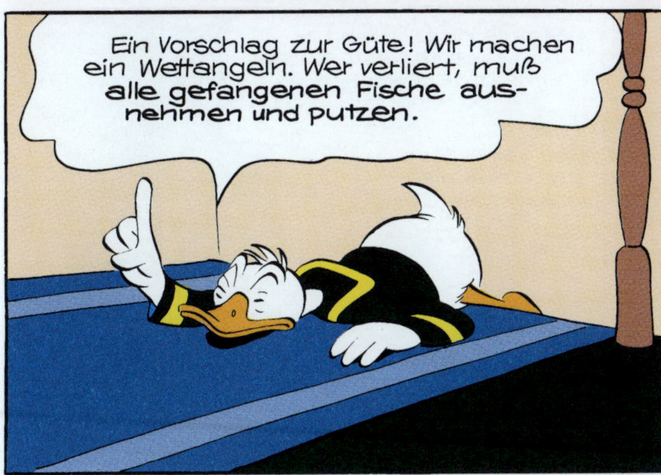
Ein Vorschlag zur Güte! Wir machen ein Wettangeln. Wer verliert, muß alle gefangenen Fische ausnehmen und putzen.

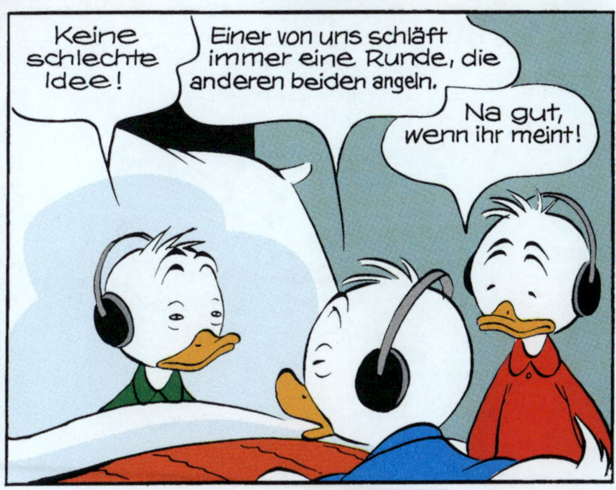
Keine schlechte Idee!
Einer von uns schläft immer eine Runde, die anderen beiden angeln.
Na gut, wenn ihr meint!

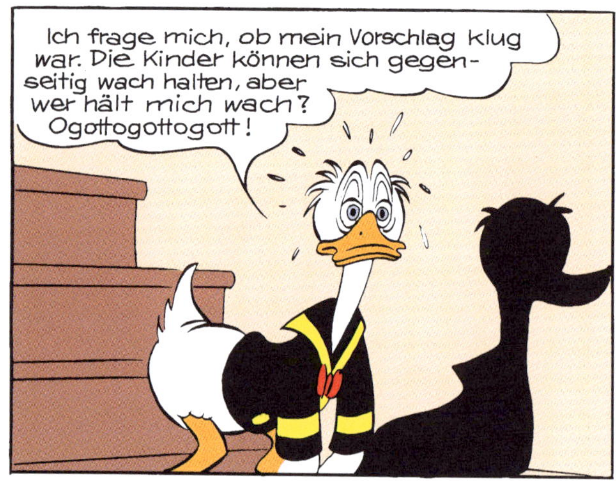
Ich frage mich, ob mein Vorschlag klug war. Die Kinder können sich gegenseitig wach halten, aber wer hält mich wach? Ogottogottogott!

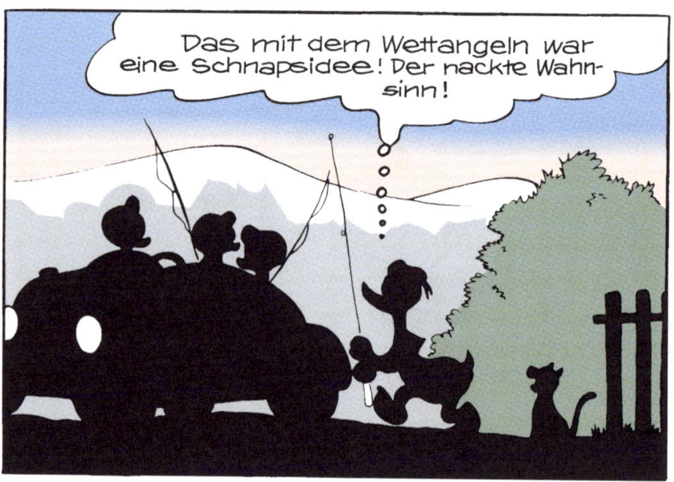
Das mit dem Wettangeln war eine Schnapsidee! Der nackte Wahnsinn!

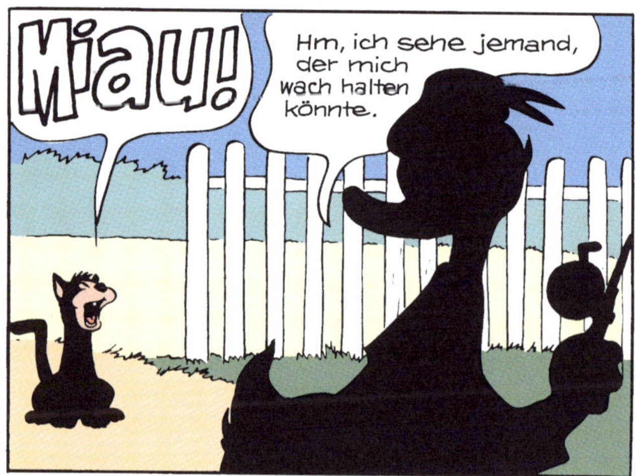
Miau!
Hm, ich sehe jemand, der mich wach halten könnte.

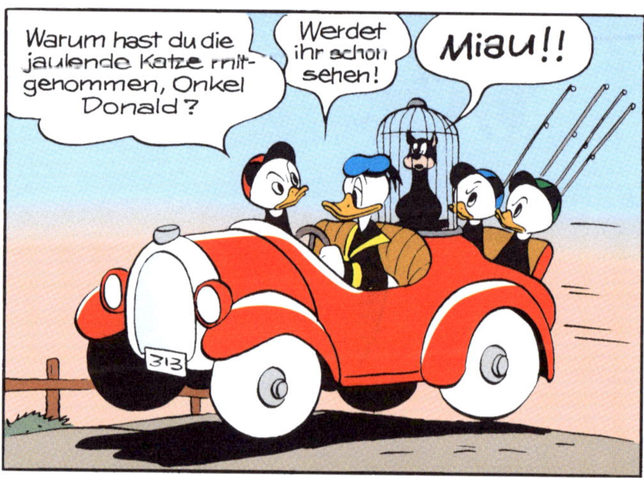
Warum hast du die jaulende Katze mitgenommen, Onkel Donald?
Werdet ihr schon sehen!
Miau!!
313

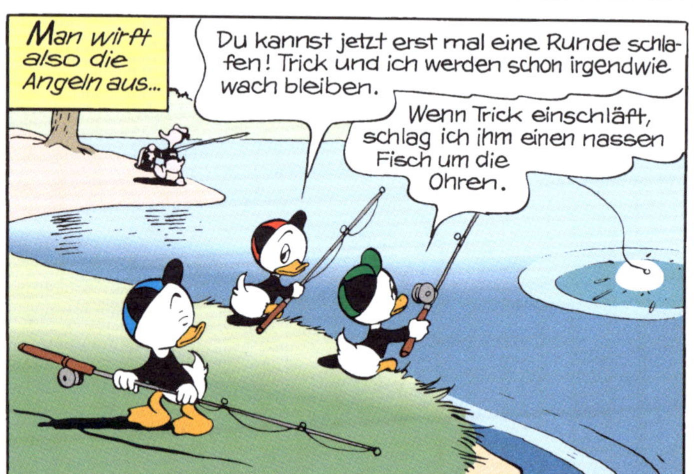
Man wirft also die Angeln aus...
Du kannst jetzt erst mal eine Runde schlafen! Trick und ich werden schon irgendwie wach bleiben.
Wenn Trick einschläft, schlag ich ihm einen nassen Fisch um die Ohren.

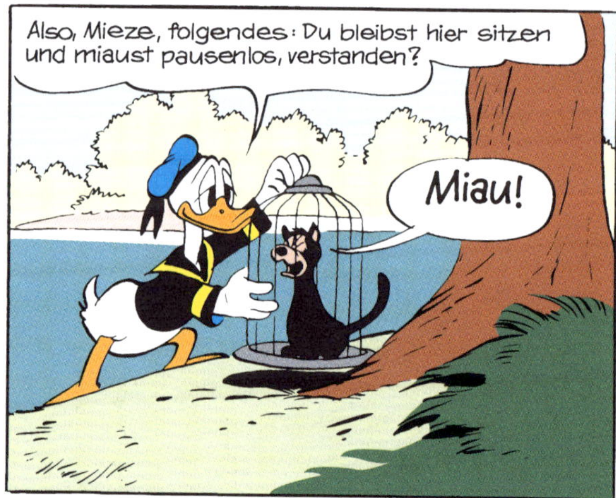
Also, Mieze, folgendes: Du bleibst hier sitzen und miaust pausenlos, verstanden?
Miau!

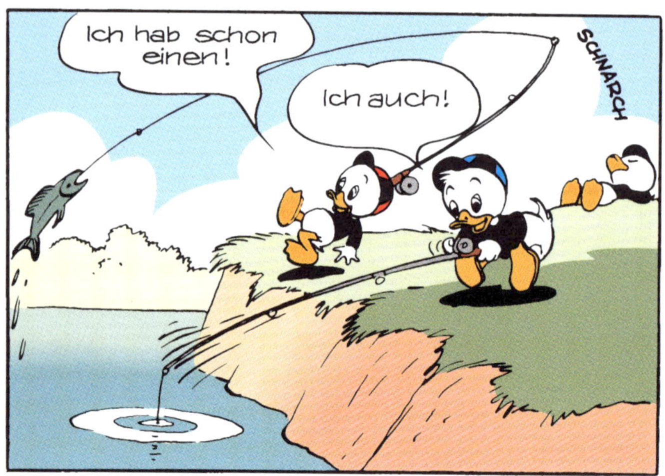
Ich hab schon einen!
Ich auch!
SCHNARCH

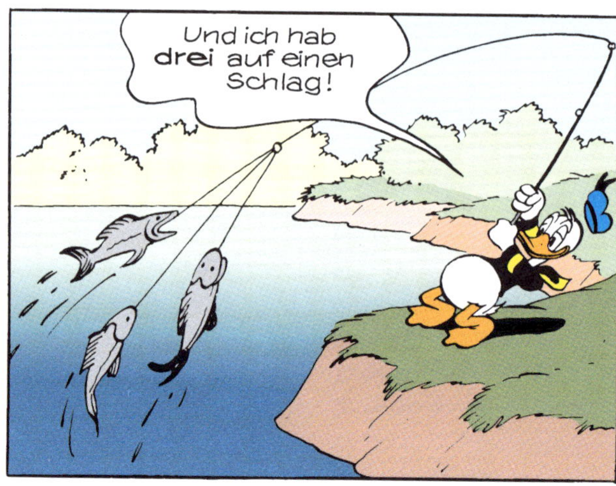
Und ich hab **drei** auf einen Schlag!

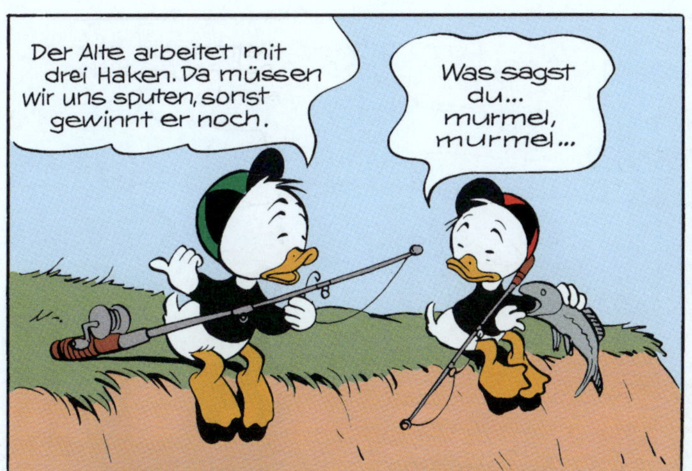
Der Alte arbeitet mit drei Haken. Da müssen wir uns sputen, sonst gewinnt er noch.
Was sagst du... murmel, murmel...

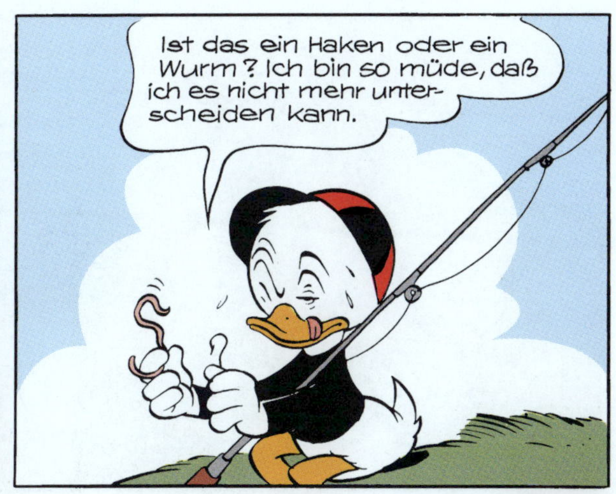
Ist das ein Haken oder ein Wurm? Ich bin so müde, daß ich es nicht mehr unterscheiden kann.

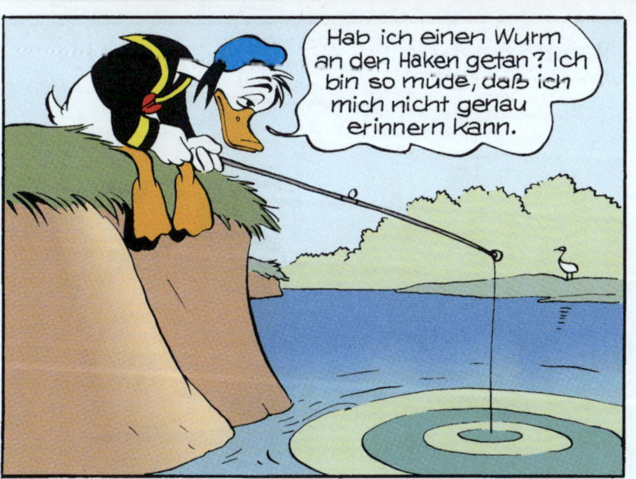
Hab ich einen Wurm an den Haken getan? Ich bin so müde, daß ich mich nicht genau erinnern kann.

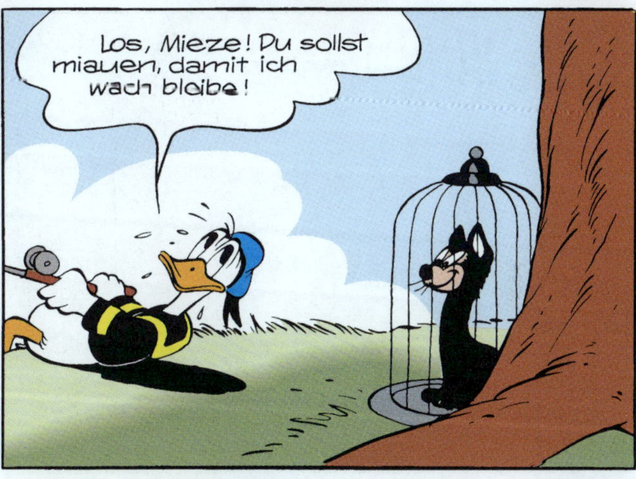
Los, Mieze! Du sollst miauen, damit ich wach bleibe!

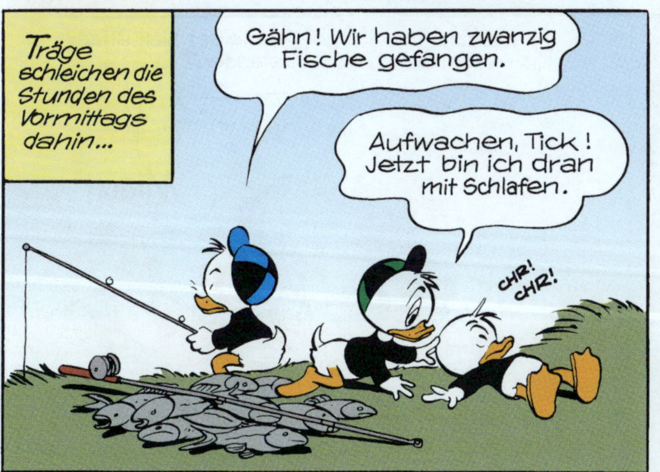
Träge schleichen die Stunden des Vormittags dahin...
Gähn! Wir haben zwanzig Fische gefangen.
Aufwachen, Tick! Jetzt bin ich dran mit Schlafen.
CHR! CHR!

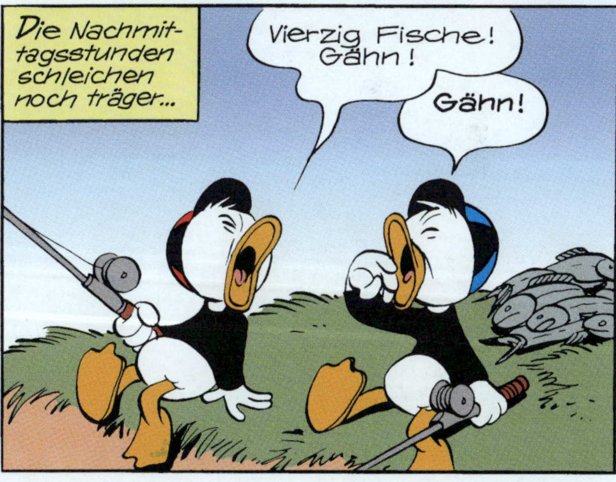
Die Nachmittagsstunden schleichen noch träger...
Vierzig Fische! Gähn!
Gähn!

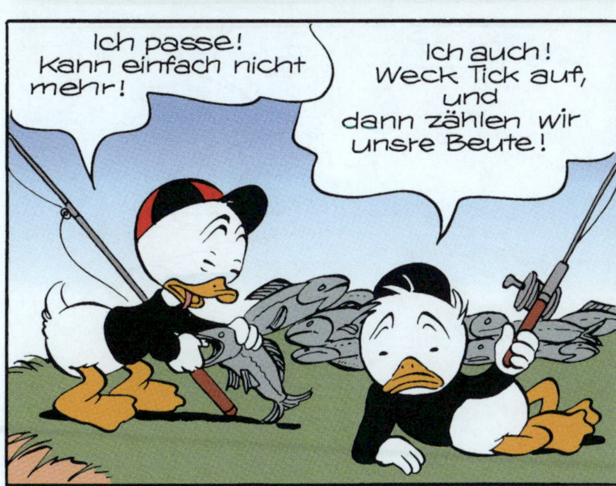
Ich passe! Kann einfach nicht mehr!
Ich auch! Weck Tick auf, und dann zählen wir unsre Beute!

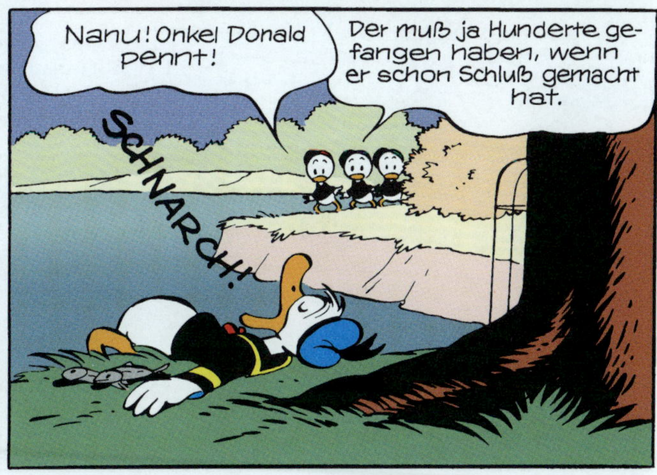
Nanu! Onkel Donald pennt!
Der muß ja Hunderte gefangen haben, wenn er schon Schluß gemacht hat.
SCHNARCH!

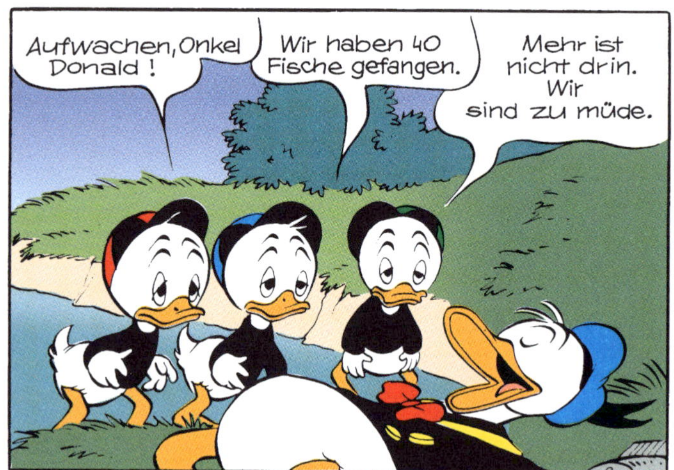
Aufwachen, Onkel Donald!
Wir haben 40 Fische gefangen.
Mehr ist nicht drin. Wir sind zu müde.

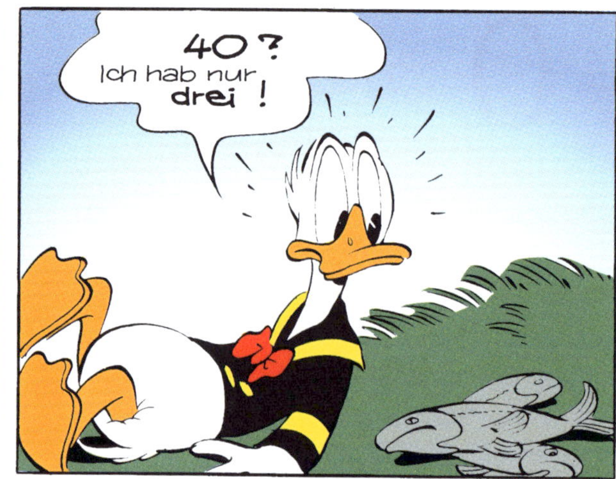
40? Ich hab nur drei!

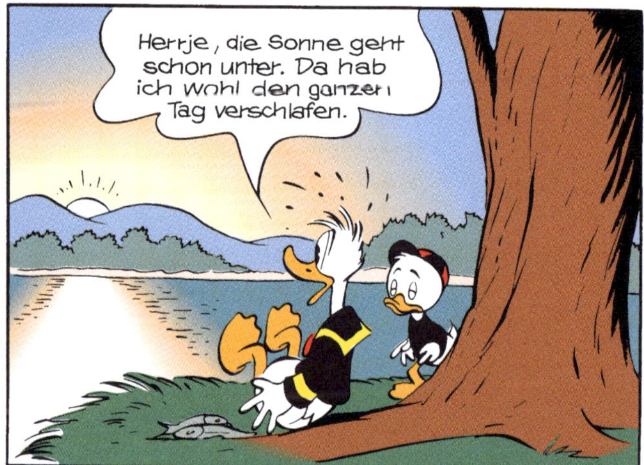
Herrje, die Sonne geht schon unter. Da hab ich wohl den ganzen Tag verschlafen.

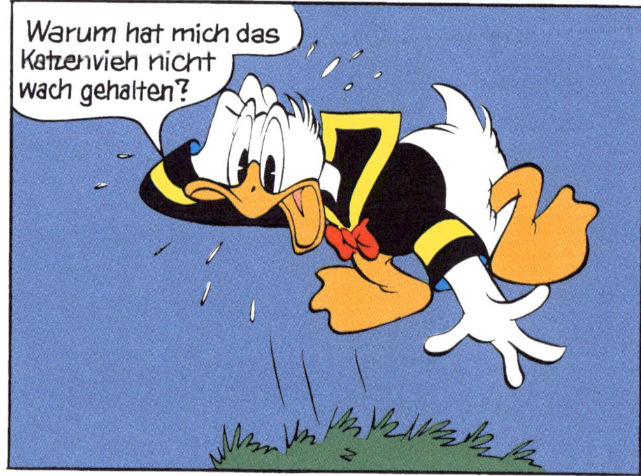
Warum hat mich das Katzenvieh nicht wach gehalten?

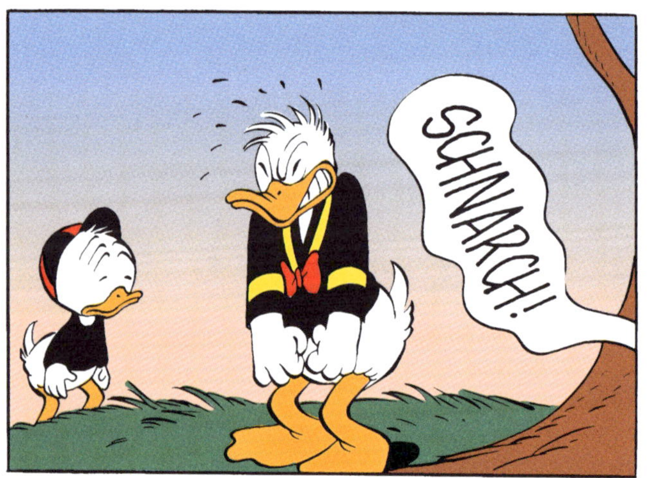
SCHNARCH!

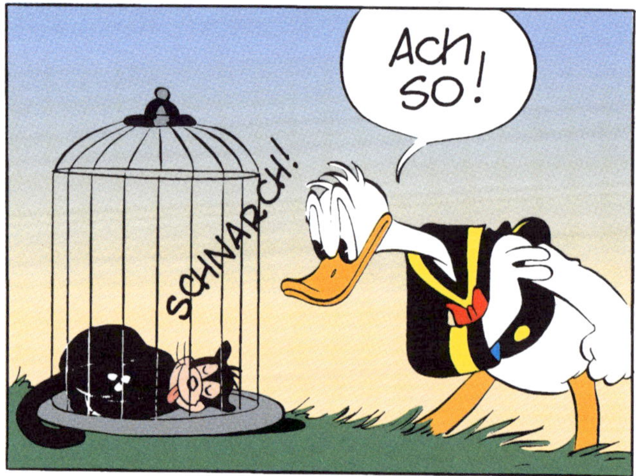
SCHNARCH!
Ach so!

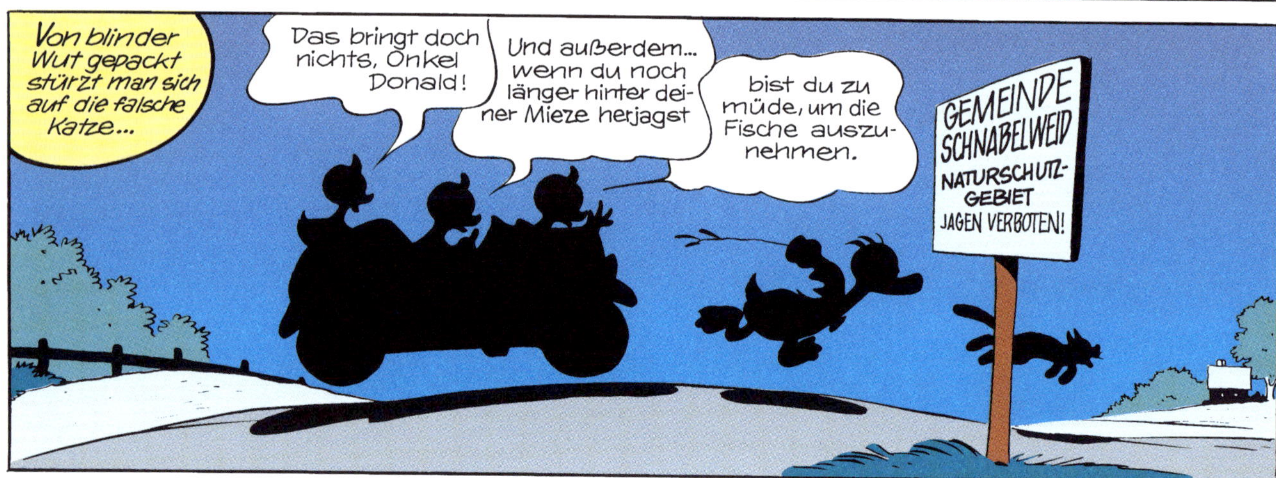
Von blinder Wut gepackt stürzt man sich auf die falsche Katze...
Das bringt doch nichts, Onkel Donald!
Und außerdem... wenn du noch länger hinter deiner Mieze herjagst
bist du zu müde, um die Fische auszunehmen.
GEMEINDE SCHNABELWEID
NATURSCHUTZ-GEBIET
JAGEN VERBOTEN!

Quellenverzeichnis:

Ein schmähliches Ende (Airborne Skier/The Great Ski Race, November 1945)
Walt Disney's Comics and Stories 62, Micky Maus 18/80, DD-Sonderheft 113, CBL 7/1

Der schönste Finderlohn (Ten-Dollar Dither, Dezember 1945)
Walt Disney's Comics and Stories 63, Micky Maus 46/58, DD-Sonderheft 22, Micky Maus 39/84, CBL 7/2

Gute Vorsätze (Donald Tames His Temper, Januar 1946)
Walt Disney's Comics and Stories 64, Micky Maus 1/54, DD-Sonderheft 88, CBL 7/3

Lore aus Singapore (Joe from Singapore, Februar 1946)
Walt Disney's Comics and Stories 65, Micky Maus 10/53, DD-Sonderheft 12, Goofy Magazin 4/81, Klassik Album 25, CBL 7/4

Der Fachmann (The Master Ice-Fisher, März 1946)
Walt Disney's Comics and Stories 66, Micky Maus 49/58, DD-Sonderheft 23, Goofy Magazin 2/84, Klassik Album 24, CBL 7/5

Gute Geldanlage (Jet Rescue, April 1946)
Walt Disney's Comics and Stories 67, Micky Maus 7/58, DD-Sonderheft 20, Klassik Album 25, CBL 8/1

Freuden des Drachensteigenlassens (Kites/Donald's Monster Kite, Mai 1946)
Walt Disney's Comics and Stories 68, Micky Maus 3/53, DD-Sonderheft 4, Goofy Magazin 10/79, Klassik Album 25, CBL 8/2

Jedenfalls Muskelschmalz (Musclebound Mania/Biceps Blues, Juni 1945)
Walt Disney's Comics and Stories 69, Micky Maus 6/80, DD-Sonderheft 115, CBL 8/3

Der russische Rassehund (The Smugsnorkle Squatty, Juli 1946)
Walt Disney's Comics and Stories 70, Micky Maus 39/76, DD-Sonderheft 104, CBL 8/4

Eine gute Lehre (Punk Advice/Swimming Swindlers, August 1946)
Walt Disney's Comics and Stories 71, Micky Maus 42/77, Micky Maus 20/78, CBL 8/5

Wie du mir, so ich dir (Last Train to Pickleburg/Playing Hookey, September 1946)
Walt Disney's Comics and Stories 72, Micky Maus 21/78, Micky Maus 38/89, CBL 9/1

Verhängnisvolle Erfindung (The Gold-Finder, Oktober 1946)
Walt Disney's Comics and Stories 73, Micky Maus 1/78, Micky Maus 32/88, CBL 9/2

Gnadenlos (Donald Duck and the Boys, November 1946)
Walt Disney's Comics and Stories 74, Micky Maus 3/77, DD-Sonderheft 112, CBL 9/3

Erntedankfest (Turkey Shoot/Turkey Trouble, Dezember 1946)
Walt Disney's Comics and Stories 75, Micky Maus 15/77, DD-Sonderheft 115, CBL 9/4

Falsch wie Gift (The Cantankerous Cat, Januar 1947)
Walt Disney's Comics and Stories 76, DD-Sonderheft 93, CBL 6/5

Anmerkung: In der Originalfassung hatten die Geschichten keine Untertitel. Die hier verwendeten englischen Titel sind erst bei späteren Nachdrucken in den USA verwendet worden, um das Wiedererkennen zu erleichtern. Deshalb haben manche Geschichten zwei „Originaltitel". Gelegentlich spiegeln diese Titel Anachronismen wieder wie etwa „Last Train to Pickleburg". Es handelt sich dabei um eine Anspielung auf den Filmtitel „Last Train from Gun Hill", einen Western, der erst rund zwanzig Jahre später entstand. Für 1946 wirkt dieser Titel daher etwas deplaziert. Daher hat man sich bei weiteren Nachdrucken zu einem neutraleren - und treffenderen - Titel entschlossen.

CBL = Carl Barks Library Walt Disney COMICS, DD-Sonderheft = Donald Duck Sonderheft (Die tollsten Gechichten von Donald Duck)

Carl Barks

Carl Barks Carl Barks